本书由 大　连　市　人　民　政　府
中国科学院大连化学物理研究所生物能源研究部　资助出版
中　触　媒　集　团　有　限　公　司

催化与材料化学研究生教学丛书

中国催化名家

（下册）

辛勤　徐杰　主编

科学出版社

北京

内 容 简 介

老一代的科学家为中国催化科学和技术的发展呕心沥血,做出了重大贡献,他们奠定了中国催化科学的基础,并创建了中国的催化工业。为把他们的业绩展现给后人,以对后人有所助益和激励,作者用了近十年的时间收集、筛选、编写、翻译、统稿……终于形成了近130万字的作品成上、下册出版。中国的催化事业经过一个世纪的努力终于在世界催化史上有了一席之地,中国也成为一个催化大国,这是中国催化人智慧和努力的结晶。本书的出版是对中国催化事业做出突出贡献的前辈的一种纪念,也是对年轻一代催化人创建催化强国的一种激励!

本书适用于催化与材料领域相关专业本科生、研究生阅读,以及催化学界所有研究人员阅读参考。

图书在版编目(CIP)数据

中国催化名家(下册)/辛勤,徐杰主编.—北京:科学出版社,2018.1
(催化与材料化学研究生教学丛书)
ISBN 978-7-03-054479-7

Ⅰ. ①中… Ⅱ. ①辛…②徐… Ⅲ. ①催化-化学家-生平事迹-中国-现代 Ⅳ. ①K826.13

中国版本图书馆 CIP 数据核字(2017)第 223241 号

责任编辑:李明楠　孙静惠 / 责任校对:王　瑞　王晓茜
责任印制:吴兆东 / 封面设计:铭轩堂

*科　学　出　版　社*出版
北京东黄城根北街16号
邮政编码:100717
http://www.sciencep.com

北京中石油彩色印刷有限责任公司 印刷
科学出版社发行　各地新华书店经销
*

2018年1月第　一　版　开本:720×1000　1/16
2022年1月第三次印刷　印张:34 1/4
字数:685 000
定价:138.00元
(如有印装质量问题,我社负责调换)

催化与材料化学研究生教学丛书

总策划：辛　勤　徐　杰

《现代催化化学》
辛　勤　徐　杰　主编

《固体催化剂研究方法》
辛　勤　主编

《现代催化研究方法（新编）》
辛　勤　罗孟飞　徐　杰　主编

《催化反应工程（上、下册）》
阎子峰　陈诵英　徐　杰　辛　勤　主编

《催化史料》
辛　勤　徐　杰　主编

《中国催化名家（上、下册）》
辛　勤　徐　杰　主编

丛 书 序

受科学出版社之邀,组织编写一套催化和材料领域研究生教学丛书。与一些同仁讨论、考虑再三,这套研究生教学丛书的定位和作用为何?大家一致认为:应当是在催化和材料领域起"路线图"、"地图"、"标志性建筑"的基本入门知识的作用,强调基础,不求最新。在此基础上启发学生学会利用概念去判断、推理及运用综合分析方法去解决问题,进而培养及提高其科学思维和创新能力。基于此,规划设计了如下教材。

《现代催化化学》,简略给出有关催化的几乎全部主要内容,以期对催化有一大概了解,如催化研究的主要命题、当前科研瓶颈及工业化状况(2016年出版)。

《固体催化剂研究方法》,介绍近 20 种用于催化和材料方面研究入门的物理化学方法,强调这些方法是如何用于催化和材料研究的(2004 年初版,2016 年第三次印刷)。

《现代催化研究方法(新编)》,给出催化和材料领域的科研人员必须掌握的基本方法手段,在第一版基础上充实、更新部分内容(2018 年出版)。

《催化反应工程(上、下册)》,给出从实验室研究成果到工业化应用所必需的基础知识,它包含"三传一反"、反应分离等,并通过范例加以说明。这方面内容弥补了目前研究生教育的短板(2017 年出版)。

《催化史料》和《中国催化名家(上、下册)》,其设计背景为,化学工业占人类社会 GDP 的 15%~20%,而化学工业 80%产值都是由催化剂和催化过程产生。近百年来中国的催化工业从无到有、从小到大,尤其是改革开放至今中国已发展成 GDP 第二的世界大国,也成长为世界催化大国(当然,要成为催化强国还有很长的路要走)。如此辉煌的业绩同几代催化人的奋发努力分不开,作为后人有必要了解这段历史和有选择地传承。应中国化学会的邀请,我们收集、撰写了 1932~1982 年(吴学周主编,张大煜、蔡启瑞、闵恩泽等撰写)、1982~2012 年(辛勤、林励吾撰写)逾八十年的中国催化发展史,为便于比较,我们还整理了这一历史时期的世界催化发展史，以及法国、日本、俄罗斯（含苏联）等国的催化发展史等。与此同时，我们还用逾十年的时间汇集、收集、撰写了百余位催化名家介绍。在做这些介绍时尽可能做到表达准确、客观、全面，不做评议、修改，允许有歧义，只想将这些"砖头"、"瓦块"收集起来留做他人后用（2017年出版）。

上述是我们关于这套丛书的基本想法，能否实现，待观后效！由于知识面和水平受限必有不到之处，敬请斧正！

辛　勤

2016年8月于大连

序　一

自 1835 年人们发现催化现象以来,"催化作用被认为是在化学反应中能够加速反应速率而反应后本身不发生变化的现象"。为阐明和利用这一现象,几代科学家经过刻苦努力、执着追求,在认识这一自然规律的基础上,发展和开拓了催化科学与技术,创造了空前规模的财富,延长了人类寿命并提高了生活质量。追溯催化科学的发展历史,目的是从这个科学领域的发展历程中获得启发和借鉴,激励从事科学研究的人员和学生继续努力,不断探究这奥妙无穷的催化作用。

人类在日益发展的社会中要满足衣、食、住、行、健康及生存环境等基本需求,而催化科学与技术的应用帮助人类逐渐解决这些问题。例如,合成氨及化肥的生产和使用解决了 60 亿人"吃"的问题、齐格勒-纳塔催化剂及三大合成解决了人类"穿"和"用"的问题、石油炼制技术解决了人类"行"的问题、三效催化剂等解决了人类生存环境的问题、不对称合成/医药的生产大大展延了人类的寿命……

由中国科学院大连化学物理研究所辛勤研究员等花费十多年心血编撰的《催化史料》和《中国催化名家(上、下册)》专著,可以让催化界同仁对从艺术走向科学过程中的"催化"进行纵向和横向的分析比较,品味其奥妙;也可以帮助催化界青年学子加深对催化科学及其变化、延伸的深刻理解,掌握催化科学技术发展的脉络。

中国催化科学和技术从无到有、从弱到强,今天,中国已成为世界上名副其实的催化大国!取得如此辉煌的成就,是几代中国催化界科研人员不懈努力、拼搏奋进的结果。这几部专著可以让大家了解不同历史时期催化界科研人员是如何围绕国家的重大需求,完成一个个历史任务的。

《催化史料》和《中国催化名家(上、下册)》将"学科"的历史发展综述同人物传记相结合,图文并茂,在国内尚属首例。这也是一项大工程,编撰过程实属不易,相信出版后定会激励中国青年薪火相传,为中国乃至世界的催化事业发展做出更大的贡献。

白春礼
中国科学院院长
2017 年 5 月

序 二

自1835年瑞典化学家J. J. Berzélius等发现催化现象（catalysis）以来，人们对该领域的探索不断深入：1901年德国物理化学家W. Ostwald提出催化剂的定义——可以改变化学反应速率，但最后不出现在生成物中的物质；1925年H. S. Taylor提出催化活性中心概念——催化作用"部位"并不是催化剂的整个表面，而是催化剂的某些特定"部位"，即活性中心/活性相。经过近两个世纪的发展，催化科学与技术对整个人类社会发展起到了无与伦比的推动作用。合成氨及化肥的生产技术满足了人类因人口增长对粮食的需求；齐格勒-纳塔催化剂及三大合成满足了人类日益提高的对日常生活的新需求；石油炼制催化技术解决了人类快速便捷出行的问题；汽车尾气三效催化剂的应用解决了经济快速发展下人类生存环境的问题；不对称催化合成医药的技术为人类健康生活提供了保障……这些工作在解决人类基本生存需求的同时，极大地提高了人们的生活质量，成为催化科学与技术对人类社会贡献的里程碑。

我国的催化科学与技术发展始于20世纪初，经过一代又一代科学家的奋发努力，经历了从无到有、从小到大的发展历程。"文化大革命"时期，中国的催化事业一度处于发展停滞状态，失去了十多年的宝贵的发展时机。20世纪80年代后，来自中国科学院、高校和化工行业的研究人员迅速组建起队伍，深入催化研究，使这一领域进入了快速发展时期。基础研究方面，以新催化材料、新催化表征方法和新催化反应为主要研究方向，表面科学和纳米科学研究的兴起大大促进和深化了催化机理探索；应用催化研究方面，我国的催化学家以国家重大需求为己任，在能源转化利用、先进材料、环境科学和人类健康等领域做出了重大贡献。回顾历史，一代又一代的中国催化界同仁前赴后继、刻苦攻坚，使我国逐步发展成为世界催化大国。

为了传承历史，使中国催化界的青年学者们对中国催化事业有全面和深刻的了解，《催化史料》和《中国催化名家（上、下册）》收集和整理了中国近百年来催化科学和技术的发展史料，并将同一时期国外的文献资料翻译编写在一起，以期帮助大家加深对催化科学发展历程的理解，掌握催化科学技术发展的脉络；同时，还收集和记载了自20世纪以来，为我国催化科学发展做出了重大贡献的科学家的传记资料，展现他们的催化人生和我国催化科学发展、我国催化工业创建的艰苦历程。他们之中既有学识渊博、造诣精深、蜚声中外的老专家，也有一批成绩卓著、为我国科学技术发展做出了重大贡献的"中生代"学者，他们是我国科技界的中坚力量。

希望《催化史料》和《中国催化名家（上、下册）》能够激励更多的青年人投身我国催化事业，使我国在可持续发展的催化化学研究领域占据世界领先地位，早日使我国由催化大国发展成为催化强国。

中国化学会催化专业委员会主任

2017年5月

前　言

20 世纪以来，一代又一代的科学家为中国催化科学和技术的发展呕心沥血，做出了重大贡献。特别是老一代的科学家奠定了中国催化科学基础，创建了我国的催化工业。他们之中既有学识渊博、造诣精深、蜚声中外的老专家、学者，也有一批成绩卓著、为祖国科学技术做出了重大贡献的"中生代"学者、专家。他们是那个时代我国科技界的中坚力量。

我在催化领域学习、研究已近五十年，任中国化学会催化专业委员会秘书长也已长达十五年。上述这些人中，有的是我的老师，有的是我的同学、同事，我们之间有着深厚的友谊。他们为国家、为社会、为科学事业无私奉献的精神，给我留下了极为深刻的印象，至今还历历在目。无论从工作上考虑还是从师生、同事的情义出发，我一直想把他们的业绩展现给后人，并希望能对后人有所助益和激励！多年来我一直在收集这方面资料，有的专家已不在世，只好请其学生、同事代写。这些资料除了考虑成书出版的要求而做少许篇幅控制上的统稿加工外，对内容不做其他修改，作为素材提供给大家。我们还从不同渠道收录，部分资料是从网上收集、集成，以期更多、更全面地提供给大家，也难免有诸多缺憾。在收集、编撰过程中考虑到有些老专家在多个领域均有重要贡献，所以，选取的专家其主要科研经历在催化领域并做出过学术或技术贡献。我们还发现有些老先生为社会、为国家做了许多非常重要、非常有意义的工作，由于各种原因留下的资料很少，这种情况尤其体现在一些做催化反应工程方面研发专家身上，因而未能纳入，这是十分遗憾的事情。所有名家为了排版编排之便，按出生年月为序。总之，目的是让后人更多地了解中国催化界老一代科学家的科研活动和贡献，品评其五味人生，希望其情、其义、其事、其景能够归合自然，也希望各位同仁能够理解和支持。

本书在成书、编辑过程中得到中国科学院秘书长邓麦村先生的具体实在的指导和许多重要的改进意见！因此，在本书出版之际作者向他表示深深的谢意！

这本书的资料收集、汇集、整理等工作量非常大，得到了各方面多达几十人的支持帮助，尤其是何林、杨雪晶、聂鑫等一批年轻的精英全力高水平的支持，他们承担了大量的统稿及计算机录入编排等任务。在此一并表示深深的感谢！

在本书出版之际，中国科学院院长白春礼先生和中国化学会催化专业委员会主任包信和先生分别为本书写序，特此深表感谢！

在中国催化科学和技术发展的历史长河中,作为后辈对前辈所做贡献的景仰,李灿院士为这本书撰写了书名。

本书的出版获得大连市人民政府重点资助!本书的出版还获得中国科学院大连化学物理研究所生物能源研究部、中触媒集团有限公司的支持与资助!在此一并致谢!

辛　勤

2017 年 8 月

目　录

丛书序
序一 .... 白春礼
序二 .... 包信和
前言 .... 辛　勤

中国催化名家

汪燮卿	3
陈　懿	26
徐元植	31
邓景发	38
高　滋	49
毛炳权	65
李宣文	70
杨宝山	99
谢有畅	114
蒋士成	128
袁　权	135
王祥生	145
李文钊	149
林炳雄	162
蔡光宇	167
沈师孔	189
张盈珍	209
李成岳	231
伏义路	239
金子林	245
吴迪镛	251
李达刚	258
杨锡尧	272

何　仁	285
李树本	290
李大东	299
袁晴棠	316
蔡天锡	319
王公慰	321
万惠霖	340
李贤均	348
辛　勤	355
陈诵英	379
魏可镁	388
钟　炳	395
张生勇	407
胡永康	416
何鸣元	420
刘化章	431
舒兴田	445
张鸿斌	452
吴通好	462
熊国兴	467
郑小明	501
陈庆龄	508
曹湘洪	510
谢克昌	516
编后记	527

中国催化名家

汪燮卿

汪燮卿，石油加工专家、教授级高级工程师、博士生导师。1933年2月出生。1951年考入清华大学化工系，后转入北京石油学院，1955年毕业。1956年赴民主德国麦塞堡化工学院攻读研究生，获博士学位。1961年回国后，到石油化工科学研究院工作。1995年当选为中国工程院院士。曾任常务副院长、首席总工程师、学位评定委员会主任和中国石油学会炼制分会副主任、国家发明奖评审委员会化学化工专业组委员、美国化学会会员。现退居二线，任中国石化科技委员会资深顾问。

汪燮卿长期从事石油炼制、石油化工的科研开发和科研管理工作。率先主持开发成功一条炼油与石油化工相结合的以重质油为原料生产轻质烯烃和高质量汽油的新技术路线（任该项目总负责人），完成了具有独创性的、处于国际领先水平的技术攻关。其中催化裂解工业化技术已于1994年经美国石伟（SWEC）公司代理正式转让给泰国石油公司，实现了我国重大炼油技术的首次出口。

汪燮卿在工作中曾多次获奖，如"催化裂解工业化技术（DCC）I型"获1992年中国石化总公司科技进步奖特等奖；"多产液化气和汽油催化裂化成套工业技术"获1993年中国石化总公司科技进步奖特等奖、1995年国家科技进步奖二等奖和中国专利发明金奖；"ZRP-1分子筛"获1996年中国石化总公司技术发明奖一等奖；"层柱累托石分子筛"获1999年中国石化集团公司技术发明奖二等奖；"新型催化材料钛硅分子筛（HTS）研制开发"获2004年中国石化集团公司技术发明奖一等奖，"催化氧化新材料——空心钛硅分子筛"获2009年中国石化集团公司技术发明奖一等奖及 2010 年度国家技术发明奖二等奖等。汪燮卿发表论文 190 余篇、出版专著 4 部，获得国内专利授权 252 件、国外专利授权 55 件。培养硕士、博士和博士后约 60 人。

20 世纪 60 年代，汪燮卿主要从事军工油品的分析和解剖研究，应用近代物理仪器分析国外的军用油品，包括被我国解放军击落的美国 U-2 高空侦察机和 P-2V 低空侦察机的油料，以及石油中烃类和非烃类化合物的组成研究，是国内色谱分析领域的专家。他建立了"苦味酸法测定喷气燃料中双环芳烃含量"等质量控制分析方法、色谱/质谱联用技术和微量分析方法，分析了大庆等主要油区原油中的生物标志化合物；开发成功弹性石英毛细管和色谱柱，并建立相应快速分析方法分析炼厂气及汽油中不同碳数烃的组成；1973 年负责分析长沙马王堆 1 号汉墓古尸内棺中水和油漆的组成，获 1978 年全国科学大会奖。1973 年负责查清高级轿车刹车油的事故，并研制成合成刹车油，获高级轿车配套用油 1978 年全国科学大会奖。

20 世纪 90 年代，汪燮卿主持研发成功：以催化裂解（DCC）技术为代表的，包括 DCC-Ⅰ、DCC-Ⅱ、催化裂化多产液化气和汽油技术（MGG）、以常压渣油为原料的 MGG 成套技术 ARGG、多产异构烯烃的催化裂化技术（MIO）和多产乙烯和丙烯的催化热裂解技术（CPP）等新工艺及符合上述工艺要求的 CHP、CRP、CIP、RMG 和 RAG 等催化剂，并实现了工业化，形成了具有中国特色、自主创新的用重质原料生产轻质烯烃和高质量汽油的系列新技术。

重油催化裂解技术的开发

汪燮卿是重质石油原料催化裂化多产乙烯、丙烯这一石油化工领域技术创新的领军人物，是该领域默默探索的一位学者。他领导开发的具有我国自主知识产权、居于国际领先水平的重质石油原料多产乙烯、丙烯系列技术的经历，既体现了老一代炼油科技工作者科学强国、科教兴国、振兴石化，急国家所急，为石化科技的发展做出历史性贡献的志向与追求，又再现了同时代炼油科技工作者探索创新、团结协作、勇攀炼油科技高峰的真实情景。人们虽知晓他在这一石油化工领域上的成就，却未注意过他背后所做的缜密思考、精心组织和不懈努力。这让我们深切地认识到，技术创新、科技进步、成果转化需要领军人物及其带领科技团队的奋发图强、无私奉献、团结协作和辛勤付出。

1. 义无反顾　临危受命

乙烯、丙烯是石化工业的龙头产品，是石油化工基础原料。至今国内外生产乙烯的主要方法是轻烃或轻油蒸汽裂解,生产丙烯的主要途径是依靠蒸汽裂解、催化裂化的副产物。然而决定乙烯、丙烯生产的一个关键因素在于原料,也就是轻油或轻烃原料。首选乙烷、天然气、凝析油,其次是用石脑油作为原料生产烯烃,这是因为其收率高、成本低、利润好。国外这类原料资源丰富,故大量使用这类原料来生产烯烃,以便在激烈的石油化工产品市场中获得竞争优势。但是我国这类轻质化原料短缺,而且蒸汽裂解产品中乙烯多而丙烯少,催化裂化生产丙烯收率也较低,二者均不能满足市场对乙烯尤其是丙烯不断增长的需求。

我国在20世纪80年代以前主要炼制大庆原油。而大庆原油是石蜡基油,重质馏分油含量比较高,轻质馏分油含量比较低,从而限制了我国低碳烯烃产品产量增长及乙烯产业和下游石化产业发展。

针对我国原油资源特征、轻烃或轻油资源短缺现实,如何摆脱原料短缺对我国发展石化工业的制约,如何摆脱蒸汽裂解技术依赖进口局面,成为各级领导日夜焦虑之事。人们期望另辟蹊径,探寻在较蒸汽裂解缓和得多的条件下,在我国自有成熟技术的基础上进行新技术开发,低成本地由重质原料油多产轻烯烃,尤其是增产丙烯。"拓宽乙烯、丙烯生产原料来源,立足生产技术多元化、国产化",是努力实现我国乙烯、丙烯产业可持续发展的战略抉择和重要指导原则,用重质原料生产低碳烯烃,尤其是丙烯,就成为一条创新的技术路线。

显然,如何解决从国产的重质石油原料多产丙烯,成为石油化工领域急需解决的一个重要课题。鉴于石油化工科学研究院过去做过一些探索性工作,有用催化裂化方法生产轻质烯烃和轻质油的实验基础,当时刚刚成立的中国石化总公司科技委员会决定把这一重大课题交给石油化工科学研究院来研究解决。

解决问题,谈何容易。几十年来,国内外许多研究工作者都曾致力于开发以重质原料直接制取轻烯烃的新工艺路线,开发增产丙烯工艺新技术。美、英、法、德、意等发达国家科技专家开展相关研究,耗费巨资、历时多年,终因无法突破技术经济瓶颈未能实现工业化。从1984年开始,石油化工科学研究院乃至国内相关研究仅有少量实验室试验数据和报道,课题研究涉足一个新技术领域,开发前景存在很大不确定性和面临失败的风险。

当时汪燮卿作为在石油化工科学研究院主管科研和外事工作的副院长,以国家利益为重,为石化事业发展敢于担当,义无反顾地担起了领导该项研究课题的重任。自1987年年初起,根据领导指示,他在石油化工科学研究院组织开展了催化裂解制取气体烯烃的探索和技术开发研究。

2. 把握方向 精心组织

汪燮卿认为,既然领导委以重任,就应责无旁贷,抛弃一切顾虑,一门心思，敢做敢为，想法把事做成。上任伊始，他即着手主持了研究课题技术方案的论证工作，制定了技术研究总体方案和研制任务书。首先调整科研方向，适时地将石油化工科学研究院相关研究室科研的重点转向该研究领域。他果断停下了研究室已开展的另一项科研探索课题，将研究室有限科研资源向该研究课题集中。这是石油化工科学研究院在石油炼制领域一项重大战略决策。这意味着石油化工科学研究院向石油化工延伸，传统生产汽油、柴油催化裂化技术向多产低碳烯烃方向一体化转变，也是乙烯、丙烯生产技术一次重大创新探索。

接下来，组织实施该课题研究。这是一项重大系统工程，涉及催化材料、催化剂、工艺、分析方法、工程设计、产品分离及利用等诸多技术研究内容。为了按上级要求进度完成该研究课题的前期预研、小试研发、中试放大三个阶段工作，石油化工科学研究院成立了一个研发"矩阵"，将院内与课题工作相关的多个研究室、科研管理部门都组织进来，汪燮卿担任"矩阵"的负责人、总协调人。同时由汪燮卿主导，组建起各研究室科研团队，将院科研资源也做出调整，在人力资源、分析评价、物资供应、科研条件、后勤保障等诸多环节做出协调部署。

汪燮卿先抓紧探索实验。探索实验是在一个小型固定流化床反应装置中进行，选定的原料是石蜡基的大庆蜡油，催化剂选用的是仅有HZSM-5沸石的单活性组分催化剂，反应条件是有利于最大量生产丙烯的最苛刻的参数。探索实验结果令人振奋，主要技术目标——丙烯产率达到预期。接下来在小型固定流化床和连续流化催化裂化装置上，相继开展了不同原料、多种不同品种分子筛、不同分子筛含量的催化剂优化组合，不同反应参数的大量实验，以确定最佳的催化剂配方、最优工艺条件及最高的丙烯产率。再从催化剂与工艺双管齐下展开试验研究。他明确两大技术关键：即催化剂与工艺研发的方向、目标和进度。他多次强调：利用院研究室已研发的成熟的工业放大催化材料和催化剂制备工艺研制新的催化剂；立足我国现有催化裂化技术，研究工艺参数与催化裂解反应的关系，优化工艺条件开发新工艺；加紧建立新的分析方法，确定气、液产品组成和杂质含量，及时提供样品分析结果，从而为课题研究顺利推进确定方案，并依据前期实验研究数据确定量化技术目标，确保研究成果达到了国际先进水平。

小试结果需要进一步在中型试验装置上试验并验证，所有这一切都由他在工艺研究和分析测定间统筹协调。

他还组织了催化裂解反应机理的理论研究，努力搞清新技术与催化裂化的异同。催化裂解生产低碳烯烃反应过程相对复杂，对烃类催化裂解化学反应、反应热力学和反应动力学特征了解有限，而正碳离子反应机理提供了合理地揭示碳氢化合物催化反应科学方法，是20世纪日益发展起来的碳氢化合物反应科学知识的基础。他依据文献调研启示，提议：进一步调研催化裂化反应是否都是以正碳离子为过渡态或中间体进行的，反应过程中正碳离子的类型及形成，能否以正碳离子来解释催化裂解反应机理；要研究重质油催化裂解生成丙烯的反应、裂解反应深度与产物分布关系，原料的组成和性质与丙烯生成反应之间的关系。

他领导科研团队经多次实验，通过实验数据进行反应机理理论分析和科学论证，表明催化裂解与催化裂化过程所涉及的化学反应过程有异同，但所涉及的化学反应仍以经典的正碳离子为基础这一认知得到验证。也就是说，与目的产物仅为汽油、柴油的传统催化裂化技术相比，重油催化裂解制丙烯技术所面临的是一个重质原料经平行顺序裂化反应生成产品的过程。据此，经反复酝酿，他亲自审定了该技术中文名为"重油催化裂解技术"，英文名为 deep catalytic cracking（DCC），与常规催化裂化技术作出了科学区分。

令人自豪的是，这个重质石油原料多产丙烯难题，不到三年时间就被他领导的石油化工科学研究院科研团队成功攻克了。他深有体会地说，成功的领导者要充分发挥每一个人的特长，如果发挥一部分人的特长，同时压抑另一部分人，这个领导就有问题。科研的成功离不开团队和协作，但航船要达正确彼岸需要掌舵和领航。

3. 负重前行 科学决策

科研是一项复杂的脑力劳动，技术开发过程是不断探索创新进程。思维严谨的他让石油化工科学研究院的研究团队既感到压力，又有扎扎实实搞科研的动力。多产丙烯技术从1984年开始探索，1987年进入系统研究，1990年迈入工业化试验阶段。在这个过程中有很多关键的节点需要做出重要技术抉择。

他认为，在实验室研究基础上，实验研究结果，包括催化剂、工艺必须经重复验证，小试研究结果必须放大验证。在石油化工科学研究院尽快建设一套10kg/h的中试装置，放大制备出满足中试装置试验要求的催化剂，成为确保研究进度和验证实验室研究结果的关键。

1988年，在年处理量近百吨的新建催化裂解中型装置上，该课题组完成了中型一系列放大研究和小试结果实验验证，取得了可以提供设计的完整数据，按预定计划研究内容和要求目标终于取得中试阶段性成果。

1988年9月，中国石化总公司责成侯祥麟主持业内专家和领导对中型试验研究结果进行技术鉴定。专家和领导鉴定取得了一致意见："中试数据齐全，可作为设计工业装置的依据，可以借鉴成熟的催化裂化技术，建议尽快建设工业装置。"这为该技术向工业转化和产业化打开了绿灯。

随即,他把研发工作的注意力转向了中试阶段性成果工业放大转化。他先内后外,联系院内外工程设计、工业放大试验和生产企业专家,及时研讨工业放大需要解决的问题。当一致认准关键的问题是反应器的选择时,是重新研制反应器还是借用现有催化裂化反应系统,存在分歧和争论。催化裂化反应系统,20世纪60年代用的是床层反应器,70年代改造升级用的是提升管式反应器,而经中试放大做DCC比较适用的是床层加提升管反应器。有些人认为,技术进步不能"倒退",现在大多数生产装置已是提升管式反应器,因不需改造,可以选用先试。但中试研究证明这种类型反应器,反应时间受限、气固分离空间受限,并非对多产丙烯新工艺有效。最后在听取各方意见基础上,汪燮卿决断:"科学实验来不得半点想当然,实验室、中试里用的什么样的反应器,工业试验也应该用同样的反应器。"经过研究协调与设计单位取得共识,既考虑工程放大设计改造可行性,又结合企业拟开展工业试验生产装置实际,形成了吸收两种反应器特点、改造工作量小、运行操控风险小的最优反应器设计方案。

紧接着的问题是上级要求石油化工科学研究院选择工业试验企业,在中国石化总公司的全力支持下,石油化工科学研究院、北京设计院及济南炼油厂通力合作,最终将济南炼厂闲置的一套催化裂化装置进行了技术改造。济南炼油厂改造成功第一套工业规模的催化裂解生产装置,于1990年11月,使用齐鲁石化公司周村催化剂厂生产的CHP-1工业催化剂,开始进行DCC-I型催化裂解技术的首次工业试验。

工业试验初期,开车不是太顺利。汪燮卿召集现场各方面专家,采集数据,分析操作,寻找原因,商讨对策。当时该试验万众瞩目,首次工业试验成败关系重大。那时现场技术小组的专家们去车间分班倒,一天几次聚在一起碰情况、讨论技术问题。他带队同大家一起吃住在企业,一待就是一二个月,每天必到车间,掌握第一手资料。有时除上、下午一次外,吃完晚饭还要进车间"溜一圈"。未进油前,装置运行一度不太正常,在停下来和继续运行两难境地,到底下一步怎么办?这需要有人果断决策和担责。那次关键会议从晚上12点讨论到凌晨4点,各方专家也拿不定主意,静心聆听大家意见后,汪燮卿陈述了理由,拍板决定:"工业试验不能停。装置暂停下来,按修改方案再开车。有什么责任我来担。"第二天,经过短时间的操作调整,装置再次按试验DCC方案开车后运行渐转顺利。他考虑问题非常细致和深入,一般不武断否决别人意见,也不轻易发表意见,但是一旦做出决断,就必定是深思熟虑的。这是令大家感受非常深的一点,也使企业领导肃然起敬。

第一阶段自1990年11月11日到12月28日,历时18天,正常开停工,第二阶段自1991年5月10日到7月5日,历时67天,平稳运行至正常停工。首次工业试验最终按预期计划考察的内容全部完成。

1990年济南炼油厂DCC技术工业试验现场

在近四个月的工业试验运行期间，包括假日在内，他大部分时间守候在现场。他患有糖尿病，按医嘱饮食、休息等都需要特别注意，但是他与做实验的年轻人一样，饮食上没有提出任何特殊要求，一盯就是一整天或大半夜。当时企业一度考虑安排特别的餐食，被他委婉拒绝了。为了掌握第一手资料，他与年轻人一样天天到车间，查看操作记录，了解试验运行情况。有时院里有会议临时回北京，他必定把工作交代好，回程时还不忘带上工试样品送院分析。

济南炼油厂工业试验成功后，他的脚步依然没有停歇，他的精力和注意力立即转向DCC技术的推介交流和产业规模化应用。他再次不辞劳苦，奔波于企业。第一套以重质原料生产丙烯等低碳烯烃的大型工业装置——40万t/a催化裂解联合装置终于在1995年3月于安庆石化总厂炼油厂开工投产。该装置的投产成功不仅为催化裂解技术的产业化提供了经验，解决了安庆石化总厂供不应求的丙烯腈生产急需的丙烯原料问题，而且为DCC技术推广应用积累了装置设计、建设、运行经验，对提高我国丙烯及下游石化产品自给能力，增加石化企业经济效益具有重要意义。

可以说，这一国际领先、国内外首创、具有我国自主知识产权的DCC技术的开发和转化历程，彰显了我国炼油科技工作者自主创新能力，凝聚了他及其领导科研团队的聪明才智和科学态度，更体现了中石化团队协作的效率和为共同科技目标献身的精神，佐证了攀登技术高峰的艰辛。他只是一位平凡的人，却拥有高尚的情操和令人尊敬的人格魂力。他是领导，敢担责，却不摆架子，平易待人。他是科技工作者，孜孜以求、执着追求，是一个为追求科研目标坚持拼搏的人。

人们会说：人生路上可能会遇到各种险阻，到头来或多或少总有遗憾。他爱石化科技高于生活、高于生命，将科技征程上的险阻终踩脚下，当科研预定目标实现时，到头来他不会有遗憾。

4. 严审把关　淡泊名利

在石油化工领域，以重质原料生产丙烯等产品的催化裂解技术（DCC 技术）大名鼎鼎，1991 年获中国专利金奖，1992 年获中国石化科技进步奖特等奖，1995 年摘得了国家发明奖一等奖，打破了国家这一奖项此前多年空缺的状况，成为中国石化第一个获得国家发明奖一等奖的技术，我国第一个炼油技术出口的项目。这蕴含着他的智慧和创造，凝聚着他的心血和辛劳。但是在国家发明奖一等奖的获奖名单里，自始至终主持该项技术研发工作的他却没有把自己的名字列入其中。

对始终秉持"做事要把成败放在第一位，是非功过由他人说"价值观的他来说，对名利显得格外淡定泰然。提起这件事，汪燮卿曾对采访他的记者平静地说："申请国家发明奖一等奖当时名额只有 6 个。但是参与的人员比较多，除了石油化工科学研究院，当时的济南炼油厂、山东淄博周村催化剂厂在工业化试验和工业化应用中都做出了重要的贡献，他们都是承担了风险的，所以名单中应该有他们的技术负责人；另外还有北京设计院的专家也做出了贡献，作为开发单位石油化工科学研究院最多只能有 2 个人入围。我想，首先要把 DCC 技术的第一发明人署上，其次要把承担具体工作的催化裂化室的科技负责人员加上。""胜负成败是第一位的，是非功过是第二位的，首先要调动各方面的积极性，保证把工作做好。"就这样，关于署名的争论最后由他一锤定音，申报获奖人员名单中他坚持不写上他自己的名字。

值得一提的是，凭着他的学识和外语能力，他亲自修改审阅对外学术交流论文，不带翻译直接与外国公司开展谈判和交流，在对外介绍和转让该项技术出口中，他也做出了很大的贡献。属国际首创、拥有自主知识产权的我国独立开发的炼油化工成套技术 DCC 技术在国际上发表后，立即受到国际同行专家的关注和高度评价，被誉为"在炼油和化工之间架起了桥梁"。世界炼油和化工权威杂志 *Hydrocarbon Processing*、*Chemical Engineering* 及世界石油大会均将其列为世界石油化工新工艺。

5. 技术领先　走出国门

汪燮卿的英语是在"文化大革命"中，拿着中英文两个版本的《毛主席语录》，把中文版的放在上面、英文版的放在下面，"偷偷地"学的。因为他觉得作为一名科技工作者，需要阅读大量的外文资料以获取最新的技术发展理论和动态，所以他对英语"四会"早就提出了自我要求。1992年在兰州炼油厂做MGG的工业化试验时,他每天都要求自己用英语写日记。

"DCC技术要出口,首先要申请国外专利保护,要对外宣传。"这是他确定的下一个目标。可是征程艰难。

DCC技术虽然是我国首个成套出口的炼油技术,但技术出口的一大拦路虎,是要突破国外在催化剂上的技术垄断。向美国申请DCC技术所用的催化剂专利,是该项技术走向国际的关键一步。1990年DCC技术完成工业化试验,1991年向美国提出专利申请。申请书寄到美国专利局,被驳回,再次申请,又被驳回。最后美国专利局要求汪燮卿签订一份"保证书":保证项目中的一切实验数据的可靠性必须能够得到证明和担保,如有差错将受到美国法律的制裁。汪燮卿眉头都没皱一下就签了字。他坚信"我们的数据都是经过千百次试验得到的,经得起任何考验"。最后专利申请被批准了,我国首创的这项技术得到了美国等国际同行的认可和重视。

1991年4月9日汪燮卿在美国AIChE年会上做有关DCC技术的学术报告

面对国际市场,那时炼油技术出口贸易对我国而言毫无市场经验。当时中国石化是一边向国外购买技术,一边研发自己的技术。前期美国石伟工程公司(Stone & Webster Engineering Corporation)向中国石化提供过渣油催化裂化的技术。催化裂解技术对外公开报道后,看到我国开发的DCC新技术,他们首先是怀疑,之后才确认没有侵犯他们的知识产权。此后美国石伟工程公司主动要求作为该技术对外转让的代理商,和我国洽谈在国外代销技术的事情。汪燮卿代表中石化评估对外合作利弊,率队与对方反复交流沟通,对合作细节反复谈判。1993年,美国石伟工程公司与中石化签约,成为DCC技术在中国之外的商务代理。1994年中国石化即与泰国石油化学工业有限公司(TPI)签署DCC技术使用许可协议,在泰国建设一套72万t/a DCC工业装置，实现了我国炼油成套技术首次出口。与泰国谈判签约过程也一直由他主导和负责。采用DCC工艺专利技术的装置于1997年5月在泰国建成投产，一直平稳运转至今，并一直使用中石化的DCC专用催化剂。自此，我国炼油成套技术出口实现了零的突破。

与石伟工程公司总经理Johnson洽谈DCC技术合作事宜

与泰国TPI公司达成DCC技术使用许可协议后的10年间，中国石化DCC技术已有六套装置许可到泰国、沙特阿拉伯和印度等国。其中，2004年中国石化向阿拉伯阿美石油公司输出该技术，使用我国技术的Petro Rabigh公司建设的一套全球最大的（460万t/a）DCC装置于2009年5月一次开车成功，年产乙烯22.5万t、丙烯95万t，被戏称为"丙烯发生器"。这些海外装置的投产，显示了DCC工艺和催化剂的优异性能和世界领先的技术优势，显现了自主创新炼油技术所具有的市场生命力和竞争力，在国际上树立了中国石化的良好形象。

催化裂化家族技术的开发

DCC技术开发成功后，汪燮卿清醒地意识到：重油制烯烃技术的生命力是资源决定的。重质油越来越多，轻质油越来越少，这是资源发展趋势，也是资源利用趋势。国际上生产低碳烯烃的原料，一方面越来越轻质化，如用天然气、轻质凝析油，用甲烷和甲醇来制烯烃；另一方面越来越重质化，用重质原油生产烯烃。这两个方面都需要下功夫。但是也应该看到，想要始终走在世界前列，DCC技术还并不完美，还有很多工作要做。他习惯于面向企业思考技术问题，始终认为，技术要针对不同企业不同需求，根据生产所需，合理分配原料用途和确定产品结构方案，才能发挥原料最佳作用，使企业取得最佳经济效益。

求索之路，可谓路漫漫兮夜以继日；科研高峰，可谓峰巍巍兮锲而不舍。由他搭建和领导的石油化工科学研究院科研团队，继续在以下方面探寻技术创新硕果。

首先在催化材料方面。催化材料和催化剂始终是催化裂化和催化裂解技术的关键，也是上述技术创新关键的一环。以往的催化剂都是在已有催化裂化催化剂的基础上改进，真正原始性的、独立的创新还比较少。他在组织指导研制成功具有独创性的用重质原料生产轻质烯烃和高质量汽油的新工艺同时，组织指导研究成功了采用新活性组元配方和新型催化剂制备技术，实现活性组元的优化与匹配，改善了不同分子的催化剂活性中心的可接近性，开发了新的成型效果好的催化剂成型工艺。研发出符合新工艺不同要求、适应不同企业需求的一系列配套的催化剂，包括 DCC-I 型用 CHP、CRP，DCC-II 型用 CIP，MGG 用 RMG 和 ARGG 用 RAG，MGD 用 RGD，MIO 用 RFC，CPP 用 CEP 催化剂等多系列专用催化剂，实现了与新工艺配套催化剂的系列化开发，在 1990～1998 年相继实现了催化剂工业化生产，并在国内外得到广泛应用。

其次是反应工艺的持续创新。他通过组织裂解反应机理研究，依"因地制宜，因时制宜，走技术多元化发展之路"前瞻性思路，指导石油化工科学研究院科研团队和其学生，以企业和市场需求为导向，相继研究成功工艺流程与常规 FCC 工艺基本相似，或可在稍加改造后的催化裂化装置上实施的一系列创新的催化裂解工艺。

1. 深度催化裂化技术 DCC-I、DCC-II

鉴于生产目的、装置构型、操作条件不同，先研发出提升管加流化床反应器、最大量产丙烯操作模式 DCC-I（deep catalytic cracking-I）型，后研发出采用提升管反应器、最大量产异构烯烃操作模式 DCC-II（deep catalytic cracking-II）型。两种型式可以加工多种重质原料，并使用配套的、有专利权的催化剂；在反应温度高于常规 FCC，但远低于蒸汽裂解条件下灵活操作，可通过改变操作参数转变运行模式。所产汽油可作高辛烷值汽油组分，中间馏分油可作不同燃油组分，气体产物不需用蒸汽裂解制乙烯工艺中所使用的深冷分离。

值得注意的是 DCC-I 型技术成功开发后，科研团队 1988 年旋即开始进行以重质油为原料直接制取异构烯烃的 II 型催化裂解技术探索研究。1990 年在已建中型提升管反应装置上对 DCC-II 型催化裂解的工艺条件进行了大量的试验研究。考虑到各个炼油厂对产品结构要求不同，在中型提升管反应装置上又开发了两种典型的操作模式：最大量产异构烯烃兼顾汽油操作模式和最大量产异构烯烃兼顾丙烯的操作模式。1994年6月，石油化工科学研究院与济南炼油厂、北京设计院和齐鲁石油化工公司催化剂厂协商，并经中国石油化工总公司发展部同意，决定在济南炼油厂原催化裂解装置上进行DCC-II型催化裂解工业试验。

工业试验从1994年8月23日开工到10月28日共计运行66天。在9月26~28日和10月20~22日进行了II型催化裂解两种操作模式的标定，取得了工业标定的数据，并积累了开工和操作的经验，完成了II型催化裂解工业试验的各项经济技术指标，达到了工业试验的预期目的。试验表明II型催化裂解具有投资省、效益好的特点，工艺成熟，技术可靠，和烷基化、醚化等炼油工艺联合，可以生产高标号商品汽油，有利于车用汽油的升级换代，具有良好的社会效益和推广应用价值。

2. 最大化生产汽油和液化气催化裂化/常压渣油最大化生产汽油和液化气催化裂化

最大化生产汽油和液化气催化裂化（MGG）是针对炼厂对液化气、丙烯和高辛烷值汽油需兼顾的市场需求，和不同催化裂化原料，开发出的以蜡油掺炼渣油为原料，最大量生产汽油和液化气催化裂化技术。MGG是可以各种重质油为原料，采用提升管或床层反应器，使用RMG和RAG系列催化剂，最大量生产富含烯烃（尤其是丙烯）的液化气和高辛烷值汽油的新工艺技术。采用的RMG和RAG系列催化剂具有活性高、水热稳定性好、重油转化能力突出、抗重金属污染强、烯烃选择性好的特征；可改变工艺条件和操作方式，灵活调整产品结构、目标产品，油气兼顾。

在汪燮卿的领导下，另一组科研团队，几乎在相距DCC开发成功不远的时间内，同样经过小型、中型试验研究，开发了MGG工艺及其所用的RMG催化剂，1992年2月通过了中石化总公司组织的中试技术鉴定。技术鉴定认为，该项技术为发展炼油和石油化工的结合提供了一条新的、有效的途径，建议尽快进行工业试验及推广使用。经过他代表石油化工科学研究院与兰州炼油化工总厂协商，决定在兰州炼油厂进行MGG工艺技术的首次工业试验；并安排针对兰州炼油厂原料油进行MGG中试，在中试的基础上开展工艺工程开发和工业试验的可行性研究。当时申报该项目列入中石化总公司重点科研开发项目和"十条龙"攻关项目获批，并成立了由总公司生产部、发展部、石油化工科学研究院和以兰州炼油化工总厂领导为组长的MGG技术工业试验领导小组，他代表石油化工科学研究院参与其中。1992年4月中国石化总公司审查通过了兰州炼油厂催化裂化装置改为40万t/a MGG装置的可行性研究报告。1992年6月底，对兰州炼油厂催化裂化装置进行了停工改造，7月30日开始了MGG工艺技术的工业试验。装置转入正常生产后经过四次试验标定，各项技术经济指标接近设计值，达到了工业试验的预期目的，取得了较好的经济效益。当年12月该项成果通过了中国石化总公司的工业技术鉴定。

1992年8月在兰州炼油化工厂MGG工业化试验期间讨论开工方案

在MGG成套技术的基础上，石油化工科学研究院进一步研究开发了以常压渣油为原料的最大量生产汽油和液化气催化裂化工艺，其称为常压渣油最大化生产汽油和液化气催化裂化（ARGG）技术。依旧在他领导下，石油化工科学研究院与扬州石油化工厂、齐鲁石化公司催化剂厂和洛阳石化工程公司等单位合作，1993年7月在扬州石油化工厂新建了一套7万t/a规模ARGG工业试验装置，并共同完成了首次ARGG技术工业试验，经过标定验证了中试结果。1994年该项技术通过了中石化总公司技术鉴定。

因原料性质的变化，尽管ARGG与MGG两者有不少相似之处，但在操作、工艺条件、催化剂、装置、工艺工程等方面二者还是有许多不相同的地方。这为企业扩展催化裂化多产烯烃原料和技术选择，又增加了一条成熟可行的技术途径。1998年6月在岳化建成投产第一套80万t/a大型工业化装置。1999年9月，由石油化工科学研究院提供ARGG技术咨询、洛阳石化工程公司负责设计，高桥分公司#2催化装置改造为处理量60万t/a ARGG装置，2000年3月全面达标、标定验收。由石油化工科学研究院提供ARGG设计咨询、北京石化设计院设计，大庆炼化公司180万t/a ARGG装置于1999年9月投产。

经他审定，继DCC后，MGG（ARGG）工艺和RMG、RAG催化剂先后在中国、美国、荷兰、泰国、日本等国家进行了专利申请，分别获准中国、美国的专利授权,并获得中国专利十年成就展金奖,中国专利局和世界知识产权组织专利金奖。1993 年获得了中国石油化工总公司科技进步奖特等奖,1995 年获国家科技进步奖二等奖等多项奖励。

3. 多产液化气及柴油催化裂化技术

多产液化气及柴油催化裂化工艺技术(maximum gas & diesel fuel process, MGD)是针对 20 世纪 90 年代,国内许多地区经常出现季节性的汽油市场饱和、液化气和柴油产品短缺,许多炼油企业希望能够在催化裂化装置上同时多产液化气和柴油,以增加企业适应市场变化的能力,从而增加企业的效益而研发的一项创新技术。它满足汽油质量升级急需和市场提高柴汽比的需求。它使用分段进料,在提升管反应器中形成多个反应深度不同的区域,原料可按轻重、裂化性能和反应深度的不同,在不同区域进行选择性裂化和控制汽油裂化反应,最大量生产液化气和轻柴油,从而区别于前述两大炼油技术。

特别是从 2000 年 7 月 1 日起,我国陆续开始实施新的车用汽油标准,要求汽油中的烯烃含量大幅降低。他敏捷地注意到企业汽油质量升级的趋向,指导并支持石油化工科学研究院科研团队,根据企业迫切要求降低催化裂化汽油烯烃含量的需求,抓住时机开发在提升管催化裂化装置上可同时增产液化气和柴油又降低汽油烯烃含量的技术。一方面完善了 MGD 技术,一方面又延伸了其应用范围。该技术因可选择不同生产方案,灵活调整产品结构,多产液化气、丙烯和柴油,或降低催化汽油的烯烃和硫含量,提高汽油辛烷值,受到全国炼油企业普遍关注。

MGD 技术的关键,在于对汽油反应区汽油裂化反应规律的认识,操作参数的优化,及其对提升管反应器总产物分布和产品性质影响的认识,重质油及轻质油反应区操作参数的同步优化的掌控。针对 MGD 技术的特点,他指导石油化工科学研究院科研团队通过担体改性、沸石酸性调变和选用合适的择形沸石,研制了专用 RGD 催化剂。

工业试验是在广州石化公司和福建炼化公司催化裂化装置上进行的。1999 年 4 月,按照 MGD 技术要求,对广州石化公司重油催化裂化装置设计处理能力为 1.0Mt/a 的装置进行了技术改造,2000 年 4 月开始使用 MGD 专用催化剂 RGD-1,2000 年 6 月 RGD-1 催化剂占装置系统藏量 85%时进行了技术总结标定。同年 9 月福建炼化公司处理能力为 1.5Mt/a 的重油催化裂化装置也进行了 MGD 技术改造,11 月底在装置系统中 RGD-1 催化剂占藏量比例达到 55%以上时进行了技术标定。二者均达到了预定目标。MGD 技术在广州石化公司和福建炼化公司催化裂化装置上成功工业应用之后,陆续有 37 套催化裂化装置采用 MGD 技术进行改造,涉及各种催化裂化装置型式和不同种类的原料油,总加工能力达到 3500 万 t/a。石油化工科学研究院一时门庭若市,企业咨询服务应接不暇。

4. 多产异构烷烃催化裂化技术

我国的车用汽油标准与欧盟的汽油标准相近,但我国的汽油池与欧美等国家又有很大的不同,汽油池中催化裂化汽油高达 80%。这意味着,为满足车用汽油质量升级为国Ⅲ、国Ⅳ标准,我国催化裂化生产的汽油面临着脱硫、降烯烃、降芳烃,同时还要维持并提高辛烷值的要求,此外还要为生产醚类化合物提供异丁烯和异戊烯原料。

1992 年,石油化工科学研究院在他主管科研期间,依据已经成功开发的 DCC 工艺具有多产丙烯同时异丁烯产率增加的特点,预见到我国车用汽车质量升级趋向,根据清洁汽油关键组分——醚类化合物生产原料异丁烯、异戊烯严重短缺的局面,适时提出了开发最大量生产异构烯烃新技术的重大课题。

多产异构烷烃催化裂化工艺技术(maximizing iso-olefin process,MIO)就是针对一些炼厂增加轻质产品中的异构烷烃含量,降低汽油中的烯烃含量的需求而开发的。MIO 是以重质油为原料,多产清洁汽油生产所需的异构烯烃和高辛烷值汽油为目标;在原料性质可比的基础上,异构烯烃的产率目标要比国外公司相对增加 50%～100%。其主要创新是使用有自主专利权的 RFC 催化剂和配套的工艺。在蜡油与渣油原料高钒/镍金属污染水平下,催化剂能保持良好的异构烯烃选择性、热与水热稳定性;新工艺,包含裂化和转化(异构化、氢转移、烷基化)两个反应区串联的提升管反应器系统,用相对较低反应温度和较长反应时间的反应模式,替代常规 FCC 高温/短反应时间的操作模式,在特定的工艺条件下,增加了轻质产品中的异构烷烃含量,降低了汽油中的烯烃含量,提高了汽油辛烷值。还配套建立了新的异丁烯与异戊烯测定方法,以及原料潜在的最高异构烯烃产率预测模型。

为确认 MIO 工艺技术已具备工业试验的条件,中石化总公司发展部于 1995 年 1 月召开了专家评议会。同意 1995 年 3～6 月,MIO 工艺首次工业试验在不进行技术改造的前提下,在兰州炼油化工总厂十六单元催化裂化装置上进行。为确保 MIO 工试顺利进行,中石化总公司成立了 MIO 工艺工试领导小组,他再次代表石油化工科学研究院参加领导。由于生产安排原因,直到 1997 年兰州炼油化工总厂为满足 MIO 工艺的需求,对催化裂化装置进行部分技术改造。当年 3 月在兰州炼油化工总厂 40 万 t/a 装置上进行了真正意义上的 MIO 的工业试验标定。1997 年 4 月工业试验通过了中国石油化工总公司技术鉴定。专家鉴定意见认为:采用 RFC 催化剂及 MIO 工艺,在加工蜡油和蜡油掺渣油原料时,可提高气体烯烃度和重油转化率,并可抑制氢转移反应;所建立的异构烯烃潜产率模型对研究有指导意义;C_4、C_5 异构烯烃产率及丙烯加异构烯烃产率接近热力学平衡值,属国际先进水平。

MIO 工艺工业试验的成功，不仅对我国清洁汽油的生产、实现汽油的质量升级具有重大的作用，而且对参与国际上新配方汽油生产技术的竞争，提高我国在世界炼油新技术领域的地位，均具有重大的意义。1994~1997 年，有关 MIO 工艺及 RFC 催化剂的多篇论文，曾在 NPRA 年会、美国化学工程师协会、中日石油学会会议和世界化工会议等会议上宣讲或发表，引起了很大反响。

5. 生产乙烯和丙烯的催化热裂解工艺技术

生产乙烯和丙烯的催化热裂解工艺技术（catalytic pyrolysis process，CPP）可满足一些地区重油增产乙烯，或期望催化裂解以多产乙烯为主，或催化裂解多产乙烯同时增产丙烯技术需求。他指导学生另辟蹊径，在阐释以往 DCC 技术的理论研究和实验基础上，通过工艺、催化剂以及装置构型的改进，改变传统纯热反应生产乙烯的路线，开发以蜡油、蜡油掺渣油或常压渣油等重油为原料，可根据生产需要灵活生产乙烯和丙烯的催化热裂解工艺技术。这是一条以重质原料发展石油化工的新路径。区别于蒸汽裂解和催化裂解，其反应特征为催化反应兼热反应，反应机理是正碳离子兼自由基反应，反应器型式是提升管反应器，应用催化剂使裂解反应温度大幅度降低，但较 DCC 反应条件苛刻。为此研制出一种新的具有固体酸的，既有大孔又有中孔，使重质原料进入大孔中一次裂化为汽油和柴油，再使汽油在中孔中选择性地二次裂解生成低碳烯烃特征的，CPP 专用的 CEP 催化剂。

2000 年在中国石油大庆炼化公司，由中国石化工程建设公司负责，将一套 1995 年建成投产的 120kt/a DCC 工业装置，改造成 80kt/a CPP 工业装置，进行了首次 CPP 工业试验。工试结果表明：以大庆常压渣油为原料，在多产丙烯或多产乙烯或兼顾乙烯和丙烯生产的操作条件下，乙烯、丙烯产率均满足生产要求。2001 年 6 月 15 日，"催化热裂解制乙烯和丙烯技术（CPP）及工业试验"通过国家发展和改革委员会组织的技术鉴定。2002 年他代表石油化工科学研究院在圣安东尼奥 AIChE 年会上做了 CPP 学术报告。2009 年 7 月，由中国石化石油化工科学研究院提供 CPP 专利技术和反应再生系统设计基础工艺包，由中国石化工程建设公司负责工程设计，在沈阳化工集团沈阳石蜡化工有限公司建设的世界上首套 500kt/a 规模重油催化热裂解制烯烃工业装置投料试车，并一次开车成功。该装置以石蜡基常压渣油为原料，以乙烯、丙烯等低碳烯烃为主要目的产品，副产含轻芳烃高的裂解石脑油。2010 年 3 月，由沈阳化工集团沈阳石蜡化工有限公司、中国石化石油化工科学研究院、中国石化工程建设有限公司三家联合组织，对 CPP 制乙烯装置开展了性能考核标定。工业标定结果表明，以大庆常压渣油为原料，在兼顾乙烯和丙烯的操作模式下，乙烯和丙烯产率达到设计目标。该装置的成功运转开辟了一条重质原料生产低碳烯烃和轻芳烃的新工艺路线，在沈阳石蜡化工有限公司为实现炼油与化工的一体化创出了新路。该技术获得了 2012 年度中国石油和化学工业联合会科技进步奖一等奖。

钛硅分子筛制备技术的突破

闵恩泽和汪燮卿早在 20 世纪 80 年代钛硅分子筛（TS-1）刚刚问世时，就敏锐地意识到这种催化材料的重要性，安排组织科研人员进行这种催化氧化新材料的开发。但经过多年的研究，其制备效果上重复性差，收率低，未能取得突破。

1996 年 6 月汪燮卿为他的博士后林民提出"研究催化氧化新材料钛硅分子筛"的课题，并和舒兴田一起指导林民进行博士后课题研究。

确定课题后，汪燮卿要求林民在进行博士后课题研究时，能从基础做起，仔细研究钛硅分子筛 TS-1 合成科学与规律，发现 TS-1 难于合成、重复性差的原因，找到解决问题的方法途径，为开发钛硅分子筛 TS-1 提供技术支撑。

研究中汪燮卿提出做研究要集中精力，像激光一样能集中到一个点，不要像灯泡发光，虽然很美，但四处发散，形不成强能量。在研究钛硅分子筛难于合成原因时，林民发现只有当钛原子插入硅氧骨架中去，实现了被硅分隔孤立的钛才具有催化氧化活性，而钛与硅分属不同的主副族，如何实现相互分隔而孤立化，工业上很难做到，这应该是钛硅分子筛难于工业合成的重要原因，因此研究钛与硅的相互之间交联的过程和状态很重要。针对这个问题，需要了解硅酯、钛酯水解产生的不同硅、钛物种，它们相互之间的联系和作用，以及对钛硅分子筛合成条件的影响，而当时连硅酯的水解行为都鲜见规律研究的报道。对此，汪燮卿希望林民首先集中精力细致地研究硅酯、钛酯的水解行为。

研究硅酯、钛酯水解时，采用石油化工科学研究院内的核磁共振仪来跟踪硅酯水解，以判别硅酯水解过程所产生的各种硅物种，从而解析硅酯的水解反应，但实验未取得理想结果。汪燮卿发挥分析基本功扎实的综合判断能力，认为可能是当时的核磁共振仪功率不够，在钛酯水解物的干扰下，难以清晰分辨硅酯水解物种之间的区别，从而未能获得真实的硅酯水解行为。为此，他和舒兴田联系，安排林民去中国科学院大连化学物理研究所，利用大连化学物理研究所的高功率核磁共振仪进行硅酯水解行为研究。与两位导师讨论后，林民在大连化学物理研究所设计了不同水解温度下硅酯、钛酯处于不同反应阶段的水解样品的核磁测定。通过 ^{1}H NMR 和 ^{29}Si NMR 的化学位移值测定，获得了硅酯水解的不同状态硅物种，从而较为细致地研究了硅酯在 TPAOH 中的水解行为。研究发现：不同温度下硅酯水解都存在着单体、二聚、三聚及环聚等硅酸根物种的平衡；产生的硅酸根物种分布与水解温度和时间有关；低聚硅酸根物种有利于硅钛相互分隔而孤立化；水解过程中加水会使水解产物多聚硅酸根物种转化为低聚物种；而大量异丙醇加入将导致单聚和二聚硅酸根物种的高聚；钛酯 TBOT 加入 TEOS-TPAOH 水解体系中得到的 ^{29}Si NMR 结果明显不同于 TEOS-TEAOH 水解体系；TEOS-TPAOH 水解体系较适合硅钛相互分隔。依据这些研究发现，开发了适当调配硅酯水解，使之与钛酯协同水解的硅钛酯适度匹配水解和移醇促聚加速硅钛成核的硅钛胶制备新技术，为钛硅分子筛稳定制备提供了重要基础，初步解答了钛硅分子筛 TS-1 工业难以生产的问题。

由于钛硅分子筛 TS-1 知识产权属于国外 Enichem 公司，在工业应用开发中，需要突破其知识产权制约。汪燮卿认为不要受现有知识框架约束，要勇于创新，提出"要异想天开，敢有异想，才会有天开"。汪燮卿、舒兴田和林民经过讨论，认为氧化反应本征动力学是快速反应，制约反应速率和效率的重要因素是扩散，特别是内扩散应该是分子筛催化的氧化反应主要影响因素。为增强反应分子内扩散速率，提高催化效率，在粒径约为头发的 1/200 的钛硅分子筛晶粒内制造空心结构，以增强反应分子与催化剂活性中心的可接近性，开发具有自主知识产权的空心钛硅分子筛。

在汪燮卿和舒兴田的精心指导和参与下，发明的空心钛硅分子筛技术获中国、美国、欧洲和日本发明专利。开发的硅钛羟基缩合促进技术，大幅提升了钛硅分子筛的催化性能。发明的硅钛酯匹配水解、分散包裹 Ti 羟基、控制晶相前驱体生成时机和晶核数量等创新技术，实现了空心钛硅分子筛工业稳定生产。分子筛表面均布富钛技术，实现了高活性的同时降低表观黏度及提高耐碱性。开发的原位黏结、细颗粒去除和表面改性等多项技术，发明可直接用于催化氧化反应的空心钛硅分子筛原粉催化剂。

在表征空心钛硅分子筛时，汪燮卿指导林民与透射电镜（TEM）专家进行讨论，用 TEM 细心表征，发现了在钛硅分子筛晶内存在空心结构，为了证实这一发现，将样品交换到德国进行 TEM 表征，由巴斯夫公司进一步提供了明显的钛硅分子筛晶内空心的 TEM 相片，为空心钛硅分子筛申报国内外产品发明专利提供了佐证材料和依据。当时制备这种空心钛硅分子筛，没有现成技术，没有技术名称定义。汪燮卿提出将这种兼具产生分子筛晶内空心和硅钛羟基缩合的过程命名为"重排技术"，现在这个制备空心钛硅分子筛过程技术的名称，已拓展用于其他分子筛制备。

汪燮卿和舒兴田指导和组成的钛硅分子筛创新团队，开发了具有自主知识产权的催化氧化新材料空心钛硅分子筛，使中国石化成为继 Enichem 公司后第二家能工业生产钛硅分子筛的企业，不仅掌握了催化氧化新材料空心钛硅分子筛工业化制备技术，更是创造了四个"首创"：首创世界独特的空心分子筛；首创无须成型可直接用于氧化反应的纳米/亚微米多空心钛硅分子筛原粉催化剂；首创空心钛硅分子筛水解成核新工艺；首创低排放低能耗的工业制造技术。

催化新材料空心钛硅分子筛的开发和应用先后获国家技术发明奖二等奖 2 项，中国发明专利优秀奖 2 项，中国石化技术发明奖一等奖 3 项，中国石化科技进步奖一等奖 1 项，湖南省科技进步奖二等奖 1 项。汪燮卿和舒兴田组成的研究团队也荣获 2016 年中国石化优秀创新团队。

林民从 1996 年师从汪燮卿做博士后，到博士后出站以来的二十多年钛硅分子筛开发中，一直受汪燮卿精心指导和帮助，在汪燮卿和舒兴田精心指导和培养下，林民被中国石化认定为学术带头人、高级专家、有突出贡献专家和科技创新功勋专家，并获得中国工程院光华工程科技奖。

含酸原油直接催化裂化技术的开发

汪燮卿闲时不免有遐想，根据石油的有机成因学说，石油是亿万年前的生物，通过埋藏在地下，受到温度、压力和地质条件的作用后形成的。也就是原来的碳水化合物变成了碳氢化合物，把氧去掉了，形成天然气和石油，当然也可形成煤炭。

相同碳数的碳氢化合物与碳氢氧化合物相比，表现在物理性质上差异非常明显。如一个碳的化合物，它的碳氢化合物是甲烷，也就是天然气，它的沸点是 $-161.4℃$，而同一碳数的甲酸沸点是 $100.5℃$，二者相差 $262℃$；二个碳的乙烷沸点是 $-88.6℃$，而同碳数的醋酸是 $118.4℃$，二者相差超过 $200℃$。到了碳六，正己烷沸点是 $68.7℃$，而正己酸是 $265℃$（10mmHg）。粗略地说，相同碳数的有机酸比烃类沸点要高 $200℃$ 以上。这是自然界的客观现象，看起来偶然但却很有趣，它启发我们去推论和延伸到石油的组成与沸点的关系，就是石油中的有机酸类物质比相同碳数的烃类物质的沸点要高 $200℃$ 以上。这种推想是否正确，还需通过实验证明。为此，他 1996 年给硕士生张青的研究论文题目为"孤岛混合原油中 250～400℃馏分中石油羧酸的组成研究"。采用离子交换树脂富集孤岛混合原油中的石油羧酸，然后进行甲酯化形成相应的石油酸甲酯，再通过用四氢铝锂还原反应，最后将石油羧酸甲酯转化成相应的碳氢化合物。把这些碳氢化合物的混合物通过元素分析、红外光谱分析和质谱的电子轰击离子源（EIMS）以及场解析离子源（FDMS）分析，得到了该原油中相同碳原子数的羧酸类的碳原子数分布，以及相应的烃类族组成，证实了这个推论的正确性。

汪燮卿又查阅了一些文献资料，总结了石油酸的结构和组成有以下特点：①石油酸主要是一元羧酸；②石油酸主要由脂肪酸、环烷酸和芳香酸组成，其中环烷酸占 85%以上；③环烷酸包括一环、二环、三环和四环环烷酸，还有含芳香基环烷酸和含脂链环烷酸；④原油各馏分油中，单环及双环环烷酸的含量较高，馏分越重，多环或带芳环的环烷酸含量越高；⑤同一碳数的酸比相同碳数的碳氢化合物沸点要高200℃以上。

在炼油界，把总酸值大于1mg KOH/g的原油称为高酸原油。现有含酸原油的加工方法是：用常规原油的加工方法加工高酸原油。这时含酸原油通过常减压加热炉、塔和换热器、冷凝器会使设备腐蚀，因此要用耐腐蚀的合金钢材料，这样就会增加投资。中国海洋石油总公司在惠州有一套1000万t/a的含酸原油加工炼厂，采用耐腐蚀的各种钢材，投资大得多。其他大多数炼厂都是采用将含酸原油与普通原油混炼的办法，以降低进料原油的酸值，再用"一脱四注"等技术措施，降低对设备的腐蚀，加强安全维护，达到正常生产。

汪燮卿从主持催化裂化家族工艺的开发工作中受到启示，他联想到：含酸原油不要经过加热炉加热到350℃以上，而是通过换热，使原油温度达到200℃左右，那时石油酸还是以液相均相状态存在于原料油中，然后直接进入催化裂化喷嘴气化和裂化。气化后的石油酸接触到的是无机非金属材料催化剂，从而避免了对设备的腐蚀。

这个新想法能否成为一个现实的加工工艺，还要取决于石油酸催化裂化脱羧基的难易程度。如果相同反应条件下，与羧基相连的C—C键比同碳数烃类的C—C键更容易断裂，使羧基断裂变成二氧化碳气体逸出，那么这种催化裂化进料方式完全可以加工高酸原油，这就有可能在高酸原油工艺上另辟蹊径。于是他在2003年招了一名博士生傅晓钦，给他的论文题目为"高酸原油流化催化脱酸技术的探索"。

在正式讨论课题以前，汪燮卿把"哥伦布竖鸡蛋"的故事讲给了傅晓钦，目的是启发他科研工作中的想象力，敢于冲破常规去思考问题。故事的梗概大致如下：在西班牙国王的支持下，哥伦布先后四次出海远航，开辟了横渡大西洋到美洲的航路。1492年10月，哥伦布终于发现了美洲大陆。在临行前，国王举行宴会为他饯行，作陪的有国王的亲信和大臣们。席间，国王令侍卫端来一盘煮熟了的鸡蛋，发给参宴的每一位客人，要他们把鸡蛋竖起来。大臣们小心翼翼用双手把鸡蛋竖了起来，一放手又倒下去了。国王心中暗自好笑，见哥伦布不动声色，于是也要哥伦布把鸡蛋竖起来。哥伦布毫不犹豫地把鸡蛋的一端往桌上一敲，鸡蛋就乖乖地竖在桌子上了。国王对哥伦布的智慧和决断行为大为赞赏。讲完故事后，汪燮卿对傅晓钦说："今天给你出的研究题目把高酸原油直接催化裂化，就是考验你有没有哥伦布竖鸡蛋的精神。"

与加工常规原油比较，加工高酸原油的问题是：常减压装置腐蚀严重；油品乳化严重，从而降低油品收率；精制过程产生的碱渣污染环境。

如何避免加工高酸原油的腐蚀问题？要开发新型高酸原油加工工艺，首先必须认识温度对石油酸腐蚀的影响规律。通过调查文献，发现有一个有趣的现象：<220℃时，石油酸腐蚀极弱；>220℃时，腐蚀随温度升高而加剧；270~280℃，腐蚀性最强；280～350℃，温度升高，腐蚀下降；350～400℃，腐蚀重新加剧；>400℃时，腐蚀明显减弱。这一现象或规律给我们一个暗示，如果在加工时把高酸原油加热到220℃以下，并且只与高度分散的呈流化态的催化剂接触而不与金属材料接触，就能避免与金属材料接触引起腐蚀。这就是该课题创新的核心。

傅晓钦首先对我国蓬莱原油、苏丹高酸原油、柴油馏分的石油酸和VGO的石油酸，用红外光谱、核磁共振、负离子电喷雾质谱等方法做了结构表征，得出以下结果：羧基与环烷连接有两种方式，一种直接与环烷相连，另一种通过1～4个亚甲基与环烷相连，后者含量较前者高。负离子电喷雾质谱表征结果表明，石油酸类型有一环环烷酸、二环环烷酸、三环环烷酸、四环环烷酸、五环环烷酸和芳环羧酸，它们的碳数分布范围在C_9～C_{46}之间。

用实验室小型流化床进行苏丹高酸原油的脱羧基试验，在反应温度480～550℃、空速20h^{-1}和剂油比3～20的条件下，得到了以下几点新认识：①高酸原油在高温（小于200℃）条件下只与高度分散的呈流化态的催化剂接触，不与金属材料接触，避免与金属材料接触引起腐蚀。②催化裂化的脱酸率达到99%以上，避免了石油酸对后续加工设备的腐蚀和油品碱洗精制脱酸。③高酸原油中的轻组分降低原料油的黏度，提高了原料油的雾化效果，同时轻组分中石油酸在此过程中一并脱除。④石油酸与石油烃同时发生裂化反应，产品分布良好。

所开发的高酸原油流化催化脱酸工艺有以下几个优点：①高酸原油经过脱水脱盐预处理，加热到200℃后通过喷嘴被水蒸气雾化直接进入提升管反应器，不需要常规原油蒸馏过程中的加热炉和常减压蒸馏塔等设备，避免了高酸原油对设备的腐蚀。②在固体酸催化剂的催化脱羧作用下，高酸原油中的石油酸的羧基转化成CO_2，而烷基部分保留，并以碳氢化合物形态再裂化成小分子。③反应产物不需要碱洗精制脱酸，相对而言减少了油品的损失，避免了油品乳化和产生碱渣问题。

结合分子模拟所得的认识，还需要通过实验才能验证正确性。经过实验室小型和中型试验，傅晓钦创新性地提出高酸原油不经过常减压蒸馏，直接进行流化催化脱酸工艺。蓬莱高酸原油经固体酸催化裂化后，液化气收率为10%左右，汽油收率为35%～40%，柴油收率为28%左右，焦炭产率为9%。蓬莱高酸原油属于环烷中间基，裂化性能差些，开发加工高酸原油流化催化脱酸工艺的固体酸催化剂要以Y型沸石为主。若要多产低碳烯烃，可添加金属改性ZRP沸石，或加入改性Hβ沸石为第三组分。蓬莱高酸原油流化催化脱酸工艺所生产的汽油、柴油和重油的酸度或酸值符合相应标准要求，不需要进行碱洗精制脱酸。中型试验结果表明，高酸原油流化催化脱酸技术是一种新型和实用的高酸原油加工工艺，避免了当前加工高酸原油所产生设备腐蚀和产品精制问题。

80 岁的汪燮卿在中型试验现场指导工作

这篇论文在 2006 年 6 月答辩通过以后，引起石油化工科学研究院领导的高度重视，认为有可能开辟一条高酸原油加工的新工艺，必须在此基础上进一步做工业化试验以验证它的可行性和经济性。当时正值高油价年代，含酸原油价格相对便宜、利润丰厚，总公司领导同意进行工业化试验。

2006 年 11 月在清江石化用高含酸苏丹达混油做了两个月的工业试验，目标是生产酸值和其他指标合格的高价值石油产品和下游原料，解决高酸原油加工造成的常减压设备腐蚀问题；技术创新点是开发直接催化脱酸成套工艺技术，这是高酸原油加工的世界级难题。要针对高酸原油乳化严重、含水高、含金属高等特点开发专用破乳、脱水、脱金属剂。针对高酸原油馏分宽、金属含量高开发专用裂化催化剂。针对高酸原油有机酸的随温腐蚀规律，优化换热网络和流程，避开石油酸对设备的腐蚀温度段。

工业试验结果表明，催化裂化单元的脱酸效果优异，工业试验期间汽油的平均酸度为 0.27mg KOH/100mL，柴油的平均酸度为 1.8mg KOH/100mL，油浆的平均酸值为 0.05mg KOH/g，产品的酸度（值）与常规催化原料的产品结果相当，石油酸总脱除率达到 99.8%。与加工常规催化裂化原料相比，加工高酸原油的利润增加 155.18 元/t，税收增加 51.73 元/t。

高酸原油直接催化裂化成套工艺使石油酸只脱羧基，生成二氧化碳，保留了烃类，体现了原子经济的概念。该成套技术具有完全独立的自主知识产权和自由的运作权。该技术获得了 2009 年度中石化集团公司科技成果奖项目科技进步奖一等奖和 2009 年国家能源局科技进步奖二等奖，2014 年获国家专利优秀奖，但获奖名单上没有汪燮卿的名字。在傅晓钦所获得三个授权中国发明专利中，汪燮卿的排位也是靠后的。

如今，80多岁高龄的汪燮卿依然孜孜不倦地工作着，并以对科学研究严谨务实的学风在炼油化工等技术领域辛勤耕耘，以他的智慧和学识继续奉献在祖国的石化科技进步事业上，为中国石化工业发展殚精竭虑。他不为科技界中的名利所羁绊，不为生活尘世的浮华所牵引，不为追求物质的享受所停留。他和常人一样，经过历史风雨的洗涤，经过时间隧道的磨损，经过科技征程的激荡，仍旧发光发热，行进在路上。

（蒋福康，林民，傅晓钦，刘鸿洲）

陈　懿

陈懿，中国科学院院士，物理化学家和教育家，南京大学教授，1933年生于福建福州。1955年毕业于南京大学化学系。陈懿长期从事催化剂、介观化学和材料方面的研究。提出金属氧化物催化剂的嵌入模型，对氧化物在其载体上的分散行为做出定量的描述，解决了多晶表面上空位以及阴离子所产生屏蔽效应的计算问题。阐明了溶液反应合成非晶态Ni-B粒子的机理，发现了制备Ni-P合金粒子液相反应的自催化本质，改进了溶液沸点附近回流加热的制备方法，提出了有效避开水解作用，获得类金属元素含量高的Fe-B非晶合金的固相化学反应方法。近年来，在纳米复合氧化物的制备及其晶格氧的活动性与粒子尺寸和催化选择性的关联，低维纳米金属氮化物的制备及其场发射性能等方面都取得良好进展。专著有《穆斯堡尔谱学基础和应用》（科学出版社）等。

1979~1981年陈懿去美国Wisconsin大学做访问学者。现任校务委员会顾问、校发展委员会顾问、华英文化教育基金南京大学遴选委员会召集人。曾任 Journal of Catalysis 编委（2000~2005年）、国际催化协会中国理事（1992~2000年）、中国化学会理事长（1995~1998年）、教育部高等学校化学教学指导委员会主任（1995~2000年）、国务院学位委员会化学学科评议组召集人（1997~2002年）；1985~1997年历任南京大学化学系主任、常务副校长、代校长等职务。多次在国际会议做大会或邀请报告，获全国科学大会奖，省、部级科技进步奖8项。1997年当选为全国优秀科技工作者。发表论文250余篇，获中国发明专利授权11项，德国、欧洲以及世界专利各1项。2005年当选中国科学院院士。在长期的教学和教学行政工作中培养了大批人才，为南京大学的发展做出了贡献。

陈懿，1933年4月11日出生于福建省福州市，有二姐三兄，他是最小的一个。父亲陈孝怡、母亲刘崇勤对子女要求甚严。严格的家庭教育使他从小就知勤奋学习。他在三一小学和格致中学完成了学业。格致中学对教学要求甚严，其中英语老师吴绍沣认真教学、一丝不苟的精神使他受益良深，至今难忘。1951年陈懿考入南京大学化学系。校长郭影秋的立足全局、以身作则、严格要求及校长匡亚明倡导优良校风、尊重知识、尊重人才、开拓进取的精神，对他有很深的影响。倪则埙、高济宇、李景晟、陶桐、戴安邦、李方训、傅献彩、时钧、程开甲等名师们深入浅出、精彩纷呈、各具风格的教学，言传身教、严谨、精益求精的治学态度，不仅把他引入浩瀚的知识海洋，极大地激发了他的学习热情，也成了他后来治学和修身的榜样。

教 育 工 作

陈懿于1955年毕业于南京大学化学系胶体化学专业，并留校任教，随即参加物理化学课程和实验的教学。他感到没有扎实的基础就不可能有进一步的发展。1957年他参加了李方训主持的热力学经典名著的读书讨论和有关电解质溶液的研究工作，在傅献彩指导下学习了Noyes和Sherill著的《物理化学原理》一书。李方训曾叮嘱他，登上讲台时至少应掌握三倍于所授的知识，于是他认真地钻研教材
和教学方法。60年代初期陈懿担任"物理化学"的主讲教师并兼任系主任助理，并分管教学工作。他精心组织教学的各个环节，并致力于配套教材建设。1960年前后与傅献彩联合编著了《物理化学》一书，此书被选为中国第一部统编教材，并被广泛采用，此书及其以后诸版对中国高等院校的物理化学教学都产生过很大影响。随后，他又与傅献彩合编了《物理化学简明教程》，并组织翻译了《物理化学习题集》和组织实验教材的建设。他十分重视课堂教学，其教学效果在60年代初就享有盛誉。他就授课的主要内容比较三本或三本以上著名教科书的引述和表达方法，写出初稿，经修改后写出提纲，而后在课堂上脱稿讲授。他的讲课重点突出，生动而富有启发性。鲜有人知的是他为了研究如何讲好课曾去听过苏州评弹，因为他认为那些众所周知的故事之所以令人百听不厌，必有可学之处。陈懿十分重视实验教学，努力贯彻戴安邦提出的实验室是全面教育的最好场所的观点，他在后来担任南京大学化学系主任期间，组建了中级化学实验室，使学生在本科学习阶段就有机会使用一些先进仪器设备，使研究生能有机会独立进行操作；建立了计算化学实验室，并参加了"计算机模拟贵重仪器教学"软件的研究（获国家教委科技进步奖二等奖);还根据教学的需要组建了仪器分析化学实验室。这些实验室的建立对提高本科生的教学水平起到了良好的作用。国内建立研究生制度后,陈懿较早地提出要解决固定的大学四年制、专业过窄与科学技术迅速发展带来的新知识、新技术急剧增加的矛盾,提倡对教学体系进行大胆改革或重组。他与有关同志倡议在中国建设一批人才培养基地,结合基地建设深化教育改革。他在国家教委的课程结构研究小组和化学教学指导委员会的工作,对南京大学以及国内高校化学的教学均有较好的影响。戴安邦对他的评价是:"陈懿对物理化学基础课的教学堪称突出,科研工作优质多产,他工作勤恳,明大义,识大体,顾大局,是一位德才兼备的教师、同辈中的佼佼者。"

"文化大革命"中,陈懿带领大学生到工厂劳动的过程中仍然坚持了教学和科研工作。期间他深入南京化肥厂的中变催化剂车间,参加生产的全过程,并以此为契机对研制中变催化剂进行了比较深入的探讨,他由此开始了对氧化物催化剂的研究,并与物理系夏元复合作在国内首先开展了穆斯堡尔谱学应用于催化的研究。

粉碎"四人帮"后,中国迎来了教育和科研的春天,也为陈懿施展自己的抱负创造了条件。1979年8月,他作为访问学者被选派到美国威斯康星大学化工系深造,在两年多的时间里,他先后听取了固体物理、计算机、材料化学、理论化学、多相催化等课程,并合作发表了7篇论文,参加了两次国际学术会议,为他以后的工作打下了坚实的基础。后又在1985年、1988年、1991年、1996年、1997年、1998年六次应邀到威斯康星大学做短期合作研究,Dumesic对他在美国的工作充满了赞赏,使他也有在国外继续深造或工作的机会,但年近半百的陈懿感到应该发挥承前启后的作用,急国家所急,着力于为提高学校的办学水平做贡献,着力于培养青出于蓝而胜于蓝的人才,遂按时回国。

国 际 交 流

陈懿十分重视国内外的合作交流,认为这是提高教学与科研水平不可缺少的环节,他先后担任了第三、四、五届(1987年,中国;1989年,日本;1991年,美国)中日美催化会议组织委员会委员;第一届亚洲泛太平洋地区催化会议(1997年,韩国)的国际顾问组成员,从1988年起,他是中国在国际催化协会的两位代表之一。1987年他和校内外同志一起组织了第二十五届国际配位化学会议并担任副主席,与会学者近千人,这是当时中国化学领域最大规模的国际会议,会后国际配位化学会主席专门致信邓小平同志表示感谢,并认为这是组织得最成功的会议之一。1988年,他组织了南京大学和大连化学物理研究所联合主办的由诺贝尔奖得主李远哲主持的面向全国教师和研究生的物理化学进展系列报告会。这个报告会随后在物理化学不同领域进行，隔2～3年一次，促进了物理化学领域国际交流，使有关青年教师与研究生得到在国内就能与国际著名学者接触交流的机会。在这些活动中陈懿出色的组织能力、流畅的英语和扎实的业务功底使他能应付自如并出色地完成任务。在学术交流中，他曾先后多次在美国、加拿大、日本、奥地利、匈牙利等国召开的国际会议上做报告，在日本、美国和韩国会议上做邀请报告或大会报告，还应邀到德国波恩大学，美国威斯康星大学、布朗大学、宾夕法尼亚大学等进行访问交流。美国、德国、法国等国的著名催化专家和中国台湾地区学者均曾来函商谈合作事宜。

1988年6月26日在第九届国际催化会议开幕式上（加拿大卡尔加里）

中间为陈懿

1989年7月第四届中日美催化会议主席团成员（日本札幌）

左1为陈懿

1992 年 7 月 19 日陈懿（背向者 1）、郭燮贤（背向者 2）在第十届国际催化会议国际催化理事会上（保加利亚布达佩斯）

M. Che、J. Vedrine 参加在大连召开的亚太催化会议

1959 年，陈懿与柳海澄结为伉俪，有子女各一，他们家庭和睦，相濡以沫，子女皆业有所成。他常讲在他的一生中能够做一些事，很大程度应该归功于其夫人的关心和无私支持。

陈懿为中国教育和科研事业的发展及人才培养献出了毕生的精力，做出了卓越的贡献。1991 年起，他享受国务院政府特殊津贴；1995 年，他所领导的科研组被江苏省教委评为优秀学科梯队；1996 年，他被评为江苏省优秀学科带头人；1997 年，他被评为全国优秀科技工作者。此外，他还获国家和省部委学术奖励共 6 项。2005 年，他当选为中国科学院院士。

（丁维平）

徐 元 植

徐元植，1933年出生于温州市。1955年大学毕业后被分配到中国科学院石油研究所（现中国科学院大连化学物理研究所）工作。五十年代主要从事重油催化加氢研究。六十年代初开始从事电子磁共振研究，并把电子磁共振应用于催化研究。1979年5月做了《均相催化剂的多相化问题》的学术报告，年底晋升为副研究员。1980年初调至福建物质结构研究所工作。主要从事过渡金属配合物结构的电子磁共振研究，并在卢嘉锡的指导下做过关于原子簇催化剂的评述报告。1984年调至浙江大学化学系任教授、博士生导师，主要从事电子磁共振研究。1986年起开始出国进行国际合作学术交流，曾访问过欧、美、俄、日等20多个国家和地区，以及中国港、台地区，直到1998年退休。2002~2004年任温州轻工学院院长。2008年出版《实用电子磁共振波谱学》（科学出版社），2015年出版《电子磁共振原理》（清华大学出版社）。

徐元植，1933年5月4日出生于温州市鹿城区的一个医生家庭。1951年毕业于温州市第二中学，并考入北京大学化工系。1952年院系调整到清华大学石油系。1953年在清华大学石油系的基础上成立北京石油学院。1955年毕业并被分配到中国科学院石油研究所。先是在章元琦的指导下从事热力学平衡数据的测定工作。1956年，转入高压加氢研究室在何学纶的指导下从事"煤焦油中压催化加氢"的研究工作。1958~1959年被派到中国科学院北京电子学研究所合作开拓"超声波化学"研究。

1960年底成立自由基化学研究室。他被任命为"自由基检测"课题负责人，并开始筹建电子顺磁共振实验室。当时，对于一个学石油化工的本科毕业生来说，什么是"顺磁共振"都还没听说过。他一开始就意识到：要想进入磁共振波谱学这个领域，必须有量子力学的基础，而学习量子力学所需要的数学基础，是化工系出身的学生不具备的。所以，他从数学开始补起，并于1961年初，带领全组（3个人）到长春应用化学研究所，在吴钦义、裘祖文的指导下边干边学。

国内电子顺磁共振波谱学的开拓者之一

1962年初，他回到大连化学物理研究所，还带回来一台由长春应用化学研究所吴钦义等仿制出来的顺磁共振波谱仪。原来的自由基化学研究室已经被撤销了，他就在催化研究室重新成立课题组，开始结合催化剂开展工作。

徐元植与李文钊、肖光琰合作，1965年在《燃料化学学报》上[①]发表了"用顺磁共振方法研究硅铝和氧化铂-硅铝的酸性"。这是我国最早发表的用顺磁共振研究催化剂的文献。在此之前，曾与曾宪谋合作，于1964年在《科学通报》[②]和《中国科学》[③]上发表了相同领域的两篇文章。

1965年他被派到农村搞"四清"运动。1966年从农村回来就投入到"文化大革命"中。当时的当权者认为基础研究不是国家当务之急，整个课题组都停止工作，被解散了。到1970年初，作为"五七战士"，他回到了阔别18年的故乡温州市郊区，接受贫下中农的"再教育"。

"文化大革命"期间，面对被下放，他没有灰心丧气，而是正视现实，努力适应环境，去施展才能。1970年10月温州晶体管厂多晶硅车间一直不能正常生产，就把他从农村借调到厂里解决生产技术问题。他提出了一整套改造工艺设备的计划，并下车间亲自动手干。不到半年就使之正常生产出品质优良的多晶硅棒。后来他又被借调到温州地区工业科学研究所工作。他上矿山下车间，结合地方工农业发展的需要，做了许多课题，给温州科技界留下深刻的印象。他还经常查阅《美国化学文摘》，关注世界科学技术的发展动态。他始终保持着一位科学家对学科前沿课题的敏锐性。

1979年5月，他利用一个偶然出差的机会来到大连化学物理研究所。在所学术委员会的安排下，他做了两个学术报告：其一是《电子顺磁共振在催化研究中的应用》；其二是《关于均相催化剂的多相化问题》。同年10月，他被晋升为副研究员，而后者就成为他晋升为副研究员的升职报告。

---

① 李文钊, 徐元植, 肖光琰. 1965. 用顺磁共振方法研究硅铝和氧化铂-硅铝的酸性. 燃料化学学报, 6（3）: 202.
② 徐元植, 曾宪谋. 1964. 双8-羟基喹啉系络合高聚物的电子顺磁共振研究. 科学通报, 9（6）: 522-524.
③ Hsu Y C, Tseng H M. 1964. Electro paramagnetic resonance spectra of complex bis（8-hydroxy-quinoline）polymers. Scientia Sinica, 13（12）: 2013-2015.

1979年初，徐元植本已决定调浙江大学化学系任教。又是一个偶然的机会，中国科学院大连化学物理研究所派他到福建物质结构研究所（福州）出差。当时所长卢嘉锡设家宴招待了他。卢嘉锡与他进行了一席情深义重的恳谈，并邀请他到福建物质结构研究所工作，使他动摇了调浙江大学任教的初衷。经过卢嘉锡的努力帮助，徐元植于1980年1月彻底结束了作为"五七战士"下放劳动的岁月，正式调入中国科学院福建物质结构研究所工作。从1965年（32岁）课题组被解散，到1980年（47岁）重新回到中国科学院的实验室，整整15年时间，徐元植过着非正常的动荡日子。而这15年却正是一个人的一生中最宝贵的黄金年华。

1980年1月，他在福州重新开始从事被迫丢下15年的电子顺磁共振波谱学的研究。从十几年来结合地方工农业需要的应用性研究，一下转向基础理论研究，这对于当时已47岁的他来说，其困难之大是可想而知的。他的后半生在学术上、在基础理论研究方面是否还能有所作为，在福建物质结构研究所的四年工作起到了决定性作用。

四年后，在当时的浙江大学校长杨士林的关怀和帮助下，徐元植于1984年8月调浙江大学化学系任教。他首先为浙江大学以及相关的兄弟院校的教师举办了两期"电子顺磁共振波谱学"讲习班。同时为研究生开出"催化化学"、"磁共振波谱学"、"仪器分析"、"高等结构化学"、"化学动力学"以及"超分子化学与分子工程学"等课程，为本科生讲授"物理化学"、"量子化学"和"催化原理"等课程。1986年徐元植晋升为教授、博士生导师，第一批享受国务院政府特殊津贴，为国家培养出20多名硕士和16名博士。同时开展"低维桥联过渡金属配合物的结构和性能研究"，并两次获得国家教委科技进步奖。

在三位名师的栽培下成长

1951年秋徐元植考入北京大学化工系。就在当年，著名的物理化学家傅鹰从美国回来就任北京大学化工系主任。1952年院系调整，傅鹰也到了清华大学，1953年又一起到了北京石油学院。傅鹰是他的物理化学老师。徐元植是班上少数几位物理化学成绩优异而受到傅鹰关爱的学生之一。老师生动幽默的讲课风格，严谨认真的科学作风，刚正不阿的处世态度，都给他留下极其深刻的印象。50年代末期，傅鹰调回到北京大学任副校长。他们之间深厚的师生感情在毕业后仍保持着。"文化大革命"期间傅鹰遭受严重的冲击。他夫人张锦是徐元植的有机化学老师，已于1965年去世。当时傅鹰孤身一人，生活环境极差。70年代初，徐元植曾三度借出差之便到北京看望傅鹰。师生见面时仍然畅谈与物理化学有关的话题，也谈了许多生活、社会方面的事情。1973年初第三次去看望傅鹰时，傅鹰激动地说："在这种时候还有你这个老学生来看我，陪我说说话，我得到很大安慰。"

在中国科学院大连化学物理研究所工作期间，徐元植得到所长、物理化学家张大煜的谆谆教诲，受益匪浅。张大煜的道德风范、学术作风和治学态度、言传身教，潜移默化地哺育着年轻一代科学工作者成长。张大煜要求从事物化专业工作的年轻人，每三年要通读一遍 *Textbook of Physical Chemistry*（这是一部在50年代风靡一时的，由S. Glasstone编著的长达1300多页的物理化学英文教科书）。这对他后来的成长有很大的影响。

在台北参加催化会议时合影

右1为徐元植

在福建物质结构研究所工作期间，卢嘉锡在学术思想、治学态度等各方面对他的影响，以及无微不至的关怀和帮助，使他很快重新适应了中国科学院的基础研究工作。在论文的英文文稿发出之前，卢嘉锡总是不厌其烦地逐字逐句加以修改，使他荒废了十几年的英文水平很快得以提高。而卢嘉锡从来不在他修改过的论文上署名。在卢嘉锡积极倡导开展原子簇化学研究的学术思想影响下，徐元植投向多核桥联配合物的结构与性能研究，为他后来向低维、有序、高级结构分子聚集体的研究方向发展奠定了基础。

他常对学生说：一个人的成长是与他所处的环境（包括家庭、学校和社会）密切相关的，其中影响最大的往往是老师。老师对学生的影响主要还不是通过在黑板前的说教，而是师生相处时的耳濡目染，潜移默化。

1986年12月，他在日本北海道大学召开的日本电子顺磁共振（EPR）学会年会上，做大会特别邀请报告，结识了日本EPR学会的主席、北海道大学相马纯吉。徐元植与相马纯吉共同发起并于1987年11月在浙江大学召开第一届中日双边EPR学术研讨会，开创了中日两国EPR学术交流的先河。1989年11月他作为中方的主席，率团（25人）赴日本京都大学参加第二届中日双边EPR学术研讨会。在那以后，他又多次作为访问教授，访问了日本的京都大学、东北大学、东京大学、大阪大学等高等学府和著名的研究机构。1993年1月徐元植被日本大阪大学聘为客座教授。

1989年5月他应邀参加在意大利比萨召开的第三届国际磁共振（核与电子弛豫）学术研讨会，并被选为国际学术顾问。徐元植访问了Florence大学、Siena大学和世界上最古老（创建于1088年）的Bologna大学，以及Trieste的第三世界科学院理论物理研究中心，顺访了布达佩斯的匈牙利科学院中央化学研究所和波兰的Wroclow大学。1990年起被聘为 Applied Magnetic Resonance 杂志的编委。1994年起任该杂志的国际学术顾问。1992年6月作为国际学术顾问参加了在意大利佛罗伦萨召开的第六届国际胶体和界面科学中的磁共振学术研讨会。1995年6月应邀参加在保加利亚首都索菲亚召开的第四届国际无序体系中的EPR学术研讨会和第一届应用EPR学术研讨会，并在这两个会议上做了大会邀请报告。会后，顺访了索菲亚大学、德国的慕尼黑大学、法国的巴黎第六大学（居里大学）、英国的诺丁汉大学，以及波兰科学院物理化学研究所，打开了与欧洲同行们进行学术交流的渠道。

应Knözinger之邀访问
慕尼黑大学时合影

应P. Sarre之邀访问
诺丁汉大学时合影

1996年10月徐元植应美国康奈尔大学、罗切斯特大学、休斯敦大学以及新罕布什尔大学的邀请访问了美国，与大洋彼岸架起了学术交流的桥梁。

1992年12月应台湾大学的邀请访问了台湾地区，同时还访问了"中央大学"和台湾"清华大学"（新竹），以及台湾工业研究院。1996年4月徐元植应台湾"中央研究院"化学研究所之邀再次访问台湾。并顺访了"中央研究院"原子与分子研究所、台湾师范大学、淡江大学、中兴大学、"中山大学"，为促进两岸的学术交流，建立合作关系做出了贡献。在途经香港时还顺访了香港科技大学和香港理工大学。

作为大会组织委员会主席，他于1999年10月31日至11月4日在浙江大学主持召开了第二届亚太电子顺磁共振研讨会。有来自亚洲太平洋地区以及欧洲等25

个国家和地区的 100 多位代表参加。他提出本届会议的主题是：当前电子顺磁共振发展的机遇与挑战。该主题得到了国际组织委员会绝大多数委员的认同和支持。

在第二届亚太电子顺磁共振研讨会开幕式上致开幕词

对学科发展建言

  1993 年 1 月，徐元植在日本神奈川大学做了题为《器件的超微化与分子构建学的兴起》的学术报告。他提出利用某些具有同分异构特征的有机（或配合物）分子的结构互变功能，在不同的条件下，得到不同构象的分子，再将其组装成具有某种功能的器件。他给分子构建学下了一个定义，就是研究选择合适的基元分子，在合适的条件下，通过分子识别，组装成分子水平的具有某种功能的器件的科学。它包括分子设计、分子组装、功能测试等工艺过程。这对于推进微电子器件的超微化有深远的意义，引起了日本同行的关注。

  90 年代中期，在国内外学术界多半热衷于合成新的超分子化合物时，他已把目光转向超分子化合物的物理化学问题的研究，并在《化学进展》1997 年第 4 期上发表了《超分子体系的物理化学研究进展》。在这篇评论中，徐元植提出：通过对主体分子选择性识别的研究，寻找更为有效的分离技术，即利用"分子识别"功能，达到高效超纯的分离效果，引起了国际同行们的关注。

  他对我国的电子顺磁共振（EPR）事业发展的战略方针，也有其独到的见解。他认为：在中国的现实情况下，应该优先发展专用型、简易型的小谱仪。先普及，后提高，在普及的基础上求提高。要使更多的人能买得起 EPR 谱仪，有更多的人在用 EPR 谱仪，才有可能开发出更多的用途，使整个 EPR 学科的发展进入良性循环。这对于指导国际 EPR 事业的发展也具有重要的影响，得到了国际同行们的共识。

  徐元植在国内外重要杂志和会议上共发表学术论文 200 余篇。他的代表性专著《实用电子磁共振波谱学》，于 2008 年 1 月获国家科技部学术著作出版基金资助，并由科学出版社出版。

图 片 集 锦

卢嘉锡路过杭州时约晤徐元植夫妇及女儿

与日本京都纤维工业大学校长巽友正合影

应 M. Che 之约访问法国巴黎第六大学时合影

（徐元植）

邓 景 发

  邓景发,广东省番禺人。物理化学家,化学教育家。1995 年当选为中国科学院院士。长期从事物理化学、催化和表面化学的教学科研工作。1972 年,他主持完成了电解银催化剂的研发工作,并在几十家工厂甲醛生产中推广应用,使中国甲醛生产主要技术指标达到国际先进水平;20 世纪 80 年代初,他自行设计组装了多种研究固体表面的能谱仪,建立了一个从分子水平研究表面吸附和催化过程的表面化学实验室;1986 年他在国内率先开展了非晶态合金催化剂的研究,并用化学沉积法将非晶态合金负载在大比表面的载体上,解决了非晶态催化剂比表面小、热稳定性差的问题;20 世纪 80 年代末到 90 年代他开展了环戊烯一步法合成戊二醛的新方法及丙烷一步法合成丙烯酸新型催化剂的研究。历任第 8、9、10 届中国科学院化学部常务委员,第 6、7 届国家自然科学基金学科评审物理化学组组长,第 2 届全国化学教学指导委员会物理化学组副组长,煤转化国家重点实验室学术委员会主任,固体表面物理化学国家重点实验室学术委员会副主任,上海市新材料研究中心专家委员会副主任等职。获国家发明奖 1 项,省部级科技奖 5 项。

  邓景发,1933 年 8 月 4 日出生于上海。父亲邓雨郎原是一名厨师,靠在一家饭店工作的薪水养家。"一·二八事变"爆发后他的家在日本侵略军的战火中被焚烧,全家人过着颠沛流离的逃难生活。其父由于受到日军飞机、大炮和杀人等血腥场面的过度惊吓而病倒,最终在 1938 年去世,留下邓景发母亲和 6 个未成年子女。为了生存,母亲周碧云带领儿女们在上海白渡桥摆起了饭摊。母亲是一个不识字的家庭妇女,她深知没文化的痛苦，所以在极度困难的情况下，在邓景发 7 岁时依然送他到私立存智学校上学。母亲常以国难、家难的事例教育他"勤奋读书，做一个对国家有用的人"。邓景发也很懂得体谅母亲，他白天上学，晨晚常协助母亲购物、记账，过着半工半读的生活，学习也很用功，成绩一直名列前茅。1946 年小学毕业后，母亲送邓景发到私立圣芳济中学虹口分部读书，学习一年后由于交不起昂贵的学费又转入市立师范附中（中华人民共和国成立后更名为虹口中学）学习，在那里完成了中学的学业。1951 年，中学毕业的邓景发考入同济大学理学院，1952 年全国高等学校院系调整后转入复旦大学化学系学习，1955 年大学毕业后师从吴浩青攻读电化学专业研究生，1959 年研究生毕业后留校工作，在复旦大学一直工作到他生命的最后一刻。少年时期艰难的境遇和母亲的谆谆教诲对邓景发后来始终不渝地顽强拼搏有极大的影响。他常对人说："母亲虽然一字不识，却是我的严师，一位终身的严师。"

留校工作的最初几年，他为本科生讲授"化学热力学"课程并同时开展电化学领域的科学研究，他主持完成了"电解法生产过硫酸铵"和"电解法生产氧化亚铜"两个项目，并都应用到工厂的生产中，成为当时高校科研成果产业化的一面旗帜，还发表论文 10 余篇，在教学和科研上崭露头角，于 1963 年晋升为讲师。正当他风华正茂时，爆发了"文化大革命"，教学和科研工作被迫中断。

在那漫长的动荡岁月中，邓景发在寻求发挥作用和施展才华的机会。1970 年，复旦大学招收了工农兵学员。1972 年，邓景发被任命为化学系基础课"物理化学"的主讲教师，从此之后他一直坚持讲授"物理化学"课程到 1997 年。他讲课不仅条理清楚，深入浅出，注重理论联系实际，而且生动活泼，深受学生欢迎。物理化学的抽象概念和深奥理论，经他联系科研实际和工厂生产实例讲解后变得有物有例，引人入胜，清晰易懂，1977 年人民教育出版社出版了他的第一部著作《物理化学》。

70 年代邓景发开始催化研究

1978年，我国教育界和科学界迎来了春天。邓景发更是精神振奋、意气风发。他每天一早就进实验室，直到深夜才离开。由于他在教学和科学研究上取得突出成绩，是年，他被提升为化学系副教授；1984年开始，他为研究生开设了"分子催化"、"表面化学"两门课程，一直讲授到他去世前；1986年，邓景发被聘为化学系教授，博士生导师；1995年当选为中国科学院院士。

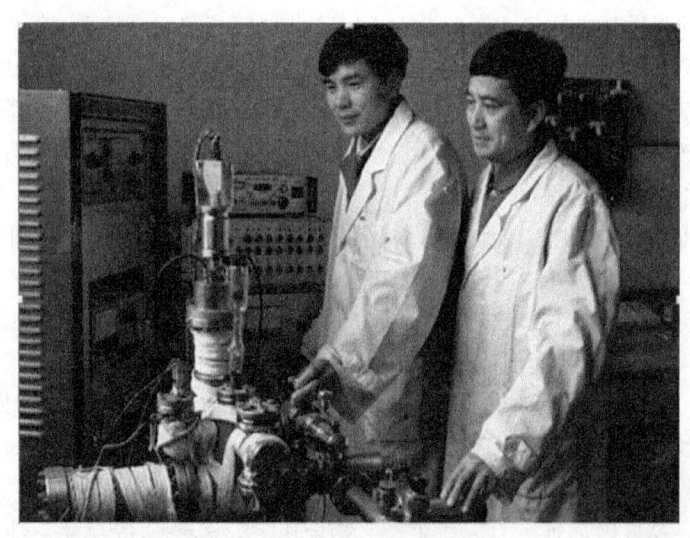

开创表面化学研究领域的八十年代

邓景发在复旦大学从事教学工作40余年，对教学内容和教学方法进行改革，把国际最新科研成果和自己的科研心得融入教学中去，教学效果非常突出。他认为："上课也好，搞科研也好，育人是教师的天职，是第一位的。"每年研究生入学时，他总要找学生谈话，教导他们"为人要真，待人要诚，做事要勤"。当学生毕业时，他也语重心长地对他们说："青年是国家的未来，应肩负起振兴中华的重任，无论是在国内还是在国外，都要把祖国的利益放在首位，要有爱国心，要有民族的尊严和高尚的道德情操。只有祖国富强，我们在国际上才有真正的地位。"他很注重教师以身垂范的作用，凡是要求学生做到的自己先做到，凡是要求学生不做的自己坚决不做。他常说："教学生要严，爱学生要真。"他是出名的严师。他对报考他的研究生见面的第一句话总是："做学问是一件十分艰苦的事，不能吃大苦者不入此门。"他每天都要到实验室检查，指导学生的学习和科研。在每周六举行一次的小组研讨会上，他鼓励学生对有关学术问题进行争论，大胆创新，进行集体论证。他非常重视研究生独立工作能力的培养，从查阅文献，下基层或工厂实地调查，制定研究方案，设计仪器设备和研究方案的实施,到最后书写成论文,都要求学生独立完成,他在关键之处予以指导和把关。

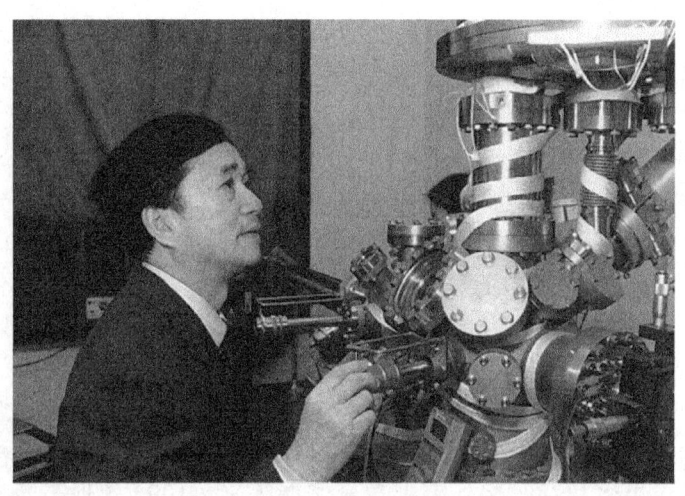

90年代结硕果

邓景发学风严谨、实事求是。世纪之交,正当我国科学技术事业蓬勃发展之际,科技学术领域也出现了一股追名逐利的歪风,个别学者为了出名,不惜造假、抄袭,败坏了学术风气,威胁了我国科技和教育事业的健康发展,邓景发对此深恶痛绝。他教育学生做事要先学好做人,科学研究来不得半点虚假,也绝不容许抄袭、剽窃他人的成果。他自己以身作则,用更加严谨的态度从事科研和教学工作,对发表的论文严格把关,对有疑义的数据均反复试验,直到取得重复性良好的结果才满意。面对市场经济的大潮,邓景发也襟怀坦然。当时,表面化学实验室为了培养更多高级研究人才,研究生招生数量增长较快,科研经费相当紧张,他一方面多方申请、筹措经费,另一方面加强实验室的内部管理,减少损耗和浪费,尽可能降低科研成本,保证科研工作的顺利开展。但是对于以高额科研经费为诱饵的弄虚作假的事情邓景发不屑一顾。一次,一位自称为某学会负责人的人请邓景发出面领衔某合成项目,他婉拒说,我是搞物理化学的,这个课题最合适的领军人物应该是有机合成领域的专家。对方声称邓景发只要挂个名就可以获得一笔可观的科研经费,尽管当时实验室的科研经费紧张,但是邓景发依然不为所动,并真诚地告诉他,如果真正想进行该项研究,可以帮他联系有机专业的教授,对方见无法说动他只好作罢。

邓景发几十年如一日,在教学和科研岗位上辛勤工作,取得了卓越的成就,为国家培养了大批优秀人才,其中博士近 30 名,硕士 23 名,有的已成为国内外著名的学者专家;他所教学生在全国共举行的五届中美联合出国研究生(CGP)考试中,有三届学生获总分第一名和个人第一名,另二届获总分第二名和个人第二、三名,物理化学成绩届届名列前茅。他的教学成果"物理化学课程改革及实践",获上海普通高校优秀教学成果奖特等奖(个人)和全国普通高校优秀教学成果奖优秀奖(个人)。邓景发出版专著 4 部,发表论文 249 篇。先后应邀赴美国普林斯顿大学、日本早稻田大学、东京大学、国立新加坡大学讲学和学术交流。他多次被学校和学生们评为"先进教育工作者"、"我们心中的好老师";1986 年被授予"国家有突出贡献的中青年专家"称号,同年他的著作《催化作用原理导论》获北方十省市优秀科技图书奖二等奖;1989 年被评为全国教育系统劳动模范,授予"人民教师"奖章;1990 年由国家教委和国家科委授予"先进科技工作者"和"金马"奖章;1991 年出席中共中央宣传部、国家教委举办的"教书育人成绩突出,全国高等学校教书育人座谈会",在会上做了发言介绍。他获得了全国和上海市普通高校优秀教学成果奖和特等奖、宝钢教育奖特等奖。1995 年他与范康年编著的宏观与微观内容相互联系、相互渗透的新版《物理化学》获上海市普通高校优秀教材奖一等奖和国家教委普通高校优秀教材奖一等奖,1997 年获上海科技进步奖二等奖(著作类)。

1995 年邓景发为本科生主讲物理化学

2000年邓景发在教育部举办的研究生和青年教师暑期培训班上做题为《表面化学》的演讲

他认为："在大学，教师要有高水平的科研工作，才能有高质量的课，才能培养出高水平的人才。"2001年元旦，邓景发和几位青年学生交谈"怎样做科学研究"，结束时他写了以下几句话："怎样做科学研究，答案有千万个，对我来讲，答案只有一个，那就是用生命去做研究。"邓景发"用生命去做研究"，几十年如一日，长期超负荷工作，直到2001年5月12日因心脏病离开人世。

他一生求真务实，对己、对人、对事都是如此。

成功研制出电解银系列醇氧化制醛催化剂并用于工业生产，填补国内空白

我国甲醛工业始于20世纪50年代的上海溶剂厂，当时采用苏联的气-固多相氧化脱氢工艺技术，用浮石银作催化剂，在低于常压的条件下，经水稀释的甲醇蒸发后与浮石银催化剂在高温下反应。浮石银催化剂的制备涉及浮石载体的初选、酸洗-水洗处理、破碎、浸渍、热处理等工序，生产工艺繁杂，劳动强度大；催化剂前体（$AgNO_3$浸渍的浮石）热处理中产生大量的氮氧化物有害气体，环境污染严重；催化剂活性低，原料甲醇的单耗较高。1972年，在一次下厂劳动中，邓景发了解到上海溶剂厂的甲醛生产仍用浮石银作催化剂，一位工人在用硝酸处理催化剂时还被浓酸烧伤。交流中，工厂的干部和工人希望邓景发能研究出电解银催化剂，因为国外的甲醛工厂大多已开始使用电解银作催化剂。返回学校后，他和几位同事一起开展了电解银催化剂的研究，强烈的责任

感和年轻人旺盛的精力使他们不知疲倦地工作着，经过几十个夜以继日的反复试验，电解银催化剂研制成功。该电解银催化剂具有催化活性高、选择性好、制备简便、高温处理时无污染、再生容易、银回收率高等优点，用它代替浮石银可以降低原料甲醇的单耗，所以很快在全国几十家工厂推广应用，主要技术指标达到国际先进水平，该系列催化剂为国内大多数甲醛生产厂一直沿用至今。在成功应用于甲醛生产的基础上，邓景发还将电解银催化剂推广延伸应用于乙醇制乙醛、丁醇制丁醛和乙二醇制乙二醛的工业化生产。电解银催化甲醇制甲醛的科研成果于 1980 年获上海市重大科技成果奖二等奖、化学工业部科技成果奖，1981 年获国家发明奖四等奖。

自行设计多种表面能谱仪，首次从分子水平阐明电解银催化剂上甲醇转化为甲醛的反应机理及乙烯环氧化反应机理

电解银催化剂成功的工业化应用使邓景发的科研兴趣由电化学转向催化，但是深入的催化研究面临着许多难题和挑战。由于催化反应通常是在高温（有时甚至是高压）下进行，要了解反应时催化剂的真实状态和催化反应机理很难，所以催化剂的设计和可控制备也缺乏充分、可信的理论支撑和指导，催化剂的制备大多是基于经验的操作，有人形象地称为"炒菜"，由于受多种难以控制因素的影响，可重复性也常常遇到问题。因而，当时的催化研究某种意义上与其说是科学（science），更像一种技艺（technology）。20 世纪 80 年代初，邓景发注意到国际上表面化学的发展，使人们从分子水平上研究固体表面上的吸附和催化过程成为可能，但是研究表面化学需要特殊的手段和仪器，在当时的条件下没有足够的经费去购置昂贵的能谱仪。为了尽快更深入地研究催化剂表面的有关问题，他在充分调研的基础上，利用国内既有条件，与研究生们自行设计组装了多种研究固体表面的能谱仪，主要有联合表面分析谱仪、变压程序升温反应谱仪、高分辨率电子能量损失谱仪、X 射线和紫外光电子能谱仪等。在此基础上，复旦大学化学系建立了表面化学实验室，该实验室是中国较早建成的一个从分子水平研究表面吸附和催化反应机理的实验室。利用这个表面化学实验室，邓景发开展了多项重大科研项目，对甲醇制甲醛反应中电解银的催化作用做了全面系统的研究，提出并实验证实了ⅠB族金属吸附氧的反馈键模型和催化剂表面存在的诱导酸性，指明了 s 电子在催化过程中的重要作用。诱导酸性概念指明了具有孤对电子的物质（如 Fe）对 Ag 催化剂的中毒作用，这类物质与缺电子的 Ag^+ 结合，阻止了甲醇的吸附和反应，从而从理论上阐明了杂质铁对银催化剂中毒的作用机理。而另一类物质

会导致氧吸附时功函数的升高，吸附氧电子密度增大，从而增大了银氧键的强度。利用这种电子效应理论的指导，找到了良好的助催化剂，研制成新一代的修饰电解银催化剂，使甲醛产率提高。根据甲醇氧化为甲醛的反应机理，邓景发推断出用电解银同样可以催化氧化乙二醇制乙二醛，研制成的工艺已应用于工业生产，使乙二醛的产率提高20%，属国际首创。上述研究成果分别于1986年和1990年获国家教委科技进步奖二等奖和三等奖。

工业上乙烯氧化为环氧乙烷使用负载银（$Ag/\alpha\text{-}Al_2O_3$）催化剂，虽然工业生产多年，但对反应机理和助催化剂的作用，一直存在较多争议。长期以来，学者普遍认为吸附的分子态氧是环氧化的活性氧物种。根据分子氧反应机理，环氧乙烷的最大选择性不超过85.7%。载体和金属的相互作用使问题复杂化，为了排除此问题，邓景发在自建的表面能谱仪上首次用电解银催化剂研究了乙烯环氧化反应机理和助催化剂的作用，发现吸附态的分子氧对乙烯的环氧化和深度氧化不起直接作用，而吸附态的原子氧则是反应的活性物种。通过研究银和吸附氧的相互作用，发现添加剂是通过电子效应提高了环氧乙烷的选择性。在电解银催化剂中加入微量的钯和铼后，乙烯环氧化的选择性达到94%，突破了85.7%这一极限，这也从另一个侧面证明了原子氧是活性氧物种。这一研究成果于1998年获教育部科技进步奖二等奖。

环境友好催化剂——负载型非晶态合金催化剂取得突破性进展

非晶态合金由有序结构的原子簇混乱堆积而成，原子在三维空间呈拓扑无序状态排列，在热力学上属于非平衡的亚稳态。由于具有各向同性、表面原子配位高度不饱和、化学结构均一的特点，非晶态合金作为模型催化剂和实用催化剂都具有十分重要的研究意义。非晶态合金由于是亚稳态，很容易向晶态转化，所以如何保持和稳定催化剂的非晶态是研究非晶态催化剂者需要考虑的问题。非晶态合金催化材料的研究始于20世纪80年代初，邓景发于1986年在国内率先开展了这方面的研究。传统的用骤冷法制得的非晶态比表面小，一般为$0.1\sim1.0m^2/g$，很难用于工业生产。邓景发在国际上首次用化学沉积法将非晶态合金负载在大比表面的载体上，制成了大比表面（$85m^2/g$）的非晶态合金。这种把非晶态以高分散形式负载在载体上的方法，受到国内外同行的高度重视，认为是一种很有希望的方法。一方面，负载化可增加非晶态合金催化剂的比表面积和活性中心的数目，提高催化活性，从而降低活性金属组分的用量和催化剂的制备成本；另一方面，非晶态合金高度分散在载体上及其与载体之间相互作用,可提高非晶态合金的热稳定性,使其在较高温度和较长时间的反应过程中保持非晶态结构。另外,可选择特定孔结构和酸(或碱)性的载体来满足不同反应的需要,从而拓宽了负载型非晶态合金催化剂的应用领域。负载后的非晶态合金催化剂可用于气固相反应,在液相反应中负载型非晶态合金催化剂更便于回收。为了提高非晶态催化剂的稳定性,邓景发指导学生通过在非晶态合金中添加稀土元素,稳定表面物种(如 Ni-P-O)使其难以还原,将非晶态的晶化温度提高了 100~150℃,从而提高了非晶态催化剂的使用温度,为非晶态合金作为催化剂材料的应用奠定了基础。

非晶态合金催化剂的活性和选择性比晶态好的原因,文献一直存在争议,多数人认为是电子效应。邓景发采用多种原位表面分析方法对不同处理条件下的非晶态合金进行了研究,发现合金表面(Ni 和 P)的电子价态并未改变,表面组成的变化是影响催化剂活性的重要因素。通过对超细非晶态 Ni-P 和 Ni-B 的反应活性研究,发现活性的差异来源于活性位的数目不同;通过掺 W 的 Ni-P 非晶态合金的研究,发现非晶态合金的几何微结构的差异直接导致活性差异。由此,他提出了非晶态合金的高催化活性是由几何效应引起的观点。他研制成多种新的非晶态合金催化剂用于加氢反应,在美国、日本、法国和意大利四国申请了专利,其中 Ni-Co-B 催化剂,对苯加氢的活性比 Raney Ni 高 8 倍。1998 年负载型非晶态合金催化剂的研究成果分别被邀在 *Catalysis Today*、*Current Topics in Catalysis* 上撰写专文加以介绍。

石油中碳五馏分的高效利用——开辟戊二醛合成的新路线

1989 年,当邓景发了解到中国石油化工中碳五馏分还没有被很好地开发利用,只被作为普通燃料,而另一方面,戊二醛是一个十分有用的工业原料和医用消毒剂,国外戊二醛生产专利技术主要以丙烯醛为原料,经四步合成,且必须使用无水体系。他基于研究积累,认为以碳五馏分为原料合成戊二醛可能是一条流程短的路径,于是就指导学生着手开展了从环戊二烯催化合成戊二醛的研究。在深入系统研究的基础上,开发了直接用商品双氧水作氧化剂的新工艺,开创了含水体系过氧化氢环戊烯催化氧化合成戊二醛的新方法。与国外以丙烯醛为原料经四步合成戊二醛的生产方法相比,具有步骤简单、成品价廉等优点,戊二醛的收率也大大高于非水系统,是一条具有很强竞争力的戊二醛合成路线。在戊二醛新型合成工艺研究方面,已经开发出几个性能优异的新型负载型催化剂,成功地将均相钨酸催化剂用中孔材料进行了固相化并取得了与均相催化剂相同甚至更好的活性结果。由于该技术的引入,原先的戊二醛(酸)工艺路线得到极大的简化,提高了该新型合成路线的综合竞争力,为改变我国戊二醛(酸)产品长期依赖进口,国内市场严重不足的现状提供了一条全新的途径。该工作得到国际上很好的反响,催化领域的权威刊物 Advances in Catalysis 也对该工作给予了评述。

加强产学研合作,倡议建立上海焦化-复旦催化研究中心

如何把科研与国民经济建设紧密结合起来,是邓景发一直在思考的一个问题。在一次党支部组织生活会议上他发言时说道:"前不久召开的院士大会上,朱镕基总理呼吁从事基础理论研究的科学家们,多为国民经济的发展做贡献,化工生产中催化是很重要的一个问题,我们选择课题时应该更多结合国家的需求。"2000年春节刚过,上海一家大型煤化工国有企业出于发展的需要,拟与本市高校中有实力的科研机构合作。该公司当时承担着上海家用煤气主要供气任务,但是随着"西气东输"工程的逐步实施,上海市的家用煤气的用量将逐年减少,最后将全部改用天然气,因此该公司未雨绸缪,为现有煤制气系列产品寻找新的出路。邓景发闻听此事,立即行动,主动与企业联系,并到该公司实地考察生产技术、设备及其相关产品的产能等状况,经过几个月的紧张工作,最终组建了上海焦化-复旦催化研究中心。该中心依托复旦大学化学系表面化学实验室,利用实验室在催化剂研制开发方面的优势,就 C_1 的综合利用进行一系列探索性的研究,为企业的产品转型做好技术储备。由于该联合实验室针对企业的实际需要确定科研课题,并充分发挥了企业和高校各自的优势,因此体现出很强的生命力。联合实验室创建之初,邓景发就明确,"办联合实验室不能只想着从企业获得科研经费,更要想着如何为企业服务,我们的联合实验室就是要办成真正为我国经济发展效力的科研基地"。在邓景发的倡导下,联合实验室建立了一套适应校企挂钩、相互促进、同步开发的研究工作体系和工作制度,保障了该实验室长期持久地发挥作用。虽然邓景发翌年就不幸离开了人世,但是他倡导并建立的联合实验室至今仍然在产、学、研的道路上继续发挥着重要作用。近年来,在表面化学实验室其他教师以及上海焦化技术中心工程技术人员的共同努力下,该联合实验室已经完成了一批科研成果,取得技术专利十多项,其中"马来酸二甲酯加氢制1,4-丁二醇及四氢呋喃催化剂开发"顺利通过了在工业装置上进行3000h寿命试验,并且通过了教育部科技成果鉴定,专家组认为该项目的催化剂总体研制技术达到国际先进水平。此外,草酸二甲酯选择加氢制1,2-乙二醇新型催化剂开发,3-羟基丙酸甲酯高压加氢催化制1,3-丙二醇催化剂开发等项目也取得了明显进展,即将进行工业化试验,基本形成了C系列有机合成催化剂的开发研制体系,成功地为企业产品转型提供了技术支撑,实现了邓景发生前的遗愿。

参 考 文 献

复旦大学档案馆资料,第 70 号.
中国科学技术协会. 2001. 2001 中国科学技术专家传略、理学编、化学卷 4. 北京:中国科学技术出版社:453-460.

(闫世润,朱源龙,胡建国)

高　　滋

高滋，1950年毕业于上海著名女校圣玛利亚女子中学，1953年毕业于复旦大学化学系，毕业后留校任教。1978年曾作为改革开放后首批出国访问学者，到英国帝国理工学院学习三年。此后还曾赴美国加利福尼亚大学伯克利分校化工系和美国康涅狄格大学化学系担任访问学者。1984年经国家教委特批晋升为教授和物理化学博士生导师。高滋曾任复旦大学化学系主任，1998年当选为复旦大学化学首席教授。她是一位教学和科研双肩挑的教师，主要研究方向是多相催化和新催化材料，而且研究工作始终与国家需要和生产实际相结合。曾获得多项国家科研奖，如国家自然科学奖、国家发明奖、国家教委科技进步奖、上海市科技进步奖、上海市优秀发明奖等，还在1983年和1997年两度被评为上海市"三八红旗手"。担任过国内外多种学术期刊编委，曾发表著译作16部，学术论文320余篇，获得专利30余项。

高滋，祖籍浙江杭州，1933年出生于上海。父亲高维礽毕业于上海圣约翰大学化学系，曾任大学化学教员，并发表多部学术著作。她自幼家庭教育良好，学习勤奋努力，酷爱科学知识，热心社会活动。1944年由上海协和小学毕业后，进入上海著名女校圣玛利亚女子中学，就学期间曾任圣玛利亚女中学生会主席。1950年中学毕业后考入上海交通大学化学系，曾任该校学生会女同学部部长。1952年院系调整，转到复旦大学化学系学习，曾任复旦大学学生会体育部部长。1953年学校批准其提前毕业，并选送至北京大学俄语培训班学习，学习结束后返回复旦大学任教，并在顾翼东指导下从事稀有元素化学研究工作。1954年高教部委托北京大学化学系首次举办化学进修教师学习班，高滋又被选送至北京大学学习二年。

除了听苏联专家讲课,还在张青莲指导下从事稳定同位素的研究。

1958年,应国防建设的需要,她负责筹建了复旦大学化学系化学物理专业,并且承担了一批重要的国防科研任务。1959年还带领几名年轻师生到中国科学院上海有机化学研究所参加了高能燃料研制等工作,出色地完成了国家任务。1959年被共青团中央授予"全国社会主义建设青年积极分子"称号。

1971年起参加了我国石油化工催化剂大会战,根据需要于1972年在复旦大学化学系负责建立催化教研室和实验室,并承担了石油部引进装置需要的国产丝光沸石和甲苯歧化催化剂研制重大项目。

1978年以赴欧出国人员英语考试全国第一名的成绩,被录取为改革开放后首批赴英访问学者,到英国帝国理工学院化学系的分子筛实验室,在 L. V. C. Rees 的指导下从事了三年科研工作。1985年经校长谢希德推荐,高滋作为复旦大学首位赴美校际交流学者,前往美国加利福尼亚大学伯克利分校化工系从事催化研究,导师为 A. T. Bell。1999年经复旦大学校长杨福家推荐在美国康涅狄格大学化学系担任访问教授,参加指导催化方向研究生的科研工作两年多。

1979年改革开放后第一批留英学生在 Cardiff 大学

1980年在英国帝国理工学院 Rees 实验室

1987 年在厦门中日美催化会议上和伯克利大学导师 A. T. Bell 合影

1999 年于美国康涅狄格大学化学系 Suib 教授实验室

1999 年和 Suib 教授的中国研究生合影

1984年经国家教委特批晋升为教授和物理化学博士生导师。1992年起获国务院政府特殊津贴。1998年当选为复旦大学化学首席教授。高滋历任复旦大学化学系主任、化学系学术委员会主任、化学学位委员会主任、世界银行贷款物理化学专业实验室负责人、校务委员会委员、校学术委员会委员、校学位委员会委员、国家教委科学技术委员会化学学科组成员、国家教委中英友好奖学金资格审查委员会委员、分子动态与稳态结构国家重点实验室学术委员会委员、国家教育部胶体和界面化学重点实验室学术委员会委员。1982～1986年曾协助复旦大学校长谢希德和哈佛大学教授Doering组织实施国家CGP计划，五年内组织选拔242名国内化学专业优秀大学毕业生到美国著名大学攻读博士学位，开创了中国学生留学美国的新局面。

高滋是一位教学和科研双肩挑的教师。她对教学认真负责，对学生循循善诱，严格要求。在科研中她思路敏捷，乐于接受新事物，对实验工作一丝不苟，精益求精。她身教重于言教，凡事以身作则，以深厚的业务底蕴、良好的师德和作风去教育学生，一直受到学生的敬仰和好评。在她的指导下，已毕业博士17人，硕士33人，出站博士后和进修教师7人。

2002年退休后高滋仍活跃在科学研究第一线，曾担任国家科技部973计划咨询专家多年，协助科技部管理化学和生物领域973计划项目。还曾担任中国科学院纳米生物效应与安全性重点实验室、上海稳定性同位素工程技术研究中心和华东理工大学国家盐湖资源综合利用工程技术研究中心学术委员会委员，以及上海华谊集团技术研究院、华谊集团上海焦化厂、华谊集团上海丙烯酸有限公司、上海亚申科技研发中心等单位的科技顾问，指导科学研究和协助培养年轻科技队伍。

2006年在亚申科技研发中心接待新加坡前总理李光耀

2009 年国家科技部 973 计划综合交叉领域咨询专家组在深圳考察

高滋的主要研究方向是多相催化和新催化材料,而她的研究工作始终与国家需要和生产实际相结合。

20 世纪 70 年代初,我国开始建设首批大型石油化工企业,她参加了筹建上海金山石油化工总厂的部分调研工作,协助制订催化剂发展规划。她负责组织复旦大学催化研究队伍,承担了石油部重点项目国产丝光沸石和甲苯歧化催化剂的研制工作。经过六年多的日夜奋战,研制成功了以人工合成丝光沸石为主要活性组分的 DF 甲苯歧化催化剂。在长岭炼油厂工业装置上放大生产催化剂 9t,产品合格率为 100%。该催化剂在 3 万 t/a 甲苯歧化生产装置上连续运转,操作稳定,各项质量指标均达到了引进装置开车水平,而催化剂成本仅为日本进口催化剂的 1/15。此项成果通过国家组织的技术鉴定,并获得了国家和上海市科研成果奖励。

2013 年复旦大学参加甲苯歧化催化剂研究的团队 40 周年聚会

在研制甲苯歧化催化剂的过程中,她的实验室在国内率先建立并推广了多种沸石催化剂研究和表征技术,如 FTIR 和 MAS NMR 法测定沸石结构和骨架硅铝比,XRD 法测定沸石晶体结构和孔分布,NH_3-TPD 法测定沸石表面酸性,非水溶剂法测定催化剂积碳量等,对提高我国沸石和沸石催化剂整体的研究和生产水平起了积极作用。

20 世纪 80 年代后高滋曾被派遣到英、美、法、日等国外多个著名大学和实验室学习和工作。高滋吸取了新的科学知识,开拓了科学的视野,结识了很多国外著名学者。同时她参加了国家科委组织的重大科研项目"若干重要新型催化剂开发的基础研究",与中国科学院大连化学物理研究所、北京大学、吉林大学、南京大学、南开大学等单位合作开展沸石分子筛基础和催化应用研究,经过十多年的共同努力,为我国分子筛学科建设奠立了良好的基础,培养了一支有国际影响的高水平研究队伍。

1988 年复旦大学化学系催化教研组师生在催化楼前合影

1988 年国家"若干重要新型催化剂开发的基础研究"重大项目参加者合影

20 世纪 90 年代起,高滋参加了北京大学唐有祺倡导的国家攀登计划和国家 973 计划项目"功能体系分子工程学"。她在工作中更强调研究的目的性和对象的功能性,在研究方法上也逐步转变为"逆向而行",即根据所需特定功能,按照材料的制备、结构和性能之间的关系进行分子设计和合成,然后进一步验证和发展有关的规律。在沸石的表面和孔道改性、新型固体超强酸设计合成、新介孔和层状材料合成和催化应用、烷烃 CO_2 催化氧化脱氢、NO_x 催化消除等方面取得了一批创新性的研究成果。

1995 年国家科技部攀登计划项目"功能体系分子工程学"研究会后唐有祺和参加者一起游长白山镜泊湖

择形选择性是沸石具有优异的催化和吸附功能的关键,高滋对化学气相和液相沉积法精细调变沸石孔径进行了系统研究,发明了工艺简便和沉积效果好的液相沉积新方法,使沸石孔径调变精度达到 0.05nm 以下,修饰后的沸石适用于各种异构体的择形选择分离。相关文章和专利发表后,得到了国内外同行的认可。吉林大学徐如人等著的《分子筛与多孔材料化学》一书中,还专门邀请她写了《沸石分子筛的孔道和表面修饰》一节。该项成果获得了上海市优秀发明成果奖一等奖。

石油和精细化工中许多重要的反应属酸催化反应,传统的液体酸催化剂不仅腐蚀设备,造成的环境污染也十分严重。用固体超强酸代替有可能带来新的生机,但已有的固体超强酸品种有限,高滋对这类新催化材料进行了开拓性研究,取得了系列成果。例如,她提出了固体超强酸性的新表征方法;发现了一系列新的 SO_4^{2-} 促进型多元氧化物固体超强酸,其中 SO_4^{2-}/Al_2O_3-ZrO_2 的超强酸性比原来提高 2~3 倍,并对提高的原因给出了新的解释;发现了以 $S_2O_8^{2-}$ 代替 SO_4^{2-} 可提高超强酸性;开发了固体超强酸催化剂的新应用途径,如 VOC 低温燃烧、氟利昂催化分解等,这些成果在国际同行中引起了很好的反响。1993 年应日本北海道大学国际著名酸碱催化专家 Tanabe 邀请高滋在国际酸碱催化会议上做大会报告。1996 年 *Catalysis Review* 杂志用整页篇幅介绍有关成果。1998 年应诺贝尔化学奖得主，超强酸首创者 Olah 邀请在他主编的专刊上发表论文。

介孔分子筛由于具有大孔道和高比表面，可望成为大分子反应的催化剂或载体。高滋较早地成功合成了各种典型的介孔分子筛，如 MCM-41、HMS、KIT-1 和 SBA-15 等，开展了介孔分子筛负载催化剂的结构表征和反应研究，发现了介孔分子筛孔道结构对多种大分子和液相催化反应的积极影响，为开拓介孔分子筛的新应用奠立基础。高滋还在新型层状材料的合成和催化应用方面做了大量的工作，研究了不同层状磷酸盐的层离和柱撑规律，提出了新的制备方法，得到了多种比表面大、热稳定性好、有催化和吸附应用前景的新型多孔材料。

随着节能减排的要求日益迫切，高滋积极参与了 CO_2 的综合利用研究工作。她研究了 CO_2 作为氧化剂在烃类转化中的作用，发现选用合适的催化剂可通过逆水煤气反应和消炭反应，提高丙烷脱氢制丙烯和乙苯脱氢制苯乙烯催化剂的活性和稳定性。经过对反应机理详细研究后提出的高硅 HZSM-5 负载氧化镓和氧化锌催化剂是迄今为止已报道的最稳定的丙烷脱氢制丙烯催化剂，有良好的工业化应用前景。类似的催化剂对乙烷脱氢制乙烯也有很好的效果。近年来她还对沸石类多孔材料在 NO_x 催化分解方面的应用进行了研究，取得了一些新的结果。

高滋曾承担国家攀登计划项目、国家 973 计划项目、国家自然科学基金重大项目、国家自然科学基金重点项目、上海市自然科学基金重点项目等。共发表学术论文 320 余篇，著译作 16 部，获准专利几十项。已获得国家自然科学奖二等奖、国家发明奖四等奖、国家教委科技进步奖二等奖、上海市科技进步奖一等奖、上海市科学成果奖一等奖、上海市优秀发明奖一等奖。除了 1959 年被共青团中央授予"全国社会主义建设青年积极分子"称号外，她还在 1983 年和 1997 年两度被评为上海市"三八红旗手"。

高滋一贯热心国际和国内学术交流。她曾任国际沸石杂志 *Zeolites* 编委和国际催化杂志 *Catalysis Communications* 编委。曾多次应邀出席国际学术会议并做报告。2001 年她受国家科技部和科协委托代表中国赴法国在第 13 届国际沸石大会上做申办第 15 届国际分子筛会议大会报告，获得与会千余名各国专家的一致好评，经全场投票，最终中国取得了举办权。她还担任了国内多种学术期刊编审工作。曾任《高等学校化学学报》副主编，《催化学报》副主编，《化学学报》、《物理化学学报》、《中国化学》、《应用化学》、*Chinese Chemical Letters*、《石油学报》、《复旦学报》等杂志编委，现仍任《化学世界》主编，《化学反应工程和工艺》编委。从 20 世纪 80 年代开始，高滋曾连任上海市化学化工学会副理事长和学术委员会主任、中国化学会理事和催化专业委员会委员、中国分子筛协会委员等职务，现任上海市化学化工学会名誉理事长，她在国际和国内学术界仍然十分活跃。

2001年代表中国赴法国做申办第15届国际分子筛会议大会报告

申办国际分子筛会议成功后与会中国学者在会场外合影

2007年第15届国际分子筛会议上和英国Thomas、周午纵、李灿合影

图 片 集 锦

1952 年交通大学化学系女子篮球队

复旦大学化学系同班同学

1953 年北京大学俄语培训班师生合影

1955年北京大学无机组进修教师合影

1955年五一节经过北京天安门广场

英国 Rees 夫妇和高滋合影

1984 年邀请国际著名催化学者美国 Bourdart 和日本 Tamaru 到复旦大学讲学

1986 年在美国加利福尼亚大学伯克利分校东校门

1986 年复旦大学谢希德接待美国哈佛大学 Doering

1987年第一届中法催化会议后游松江方塔公园

1987年中日美催化会议上做大会报告

1987年中日美催化会议闭幕式上Tamaru和高滋一起演出

1993 年在日本国际酸碱催化会议上做大会报告

日本 Tanabe、Inui 和 Hattori 和中国学者在国际酸碱催化会议上

1995 年南京国际分子筛会议上做大会报告（执行主席为日本 Yashima）

1999年Suib的中国研究生合影

2000年在美国康涅狄格大学Northwood家中

2000年一家三口在Northwood散步

2009年在上海毕业研究生春节返校聚会

南京国际分子筛会议闭幕式上和美国 Flannigen、Rees 一起唱歌

2006年国际介孔材料会议上成就奖获得者 Pinnavia 和高滋合影

（马　臻，乐英红）

毛 炳 权

　　毛炳权，高分子化工专家。广东省东莞市人。1959年毕业于莫斯科门捷列夫化工学院，获工程师学位。北京化工研究院高级工程师。长期从事烯烃聚合工艺和聚合催化剂的研究。参加研制成功中小型间歇液相本体法聚丙烯装置，并得到广泛推广；研制成功聚烯烃N型高效催化剂及聚合工艺，取代进口催化剂，催化剂专利转让给美国某石油公司和催化剂公司，催化剂在世界范围内出售，经济效益显著。多次获得国家及省部级奖励，"以炼厂气为原料的千吨级聚丙烯技术"获1985年国家科技进步奖二等奖。"聚烯烃N型高效催化剂及聚合工艺研究"获1993年国家发明奖二等奖。"聚丙烯新型高效球催化剂的研究开发及工业应用"获2003年国家技术发明奖二等奖。2004年获何梁何利基金科学与技术进步奖。国内外公开发表学术论文30余篇。1995年当选为中国工程院院士。

成 长 历 程

　　1933年，毛炳权出生在广州的一个小康家庭，祖父和父亲都是职员，靠工薪维持一家三代人的生活。"七七事变"后不久，日军从广东沿海登陆，很快就侵占广州和珠江三角洲一带。四五岁时他跟随家人到处逃难达数月，后因经济困难，举家又回到广东沦陷区农村居住。农村没有正规学校，少年时代他只能在农村私塾中读《三字经》、《千字文》等启蒙读物，稍大一些就读《孟子》、《论语》等。

　　因为从少年时代就深刻体会到"亡国奴"是什么滋味，所以，毛炳权特别喜欢听当时在民间流传的抗日英雄的故事。当时他的最大梦想就是尽快消灭鬼子，不当亡国奴。1945年日本投降后，他回到县城念中学。那时候他一直思考一个问题，为什么我们中国地大物博、人口众多，几十年来一直受欺负。他逐渐懂得落后就要挨打的道理，认识到只有走发展科学、振兴实业的道路，才能强国富民，进而摆脱被奴役的命运。

1949年广东解放，毛炳权已是高中生，慢慢地对共产党、解放军有了一些认识。1950年朝鲜战争爆发后，毛炳权响应"保家卫国"的号召，报名参了军。经过一两个月的政治学习和新兵训练，他被分配到某部队的连队里当文化教员。

那时部队的条件比较艰苦，没有营房，住在农村的祠堂和庙里，地上铺些稻草就睡觉。毛炳权白天学军事、学政治和完成本职工作，晚上还要轮班站岗放哨。当时他最害怕的是行军，因为当时部队很少有现代交通工具，每个战士的武器、粮食、背包都由自己携带，这对老战士来说算不得什么，而对于他这个小个子的"学生兵"来说，是很苦的。

1952年夏天，由于朝鲜战争进入相持阶段，双方在板门店谈判，国际形势有所缓和。新中国将开始第一个五年计划，需要大批建设人才，当时国家从部队和机关中抽调一些青年经过短期补习后，保送到高校读书。毛炳权感到国家要实现工业化，工科专业应该大有作为。毛炳权记得中学老师曾讲过化学能生产炸药、火药、肥料等产品，是不可缺少的行业，所以就报名到大连工学院化工系就读，从此他一辈子从事化学工业这一行。

1954年，毛炳权因成绩优异，作为新中国最早的留学生，被大连工学院化工系保送到莫斯科门捷列夫化工学院学习。在那里，他潜心钻研理论知识，并且平日一有机会，他就想方设法参观当时苏联先进的化工企业，去工厂实习。这位"有心"人年少时的这些求学经历，都为几十年以后他在高分子领域取得显耀成绩打下了坚实的理论与实践基础。

1959年，怀着一颗以所学知识报效祖国的赤诚之心，毛炳权回到了祖国，被分配至成都工学院，他以满腔的热情投入到了新中国化学工业的建设中。同所有的中国人一样，毛炳权也经历了"浩劫"，受到了不公正的待遇。由于妻子有海外关系，他从"工艺教研室"被调到"高分子物理、高分子化学"基础课教研室。由于说了几句真话，他还被关进过"牛棚"。但这一切并没有使毛炳权消沉，工作的调动、备受冷落，正好使毛炳权找到了一个相对较安静、可以思考问题的地方，加深了自己的理论根基。

自 主 创 新

1978年，党的十一届三中全会吹散了笼罩在我国上空十年之久的阴云。全国科学大会的召开更使我国的知识分子感受到科学的春天来临。1991年，毛炳权告别了劳动锻炼两年的农场和执教十多年的学校，被调到化工部北京化工研究院从事聚丙烯课题的研究。那时他已近不惑之年，十分庆幸又有机会重返技术岗位，但他深深明白：一个成果从研制到形成工业化，至少要近10年的时间。人的一生又有几个10年呢？他要把失去的时间夺回来。

聚丙烯当时对他来说是个新课题，但在国外早在1953年就研制出来，60年代开始工业化，70年代已大量生产。国内60年代初就在北京化工研究院开始研究，只是由于种种原因，差距越拉越大。

国家为了加速开发，减少聚丙烯树脂成品的进口，在60年代进口过一套半工业装置，但由于技术不成熟，长时间内开工不正常。70年代又进口一套大型万吨级生产装置。为了熟悉设备，毛炳权积极争取参加开车1年有余。应该说这套装置从设计、设备、仪表到产品牌号等在当时都是国际水平的。但由于流程冗长，设备繁多并且全部都是进口的，故建设费用十分昂贵。当时要在国内大面积推广，经济上和技术上的可能性不大。

经过仔细分析，毛炳权发现当时进口的装置之所以需要复杂而冗长的流程、很多的设备、昂贵的投资，主要原因在于它的催化剂技术落后。

以当时国内条件，要与国外的设计水平、工程放大技术、设备、仪表等竞争，是不可能的。所以办法只有一条，就是扬长避短，抓住化学工业发展的核心环节——对催化剂进行改进。经过大家数年艰苦攻关，终于研究出聚丙烯络合Ⅱ型催化剂。由于其优异的催化效率和选择性，大大简化了流程，可以采用简单的国产设备来生产合格的聚丙烯树脂。在此基础上，毛炳权与国内设计部门、生产单位通力合作，开发出我国特有的间歇本体法聚丙烯生产技术。它具有流程短、设备少、投资省、上马快、利润高的特点，很适合利用分散在全国各地的大中小型炼油厂副产——炼厂气中的丙烯作原料，生产聚丙烯树脂。这项技术由于符合我国国情，在国内得到飞速发展。1978年建成第1套装置，1985年已发展到13套，1995年全国已达50套，生产能力达到40多万t/a。

80年代，由发达国家开发的被称作第四代聚丙烯催化剂的聚丙烯高效催化剂几乎垄断了国际催化剂市场。我国先后从国外引进了10多套大型聚丙烯装置，由于国外不转让催化剂生产技术，我国不仅第一次使用要付出巨额资金，而且每年还要花费上千万美元进口催化剂。为了降低生产成本，避免长期的二次投入，研制我们自己的聚丙烯生产所需的催化剂成为当务之急。

在当时的情况下，在对国外进口聚丙烯催化剂进行技术分析的基础上，采取技术改造的方式，取得成果可能会更快。但毛炳权认为：要做就要做自己独有的，把国外的催化剂拿来改改，也许能用，但很容易卷入知识产权的纠纷。

带着"一定要尽快研制出一个效果更好、价格更便宜、完全创新的催化剂"的目标,年近半百的毛炳权,带着他那特有的韧劲和他的同事们"长在"了实验室中,从催化剂的研制到工业应用,毛炳权经历了无数个不眠之夜。做试验,失败—讨论—修正—再试验……一点一点地探索,一步一步地前进。辛勤的汗水终于浇灌出鲜艳的花朵。在1985年北京那个寒冷的冬季,毛炳权和他的同事们共同奋战在科研第一线,30多个日夜,终于使N型催化剂第一次在我国间歇聚丙烯装置上成功应用。毛炳权作为第一发明人的N型催化剂获得国家发明奖二等奖,填补了国内聚丙烯催化剂的一项空白,同时成为我国第一批申请的专利之一。

N型催化剂相继获得了中、美、日及欧洲的专利,并且成功地转让给美国菲利普斯石油公司和安格催化剂公司,成为包括欧美市场在内的国际市场上知名的聚丙烯催化剂品牌,为国家获得了1500万美元的专利许可费。

科学的道路是永无止境的。由于N型催化剂仅能应用于均聚物,在研制聚丙烯N型催化剂的同时,毛炳权就已在探索应用于共聚物的大球催化剂。1990年,毛炳权正式接受了国家计委和中石化总公司下达的"聚丙烯球型催化剂"的"八五"攻关项目。球型催化剂于1991年顺利通过实验室研究与中间试验的鉴定,并取得了中国专利。后来建成生产装置,在国内外聚丙烯装置上广泛应用。新研制的"聚丙烯DQ球形高效催化剂"结束了我国大型聚丙烯装置长期依赖进口催化剂的局面,实现了多种聚丙烯工艺聚丙烯催化剂的国产化,并出口至国外,于1994年获国家发明奖二等奖。截至目前,中石化北京化工研究院生产的聚丙烯催化剂已为聚丙烯生产企业增加效益4亿多元。

由于其在烯烃聚合反应及催化剂的研究开发中做出重要贡献,毛炳权荣获2004年何梁何利基金科学与技术进步奖。

院 士 思 维

毛炳权回顾所走过的大半生,坎坷、幸运、委屈、光荣交织在一起。但无论是身处逆境,还是在鲜花的簇拥下,一个信念始终未曾改变,那就是"报效祖国"。正如毛炳权自己所言:"几十年,大多数是被动地跟着历史浪潮走,一生只做过两次选择:一是报名参军,从此改变我人生的道路,但我不后悔,部队的生活虽然艰苦而紧张,却使我成熟得快些,让我懂得珍惜后来在国内外难得的学习机会,勉励我更加勤奋地学习和工作;二是入大学时选择了化工专业,虽然当初并不清楚它是个易燃易爆、有毒、有污染的危险行业,但后来逐渐了解它也是国家诸多行业中不可缺少的,所以也就慢慢熟悉它,喜欢上它,并决心为化学工业的发展干上一辈子。"

毛炳权认为科学技术必须面向生产。20世纪70年代到80年代,他曾先后到过国内二三十个工厂,向生产第一线的同志学到许多知识,解决了一些生产中的问题,同时也丰富了自己的知识。

高分子化工专家毛炳权认为,只要政府严格监管,企业重视治理,污染问题可以得到控制,做大化工产业不会加重污染。企业规模越大,越有能力治理污染,同时,延伸产业链也可以降低有害气液体的排放。保护环境的关键是管理部门的态度,管得严,企业就自觉治理,反之,企业就可能放任自流。目前欧洲国家对污染抓得最严,环保做得最好,我们在这方面还需要多借鉴。只要企业主动加强与科研单位的合作,广泛采用新材料方面的最新科研成果,不断延伸产业链,完全可以变废为宝,在降低有害气液体排放的同时,取得可观的经济效益。

毛炳权兴趣广泛。平日,毛炳权喜欢朗读、背诵古诗、古词,尤其对唐代杜牧、李商隐、王维的诗更是情有独钟,喜欢田园气息、浪漫、轻松的诗词。他爱听音乐,像柴可夫斯基、贝多芬等的交响曲这类古典音乐他都喜欢。毛炳权自小就爱看小说。初中时,毛炳权看了大仲马著的《基督山伯爵》上部,他很喜欢书中的情节。可是在学校图书馆再也没有找到下部,此后,毛炳权一直把这事挂在心上,几十年后,直到"文化大革命"后才如愿以偿,读到了《基督山伯爵》的下部。他认为看这些小说,对工作大有裨益,可以换换脑筋。

毛炳权认为,由于历史原因,我国石化工业技术水平一直落后,改革开放以后,引进了一大批装置和技术,对于缩小与先进国家的差距确实有所帮助,同时也培养了一批人才。但是由于忽略了消化吸收再创新,引进总是受制于人。只有自主创新,才能达到超越别人的目的。中国石化要想与国外同行论伯仲、比高低、争长短,必须有自己的核心技术和结合实际的管理方法。先进技术的关键在于创新,创新的基础在于人才队伍。

(张乐勇,张卫东,王树勇,蔡廷永)

李 宣 文

　　李宣文，北京大学化学与分子工程学院教授。1933 年生于山东寿光。1953 年考入北京大学化学系。1957年毕业后留校从事催化专业的教学与研究工作。曾任催化教研室副主任与主任（1960～1997 年）。1992 年获国务院政府特殊津贴。1998 年退休。1966 年 3 月至 1967 年 7 月作为中法建交后国家派出的第一批科技进修生，在法国里昂催化研究所从事分子筛催化剂的研究。参加十余项国家科委与国家自然科学基金委员会的重大项目、国际合作项目和横向合作项目的研究。发表学术论文百余篇，获发明专利 9 项。曾任中国化学会催化专业委员会委员、中国化工学会第 35 届理事、中国颗粒学会第一届理事及颗粒测试委员会副主任、中国科学院兰州化学物理研究所羰基合成与选择氧化国家重点实验室学术委员及中国科学院大连化学物理研究所中法催化联合实验室学术委员、中国石油大学重质油国家重点实验室客座教授等职。

求学与成长经历

　　我出生在山东寿光县侯镇一个离潍县县城比较偏远的农村贫寒家庭。求学的欲望激励着我和哥哥，我们背着口粮带着咸菜，步行七八十里到潍县求学。从穷乡僻壤来到当时的县城之初，我们对于求学迷迷茫茫、一无所知。我们先进入教会学校广文中学，后于 1949 年初中三年级时转入潍县一中（现潍坊一中）。那时有句名言是"学好数理化，走遍天下都不怕"。潍县一中有数学、物理、化学等方面的名师，如巩宪文、郑心亭、李蓬先等老师，所以是很多学子们向往和追求的名校。我们进入潍县一中后，发现果然名不虚传。学校的德、智、体教育使学生得到全面发展。教师丰富的教学经验和循循善诱的教学方法，不仅使我们学习到必要的基础科学知识，而且启发了我们对科学的热爱和对理想的追求。郑心亭老师对神秘的化学变化及其规律所做的深入浅出的讲解和饶有趣味的描述，使我对化学产生了浓厚的兴趣，立志要学习化学。

1953年从潍坊一中毕业后，我考入北京大学化学系。那时国家刚经历过十四年抗日战争、三年解放战争和中华人民共和国成立不久后的朝鲜战争，满目疮痍，贫穷落后。那时国家没有像样的钢铁工业、汽车工业、机械制造工业、石油工业、化学工业以及制造生活必需品的轻工业，真可谓一穷二白。北京为数不多的公交路线上，开动的公共汽车是捷克和匈牙利制造的，罕见的小汽车是苏联进口的。人们的生活比较困苦。尽管这样，国家给了大学生们优厚的待遇，上大学不缴学费，连伙食费都是国家供给。

在1953年北京大学新生开学典礼上，学校教务长发表了激动人心的欢迎词。他说："欢迎你们在新中国开始进入大规模经济建设时期进入北京大学。发展国民经济的第一个五年计划开始实施了，156项重大建设工程项目将为国家的工业化奠定基础。改变国家贫穷落后的面貌，由农业国变为工业国的历史的使命就落在你们青年一代的身上。"国家的雄伟发展规划、鼓舞人心的欢迎词使我们认识到上大学的责任，我们决心要为国家的发展和建设而努力学习。

在大学学习期间，我们能够聆听到化学界老前辈如黄子卿、傅鹰、张青莲、邢其毅、冯新德、徐光宪、唐有祺等大师们的亲自授课和教诲，这使我们受益终生。在化学系难得的学习环境和浓厚的学习气氛中，我刻苦学习，关心政治，积极参加社会活动和体育锻炼，被评为北京大学1954～1955年度优秀生，并获得校长马寅初颁发的北京大学优秀生奖状。

1957年我大学毕业留校工作后不久，学校于1958年请来苏联专家协助北京大学化学系建立催化专业。我在苏联专家德鲁斯的指导下，学习催化基础知识，开始进行催化方面的研究工作。

1966年初我有幸被派往法国里昂催化研究所从事分子筛催化剂的研究，这为我日后开展分子筛催化剂的研究奠定了基础。

参与创建国内第一个催化教研室

1957年我参与了庞礼领导的创建北京大学化学系催化教研室的工作。这个教研室是我国第一个催化教研室。

催化剂的研究和开发在国民经济中占有非常重要的地位。没有工业催化就不会有现代技术世界,没有酶的催化作用就不会有任何生命现象。基本化学工业、基本有机合成工业、石油炼制、石油化工、高分子材料及精细有机合成等,都是当时我国亟待发展的工业,而这些工业均以催化剂为关键技术。当时这些方面都是我国的薄弱环节。在国家实施大规模经济建设的形势下,1956 年北京大学决定在化学系开设催化专业,为国家培养急需的催化剂研究和开发人才。

庞礼受命在有机化学教研室内建立有机催化专业筹备组,进行有机催化专业的创建工作。建立有机催化专业就要有教学计划和教学大纲,要设置课程和建立实验室。那时国内没有可借鉴的资料,国外资料也非常难求,我们只能靠在图书馆中查阅有限的资料以及到中国科学院化学研究所和北京石油学院等单位进行调查研究和学习,拜访国内有关专家,其中包括从美国回国以及从苏联进修回国的人员,从中寻求有关催化专业的信息。

开设催化专业不仅要讲课,还要做实验。而我们当时的实验室一无所有,所需仪器设备几乎都要自己动手制作。在缺乏科研经费的条件下,我们在张嘉郁的带领下,因陋就简,就地取材。做催化反应首先要有反应炉,而当时国内尚不生产实验室用的催化反应炉。我们就锯下一段自来水管,管外先裹上石棉纸,再缠上电炉丝,然后在外层再裹上绝缘与绝热材料,这样就可以用来加热了。但是如何控制好反应温度呢?我们利用钢管的热胀冷缩原理,在反应炉的钢管两端安装上接触式继电器,热胀至接触点时,电源断开;当温度降低时,钢管收缩,继电器接触点断开,于是又开始加热,这便是我们教研室所采用的第一代控温器。然而反应管还需要恒温区,这需要在制作反应管时反复试验缠电炉丝的密度分布,以便找出最佳电炉丝缠绕密度,从而保证反应温度的误差在 1~2℃。这种土法制作的反应炉基本上能满足催化反应的要求。但是反应产物又如何分析呢? 20 世纪 50 年代,国内尚不能提供分析使用的各种谱仪,我们只能寻求最简单的方法进行催化反应产物的分析。例如,乙醇脱水生成乙烯,只能用液体吸收法的气体分析仪来测定;苯催化加氢以及烷烃芳构化生成的芳烃,只能用折光仪测定产物的折光系数;催化剂的比表面采用双气路分压吸附量称重法测定;孔体积采用液体浸渍量测定法;催化剂表面酸性采用 Hammett 指示剂正丁胺滴定法,还有许多其他比较经典的实验方法。这些实验技术和方法曾用蜡纸刻写或打印成讲义发给学生,这些原始讲义至今仍保存在北京大学化学与分子工程学院的院史馆中。

建立催化专业得到各级领导的高度重视。1958 年初,北京大学请来苏联专家德鲁斯为我们讲授催化课程,1958~1960 年开设了"有机催化"和"催化理论"两门课程,并指导青年教师开展用电位法研究液相催化加氢催化剂与催化反应。

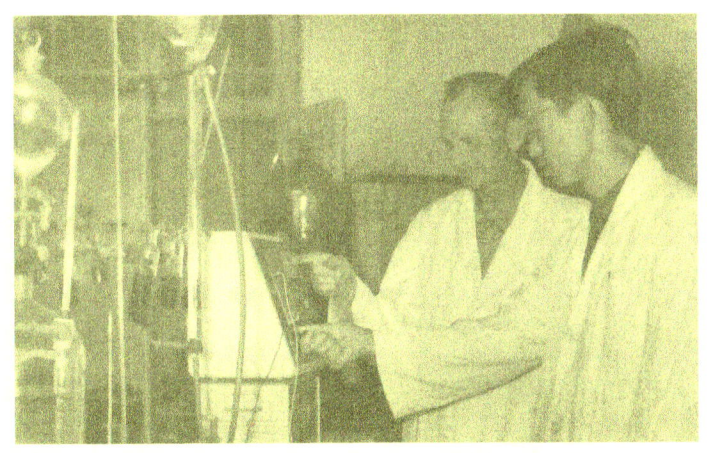

1958年在苏联专家德鲁斯指导下进行科学研究

在庞礼指导下及苏联专家帮助下,1958年7月北京大学化学系培养出了第一批催化专业的毕业生。经过艰苦的努力,1960年终于在北京大学建成了国内第一个有机催化教研室。庞礼被任命为教研室主任,我被任命为教研室副主任。教研室从此正式为国家培养催化专业的大学生。

1960年中国科学院邀请苏联专家基别尔曼到化学研究所讲学。他是苏联科学院捷林斯基有机化学研究所的多相催化动力学专家。催化教研室的同事们感到多相催化动力学是我们教学与科研中的薄弱环节,听说基别尔曼正在化学研究所讲授多相催化动力学,同事们纷纷到化学研究所听课。大家认真听讲,主动提问,有时还涉及课程之外的多相催化动力学研究问题,这引起了基别尔曼的注意。当他了解到这些主要听众来自北京大学化学系而且特别希望学习并开展多相催化动力学研究后,就主动提出,上午在化学研究所讲课,下午到北京大学化学系工作,帮助建立循环流动法研究多相催化动力学的实验装置,并指导进行科学研究。因此他就成为非我校邀请的却在我校工作的苏联专家。在半年的教学与科研之中,他对我们多相催化动力学的教学与科研方面给予了宝贵的支持,并与我们结下了深厚的友谊。1960年上半年,正是中苏激烈论战的时期。我们在学习批判苏修的"九评"文章,他回苏联大使馆要学习批判中国的文件,可我们双方都心照不宣,他仍尽心尽力地做着他分外的工作。他在回国前曾私下对我说:"我们的友谊是牢不可破的,是任何力量破坏不了的!"尽管如此,中苏关系的破裂使得双方不能继续进行学术交流。直到1990年已是苏联通讯院士的他和布拉根有机会再次访问中国时,又不幸受到某单位外事部门工作人员的冷遇。后来他与我联系上,我便请他们到北京大学做学术报告,并邀请他们到我家做客,还陪同他们到北京石油化工科学研究院参观访问。石油化工科学研究院外事处安排他们游览了长城和定陵,使他们愉快地结束了在中国的访问。基别尔曼最后告别时说:"我们之间还是好朋友啊!"

1990年基别尔曼在北京大学做学术报告

1961年,为加强催化教研室的建设,系领导决定将孙承谔、李作骏、丁余庆与研究生何淡云四人从物化教研室调到催化教研室,与从苏联留学回国的俞启全进行多相催化动力学方面的教学与研究工作。

1961年催化教研室的教师与研究生的合影

后排右2为李宣文

1962年初,我们把苏联专家德鲁斯于1958~1960年为催化专业学生讲的"有机催化"和"催化理论"两门课程经整理后打印的油印教材,一直用作催化专业的主要参考书。在此期间,我们还编写了1962~1963年使用的《有机催化实验》教材,1964年又增加了实验内容,编写了新的《有机催化实验》(一)、(二)。第一部分内容是实验装置的制作和实验方法,第二部分内容是有机催化反应实验。催化实验教材是我们因陋就简建成实验室后,在实践中不断积累经验编写出来的。教材中突出体现了培养学生独立思考和动手能力,如管式炉的设计与催化动力学的研究等。实验对培养学生的动手能力有很大的帮助。除上述教材外,二十世纪七十年代我们还为工农兵学员编写了《催化剂及催化作用基础知识》和《催化实验》。虽然这些教材均由质量很差的纸油印而成,但在多年的教学过程中,这些教材为培养催化专业人才发挥了重要的作用。

"文化大革命"前使用过的部分油印教材

赴法留学与在法做访问教授

1964年元月中法建交,当年11月,我在湖北荆州搞"四清运动"时接到教育部通知,要我去上海外语学院留学预备部学习法语。经过一年多的法语强化培训,1966年初,我和另外六名学员首先被法国政府接受赴法留学,成为中法建交后中国派往法国的第一批科技进修生。七人进修的专业分别为数学(中国科学院数学研究所张关泉)、生物化学(南开大学李建民)、催化化学(北京大学李宣文)、微生物学(中国科学院微生物研究所庄增辉)、遗传学(中国科学院遗传研究所司穄东)、地质学(北京地质学院郭步英)和土木工程(上海同济大学蔡国钧)。

1966 年初在巴黎圣母院前

左 2 为李宣文

从封闭的中国首次步入西方世界,我们对巴黎的繁荣与豪华感到十分惊奇,心想,他们的物质财富是怎么创造出来的。使馆教育处为了让我们认识到巴黎不仅有繁华的香榭丽舍大街,还有穷苦人居住的贫民窟,就特地带我们去参观贫民窟。

为了安全,我们在法国出门办事时要求三人同行,也不允许我们通过邮局通信,给家里写信是通过信使带回国内,家里回信也是寄到外交部,再通过信使送到大使馆。关于三人同行的规定,我们七人中有六人在巴黎,只有我一人在里昂。使馆领导告诉我,既然一人去里昂工作,要注意安全,遇事要"坚持原则,礼尚往来"。这样,我一个人来往巴黎和里昂之间,活动的自由度比较大。我每两周回巴黎大使馆一次,汇报工作和参加政治学习。时任中国驻法大使黄镇非常关心我们七人的工作和生活,回使馆时,他常给我们介绍国内外的形势,还专门让厨师为我们开小灶。

1966 年 3 月我进入里昂催化研究所,所长 Marcel Prettre 征求我的意见后,将我安排到 C. Naccache 的实验室,进行分子筛催化剂的研究。恰好 Michel Che 也在 Naccache 的指导下进行博士学位论文的研究,他有中国血统。我们两人在同一实验室工作,办公桌也是面对面,朝夕相处成为好朋友。

  Michel Che 的父亲石光彦是山西忻州人，1918 年与周恩来等同时赴法留学，后定居法国成为一名造纸工程师。他是一位爱国华侨，娶了法国太太，但到去世前，先后持有中华民国和中华人民共和国的护照，一直没有加入法国国籍。抗战时期他曾积极参加华侨组织的抗日救亡运动。中法建交之后，他曾协助中国大使馆在里昂接待中国体育代表团和中国青年艺术团。石光彦从 Michel 那里听说有个中国人到了里昂催化研究所，而且和他儿子在同一个实验室工作，非常兴奋。在我到达里昂的第一个周末，他就亲自到所里邀请我去他家做客，给我介绍法国的风土人情，询问中华人民共和国成立后中国的变化。在以后的交往中，他介绍我认识了将《红楼梦》译为法文的著名华裔文学家李治华及里昂法中友好协会主席多林（L. Dorin），使我在里昂有了较多的朋友。

  在 C. Naccache 的实验室进行分子筛催化剂的研究时，他让我先进行文献调研以便确定研究分子筛的方向。Y 型分子筛是 1959 年美国 Mobil 公司首先开发出来的固体催化剂材料，是具有规则孔道结构的结晶硅铝酸盐。作为催化材料，其具有很大的比表面和酸性中心数目以及良好的孔道传输性能，制成催化裂化催化剂后能产生巨大的经济效益。据统计，1963 年仅北美地区的炼油厂，因为使用了 Y 型分子筛裂化催化剂取代传统的硅酸铝催化剂，一年纯经济收益达 53 亿美元。Y 型分子筛催化剂的优异催化性能和产生巨大经济效益的潜力，吸引世界各国竞相研究，成为世界催化研究的热点。

  当时里昂催化研究所主要进行基础研究。Naccache 认为，催化剂的结构、物化性能和催化活性的关系，在多相催化研究中是永恒的研究课题。人们从中可以揭示活性中心的性质和催化作用的原理，并可为开发新催化剂开拓思路。20 世纪 60 年代中期，Y 型分子筛催化剂的精细结构、酸性中心产生及其在 Y 型分子筛结构中的位置都还没有弄清楚，是世界各国催化界正在进行的热门研究课题。

  研究分子筛催化剂，首先要学习和掌握各种研究方法，需要测定分子筛催化剂的比表面、孔体积、结晶度和晶粒大小。制成催化剂后，还要测定酸性中心的数目、酸性中心按强度的分布及其与催化活性的关系。进行这些研究的仪器设备，里昂催化研究所一应俱全，我可以随时去测试，有些仪器还可以自己操作。应当说，我的高真空实验技术，包括玻璃配件的吹制都是在里昂催化研究所研究过程中学会的。从此，我进入了分子筛催化的研究领域，为以后研究分子筛奠定了基础。

  在里昂催化研究所工作期间，我曾用顺磁共振（ESR）法研究多环芳烃在 HY 分子筛上的吸附态，得到一些有意思的结果。导师 Naccache 要我写文章发表，我说我不要发表文章。当时国内批判发表文章是"步入资产阶级精神贵族的拐杖"。

教育处也曾提醒不要和外国人共同发表文章。Naccache 问我:"你为什么做研究?"我回答:"为了提高独立工作的能力。"他又问:"你不发表文章,人家怎样判断你的独立工作能力呢?"

在里昂催化研究所,D. Barthomeuf 专门研究酸性催化剂。当她知道我在研究分子筛时,就邀请我到她的实验室参观,并介绍她在硅酸铝方面研究的方法、思路和研究结果,还向我具体讲述了她的硅酸铝催化剂酸性中心的结构概念。这对我日后的教学和研究工作有很大的启发和帮助。

我到里昂催化研究所工作,成了当时所里的一大新闻。虽然法国人比较开放,但对第一个来自中国的人还是感到十分新奇。多数人对我的到来表示了友好,并渴望从我这儿了解新中国的情况,还有人建议我找一部中国电影在研究所放映。我从大使馆教育处借来带有法文字幕的中国音乐舞蹈史诗《东方红》影片,于周末晚上在餐厅放映。许多法国同事带了家属和朋友来看这部电影,现场被挤得水泄不通。放映后人们议论纷纷,大多数同事反映很好,欣赏了新中国的文化与艺术,但有个别不太友好的人到所长那里告状。不久副所长 B. Imelik 找我谈话,很严肃地问我:"你到研究所来是做什么的?"我回答:"是来做研究工作的。"他又说:"那你为什么在研究所进行宣传活动?"我说:"所里同事要求看一看中国影片,我找了一部中国的音乐与舞蹈的艺术影片给他们看,怎么是宣传活动呢?如果所长先生有时间,可以看看这片子有无宣传内容。"他说:"我没时间看,尽管是艺术影片,希望你今后不要进行类似活动。"我把副所长的一席话告诉友好的同事,他们说:"我们有欣赏艺术的自由。"

里昂催化研究所的许多研究人员对我都非常热情,使我很快融入了里昂催化研究所,成为他们中间的一员。例如,J. Vedrine 在所里正在做博士学位研究,他的夫人是研究所里的医生,他们俩常约我在研究所的餐厅共进午餐,在聊天中还常常纠正我法语口语中的错误,告诉我正确的表达方式,这对我提高法语水平有很大的帮助。后来他还邀请我到他家做客,有时周末还住在他家的乡间别墅。在他家无拘无束,就像在中国朋友家里一样。后来他也是与我长期密切交往的好朋友。

另外,G. Martin、G. C. Gravelle、J. M. Basset 等也常邀请我去他们实验室,介绍他们的研究工作,并将他们发表文章的单印本送给我。J. Vedrine 专门研究催化氧化,G. Martin 研究双金属加氢裂化,G. C. Gravelle 用量热法研究化学吸附和多相催化,J. M. Basset 研究金属络合物催化剂。他们的研究方法和成果丰富了我在催化领域的知识,充实了我在后来讲授的催化课程的内容。

法国人热情好客,常会在周末邀请几位好朋友到家里做客,晚餐时谈天说地,包括个人的趣事,一直持续到午夜以后。我也是被邀请的常客。Michel

和 Jacques 告诉我,这是法国的习俗,邀请客人到家里做客是对客人的信任和最友好的礼遇。1966 年法国已是每周工作 5 天,但是法国上半年的宗教节日很多,而且有过节"搭桥"的制度。比如周四是节日,周五就被搭桥过去和周六周日连在一起休息四天。同样,周二是节日,周一也被搭桥,这样也有四天的假日。在这些假日里,有同事邀请我去家里做客,有人邀请我到他们的乡间别墅,在那里欣赏田野风光以及农民的畜牧和耕作方式。Wicker 在阿尔卑斯山附近有别墅,在复活节时,他特别邀请我去阿尔卑斯山教我滑雪。这些都是我第一次去法国的趣事。

1966 年因为没有照相机,没有留下和法国同事的合影。下面的相片是 Martin 邀请我到他家时和他女儿的合影,这是我一生中的第一张彩色照片。

1966 年在里昂催化研究所同事 Martin 家

按照中法两国的协议,我们七人应当在法国进行三年的研究工作。1967 年,正当我的研究工作要进入角色的时候,国内进入"文化大革命"高潮,我们于 1967 年 7 月中断研究工作以回国休假的名义回国。这个所谓的假期实在太长了,所长 Prettre 来信催我尽快回所工作。Michel 也常给我写信问候,而且他的每一个孩子出生时,都会寄一张卡片告诉我。但在"文化大革命"期间,我不仅不能回信,连信都不敢拿回家看。每次在化学系收发室收到法国来信,就当场拆开,译成中文,连同原件一起上交,以免扣上里通外国的帽子。在"文化大革命"期间,我与法国同事之间的联系完全中断了。

1978 年,我国从各大学中选派了百余名一年级的大学生到法国留学。第一年学习法语,第二年分配专业时,由于中法两国的教育体制不同而遇到了困难。中国大学分为理、工、农、医、文科与社会科学,而法国除了普通大学(Université)外,还有精英大学(Grande Ecole)。精英大学要经过多次考试的选拔才能进入。一般说来,通过全国中学毕业的会考(Baccalauriat)后,可直接注册进入普通大学,而精英大学则要先通过考试,进入为期两年的预科学习,再通过考试才能进入精英大学的专业学习。未通过考试的则可进入普通大学三年级的学习。

为安排中国学生到不同专业的高等学校学习,需要了解中国学生的基础知识适合在哪一类大学学习。为此,法国外交部邀请四名会法语的高等学校的数学、物理、化学和生物四个学科的教师,于 1979 年 3 月到法国进行三个月的考察,主要是考察法国的教育体制以及中等教育与高等教育的衔接。我有幸作为化学教师与同济大学数学教师陈昌平、北京师范大学物理教师王仲达、山东大学生物教师王祖农到法国的高中、大学和精英大学听课与考察,协助中国大使馆教育处安排中国留学生的去向。

自 1967 年回国后,时隔 10 余年又有机会重访法国我非常高兴。在法考察期间,我去见了原在里昂催化研究所的 Michel Che,此时他已是巴黎玛丽·居里大学(巴黎第六大学)的教授,领导着表面反应性实验室的工作。他邀请我在考察之余常去他的实验室。恰好我带了国内已测定过的分子筛催化剂样品,就抽空到他的实验室进行 X 射线、红外光谱和酸强度与酸量的对照测定,经核实我们在国内实验测定数据是可靠的。同时,我们从中寻找与对方深入讨论的话题。这使我在访问工作的同时又得到了额外的学术方面的收获。

在里昂大学考察期间,我还去看望我的导师和同事们。他们对我的突然到访特别高兴,希望有再次合作共事的机会。里昂催化研究所第三任所长 R. Maurel 接见我时说,1978 年他曾接待过以顾以健为团长的中国科学院代表团,其中有从事催化研究的郭燮贤。他希望今后能促进法中两国在催化学术领域的交流和合作。我的导师 Naccache 特别激动,一定要我去见他的夫人,并希望我住在他家,以便亲切交谈,但由于我们的行程已定,无法如他所愿。

我们四人代表团访问里昂第一大学和里昂催化研究所,也引起报界的注意。里昂日报《进步报》在显著版面报道了我们访问的消息,并刊登了我们与法国同事的相片。

此外,应我要求,外交部的陪同人员特地安排我去法国石油研究院(IFP)拜访 Le Page。在他 1978 年访问中石化北京石油化工科学研究院时,我曾为他做过口头翻译。Le Page 见到我非常高兴,他带我参观了法国石油研究院,并将他主编的 *Catalyse de Contact*(《接触催化》)一书送给我,建议我译成中文,作为催化专业学生的参考书。他表示不必顾虑版权问题。后来我和黄志渊将该书译成中文,由石油工业出版社于 1984 年出版。

李宣文和黄志渊于 1984 年翻译的 Le Page 主编的《接触催化》一书

改革开放初期，1984 年 Michel Che 邀请我到巴黎第六大学表面反应性实验室做为期一年的访问教授。他本来是邀请我与夫人叶蕴华同去法国，但当时不允许夫妇同时出国。叶蕴华去法国天然产物化学研究所师从诺贝尔奖得主 D. H. R. Barton 从事研究工作，是在 1985 年我临回国之前。可见我们去法国的时候，某些政策处在尚未开放和刚刚开放的边缘。

1984 年在巴黎第六大学表面反应性实验室

巴黎第六大学表面反应性实验室是一个国际化的研究室，实验室有来自世界各国的访问学者，并经常有世界各国的著名学者来做学术报告。因此，我有机会结识美国、日本、意大利和波兰等催化界的学者。在此期间，我与该实验室的 D. Barthomeuf 合作，进行了贵金属离子在 Y 型分子筛上的交换、还原与聚集态的研究。并与法国 Poitiers 大学的 M. Guisnet 和 Montpellier 大学的 Figras 进行了深入的学术交流。此外，与里昂催化研究所的同行们也有更多学术交流的机会。

1985 年 5 月我回国后。由于我的老师庞礼退休，领导让我接任了北京大学化学系催化教研室主任的工作。

80 年代许多法国教授来华讲学和做学术报告时使用法语，我为他们做了口头翻译，因此与他们之间在学术方面有了更多深入交流的机会。有关的单位包括北京大学、石油化工科学研究院、中国科学院化学研究所与感光化学研究所、山西大学、陕西师范大学、大连化学物理研究所、兰州炼油厂石油炼制研究所等。

科学研究与教学工作

在科研方面，我主要从事分子筛催化剂的研究。1969 年 9 月我正在江西鲤鱼洲干校劳动时石油部邀请我和化学系的同事刘兴云、江超华与李金龙一起到兰州参加石油部的加氢会战（1969~1972 年）。旨在用催化加氢过程取代润滑油生产的酚精炼、酮苯脱蜡和白土精制三个生产工艺过程，简称"一顶三"研究。这是石油部的一个大胆的科学设想。我们与兰州炼油厂石油炼制研究所、北京石油学院、抚顺石油研究所等单位通力合作，设计用两步加氢过程，实现石油部提出的"一顶三"会战目标。第一步用加氢精制代替原工艺中酚精炼和白土精制，以除去润滑油基础油中的稠环芳烃、硫、氮化合物与胶质，第二步用选择加氢裂化代替原工艺中酮苯脱蜡除去润滑油原料油的直链烃蜡，降低润滑油基础油的凝固点，同时保留润滑油的理想组分。这使我有机会将在法国学习的分子筛知识用于实践。会战组通过一年多的研究，在 1971 年用含 Pd 的 Y 型分子筛催化剂，通过选择性加氢裂化，将精制过的大庆减压三线馏分油中的直链烃蜡几乎全部脱除，使其凝固点由 52℃降低到-24℃。产品的黏度指数和抗氧化性能等均达到指标。这个项目在国内首次应用 Y 型分子筛实现了石油炼制中真正意义的择形催化实验室规模的研究结果，获得石油部的电报祝贺和副总理康世恩的接见。鉴于国内当时的经济和工业技术条件远远达不到应用"二顶三"加氢工艺的条件，这一研究项目经过两年三个月的会战后，非常遗憾地未能继续进行下去。

20 世纪 80 年代初，我参与了组织协调北京大学、南开大学、吉林大学、南京大学、复旦大学和大连化学物理研究所以及长春应用化学研究所的同行们，申请并获得国家科委第六个五年计划期间的国家重大科研项目"若干重要新型催化剂开发的基础研究"（1983～1987 年）。该项目的核心研究课题是当时国内外研究的热点——分子筛和稀土催化剂。

第七个五年计划期间，该项目转为国家自然科学基金重大项目（1987～1992年）。这七个单位的同行们包括中国科学院长春应用化学研究所吴越、于作龙、杨继华、沈琪，大连化学物理研究所梁娟、张盈珍，南开大学李赫咺、项寿鹤，吉林大学徐如人、庞文琴、吴通好、吴志芸，南京大学须沁华、丁莹如，复旦大学高滋、李全芝、郑绳安及北京大学林炳雄、李宣文及所有课题组成员。无论是中国科学院的还是高等学校的，大家不分资历高低，在吴越和李赫咺的领导下，组成一个团队，团结合作、勤恳耕耘达 10 年之久。为我国分子筛催化剂和稀土催化剂的基础研究与开发研究奠定了坚实的科学基础。

在此项目结束后，我与佘励勤、刘兴云、裴站芬的科研组继续进行分子筛催化剂的基础和开发研究。

稀土 Y 型分子筛是石油炼制中催化裂化的重要工业催化剂。研究稀土离子在 Y 型分子筛中定位、移动、酸性中心的性质及其与催化活性的关系，是稀土 Y 型分子筛裂化催化剂的研究和开发中的重要课题。在实验设备十分缺乏的情况下，我们利用石油化工科学研究院的 X 射线机和红外光谱仪，结合差热分析等方法，在国内首次测定了稀土离子在 Y 型分子筛中的定位与移动；采用 Py-IR 法研究催化剂表面的质子酸与 Lewis 酸。我们用 Hammett 指示剂正丁胺滴定法以及氢氧化钠中和法，研究固体催化剂表面的酸强度 H_0 以及酸量按强度的分布。采用酸强度 H_0 区域分析法研究发现，异丙苯催化裂化、邻二甲苯异构化的催化活性与酸性强度 H_0 的关系符合 Brönsted 酸式催化作用规律，即速率常数 K_a 的对数与酸强度 H_0 的负值成正比：

$$\lg K_a = -\alpha H_0 + \lg G_a \text{（} G_a \text{是一常数）}$$

这意味着在酸式催化反应中，各种强度的酸性中心都起催化作用，但作用的程度有所不同。酸式催化反应的总活性是各个酸性强度下催化比活性的加和。我们的研究结果对考察分子筛催化剂的表面酸性与催化活性的关系提供了表征手段和理论依据。《镧氢 Y 型分子筛酸性中心的性质及其结构模型的研究》获 1989 年国家教委科技进步奖二等奖。

由于石油资源日渐短缺，重油和渣油的炼制成为重要的研究开发课题。Y 型分子筛的本征孔道已不能适应大分子催化裂化的需要。1985 年起，我们分子筛课题组与兰州炼油厂炼制研究所以及后来与石油化工科学研究院等单位合作，开展了 Y 型分子筛的扩孔、造孔的基础和开发研究。对脱铝机理和造孔过程进行了较深入的探索。在若干脱铝剂的研究中，我们发现草酸脱铝在工业上比较经济实用，用草酸脱铝和水热处理相结合的方法开发出具有丰富二次孔的新型高硅 Y 沸石催化裂化催化剂以及加氢裂化催化剂，并获得 9 项发明专利。

在大分子烃转化催化剂的研究开发中，孔道内反应和择形催化常常是人们的关注点。我们在与兰州炼油厂合作研究长链烯烃与苯酚的烷基化反应时发现，HY分子筛对烷基化产物具有高度的对位选择性，疑为孔道内进行的择形催化反应。进一步用 IR 法研究苯酚与长链烯烃在催化剂表面的吸附态，结果表明苯酚在 HY 分子筛上的优先吸附及其在 HY 分子筛表面上的垂直吸附态有利于苯环的对位活化与反应，是对位选择性的主要决定因素。这一结果表明，在分子筛催化剂上，不仅有孔道决定的几何结构择形催化，还有在分子筛催化剂表面上反应物吸附性能和吸附态造成的化学择形催化。更有趣的是，按照这一方法合成的烷基酚，不加防腐剂，在瓶中保存半年仍然晶莹光亮且没有被氧化，这是一般合成方法所达不到的。我们的成果引起了来访的美国 Akzo-Nobel 研究中心人员的关注。1998 年他们特邀我到他们实验室进行了学术交流。

我们在 ZSM-5 分子筛催化剂芳构化方面做了一系列的研究，系统地研究了 HZSM-5，ZnZSM-5 和 GaZSM-5 等催化剂活性中心的性质及其芳构化作用机理。

J. R. Anderson 等的研究表明，低分子烃 C_3，C_4 以及直链烷烃 C_6，C_7 在 ZSM-5 催化剂上的芳构化反应，要经过脱氢—烯烃聚合—聚合物裂解为 C_3，C_4 碎片—碎片再经过聚合—环化—脱氢的连续反应步骤。按照这一机理，生成的产物总是以甲苯为主的苯、甲苯和二甲苯的混合物（BTX）。

具有环状结构的环烷烃，是否也要经过上述连续步骤生成芳香烃？我们系统地研究了环己烷、甲基环戊烷和甲基环己烷在 HZSM-5 和 ZnHZSM-5 上的芳构化反应。我们首先研究了环己烷在 HZSM-5 上的反应，在较低的 390～450℃区间，主要进行的是裂化反应。环己烷裂解成 C_3，C_4 小分子，芳烃的选择性很低。在 450～550℃区间，随着反应温度的升高，C_3，C_4 产物逐渐减少，芳烃的选择性逐渐提高，产物 BTX 是由环己烷裂解为的小分子重组后生成的。研究结果与 J. R. Anderson 等的论断一致。

在 HZSM-5 中引入 Zn^{2+} 生成的 ZnHZSM-5 催化剂上，环己烷芳构化生成苯而不是 BTX。而且产生苯的选择性在 550℃时高达 90%。这表明苯是由环己烷直接脱氢生成的，并未经过裂解为 C_3，C_4 小分子这一步骤。甲基环戊烷和甲基环己烷在 ZnHZSM-5 催化剂上 550℃进行反应，分别生成苯和甲苯，也不是 BTX。这一结果更加证明了苯和甲苯的生成是通过直接脱氢生成的。上述结果表明，在 HZSM-5 中引入 Zn^{2+} 生成的 ZnHZSM-5 催化剂上，催化剂的裂化性能减少了，ZnHZSM-5 的直接脱氢性能增加了，从而提高了生成纯芳烃的选择性。

为探讨 Zn^{2+} 引入 HZSM-5 生成活性中心的性质，我们研究了 ZnHZSM-5 的吡啶吸附后的红外光谱（Py-IR）。我们发现随着 Zn^{2+} 引入量的增加，ZnHZSM-5 的质子酸量逐渐减少，而具有 Lewis 酸性质的 $L_{1616cm^{-1}}$ 吸收带则逐渐增强，且其吸收带强度与芳构化活性有关。HZSM-5 引入 Zn^{2+} 后，其质子酸减少，是由于 HZSM-5

中的强质子酸与 Zn^{2+} 相互作用，形成具有 $L_{1616cm^{-1}}$ 吸收带为特征的复合活性中心。我们进一步的研究表明，ZnHZSM-5 中的 Zn^{2+} 在 550℃不能被氢还原，也没有吸附氢的能力。因此，它不能像过渡金属那样，通过电子转移实现脱氢。我们认为 $L_{1616cm^{-1}}$ 复合活性中心与骨架上的质子酸协同作用，能够使环烷烃依次脱除氢负离子和氢质子，实现环烷烃的直接脱氢芳构化。GaZSM-5 催化剂通过氢处理或烃类的预处理，可以生成低价态的 Ga，具有吸附氢的能力，其芳构化的脱氢反应可能是在 GaZSM-5 的低价态的金属中心上进行的。

在 β-沸石的研究方面，我与周灵萍合作，在她的博士后研究中，探索了 β-沸石的结构稳定性及铝化改性，为 β-沸石的基础研究与工业开发提供了科学依据。

除研究分子筛催化剂之外，美国杜邦公司某研究中心建议与我们课题组合作，进行氯丁橡胶单体合成新途径的探索。即用廉价的混合丁烯，第一步通过氯化氢催化加成生成氯丁烷，第二步再通过催化脱氢生成氯丁二烯。合同签订后的第一年工作非常顺利，使用我们研制的催化剂，混合丁烯非常顺利地进行了氯化氢的加成反应，生成非常纯净的氯丁烷。第二年的研究遇到了困难。无论用什么催化剂或反应器，都不能实现氯丁烷的催化脱氢反应。此后，我们进行了化学热力学计算，结果表明，在催化脱氢的高温下，氯丁烷催化脱氢生成氯丁二烯在热力学上是不可行的，可行的反应是氯丁烷脱氯化氢回到丁烯的方向。这证明对方提出的新途径是不可行的。这一工作提示我们，要勇于创新，但在新途径探索方面化学热力学计算是一个重要的研究手段。

1998 年退休之前我主要从事的是石油炼制催化方面的基础研究。退休后我与夫人叶蕴华合作从事了分子筛固定化酶方面的研究。关于酶催化作用的重要性，人们常用"没有酶催化就不会有任何生命现象"来表述。在人的生命过程中，酶的催化作用无处不在。

酶是生物催化剂。酶的反应活性高、反应条件温和，具有高度的专一性。但酶的分子十分娇嫩，很容易失活，不易在有机合成中广泛使用。而且酶用作催化剂时往往不能反复使用。为了克服这些缺点，我们研究了蛋白水解酶在有机溶剂中的反应，将不同种类的蛋白水解酶，如胰凝乳蛋白酶、枯草杆菌蛋白酶、木瓜蛋白酶、胰蛋白酶等，分别固定在不同结构的分子筛上，制备成分子筛固定化酶催化剂，成功地合成了多种生物活性寡肽，如甜味肽前体、亮脑啡肽前体以及骨生长肽活性肽段的前体等。其中有的分子筛固定化酶可以多次使用。这些研究成果在美国、法国、日本、韩国等国的国际学术会议上交流后，引起国内外同行的关注。第一篇文章于 2000 年在国际著名杂志 *Tetrahedron*（《四面体》）上发表后，很快收到美国 *Applied Biochemistry and Biotechnology* 杂志主编 Jack Cazes 的邀请，撰写了一篇分子筛固定化酶的综述，发表在他们的杂志上。分子筛固定化酶研究的成果曾于 2004 年先后在巴黎举行的第十三届国际催化会议和在日本福冈举行的第一届亚太地区国际多肽会议上进行了交流,并应邀在日本大阪府立大学做了学术报告。

与叶蕴华参加第13届国际催化会议　　　　　2004年在日本大阪府立大学做学术报告

总之,1983年后,我参加了10余项国家科委与国家自然科学基金的重大项目、国际合作项目和横向合作项目的研究。发表学术论文百余篇,获发明专利9项。

改革开放以后,我们教研室先后有七人作为访问学者出国访问,并有机会参加国际与国内举行的催化学术会议,使我们能及时了解国内外的学术动态与研究催化的先进技术。我们在国外学习到的新理念和新技术,不仅提高了我们的科研水平,也丰富了我们的教学内容,如将利用各种谱学研究催化剂的方法引入我们的教材中。为了适应催化学科发展新形势的需要,我们教研室分别为本科生与研究生开设了若干新课程。除了前面提到的"催化理论"与"有机催化"外,又增设了"多相催化动力学"(俞启全讲授)、"多相催化中气相色谱的应用"(杨锡尧讲授)、"多相催化基础"与"催化文献"(佘励勤讲授)。我本人在北京大学、石油化工科学研究院和中国科学院研究生院为本科生与研究生开设过"多相催化反应及催化作用原理"、"沸石分子筛与酸式催化作用原理"、"多相催化与化学吸附中的红外光谱研究"、"石油炼制过程中的碳正离子化学"、"加氢精制催化剂及催化作用原理"等课程。此外我与黄志渊合作翻译了法国石油研究院 J. F. Le Page 著的《接触催化——工业催化剂原理、制备及应用》一书(1984年由石油工业出版社出版),并参与了尹元根和辛勤主编的《多相催化剂的研究方法》与《固相催化剂的研究方法》以及吴瑾光主编的《近代傅里叶变换红外光谱技术及应用(下卷)》部分章节的编写。

催化教研室成立近40年里培养了许多大学生、研究生和进修教师。它为高等院校、科研院所和工业部门输送了专业人才。他们中间许多人成为教学与科研中的骨干与学术带头人,其中三名毕业生和一位进修教师在他们从事的专业工作中做出了突出的贡献,分别成为科学院院士和工程院院士。

国际学术交流

1986年3月,以法国科研中心(CNRS)总主任P. Papon为团长的代表团应中国科学院的邀请,对中国进行访问,讨论法中科研合作事宜,并在北京科学会堂与中国科学院举行了多学科的科学技术交流会。代表团中有里昂催化研究所所长R. Maurel。我邀请他访问了北京大学化学系催化教研室,并陪同他访问了中石化石油化工科学研究院和北京化学纤维工学院,与他讨论了法国与中国在催化领域进行学术交流的问题。后来,在法国科研中心与中国科学院合作协议的框架内,两国学术界决定举办"中法催化学术讨论会"(Colloque Sino-Français sur la Catalyse),进行定期的学术交流。中法催化学术交流自1987年起至今共举办了4届,分别在中国和法国举行,我参加了每一届的学术交流活动。

第一届讨论会于1987年7月在北京举行,由中石化石油化工科学研究院总工程师闵恩泽主持。法国里昂催化研究所、法国石油研究院及巴黎第六大学等六所大学的科技人员参加了会议。双方在会上介绍了各自的研究领域,并交流了学术研究成果。会后在中方的陪同下,法国代表团游览了北京的故宫、长城、明十三陵等名胜古迹,欣赏了天桥梨园剧场的京剧,还品尝了北京的美味佳肴。由于大多数来宾是第一次到中国,对北京的一切都感到新奇。会议组织者的精心安排和热情友好的接待,使他们深切地感受到中方的盛情而流连忘返。

1987年在北京举行的第一届中法催化学术讨论会相片

我熟悉的法国朋友几乎全来参加了这次会议。他们希望了解中国人的家庭生活,我便邀请他们到我家做客。我家的居住面积很小,但狭小的居住空间并没妨碍老朋友之间的友谊交流,有朋自远方来,不亦乐乎!

第二届法中催化学术讨论会在巴黎举行。以闵恩泽为团长的中国催化学术界的代表，包括石油化工科学研究院的闵恩泽、何鸣元、舒兴田、宋瑞雪，大连化学物理研究所的林励吾、李文钊，兰州化学物理研究所的李树本，燕山石油化工研究院的金积铨，上海石油化工研究院的卢文奎，以及吉林大学的蒋大振和我等参加了这次学术讨论会。

1990年在巴黎举行的第二届法中催化学术讨论会

第二排左6为李宣文

1993年8月，第三届中法催化学术讨论会在大连举行。会后不久，法国CNRS化学部于9月邀请李大东、李文钊、徐弈德、安立敦、周萍和我六人到法国Montpellier参加第一届欧洲催化学术会议，并顺访法国各地将参与中法合作的催化研究室。

1993年在第一届欧洲催化学术会议期间中国代表团访问里昂催化研究所

左3为李宣文

2002 年在里昂举行了第四届法中催化讨论会。双方在学术方面进行了深入的交流和热烈的讨论。除了学术活动外，Michel Che 热情邀请中方代表团到他家做客，加深了彼此间的友谊。

第四届法中催化讨论会期间到 Michel Che 家做客
左 1 为李宣文

通过多次的互访和考察，两国学术界的相互了解和友谊得以加深。双方都不满足于这种时间间隔长，且仅限于大会报告的方式，希望进行实验室层面的科研合作和人员交流。在中国科学院的支持下，由李文钊代表大连化学物理研究所，李大东代表中石化石油化工科学研究院，我代表北京大学化学系与法方里昂催化研究所、巴黎第六大学、Montpellier 大学、Poitiers 大学以及 Caen 大学，联合向法国 CNRS 申请到一项为期四年（1995~1998 年）的国际科学合作项目（Programme International de Cooperation Scientifique，France-China，PICS 项目），在分子筛催化剂和石油加氢精制催化剂方面进行合作研究。中方召集人为大连化学物理研究所副所长李文钊，法方召集人为里昂催化研究所副所长 J. Vedrine。从 1995 年开始工作，每年分别在中国和法国举行为期一周左右的工作会议，会议经费分别由所在国承担。会上报告各自的研究进展，讨论科研计划，确定到法国实验室工作半年到一年的中青年科技人员的名单和要去的实验室。工作会议春季在法国，秋季在中国举行。

第一次 PICS 会议于 1995 年 3 月在法国里昂催化研究所举行。法方原邀请李文钊、李大东和我三人去报告三个单位在催化方面的研究工作。后来改为李文钊、张盈珍和我三人去参加。法方 5 个单位的代表齐聚里昂催化研究所。李文钊和我做了学术报告，张盈珍做了补充发言。我们的报告得到法方的好评。代表团受到法方极为热情的接待。

1995 年第一次 PICS 会议在法国里昂催化研究所举行

第二排左 2 为李宣文

第二次 PICS 会议于 1995 年秋在北京举行。由石油化工科学研究院院长李大东主持。会议的学术报告较多，讨论非常活跃；加之石油化工科学研究院对会上和会下的精心组织和安排，PICS 会议开得非常成功。会后 Michele Breysse 研究员特地留下与李大东讨论了里昂催化研究所与石油化工科学研究院联合培养博士生的具体事宜，进一步丰富了 PICS 项目的内容。

第三次 PICS 会议于 1996 年 3 月在法国举行。由李大东率领中方代表参加。法中两方都特别重视这次 PICS 会议。法国科研中心（CNRS）化学部主任 P. Rigny 和副主任 D. Olivier 在 CNRS 总部特地接待了中国 PICS 代表团。辛勤拍下了这张珍贵的照片。

法国 CNRS 化学部主任与副主任接见中方 PICS 代表团

左 2 为李宣文

中国驻法大使馆科技处张兆起在著名的香榭丽舍大街的中餐馆宴请了法方和中国代表团，鼓励双方加强合作、增进友谊，成为中法科研合作的典范。为节省会议开支，参加 PICS 的法方人员在各自的研究室向中国代表团报告研究结果，进行现场讨论。会前由辛勤和李宣文在巴黎第六大学做了学术报告，会后 Michel Che 介绍了巴黎第六大学，并邀请中方代表团晚上乘船游览塞纳河。

这次会议在巴黎第六大学主要讨论分子筛问题，在里昂催化研究所重点报告和讨论加氢精制的课题。会议专门安排参观法国盛产名酒 Beaujelais 的农场和酒窖，还领略了世界著名的阿尔卑斯山雪山风光。

1996 年 PICS 会后在阿尔卑斯山
第二排左 2 为李宣文

第四次 PICS 会议于 1996 年 10 月在我国黄山脚下太平镇举行。由北京石油化工科学研究院院长李大东主办。会前我在北京接待了法国代表团的 P. Moreau 夫妇，G. Perot，F. Mouge，P. Magneu 和 J. Y. Cariat 六人。稍事休息后，他们转飞机去大连化学物理研究所访问。M. Lacroix 夫妇因误了飞机，晚一天到达大连。法国代表团一行八人由李文钊、辛勤等陪同，先去上海石油化工研究院参观访问，后到黄山太平镇参加第四次 PICS 会议。会后安排他们游览了黄山。会议结束后，M. Che 和 J. Vedrine 应邀参加在厦门举行的第八届全国催化学术会议，并做了大会报告。

第五次 PICS 会议于 1997 年春在法国 Poitiers 举行。由李文钊率领，代表团成员有李灿、陈岩、曲良龙、舒兴田、石亚华参加。我因陪同以陈庆龄为团长的上海石油化工研究院代表团赴法国、比利时与荷兰访问而未能参加这次的 PICS 会议。第六次 PICS 会议原定 1997 年秋在中国举行，后因当年法国的国内外会议太多，将其改在 1998 年 4 月在法国 Montpellier 举行。李大东、李文钊、刘兴云、王公慰、傅维和我参加了这次会议。

1998年10月第七届 PICS 会议在杭州举行，这次会议是 PICS 项目最后结束的总结会议，法方来华人数比以往多一倍以上，其中包括法国科研中心的代表。在会上中法双方认真回顾和总结了四年来学术交流的收获以及结下的深厚的友谊。

1998年第七届 PICS 会议在杭州举行

就座者右3为李宣文

中法两国催化学术界在分子筛和石油加氢精制方面经过四年的密切合作和深入研究，其科研成果为两国的催化剂基础研究和开发研究增添了活力。在人才培养方面，我国有20余名中青年科技人员先后到法国有关大学和研究所的催化实验室进行半年到一年的科学研究，从而开阔了视野，提高了科学研究能力。还有5名联合培养的博士生，他们取得学位后都成为各单位的科研骨干或学术带头人。

2007年石油化工科学研究院中法联合培养博士生张乐论文答辩后合影

右3为李宣文

1998年 PICS 项目结束后，由石油化工科学研究院院长李大东在北京颐和园听鹂馆举行了盛大的宴会，并发表祝中法科研合作与友谊地久天长的祝酒词，为法国同行送行。此后双方的科研合作仍以不同的方式继续进行，双方的友谊一直持续至今。大连化学物理研究所建立了中法联合催化实验室。石油化工科学研究院继续与里昂催化研究所和巴黎第六大学联合培养博士生。

2013 年 M. Che 以法国化学会历届催化专业委员会主任（P. C. Gravelle, M. Che, J. Védrine, M. Breysse, C. Travers, D. Dupres 和 J. P. Gilson）的名义，向我和夫人叶蕴华发出邀请，邀请我们于 2013 年 8 月 30 日至 9 月 19 日访问法国，参加 9 月初在里昂举行的第 11 届欧洲催化会议，并访问我曾工作过的里昂催化研究所。这是我第 16 次访问法国，心情特别激动。在参观研究所时，所长 Lacroix 介绍了里昂催化研究所的研究工作，并带我们参观了他们研究所的先进仪器设备。晚上为我们举行了盛情的宴会。参加者除现任所长和一名院士外，均已退休。好几位老同事从外地专程赶来和我见面，大家都特别高兴。宴会上，大家畅谈在中法两国催化界学术交流与科研合作的经历及美好回忆。他们当中大多数人参加过中法双边学术会议，还有一部分人参加过 PICS 合作项目。法国朋友深情地说："这次聚会令人激动，使我们回忆起过去共同工作和友好合作的日子。"

2013 年 9 月 10 日法国化学会在巴黎为我举行了颁奖仪式，由法国化学会会长 O. Homolle 向我颁发了法国化学会世纪奖章与奖状。奖状上写着："法国化学会世纪奖章授予李宣文教授，表彰他在发展中法两国化学家的关系中所起的决定性作用"；奖章上刻有法国已故著名化学家 Louis Pasteur, Marcelin Berthelot, Victor Grinard, Henri Moissan, Paul Sabatier 以及 Jean-Baptist Dumas 的头像。颁奖仪式后举行了鸡尾酒会招待来宾。据法国朋友说，我是获此项奖的第一个中国人。我深知，这一荣誉不仅是给我个人的，而是授予为促进中法两国化学界的学术交流与科研合作共同努力过的同行们。

法国化学会会长Homolle颁奖

法国化学会世纪奖章与奖状

我有幸在50年前作为第一批科技工作者在法国进修,后又多次作为访问教授在法国短期工作,并参与组织和实施与法国催化学术界的交流与合作,因此结交了一大批法国化学界的朋友。在与法国同事近半个世纪的学术交流与科研合作过程中,我与他们结下了深厚的友谊。每当我到法国访问时,法国朋友总是热情邀请我到他们家做客。所以,我们家也对法国朋友开放。自我家1987年建立留言簿起,先后有一百多人次的法国朋友到我家做客,更加深了我们之间的感情。

还有一位与北京大学催化教研室进行深入交流的世界著名学者,澳大利亚的安德森(J. R. Anderson)。1985年他由世界银行派到北京大学化学系考察世界银行贷款的应用,并在催化教研室进行了一个月的讲学。在此期间,他介绍了自己的研究成果并讲授催化教学的纲要以及教学与科研结合的成果。他还与我们催化教研室的同事们进行广泛深入的交谈与学术讨论。最后他在给世界银行的汇报中关于北京大学催化教研室的评价是:"教师具有比较广泛的催化科学知识,并有深入的理解。世界银行贷款购买的仪器,在教学与科学研究中发挥了重要的作用"。

此外,我们还邀请过很多世界著名科学家,诸如日本北海道大学的田部浩三(Tanabe)、日本大阪府立大学的安保正一(Anpo)、美国斯坦福大学的布达尔(M. Boudart)、荷兰莱顿大学的鲍乃施(V. Ponec)、比利时鲁宛大学的戴尔蒙(B. Delmon)等到我校交流与访问。1996年我们还聘请了巴黎皮埃尔·居里大学(巴黎第六大学)的Michel Che 为北京大学客座教授。来自各国的科学家的报告为我们的教学与科研带来了生气,活跃了学术气氛,使师生得到很多的教益。

改革开放后,我还有幸参加了在柏林(1984年)、布达佩斯(1992年)、巴黎(2004年)和北京(2016年)举行的四届国际催化会议以及在里昂(1984年)、首尔(1996年)、巴尔的摩(1998年)、魁北克(2000年)和蒙彼利埃(2001年)举行的五届国际分子筛会议。还参加了第1届在蒙彼利埃(1993年)和第11届在里昂(2013年)举行的欧洲催化会议及在意大利陶尔米纳(2002年)举行的欧洲分子筛会议。

另外,我们催化教研室还有林振锟、张嘉郁、余励勤、裴站芬、俞启全、金韵和刘兴云等7位同事先后到美国、荷兰和法国做访问学者、工作或参加国际学术会议。通过国际学术交流,我们学习到了新的科学知识,了解到了国际催化学术领域的进展和动向,充实了我们催化教学的内容,并开阔了科学研究的思路。

结　　语

我在催化领域四五十年的教学和科学研究是一个不断学习和成长的过程。我从一个偏僻的农村到北京大学上学并成为一名北京大学的教师,完全是党和国家教育培养的结果。

中华人民共和国成立以来的大规模经济建设及其发展的需要，为我们的学习和工作提供了良好的机遇。我们催化教研室就是在国家急需催化专业人才时建立的。它的建立为我国高等院校、科研部门以及工业单位培养了催化专业的科技人才，使他们在各自的工作岗位上为国家建设做出了突出贡献。

我们教研室在与国内外同行的交往中，始终保持谦虚、谨慎、务实、友善的精神，从而与兄弟单位建立了良好的合作关系。我们催化教研室的发展和取得的成果与他们的大力支持与帮助是分不开的。这里要特别感谢石油化工科学研究院与大连化学物理研究所对我们的长期支持。

在国际学术交流中，特别是与法国的科研合作方面，我做了一些相互沟通与协调的工作，但是许多交流与合作都是在大连化学物理研究所李文钊和北京石油化工科学研究院李大东的领导下以及国内同行的积极参与下进行的。我认为在国际交往中，首先要尊重对方，虚心向对方学习，才能得到对方的信任和尊重，学术交流才能获得预期的成果。正如大家所说的"科学无国界"，政治制度不同不会成为学术方面相互交流的障碍。中法在催化方面的 PICS 项目就是国际科研合作的典范。

催化教研室在北京大学化学系是一个小教研室，能为国家在培养催化人才方面做出一些贡献，在催化基础研究与开发研究方面取得了一些成果，是教研室同事们共同努力与精诚合作的结果。

图 片 集 锦

1966 年初在巴黎圣母院前

左 2 为李宣文

1979 年 4 月在巴黎大学城

右 1 为李宣文

1980 年在化学研究所为 G. J. Martin 翻译

1985 年 R. Anderson 与北京大学化学系催化教研室师生合影

1987年参与"六五"重大科研项目的同行们在北京合影

第二排左7为李宣文

中法催化学术讨论会期间法国朋友到李宣文家做客（北京大学中关园住宅）

左3为李宣文

参 考 文 献

董松涛，李宣文，李大东，等. 2002. Y型分子筛水热过程中介孔形成的研究. 物理化学学报，18（3）：201-206.

李宣文，余励勤，刘兴云. 1982. 铜离子在Y型分子筛中的定位和移动性的红外光谱研究. 催化学报，3（1）：35.

刘兴云，李宣文，余励勤，等. 1988. 烷烃在锌改性ZSM-5沸石上的芳构化I.活性中心的形成与表征. 石油学报（石油加工），4（4）：36.

刘兴云，李宣文，余励勤，等. 1993. 中国：ZL 89103386.6.

刘兴云，裴站芬，余励勤，等. 1994. 新型高硅Y（NHSY）沸石的研究I. NHSY沸石的制备. 催化学报，15（4，14）：238-283，296-300.

刘兴云，余励勤，李宣文，等. 1989. 烷烃在锌改性ZSM-5沸石上的芳构化II. L1616活性中心的强度分布及酸性中心的定位. 石油学报（石油加工），5（4）：34.

余励勤，刘兴云，李宣文. 1980. 铜氢Y分子筛的催化裂化活性、水热稳定性与活性中心的研究. 催化学报，1（4）：268.

王绪绪，李宣文，袁世斌，等. 1991. ZnZSM-5沸石上某些环烷烃芳构化性能的研究. 物理化学学报，7（3）：281.

袁世斌，余励勤，刘兴云，等. 1988. 镓改性HZSM-5催化剂的表征与芳构化. 催化学报，9（1）：25.

Anderson J R, Foger K, Mole T, et al. 1979. Reaction on ZSM-5-type zeolite catalysts. J Catal, 58: 114.

Li X W, Han M, Liu X Y, et al. 1997. Structure design for Y-type zeolite on large molecular conversion. Alkylation of phenol with long chain olefin. Stud Surf Sci Catal, 105: 1157.

Li X W, She L Q, Yuan S B, et al. 1989. The reactivity of cyclohexane and cyclohexane over ZnHZSM-5 catalyst. Proc.4th Sino-Japan-U.S.A.Symposium on Catalysis, Sapporo, Japan: 64.

Li X W, Su X, Liu X Y. Study of the adsorption state of phenol on HY zeolite by infrared spectroscopy. Proc 12th Intern Zeol Conf: 2559-2664.

Liu X, Pei Z, She L, et al. 1993. The Preparation and characterization of high silica Y zeolite prepared by combined chemical and hydrothermal dealumination. Stud Surf Sci Catal, 75: 1611.

She L Q, Hong S, Li X W. 1985. Relationship between catalytic activity and acid strength of LaHY zeolites in cumene cracking and in O-xylene isomerization. Catalysis by acids and bases. Stud Surf Sci Catal, 20: 335-342.

Xing G W, Li X W, Tian G L, et al. 2000. Enzymatic peptide synthesis in organic solvent with different zeolites as immobilization matrixes. Tetrahedron, 56: 3517-3522.

Yan A X, Li X W, Ye Y H. 2002. Recent progress on immobilization of enzyme on molecular sieves for reactions in organic solvents. Applied Biochemistry and Biotechnology, 101 (2): 113-129.

Zhan J Y, Zhou L P, Li X W. 2001. Modification of beta-zeolite by dealumination and realumination. Studies in Surface and Catalysis, 135: 213.

（李宣文）

杨宝山

杨宝山，湖北省武汉市人，化学家。1958年武汉大学化学系毕业，同年来到中国科学院大连化学物理研究所二部高能燃料室工作。曾参加过重水制备方法研究等。1966年调到第八研究室任党支部书记。1968年，被任命为新组建的801组组长，接受了卫星姿态控制用肼分解催化剂和洲际导弹弹头用肼分解催化剂的研制任务。带领全组同志在非常困难的条件下，从零做起，一步步探索，一点点积累，逐步带出了一个坚强的应用催化科研团队，攻克了不同型号肼分解催化剂的一个个难题。研制出洲际导弹弹头用的816-814组合肼分解催化剂，1980年应用在我国第一颗洲际导弹上。1981年获得国家发明奖二等奖。研制出817-816组合肼分解催化剂，成功应用在1981年发射的实践二号卫星上，1985年获得中国科学院科技进步奖一等奖。研制出818-816组合肼分解催化剂，在1984年发射的通信卫星上成功应用，1988年获得国家发明奖二等奖。这些催化剂的研制成功填补了我国航天飞行器姿态控制技术方面的空白，在后来的风云系列气象卫星、资源系列卫星、神州系列飞船等任务中得到广泛的应用。

1983年杨宝山调任中国科学院广州能源研究所党委书记，兼任生物能学科主任、所学术委员会委员。从事新技术热管的消氯化剂研究，在此项目中他以理论为依据，提出复合氧化剂的设想，解决广州能源研究所热管课题的钢水热管在低温余热回收的应用问题，具有很大的实际意义。该成果目前已有三家工厂使用并申请了专利。另外他对利用催化热分解在化学热泵和蓄能应用方面提出了今后发展和解决的重要问题，具有一定的学术水平。除此之外，他还参加了能源研究所气化组的生物质催化气化的研究工作。1993年退休。2016年12月14日去世。

杨宝山在去世前不久，完成了关于航天器姿、规控发动机用肼分解催化剂研制与应用一书的总结，回忆了航天飞行器姿态控制用肼分解催化剂的研究历程。

该书部分内容摘编如下：

前　　言

遨游太空的航天飞行器（洲际导弹、卫星、宇宙飞船等）千姿百态，执行的任务也各不相同，但它们飞行过程中都要进行轨道修正和飞行姿态控制。姿态控制通过测量、计算、指令、执行4个步骤完成。对飞行器进行实时精确测量，把测得的结果与预定的轨道进行比较，得出轨道偏差，根据偏差给出相应的修正指令，或者根据飞行器将要执行的任务，计算出需要完成下一个动作的推力后发出指令，由担任执行机构的姿控发动机组来执行。这些根据俯仰、偏航、旋转等要求，在航天器不同位置装备的小型火箭发动机，会根据指令开启，利用喷气产生的反作用力对飞行器飞行的方向和速度进行修正，从而达到改变飞行器飞行轨道和改变飞行姿态，实施既定动作的目的。

作为姿控执行元件小火箭发动机的工质，国外曾采用过冷气（高压氮气）、过氧化氢自发分解等。但因能量密度低、过氧化氢不稳定等限制了应用范围。美国喷气推进实验室（JPL）在20世纪50年代末拟采用肼作燃料，进行了几年的肼热分解和催化剂分解研究，因热分解耗电量过大而放弃，虽开发了$Fe-Co-Ni/Al_2O_3$等非自发性肼分解催化剂，然而最终肼分解的技术未获突破。后来美国国家航空航天局（NASA）投入大批经费，在全美发起自发型肼分解催化剂的研究，最后由美国壳牌石油公司研制出一种能在低温下（低于25℃）引起肼自发分解的催化剂，即著名的Shell-405催化剂。Shell-405催化剂研制成功后，肼分解发动机在美国航天器的姿态控制系统里发挥了重要作用。美国的通信卫星V号，多次载人登月飞行，以及洲际导弹上都应用了Shell-405肼分解催化剂。美国科学家认为：此种催化剂的发明解决了航天飞行器姿态和轨道控制的难题，是航天技术里程碑式的一大飞跃。鉴于肼分解催化剂对姿态控制的重要作用，有人把它誉为姿控系统的心脏。

肼分解任务的来源

1968～1969年，航天部5院502所和七机部一院11所，先后分别向大连化学物理研究所下达了研制"卫星姿态控制用肼分解催化剂"和"导弹弹头姿态控制用肼分解催化剂"的任务。卫星型号有两种,"实践2号"资源卫星和通信卫星,大家根据其代号平时称为"S-2"和"331工程"任务,用于洲际导弹的称为"东风-A号01批"任务,以及后来追加的"东风-A号02批"任务。

大连化学物理研究所有催化研究的基础,有关单位也是慕该所之名而来求助的。事关国家尖端技术和国防事业的发展,大家都凭着一股爱国热情,决心完成这项艰巨的政治任务。

而肼分解催化剂的制备技术涉及军事机密,外国对我国进行了严密封锁,研制我国洲际导弹和卫星用肼分解催化剂,只能自力更生,自己闯出一条路来。

我们经过多年的努力,研制成功了针对多种型号任务的肼分解催化剂。实践证明,外国人能够做到的,我们也能够做到。

下面简单回顾肼分解催化剂的研制历程(按照有关规定,具体制备工艺叙述从简)。

初期阶段解决评价手段和活性组分问题

1968年,肼分解催化剂研制组正式成立,命名为第8研究室801组,组长杨宝山,成员有刘好温、初玉芝、苏瑞祥、张振远、孙继文等,不久又调来戚卓发(后任副组长)、庄叔贤、韩宝祥、陶龙骧等。随着工作的开展,1970年至1975年,陆续有王翠菊、徐翠兰、张述亭、徐长海、周业慎(后任副组长)、张昌明、孙孝英、徐奕德加入801组。1972年起姜炳南作为8室副主任分管801组工作。我们平时做的催化研究都是关于石油化工领域的催化反应工程,主要指标是物质的反应转化率、选择性和催化剂的稳定性,但在空间领域中要求迥然不同,指标是发动机启动时间(以毫秒计)、比冲、推力、粗糙度(稳态压力快速波动的幅度)、压力尖峰和后效(停止燃料喷入后压力衰退的时间)等力学参数和发动机的功效,由过去"单一的化学转化"变成"化学反应输入,力学参数输出",概念变了,工作难度也大大增加。反应的条件也变得极为苛刻。卫星工作的环境温差有时达近百度,催化剂要承受近千度高温气流的高速冲刷和骤冷骤热的脉冲式工作,如冷启动(室温,低于25℃)200次,热脉冲20000次。还要经受火箭发射时强大冲击、震动、超重力等的考验。以前杨宝山对航天催化、姿态控制等没有任何了解,接到任务后才感受到任务的难度。一是没有有价值的文献资料,二是没有评价催化剂的热试装置。起步时每试制一种样品都要拿到北京去做评价。

从事航天催化研究较早期的研究团队（原801组）
前排左3为杨宝山

张涛所长、1501组组长王晓东、副组长李涛、赵许群与801组在大连的老同志
左5为杨宝山

为了加快研究工作的进展，必须建立自己的热试车台。由戚卓发、韩宝祥负责电控，刘好温、张振远、孙继文等负责管路系统及具体的催化剂装填拆卸（徐奕德于1975年从农村回所后也参加了热试工作）。这些同志努力工作，在502所有关人员的帮助下，建起了简单的热试评价装置。该装置由燃料肼储罐及加压系统、计量系统、电磁阀和小火箭发动机组成，小火箭发动机固定在试车台上，可根据试验程序需要打开电磁阀或关闭电磁阀，脉冲方式喷出一定量的肼，同时用热电偶、压力传感器、示波器记录发动机的温度和压力的变化，从电磁阀打开进燃料肼，发动机内压力逐步升高，t_0、t_{10}、t_{90}分别代表电磁阀打开到开始建压，以及压力达到稳态压力10%和90%时的时间，以t_0、t_{10}、t_{90}的长短以及发动机稳态压力等来比较不同催化剂的优劣。

早期的文献调研，使大家的精力集中在 Mo，Cr，Fe，Co，Ni 等非贵金属氧化物上，但无论怎样制备成型，活性都不高，即使有时第一脉冲活性较高，但第二个脉冲的活性大大下降，而且制备重复性很差。因活性不高，热试时常常会出现反应慢、液体肼从喷口流出、发动机堵塞、爆炸等，险象环生。其间，我们也用过珍贵的氯铂酸、氯化钯，但这种催化剂活性还不如 MoCr 催化剂。活性组分问题困扰着我们两年多时间。

杨宝山在不断跟踪的文献调研中，意识到自己查阅文献的思路有误区，片面强调催化剂的专业文献而忽视了在航天领域有严格保密问题，查到的肼分解催化剂制备文献都是过时的实验性报告，如已遭淘汰的 Mo-Cr，Fe-Co-Ni 催化剂的文献，并无太大的实用价值。应该把目光从催化剂研制报告扩大到航天领域的动态报道中去发现有启示的动态。他终于在 *Spacecraft* 1968 年 9 月号上发现了一篇报道，其中提到，姿控发动机使用的是 Ir/Al_2O_3 肼分解催化剂。他如获至宝，立即向航天部五院和中国科学院咨询，开了介绍信直接到国库去协调，得到了稀缺的贵金属铱粉 500g 及少量铂、钯、钌粉。后派庄叔贤到天津试剂三厂联系协作，由庄叔贤查找制备方法，试剂三厂建立设备培训人员。庄叔贤查阅了大量资料，不懂德文的他甚至为了读懂一篇德文文献，一边现学德文一边翻译制备方法。由于庄叔贤等的努力工作，很快完成了氯铱酸的成功制备。在 1970 年下半年起，杨宝山率庄叔贤、苏瑞祥、王翠菊等，尝试了不同的制备工艺，制成了以三氧化二铝为载体的铱、钌、钯、铂四种贵金属催化剂。评价结果以担载型 Ir/Al_2O_3 催化剂的活性为最好，远远超过 Mo、Cr 氧化物催化剂。又经过一年多持续不断的制备方法改进，启动加速性和发动机建起的稳态压力，都达到了一院 11 所下达的"东风-A 号 01 批"任务的要求。该催化剂被命名为 812 催化剂。庄叔贤为了测试载体和 812 的物化性能数据，在玻璃细工师傅的帮助下建立起一套 BET 装置，率领初玉芝、徐翠兰做了大量测试数据，为 812 的进一步研制定型提供了帮助。

812 催化剂的研制成功，使我国从此掌握了自发型肼分解催化剂制备技术。大家都很兴奋。但由于作为活性组分的铱用量大，我国不丰产，外国不法商人借机抬高价格，当时我国又外汇奇缺，大量购入力不从心。更重要的是，一旦国际形势紧张，我国战略武器的资源卡在别人手里，后患无穷。为此，上级领导非常关注，派人专程来到大连化学物理研究所，希望在 Ir/Al_2O_3 基础上，开展以国产资源丰富的贵金属为原料的新型催化剂研制或者尽量减少铱的用量。

任务的重要性和紧迫性不言而喻。我们提出两条路线，一是采用国内相对丰产的贵金属，二是把原来试探过的钼、铬的氧化物制成 $MoCr/Al_2O_3$ 催化剂，在制备工艺上改进，提高性能。姜炳南在一次学术讲座中介绍了燃料肼在发动机里的分解过程，以及在发动机中不同部位发生的分解反应，受其启发，我们认为肼的自发分解主要是在发动机头部几毫米处的催化床层发生，大部分肼分解为氨和氮气，产生热量并迅速提高了发动机中、后部的温度，后续的产物氨的进一步分解和残余肼的分解，则发生在中、后的本体催化剂上。选用一种能在较高温度下分解肼和氨的非贵金属催化剂来取代本体的 Ir/Al_2O_3 催化剂，应该能够达到同样的效果。随即我们用头部装少量 812 催化剂，本体装填没有任何活性的纯 Al_2O_3 颗粒组成的催化剂床层进行实验，能够建立 50%以上的反应室压力，只是压力衰退很快。这次试验增强了大家的信心，我们也认识到只装填少量铱催化剂，如果本体催化剂活性不好，要达到指标要求是不可能的。

组里指定徐长海具体研制这种廉价的催化剂。他经过查阅有关文献及总结组里早几年研制 Mo、Cr 催化剂的经验教训，明确了催化剂的活性和稳定性是这类催化剂的两大难点，有时两者还会互相制约。若头部装填 812 催化剂，点火后本体的反应温度会大大提高，可以牺牲部分初始活性来确保稳定性。但浸渍法制备的催化剂活性组分量较低，活性远远不够，多次浸渍又容易剥落。经过很多次的失败和制备条件考察，我们克服了多次浸渍活性组分容易剥落的问题，使活性组分的含量达到了要求。最后对催化剂进行稳定化处理，催化剂的活性和稳定性都得到提高。我们成功地研制出新型的 $MoCr/Al_2O_3$ 催化剂，其被命名为 814 催化剂。头部装填 812 催化剂，本体装填 814 催化剂，取得了与全部装填 812 催化剂的同样效果，满足了"东风-A号 01 批"任务的需要，节省了铱的用量，得到了有关单位的赞赏。该研究获得了 1979 年全国科学大会奖。

第二阶段，卫星用多次冷启动长寿命催化剂攻关

1972 年尼克松访华之后，由于考虑到研制工作周期长和同时上马星、弹任务经费紧张，国家有关部门与美国协调购买美制通信卫星使用，研发通信卫星的工作一度暂停。502 所的卫星任务因为经费的原因而推迟进行。这几年我们工作的重点就放在了一院 11 所的"东风-A号 01 批"任务上。同时因为卫星任务暂停而经费减少，组里人员也有所减少，陶龙骧、咸卓发先后调出（张振远也调到新成立的 804 组加强技术工作，几年后又调回）。后来由于美国的刁难，购买卫星的事搁浅。国家重新启动"实践 2 号"和通信卫星的研究工作。801 组工作的重点转到了能够多次冷启动的长寿命肼分解催化剂的研制。

S-2 任务要求寿命 1 年，100 次室温冷起动，热脉冲 4500 次。后来一院 11 所又下达了"东风-A号 02 批"任务，是 5 次室温冷启动，以及若干次热脉冲启动。

812 催化剂活性虽高，但一次冷启动之后活性大大下降，热脉冲工况时，由

于温度没降下来，仍然会正常分解喷入的肼。这对于"东风-A 号 01 批"任务一次室温启动、多次热启动的要求可以满足。但针对"东风-A 号 02 批"任务 5 次冷启动的要求，再把发动机降到室温，进行第二次冷启动时，喷入的肼不能马上分解，就在发动机体内造成肼累积，随着分解反应的进行，床层温度提高之后，累积的肼一起分解，造成机内压力骤然提高，形成爆燃，有时超过反应室设定压力的数倍以上，将压力传感器击穿，甚至前面的电磁阀也被打坏。热试的同志们不怕苦和累，千方百计改进实验条件，制备催化剂过程也严格控制制备工艺，但几个月过去了，仍是一筹莫展，组里又陷入了迷茫之中。

大家认为催化剂制备工艺需要进一步改进，以便研制性能更好的催化剂，并排列出一些可能影响性能的制备条件。1976 年开始，所里知道了 801 组工作遇到了难关，就采用"大会战"方式，给 801 组调来不少有催化研究经验的骨干力量，如郑录彬、张盈珍等参加催化剂制备工作。郑录彬、张盈珍以他们深厚的催化专业素养和丰富的催化剂制备经验为大家讲解催化剂的制备技术和注意事项，提高制备人员的业务水平。又调王公慰参加热试反应，帮助解决热试评价遇到的问题。由于寿命试验较多，热试倒班频繁，韩玉泉、宋增强调入 801 组加强热试评价工作。连调来搞计算机语言和电控的郑全勤、史习炎有空闲时也参加热试倒班评价。为了加强催化剂表征工作，以便对催化剂研制提供参考，所里调来罗洪原、解玉兰、路振舫加强表征力量，与张昌明从不同出发点从事表征工作。所里还组织催化方面的专家如郭燮贤、徐荫晟以及陆世维、熊国兴等来参加组里工作讨论会，一起会诊。

徐长海、刘好温等抽空改造了催化剂的制备设备，原来用变压器控制焙烧炉子的温度，须经常手动调节电压，保持恒温较困难。采用六室新研发的程序升温控温仪，催化剂制备条件大大改善。浸渍和焙烧的装置都建成了许多套，为开展攻关准备好了条件。

经过几次讨论，大家统一了思想，列出十几条制备工艺的改进方案，参加催化剂制备的人员分为两个小组，郑录彬、苏瑞祥、徐长海为一组，张盈珍、孙孝英、王翠菊为另一组。在以后的工作中，热试的同志也根据表征工作提供的数据，认识到脉冲反应后氨气对催化剂表面的中毒效应，土法上马搞了一套简易真空热试装置。在连续工作了几个月后，筛选出一种催化剂，可以实现 50～60 次的室温启动，长寿命催化剂终于有了突破。该催化剂被命名为 816 催化剂。表征工作证明 816 催化剂比 812 催化剂活性组分的稳定性强，816 寿命自然延长。后来徐奕德查到金属催化剂钝化处理的文献，在 816 制备中采用了钝化处理，催化剂性能又得到一些改善。

用 816 催化剂取代 812 催化剂作为头部催化剂，以 814 催化剂作本体催化剂进行了热试评价，满足了"东风-A 号 02 批"任务的要求，经过一段时间的匹配试验，圆满完成了七机部一院11所下达的任务。这种816-814组合的催化剂在1980年发射的第一颗洲际导弹上成功应用，并于1981年获得国家发明奖二等奖。

要达到"实践2号"任务的100冷启动还要进一步开展研究工作。然而一些预期的工艺改进并不能增加多少冷启动的次数，全组又陷入一场苦战。制备—倒班做热试寿命实验—再改进制备—再倒班评价，我们车轮战似的干了一年多时间。

姜炳南对载体脱水过程的动力学研究显示，在真空里 $Al(OH)_3$ 脱水速度比常压下高，有效减小了水蒸气自汽化的扩孔效应。周业慎及张述亭对 $Al(OH)_3$ 进行了常压、真空脱水制备 Al_2O_3 载体的实验，选择条件制备了符合要求的小孔大比表面积 Al_2O_3 载体。使用这种载体，在进一步改进了催化剂制备条件后，研制出来了一种寿命较长的催化剂，命名为817催化剂。以817催化剂为头部催化剂，本体装816催化剂，达到了S-2任务的100次冷启动的要求。参加817催化剂制备的有张盈珍、苏瑞祥、孙孝英、王翠菊等，817-816组合催化剂在1981年发射的"实践2号"卫星上成功应用。并于1985年获得中国科学院科技进步奖一等奖。

816和814催化剂因为用量较大，而801组还面临着研制"331工程"任务200次冷启动催化剂的艰巨任务。经有关单位批准，1977年将816-814催化剂在大连红光化工厂进行移植放大生产。801组有关人员抽出时间指导建立催化剂生产设备和评价热试车台，带领工人熟悉催化剂制备工艺，直到生产出合格的816-814催化剂。

在移植放大816-814催化剂的同时，"331工程"任务的研究工作也在同步进行。200次冷启动是很高的坎。大家也都有了充分的思想准备。而随着表征工作的逐步开展，我们对载体的孔结构对肼分解反应的影响有了进一步的认识。早在1976年庄叔贤与张述亭曾到上海市试剂五厂，与该厂技术人员一起确定了生产适合做肼分解催化剂载体用的氢氧化铝生产工艺，并跟班观察工人操作，确定应严格控制的关键步骤，制备了一大批氢氧化铝备用。

杨宝山对氢氧化铝中成分及载体制备方法对载体孔结构的影响，做了较全面的研究，选择了较好的配比，制备出表面积大孔结构适宜、正压强度高的载体。于是"331工程"任务用的催化剂在新确定的载体上展开。为了改进载体耐气流冲击的性能，刘好温、张述亭使用中压气流吹扫，使载体颗粒球形化。此前发生过一种现象，由于催化剂颗粒在实验中冲刷掉了尖锐易碎部分，催化剂床层松动，在气流冲击下，催化剂颗粒互相摩擦，损失越来越大，催化剂床越来越松动，摩擦就越严重，恶性循环的结果是催化剂越来越少，最后床层被破坏，造成肼分解不完全，反应压力波动。载体球形化措施改善了催化剂的耐冲刷性能。

1978年起，全组又集中力量投入研制符合"331工程"任务200次冷启动催化剂的工作，这段时间前后郑录彬、王公慰、徐奕德、张盈珍、刘好温、韩宝祥等另有任务先后调离，杨树明、孙启军、藏连发、岳建平、刘吉友等先后调入801组。因为催化剂不断改进，寿命越做越长，倒班时间也越来越长。

杨宝山对影响催化剂的制备工艺都进行了认真的研究，对制备条件进行优化，很快突破了140多次的冷启动。但此后两年多研究工作一直处于胶着状态，因为都是长寿命催化剂，一个催化剂评价倒班要一周或半个月以上。有的还到外地高真空台子去倒班评价。1979年酷暑季节杨宝山就曾带了7个不同工艺制备的，认为有希望的催化剂到四川绵阳去评价。杨宝山（带队）、张振远、初玉芝、杨树明、徐长海、徐翠兰等6人，加上502所3人，红光化工厂2人，寄予很大希望能从中评出一个达到指标要求的催化剂。可惜中途出了事故而终止。评价的几个催化剂，性能距离要求都还差得较远。但大家没有被一次次的失败吓倒，锲而不舍，继续努力改进。"功夫不负有心人"，"美国人能做到的，我们也一定能做到"，是大家的信念和决心。"细节决定成败"，在对催化剂制备细节逐个地改进之后，20世纪80年代初，新制催化剂终于突破了200次的大关，被命名为818催化剂。发动机头部装填818，本体装填816，这样的组合床层满足了"331工程"任务的指标要求，大家如释重负。

1982年818-816催化剂组合通过了502所等单位的专家鉴定。但是在通信卫星即将发射前的1983年，航天部在北京进行了最后一次模拟高空台试验。实验装置是新建的，初次使用，工作人员经验和某些试验条件不足，导致试验失败。这时已临近发射，大家心急如焚，虽然我们的催化剂在前一年已经通过验收，指标全部合格，已经完成任务。但为了寻找原因，姜炳南和周业慎研究决定，在我们自己的真空台上再评价一次，并请502所派人参加。经过一个多月的连续倒班试验，指标全部合格，排除了催化剂的因素。最后查找到失败的原因是北京高空台试验方法有问题，试验白天做晚上停，停止试验的时间中设备有泄漏，造成催化剂被泄漏的空气氧化，启动时经常有压力尖峰，催化剂活性下降，因而实验失败。虽然大家十分疲劳，但排除了对催化剂的疑点，保证了卫星发射的可靠性。

1984年我国的通信卫星发射成功，定点在赤道上空。1988年818-816催化剂获得国家发明奖二等奖。

中国科学院天文卫星催化剂研制

1979年，正当长寿命催化剂研制的胶着时期，大连化学物理研究所又接受了一项新的任务。这一年，由中国科学院自动化研究所负责研制的天文卫星工作全面展开，这是中国科学院准备发射的第一颗科学考察卫星，使用微推力的姿态控制系统，发动机只有钢笔管子粗细，但分析、测试的相对精度却要求很高。不但要我们研制合适的肼分解催化剂，同时在大连建立微推力真空试车台，进行相应的催化剂与微型发动机的协同研究。此时崔永堂、关文同志调入 801 组，崔永堂任副组长，具体负责天文卫星发动机的有关实验工作，他们二位均有发动机工作的专长。在微型发动机方面做了不少工作。他们建立了规模比较大、配套较先进的高真空热试车台。催化剂由苏瑞祥、王翠菊、孙孝英等研制。1980 年以后，隋焰调入 801 组，参加天文卫星等的热试评价工作。随着长寿命 200 次冷起动 818 催化剂的突破，天文卫星用催化剂也有了努力的方向，但由于发动机微小，工况不同，用 818 催化剂工艺制备的催化剂仍不能满足天文卫星的性能要求。解玉兰在表征工作中发现，如果在制备中对半成品进行某种预处理，催化剂的性能会有一定的提高，经过一段时间反复试验，最终研制出适合天文卫星的催化剂，命名为 819 催化剂。同时崔永堂、关文等热试同志以及自动化研究所有关同志付出努力，对微型发动机与催化剂的匹配等做了大量的工作，圆满完成了天文卫星的工作任务。

1984 年，天文卫星发射成功。

低温低铱催化剂

1984 年七机部一院 11 所又下达了东风-B 号战术导弹用的低铱含量肼分解催化剂任务，要求双-40℃启动，难度也很大。热试评价要将装有催化剂的发动机以及燃料肼都降到-40℃。操作起来也十分麻烦。好在此时研制队伍已经有了攻关经验。苏瑞祥、张昌明等负责催化剂研制，孙启军、张振远等负责热试评价，经过两年多的努力，攻克了这项难题。该催化剂在 1992~1994 年 3 次成功地应用在澳大利亚 3 颗通信卫星发射工作中。该项目获得了中国科学院优秀项目成果奖。

坚强的战斗集体，火热的团队精神

"肼分解催化剂研制"作为重点课题，受到中国科学院和大连化学物理研究所各级领导的关怀，从人力物力上给予大力支持和帮助，在精神上给予表彰和鼓励。工作中我们经常得到所里有关科室的管理人员和所仪器厂的大力协助。室主任林励吾最初虽不分管这项工作，但也经常关心组里工作进展情况，适时给予指导。801 组成立时除姜炳南、刘好温 40 多岁外，绝大多数是 25~35 岁的年轻人，大家凭着火一样的热情，决心为国家的战略武器和航天事业做出一份贡献，全力以赴地投入到这项十分陌生的工作中来。经过几十年的摸爬滚打，克服了很多预想不到的困难，一边学习一边实践，攻克了一个又一个难关，开发出了应用于不同型号任务的多种肼分解催化剂，填补了我国在这个领域的空白，为国防和航天事业做出了自己的贡献。

姜炳南作为负责这项工作的室领导，从与502所、11所接洽协调工作进展情况，理论指导一些试验操作，到实验中出现问题的分析解决都付出了巨大的努力。他提出了催化剂与火箭发动机匹配的概念，在实践中得到印证并得到发动机设计者一院11所有关人士的肯定，使研究工作避免了不少弯路。姜炳南与郑录彬、张盈珍等老科学家一样，是科研工作的导师和榜样。张盈珍甚至在摔伤手臂的情况下仍坚持赶到催化剂制备现场交代制备注意事项，令大家甚为感动。他们为长寿命催化剂的研制贡献了自己的力量，带动了中、青年研究人员的成长。

杨宝山、周业慎两位组长殚精竭虑，从查资料到组织一个又一个的攻关，协调各种关系，二人有一共同特点，就是脾气随和，关心同志，与组员关系融洽，能够充分调动各位成员的积极性，善于把大家力量拧成一股绳，共同为完成每一个型号任务去奋斗，还身体力行参加各种倒班，为全组同志所敬佩，愿意跟他们一起攻坚克难。1980年后崔永堂、关文先后作为分管热试评价的副组长，在热试评价方面也花费了不少心血。

庄叔贤作为早期的技术骨干，对于铱的可溶化合物制备，载体原料氢氧化铝的筛选，以及肼分解催化剂和载体的物化性能测试都做出了重大贡献。戚卓发工作起来是个拼命三郎，一步步改进，建立热试评价的测控系统，为任务的完成打下了良好的基础。苏瑞祥工作细腻、一丝不苟，一直工作在催化剂研制的第一线，千方百计为催化剂的改进奉献智慧和力量，孙孝英从816、818长寿命催化剂研制到飞机应急系统催化剂研制，逐步从一名普通研究人员成长为攻关的主力。他在关文退休后担任副组长，协助已担任所级领导的张涛组长主持组里的日常工作。张昌明热情，工作努力，为肼分解催化剂的表征做了大量工作，只要倒班需要还会积极参加催化剂评价倒班。后来他还主持过苹果保鲜催化剂研制。张述亭几十年如一日从事载体制备工作，兢兢业业，无怨无悔，针对不同型号的催化剂对载体的要求，采用不同的原料配比和制备工艺，保证了催化剂研制的需要。徐长海工作认真仔细，喜欢动脑，在参加催化剂研制工作之外，对催化剂制备的浸渍和焙烧装置进行过多次改造，扩大了规模，提高了自动化程度，他还对载体磨损器、剪切机都进行过卓有成效的改进。

罗洪原、徐奕德、王公慰、史习炎等研究工作的骨干们虽然在801组工作时间不算太长，但都以他们自己的出色工作为肼分解催化剂研制做出了贡献。隋焰虽来组里晚，又退得早，但其善于观察实验现象，分析问题中肯，也给大家留下了较深的印象。解玉兰工作钻研，其表征结果对819定型提供了依据。

801组的工作不断取得进展，除了上述研究人员的努力，还与一大批实干的中、青年技术人才的杰出奉献有关。有几位稍长的，是建组时的技术骨干：刘好温，为人诚恳，勤于动脑，在载体成型、热试评价方面贡献了自己的才智，在组里有很高的威望。初玉芝性格直爽，热情干练，有很强的分析测试工作能力，连剪催化剂载体每次都是最多的，她协助庄叔贤做了大量物化测试数据。张振远一直从事热试评价，不怕苦和累，在1979年绵阳真空台评价通信卫星催化剂时，由于出现突发事件，不顾个人安危去关闭系统的阀门，脸部被有毒的肼蒸气烧伤，几年之内都是黑色的。孙继文在早期的热试队伍中是年轻人，出力跑腿的事干得较多。在刘好温、张振远先后调离之后，孙继文成为热试车台上的骨干力量，在热试车台上干得时间最长。韩玉泉是军人出身，吃苦耐劳，每次倒班都少不了他。王翠菊自1970年调到801组以后，一直在从事催化剂研制工作，兢兢业业，几乎参加了每个型号的 Ir/Al_2O_3 催化剂制备，直到退休返聘，还从事凝胶催化剂的研制。徐翠兰热情随和，工作认真，哪里需要就到哪里，在催化剂物化测试方面做了许多工作。孙启军是复转军人，1979调到801组，心灵手巧，善于动脑，很快成为热试车台上的骨干。其他陆续调出的岳建平、藏连发、刘吉友、宋增强等年轻人，虽然在热试车台干的时间有长有短，但都是不怕倒班辛苦，为肼分解催化剂研制贡献了自己的力量。刘吉友、岳建平由于有较强的管理能力先后调到所里行政部门任职。

前后几任组长能够把这些人的聪明才智集合到一起，是完成一个个型号任务的基础。因为肼分解任务难题很多，每个型号都有不同的要求，不可能一两个人的聪明才智解决所有难题，个人新的方案也往往产生在大家多少次实验之后。每一座难关的攻克，都是众多方案经过一次次实验不断淘汰、不断启迪、不断改进的结果。所以肼分解催化剂研究的艰巨任务造就了801组的团队精神。平时同志们互相关心、互相帮助、密切协作，力争每项任务早日完成。在一些需要辛苦劳作的时候，无论是长时间倒班评价催化剂，还是加班剪切 Al_2O_3 载体（在没有剪切机之前，本体催化剂所用的载体都是大家经常加班到晚上8点多，用剪刀一下一下剪出来的，既累眼睛又让人烦躁），大家都齐心合力，争着去做。正是凭借这种团队精神，全组同志团结一致，合力攻坚，才克服了重重艰难险阻，攻克了一个个型号的难关。

结 束 语

应用催化研究与国民经济和国防科技的发展密切相关，肼分解催化剂的研究成功对中国战略武器和航天科技的发展起到了重要的作用，是一个较为典型的应用催化研究的例子。

"人生倏忽兮如白驹之过隙"，转瞬四十八年过去了。姜炳南、郑录彬、关文、解玉兰、王公慰、杨宝山等已先后去世。当时的青年人大多已年过古稀，中年人更变成了耄耋老人。回顾这段繁忙激情的研究工作历程以及同事之间友好团结、共同奋斗的情谊，大家都感到十分留恋。徐长海在2012年元旦，曾赋诗纪念参加肼分解研究团队四十周年："此身无悔系航天，历尽攻关苦与甘，闻报星船姿态稳，梦回点点忆华年"。这道出了老一代航天催化工作者的心声。

值得欣慰的是，在张涛领导下，近几年15室得到了较大发展，设备先进，人才济济。一大批年轻有为的科技人才如王晓东、王爱琴、丛昱、赵许群、李涛等都已经成长为各个方面的领军人物，全室组成了8个课题组，从事的工作面已经大大扩展，开展了无毒推进剂催化分解技术、凝胶推进剂催化分解技术、航天用特种功能材料、氮化钼自发催化剂研究，以及贵金属催化剂的基础研究，另外还开展了生物质转化等民用项目的研究。相信在不久的将来，必将为航天事业和其他领域做出更大的贡献。

图 片 集 锦

杨立、周业慎、杨宝山、林励吾、杨亚书、孙孝英合影

周业慎、杨书明、杨宝山、张涛合影

陈庆道、初玉芝、白玉行、杨庆林等合影

崔永堂、杨宝山、刘好温合影

戚卓发、张盈珍、王公慰、韩宝祥、杨书明等合影

参 考 文 献

姜炳南. 2003. 在通讯卫星姿态控制进入轨道前的日日夜夜//中国科学院大连化学物理研究所. 光辉的历程:大连化学物理研究所的半个世纪. 北京：科学出版社.

杨宝山. 航天器姿、规控发动机用肼分解催化剂研制与应用（内部资料）.

周业慎. 2003. 航天姿态控制用肼分解催化剂研究的征程. //中国科学院大连化学物理研究所. 光辉的历程:大连化学物理研究所的半个世纪. 北京：科学出版社.

周业慎、王晓东曾审阅初稿，纠正错漏；孙孝英曾为本文提供了杨宝山在广州能源研究所的一些资料；赵许群提供图片和其他帮助，在此一并致谢！

（徐长海）

谢 有 畅

　　谢有畅，1934年生于广州，1937年因日寇侵华返故乡合浦县婆围圩居住，1950年毕业于合浦县南康中学（现属广西北海市），1953年毕业于中山大学化学系，被选送入北京大学攻读化学系物理化学专业研究生，师从徐光宪。1957年毕业后留校任教。1961年任唐有祺助教，组织结构化学课辅导工作，此后长期在唐有祺指导下从事研究工作，1984～1985年在美国加利福尼亚大学化学系和洛伦兹国家实验室作为客座教授从事研究工作。1985年被北京大学授予教授学衔并被教育部特别批准为博士生导师。长期从事物理化学、结构化学和固体表面化学教学及催化剂、吸附剂和纳米材料的基础研究和应用开发研究。和唐有祺一起发现自发单层分散现象和原理，并于1987年获国家教委科技进步奖一等奖，曾应邀在国外16所著名大学和14家大公司向同行介绍，均获很高评价。1990年国家人事部授予"中青年有突出贡献专家"证书。利用自发单层分散原理设计制得一氧化碳高效吸附剂并开发成功大型变压吸附分离一氧化碳装置，2005年获教育部发明奖一等奖，并入选高校十大科技进展，2006年获国家技术发明奖二等奖。首次在我国研发成功空气分离制氧高效吸附剂并开发成功大型变压吸附空分制氧装置，2006年获教育部科学技术进步奖一等奖。在纳米材料研究中首次发现加微量水可促使甲烷在铁催化剂上催化分解得高纯单壁碳纳米管；发明气相水解法制纳米氧化物颗粒，水解$ZrCl_4$制得无团聚纳米ZrO_2，可在较低温度下烧结制纳米陶瓷。和邵美成合作编著出版基础课教材《结构化学》，译校出版三部固体表面化学专著，发表论文270多篇，申报专利20项。培养博士后、博士和硕士研究生60余人。曾任大连化学物理研究所催化基础国家重点实验室学术委员会副主任，石油学会理事，《化学通报》常务编委、《催化学报》、

《分子催化》、《石油学报》、《燃料化学学报》、《天然气化工 C_1 化学与化工》、《化工设计通讯》等杂志编委，高校化学教材编审委员会委员。

自发单层分散现象的发现及理论解释

二十世纪七十年代初我在唐有祺指导下在北京化工研究院开展催化剂研究。当时国际上刚发现聚乙烯高效催化剂 $TiCl_3/MgCl_2$。和传统的聚乙烯催化剂 $TiCl_3$ 相比，用了 $MgCl_2$ 载体，活性组分 $TiCl_3$ 用量少了百倍以上，活性却差不多，不仅可大量减少过渡金属用量，而且可省掉洗除催化剂的后处理工艺，使生产效率大大提高。大家问此催化剂高效的原因是什么，唐有祺推测这可能是活性组分 $TiCl_3$ 在载体 $MgCl_2$ 表面呈单层分散。此高效催化剂制法是用 $TiCl_4$ 和 $MgCl_2$ 一起研磨，使 $MgCl_2$ 变为微晶，$TiCl_4$ 分散在其表面，然后用烷基铝还原 $TiCl_4$ 得到 $TiCl_3$ 分散在载体 $MgCl_2$ 表面。我用 X 射线衍射证明此催化剂含 $TiCl_3$ 量达 10%以上，没有发现 $TiCl_3$ 晶相峰，研磨后 $MgCl_2$ 晶粒变小，表面积很大，$TiCl_3$ 是以单分子层形式分散在 $MgCl_2$ 表面。

谢有畅和导师唐有祺合影

接着我们又研究氧氯化催化剂 $CuCl_2/\gamma\text{-}Al_2O_3$，此催化剂用于乙烯和氯化氢及氧反应制二氯乙烷（进一步裂解可制氯乙烯，是聚氯乙烯的基础原料），它是用 $CuCl_2$ 水溶液浸渍$\gamma\text{-}Al_2O_3$烘干制得。X 射线衍射证明此催化剂的 $CuCl_2$ 含量高达 10%以上也不见其晶相峰，因为 $CuCl_2$ 以单分子层形式分散在$\gamma\text{-}Al_2O_3$表面。在专利文献中还有报道将 $CuCl_2$ 粉末和$\gamma\text{-}Al_2O_3$ 粉末干混焙烧制得的催化剂和溶液浸渍法制得的催化剂活性差不多。我们将约 10%$CuCl_2$ 粉末和$\gamma\text{-}Al_2O_3$ 粉末干混后在低于 $CuCl_2$ 熔点（498℃）的温度（350℃）下焙烧，X 射线衍射证明 $CuCl_2$ 晶相完全消失，变为单层分散，说明成单层分散是一个热力学自发过程。这启发我们活性组分在载体表面单层分散可能是一种相当普遍的现象。为此，我们开展了系统的研究，证实了此结论。先后共发表有关论文一百多篇，包括 1982 年在《中国科学》发表了第一篇论文《某些催化剂活性组份在载体表面分散的自发倾向》，1990 年应邀在 Advances in Catalysis 发表总结性论文 Spontaneous monolayer dispersion of oxides and salts onto surfaces of supports: applications to heterogeneous catalysis，及 1998 年在 Preparation of Catalysts 发表论文 An important principle for catalyst preparation-spontaneous monolayer dispersion of solid compounds onto surfaces of supports，其中 1990 年发表在 Advances in Catalysis 的总结性论文在 1998 年统计，已被引用 400 多次，是当时全国被引用次数最多的两篇论文之一。"自发单层分散及其在多相催化研究中的应用"曾获国家教委科技进步奖一等奖。下面概括介绍一下这些研究成果。

自发单层分散是催化剂研制中一种相当普遍的现象。许多催化剂的活性组分是过渡金属盐类、氧化物或络合物，它们负载在γ-Al_2O_3、硅胶、分子筛和活性炭等高比表面载体上。从结构化学的观点看，载体表面有大量离子或极性基团，活性组分的离子单层分散在载体表面后可形成表面键，其强度和活性组分原有的键强度差不多，能量得失或焓变不大，但这些活性组分在载体表面单层分散后，无序度大增，熵大大增加，因此体系的总自由能下降，故是一个相当普遍的热力学自发过程。

当活性组分的熔点不特别高时（如<1000℃），活性组分与载体混合后，可在比它们的熔点低很多的适当温度下焙烧一定时间实现单层分散，所得单层分散体系的催化性质和用浸渍法所得是相近的。除前面提到的 $CuCl_2$/γ-Al_2O_3 体系外，还有大量类似的体系。例如，炼油工业中的油品加氢脱硫催化剂中 MoO_3 是活性组分，γ-Al_2O_3 是载体，MoO_3 熔点是 795℃，我们将约 10% 的 MoO_3 粉末和比表面 $178m^2/g$ 的γ-Al_2O_3 混合后在低于 MoO_3 熔点的温度（450℃）下焙烧约 10h，X 射线衍射证明，MoO_3 晶相峰完全消失，变为单层分散。为了确证 MoO_3 是在γ-Al_2O_3 表面单层分散，我们加大 MoO_3 添加量，如加到 30%，加热后 X 射线衍射证明 MoO_3 晶相峰不完全消失但大大减弱，表明单层分散有一定容量，当活性组分超过此容量时，除了单层分散相外还有残余的晶相。通过测量残余的晶相峰面积，可得残余晶相量，由总加入 MoO_3 量减去残余晶相量可推得 MoO_3 在载体表面单层分散容量。对于比表面为 $178m^2/g$ 的γ-Al_2O_3 载体，实验得 MoO_3 单层分散容量为 0.22g/g 载体，即 $0.12g/100m^2$ 表面。这一结果和利用氧的离子半径算得的 MoO_3 分子密置单层排布在载体表面的结果正好相等，有力地证明 MoO_3 在γ-Al_2O_3 表面呈单层分散而且是密置单层排布。这个用 X 射线衍射定量测定单层分散容量的方法简单易行，已得到广泛应用。我们用此法研究了几十种盐类和氧化物在γ-Al_2O_3、硅胶、分子筛和活性炭等常用载体表面上的分散行为，证明都可成单层分散，其分散容量都等于或小于密置单层容量。小于密置单层容量意味着活性组分虽然在载体表面单层分散，但未完全铺满，因为有些活性组分密置单层排布时不一定能和载体的表面结构完全匹配，只

选择表面合适的位置占据。实际上只有少数体系单层分散容量等于密置单层容量，大部分单层分散体系其容量比密置单层小，如前面提到的氧氯化催化剂 $CuCl_2/\gamma\text{-}Al_2O_3$ 体系，$CuCl_2$ 在 $\gamma\text{-}Al_2O_3$ 表面呈单层分散，其容量只有 $0.077g/100m^2$，是密置单层分散容量（$0.10g/100m^2$）的77%。活性组分高于单层分散容量时就出现晶相，但不会成两层或多层分布，因为这样排布不如成晶相稳定。

催化剂活性组分熔点特别高时和载体混合加热是不能实现单层分散的，因为经验规律告诉我们固体内的原子迁移需要达到塔曼温度（Tammann temperature，绝对温度计的熔点的一半）才比较明显，熔点过高的活性组分塔曼温度很高，通过加热扩散到载体表面需要较高的温度，如果此温度过高以至于使载体烧结比表面降低甚至活性组分和载体发生反应生成新的化合物，就不能用此法实现单层分散。例如，$NiO/\gamma\text{-}Al_2O_3$ 体系，NiO 的熔点为 1984℃ 即 2257K，塔曼温度为 1129K，即 856℃，在此温度下载体 $\gamma\text{-}Al_2O_3$ 会烧结，使比表面降低甚至和 NiO 发生反应生成尖晶石相 $NiAl_2O_4$，就不能用混合焙烧法使 NiO 在 $\gamma\text{-}Al_2O_3$ 表面单层分散，而需用其他方法实现单层分散。最常用的是浸渍法。NiO 在 $\gamma\text{-}Al_2O_3$ 表面单层分散，通常是用 $NiNO_3$ 溶液浸渍 $\gamma\text{-}Al_2O_3$，烘干后 $NiNO_3$ 在 $\gamma\text{-}Al_2O_3$ 表面单层分散，再在 450℃ 焙烧使 $NiNO_3$ 分解为单层分散的 NiO。

活性组分在载体上单层分散后，其性质和原来大不相同，除 X 射线衍射外也已为多种表征技术如 X 射线光电子能谱（XPS）、俄歇电子能谱（AES）、紫外光电子能谱（UPS）、离子散射谱（ISS）、二次离子质谱（SIMS）、激光拉曼光谱（LRS）、红外光谱（IR）、核磁共振（NMR）、电子顺磁共振（ESR）、X 射线外延吸收边精细结构（EXAFS）、透射电子显微镜（TEM）、低能电子衍射（LEED）、扫描隧道显微镜（STM）、Mössbauer 谱、程序升温还原（TPR）、差热分析（DTA）、吸附和催化性能等技术来证实。单层分散容量也可以利用 X 射线光电子能谱等谱学技术来测定。

自发单层分散原理在催化研究中的应用

自发单层分散原理在催化剂研究中可有许多应用。首先，活性组分单层分散有利于产生高活性，因此许多以过渡金属氧化物或其盐为活性组分的催化剂，活性组分在载体表面成单层分散。除前面谈到的聚烯烃高效催化剂 $TiCl_3/MgCl_2$ 和氧氯化催化剂 $CuCl_2/\gamma\text{-}Al_2O_3$ 外，炼油工业中的加氢脱硫催化剂是 $\gamma\text{-}Al_2O_3$ 载负约 10% MoO_3 和 3% CoO，烯烃寡聚催化剂是 $NiSO_4/\gamma\text{-}Al_2O_3$，由乙炔和乙酸合成乙酸乙烯的催化剂是硅胶负载约 15% ZnO 或活性炭负载约 30% $ZnAc_2$，由乙炔和氯化氢合成氯乙烯的催化剂是活性炭负载约 10% $HgCl_2$，等等，这些催化剂活性组分都是单层分散，X 射线衍射图都没有活性组分晶相峰。

催化剂活性组分单层分散的方法通常用浸渍法，但当活性组分熔点不特别高时也可用和载体混合加热的方法实现单层分散，二者得到的催化剂活性差不多，后者有时更简便。例如，由乙炔和氯化氢合成氯乙烯的催化剂是活性炭负载 10% $HgCl_2$，由于 $HgCl_2$ 熔点只有 276℃，在室温将 $HgCl_2$ 和活性炭混合放置若干小时，$HgCl_2$ 即可在活性炭表面单层分散，X 射线衍射检测不到其晶相峰。

催化剂常常加添加剂以改善其性能，添加剂的作用机理多种多样，较复杂，但当金属氧化物或盐作为添加剂时，常常是单层分散在载体表面，它可能对载体表面起改性作用，使催化剂性能变好。例如甲烷化催化剂通常用 $Ni/\gamma\text{-}Al_2O_3$，有一种改进的甲烷化催化剂是添加 La_2O_3 到 $Ni/\gamma\text{-}Al_2O_3$ 催化剂中，我们证明其作用是 La_2O_3 单层分散在 $\gamma\text{-}Al_2O_3$ 表面后，负载在 La_2O_3 改性表面的 Ni 晶粒显著变小，故甲烷化活性大大提高。

通常氧化物载体是由氢氧化物焙烧脱水制得，然后再负载活性组分制得催化剂。我们实验室发现将活性组分和氢氧化物混合加热，一步直接制得催化剂，其氧化物载体的比表面要比通常先使氢氧化物脱水所得载体的比表面高得多。例如将 $Zr(OH)_4$ 在 550℃焙烧得 ZrO_2 比表面为 $52m^2/g$，当用 0.26g MoO_3 和 $Zr(OH)_4$ 混合加热制得的 0.26g $MoO_3/g\ ZrO_2$ 催化剂，其比表面为 $224m^2/g$，比表面增大 4 倍多。

分子筛的内外表面也可单层分散上氧化物或盐以制得催化剂，既可用浸渍法也可将活性组分和分子筛混合加热来实现单层分散。我们曾试过 Sb_2O_3、B_2O_3、MgO、La_2O_3、ZnO、CuO、LaOCl、NaCl、CuCl、$CuCl_2$ 等在 NaY, NaX、4A、5A、ZSM-5、丝光沸石等分子筛表面的单层分散，都很容易实现。将 B_2O_3、MgO、La_2O_3 等分别分散到 ZSM-5 分子筛内表面使其孔道变窄，可得由甲苯和甲醇制对二甲苯的择形催化剂。将 NaCl 分散在 NaY 分子筛内表面和孔道中可制得甲苯和氯反应制对位二氯甲苯的择形催化剂。

许多催化剂是高比表面的氧化物载体负载金属，由于金属是零价，和氧化物载体表面相互作用很弱，因而负载的金属不能成单层分散，而是以微晶存在于载体表面。例如铂重整催化剂 $Pt/\gamma\text{-}Al_2O_3$ 的 Pt 含量只有千分之几，也不能单层分散，而是以金属微晶形式存在于载体 $\gamma\text{-}Al_2O_3$ 表面。但是在制备负载金属催化剂时，通常以金属盐为原料，通过浸渍法负载在载体表面，再还原为金属，浸渍时如果金属盐用量过多，超过单层容量时，金属盐出现晶相，还原得到的金属晶粒较大，对活性不利，只有金属盐用量较少且呈单层分散时，还原得到的金属晶粒才较小，可得高活性催化剂。

负载型金属催化剂使用过程中晶粒可能长大使活性降低。当活性降低过多时需要再生。方法一般是通氧气或氯气使金属氧化，此时金属氧化物或氯化物变为单层分散，再还原得负载型金属催化剂时，金属晶粒会变小，催化活性会提高。

虽然金属在氧化铝硅胶等载体上不能单层分散，但一种金属在另一种金属表面很容易单层分散，如果用一种高比表面的贱金属作载体，负载上少量贵金属，此贵金属一定是单层分散，它可能比一般用普通载体负载贵金属的催化剂有更高活性而成本更低。这是一类还没有很好地开发的催化剂。

高效吸附剂的研制及产业化

自发单层分散原理除用于催化剂研究外，在材料科学领域也可应用。在该原理发现不久，我们便想到用于研制一氧化碳吸附。一氧化碳是重要的化工原料，在水煤气、半水煤气、钢铁厂尾气、黄磷厂尾气、电石炉尾气等工业气体或尾气中大量存在，它一般与氮、氢、甲烷、二氧化碳、水及微量硫化物等杂质共存，需要分离出来才能很好地应用，其中氮与一氧化碳分子量相同，沸点相近，常用的深冷精馏法很难将其分离。

一氧化碳可与一价铜生成络合物，是在结构化学教材中人们早已知道的，如果将一价铜的化合物单层分散到有大比表面的载体上，就有可能制得对一氧化碳有高吸附量和高选择性的吸附剂。经过筛选，我们用 CuCl 分散在分子筛内表面，在实验室制得了对一氧化碳有高吸附容量和高选择性的吸附剂，性能居国际领先水平，曾获中国、美国和加拿大专利。为了在工业上应用，我们在四川一氮肥厂进行了中试，结果很成功。这些成果在国际会议上报告后，受到美国联炭公司、空气产品公司、英国氧气公司和德国林德公司等外国公司的重视。我应邀到美国三个公司做报告后，选择了条件较好的美国空气产品公司合作开发，由对方先给五万美元及差旅费，我方提供 5 千克一氧化碳吸附剂样品在美国进行中试，中试成功后再谈判供应该公司吸附剂在国外使用。我们很快制得了吸附剂，拿到美国合作中试，结果美方很满意，开始谈判由我方生产供应吸附剂。谈得对我们有利的价格后，我们委托一美国律师和美方谈供货条件细节。由于该律师和对方谈判拖延了近 10 个月，在此期间美方研制出自己的吸附剂，来电表示暂时不要我们的吸附剂，这一下给我们造成很大的困难。因为在这段时间我们怕签了供货合同后供不上货，向学校借了近百万元建车间，买了大设备准备大规模制造吸附剂。为此科研组背上了上百万元债务，我曾经为此睡不着觉，后来有记者戏称我成了"百万负翁"，我们花了好几年从其他项目挣来钱，加上后来外国公司又买了我们一些吸附剂，我们才还清了债。在吸附剂推向外国遇到困难的情况下，我们集中力量在国内扩大一氧化碳吸附剂工业试验，将其推向工业应用，同时根据和国外公司合作得到的信息，又开展空气分离制氧吸附剂研制，取得了突破。1999 年北大资源集团寻找投资项目，了解到我们的吸附剂在国外合作试验成功，有多年经验积累，决定投资一千万给我们，在北京大学成立先锋科技有限公司。

公司成立后，有了较多资金，我们开始扩充队伍，建立吸附剂生产厂，寻找要用一氧化碳吸附分离和空气分离制氧的客户。从实验室到建生产厂是性质很不同的工作，我们边学边干，确定了合理的生产流程和设备选型，发明了多级串联离子交换工艺，设计出有特色的焙烧炉，实现了大规模生产，吸附剂质量达国际先进水平。有了吸附剂还不行，还需为吸附剂建立吸附分离生产装置，才可供客户应用。这对我们这个主要是理科出身的团队来说困难就更大了，我们请工程设计方面的单位和专家帮忙，针对我们吸附剂的特点和生产要求，共同设计出大型变压吸附分离一氧化碳和空气分离制氧装置。

第一套大型变压吸附空气分离制氧装置，一开车没有达到设计产量，而且产量迅速下降，吸附剂床被吹翻了。用户生产急需氧，我们生产不出来很被动，如果用户索赔（近千万元），我们的新公司便要破产了。幸亏我们很快找到原因，主要是吸附塔的气流分布不均匀，气体分布器没设计好。我们设计了分形结构分布器，吸附塔经改造后产量便上去了，装置质量不比进口的差，价格却便宜得多，外国公司被我们挤出了中国市场。到目前为止，我们已在国内建造了60多套大型变压吸附空气分离制氧装置，为我国钢铁、有色金属、化工、玻璃、窑炉、造纸、水处理等工业提供了大量廉价氧，"空气分离制氧"项目，2006年获教育部提名国家科技进步奖一等奖。

第一套变压吸附分离一氧化碳装置在丹阳化工厂用于生产乙酐，开工比较顺利，接着又在多个厂为生产乙酸、乙二醇、丁辛醇、甲苯二异氰酸酯、二甲基甲酰胺等化工产品建造了三十多套大型变压吸附分离一氧化碳装置，为我国年产值上千亿元的羰基合成工业得以顺利发展创造了条件。"使用单层分散型 CuCl/分子筛吸附剂分离一氧化碳技术" 2005 年被评为教育部提名国家科学技术发明奖一等奖，并入选 2005 年度高等学校十大科技进展，2006 年获国家技术发明奖二等奖。

2002年在江苏丹阳建设大型变压吸附分离CO装置工地

2007年北大先锋科技有限公司同事在人民大会堂参加一氧化碳项目国家科学技术发明奖领奖仪式后留影

在变压吸附制氧工地

依靠单层分散基础研究开发出的变压吸附分离一氧化碳技术是依靠基础研究发明出来的先进技术，空气分离制氧技术比国外技术毫不逊色，但便宜得多，明显优于国内同行的技术，因此北大先锋科技有限公司在国内市场竞争中占据有利地位，经济效益很好，已连续多年为北京大学有关单位分红 2000 万～3000 万元，曾被评为中关村最具发展潜力的中小企业。

图 片 集 锦

儿时在广州

16岁高中毕业时在合浦南康和父母合照

19 岁在中山大学毕业时全班合照

23 岁北京大学研究生毕业时全班合照

1984 年参加第 8 届国际催化大会后应会议主席、诺贝尔奖获得者 G. Ertl 邀请在慕尼黑大学做《自发单层分散》报告后合影

1985年在加利福尼亚大学伯克利分校进修时在李远哲（中）家作客

1992年应邀访问台湾时合影

1996年在美国参加国际第11届催化大会和法国科学院院士M. Michel及中国科学院院士林励吾、李灿等合影

1988年应美国公司邀请赴美介绍CO吸附剂时参观纽约自由女神像

1990年与美国空气产品公司合作CO吸附剂中试成功后美方宴请

1999年在成都参加变压吸附技术交流会

20 世纪 90 年代末科研组师生合影

2001 年在日本长崎参加国际吸附会合影

2003 年和留在北京大学化学与分子工程学院及先锋公司工作的研究生和博士后合影

2008 年在南京参加第 14 届全国催化会议时与友人合影

2011 年参加大连化学物理研究所催化基础国家重点实验室学术委员会合照

参 考 文 献

谢有畅, 桂琳琳, 卜乃瑜, 等. 1979. 聚乙烯高效催化剂的结构和机理研究. 中国科学, (7): 665.

谢有畅, 钱民协, 唐有祺. 1983. 添加 La_2O_3 对甲烷化催化剂中镍的分散度和热稳定性的影响. 中国科学, B 辑, 26 (9): 188.

谢有畅, 汪传宝, 唐有祺. 1993. 盐类在载体表面上自发分散的研究. 中国科学, B 辑, 23 (2): 113.

谢有畅, 杨乃芳, 刘英骏, 等. 1982. 某些催化剂活性组份在载体表面分散的自发倾向. 中国科学, B 辑, (3): 673.

谢有畅, 张慧心, 王荣华. 1980. 乙烯氧氯化催化剂的动力学特征及其机理研究. 中国科学, (4): 337.

中国科学技术协会. 2001. 中国科学技术专家传略, 理学编, 化学卷 4: 527-537.

Xie Y C, Tang Y Q. 1990. Spontaneous monolayer dispersion of oxides and salts onto surface of supports: application to heterogeneous catalysis. Adv Catal, (37): 1-43.

Xie Y C, Zhu Y X, Zhao B Y, et al. 1998. An important principle for catalyst preparation-spontaneous monolayer dispersion of solid compounds onto supports. Stud Surf Sci & Catal, Scientific Bases for the Preparation of Heterogeneous Catalysts, (118): 441.

（谢有畅）

蒋 士 成

蒋士成，化纤工程设计与技术管理专家，江苏常州人。1957年毕业于华东化工学院有机化工专业。现任仪征化纤股份有限公司（简称仪化公司）教授级高级工程师、顾问。兼任中国化纤协会副理事长。

蒋士成长期从事化工、化纤工程设计及技术开发、技术管理工作。作为主要设计总负责人，规划了我国最大的化纤基地——仪征化纤工程，全面负责设计、施工、安装、生产等方面的技术管理工作，为仪化一、二、三、四期工程的建成投产和生产、技术管理、消化吸收引进技术和国产化工作做出了突出贡献；主持聚酯八单元30%增容技术改造，开发出了具有自主知识产权的国产化大容量聚酯技术，打破了国外技术垄断，开创了聚酯装置建设国产化的道路；主持仪化公司贯标工作，推动仪化公司质量及技术管理水平不断提高；目前正在从事有关高性能纤维、生物可降解聚乳酸课题的攻关。

1999年蒋士成当选为中国工程院院士。

成 长 之 路

蒋士成，1934年9月出生于江苏省常州市，自小喜爱化学。小学时就读于常州市觅渡桥小学，中学在常州市第三中学就读。1953年他如愿被华东化工学院录取，学习有机合成、染料中间体专业。经过化工基础课程、专业课程教育以及到专业对口的工厂生产实习和化学工程的模拟毕业设计锻炼，1957年他以全部优良的成绩毕业，被分配至化工部有机化工设计院，并有幸在苏联专家的指导下参加了国家第一个五年计划中吉林化学工程的设计和建设。后因工作需要先后在武汉化工部第四设计院、吉林化工部第九设计院、贵州化工部第九化建设计所、北京纺织工业部设计院、江苏仪征化纤工业联合公司、仪征化纤股份有限公司工作。

"文化大革命"期间，他在吉林化工部第九设计院时，曾遭到批斗。后来，被下放到"干校"接受改造。原来习惯拿着丁字尺在图板上绘图的手，学会了搓稻草，稻草搓得粗粗的，往腰上一系，向板车里堆上三四米高的草垛，驾着牛车便上路。所经历的风雨磨炼了他儒雅之中的凛然正气。

1965~1974年，蒋士成担任国家大型工程贵州有机化工厂和广西维尼纶厂设计总负责人，在我国第一套万吨级醋酸乙烯和聚乙烯醇装置的工程设计上，消化吸收了从日本引进的先进技术和装备，大胆创新，采纳了国家成套技术装备攻关以及生产革新成果，在工程建设上创出了国产化的新路，先后在广西维尼纶厂等国内9套维尼纶厂的装置上推广使用。

1973~1976年，蒋士成参加了我国特大型石油化纤联合企业辽阳石油化纤总厂的设计及建设工作，是乙烯、汽油加氢、重整、芳烃抽提等装置的设计负责人。

1976~1985年，蒋士成参加了新的石油化工、化纤原料基地江苏石油化纤总厂及中国最大的化纤和化纤原料基地仪征化纤工程的总体规划，是国家重点项目——世界级的特大型仪征化纤项目——的设计总负责人，后又受纺织部委派至仪征化纤工业联合公司兼任副总工程师及总工程师。

1985年，仪化一期工程任务完成后，蒋士成仍回纺织部设计院负责全院生产技术工作及全面质量管理、技术开发业务建设工作。

1992年，纺织部党组任命蒋士成为仪化联合公司副总经理兼总工程师，全面负责公司技术管理、科技开发以及三期工程建设的指挥工作。

1997年，蒋士成提出开发当时世界上最大规模的10万t/a聚酯技术和成套设备的设想，这一项目被列入国家"九五"重点科技攻关项目。2001年12月设备投产，标志着中国建成了第一条完全国产化的生产线，结束了中国聚酯工业长期依赖引进技术和成套设备的局面。

自 主 创 新

20世纪70年代中国化纤工业正处于发展的转折期，从20世纪60年代的以煤化工、乙炔为主要原料的维尼纶时代，转为以石油、天然气为主要原料生产涤纶、锦纶、腈纶、维尼纶等合成纤维的新时代。20世纪70年代初，国家决定发展石油化纤工业，建设上海石化总厂、天津石油化纤总厂、辽阳石油化纤总厂、四川维尼纶厂等四大化纤基地,规划和引进国外的以石油和天然气为原料生产合成纤维的成套技术和装备。承担这一重任的纺织工业部设计院缺乏石油化纤方面人才,便从化工部引进。1973年,蒋士成从化工部第九化建设计所调入该院,担任石油化工组组长,参与四大化纤基地的规划、引进技术的选择和谈判工作以及对引进技术的消化吸收及国内配套工程设计工作,还承担了辽阳石油化纤总厂蒸汽裂解(乙烯)装置、汽油加氢装置的中方主谈工作。经过比选,引进了当时世界先进水平的法国石油研究院(IFP)年产11万t乙烯的梯台炉专利技术以及法国德希尼布的工程,并先后去法国进行了技术考察和设计联络。蒋士成加强了对基础设计和施工图的审查,严格把关,纠正了法方的数百项设计错误,赢得了法国工程技术人员的尊重。他深入现场,长期在辽化施工现场服务,确保了项目的顺利建成投产。

1976年,纺织部建设新的石油化工化纤原料基地,蒋士成担任该项目设计总负责人及工艺专业负责人,开始了总体规划工作。他在化纤老专家李志方的指导下,对引进技术的路线和装置做了大胆决策,总结了前面四大化纤基地的经验教训并根据世界石油化工化纤技术的发展趋势,结合中国石油资源缺乏等国情,把过去以石脑油等轻质油为主的原料路线,首次改为以常压柴油、减压柴油、渣油等重质油为主的原料路线,采用加氢裂化、延迟焦化等二次加工,极大地提高了原油利用率。

1978年,他参加了中国化纤技术考察团,对美国、德国、日本等国家中代表当今世界先进水平的石油、化工、化纤企业进行技术考察和研究,对江苏石油化纤总厂规划的引进技术路线和装置更加坚定了信心。同年,国家计委批准了江苏石油化纤总厂的设计任务书。半个月后由于国务院调整了纺织部与化工部的分工,江苏石油化纤总厂的炼油大芳烃联合装置、乙烯及聚丙烯装置划归化工部南化公司建设,纺织部仅负责聚酯、涤纶等化纤和化纤原料建设。

江苏石油化纤总厂部分划归化工部南化公司后,蒋士成继续参加了中国最大的化纤和化纤原料基地仪征化纤工程的总体规划,并担任了这个国家特大型化纤工业项目的设计总负责人。他主持并参与了总体规划、建设方案的编制、总体设计、合同谈判和签约、生产准备、投料试车、考核验收、生产技术管理等全过程工作。

在仪征化纤工程的总体规划中,蒋士成根据国内市场的需求及世界技术的发展,充分调研论证,选择了以工艺专业为主导的工作思路,规划了当时世界最大的单个工厂规模为50万t/a和最大单线产能200t/d的聚酯装置、24万t/a和单线产能50t/d的涤纶短纤维装置。由于正确采用了世界先进的工艺技术和装备,规模经济合理,取得了良好的经济效益,奠定了仪征化纤持续发展的基础。

1985年，仪化一期工程完成后，蒋士成又回到纺织部设计院负责全院生产技术工作及全面质量管理、技术开发业务建设工作。其间，他在以化纤为主体的设计业务开拓上，消化吸收先进技术，设计质量大幅提高，在实现腈纶、聚酯、涤纶的国产化等方面做了大量的工作。1986至1992年，他领导的纺织部设计院先后获国家级优秀工程勘察、设计奖5项，国家科技进步奖3项，省部级奖26项。同时蒋士成作为仪化二期、三期工程设计总负责人做了大量的组织工作和技术管理工作，为仪化二期、三期工程的建成投产做出了重要贡献。以蒋士成为主要设计者承担的"仪征化纤联合公司一期工程总体及涤纶一厂工程设计"在1989后获得国家优秀设计金质奖，"仪征化纤公司化纤工程"在1994年获全国最佳工程设计特等奖的最高荣誉。

1992年，蒋士成被纺织部党组任命为仪化联合公司副总经理兼总工程师，全面负责公司技术管理、科技开发以及三期工程建设的指挥工作。他以科学的态度、求实的作风，选择了从增容角度来实现聚酯产能的提高。他先后主持并参加了涤纶一、二、三厂第一至第七单元聚酯及纺丝增容10%改造项目。其中，聚酯装置增容改造研究项目1997年获中国纺织总会科技进步奖一等奖，纺丝装置增加生产能力10%技术改造项目获1997年国家科技进步奖三等奖。涤纶三厂聚酯八单元30%增容是纺织部的重点科技攻关项目，蒋士成作为第一研制人，采取以仪化为主体，与华东理工大学、纺织工业部设计院、南化公司机械厂相结合的产、学、研联合攻关方式，打破了国外对我国聚酯技术和装备的垄断，形成了我国的专有技术和工艺。通过聚酯增容技术改造提高了装置技术水平和产品质量，实现了装置的高产、稳产，目前装置产能已达330t/d，达到增容65%的效果。该项目1996年通过中国纺织总会技术鉴定和验收，1997年获中国纺织总会科技进步奖一等奖，并在仪化三、六、七、九单元推广，随后在中国纺织总会和国家经贸委的建议下，向全国推广。

蒋士成主持实施的仪化PTA增容40%项目，在消化吸收引进技术的基础上，通过试验研究、技术开发、完全依靠公司的自有技术和国内协作实施，目前产能从25万t/a增容至35万t/a。他主持规划的全国最大规模（9万t/a加7.5万t/a）直接纺长丝结构调整项目，采取引进国外先进技术、国内与国外设备嫁接的方式，极大地节约了投资，顺利建成投产，成为仪化新的效益增长点。他组织消化吸收引进的4000t/a切片纺三维卷曲中空纤维技术，成功地开发了12000t/a熔体直纺三维卷曲中空纤维生产线，该成果通过中国纺织总会技术鉴定及国家经贸委技术装备司的技术经济评价，1998年获中国石化科技进步奖二等奖，1999年获国家科技进步奖二等奖。

聚酯工业一直是我国化纤工业发展的重点，其发展速度十分迅猛。1990至2000年产能平均增长率达16.9%，1998年我国的聚酯产量已跃居世界第一位，到

2000年聚酯产能已达575万t/a。但中国聚酯工业主要是通过从国外引进技术和成套设备的建设模式发展起来的,全国先后从9个国家及地区的14家公司重点引进了84条生产线,尽管集世界之大成,但国内的聚酯工程技术开发工作还仅仅停留在小规模批量生产的装置上,大型聚酯装置尚属空白,亟待开发,否则长期受制于人,由国外垄断技术的状况会极大地限制我国化纤工业发展。

蒋士成认为,引进不是目的,目的还是在于创新。他决心克服面临的风险和压力,向国外垄断技术挑战。1996年,在仪化聚酯八单元技改成功的基础上,提出了开发当时世界上最大规模的10万t/a（300t/d）聚酯技术和成套设备的设想,得到了仪化公司、中国纺织总会、国家经贸委和国家计委的支持,1997年该项目被列入国家"九五"重点科技攻关项目,也被纳入了中石化"十条龙"管理体系。蒋士成以第一研制人身份,以仪化公司为主体,组织华东理工大学、纺织工业部设计院等共同参与团队合作与联合攻关。经过各参与单位的共同努力,仪化首条国产化聚酯装置（第十一单元）于2000年12月8日一次投料开车成功,并通过考核达标及中石化的技术鉴定,各类考核指标达到当时世界先进水平,成功地把开发技术成果转化为生产力。该项目获2002年度国家科技进步奖二等奖。

仪化的国产化聚酯装置2001年生产产品13.26万t,产品质量优良,其中部分出口欧洲。通过装置的优化,目前仪化十一单元的产能已达450t/d。在十一单元之后,仪化与中国纺织科学研究院合作,进一步开发建设产能为520t/d（十二单元）和600t/d系列化的大型聚酯装置,现均已建成投产,应用国内开发的大规模聚酯成套技术,2004年底在国内已有26套装置建成投产,合计形成430万t/a的生产能力,另有19套装置正建设,合计生产能力350万t/a,总计将形成780万t/a的产能,占全国总产能的50%。

从企业领导岗位退下来后,蒋士成没赋闲在家,身上依然肩负着不少担子。这几年,国内化纤工业遇上了困难和挑战:产能过剩、产业链失衡、高科技高附加值产品缺失……凡此种种,亟待加快结构调整和产业升级,走上新型工业化道路。中国虽然发展成为世界第一化纤生产大国,但不是强国,蒋士成对此有着最深刻的体会:从大到强,没有别的捷径可走,只有不断提高自主创新能力,才能早日从生产大国成为技术强国。

如今,蒋士成无论是在带头研究有关高性能纤维、生物可降解聚乳酸课题的攻关,还是在赶赴企业院所不辞辛劳地进行调研,或是走上讲台为大学生们授业解惑,都在为自己钟爱的事业倾注着全部的心血。

院 士 思 维

改革开放以来,中国的化纤工业得到了迅猛发展。目前,我国已成为世界第一化纤大国。蒋士成通过多年的实践，特别是在仪征化纤的发展历程中深刻地体会到：科学技术是第一生产力，科技进步是经济发展的决定性因素，科学技术的发展需要创新，工程技术的发展需要创新，产业的发展也需要创新。企业必须提高自主创新和持续创新的能力，不断实现科技成果的产业化，实现技术跨越式发展，才能在激烈的国内外市场竞争中得到新的更大的发展。

蒋士成认为，开发生物质资源，用于生产化纤原料及化纤产品，是未来化纤业的发展方向。进入21世纪，人类面临着资源减少、环境恶化的局面，以可再生的生物质原料替代不可再生原料，以生物质化工技术替代石油化工技术生产能源、化工品与医药等，是人类社会可持续发展的趋势。

我国的化纤行业要更坚定地把技术进步和创新作为发展的首要推动力，把提高自主创新能力作为结构调整、转变增长方式和提高核心竞争力的中心环节来抓，重点要放在常规产品的品种规模化、差别化、功能化、优质化上，以避免市场上的化纤产品趋同和低档次竞争，此外还要注重提高产品的附加值。

我们可以借鉴韩国及我国台湾地区的经验，开发水溶性、高收缩、阳离子、全消光、阻燃、低熔点、浓染等一系列聚酯改性切片，还可以开发差别化、功能化纤维，如超细仿真、易染、吸湿排汗、远红外、抗紫外、抗菌、负氧离子、竹炭、阻燃、抗静电等纤维，在功能复合纤维的开发方面也要下大力气。

我们还要加快开发对经济发展有重大带动作用的高新技术纤维，积极推动在产业升级的共性技术、关键技术、配套技术等方面取得突破。要在主要和重要的化纤领域掌握核心技术，拥有一批自主知识产权，也要造就具有国际竞争力的产品品牌。

我们要实施上下游一体化的发展战略，促进产业链整体协调发展。

我们要合理发展上游。我们要加快化纤原料项目的建设，提高原料的自给率。要依托国有大型石化企业，利用现有的炼化一体化优势和区域优势，加快芳烃链、烯烃链项目的建设；要着眼于全球范围内的产业分工和国内油气资源的限制，大型石化企业要参与海外油气资源开发，就近实施对二甲苯、乙二醇等的炼化一体化项目；要让民营、外资企业以各种合作方式参与化纤原料建设。

我们还要适度发展中游。要从国内外市场总需求出发，控制行业发展总量，缓解部分产品产能过剩的压力，提高行业整体赢利水平，一是推动增量和存量两方面的结构调整，坚持发展先进产能和淘汰落后产能，实现行业总量与行业素质协调发展；二是推进行业内优胜劣汰进程，通过企业间的横向兼并和纵向整合来提升规模优势，提高行业集中度；三是从粗放型发展向质量效益型发展转变，坚持科技创新和管理创新，走提高品质、提高效率的内涵发展之路。

我们也要努力拓展下游。要紧密联合下游纺织、包装等产业,以化纤产品的开发带动下游产业发展,以下游产业的进步促进化纤产业升级。化纤企业要与下游织造、印染、服装、家纺等通过品牌延伸、战略协作等形式加强合作,加快高附加值纤维——高档面料——的开发与推广;瓶片企业要与制坯、制瓶、饮料企业以及机械设备企业合作,开发新型聚酯瓶片产品,不断提升产品质量和扩大应用领域。化纤产业要与下游产业整合,构建一体化的研发、生产体系,形成对终端市场的快速反应机制。

(张乐勇,张卫东,王树勇,蔡廷永)

袁　权

　　袁权，1934年11月2日生于上海，籍贯浙江德清。中国科学院大连化学物理研究所研究员，中国科学院院士，化学工程专家。

　　1952年袁权毕业于上海南洋模范中学，同年考入浙江大学化工系。1956年本科毕业后考入中国科学院石油研究所（现中国科学院大连化学物理研究所）研究生，师从化工分离专家章元琦。1960年毕业后留所工作至今。历任助理研究员、副研究员、研究员，课题组长，研究室副主任、主任，副所长、所长，所学位委员会主任、所学术委员会主任。1991年当选为中国科学院院士。1993年6月当选为中国化工学会第三十五届理事会副理事长。1999年9月，出席国家"两弹一星"表彰大会。中共十四大代表，国务院学位职称评审委员会专家。

　　历年来，袁权曾先后担任中国化工学会、中国煤炭学会等七个学会的理事、常务理事、副理事长；《化工学报》、《中国化学工程（英文版）》、《自然科学进展》、《中国科学——化学》、德国 Chemical Engineering & Technology 等八种期刊编委。第二、三届国家重点基础研究发展规划专家顾问组成员，第二、三届国家自然科学基金委员会杰出青年科学基金评审委员，第五届学科评审组成员，国务院学位委员会化工评议组成员，化学工程国家重点实验室学术委员会副主任，中国科学院多相反应开放实验室学术委员会主任。现为中国科学院大连化学物理研究所研究员，浙江大学和北京化工大学兼职教授。

　　从事科研工作五十多年来，袁权始终肩负着国家科研事业的重担，在化工分离和化学反应工程的研究中不断取得创新成果。20世纪50年代末，袁权开始从事精密分馏和重水分离研究，研制成功高效多管精馏塔，实现了由液氨生产重水的新方法和水蒸馏重水提浓的先进工艺。70年代主持完成了航天燃料电池系统的研制，发展了相应的电化学工程理论。70年代后期，致力于化学反应工程学研究，与合作者系统研究和扩展了活性非均匀分布催化剂的理论，开发成功了10余个以此为核心技术的化工新过程。80年代末开展膜反应和膜反应器理论的研究，阐明了膜性能与复杂反应选择性的关系，在有机/无机复合膜、Pd/陶瓷膜以及用膜反应器从青霉素水解制6-APA的新过程等研究中取得成果；在研究多孔介质中相际传质的基础上，发展出先进的脱硫过程。近年来积极推动和实施了燃料电池和燃料电池电动车的研制。2000年开始在国内率先开展微化工技术的研发，系统揭示了微尺度通道中的流动、混合和传递特征，为我国微化工技术的研究和开发奠定了坚实的基础。

  在科研事业中，袁权成就斐然，获得过全国科学大会奖发明奖、中国科学院及省、部、市奖近20项；曾获全国科学大会奖2项（1978，多管式高效精馏塔提浓重水和5013提浓重水）、国家自然科学奖三等奖（1987，催化剂颗粒的工程设计基础——活性非均匀分布催化剂）、国家技术发明奖二等奖（2001，"3018"高效脱硫剂）、中国科学院科技进步奖一等奖（1989，常压水煤气甲烷化生产城市煤气技术），主持完成航天燃料电池系统的研制，获国防科委尖端成果奖等。

重 水 提 浓

  袁权的科研工作始于20世纪50年代末，当时他还是研究生，在章元琦的指导下，进入化工分离领域，从事重水分离工作。
  大连化学物理研究所的重水研究工作历时十年，分为三个阶段。1958~1961年，先后承担"水电解结合氢-水交换和蒸馏浓缩法"和"H_2S-H_2O双温交换法"提取重水的研究。1963~1964年，开展"5012"任务——"多管式高效精馏塔提浓重水"。1964~1967年，承担"5013"任务，创新性地提出以"液氨为原料生产重水"的研究工作，为我国重水工业的建立做出了重大贡献。袁权是第一阶段的主要研究人员，第二和第三阶段的技术负责人。
  1958年，我国第一座实验性原子反应堆在苏联帮助下建成，标志着我国进入原子能时代。原子核裂变反应堆需使用重水作为减速剂和冷却剂，用量多达几十吨至上百吨，氚又是核聚变材料。那时，我国并未掌握重水生产技术，主要从苏联进口，且价格昂贵。中苏交恶后，我国原子能事业面临停转。因此，自主开发重水生产技术刻不容缓。1958年末，章元琦组织开展重水分离技术研发工作。章元琦是我国知名化工分离专家，当时大连化学物理研究所的实验室精密蒸馏技术在国内首屈一指，因此为这项工作的开展奠定很好的基础。

氢的同位素有氕、氘、氚。重水，即氧化氘（D_2O，沸点 101.4℃），是氘和氧生成的水。自然界水体中，重水含量仅为 1/7000。氢和氘同位素分离极为困难，当时仅有少数发达国家能够生产，其技术属绝密，产品对我国也是禁运。

当时重水分离方法主要有两类，即精密蒸馏技术（如水蒸馏、液氢蒸馏）和同位素交换反应（如氢-水、硫化氢-水之间的氘交换）。

第一阶段是从水的精密蒸馏起步的。1958 年 9 月中国科学院大连化学物理研究所承担了"水电解结合氢-水交换和蒸馏浓缩法"提取重水的研究，北京大学和大连油脂化学厂也参与了该项目。经过三方不懈努力，在一年内建成了我国第一套重水生产装置。这套装置虽生产规模不大（年产 100kg），远不能满足实际需求，但极大地鼓舞了为实现重水分离而付出卓绝努力的科研人员。

"水电解结合氢-水交换和蒸馏浓缩法"能耗很大，章元琦、沈惠能和袁权等于 1959～1961 年开展了当时被认为是技术和经济上最具潜力的"H_2S-H_2O 双温交换法"研究。这项试验需用耐腐蚀金属做设备，因国家处于困难时期和工业发展初期，不锈钢管很难获得，因此 90%以上的设备只能采用普通钢材。泄漏、故障、中毒等事故时有发生，在为国奉献的时代精神感召下，他们毫不退缩、迎难而上，克服了重重困难，终于完成了"双温交换法"的小型工艺流程试验，为中型试验顺利开展奠定了基础。遗憾的是，由于三年自然灾害，所里暂停了该项目。此后所研发的小型装置转移到吉林化工公司设计研究院，并与化工部第六设计院等共同筹建中型试验装置，于 1963～1964 年建成"双温法"中试车间。

1962 年前后，重水研究工作基本处于停滞状态，袁权则开始开展气体燃烧的研究工作。

1963 年夏天，所党委书记白介夫约袁权谈话，让他重建队伍继续开展重水提浓的研究工作。虽然"气相燃烧"工作已开展一年多，也获得重要进展，但由于对"重水"的深厚感情和为国效力的理想，袁权毫不犹豫，当即表示服从和赞成。同时提出了从"多管塔（由小直径的管束所构成的大型蒸馏塔）"入手，从设备角度看，塔效率随塔径增大而迅速降低，"多管塔"可提高传质和分离效率；从系统角度看，多管塔的水蒸馏是各种重水浓缩流程中后半程的共用设备。于是袁权带领平均年龄仅为 25 岁左右的科研人员开展了第二阶段的工作，即"5012"任务——"多管式高效精馏塔提浓重水"。

多管塔是一种新塔型，当时工业界从未见过。"5012"目标是建成一个有一定规模的、工业界无须太多修改即可快速复制的塔。其中最为关键的科学与技术难题在于如何解决设备放大以及放大过程中效能急剧降低的问题，即并行多系统的相互影响和控制问题。经过大量模拟计算与实验研究，1964 年建成了由两座多管式高效精馏塔构成的中型试验装置。两塔分别由 55 根内径为 49mm、127 根内径为 30mm 的精馏塔并联组成，柱内充填网环填料。这套装置提浓 1%的原料水，可年产 99.8%以上的重水 300～400kg；装置连续正常运转半年，设备性能良好、操作稳定。"多管塔"具有设备小、能量消耗少、操作简便等优点。1965 年 5 月，中国科学院副院长、党组书记张劲夫主持鉴定会，给予了高度评价。后来西部两家工厂采用这种设备进行放大生产。

"5012"的任务虽然完成了，但其作为独立制备重水的方法仍有很多问题。如何从根本上解决我国重水的来源，袁权等一直在思索这个问题。袁权在分析了各种含氢物质的氢-氘平衡数据和其他因素后，发现从"液氨中提取重氢"可能是一个好的办法，该办法当时尚无文献报道。

1965 年 3 月，袁权将"液氨提取重氢"的设想和计划报告提交给所领导，不到两周内就获得批准。1965 年 11 月完成了小型试验。小试期间，国家科委主任韩光到所里检查工作，了解该项目进展情况后，当即决定拨款 65 万元经费开展中间试验，由此开始了第三阶段的重水提浓工作，即"5013"任务——"液氨为原料生产重水"。

中间试验在大连金州的亮甲店化肥厂进行。大连市科委也积极协调增派技术人员。大家众志成城，不畏艰辛，不断克服中试生产建设和试验过程的种种困难，终于在 1966 年 2 月建成了年生产能力为 100kg 重水（99.8%）的中间试验装置，并一次试车成功，产品浓度和产量都可达到设计指标。1966 年 8 月，国家科委组织召开了成果鉴定会，认为："这项研究在重水生产上闯出了一条适合中国国情的道路，创造了一个重水生产新方法。"有关部门迅速采用这项技术，1966 年在贵州建设生产能力 3.5 吨/年的车间，随后几年扩建了 4～5 家。

这项技术得到各级领导的重视，不仅仅因为这是我国自己发明的方法，而且更为重要的是这项技术适应了我国当时的国情和发展需要，所使用的设备和材料都是我国可以自给自足的，价格便宜、生产成本低。袁权与同事们一路将其从实验室推到工业应用。

1978 年"多管式高效精馏塔提浓重水"和"5013"提浓重水两项创新成果获全国科学大会奖，这也是 1985 年获得国家级技术进步奖特等奖的覆盖项目。

1999 年 9 月 18 日，袁权出席了中央召开的"两弹一星"的表彰会。江泽民主席向 23 位科学家颁发了金质奖章。出席代表有四百多名，代表着几十万甚至几百万为此而奋斗过的人们，其中也包括中国科学院大连化学物理研究所与袁权共同为"重水提浓"而奋斗的同事。

航天用燃料电池

燃料电池是一种高效、环境友好的发电装置，它直接将储存在燃料和氧化剂中的化学能转化为电能。

燃料电池是一种电化学装置，其组成与一般电池相同。其单体电池是由正负两个电极（负极即燃料电极，正极即氧化剂电极）以及电解质组成。不同之处在于一般电池的活性物质储存在电池内部，电池容量有限制。而燃料电池的正、负极本身不包含活性物质，只是个催化转换元件，因此燃料电池是名副其实的将化学能转化为电能的能量转换机器。

二十世纪六十年代中期，针对我国航天飞船的能源需求，中国科学院大连化学物理研究所在化工和催化反应工程基础上，开始布点进行燃料电池技术的研究。

1968 年 11 月大连化学物理研究所承担宇宙飞船——"曙光一号"主能源氢氧燃料电池的研究任务。这是一个包括了电极催化剂，电极、电池和电池堆的构造，燃料容器，饮用水制备等多个单元的系统。1970 年在朱葆琳的领导下，全面开展了航天氢氧燃料电池系统的研究。

1971 年 2 月成立楼南泉为主任、袁权为副主任的燃料电池研究室。在袁权主持下，仅用 4 年时间，在国内首次研制成功一台宇宙飞船用主能源——碱性氢氧燃料电池原型样机，并于 1974 年在北京进行了整机联试和静态冲击振动实验。该台样机基本性能达到了 20 世纪 60 年代美国上天的"阿波罗"飞船用燃料电池水平。1974 年攻关组又承担了为低空侦察卫星和大功率碱循环的氢氧燃料电池研制任务，并分别研制成功卫星用电池原型样机和 20kW 电池本体并进行了组装考察和性能测试。这个项目获国防科委国防科学技术奖三等奖两项。

燃料电池系统类似于一个自动化运行的化工厂。只有依靠化工过程的原理，正确解决燃料电池电极工作面积的放大，电池组内的气液传递与分配等诸项技术，才能使燃料电池走向实用化。这个项目在研究中所形成的一系列技术，如流场设计、静态排水等 4 项技术至今仍具有先进性。

20 世纪 90 年代，袁权积极推动组织所属单位实施质子交换膜燃料电池的研究。1994 年，大连化学物理研究所基于碱性燃料电池的多年积累，由衣宝廉主持开展了质子交换膜燃料电池的研究工作。目前，已形成了一整套有自主知识产权的质子交换膜电池的技术。在水下机器人动力源、燃料电池大巴车等工作中取得了成功。

非均布催化剂

催化反应工程是化学反应工程中一个重要分支，大连化学物理研究所有较深厚的学科基础，五十多年来研究工作取得了多项重大成果。

二十世纪五十年代初，大连化学物理研究所在国内最早开展了固定床催化反应器中传热、传质研究，发展出直流电模拟方法。这种方法在数字计算机未普及以前，是一个对伴有传热和传质的复杂反应过程和反应器进行模拟计算的有效方法。

二十世纪七十年代,国外出现可供工业应用的非均布催化剂和各种反应器的优化设计。但是,直至八十年代,对于复杂反应、强放热反应的很多理论问题仍没有研究清楚,也缺乏实验验证。国内除了部分单位从事反应器优化研究外,颗粒催化剂的工程研究实际尚未开展。

1978年,在朱葆琳的倡导下,黄彬堃、吴迪镛开展了催化反应工程——固体催化剂内部的传递与反应动力学研究。从工业上成熟的工艺过程——乙烯加氢精制脱炔入手,针对国内外催化剂贵金属含量高,乙烯损失率1%～1.5%的缺点,研制成薄壳型乙烯选择加氢脱炔催化剂,不仅使催化剂活性提高一倍,并使贵金属含量下降40%,超过了法国161催化剂而与美国C31相当,1982年在常州工业装置上放大获得成功。

1980年,袁权等开展了非均布催化剂工程设计的基础研究,协助朱葆琳指导博士生吴华,从等温非均布一级反应的有效系数研究工作开始,发展到非等温复杂反应的活性和选择性研究。以当量有效层厚度修正蒂勒模数(Thiele modulus),建立了适用于各种活性分布的有效系数-蒂勒模数曲线,据此可推算活性非均匀分布催化剂颗粒的有效系数,最大偏差小于10%;从理论上揭示了非等温多孔催化剂颗粒内存在着一个活性组分的最佳分布,其分布函数为一个集中量函数(δ函数),并阐释了偏离活性组分最佳分布时的催化反应作用行为。这些理论结果首次获得实验验证。"催化剂颗粒的工程设计基础——活性非均匀分布催化剂"于1987年获得国家自然科学奖三等奖。

更值得一提的是,袁权和吴迪镛一起开发了工艺简单、可操作性强的活性组分非均匀分布催化剂的制备方法,并以此为基础成功开发了十几个以活性非均匀分布催化剂为核心技术的化工新过程,如乙烯选择加氢脱炔、城市煤气制造、硝酸尾气燃烧升温及NO_2脱除、浓CO脱氧等。

1984年开始进行国家"六五"攻关延续任务——"煤气部分甲烷化提高热值"的研究(1984～1987年),项目负责人为袁权、黄彬坤、吴迪镛和吕永安。1985年,解决了催化剂飞温和极易结炭等难题,在实验室研制出常压下不加水、不结炭、不预变换、不用气体循环排热,且具有反应自锁能力的活性非均布甲烷化催化剂以及与之配套的工艺流程,包括非均布脱氧剂和脱硫剂,成功地开发出以常压水煤气生产合格城镇民用煤气的甲烷化催化剂与相应的工艺流程。在上海青浦化工厂协作下进行了工业性单管反应器实验,对M348-2A催化剂进行了1000h高空速运转、925h高转化率稳定性考察,催化剂性能稳定、甲烷化效果好。该工作于1987年7月通过中国科学院主持的专家鉴定,鉴定结论认为:工业单管实验结果与小试结果一致,工艺流程合理,技术先进,生产的煤气主要技术指标符合国家规范,为我国广大中小城市煤气化提供了一条新途径。

1988年，在上海青浦完成中试后，先后完成10项水煤气生产中热值煤气的项目。国家计委将"常压水煤气部分甲烷化生产城市煤气上海青浦示范工程"列入国家节能工程项目。甲烷化煤气示范工程于1990年建成试车，一次开车成功。1989年"常压水煤气部分甲烷化生产城镇煤气"获中国科学院科技进步奖一等奖，1996年获国家发明奖三等奖。

袁权还承担了国家"七五"攻关项目——加压耐硫甲烷化。耐硫甲烷化是一项提高煤气热值，降低煤气CO含量以制取城市煤气的新技术。其显著特点是原料气无须脱硫和预变换即可直接进行甲烷化以制备合格城市煤气。研制成功两种耐硫甲烷化催化剂，尤其是氧化物型催化剂，不仅选择性高，而且可自然硫化（无须预硫化）。项目研究过程中与丹麦托普索公司开展了合作交流，根据中丹协议，在山西煤炭化学研究所与山西化肥厂协作下，进行中丹催化剂（中方3411A、丹方SMC324）200mL、1000h工业气源对比实验，实验结果显示中方催化剂略优于丹方催化剂。该工作于1990年6月通过专家组验收和中国科学院主持的鉴定，认为大连化学物理研究所开发的耐硫甲烷化催化剂设计思想新颖、性能优良，系我国首创，具有高活性、高选择性和可自然硫化等优点，性能略优于丹麦的SMC324催化剂，达到国际先进水平。

在高压耐硫甲烷化成功的基础上，"八五"期间袁权又开展了低压高效耐硫甲烷化催化剂的研究。优选出最佳组成的复合型多金属低压催化剂，其活性超过了"七五"开发的3411型催化剂。"九五"期间与贵州省毕节市能源开发公司共同建立和完成了3.5万立方米/天规模的示范工程，提交了成套工艺技术流程参数。当时国外未见低压反应的有关报道，在国内处于领先水平。

另一项有代表性的工作是天然气脱硫。针对反应速率低和硫容低的缺点，袁权和吴迪镛在指导博士生谭小耀深入开展多孔介质中三相传质和H_2S催化氧化反应机理的研究基础上，提出了采用添加传质促进剂以改善三界反应界面等技术手段，研制成功系列性能优良的脱硫剂，大幅度提高了H_2S氧化速率和硫容，室温条件下工作硫容超过60%。他们积极推进并完成了多项天然气脱硫的工业应用。1995年5月，在新疆克拉玛依油田建立了60万m^3/天油田伴生气脱硫装置，运行效果良好；1997年在长庆油田建立了30万m^3/天天然气脱硫装置，运行正常，为陕京天然气输气首期工程的顺利实施奠定坚实基础。这项工作获得了1998年中国科学院发明奖二等奖，2001年国家技术发明奖二等奖。

随后，又利用耦合催化概念，成功实现了COS和H_2S同步脱除。H_2S、COS、RSH等有机硫、无机硫的高硫容催化氧化脱硫，使高硫容干法脱除有机硫成为可能。2005年，大连化学物理研究所成立了普瑞特化工科技有限公司，着力推广这些脱硫新技术。

膜 分 离

20世纪80年代后，袁权积极参与组织我国膜分离尤其是气体膜分离的研究，组建了膜技术国家工程研究中心，推动了我国无机膜和膜反应技术的研究。率先在国内研究膜反应和膜反应器理论，探讨了膜性能与复杂反应选择性的关系。成功制备出超薄Pd/陶瓷膜分离超纯氢，并与大连石油七厂合作完成了陶瓷钯膜炼厂气提取H_2的工业侧线试验，同时进行了乙苯脱氢制苯乙烯膜分离耦合过程的研究；实现了以膜固载细胞水解青霉素生产6-氨基青霉烷酸的中试技术；成功实现了在中空纤维膜反应器中杂交瘤细胞的大量繁殖。其中，由虞星炬直接领导的"青霉素酰化酶基因工程菌膜反应器"项目，获1994年中国科学院科学技术进步奖二等奖。

微反应技术

21世纪初，袁权以其战略科学家的眼光和深邃的洞察力，敏锐地把握住国内外化学工程的最新发展趋势——化工过程微型化。在他的积极建议和指导下，大连化学物理研究所组建了以陈光文为组长的微化工技术研究组，在国内率先开展了微反应技术的研究工作。

微化工技术是20世纪90年代初兴起的多学科交叉的科技前沿领域。由于微化工设备的通道特征尺度为数百微米，具有很强的传热、传质能力（较常规尺度提高1~3个量级）以及内在安全性和快速直接放大特性，可实现化工生产过程安全、过程强化、微型化和绿色化。微化工技术的发展将会对化工领域产生重大影响。

经过十多年的努力，微化工技术研究组建成了集基础研究、应用开发与微加工于一体的微化工技术研发平台，在微时空尺度内的多相（气-液、液-液、气-液-液、气-液-固）流动、传递和反应特性、传递与反应协调控制机制和强放热反应过程的安全控制机制，以及工业规模微通道反应器的设计放大、制造和封装等方面做了大量富有成效的系统性研究；成功实现了8万吨级磷酸二氢铵生产的工业运行、万吨级石油磺酸盐生产工业示范运行和5000吨级氢氧化镁阻燃剂中试，并在硝化、磺化等有机合成，以及微纳材料可控制备等方面开展了大量的研究工作，为微化工系统的设计、工程放大以及推广应用奠定了坚实基础。

以8万吨级磷酸二氢铵工业生产的微化工系统的开发为例，磷酸二氢铵生产工艺包括液氨稀释、浓磷酸稀释及磷酸二氢铵合成等过程。传统工艺中，液氨稀释采用并流喷射混合系统，混合和传热效果差，易导致液氨气化、管道振动剧烈、噪声大，存在严重安全隐患。同时，磷酸二氢铵生成采用大型气体搅拌罐式反应器，放热量大，产生大量含氨尾气，不仅浪费资源、污染环境，而且氨水易挥发，增大了过程调控难度。因此磷酸二氢铵生产过程中反应物料的快速均匀混合、反应热的快速转移是保障安全生产和实现节能减排的关键，须从根本上强化反应器内的传递性能和微观混合效果。微反应器技术正好能满足这些需求。微化工技术研究组所开发的具有自主知识产权的磷酸二氢铵生产的微化工系统，年生产能力可达 8 万 t，并且具有系统体积小（微反应器、微混合器和微换热器体积均小于 6L）、压降低（小于 0.1MPa），移热速度快、响应快、过程连续且易于控制、运行平稳、无振动、无噪声、无废气排放、产品质量稳定等优点，是一种能实现过程强化、安全、高效、清洁的生产设备和工艺。2009 年 12 月 4 日《中国化工报》报道该项成果时所做的评论是："这项工业化应用新成果已充分证明，与传统化工设备相比，微化工设备具有高传递速率、易于直接放大、安全性高、易于控制等优势。微反应技术具有强传热和传质能力，可大幅度提高反应过程中资源和能量的利用效率，实现化工过程的强化、微型化和绿色化。这些都将为传统化学工业带来巨大变革，彻底改变行业能耗、物耗和污染大户的旧面貌。这项成果率先实现工业化应用，还标志着微化工技术已经开始发力。"

袁权不但在科研领域取得了杰出的贡献，在学生和青年人才培养方面也是"爱才如命"。不管工作多忙，他对周围的工作人员和学生总是精心指导、关怀备至。其尽心尽力、孜孜不倦的工作态度，一丝不苟、严谨求是的科学精神，影响着身边的每一个人。指导学生时，他常常要求严厉、不容问题有一点模糊，但又耐心宽容、尊重学生的想法和兴趣。多年来，他为祖国的科研事业培养和锻炼了一大批综合素质高、业务能力强的中青年科研骨干和研究人员，其中数十位中青年科研骨干在各自的科研领域中都已独当一面，成为新一代的学科带头人。

2008 年中法联合培养博士生乐军的答辩会合影

2016年博士生董正亚的答辩会上

从22岁的大学毕业生到83岁的资深院士,袁权这六十多年来在科研工作上始终跟随国家科学技术任务的需求,在化工分离和化学反应工程的多个研究领域不断取得创新成果,将其大半生献给了中国化工的科研事业。

(陈光文)

王 祥 生

王祥生，生于1934年11月20日，陕西华阴人。博士生导师，大连理工大学工业催化剂研究所所长。1952～1953年，清华大学化工系学习。1953～1956年，北京石油学院炼制系学习。1956～1961年，捷克布拉格化工学院燃料系研究生，获技术科学副博士学位。1961年至今，在大连理工大学工作。历任教研室副主任、主任，石油化工系、化工工艺系主任，教委碳资源综合利用开放实验室主任。20世纪90年代初组建工业催化系、工业催化学科博士点。担任学科带头人。兼中国石油化工学会专业委员会委员，《催化学报》、《石油学报》、《工业催化》等杂志编委。1991年，享受国务院政府特殊津贴。1992年，被评为辽宁省劳动模范。2004年，被评为大连市特等劳模。2005年，被评为全国优秀化工科技工作者、辽宁省优秀专家。

王祥生近几年来一直从事分子筛合成、烃转化催化剂研制、新技术开发及相关应用基础研究。在择形催化剂领域取得了有开拓性和创新性的成果。

直接法合成对位烷基苯

20世纪70年代他参加了辽阳化纤厂REY小球（$D=8mm$）甲苯歧化催化剂国产化研究，并负责小型移动床评价催化剂，完成了国家级成果（801342，1983年2月27日发布）。1973年ZSM-5分子筛问世，他即领导课题组探索ZSM-5合成及催化性能研究，1979年发表了《分子筛的择形催化与芳烃的直接合成》，是我国择形催化的早期研究者之一。通过对各种模板剂合成的ZSM-5物化性能和反应性能的对比研究，确认氨水为模板剂可得到晶粒大（$1\sim2\mu m$），酸度适宜的

ZSM-5母体，且成本低、无有机胺废水。自20世纪80年代工业应用以来，以其为母体研制成对二甲苯、对二乙苯、对甲基异丙苯等工业催化剂，均通过鉴定。其中合成对二乙苯催化剂已工业应用近二十年。对二乙苯（PDEB）是生产PX的专用解析剂，用吸附法从混合二乙苯中分离PDEB是UOP专利，UOP视PDEB为垄断产品，售价曾达6000美元/吨。以乙苯为原料合成法生产PDEB可以从根本上打破垄断。合成法有三条路线，其中乙苯歧化法联产苯，乙苯乙醇法副产水，而乙苯乙烯法只生成对二乙苯，故此法是合成法中最理想的原料路线，但技术难度大，催化剂易失活。他提出调变内表面酸强度与消除外表面酸中心及调节孔道尺寸相结合的综合改性思路，发明了用我国特色资源混合稀土为主改质剂，与液相表面沉积硅烷化结合的专利技术。该课题曾列入中石化重点科技开发项目，与燕山石化公司合作于1989年建成世界上首套合成95% PDEB装置（200吨/年），当年增加产值210万元、利税105万元，获北京市科技进步奖一等奖、中石化科技进步奖三等奖。催化剂获国家教委科技进步奖二等奖。1993年研制出合成98% PDEB催化剂及专用催化技术，即用高摩尔比（乙苯/乙烯=5~7）代替稀释气、段间急冷，撤走反应热，简化了反应器结构和操作；失活催化剂用控制氧含量、原位体内高温快速再生方法（24小时）；通过优化操作参数，使生产过程在催化剂高时空得率及高PDEB产率的条件下进行。1995年以来江苏丹化集团、天津石化兴港化工有三套装置使用，生产能力约4000吨/年，曾获教育部科技进步奖二等奖。2003年辽阳宏伟新兴化工厂又有一套装置使用，生产能力增至近5000吨/年。目前PDEB供应国内并出口，1995年至2002年出口5868吨，仅2002年即出口1800吨，1989年以来累计经济效益3.3亿元。我国是唯一采用乙苯乙烯法技术生产对二乙苯的国家，与其他方法相比，原料路线先进，成本低，居世界领先水平。王祥生应邀为专著 ACS Symposium Series 738 撰写的 Direct synthesis of para-diethylbenzene over modified HZSM-5 zeolites 系统总结了研究成果，专家对科学意义、创新性予以充分肯定。

1999年于江苏丹化集团对二乙苯车间

超细粒子 ZSM-5 分子筛的研制及应用

20 世纪 80 年代末发现了超细粒子（＜1000nm）ZSM-5，活性稳定性显著优于微米 ZSM-5，因为超细粒子丰富的晶间孔是积炭的优先部位，这样就不影响晶内表面反应的继续进行，从而使稳定性延长，另外超细粒子 ZSM-5 的抗硫中毒性能特别强。此后发明了低温老化、变温晶化合成超细沸石、脲醛聚合引发超细粒子团聚，与母液快速分离技术，使超细 ZSM-5 实现了工业规模生产。在对超细粒子 ZSM-5 进行广泛深入的应用基础研究的同时，对使用改性超细粒子 ZSM-5 作为催化剂进行烃转化反应开展了系统的研究，其中包括乙苯和乙烯（乙醇）选择烷基化合成对二乙苯、苯和乙烯烷基化合成乙苯、甲苯和甲醇烷基化合成对二甲苯、全馏分 FCC 汽油烯烃芳构化、C9 芳烃转化、全馏分 FCC 汽油加氢脱硫等。上述研究成果表明，使用超细粒子 ZSM-5 改性制成的专用催化剂与用微米 ZSM-5 制成的催化剂相比，在抗积炭失活及抗硫中毒方面性能特别优异。如发明的 QG009 全馏分 FCC 汽油改质催化剂芳构化能力强，将汽油中烯烃部分转化为芳烃，在降低烯烃的同时增加芳烃使辛烷值损失小（＜1.0 单位），且氢耗低，液收高。通过与抚顺石油化工研究院合作，形成 OTA 技术，完成了 20 万吨/年的工业试验；发明的加氢脱硫催化剂用于全馏分 FCC 汽油中硫化物的脱除，使改质汽油的总硫含量＜50ppm（ppm 为 10^{-6}），达到了欧Ⅲ标准；甲苯和甲醇选择烷基化合成对二甲苯是典型的非石油路线合成基本有机化工原料的反应，也是典型的绿色择形催化反应。但该反应特别容易因催化剂积炭而失活，因而成为极具挑战的课题，30 多年来未能实现工业化。当采用改性超细粒子 ZSM-5 为催化剂，在合适的反应条件下可稳定运转 7500h 并有良好的活性和稳定性；采用浸渍法在超细粒子 ZSM-5 上担载杂多酸，可以形成杂多酸/纳米 HZSM-5 沸石复合固体酸，这是一种新催化材料，可用于烷烃异构化，甲醇气相脱水制二甲醚等反应。

钛硅沸石的合成及丙烯环氧化合成环氧丙烷

钛硅分子筛（TS-1）与 ZSM-5 分子筛有相同的孔道结构，但钛原子的引入使其具有特殊的催化氧化性能。1983 年 Taramasso 等首先报道了 TS-1 的合成。他们介绍的合成方法中都用四丙基氢氧化铵（TPAOH）为模板剂。该模板剂在我国没有大量市售商品，价格昂贵。用 TS-1 催化 H_2O_2 氧化丙烯制环氧丙烷是一种环境友好工艺。为了实现该技术的工业化，必须生产出优质廉价的 TS-1 沸石。王祥生领导的创新团队进行了系统的研究，他们用四丙基溴化铵（TPABr）代替 TPAOH 为模板剂发明了多项专利技术，把 TS-1 担载在小球表面制成蛋壳型催化剂，使反应热快速导出，用于丙烯氧化制环氧丙烷，完成 2.5 吨/年的单管试验。选用合适的载体通过挤条成型制成条状催化剂并与企业合作完成了 TS-1 催化 H_2O_2 氧化丙烯环氧化制环氧丙烷的中试,目前正在将其推向工业化。

获奖成果主要有:

(1) 高硅择形沸石的研制及其在烃转化中的应用,国家科技进步奖二等奖(2003 年);

(2) 择形催化转化沸石催化剂和技术的研究与开发,中国石油和化学工业协会科技进步奖一等奖(2002 年);

(3) 对二乙苯直接合成法技术开发,北京市科技进步奖一等奖(1991 年);

(4) IDGA 沸石及 EA8402 沸石催化剂的研制及工业应用,国家教委科技进步奖二等奖(1991 年);

(5) EA9506 催化剂合成高纯度对二乙苯,国家教育部科技进步奖二等奖(2000 年);

(6) 对二乙苯直接法技术开发,中国石油化学总公司科技进步奖三等奖(1991 年);

(7) EE8801 合成对二乙苯工业催化剂的研究及工业应用,国家教委科技进步奖三等奖(1998 年)。

人才培养和团队建设

王祥生已培养博士生 40 名,其中李钢的博士学位论文被评为 2003 年全国优秀博士学位论文。作为学术带头人王祥生很重视团队建设,发挥团队作用。他认为团队的科技创新能力是保证持续发展,攀登科学高峰的基础。从 20 世纪 70 年代初起组建 15 人左右的团队,尽管团队人员不断变化,但团队建设也不断发展。2003 年该团队成为大连理工大学工业催化科技创新团队。年轻人已成为教学和科研骨干及新一代学术带头人。

与团队骨干讨论团队建设

(郭新闻,郭洪臣)

李 文 钊

李文钊,1935年3月12日生于上海市。研究员。物理化学家和催化化学家。长期从事化石能源催化转化、氢能、光电催化及先进催化材料等的研究工作。他在石油转化催化剂研究,开拓中国天然气转化利用研究,提出金属-半导体组合催化剂新概念,开辟"纳米半导体光催化"和"固体电解质燃料电池"新生长点,推动催化科研成果实现工业化,以及促进国际学术交流合作等方面做出了重要贡献。曾任中国科学院大连化学物理研究所副所长,国家催化工程技术研究中心主任等职。曾任中国化学会催化专业委员会主任,中国科技大学化学物理系等高校的兼任教授。1991年享国务院政府特殊津贴。他先后获国家及省部委级成果奖10余项,还获得国家计委、国家科委和国家财政部联合颁发的突出贡献奖等。培养博士生、硕士生33名,博士后4名,2008年获中国科学院研究生院首批杰出教师贡献奖。在国内外学术刊物发表论文296篇。申请中国和国际专利36项。

李文钊,1935年3月12日生于上海市。1952年中学毕业后考入清华大学化工系,1953年6月加入中国共产党。同年10月因院系调整,转入北京石油学院炼油工程系,1956年毕业,9月被录取为留苏预备研究生。于1957年5月到中国科学院大连石油研究所进修。在石油催化裂化硅酸铝催化剂制备,酸性与裂化性能关系以及异丙苯催化裂化反应动力学等多方面进行了科学研究实践,使他在理论知识和实验技术方面均得到了很好的锻炼。1958年11月赴苏联进入莫斯科大学化学系研究生班学习。他是著名的物理化学家、苏联三大催化理论之一"催化活性集团理论"创始人,尼·衣·柯波捷夫的第一个中国学生。论文题目为《超声波对催化剂活性生成过程影响的研究》。研究成果先后在莫斯科大学青年学者会议和全苏液相催化反应学术会议上报告,并在苏联《物理化学》等杂志上发表论文5篇。1962年7月获苏联化学科学副博士学位。同年10月到中国科学院大连化学物理研究所工作。

研制石油加氢裂化等催化剂取得工业成果

1962年秋,李文钊担任大连化学物理研究所第三研究室课题组副组长,系统研究了硅酸铝和铂-硅酸铝的表面酸性、金属分散度、金属和酸性组分间相互作用,首先在国内将顺磁共振法应用于酸性测定,并用氢吸附法测定铂的分散度,获得金属组分增强酸性和金属硅酸铝的抗中毒能力提高的信息。

20世纪60年代中期,肖光琰、李文钊组与林励吾、张馥良课题组合作,研究成功我国第一代从大庆重油制取航空煤油加氢裂化催化剂。肖光琰、李文钊课题组多年积累的硅酸铝催化剂制备规律知识,及在催化剂物理结构和表面性质测定方面的技术基础,有效地指导了大孔、低酸性、抗中毒和高强度的新型高铝硅铝担体研制,为最后研制成功高水平的219型加氢裂化催化剂做出贡献。1967年1月在大庆炼油厂30万t/a生产装置上应用,生产合格航空煤油,为中国国防及经济建设做出重要贡献,获1965年中国科学院优秀成果奖和1978年中国科学大会奖。

1965年李文钊经所长张大煜推荐,作为院派专家赴阿尔巴尼亚国立地拉那大学自然科学系讲授催化原理,筹建催化研究实验室和指导科研。三个月后他圆满完成任务,阿方专门致信中国科学院给予高度赞扬。

20世纪60年代后期,根据国防军工"平战结合"的需要,李文钊主持"常压催化连续法从尿素和硝铵制取新型炸药——硝基胍"。在大连亮甲店化肥厂建成100t/a车间,顺利产出合格产品。此项技术当时在国内外均属首创,获1978年中国科学院重大科技成果奖。

20世纪70年代初,参加燃料化学工业部引进化肥催化剂国产化研究会战,李文钊为"天然气水蒸气重整制氢催化剂研究"会战组副组长。完成了天然气蒸汽重整制氢的烧结型催化剂的合作研究工作,性能与国外催化剂相当。后推广应用于数套30万t/a氨厂制氢装置上,此项成果获1978年化工部技术改进奖。

开拓中国天然气转化利用研究新阶段

20世纪80年代末,根据国际上石油资源日趋减少,天然气将成为21世纪初中期主要能源的发展趋势以及国内多年来"重油轻气"的倾向，李文钊主动到各大油气田进行调研，多次向国家有关部门建议将天然气转化利用研究提上日程。他成功地争取和主持了国家"八五"和中国科学院"七五""九五"重大项目——天然气（合成气）转化利用。分层次地安排催化部分氧化制合成气、低碳烷烃（或合成气）制烯烃和含氧化合物等或为国家需要或为科技前沿的课题。聚集起一支包括研究所、大学、设计院和企业在内共13个单位100余人的科研队伍，发挥各自优势，协作攻关，取得了一批受到国际同行重视的成果，为开辟中国天然气转化利用的新局面和缩短中国在此领域与国际的差距做出了贡献。1996年获国家计委、国家科委和财政部联合颁发的"国家'八五'科技攻关做出突出贡献"奖励证书和奖章。

1987年，针对甲烷分子的惰性，李文钊选定催化部分氧化转化作为自己主要研究方向。对甲烷氧化偶联制乙烯反应中，发现乙烯选择性与所用催化剂（如锂掺杂的钙钛矿）的P型半导性有很好的线性关系。在乙烷氧化脱氢制乙烯反应中，乙烯选择性与P型半导体NiO上的非化学计量氧关系密切。它既存在于表面，也大量进入体相，是连接表面局域性和体相性质的桥梁。以上均属前人未报道过的有自己特色的新结果。

1993年李文钊率先在国内开始甲烷催化部分氧化制合成气的研究，以替代传统的、昂贵的蒸汽重整造气法。采用廉价镍基催化剂在 $2\times10^5 \sim 3\times10^5 h^{-1}$ 空速下，获得甲烷转化率>92%，CO 和 H_2 选择性 95%～98%，500h 稳定运转的结果。又在甲烷空气催化部分氧化制合成氨原料气（$N_2:H_2=1:3$）和以炼厂气为原料部分氧化制氢两个实用性课题上取得进展。其意义在于前者可避免使用昂贵的纯氧，简化流程，降低能耗，而后者可提供炼厂需要的氢气，因而受到国内有关企业的关注。

1999年，李文钊和徐恒泳合作，又在下列几个方面取得很好的结果：

（1）21世纪初获中国石油重点科技开发项目和中国科学院-英国石油公司"面向未来清洁能源"十年计划支持，开展了"天然气-空气部分氧化制合成气与含氮合成气二甲醚合成集成技术"研究，2004年在中石油-中国科学院共建的大庆"天然气化工中试基地"完成了日产 $70m^3$ 合成气和 1.5kg 二甲醚合成催化剂装量的 500h 造气/二甲醚合成联合试验。

（2）2008年将组内近年开发成功的高通量金属钯复合膜氢分离技术引入天然气水蒸气重整制 H_2 过程。在 550℃、压力 1.5MPa、水碳比 2.5 条件下，仍可获得 96%的甲烷转化率和 94%的 H_2 回收率，完成了 2000h 稳定性试验，比目前工业上使用的 850℃降低了 300℃。

（3）近几年又开展了正己烷、环己烷以及 C_{10} 烃类部分氧化裂解制取低碳烯烃的探索研究。结果表明，和传统的石脑油蒸汽裂解制烯烃相比，它具有无须外部供热、无积碳、芳环易打开等优点。在 800℃，C_2～C_4 混合烯烃收率可达到 70%。同时 CO 收率为 12%～15%，而 CO_2 仅有 1%，属少排 CO_2 的更加环保的烯烃生产路线。

提出金属-半导体组合催化剂新概念

20 世纪 80 年代初，李文钊根据曾开展过半导体光解水制氢研究的积累，提出当金属-半导体适当组合时，由于界面上可形成一个内建电场进行电荷分离或交换，预计将成为与传统的金属-绝缘体（如 SiO_2，Al_2O_3，SiO_2-Al_2O_3，分子筛等）催化剂很不相同的一种新的催化体系。20 多年来研究了 TiO_2，ZnO，SnO_2，CeO_2，MnO_2 等一系列 N 型半导体和 Pt，Pd 等过渡金属组成的金属-N 型半导体体系。获得了界面势垒随气氛明显变化，反应物种在其上的溢流、二次溢流和反溢流，以及反应分子和金属、半导体之间存在三位一体的协同作用等许多新的重要结果；由此提出了"金属-担体强相互作用"（SMSI）现象可能起源于金属-N 型半导体的相互作用（即 MScI）的新说，受到同行重视。他一贯主张理论要和实际结合，因而一直孜孜不倦地致力于这些新催化剂的实际应用并取得了一些极有意义的成绩：

（1）开发了 506 系列（以 Pt/TiO_2 为主）脱氧催化剂。实践证明它是目前国内外水平最高的脱氧净化催化剂之一。脱氧深度达到小于 2×10^{-8}，已在几十家规模从几千克到数百千克催化净化装置上得到应用。

（2）研制成功以 Pt/TiO_2 为主要成分的催化湿式氧化处理高浓度有机污水的高效催化剂。COD 可从几万降到 100 以下。特别是其断裂稠环芳烃（如苯并芘）和脱除 NH_3 的能力远非目前广泛使用的生化法所能及。

（3）研制成功 TiO_2 基新一代 Claus 反应硫回收催化剂。TiO_2 可与 H_2S，SO_2 发生电荷和物种交换，比沿用的 Al_2O_3 催化剂有更高的活性和寿命，已在国内数家千吨级/年硫回收装置上使用。

不断开辟新的生长点

（1）李文钊基于利用太阳能可持续制取绿色能源的重大前景，以半导体 TiO_2 作为光阳极结合 Pt 阴极组成光电化学池进行光解水制氢反应研究。首次将光敏剂联吡啶钌过渡金属络合物嫁接到 TiO_2 固体电极上组成杂化体系进行光解水，发现有更高的产氢量子收率。

1980 年，李文钊作为德国洪堡基金访问学者到联邦德国西柏林马普学会弗列茨-哈柏研究所（Fritz-Haber Institute）工作。合作教授是著名的半导体电化学和光电化学专家、所长亨茨·盖里舍（H. Gerischer）。李文钊致力于"电沉积法制备半导体 CdS，Cu_2S 薄膜及其光电性能"的研究，除了薄膜制备外，应用光谱原位测定法开展薄膜生长动力学研究，同时充分利用研究所的良好实验条件，和国外同事合作，用电子能谱、激光拉曼光谱和扫描电镜等多种近代物理方法，对薄膜表面结构同光电性能的关系进行研究。研究结果引起国际同行的兴趣，如瑞士洛桑联邦理工学院（EPFL）Gratzël、西柏林 Hahn-Meitner 研究所的 Tributsch 等。随即相互派遣了博士后或博士生进行了合作研究。这种国际交往在中国改革开放后是起步很早的。

（2）1992 年，李文钊根据主客体化学概念，将 ZnS 客体植入环糊精主体孔道，首次合成了尺寸可稳定在 1nm 的 ZnS 半导体超细微粒体系，具有显著量子限域特性和超常光催化活性。用于光照下的甲醇水溶液中，产氢量子收率高达 83%，同时可高选择性地生成乙二醇。沿着本思路将发展出一系列新型纳米半导体材料。用溶胶-凝胶法制得的纳米 TiO_2 半导体，对光催化降解苯酚有明显尺寸量子效应，使光催化净化有机污水的水平有了进一步提高。

（3）20 世纪 90 年代初，李文钊基于在多相催化、电催化以及催化新材料等学科交叉中的多年积累，1990 年开展了第三代燃料电池——固体氧化物电解质燃料电池（SOFC）的研究，培养了一支以年轻人为主的队伍，建立了一整套电化学测试方法。在复合氧化物阴极、混合导体氧化物阳极和夹层阳极制备，电极表面修饰，薄层固体电解质制备以及单池组装等方面均已有所积累。鉴于 SOFC 可在高温下操作的特点，近期在固体电解质燃料电池中直接以甲烷为燃料，初步实现了电能和合成气的共生产，展示了甲烷综合利用新的前景。

积极促进催化科研成果转化

李文钊作为大连化学物理研究所催化学科学术带头人之一，认识到科技面向经济的迫切性，在任该所副所长期间，多次带领所内科技骨干到企业选择课题，竭力倡导和积极促进与大企业联合。由他作为攻关领导小组副组长的中石化公司"八五"十条龙项目之一"催化裂化干气与苯烷基化制乙苯"，就是和抚顺石油二厂、洛阳石化工程公司合作开发，迅速实现工业化最成功的例子。1994 年我国第一套催化裂化干气年产 3 万 t 乙苯装置顺利投产。鉴于该过程的良好经济效益，国内已建 10 余套装置，形成 100 多万 t 生产能力。为国民经济做出了贡献。他的努力得到企业部门的充分肯定。

为使所内"甲氰菊酯新农药"的实验室成果推向工业化，从 1988 年到 1991

年，李文钊在经费、组织、技术上进行了不懈的努力，所内外有近百人参加，经历过挫折，终于在大连金州建成250t/a甲氰菊酯乳油工厂，打破了日本住友公司的独家垄断，至今创造产值数亿元，分别获国家科技进步奖三等奖和辽宁省科技进步奖一等奖。

为促进催化研究成果转化，经李文钊积极倡议，多方联合，1993年在国家科委支持下，他创建了国家催化工程技术研究中心，先后任中心主任，中心首届技术委员会主任。1996年该中心经国家验收被评为优秀。

以文会友，发展国际合作

李文钊在担任副所长期间（1983～1994年），一直分管国际交流合作事务。他以极大的热情积极发展了大连化学物理研究所和国际著名学术机构的交往和合作。他参加国际学术会议近70次，应邀到国外著名学府和科研机构讲演有关科研成果，先后主持了中-丹（麦）、中-苏、中-德、中-法等双边催化学术会议，以及第三十四届国际纯粹与应用化学联合会（IUPAC）大会催化分组会和第四届国际溢流会议。1995～1998年成功主持中国科学院-法国科研中心（CAS-CNRS）国际合作项目（PICS）"环境催化"，为期4年，吸引了法方6个著名的催化科研单位参加，并实现了双方平等（知识产权分享）的高水平合作。数十名年轻科技人员到对方实验室进行合作研究，得到了锻炼和成长，具有长远意义。本项目被中法两国科技部评价为"两国科技合作的范例"。在此基础上促成了2000年中-法催化联合实验室的建立。2001年李文钊参与和推动中国科学院-英国石油公司"面向未来清洁能源"十年计划的启动和实施，并任该计划指导委员会委员（2002～2011年）。曾任国际先进催化科学与工艺会议（TOCAT）（1990～1998年）、国际天然气转化会议（NGCS）（1993～2001年）顾问委员会委员，以及 *Reaction Kinetics and Catalysis Letters* 和 *Catalysis Surveys from Japan* 等杂志编委。他个人的知识素养，宽阔的国际视野，平等合作的精神，真诚务实的作风，以及为合作做的努力和贡献，得到国际催化界同行的认可。

李文钊工作严谨务实，注重学术积累，力求形成特色；思想活跃，视野宽阔，有开拓精神；科研作风民主，易于与人合作。他对青年既严格要求，又甘为人梯，从各方面为之创造条件，无保留地传授知识和经验，相处融洽，相得益彰。师生一起开辟了诸如"纳米半导体光催化"、"固体电解质燃料电池"等新的生长点。他先后培养博士、硕士33名，博士后4名。2008年获中国科学院研究生院建院20周年首批杰出教师贡献奖。

图 片 集 锦

图片集锦1　学历和课题组

1962年7月李文钊在国立莫斯科大学获苏联化学科学副博士学位

1966年2月李文钊在阿尔巴尼亚地拉那大学讲学时与化学系物理化学教研室同事合影

中排中间为李文钊

1982年课题组成员和研究生于大连化学物理研究所一二九街所区门前合影

1992年课题组成员和研究生于大连化学物理研究所星海二站所区前合影

1999年课题组成员和研究生及家属于大连旅顺合影

2008年6月课题组毕业博士生答谢会

前排右4为李文钊

图片集锦 2 国际学术交流

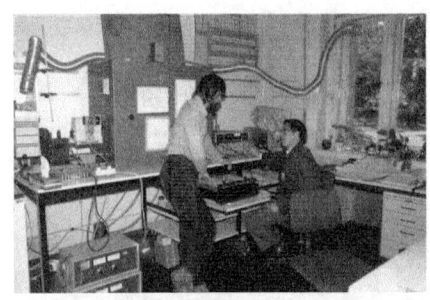

1980 年李文钊和外国学者于 MPS-FHI 半导体光电化学实验室讨论科研工作

1980 年在联邦德国 MPS-FHI 迎接新年晚会上，所长 H. Gerischer 和李文钊谈话

李文钊、张盈珍在联邦德国 MPS-FHI 做访问学者
摄于 1981 年西柏林市中心

1984 年 7 月西柏林第八届国际催化大会中李文钊站在他的展讲板前

1987 年大连中日贵金属催化剂讨论会时李文钊与田丸谦二合影

图片集锦 3　和历届所领导共事合影

1985 年 7 月楼南泉、郭和夫、朱葆琳、李文钊等合影

1989 年 3 月张存浩和姜熙杰、杨柏龄、袁权、俞林、王晓鸣、李文钊在大连化学物理研究所所庆 40 周年大会上合唱留影

1990 年 7 月袁权、苏贵升（中国科学院数理化局）、李文钊（副所长）在国家科委会议期间合影

2013 年 7 月张涛和王华、刘中民、杨学明与大连化学物理研究所学风道德委员会成员合影

第 2 排左 3 为李文钊

2005 年 11 月中国科学院大连化学物理研究所-英国石油公司（DICP-BP）战略伙伴协定签字仪式后致祝贺

左 1 为李文钊

2011 年 7 月冯埃生在庆祝党龄 50 年以上党员会上给李文钊颁发纪念章

图片集锦 4　科学活动

1990 年 10 月中国科学院化学学部全体委员大会时李文钊应邀做学术报告《天然气转化利用新途径》

1992 年 9 月中国科学院代表团访问澳门

右 1 为李文钊

1992 年 7 月匈牙利布达佩斯第十届国际催化大会时李文钊做口头报告并回答现场提问

1993 年 6 月催化基础国家重点实验室第二届学术委员会议部分委员合影

右 4 为李文钊

1993 年 8 月第三届中法双边催化学术讨论会

报告者为李文钊

1996 年 10 月李文钊获国家科委、国家计委、财政部联合颁发的"国家'八五'科技攻关突出贡献"荣誉证书

图片集锦 5 国际合作

1993 年 8 月第三届中法双边催化学术讨论会留影

1998 年 10 月 CAS-CNRS 国际合作项目（PICS）"环境催化"的第七次工作会议（结题会）合影

Vedrine 与李文钊为项目主持人

图片集锦6　师生相聚合影

李文钊培养指导的青年学者，如今大都活跃于国内外知名高校、科研院所和企业，成为中坚力量，如副校长、院长、部门领导、教授、研究员和高级工程师等。

2005年12月与刘鸿（1999博士后）合影于中山大学校门前

2012年8月刘重阳（1986）应所邀请期间与新老课题组部分成员合影

2012年9月内蒙古师范大学60周年校庆时与照日格图（2001）合影

2012年10月与吴鸣（1995）、陈铜（1997）、王世忠（1998）合影

2014年10月与刘雪斌（2003）、孙新德博士（1992硕士）、王军（1996）、葛庆杰（1998博士后）合影

2015年6月与季来瑛（2000）一家合影

注：图片括号内为获得博士学位年份

图片集锦7 关怀友情

2009年1月大连化学物理研究所庆祝 M. Che 荣获 2008 年度中国科学院国际科技合作奖合影

前排右4为李文钊

2013年10月李文钊、张盈珍在林励吾、杨亚书家中合影留念

2014年1月杨学明（左1）代表大连化学物理研究所领导班子，对李文钊、张盈珍春节家访慰问

2014年12月课题组联欢合影

坐者左5为李文钊

2015年3月包翠艳（副主任）、辛勤（副主任）代表大连化学物理研究所咨询委员会祝贺李文钊八十寿辰

2016年7月第16届国际催化大会在中国北京召开时李文钊受邀参加会议，图中为李文钊在会场提问时留影

（张盈珍）

林 炳 雄

　　林炳雄，1935年9月出生于上海，祖籍福建莆田，1952年考入北京大学化学系。1956年毕业后留校，从事物理化学的教学与科研工作，历任助教、教授、博士生导师、北京大学物理化学研究所副所长等职，1988年获国务院"国家级有突出贡献专家"称号，1990年获国家科委和国家教委联合授予的"全中国高等学校先进科技工作者"称号并在同年国庆节赴人民大会堂出席国宴，2004年退休。曾任中国化学会物理化学专业委员会委员、中国化学会分子筛专业委员会顾问委员、国家重点基础研究发展计划（973计划）能源领域专家咨询组成员、西安交通大学能源与动力工程学院兼职教授。在近60年的科研生涯中，林炳雄先后展开了分子筛结构与应用、高临界温度超导体，以及复合氧化物催化材料的研究与开发等课题的研究工作，研究成果曾荣获国家自然科学奖二等奖一项（1987年）、国家教委科技进步奖一等奖二项（1985年、1989年）以及教育部提名国家科学技术奖一等奖一项（2004年）。

　　1952年从上海市西中学毕业后，林炳雄考入北京大学化学系。在北京大学学习期间，林炳雄聆听到化学与物理界前辈黄子卿、傅鹰、王竹溪等大师亲自讲授的化学与物理学科基础课程，并深受他们的教诲与熏陶，获得了扎实的学科基础知识，养成了兢兢业业、严谨务实的学风。1956年大学毕业留校工作后，他在导师唐有祺的直接指导下，不断拓宽知识视野，活跃学术思想，开始了结构化学和催化方面的研究工作。在数十年的科研生涯中，林炳雄先后在分子筛晶体结构、高临界温度超导体合成与结构以及石油炼制催化剂的基础与应用等领域展开了系统深入的研究，取得了创新性的研究成果。

林炳雄（左）与导师唐有祺（中）、学生黄维（右）在实验室

1974 年在唐有祺的带领下林炳雄参加了石油化工部引进装置配套催化剂研制任务中的"环氧乙烷银催化剂"和"碳二选择加氢除炔烃催化剂"的协作研究。在对国外配套银催化剂进行调查和研究的基础上，他提出了该催化剂的结构模型。依照这一设想制得的产品，经单管工业考核，其性能十分接近国外银催化剂的水平，该研究于 1980 年 5 月通过了由石化部主持的技术鉴定；1982 年在比利时召开的"第三届国际非均相催化剂制备科学基础讨论会"上，林炳雄做了银催化剂载体结构与活性组分相互作用关系的报告。在"碳二选择加氢除炔烃催化剂"的研制中，林炳雄应用镍-铝尖晶石对氧化铝载体表面进行修饰的设计模型取得了良好的实验结果，成功地为该催化剂确定了一条合理可行的制备技术路线。这一成果在引进装置催化剂汇报会议上受到肯定和重用。

ZSM-5 分子筛是 20 世纪 70 年代问世的美国专利产品，由于它在化学组成、晶体结构及物化性质方面具有许多独特性，在石油炼制催化反应中显示出了优异的催化效能，吸引了国内许多学者相继开展了合成与应用的研究。但不久发现，使用不同模板剂所得的产物性能相差悬殊，ZSM-5 到底是什么？众说纷纭。20 世纪 70 年代末 80 年代初，在唐有祺的带领下，林炳雄等在对国内外 ZSM-5 分子筛结构与性能进行系统研究的基础上，提出了决定 ZSM-5 性能的三个特征结构参数，指导了它的合成与鉴定，结束了争论不休的局面。他同时指出，该分子筛骨架具有柔变性，可以通过适当的后处理对其结构参数进行调整，以满足使用性能的要求。依照这种见解，他肯定了国内出现的不用模板剂合成 ZSM-5 的直接法，为在中国建立低成本制备 ZSM-5 分子筛的工艺提供了理论依据。有关工作在第六届、第七届国际分子筛学术会议上做了报告，受到广泛好评。1985 年，"ZSM-5 分子筛结构的研究"获国家教委科技进步奖一等奖。1987 年，"晶体体相结构与结晶化学基础研究"获国家自然科学奖二等奖。

20 世纪 80 年代末，林炳雄在超导体 $YBa_2Cu_3O_{7-\delta}$ 体系的合成与结构研究中，较早提出了该晶体的正交晶系属性，a、b 轴长的差值与临界温度的顺变关系。这一关系揭示了该化合物结构中，与 Cu 配位的氧原子空位存在的重要作用。这一观点在第一届北京国际超导会议上得到同行的肯定。在 Bi-Sr-Ca-Cu-O 体系的高温超导体系研究中，林炳雄在国际上率先提出，在 Bi-O 双层中存在氧缺位，Bi 可呈现五与六两种配位模式。如此的结构局部不确定性解释了其性能的多变性，也预示着，通过掺杂引进高价金属离子取代部分 Bi，可促使该结构趋于稳定和唯一，从而达到提高临界温度的目的。这一工作详尽而可靠地揭示了结构与性能的关系，因而有效地指导了这类超导体的合成工作。这项研究在 1988 年宝鸡召开的全国超导会议上得到很高的评价。1989 年，"高临界温度氧化物超导体的研究"获国家教委科技进步奖一等奖。

在多年的教学与研究工作的实践中，林炳雄就各类复合氧化物结构与催化性能进行了系统的研究，对其结构中离子缺位、离子变价和晶格畸变都做了定量计算，并将上述结构的非完整性与催化性能进行了关联。其中，他在复合氧化物负载化方面的潜心研究，使这类复合氧化物有可能成为工业用催化剂。现已开发出用于石油炼制催化裂化过程中的稀土助剂，用于取代目前广泛使用的铂助燃剂。经放大后的产品，先后在 5 个工业炼油装置上试用成功。它不但具有铂助燃剂的催化功能，而且有降低 CO 和 NO_x 排放，利于环境治理的优点。1992 年 1 月，该产品通过了由石油天然气总公司主持的技术鉴定，并已获中、美、澳等 8 个国家授予的发明专利权和美国应用专利权。此外，还申请获得了"非贵金属汽车尾气三元净化催化剂"、"复合氧化物燃烧催化剂及其制法和应用"以及"负载型丁烯氧化脱氢制丁二烯催化剂"等三项发明专利权。

2004 年，林炳雄主持的"新型三效稀土 FCC 助剂（RE-Ⅱ）"项目荣获教育部提名国家科学技术奖一等奖。根据中国石油克拉玛依石油公司报告，该助剂从 2001 年 8 月在该公司 0.8Mt/a 催化裂化装置投放，连续使用多年。经历了更换 FCC 主催化剂和原料油性质变化、劣质化，该助剂长期稳定地发挥了增产轻油收率和总液收率、助燃 CO、降低烟气中 NO_x 含量的三效功能，表现出优良的大工业使用适应性，证明了 RE-Ⅱ 具有充分而且肯定的三效功能。

林炳雄、唐有祺等在"新型三效稀土 FCC 助剂（RE-Ⅱ）"鉴定会上

在科研工作的同时，林炳雄十分重视教学和人才培养工作。1956年大学毕业后，他一直从事结晶化学、物理化学、结构化学和统计力学等课程的教学工作。曾主讲X射线衍射单晶结构分析专业课程，以思维活跃、论理严格和资料丰富而受到学生欢迎。同时，他又另辟蹊径，进入多晶X射线衍射领域，多年主讲这一课程。1978~1983年，曾为石化部开办了三届多晶X射线衍射进修班，为石化系统、高校和科学院等单位培养大量催化学科人才。此外，他还尽心尽力地培养了一批硕士与博士研究生，目前他们已在相关学科领域占有一席之地。

数十年来，林炳雄在从事物理化学与结构化学的教学与研究的同时，承担了多项面向生产的实际课题。他工作的动力一方面来自于这些项目的重要意义，另一方面源于他坚持的理念，科学研究要面向国家重大需求，解决实际问题。多年来导师唐有祺的教诲，以及20世纪70年代身体力行带领他深入石油化工厂解决实际技术问题的经历，使他终身受益。在这些力量的推动下，他勇于克服困难并做出了令人瞩目的成绩。1988年，国务院授予他"国家级有突出贡献专家"称号。1990年，国家科委和国家教委联合授予他"全中国高等学校先进科技工作者"称号。

图 片 集 锦

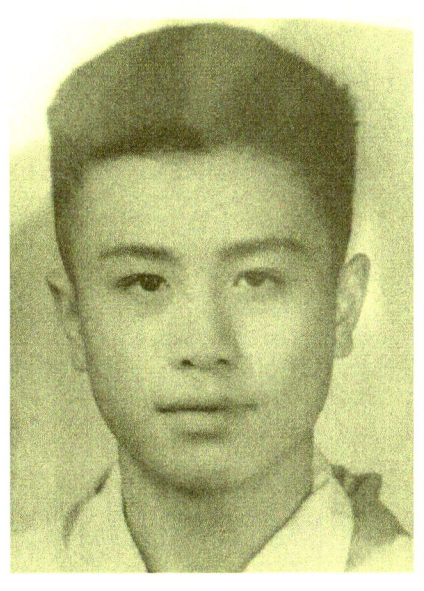

学生时代林炳雄

1994年与课题组成员在炼油厂催化剂生产车间

右3为林炳雄

林炳雄为学生授课

（王颖霞，张婉静）

蔡 光 宇

蔡光宇，祖籍江西宁都，1935年11月27日于江西南昌出生，享受国务院政府特殊津贴，为国家级有突出贡献专家。中国科学院大连化学物理研究所研究员，曾兼任中国林业学会活性炭专业委员会副主任委员；退休后受邀任大连振邦氟涂料有限公司高级技术顾问、研究员近十年。

他中学阶段在家乡宁都中学就读，后因高中部撤销，转江西省立赣州一中读高三，于1954年中学毕业，同年考入北京石油学院（现中国石油大学）石油炼制系，1958年秋大学毕业。

他长期从事多相催化和石油化工方面的研究工作，特别注重新型沸石分子筛、贵金属和活性炭等催化新材料及相应新反应工艺方面的研究与开发工作。他先后在国内外刊物发表学术论文、研究报告百余篇；申请中国专利31项（已获授权24项）以及国外专利10项；先后荣获部、省级以上各类奖励近20项（其中二等奖以上为11项）。

倾情化学　有志人造石油

他中学时代偏科数、理、化，尤其对化学的兴趣更浓，较大程度受其三叔（1943年浙江大学化工系毕业，中华人民共和国成立后任职石油部）的影响，甚至将其三叔的大学化学教材当作课外读物经常阅读，爱不释手。1954年蔡光宇考入北京石油学院，攻读人造石油专业。

在二十世纪五十年代初，我国一直被戴"贫油国"的帽子，认为既缺石油更缺天然气资源。他选修的人造石油专业，就是学习以煤炭或油母页岩为初始原料，采用低温干馏、热裂化和催化加氢等工艺技术来制取民用或军用油品（如航空煤油、汽油、柴油及润滑油等），这些技术工艺复杂，技术难度大。而这些油品的多少，既关系国计民生，更关系到国防力量，尤其是航空煤油在当时是被西方国家禁止进口的。

1958年秋，他从北京石油学院毕业，被分配到中国科学院大连石油研究所（现中国科学院大连化学物理研究所）工作，并被分配到第五研究室（高压加氢研究室）504组，题目组长由室主任何学纶兼任，副组长林励吾主持日常工作。其实，他在大学毕业前夕，于1958年3月便已分配到大连石油研究所进行毕业论文的研究工作，论文的题目为《煤焦油催化加氢制取燃料油的研究》，论文的指导教师便是何学纶。

后来得知，他之所以能分配到中国科学院大连石油研究所工作，是和何学纶的相助分不开的。可能是由于他在毕业论文工作期间的表现和业务能力得到何学纶的首肯，时任研究室支部书记的王汾专门到北京石油学院调查，得知他的学习成绩名列全班第一名，便决定将他留所工作。

他到大连化学物理研究所参加的第一个研究课题是煤焦油在液相条件下催化加氢制取轻质油品的研究。在中压（$70kg/cm^2$）条件下，采用钼-活性炭为催化剂，并以重质酚为溶剂，重质煤焦油在液相悬浮床的条件下加氢转化轻质油品。在该反应过程中，溶剂重质酚也随之转化为市场所需的轻质酚。该成果曾在抚顺石油三厂进一步成功地完成了万吨级半工业放大实验。

参与大庆油制取航空煤油的攻坚研究

1959年，我国宣布发现大庆油田，一举摘掉"贫油国"的帽子。全国人民为之一振，也极大地鼓舞了从事石油转化研究的科研工作者，他们及时从以煤焦油为原料转移到大庆原油的研究上来。

大庆油中油馏分临氢异构化制航空煤油的研究

1960年初，他们课题组接受石油部经由中国科学院下达的从大庆油中油馏分制取航空煤油的攻关任务。当时，这一任务是与石油部所属北京石油研究院分工合作，共同承担；北京石油化工科学研究院是采用尿素脱蜡工艺，他们组则是采用催化加氢转化反应工艺。此项课题在当时被称为"五朵金花"攻关课题之一。

该攻关工作主要负责人为林励吾，蔡光宇和梁东白为主要助手协助工作，分别承担反应工艺和催化剂制备的研究工作。工作最后阶段，吴荣安调入，承担油品分析工作。与北京化工石油科学研究院采用的尿素脱蜡工艺相比较，他们采用临氢异构化反应工艺更具特色，是将原料中所含凝固点较高的正构烷烃，以硫化钨-钼-镍金属组分担载在氧化铝为担体的双功能催化剂上，转化为凝固点较低的多歧链异构烷烃，依此不仅可大大降低油品凝固点，以满足军用航空煤油达到-60℃的指标要求，还可增加航煤产量（若与北京石油化工科学研究院的尿素脱蜡工艺相比较，后者是将凝固点较高的正构烷烃脱出丢弃）。

当年正值三年自然灾害期间，物质生活极度贫乏，大家忍饥挨饿，咬紧牙关，艰苦攻关，抱病仍然坚持工作。他们就是在这种极度困难的条件下，通过全组工作人员三年多不懈努力，终于完成了从大庆油中油馏分制出各项性能指标完全合格的军用航空煤油的任务。

为了能在规模更大的中间扩大反应装置上验证考核大庆中油临氢异构化反应用催化剂的性能，并能制取一定数量的航空煤油产品以供进一步台架燃烧试验的检验评价，蔡光宇勇于承担该项艰巨工作。那时正值1961年底隆冬季节，他单枪匹马前往抚顺，借用石油部抚顺石油研究所的100立升高压加氢反应装置（该反应装置是日本占领时期留下的，且是当时国内唯一的）。当时不仅工作条件差，生活方面更为艰苦。粮食供应定量，所有食品都凭粮票。独自一人出差在外，忍饥挨饿是常事，他只有咬牙坚持去努力工作。幸好在该工作中得到抚顺石油研究所技术员的相助，协助指挥数名工人按技术要求进行反应操作。中间虽遭遇催化剂意外失活的困难，但仍如期完成了中间放大反应的任务。该阶段工作完成时已临近1962年春节，蔡光宇为能春节前赶回大连，乘坐车况极差（四处透风）的长途汽车前往沈阳，在零下三十多度的条件下，车内人员被冻得不由自主地跺足以防手脚被冻僵。因此车开一路，跺脚声不断相随。

紧接着他又独自承担为进一步燃烧试验提供原料的任务。中试反应产物经过蒸馏分离操作所得到的目的产物航空煤油，缺少可供装盛该油品的特定军用油桶。为此，他持中国科学院的介绍信到沈阳军区空军司令部求助，经领导批准他又跑到远离沈阳的一个沈阳空军司令部油料基地。那时已是1962年盛夏，酷热无比，稍一活动便汗流浃背。他克服多种困难，终将从沈阳空军司令部借用的五十多个油桶运到抚顺，随后又将中试所得航空煤油样品送往北京进行台架燃烧试验。该试验结果证明，由大庆中油临氢异构化反应所制得的航空煤油全部性能指标达到军用油品要求。

该项攻关成果获得1966年国家技术发明奖二等奖。

大庆油重油加氢异构裂化制取航空煤油的研究

由于大庆原油中的中油馏分含量较低，产量有限，无法满足市场需求，因此有些专家建议改用大庆原油中含量较多的重油组分作为初始原料来制取航空煤油。故于1963年中,上述中油馏分制航空煤油工作尚未全部完成时,中国科学院又下达利用大庆重油为原料制取航空煤油的新的攻关任务,并且该任务指定大连化学物理研究所与石油部属抚顺石油研究所共同承担,各自攻关。

然而,大庆重油不仅仅是分子量大、含蜡量高,并且还含稠环芳烃(沥青质)和许多有害杂质,加工的技术难度要比中油馏分大得多。为了确保该新攻关任务完成,时任大连化学物理研究所党委书记的刘时平亲自出马,参与组织协调,并指令504组和203组(组长张馥良、副组长李文钊)组成联合攻关组,并做鼓舞士气的动员报告,他把大连化学物理研究所与抚顺石油所形象比喻为两支友军,从山的两侧分别抢登山头,攻占"敌人"堡垒(航煤),看谁能抢先攻占山头!两个课题组二十多人共组攻关组,明确分工,统一指挥,团结一致,协力攻关。

由于大化所在大庆中油临氢异构化制取航空煤油方面已有成功经验,新工作很快走上正轨。全组人员在林励吾带领下,深入讨论,统一认识,为适应大庆重油转化要求,在保留原有临氢异构化催化剂的异构化功能的基础上,新催化剂还需增添能将原油中的大分子分裂为中、小分子的裂化功能,以及能抵御原料中有毒害杂质对活性影响的精制功能。因此,他们在较短时间内研制出具有异构化、裂化以及对毒物有分解精制功能的双重功效的新一代催化剂,它们以硫化钨-钼-镍金属组分担载在大孔与中等酸性的硅铝上,称之为219甲和219乙催化剂,前者具有加氢精制功能,后者则具有异构化及裂化功能,并且还成功探索出将它们分别填装在反应器上下部的独特反应工艺。

在该项新工作任务中,蔡光宇仍然承担反应方面的研究任务,并且利用他在抚顺地区交友多的便利条件,独自负责在抚顺石油三厂进行的催化剂长周期寿命对比考核试验任务。具体为由大连化学物理研究所和抚顺石油所各提供一个有代表性的催化剂,交由抚顺石油三厂(作为中立方),采用同一反应原料和基本相同的反应装置,由同一批操作人员分别进行催化剂的寿命试验。其实这种对比试验,就是真枪实弹的"打擂台",工作的重要性不言而喻,容不得半点差错,若有问题需及时准确处理。他深感责任重大,再大的困难只能独自承担,咬牙坚持。他就是在这种工作状态下长住抚顺工作八九个月。

他在该工作期间,须不时通过电话、电报方式向林励吾及时汇报工作进展以及所遇到的问题;此外,他还将通过不同渠道了解到的有关抚顺石油研究所的工作动态和消息及时报告。由于有第一手"情报",大大利于所内工作及时调整,抢占了先机,终于取得比"对手"抚顺石油研究所提前"攻占山头"的战绩。经专家组评审并同意,以大连化学物理研究所研究出的219型催化剂及其配套反应工艺,作为设计和建设大庆炼油厂年产30万t航空煤油工业生产装置的唯一重要依据。

这套我国首座从大庆重油制取航空煤油工业生产装置,不仅及时解决了我国军用航煤的供应保障问题，也为企业带来数以十亿计的经济效益。该项成果曾荣获1977年度辽宁省重大成果奖和1978年全国科技大会奖。

约在1965年春，大连化学物理研究所科技处长及林励吾还责成蔡光宇执笔撰写了有关航煤攻关工作进展及工作人员精神风貌的专稿，此稿件曾刊登在当年十月份的中国科学院《科学报》院报上。

1965年秋至1966年夏，蔡光宇被下放到大连市郊的南关岭公社，参加"四清运动"，接受阶级斗争教育，因此错过了进一步参加大庆炼油厂首座30万t/a航空煤油装置的工业化试验工作，这成为他的终身憾事。

参与由丙烯制取异戊二烯的研究

正当"文化大革命"开展之际，蔡光宇也从农村返回化物所，他所在的题目组又新接受了由化工部经中国科学院下达的以丙烯为原料制取异戊二烯的重点研究任务。异戊二烯是一种能制取性能完全接近天然橡胶性能的人工合成弹性聚合物的单体原料。橡胶是重要的战略物资，被西方国家禁售，而当时只有海南岛少量生产，缺口大，难以满足需求。

此项研究任务仍由林励吾主持，另一课题的陈国权协助。该工作的具体分工为：陈国权组负责由丙烯在以三异丁基铝为催化剂上经双聚反应制4-甲基-戊烯-1（朱炳城协助），蔡光宇承担由4-甲基-戊烯-1在磷改质氧化铝催化剂上经异构化反应制4-甲基-戊烯-2（梁东白协助）；林励吾承接4-甲基-戊烯-2经热裂化反应制取异戊二烯的工序（李北芦协助）。

蔡光宇（左一）、林励吾（左二）、陈国权（中）、梁娟（右二）和王清遐（右一）合影

在此项攻关研究课题进行期间，正值"文化大革命"高潮，试验工作场所又处大连市郊，研究人员的人身安全难以保障，林励吾和陈国权还要不时接受批判，到后期还被关进"牛棚"，其他人也受牵连被"办班"……他们就是在这种情况下仍坚守工作岗位，值夜班的人员须趁天色未晚赶到工作场所，以免被流弹误伤。通过两年多全体人员艰苦努力，终于完成了全部小试研究任务，紧接着到大连有机合成化工厂，完成了全部中间放大试验考核工作。经有关专家组评审，认为该研究已能满足进行最后阶段的工业放大试验的要求。为此，在1969年冬所领导指派蔡光宇和朱炳城前往兰州化工部化工设计院（第五设计院）商谈，进一步落实该工业放大试验的工艺流程及相关生产装置的总体设计方面的工作。

1970年初，辽宁省开展"干部走五七道路"，以及大连化学物理研究所被国防科委材料院接管，所内多数年长的科研人员因家庭出身被认为政治不可靠者，几乎都被下放农村去当农民。由此，该工作的主要负责人（林励吾、陈国权）和科研中坚（蔡光宇、梁东白等）先后被迫离开研究工作岗位举家下放农村，该攻关工作也因此中途夭折。

下放农村　又到工厂

1970年春，蔡光宇举家下放至大连市瓦房店郊区，落户在城关公社杨树房大队。本已打算一辈子当农民的他，又在当年十一月间被大连市有关方面抽调回城，参加大连市的石油化工会战工作。该所共有20多人奉调回城，参加地点设在大连油漆厂的由丙烯氨氧化反应制造丙烯腈生产装置的筹建工作。当时，大连市同时抽调回城的还有其他单位下放人员，共有一百多人，分别工作在不同工厂，承担各不相同的工作任务。蔡光宇是承接该反应工程所需催化剂的制造的探索试验工作。然而，由于该工作的盲目性较大，实际效果有限。至1972年春，这些会战工作先后下马而终止。多数工作人员先后调回他们原来的工作单位；但是大连化物所参加市石油化工会战的人员中，由于各种因素，仍有近十人被化物所拒绝接收，蔡光宇和另三人被分配到大连油脂化学厂工作。

他们的到来，受到了该厂总工程师的重视，并派他们继续承担科研方面的工作。他们先后从当时的轻工业部争取到乙烯氧化制环氧乙烷和正十二烷烃脱氢制十二烯烃-1（简称长链烃脱氢）两个重点课题。这两个项目均由蔡光宇主持。然而，该厂原有的试验室甚为简陋，只能适应油脂加氢等初级工作。为此，蔡光宇花了极大精力改建实验室，建立相适应的设备和培训试验技术人员。例如，新建脱离子水大型装置，先后建成油柱成型、氨柱成型与滚球成型装置用于氧化铝载体的制造设备，以及制取铂、银等贵金属催化剂的专用设备等。

值得指出的是，长链烷烃脱氢研究课题是为南京烷基苯厂进口装置引进催化剂的替代而设置的，当时同时下达给轻工部所属太原日用化工研究所和大连油脂化学厂分别攻关。因为该研究所了解到大连油化厂承接该任务的主要工作人员来自大连化学物理研究所，且有一定实力，唯恐竞争不过。因此，该所直接寻求大连化学物理研究所进行合作共同攻关，而这项工作正好是由林励吾领导的 803 组承担。由此，形成了大连油化厂与大连化学物理研究所"打擂台"的局面。虽然大连油化厂的这两项研究工作成果均已达到合同指标，还先后分别获得轻工业部科技进步奖二等奖。然而，由于各方面的因素，南京烷基苯厂还是采用大连化学物理研究所 803 组的成果。

随着 1978 年全国科学大会的召开，在全国范围落实知识分子政策的工作逐步开展，蔡光宇等萌生返回大连化学物理研究所工作的强烈愿望，得到时任厂长盛存恕的理解和支持，并同意放行。但在他们离厂手续尚未办妥时，盛厂长退休，新任罗厂长上任。罗厂长看中蔡光宇的工作才能，表示坚决不放行，甚至许诺留下来"可入党、可担任工厂研究室主任……"。蔡光宇不为所动，仍然强烈要求返回大连化学物理研究所，如此双方僵持数月。幸好得到林励吾的大力相助，当时所党委书记顾宁出面，通过大连市委组织部的干预，他返回大连化学物理研究所工作的愿望才得以实现。

重返化物所　为工作竭尽全力

1979 年春，蔡光宇终于返回大连化学物理研究所，重新回到他原来工作过的第八研究室，并接任 802 组副组长的工作，成为组长陈国权的主要助手。他特别珍惜重返大连化学物理研究所的机会，心无旁骛，全身心投入工作，尽心尽责。他主要承担以下方面工作：

发电厂烟气中 SO_2 的治理和回收利用的研究

（1）进行电厂烟气脱 SO_2 的中间扩大试验。

该研究的特点为，在消除 SO_2 对大气污染的同时，还可副产硫酸，从而达到除害兴利、变废为宝的目的。蔡光宇在湖北省松滋县松木坪电厂进行处理烟气 5000m³/h 规模的中间放大试验，采用含碘活性炭（煤质炭）催化剂，将烟气中所含 SO_2 氧化为 SO_3，再经水吸收成为低浓度（8%左右）的硫酸。该研究的小试成果以及中试成果分别获 1982 年中国科学院科技进步奖二等奖和 1983 年中国科学院科技进步奖一等奖。

(2) 将烟气脱 SO_2 方法成功应用于硫酸厂尾气的治理。

1984 年春，陈国权退休，由蔡光宇接任 802 组组长（王清遐为副组长）。他在同事的协助下，成功地将脱 SO_2 研究推广应用于湖北省磷肥厂的硫酸生产装置尾气中 SO_2 的治理，使之转化为 SO_3 并副产硫酸，从而不仅解决了该厂 SO_2 的污染问题，还使该厂的硫酸产量增加 10%以上。该项成果获 1989 年中国科学院科技进步奖二等奖。

(3) 将糠醛渣型活性炭成功应用于烟气中 SO_2 治理。

针对原用含碘活性炭催化反应过程中碘组分仍容易流失并导致催化剂活性下降甚至失活问题，蔡光宇做了大量探索，发现椰壳炭在不添加碘组分时仍具良好活性，但其成本过高而无法广泛应用。由此他得到启发，活性炭表面若含有某些含氧基团，无须外加碘分子便具有氧化活性。他在杨永和和王作周的协助下，对国内厂家生产的活性炭进行广泛筛选探索，终于发现一种无须添加碘分子且售价较低的糠醛渣型活性炭（以由玉米棒制取糠醛后的残渣为原料制成），可直接作为 SO_2 的氧化催化剂。在四川省环保研究所的合作下，蔡光宇先后在四川省成都电厂（1989 年）进行现场小试考核和四川省宜宾电厂（1990 年）进行中间放大试验。1992 年该成果分别获国家电力部和中国科学院的科技进步奖二等奖。

该成果应用于四川省电厂还有一个小插曲。当年蔡光宇从其他渠道得知，四川省有关部门正组织以四川大学、四川省环保研究所和电力部属西安热工所等单位为主体的治理宜宾电厂烟气的攻关组召开专家评审会的消息。他便通过中国科学院争取到一个与会名额，赶往成都与会。他凭研究实力得到 30 万元经费（这笔钱在当年也不算少！），还参与了该烟气脱硫攻关项目的主持。此事当时被大连化学物理研究所有关领导当作主动参与市场竞争的典型大力表扬！

由于蔡光宇对活性炭表面结构有深入研究，在专业学术刊物发表多篇论述，从而被推举担任中国林业学会活性炭专业委员会副主任委员（连任两届）。

甲醇在中孔 ZSM-5 沸石催化剂上转化为汽油和烯烃的研究

在二十世纪八十年代初，国际兴起 C_1 化学的研究热潮。它是以含有一个碳原子的物质甲醇或合成气（$CO+H_2$）等作为初始原料来制取汽油，特别是乙烯等石化产品的新的技术路线。蔡光宇所在的课题组即时紧跟，迎头赶上。他们首先开展的是由甲醇在 ZSM-5 中孔沸石催化剂上转化为高辛烷值的汽油（MTG）的研究。之后，又将研究工作调整为由甲醇制取低碳烯烃。

(1) 甲醇在 ZSM-5 沸石催化剂上转化为烯烃的小试研究。

蔡光宇所在题目组和另一课题组（805 组）合作进行此项研究。他们组只承

蔡光宇（右）出席全国活性炭学术讨论会

担甲醇转化为汽油的反应工艺方面的研究。由传统合成分子筛的 805 组承担供应 ZSM-5 沸石的任务，802 组再将 ZSM-5 沸石制成反应所需的催化剂。

时间过去大半年，805 组始终无法提供出合格的 ZSM-5 沸石，802 组也因此处于"等米下锅"的状态，严重影响后续反应工艺研究的正常开展。深入了解得知是因为当时国内市场缺少一种被称为合成导相剂的四丙基氢氧化铵的产品，也就制约了 ZSM-5 沸石合成研究的开展。

为此，蔡光宇在王清遐的协助下，大胆尝试进行了四丙基氢氧化铵的合成工作，参考国外文献资料，进行多种方案探索，最终以正丙醇和液氨为原料，以雷尼镍为催化剂，在压力条件下，制出了合格的四丙基氢氧化铵（还经多种性能手段确证）。由此，他们受到鼓舞，又依据国外专利文献，紧接着进行 ZSM-5 新型沸石的合成探索。他们又很快地合成出与国外专利文献指出的性能指标完全相符的经典型 ZSM-5 沸石（经 X 光检测证实）。这不仅保证他们承担的 MTG 研究顺利开展，并且还使他们组一举成为国内首先合成出经典 ZSM-5 新型沸石的先行者。

1981 年，在四川纳溪召开的全国首届石油化工催化会议上，蔡光宇在大会报告中着重介绍 ZSM-5 沸石合成成果，受到与会国内专家的关注和高度评价，同时也引来该会议主持方化工部西南化工研究院主动要求合作的强烈愿望。经过大连化学物理研究所科技处领导同意和授权，蔡光宇和西南化工院夏求贞总工程师签订了双方合作协议。按照协议，大连化学物理研究所承担甲醇制乙烯反应用沸石催化剂的研制，西南化工研究院则承担甲醇制乙烯的反应工艺以及中间放大试验工作。

因此，802组的研究工作方向进行了相应的调整：将原来的MTG研究方向调整成为甲醇转化为乙烯（MTO）的技术路线的主攻方向。后经进一步努力，他们课题组的MTO研究又被当时国家计划委员会和中国科学院列为国家"六五"科技攻关项目。

1984年春，第十二研究室成立，原802组改称123组（蔡光宇任组长，王清遐为副组长），原805组改称124组（组长赵素琴，副组长应慕良），并遵照新室领导的意见，还是希望123组和124组在MTO研究上开展合作，因此两个组又再次共组协作组。此时，123组的老组长陈国权和124组的老组长梁娟退休改任顾问。

1985年底，他们完成了甲醇在ZSM-5催化剂上转化为烯烃（MTO）小试研究的全部工作任务，并通过国内同行专家的成果评审和验收。该研究成果荣获中国科学院1986年科技进步奖二等奖。

在1982年秋，蔡光宇在江西九江召开的全国分析化学和化学试剂的学术会议上，介绍了有关四丙基氢氧化铵合成的详细制备方法，此举为日后国内在ZSM-5新型沸石的合成研究的开展起到一定的推动作用。因为，此后不久，国内市场才有了国产四丙基氢氧化铵出售。

（2）甲醇在ZSM-5沸石催化剂和固定床反应装置上制低碳烯烃中间放大试验。

至1986年春，MTO小试研究告一段落，对于该研究的进一步安排，联合组有着两种不同意见。年长的同志主张按大连化学物理研究所以往的传统思维和惯常做法，认为应该将中间放大试验工作交棒给有关企业部门接力去完成；蔡光宇则认为应走出以往书斋式研究和交差思维，和市场接轨，争取最大的社会与经济效益，主张大连化学物理研究所应自行继续承担中间放大试验工作。后经更广泛的交流，蔡光宇的主张得到林励吾的欣赏和支持，随后还进一步得到中国科学院化学学部苏贵升的大力支持，并由此立项呈报国家计委科技司。最终，确定由大连化学物理研究所自行承担MTO中试工作，并列入国家"七五"攻关项目以及中国科学院重大课题，获得500万元攻关经费支持。

又经进一步认真考察和比较，最终决定在大连化学物理研究所星海二站的所区内建设MTO中间放大试验装置。此举开创了在大连化学物理研究所的所区内建立中试装置进行放大试验的先河。首次室主任和组长联席会议上，蔡光宇曾被一致推举为中试攻关组组长。后来他出于方便工作和多方面考虑，坚持推举刚从日本学习回国的室主任王公慰担任组长工作，他自己则任第一副组长（仍兼任123组组长工作）。

中试攻关组全体人员不懈努力，克服了重重困难，被称为"甲醇楼"的中试厂房在星海二站大连化学物理研究所所区内耸立，继而ZSM-5沸石催化剂的放大制造设备以及中试反应工艺装置也于 1991 年初先后建成。在进行中试反应装置首次运行试验时，蔡光宇担任中试首次运行试验的总指挥，他连续工作 48h 以上，始终坚守在中试反应总调度岗位，指挥十几名工作人员，分兵把关，精心操作，协同作战，终于在他的精心组织下，顺利闯过了 MTO 中试反应首试关。所得的各项反应数据全部达到预计结果，试验取得圆满成功，并得到视察领导的高度评价。经过进一步改善和提高，最后所完成的固定床 MTO 中试第一阶段工作成果获得中国科学院 1992 年度科技进步奖一等奖。

蔡光宇在甲醇制低碳烯烃中间放大试验场所和王公慰（中）及应慕良（右）合影

为便于做好他原承担的 123 组组长工作，在 MTO 固定床中试第一阶段工作基本完成后，他主动辞去中试攻关组第一副组长之职，全身心返回 123 课题组。

1986 年 11 月，蔡光宇和徐奕德作为中澳交流计划访问学者被派往澳大利亚联邦科学院（CSIRO）位于墨尔本的材料科研中心，进行为期一个月的交流访问。这是他第一次走出国门。在新型 ZSM-5 沸石作为催化新材料以及甲醇在沸石上反应历程等方面，他和澳方科学家进行了广泛交流，并且顺访了墨尔本大学和悉尼大学等单位。

蔡光宇（右三）在访问 CSIRO 材料科研中心期间与该中心专家合影

蔡光宇（右二）访问墨尔本大学时的合影

蔡光宇（左）访问悉尼大学化学系时的合影

新型 ZSM-5 沸石应用于芳烃烷基化反应方面的研究

（1）在 ZSM-5 沸石催化剂上乙烯与苯烷基反应制取乙苯。

他们课题组在国内首先合成出经典型 ZSM-5 沸石，受到中石化的重视，因此蔡光宇承接中石化总公司下达的乙烯与苯制乙苯的重点课题，这是与当时的上海石化研究所共同承担的课题，两单位分头工作，以期能替代国外引进的乙苯生产装置所用的进口催化剂。他们采用稀土改质的 ZSM-5 沸石为催化剂，所获反应结果全部达到合同指标要求。

（2）在 ZSM-5 沸石催化剂上乙烯与甲苯烷基化反应方面的研究。

在开展上一课题研究的同时，蔡光宇已经获悉国外正兴起一种名为对甲基苯乙烯的新型材料的研究热潮。从文献资料得知，由对甲基乙苯经进一步脱氢反应和聚合反应，可以制成聚对甲基苯乙烯，该聚合物性能优于常规的聚苯乙烯塑料，熔点更高，密度更低，当时被誉为 21 世纪的新材料。

蔡光宇在对甲基苯乙烯成果鉴定会上做报告

为紧跟国外趋势，在初步探索成功的基础上，他们课题组还联合 803 组共同向中国科学院申报重点课题，很快得到了中国科学院的批准立项的经费支持。蔡光宇组分工承担甲苯烷基化制对甲基乙苯的任务；803 组承担对甲基乙苯脱氢反应制对甲基苯乙烯的研究。最后，还邀请第二研究室有关课题组帮助将对甲基苯乙烯单体经聚合反应制成聚对甲基苯乙烯塑料物体。进一步鉴定证明，该聚合物性能全面达到文献水平。该项目成果于 1983 年底通过了国内同行专家的评审和验收，认为已达到国际先进水平。

他们在乙烯与甲苯烷基化反应方面所研究成功的以磷、镁改质的 ZSM-5 沸石催化剂的制备技术，申报了国家专利（专利号为 CN89105098.1），并在 1998 年获得专利授权证书。

（3）催化裂化干气中稀乙烯与苯烷基化制乙苯的研究。

1984 年春，蔡光宇接任 123 组组长工作。为解决对甲基乙苯研究成果的进一步中间放大的问题，曾联合 803 组共同前往抚顺石化公司进行推介和访问，受到时任抚顺石化公司总工程师金国干的热情接待，为此专门召集该公司下属有关工厂专家参加小型讨论会。但因与会人员对于对甲基苯乙烯新材料很不熟悉，无法表达肯定意见，进一步中间放大试验工作也就无从谈起。然而，在该讨论会上金国干却向他们提出有关催化裂化干气综合利用的问题。因为催化裂化干气中通常含有浓度达 20%的乙烯，尚未找到合适用途，长期以来一直是作为工厂的燃料使用，所含乙烯随之白白烧去，实为可惜。

在该会议上，蔡光宇很快联想到他们组在纯乙烯与苯烷基化反应制乙苯方面已有现成的研究经验，以及乙苯又是市场所需的大路产品，尚有较大缺口。故在会上他当即向金国干提出开展以催化干气（低浓度乙烯）替代纯乙烯与苯烷基化制乙苯探索试验的设想，立即得到热烈响应。为此，金国干责成毛树梅和抚顺石化二厂总工程师贺忠民，就催化干气中稀乙烯综合利用问题再次进行深入讨论，并签订了抚顺石油二厂和大连化学物理研究所的合作协议。随后不久，石油二厂指派张淑蓉到大连进一步商讨合作细节，并表示石油二厂可向大连化学物理研究所供应钢瓶装的催化裂化干气，作为探索试验的原料气，若取得成功，则可在石油二厂进行进一步的现场考核试验。

蔡光宇经进一步文献查阅得知，国外已有用催化干气与苯烷基化制乙苯的探索，但这些研究中在进行苯烷基化反应之前还需增设脱除催化干气中所含 H_2S、SO_2 等有害物质的工序，以防催化剂失活。考虑到大庆原油所含硫等杂质原本不高，因此，他大胆省去脱除 H_2S 等的工序，使催化干气直接作为烷基化反应的原料。

在开展此项探索试验时，王清遐也同时进行了由催化干气经叠合反应制汽油的探索试验。经过两个多月探索，试验结果显示，催化干气制汽油的收率不高（甚至采用干冰制冷收集），经济效应有限；而干气制乙苯的结果基本接近以纯乙烯为原料时的水平。由于催化干气制乙苯的探索的成功，随后不久该研究被列入中国科学院的"炼厂气综合利用"重点项目的支撑课题。

为便于该工作进一步开展，蔡光宇便指定王清遐专门承担催化干气制乙苯的工作任务。至 1987 年，他们完成了在抚顺石油二厂现场进行的小试考核试验，接着又于 1991 年在石油二厂进行并完成了催化干气制乙苯 1000t/a 的半工业放大试验。该放大试验成果分别获得中国科学院 1992 年科技进步奖一等奖和中石化科技进步奖二等奖。

蔡光宇在炼厂气综合利用验收会上做报告

蔡光宇在催化裂化干气与苯烃化制乙苯技术（中试）鉴定会上做报告

  1992年，在抚顺石油二厂进一步成功地完成了年产乙苯3万t规模的工业放大生产。该成果先后获1996年中石化科技进步奖一等奖以及1997年国家技术发明奖二等奖。

  在1992年春，原123组被分为两个课题组，催化干气制乙苯的后续工作分工由新建的124组承担。经过两任组长先后不断改进和提高，催化剂体系和反应工艺不断创新，工作又取得长足进展，并先后在国内多地石化工厂建成17套由催化干气制乙苯的大型生产装置，乙苯的总产量合计达136万t/a，年产值超过100亿元人民币，已在国内外产生重大影响，成绩斐然！

1991年11月，蔡光宇随林励吾为团长的中国科学院催化交流访问团访问了国际知名的丹麦托普索（Topsoe）公司，成员还有辛勤和于作龙。蔡光宇就催化裂化干气的综合利用以及工厂烟气脱硫等方面的学术问题和该公司技术主管等专家进行了广泛深入交流，并且还顺访了哥本哈根大学化学系。

在访问丹麦托普索公司时与公司主要负责人的合影

在访问丹麦托普索公司时与辛勤（右二）合影

锐意进取　再创新一代 MTO 反应工艺技术

1992年老123组被分成两个题目组，新建123组（组长蔡光宇）分工承担 MTO 反应的改进和提高方面的研究，以及继续完成电厂烟气脱除 SO_2 的放大试验工作。

　　蔡光宇经过深入考虑，认为以中孔 ZSM-5 沸石为催化剂及其在固定床反应工艺的研究虽然已经取得了达到国际先进水平的结果，但仍然存在许多不足，甚至先天缺陷。例如，该类型催化剂的反应操作稳定性较差，原料甲醇中必须添加大量水来作为反应热携带出的重要方式，但操作中稍有不慎，水分子又容易导致催化剂反应活性下降甚至丧失，大大缩短催化剂的寿命；此外，该类型催化剂的制造成本甚高，每吨催化剂的成本高达 50 万元人民币，况且受市场欢迎的乙烯选择性不高（仅为 30%左右）。由此，他深刻认识到这些方面如不能有效解决，不仅会使该工艺方法的经济效益大打折扣，甚至其应用发展前景堪忧！

　　为此，蔡光宇从寻求提高目的产物乙烯及丙烯选择性入手，对各类型分子筛的反应性能进行了广泛筛选，发现甲醇在以小孔磷硅铝分子筛为催化剂时，其乙烯选择性可大幅提高达 45%～50%，以及乙烯加丙烯的选择性达约 80%。

　　然而，若完全按国外资料介绍方法制成小孔磷硅铝分子筛（SAPO-34），其成本仍然昂贵，因为其采用价格昂贵的四乙基氢氧化铵为合成导相剂。因此，他又进行广泛探索，终于发现以廉价的二乙胺或三乙胺为导相剂制成的改良型 SAPO-34 分子筛成本可以大幅度下降，且反应性能仍良好。

　　为了进一步解决适用于 SAPO-34 型分子筛催化剂的反应工艺（现有的固定床反应方式已不匹配），以及带着选用移动床或流化床两种反应方式难以取舍的问题，蔡光宇在副组长刘中民的陪同下到企业寻求指点和帮助，先后走访了辽阳石化、吉林石化以及抚顺石化等部门，获益匪浅。特别是得到了大学同班同学毛树梅的指教，确认提升式流化床反应方式可以满足 SAPO-34 分子筛反应需求，并经他进一步推荐，最终确定由中国科学院化工冶金研究所（现中国科学院理化技术研究所）的王中礼课题组作为小型流化床技术的合作研究伙伴。后他又将原用的模拟流化床试验方法改为微型流化床进行进一步试验，证明甲醇在 SAPO-34 分子筛催化剂与流化床上反应制低碳烯是完全可行的，从而坚定了他采用流化反应新工艺的决心。

　　由此，蔡光宇大胆率先提出甲醇在小孔 SAPO-4 分子筛及流化反应床上转化为低碳烯烃的新工艺技术路线，这在当时国内外均尚未见有报道。并且为适应国家能源政策，他更大胆地提出以天然气（经合成气）为原料，经由二甲醚（或甲醇）转化为低碳烯烃的新工艺路线（简称 SDTO 方法）。

　　经国内同行专家审议和推荐，该课题被列入国家"八五"攻关天然气综合利用项目，课题编号为 85-513-02，蔡光宇担任该课题总负责人。所获的攻关经费为 100 万人民币，但是该经费中还包括应分配给中国科学院化冶所（小型流化反应床的研制)和清华大学化工系(配合进行合成气制取二甲醚及应用催化剂的研制)各 10 万元费用。

因为攻关经费只有 80 万元,需应付 5 年工作的所有开支(包括工作人员工资),其困难可想而知。为确保各个方面工作顺利和协助开展,蔡光宇尽量利用各种关系,寻求帮助,以渡难关。如在抚顺石油三厂催化剂车间进行的小孔 SAPO-34 分子筛的扩大制造以及在北京化工研究院进行的微球催化剂的喷球成型等工作的费用都是象征性付费,尤其是在反应工艺放大安排方面更是得到上海青浦化工厂的鼎力相助。该厂不仅免费提供试验场所和试验操作人员以及参试人员的住宿,并且对于试验设备的加工制作及所用金属材料也只是收取成本费。此外,该厂还有现成的合成气可作为制二甲醚反应用的原料。所有这些都大大方便了放大试验工作顺利开展。

在上海青浦化工厂进行的扩大试验历时三年多,经历过上海的酷暑和严寒(无取暖设备),全组人员坚守岗位,不畏困难,分兵把关,咬牙苦干,终于圆满地完成全部放大试验工作任务。打通了合成气为原料,经由二甲醚(或甲醇)制取低碳烯烃的全新反应工艺过程。目的产物乙烯选择性提高至 48%以上;小孔 SAPO-34 分子筛催化剂的成本可降至每吨 10 万元左右(第一代中孔 ZSM-5 沸石催化剂的成本在 50 万元/t 以上),极大地提高了新一代 MTO 工艺过程的经济效益,从而有力地推进了 MTO 工业化的进程。

值得指出的是,按照原定攻关合同要求,他们只需做到单管反应规模即可。但是他们主动自增压力,经过慎重和科学分析,并和化冶所合作方充分讨论,决定将二甲醚(或甲醇)转化用的流化反应床的管径由原定的 $\varphi 50mm$ 扩大至 $\varphi 100mm$,由此可将扩大试验的规模提升至中间放大试验,以使所取得的试验结果更具实用意义。通过努力,以上研究均顺利达到预期结果。

蔡光宇向国家计委科技司负责人汇报 MTO 工作新进展

该新一代SDTO反应工艺中试放大成果经国内同行专家审定和评价,认为已达到国际领先水平(当时在国内外尚未见有类似研究报道),并且还被中国科学院授予1996年度科技特等奖。

蔡光宇在合成气制烯烃(SDTO)成果鉴定会上做总报告

该SDTO新工艺研究结果还于1995年为国际知名学术刊物全文刊载:*Applied Catalysis A: General*,1995,(125):29-38。

此外,蔡光宇还在1994年春在日本大阪召开的第四届日中煤化学和C_1化学学术会议上,对SDTO新工艺的中期研究结果做了重点介绍,还深入探讨了"非石油原料路线制取低碳烯工艺技术"的发展前景方面的问题,受到与会学者的高度关注和热烈评价。

蔡光宇(左)出席日本大阪国际C_1化学会期间和林励吾合影

蔡光宇于 1996 年底退休后，曾留组协助继任组长刘中民继续工作。他主要承担将该课题进一步向国家计划委员会列入"九五"国家攻关的申报工作，且是联合中国科学院成都有机化学所和化工部第八设计院共同申报。

1997 年 5 月美国 UOP 公司突然向中石油派来专家组，向中国推介他们在甲醇流化床反应的中间放大试验结果，其称为 UOP-Norway 技术。中石油总公司特地为他们举行"烯烃技术研讨会"，以寻求在中国与他们合作进行工业放大试验。在此关键时刻，蔡光宇和刘中民前往中石油总公司，提交了大连化学物理研究所 SDTO 的中试结果与美方 UOP-Norway 中试结果全面对照比较的工作报告。结果充分显示，大连化学物理研究所无论是在 SAPO-34 催化剂成本、目的产物烯烃选择性、原料消耗率，还是催化剂的再生反应次数等方面都明显优于美方。由此打消了中石油要为美方承担 MTO 工业放大试验的设想，也为我们自己开发的 SDTO 技术日后发展争得广阔空间。

继任人刘中民及其团队潜心研究，又做了大量改进和提高工作，于 2007 年完成在陕西榆林进行的万吨级 DMTO 过程工业放大试验，又于 2010 年 8 月在内蒙古神华集团建成世界首座年产低碳烯烃 60 万吨工业装置，标志着我国煤制烯烃的开发工作取得了里程碑式的成就。随后，又在我国沿海城市建成直接以外购甲醇为原料制烯烃多套生产装置并先后投产。迄今已有七套各类 DMTO 方法生产装置相继建成，使 DMTO 法年产的烯烃达 400 万吨，年增产值超过 100 亿元人民币。该项新技术于 2014 年获国家技术发明奖一等奖，刘中民也于 2015 年当选为中国工程院院士。

退而不休　奉献余热

2001 年年中，蔡光宇接受大连振邦氟涂料公司的邀请，担任该公司技术顾问的工作，并被要求负责主持该公司主要原料氟氯乙烯生产工艺的改进工作。老生产工艺是以金属锌粉为还原剂，通过金属锌脱氯方法将三氟三氯乙烯转化为三氟氯乙烯，但是该工艺存在副产胶态氯化锌渣难以治理，形成严重的环境污染问题。

通过对国外相应技术的查阅，蔡光宇从中选用催化加氢反应的方法来制取三氟氯乙烯，可有效地免除胶态氯化锌带来的污染问题。但是该公司只有制造涂料方面的技术人员，而若开展催化加氢反应工作几乎是一张白纸，其困难程度是可想而知的。因此他从社会招聘和培训大学生和操作工人（达 20 人），并建立试验室和相关反应设备。并且由于加氢反应属于易燃易爆操作，他又从大连化学物理研究所的退休技术人员中请来两位有经验的同事协助工作。通过两年多的艰苦努力，完成了将三氟三氯乙烯催化加氢制三氟氯乙烯的探索小试研究和中间放大试验的全部工作,成功研究出钯-铜-活性炭体系的催化剂和相关加氢反应新工艺。该新工艺不仅完全免除了老工艺的污染问题,而且目的产物三氟氯乙烯的生产成本降低 30%左右,尤其是还可副产三氟乙烯（一种重要的军工用品）。该新工艺成果先后获得大连市 2004 年科技进步奖一等奖和辽宁省 2005 年科技进步奖三等奖。随后,依据该技术成果建立相应工业生产装置的建设方案还通过国家发展和改革委员会指派的专家组审定并推荐,在 2008 年被国家发展和改革委员会批准列入振兴东北老工业基地的第二批示范工程项目。

蔡光宇在大连振邦氟涂料公司研发中心向大连市老市长魏富海（左三）汇报工作

图 片 集 锦

蔡光宇和王清遐（右）的合影

蔡光宇和学生徐龙伢的合影

1992年蔡光宇和刘中民（后）的合影

（蔡光宇）

沈 师 孔

沈师孔，男，教授，博士生导师。1935年12月13日生于云南通海，1954年毕业于昆明十二中学，同年考入北京石油学院炼制系，1958年毕业后被分配到中国科学院石油研究所兰州分所工作。1995年7月调入中国石油大学（北京）。主要研究方向：天然气和轻烃催化转化、催化表面化学、催化反应动力学与机理。曾先后担任中国石油大学（北京）校学术委员会委员，中国科技大学同步辐射光源国家实验室，中国科学院兰州化学物理研究所羰基合成和选择氧化国家重点实验室、厦门大学固体表面物理化学国家重点实验室、醇醚酯化工清洁生产国家工程实验室和中国石油大学重质油国家重点实验室、中国石油催化重点实验室学术委员会委员。先后担任《天然气化学》、《分析测试技术与仪器》、《石油与天然气化工》副主编，《催化学报》、《化学物理学报》、《石油化工》、《分子催化》、《石油大学学报》、Petroleum Science等刊物的编委。获德国洪堡基金会研究奖学金，中科院科技成果奖、国家自然科学奖二等奖、国家科技进步奖特等奖和中石化科技进步奖一等奖各一项。在国内外发表论文200余篇。培养博士20余名，硕士10余名。

中华人民共和国成立以来，一代又一代的科学家为中国催化科学和技术的发展栉风沐雨、呕心沥血，做出了重大贡献，丰碑永存，激励后生。特别是20世纪改革开放后，以郭燮贤、蔡启瑞、闵恩泽、彭少逸、邓景发、林励吾、陈懿、王弘立等老一辈科学家为代表的中国科学院、高校和产业部门的研究院构成催化研究的三个方面军奠定了今天我国催化科学与技术的基本布局，创建了我国的现代催化剂工业，形成了一批高素质的中国催化研究与开发队伍。伴随着国家经济实力的提高和教育科技事业的快速发展，我国催化界也紧抓这一潮流，在我国催化研究水平整体快速提升的过程中，大大促进了催化创新人才队伍的培养，造就了一大批催化界的学术带头人和研究精英。正是在这样一大批学术带头人的精心策划和努力下，在独立自主、打造中国催化研究特色与体系的同时，放眼世界，主动地开展全方位的国际合作，一大批青年才俊被选送出国学习、研修，吸收先进国家的科学技术。他们之中相当多的人成长为遍布世界各发达国家的精英，甚至引领国际催化研究方向，使中国催化界快速走向国际催化学术舞台的中心。我的导师沈师孔就是其中耀眼的明珠之一。

沈师孔是我国著名的催化学家，也是表面化学的开拓者之一。在他五十余年的催化与表面化学研究中，造诣深厚，兴趣广泛，研究领域涉及催化材料与催化剂设计与制备、催化表面化学、催化动力学与反应机理、C_1化学与轻烃转化、表面分析技术与催化表征方法等，几乎涵盖催化与表面化学的主要领域，建树颇多，著述甚丰，颇受国际国内催化同行的认可与好评，为中国催化事业贡献了毕生的力量，为中国催化走向世界主流做出了突出贡献。今天的中国催化界已经成为国际催化学科的主流之一，甚至在某些领域引领着国际催化研究，这与沈师孔那个时代的催化学家打下的良好基础是密不可分的。

筚路蓝缕　以启山林

沈师孔 1935 年 12 月 13 日生于云南通海，1954 年毕业于昆明十二中学，同年考入北京石油学院炼制系，1958 年毕业后被分配到中国科学院石油研究所兰州分所（1962 改名为中国科学院兰州化学物理研究所）工作，先后在郭燮贤和尹元根指导下，负责完成用 ^{14}C 同位素示踪动力学方法研究丁烷催化脱氢反应机理，因此荣获中国科学院科技成果奖。同时，他以极大的热忱投入到丁烯氧化脱氢反应工艺研究、浸汲法磷钼铋催化剂配方和流化浸汲工艺研究，此三项研究用于北京胜利化工厂的工业装置，并完成铁铬酸锌丁烯氧化脱氢催化剂等项目的前期研究，先后获得国家自然科学奖二等奖和中国科学院科技进步奖特等奖等，填补了我国炼油化工催化剂的多个空白，为构建我国独具特色的炼油化工催化剂体系做出了突出贡献。正是这些项目的研发历练，沈师孔很快成长为兰州化学物理研究所催化领域的学术带头人之一。

沈师孔自中国科学院兰州化学物理研究所参加工作以来，已在催化领域耕耘近半个世纪。沈师孔因其特殊的催化表面化学的研究经历及其随后的持续研究，是我国表面化学研究的开拓者之一，特别是在金属单晶晶面上的催化反应特性，更是最早的涉猎者之一。20 世纪 80 年代，沈师孔先后受洪堡基金会和 Exxon 公司的资助，分别在联邦德国慕尼黑工业大学 D. Menzel 实验室与美国 Brookhaven

在兰州化学物理研究所进行催化表面研究

国家同步光源实验室从事催化与表面化学的研究，先后完成了 Ni（100）晶面上 H_2 置换强化学吸附 CO、NO 在 Ni（100）晶面上的吸附和反应、金属表面上 H_2 取代化学吸附的 CO、高氢气覆盖度条件下金属表面的 H_2-CO 相互作用、甲硫醇在 Ni（100）面上的分解和脱附等研究工作。进入 20 世纪 90 年代后，参与中国科学院大连化学物理研究所郭燮贤的吸附帮助脱附（ADD）研究，以及低温下 CO*/CO 在 Pd（111）上的交换研究、甲醇在清洁和氧预吸附 Pd（100）面上的吸附与分解、CH_3（ad）在清洁及预吸附氧 Pd（100）表面的热脱附性能研究。这些研究工作，加深了人们对金属特定晶面上气体的吸附与催化反应机理的认识，也为相关催化反应机理的分析研究提供了宝贵的借鉴和线索。受益于其本科学习阶段物理化学家傅鹰的熏陶和启发，沈师孔在表面化学，特别是催化表面化学理论、研究方法等方面，建树颇多，深受我国表面物理化学家蔡启瑞、郭燮贤等老一代科学家的赞赏，是我国催化表面化学领域的开拓者之一。

与洪堡基金会主席、诺贝尔奖获得者鲍尔合影

在 Exxon 研究工程公司实验室

在中国科学院兰州化学物理研究所工作期间，沈师孔参与创建羰基合成与选择氧化（OSSO）国家重点实验室，其中催化表面化学研究方向主要由沈师孔牵头负责。实验室引进的几台 XPS 等大型表面分析仪器当时也是沈师孔负责功能开发与研究。那一阶段，与中国科学院近代物理研究所、核工业部兰州物理研究所有关技术人员通力合作，自主开发，探索出准原位 XPS 分析测试手段，对于捕捉甲烷氧化偶联反应过程中催化剂表面活性氧物种的结构与性能奠定了基础。这一研究在当时属于国际前端研究，挑战性很大。

沈师孔从 1980 年以来，最感兴趣和投入最大精力的就是 C_1 化学与催化转化工艺，他在这一领域建树也最具代表性。众所周知，天然气资源的分布特点是集中在少数国家和边远地区，全球 70%以上的天然气资源在俄罗斯和中亚。同样，我国的天然气资源主要分布在西部地区，如新疆塔里木、陕甘宁鄂尔多斯和川东地区。这一分布特点决定了天然气远距离输送投入大，运行成本高，环境与生态问题突出，单就运输成本而言为石油的 5~10 倍。同时，天然气主要成分是甲烷，是最稳定的 C_1 小分子，要实现分子水平上的高效催化活化很难。同时，甲烷一旦活化，又会形成非常活泼的中间物种，无论处在气相或者催化剂表面，控制其反应方向与反应深度又很难。尽管天然气作为能源与化工原料很有优势与诱惑，但是每一项都是非常难啃的硬骨头。将天然气高效转换成液体燃料或化工产品，成为天然气能源与化工的技术瓶颈。在此领域，沈师孔的研究涉猎广泛，既包括与天然气的化工利用有关的甲烷制合成气、费托合成、甲烷氧化偶联等工艺以及与这些工艺开发有关的基础应用研究，也包括顺丁烯二酸酐的合成等轻烃转化方面的研究。沈师孔更看重利用天然气制合成油（GTL）技术就地将天然气转化为液态烃或甲醇等容易输运的燃料和化学品的途径。这里，甲烷首先通过催化部分氧化制成合成气（catalytic partial oxidation of methane，CPOM），然后利用费-托合成反应，合成液态燃料和化工产品。这是沈师孔加盟中国石油大学后，主要的研究兴趣点。

与林励吾一起参加美国阿拉斯加举办的天然气转化国际会议

甲烷氧化偶联（oxidation coupling of methane，OCM）是一种利用天然气直接得到乙烯的过程，具有十分诱人的工业应用前景，因此，这一反应曾在20世纪90年代初在国际上兴起了研究热潮，但其瓶颈是甲烷过低的转化率和很不理想的乙烯选择性。围绕这一问题，沈师孔作为这一领域的弄潮儿，在国家重大项目的支持下，全身心投入研究与开发，醉心于OCM催化剂设计、反应活性氧物种的归属、助剂效应及OCM反应工艺条件等系统研究，先后开发出Li_2O/MgO、$MgO/BaCO_3$等催化剂体系。其中以$La_2O_3/BaCO_3$为催化剂采用无梯度反应器，在720~800℃范围内研究甲烷氧化偶联反应动力学，发现乙烷和大部分CO_x是甲烷氧化的一次产物，乙烯则是乙烷串行反应的产物。这一结论对于后续的技术开发非常关键。同时通过$MgO/BaCO_3$催化剂表面活性氧物种的捕捉、表征与分析，发现吸附态O_2^-物种作为OCM活性氧物种的前驱态在反应条件下可转化为活性氧物种O_2^{2-}，最终认定后者是甲烷活化的活性氧物种。这一结果获得了Lunsford等权威科学家的认可。这一系列的成果，也使沈师孔在国内催化界声望日隆，在国际催化界也备受关注。

沈师孔研究思维非常活跃，全身心投入甲烷氧化偶联这一研究的同时，对甲烷的其他转化也非常敏感。为此，我师从沈师孔门下，当时这是甲烷氧化偶联研究最热的时期，但是，沈师孔要我考虑甲烷在还原性气氛下的偶联过程。这是一个全新的转化领域，文献极缺，转化难度很大。同时，课题组也缺乏这种评价微量转化的反应评价装置。为此，沈师孔安排我们将一台几近报废的离子阱进行改造和再利用。基于此，我们尝试开发出在线瞬变应答反应技术。正是在这一评价装置上，系统地考察了担载型过渡金属催化剂上甲烷同系聚合反应、甲烷的直接羰基化反应、甲烷与乙烯的同系化反应等。我们采用总反应分解法巧妙地克服了甲烷同系聚合反应的热力学限制，使该反应能在较为温和的条件下进行。这一领域即便现在依然是很新很有挑战性的课题。沈师孔敏锐的学术思想，至今也让我们感佩不已，受益无穷。

在甲烷制合成气工艺领域，沈师孔着眼于镍基催化剂上的 CPOM 的反应机理、镍基催化剂抗失活助剂的筛选与抗失活机理分析、CPOM 的工艺条件分析三个方面。在反应历程方面，从 Ni/Al_2O_3 催化剂上甲烷部分氧化制合成气的过程中 CO_2 来源出发，验证了 CO_2 主要来源于甲烷在 Ni_xC 与 NiO 表面上部分氧化，而非 CO 歧化或深度氧化。此外，采用瞬变响应技术对 Ni/Al_2O_3 催化剂表面状态对 CH_4 氧化反应的影响进行分析，发现只有在还原的催化剂上 CH_4 部分氧化制合成气反应才能高转化、高选择性地进行。针对镍基催化剂高温下表面易积炭、金属活性组分易烧结、流失等问题，引入 CaO 作为助剂与载体 Al_2O_3 形成 $CaAl_2O_4$ 尖晶石结构，以防止镍活性组分与 Al_2O_3 载体间发生不可逆固相反应，以此来提高催化剂整体的使用稳定性。同时，在 Ni/Al_2O_3 催化剂中引入 La_2O_3 以改善催化剂活性稳定性，沈师孔发现 Ni/Al_2O_3 催化剂中高价态镧的引入可以促进催化剂中金属镍表面电子向镧迁移，降低还原态金属粒子电子浓度，减缓催化剂上 CO 歧化和甲烷分解反应的速率，从而使 Ni/Al_2O_3 催化剂表现出较强的抗积炭能力。通过 CPOM 的工艺条件分析，沈师孔系统分析了反应炉温、空速、原料气组成和水蒸气含量对 CPOM 反应床层温升的影响，经与燃烧-重整机理和直接转化机理的绝热温升等理论数据对比，沈师孔认为反应床层的温升主要来自于部分氧化反应的放热，并提出了 CPOM 直接转化机理。在此基础上，沈师孔尝试采用甲烷低温催化燃烧法改进 CPOM 反应工艺，这项工作具有两个最大的亮点：一是所制备的负载型镧锰钙钛矿催化剂（$LCFM/α-Al_2O_3$）具有较低的起燃温度与良好的高温反应活性、稳定性，二是通过两个串联固定床反应器和分段进氧方式不仅使原料偏离爆炸极限，提高了安全性，还能为二段反应提供原料。这一改进获得中国石油的高度认可。

在费-托合成领域，沈师孔的贡献主要在于钴基催化剂的研究工作。这其中既包括对 Co/Al_2O_3 催化剂中钴负载量和焙烧温度对催化剂活性的影响研究，也涉及 CeO_2、Zr 等助剂对 Co/Al_2O_3 催化剂上费-托合成选择性的影响。这些工作为我们深入认识费-托合成过程的反应活性位、费-托合成的反应机理以及费-托合成工艺参数对反应的影响等基础性问题提供了有力的指导。

在中国石油大学工作期间，沈师孔受托于中国石油天然气集团公司和学校领导，牵头组建中国石油催化重点实验室和中国石油化工有限公司天然气转化重点实验室，在中国石油大学催化学科建设和重质油国家重点实验室建设方面做出了巨大贡献。这期间沈师孔在主要开展 C_1 化学领域攻关的同时，也不时开展轻烃催化转化合成高附加值产品的工艺研究，做出了一批原创性的工作。沈师孔采用超临界流体干燥方法制备出主要成分为 $(VO)_2P_2O_7$ 的钒磷氧（VPO）催化剂，可在无氧条件下选择性氧化丁烷以合成顺酐。发现铈锆复合氧化物的引入，可促进 $(VO)_2P_2O_7$ 活性相的形成，提高 VPO 催化剂的氧化还原性能，进而显著改善其催化性能。

沈师孔在轻烃转化这一领域的研究则可以追溯到他从事催化研究的早期阶段。沈师孔参加工作后，先后在郭燮贤和尹元根指导下，负责完成用 ^{14}C 同位素示踪动力学方法研究丁烷催化脱氢反应机理研究，该项成果曾获中国科学院科技成果奖，这在当时催化研究起步阶段即开展 ^{14}C 同位素示踪动力学方法研究，是非常难能可贵的。同时，沈师孔作为骨干成员参与了丁烯氧化脱氢反应工艺研究、浸渍法磷钼铋催化剂配方和流化浸渍工艺研究以及铁铬酸锌丁烯氧化脱氢催化剂的前期研究，这几项研究均是新中国在非常封闭的条件下开展的前沿基础研究，填补了国内多项空白，先后获得国家自然科学奖二等奖和国家科技进步奖特等奖等奖励，沈师孔成为真正的催化大家。

得益于早期尹元根的言传身教和提携指导，沈师孔在仪器分析检测方面造诣尤深。仪器分析与检测评价技术是催化研究乃至催化剂开发、催化反应机理研究的基础和前提，特别是一些原位反应技术、在线测试技术，往往是这类研究的关键瓶颈点。在实验方法方面的任何改进与提高，往往会使得催化研究事半功倍，柳暗花明。而沈师孔正是凭借这一优势，巧妙地利用现有有限的条件，做出了迄今仍然很有参考价值的研究成果。

在沈师孔从事催化研究的主要时期，实验室条件非常简陋，开展高水平基础研究和应用开发困难重重。一个简单的程序升温过程，在当时非常难以实现。而沈师孔正是在这种非常极端条件下绞尽脑汁为之，并做出了今天看来依然很不俗的成就。同时，针对现有仪器设备的功能，沈师孔尽其所能拓展其新的应用领域，拓展其催化研究中的使用功能。沈师孔指导自主研发了用于研究单晶金属表面吸附层的原位 TPD（temperature programmed desorption）装置，并将其成功用于低温 $C^{18}O/CO$ 交换反应研究。也有自行设计制作的静态法 BET（brunauer-emmett-teller）表面积测定仪。沈师孔在红外光谱、同位素示踪、近边 X 光吸收精细结构等分析设备的应用方面，也做了诸多探索。

在那个物质资源相对匮乏，硬件条件相对落后的年代，沈师孔领导他的研究团队发挥有条件要上，没有条件创造条件也要上的精神，励精图治，砥砺前行，才取得了如此不俗的成就。沈师孔在数据采集、分析等方面，严谨细致，精益求精,往往为了一个数据或一点改进,屡屡重复、反复校对、仔细考究。同时,沈师孔在参观国际国内实验室时,尤其关注人家在仪器设备功能开发方面的思路与想法。一旦有了灵感,回国后即让学生考虑,非常支持学生自主思考和自行改造提高。正是以沈师孔为代表的这一代催化工作者身上所体现的这种孜孜不倦的治学精神和一丝不苟的治学态度,才使得我国催化学家与国际同行在同等水平上进行竞技,奠定了今天中国催化在国际催化界的地位与影响。这代人这种可贵的科学精神和态度值得后辈膜拜。

霁月清风　为人师表

沈师孔一生勇于实践,善于总结,勤于笔耕,先后在国内外发表了 200 余篇学术论著,多次获中国科学院和国家、省部级奖励,并为国家培养了一大批专门人才。沈师孔为我国科技事业,尤其是催化与表面化学的发展,做了诸多开拓性工作,在他的挚友、同仁以及众多晚辈学生心中时时铭记。沈师孔在学术界广交朋友,人缘很好,经常有国际国内专家前来探访、交流和合作,沈师孔的团队总是一个学术活动中心,可以不时地和大腕专家面对面交流和讨论,这种学术氛围也让沈师孔的学生们受益匪浅。

在慕尼黑工业大学实验室进行表面研究

沈师孔在栽培学生方面，严字当头，毫不通融。每每此时，沈师孔那竖立的眉毛、凝重的眼神和挑剔的寥寥之语，都会让学生感受到苛刻苛求、如履薄冰的感觉，但真正取得突破后，沈师孔难得的笑容也是对学生最高的奖赏。学习期间，几乎每个人的情绪都被课题的进展和沈师孔的竖眉所控制。这种近乎呆板的严格也让学生们在学术方面受到了最良好的训练，这也是学生们受益一生的精神财富。

沈师孔非常重视研究生的实践能力锻炼。他明确要求每一位博士生在学期间，均要在实验仪器设备方面给课题组有所贡献。当时沈师孔从日本参加国际催化会议回来，从日本催化学家 Ichikawa 实验室看到一套测量比表面的玻璃仪器，就请示复印了操作说明书，回来就安排我如法炮制，建造一套类似装置。那时候测量比表面，基本采用动态吸附平衡色谱法，耗时费力，数据精确度、准确度均很不理想。为此，沈师孔将已经退休的师傅返聘回来，教我吹玻璃，折腾了两个月才建造出来。其间，从基本原理到数据分析系统，从真空体系构建到平衡吸附量测定，从真空玻璃阀到精确的定容瓶、参照瓶的设计与加工，这让我真正意义上了解了比表面测试的真谛。

沈师孔在学术方面严谨严格严肃之余，如长辈一样提携晚辈、关爱学生。那时候，生活条件非常简朴艰苦，日子过得往往捉襟见肘，入不敷出。特别是有些学生还拖家带口，生活负担更重。为此，沈师孔时不时约学生们去家里改善一顿，每隔一段时间便发放一些津贴，即使在年终津贴发放方面也与职工同等待遇，这在当时要顶着很大的压力，是非常难能可贵的举措。学生们聚会时回想起这些点滴之事，依然感动不已。

伉俪情深　相得益彰

沈师孔与丁雪加伉俪情深，恩爱有加，他们不仅在事业上相互支持、比翼齐飞，在家庭生活方面也一直在给我们率先垂范，互敬互爱，孝敬老人，关爱子女，让我们感受家的温馨和中华文化的真谛，切身沐浴在沈师孔一家的言传身教之中。这些耳濡目染形成的家庭观念，已经深植到我们的心中，成为我们今天最具感召力的行为规范。

青砖黛瓦　故园情怀

沈师孔不计个人得失，以国家利益、事业发展为己任。在中国科学院兰州化学物理研究所工作期间，为羰基合成与选择氧化（OSSO）国家重点实验室的创建、发展做出了突出贡献。年近花甲之际，沈师孔受中国石油大学杨

沈师孔与夫人丁雪加参加 973 计划能源领域咨询会

光华老校长之邀，毅然决然第二次创业，为中国石油大学工业催化学科栉风沐雨、殚精竭虑。中国石油大学工业催化学科于 2007 年入选国家重点学科，沈师孔的贡献获首肯。中国石油大学催化学科从无到有，从弱到强，至今也仅仅 20 年时间，这在国内也是少有的，从学科带头人到研究团队，从单独学科发展到对化学工程与技术一级学科与重质油国家重点实验室的支撑，从华东到北京，两地一心，协力推进，共谋发展，至今仍是两校区学科建设的佳话。今天，无论中国石油大学催化重点实验室建设，还是中国石油炼油催化剂重大专项等项目承担，两边分工负责、携手合作，真正凝聚成了一个大团队，从学科角度共同支撑中国石油大学这一品牌。这些才是沈师孔这一代催化学家留给我们的最珍贵财富。

沈师孔对催化与表面化学锲而不舍，废寝忘食，夜以继日的思虑和钻研精神使人始终难以忘怀。想起他勤奋严谨的治学态度，尤其是执着于甲烷氧化偶联催化剂上活性氧种探索的情景，醉心于老旧离子阱如何改进以用于瞬变应答催化反应研究时的神情，仿佛让人听到了他为我国催化科学的发展不断向前迈进的脚步声。

沈师孔为催化科学事业无私奉献的精神给人们留下极为深刻的印象，至今历历在目，也是鞭策学生们在催化学术领域攻克一个个难关的精神动力。

在沈师孔几位学生的共同努力和精心选编下，沈师孔的文集终于面世了，这是对沈师孔数十年催化与表面化学研究的一个梳理和总结，让晚辈能够从另外一个侧面了解和感受沈师孔这代科学家的胸襟和理想，为学的严谨和不易，学术发展的脉络和路径。

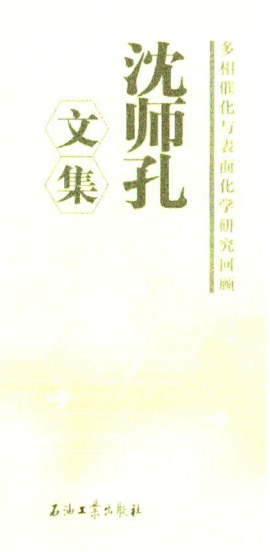

《沈师孔文集》封面展开图

图 片 集 锦

布鲁克海文同步辐射 Exxon 光束线

在兰州化学物理研究所 OSSO 国家重点实验室指导博士生

1982 年洪堡基金会年会时与夫人在德国总统府合影

1993 年参加郭燮贤院士博士生答辩会

1994年12月阎子峰与两位导师合影

1994年12月阎子峰博士论文答辩会后合影

2002年9月参加世界石油会议并担任天然气利用论坛副主席

2002年10月到休斯敦看望尹元根

在里约热内卢世界石油大会上与石油大学张一伟合影

与林励吾、陈懿在国际催化会议上

2003年11月看望杨光华

2003年到东营校区参加石油大学50周年校庆

2005年闵恩泽到石油大学参观指导

2005 年与汪汉卿合影

2007 年 11 月在厦门参加重油国家重点实验室学术委员会会议

2007 年 12 月看望蔡启瑞时留影

第十四届全国催化学术会议上与老朋友们合影

与蔡启瑞在厦门大学

2011年6月与家人合影

2012年2月与辛勤一同看望闵恩泽和陆婉珍

与陈懿、林励吾、邓景发在杭州合影

诺贝尔化学奖获得者 Gerhard Ertl 到兰州化学物理研究所访问

在中国石油大学与研究生合影

2014年12月沈师孔80岁生日聚会时与学生合影

2014年12月沈师孔80岁生日聚会

2014年12月沈师孔80岁生日聚会时与同事、学生和家人合影

（阎子峰）

张 盈 珍

张盈珍，研究员，物理化学、催化化学家。祖籍浙江省桐乡县。1935年出生于上海市。1952年毕业于上海市上海中学，同年进入清华大学化工系，1956年毕业于北京石油学院炼油工程系，1961年同校研究生毕业。1964年到中国科学院大连化学物理研究所工作。1981～1983年在联邦德国马克斯-普朗克学会所属西柏林弗列茨-哈柏研究所（MPS-FHI）做访问学者。1984～1992任分子筛催化研究室副主任（未设正主任）。她长期从事化石能源、化学化工催化转化及先进材料的研究。在石油转化催化剂及航天催化剂的研制并实现工业应用方面做出了重要贡献。她连续承担国家科委、国家自然科学基金委员会"六五"、"七五"、"八五"重大和重点项目的子课题，及中国科学院"七五"重大项目的子课题。为中国科学院-法国国家科研中心（CAS-CNRS）国际重大科研项目（PICS）"环境催化"中方联系人。曾任《催化学报》、《分子催化》学报编委。1992年享受国务院政府特殊津贴。她先后获多项国家及省部委级成果奖。培养或共同培养博士、硕士研究生14名，在国内外学术刊物发表论文90篇。

张盈珍，1942年9月～1947年7月就读于上海市位育小学，1947年9月～1949年10月在江苏省立上海中学，就读于新任校长沈亦珍（现被誉为当代著名教育家）创办的中学教育五年一贯制的实验班，她曾获上海市中学生数学竞赛第二名。中华人民共和国成立后，江苏省立上海中学更名为上海市上海中学，新中国教育事业面临的首要任务是普及教育，因此取消了实验班，1949年10月学校安排实验班的学生跳级升入高中部理科班。张盈珍于1952年7月毕业。1952年9

月～1953 年 7 月她为清华大学化工系 1952 级学生；1953 年 9 月全国高等院校大调整，清华大学化工系全体师生转到新建的北京石油学院炼油工程系。张盈珍于 1956 年 7 月毕业。张盈珍在学期间，成绩总是名列前茅。1956 年 7 月～1964 年末，她在北京石油学院任职及完成研究生学业。她于 1957 年 1 月考取北京石油学院副博士研究生（当时学习苏联学衔制，相当于欧美国家博士学位。后来国家又取消了学衔制），师从杨光华（时任北京石油学院炼油工程系主任，后任院长），于 1961 年 1 月毕业。后留校至 1964 年 12 月，从事科学研究和指导学生毕业论文。

1954 年北京石油学院炼油工程系师生 60 人大合影

张盈珍在石油学院期间开展了"离子交换对裂化催化剂的影响"、"高铝硅铝微球催化剂的制备和性能"、"裂化催化剂的孔结构制备规律和反应性能"、"裂化催化剂的反应动力学特性"等既有深度又有特色的科研课题，研究成果部分发表于全国学术会议及学术刊物；她参与编写并作为主编出版的《石油炼制》（共四分册）（北京石油学院出版社），为中国第一部石油炼制教材；她重视阅读文献，重视催化基础理论学习；她在科研中使用了当时多相催化研究中最先进的近代物理方法，并练就了从事多相催化研究的实验技能。

研制合成氨原料气净化等催化剂取得工业成果

合成氨原料气净化新流程催化剂

1964 年末她到中国科学院大连化学物理研究所工作。1965～1966 年，她在大连化学物理研究所迎接的第一项任务是由张大煜所长亲自领导的"合成氨原料气净化新流程三个催化剂的研制"。这就是要用低温变换、脱硫、甲烷化三个催化剂的催化净化流程，替代 20 世纪 40 年代就开始沿用的技术落后的铜氨洗涤流程，它被誉为合成氨工业的一次革命。她是负责人之一，完成了甲烷化催化剂的成功制备，并为低温变换催化剂的流程应用和工业开工提供了实验室依据。由于大连化学物理研究所在多相催化研究中有长期积累、与具备工业催化剂丰富经验的单位密切合作，实行研究-设计-生产三部门的紧密配合（称为"三结合"模式），工作进展迅速。研制成功的催化剂，于 1967 年首先在石家庄化肥厂 5 万 t/a 合成氨生产装置上投产使用。该项目于 1978 年获全国科学大会奖。

炼厂气蒸汽重整制氢催化剂

1966~1970 年研制成功的炼厂气蒸汽重整制氢催化剂被石油部命名为"胜利一号"商品催化剂，20 世纪 70 年代初首先在山东胜利炼油厂（现中石化齐鲁石油化工公司炼油厂）8 万 t/a 合成氨生产装置上投产使用。该项目获 1978 年全国科学大会奖。

1966 年 5 月石油化工部委托大连化学物理研究所进行"炼厂气蒸汽重整制氢催化剂的研制"。这是石油化工部在泸州天然气化工厂从丹麦进口合成氨装置后的一项重要举措。可这是一项国际上还没有的难度非常大的任务。因为炼厂气不仅碳含量高，而且含烯烃约 10%，极易使催化剂结炭失活。（注：我国天然气、油田气供应不足，而炼厂气却尚未得到有效利用，只能在炼油厂排气烟囱日夜点燃熊熊火炬而白白烧掉。）

张盈珍被任命为该课题组长。她组建课题组，白手起家，建立实验室。她采用泸州天然气化工厂进口反应器（365 根列管式加热炉）的测温热电偶管，管径 17mm，壁厚 2mm，解决了国内以前没有的，该项研究关键设备——特殊反应管，这是在氢压下进口 380℃，出口 780℃变温床反应管。她们与颇有工业催化剂经验的西南化工研究院密切合作，实行研究-设计-生产三部门的紧密配合。课题组始终维持 30 人上下，聚集了大连化学物理研究所工作十年以上的科技骨干，及中国科技大学、厦门大学等毕业生、研究生。

可是课题组成立不久，全国开始了"文化大革命"，学校停课，工厂停工停产，大连化学物理研究所的研究课题也相继停顿，由于该项目的重要性，最后只剩包括这个课题在内的 2 或 3 个不能停顿的课题。他们严谨求实、开拓创新、争分夺秒，春节期间科研工作照常进行。

课题的难度首先源于催化剂上积碳。她测定积碳沿床层分布；区分化学碳、非化学碳；区分氧活性碳、石墨碳；将碳分析作为日常测定项目，对催化剂配方组成起到指导作用。

她在催化剂配方研究中，不是一味提高或抑制水蒸气重整反应（制氢）活性和积碳反应活性，而是紧紧抓住活性选择性这个主要问题，因为反应是复杂的、连续而又平行的。

考虑到原料是不同碳数的烷烃和烯烃，她借助不同酸碱性质的碱金属、碱土金属，和不同氧化还原性质的金属组分进行催化剂性质调变，取得了满意的效果。

这样多组分的催化剂按照天然气蒸汽重整催化剂成型方法，催化剂呈爆米花样。她协调了组分的水合性能与凝固性能，取得满意结果。

在不到一年的时间里，催化剂的性能已有重大突破，此后他们采用比设计指标严厉得多的条件作为催化剂的评选条件，这就是将水气比从指标要求的<4.0降到3.5甚至更低，而且进行100h试验。在指标要求的温度、压力、空速，以及水气比为3.0的十分苛刻的条件下，通过半个月的寿命试验，催化剂的反应性能基本不变，实验室所完成的催化剂性能良好。

石油化工部胜利油田胜利炼油厂承担后期阶段的工作。先后在胜利炼油厂通过了工业单管中间试验，进行了催化剂的工业化生产，石油化工部将该催化剂列为国内定型商品催化剂——胜利一号。最后在1972年，在胜利炼油厂8万t/a合成氨装置上投产使用，催化剂性能达到了预期指标。该项成果获1978年全国科学大会奖。

多金属重整催化剂和长链烷烃脱氢催化剂

张盈珍于1974~1976年到时任催化研究室副主任、课题组长林励吾课题组，从事"多金属重整催化剂的研制"和"长链烷烃脱氢催化剂的研制"。

她重视有关催化剂样品的近代方法测试，以得到对催化剂研制的启示；她习惯于在开展催化剂研制之际，通过探索试验，确定反应所处为动力学区或扩散控制区，以明确催化剂的主攻方向；上述两种催化剂均为Pt/Al_2O_3基础上的双金属或多金属催化剂，她用竞争吸附剂和金属离子指示剂，对催化剂制备中浸渍干燥过程进行系统研究，得出金属组分沿颗粒径向分布规律；她考虑到多金属重整催化剂是金属-酸性双功能催化剂，认识到催化剂上组分氯对双功能的调变作用，考虑到工业反应器的放大效应等，她测定了催化剂的氯含量沿焙烧床层分布，有效指导了焙烧炉型和焙烧条件的选定。她在上述方面，为催化剂研制成功做出了贡献。

这两个项目于二十世纪八十年代先后实现了工业化，获全国科学大会奖、石油部科技成果奖一等奖、国家发明奖三等奖等多个奖项。

航天发动机姿态控制用肼分解催化剂的突破性进展和应用

1976~1978年，张盈珍临危授命参加肼分解催化剂的研制工作。她迅速解决了催化剂的关键性能，取得了催化剂在肼分解发动机上 100 次和 200 次室温冷启动的突破，从而解决了 1968 年和 1969 年航天部委托研制的肼分解催化剂这一燃眉之急，完成了有关"导弹弹头姿态控制用肼分解催化剂"和"通讯卫星姿态控制用肼分解催化剂"的研制。该项目于 1979 年通过鉴定并获得 1980 年国家发明奖二等奖。

1976 年初，张盈珍临危授命参加肼分解催化剂的研制工作。按 1968 年和 1969 年航天部要求，导弹弹头姿态控制发动机室温冷启动次数为 100 次，卫星姿态控制发动机室温冷启动次数为 200 次。可是 1976 年初，课题组的肼分解催化剂冷启动次数仍停留在 1 次的水平，与指标要求相距甚远。

她根据姿态控制发动机的工作特点，认为催化剂必须具备瞬时应答的极高的活性，这与一般的工业催化剂有极大区别；而且要耐受各种苛刻条件，有足够长的寿命，因此同时又必须具备极高的稳定性。这样的特点需要正确选定催化剂组成，以及在载体制备、催化剂制备中采取相应措施才得以实现。

张盈珍有良好的催化理论基础和丰富的实践积累，她又有娴熟的实验技能，所以游刃有余地解了燃眉之急。她开展了活性组分浸渍干燥后催化剂的制备试验。她按自己意图布置温度测量系统，置备不同气源，布置管路系统，校正毛细管适应不同气体流速测定，制定严格的操作程序等。

她按照自己制定的制备条件和制备程序做第一次试验。制得的催化剂的活性中心是高度分散的，是高活性的，又是稳定的。用该催化剂，按照导弹弹头姿态控制要求进行发动机试验，取得 100 次冷启动的突破。这是课题组在肼分解催化剂研究中的重要转折。这就是被编号为 816 型 "导弹弹头姿态控制用肼分解催化剂"。

进而，她成功进行了催化剂的重复制备，成功进行了催化剂正交条件制备，然后完成催化剂扩大样制备，交由航天部有关单位进行导弹弹头姿态控制用发动机试验。

在有关单位进行导弹弹头姿态控制用发动机试验期间，她又开始进行"通讯卫星姿态控制用肼分解催化剂"的研制。她也是开展活性组分浸渍干燥后催化剂的制备试验。

她所做的催化剂，按通讯卫星姿态控制的试验要求，又是第一次就取得 200 次冷启动的突破。这又是课题组在肼分解催化剂研究中的重要转折。这就是被编号为 817 型 "通讯卫星姿态控制用肼分解催化剂"。

她经手制备的催化剂经 XRD 测定，晶粒大小均为 23Å 左右。突破和转折，首先是源于解决了催化剂的晶粒大小这个关键性能。

1976 年末，在实验室进行催化剂的大批量制备，交付给航天部。在航天部的发动机试验取得成功，催化剂得以定型。1977 年进行催化剂转厂生产准备，开始培训操作工人。

1978年初，科学春天吹拂中国大地，领导安排张盈珍开展应用基础性质的研究工作，因而离开了肼分解催化剂课题组。

1978年10月肼分解催化剂课题组邀张盈珍书写："东风五号导弹弹头用816型肼分解催化剂鉴定报告"，书写："实践二号通讯卫星用817型肼分解催化剂鉴定报告"，1979年2月由中国科学院和七机部联合鉴定；1979年8月肼分解催化剂课题组邀张盈珍书写："东风五号导弹弹头用816型肼分解催化剂请奖报告"。该项目获得1980年国家发明奖二等奖。

超稳Y型分子筛催化裂化催化剂的研制及工业化试验

1983~1990年张盈珍对超稳Y型催化裂化催化剂进行应用基础研究和开发研究。研制成功的超稳Y型催化剂，经过逐级评价试验和5万t/a流化床催化裂化生产装置上工业试验，气体烯烃产率增加20%左右，焦炭产率降低约30%，正适合烯烃的市场需要和原料油日益增重的趋势。而且汽油辛烷值（MON）提高0.6个单位，具有国际上辛烷值催化剂特色。该研究于1990年12月通过了中国科学院和中石油锦州石化公司的联合鉴定，通过了中国科学院"七五"重大项目验收。

石油催化裂化过程是炼油工业中催化加工过程吨位数最大的过程，催化裂化催化剂的年用量占石油催化剂用量80%以上。催化裂化催化剂的提高改进，倍受关注。1983~1990年张盈珍和课题组对超稳Y型催化裂化催化剂进行应用基础研究和开发研究。该项应用开发是与锦州炼油厂和地方国营温州催化剂厂一起的合作开发，首先由锦州炼油厂总工程师张国栋发起。

温州催化剂厂所生产的Y型分子筛品质优异为全国公认，是超稳Y型分子筛的基础原料。大连化学物理研究所对超稳Y型分子筛的制备条件和产物性质进行了系统研究，结合多种近代研究方法，对其结构性质、酸性和反应性质有较深入的了解。研制成功的超稳Y型分子筛催化裂化催化剂的MAT试验表明，与沿用的Y型分子筛催化裂化催化剂相比较，气体烯烃产率有很大程度提高、焦炭产率有很大程度降低，正适合烯烃的市场需要和原料油日益增重的趋势。

大连化学物理研究所与温州催化剂厂科研人员一起，建成超稳Y型分子筛生产装置，完成扩大制备及生产。锦州炼油厂在其Y型分子筛催化裂化催化剂生产装置上，完成数十吨超稳Y型新型裂化催化剂的生产。经过逐级反应评价试验，即MAT反应（催化剂5g）、固定流化床反应（催化剂100~200g）、小型提升管反应（催化剂2~2.5g）的试验，新研制的催化剂性能为：气体烯烃（$\Sigma C_3^= + C_4^=$）产率增加20%左右，$\Sigma C_4^=$产率增加更高，焦炭产率降低约30%。1988年9月在沈阳军区盘锦炼油厂的5万t/a流化床催化裂化生产装置上进行了新催化剂的工业试验，基本上重复了上述令人振奋的结果，而且汽油辛烷值（MON）提高 0.6 个单位。其后，又在锦州炼油厂的 80 万 t/a 流化床催化裂化生产装置上进行了初步工业试验。在数十吨超稳 Y 型催化裂化催化剂逐步置换装置中原有催化剂过程中，操作平稳。可是，考虑到在作为工厂的核心装置上进行新催化剂试验的风险性等原因，未能进一步将这项研究推进到工业化应用。

1988 年 9 月在沈阳军区盘锦炼油厂 5 万 t/a 流化床催化裂化装置前，于试验取得成功后合影 左 2 为张盈珍

1988 年张盈珍（前排左 3）、陶龙骧（前排左 4）于大连化学物理研究所一二九街大门前与课题组部分同事和研究生合影

1990 年 12 月该研究通过了中国科学院和中石油锦州石化公司的联合鉴定。通过了中国科学院"七五"重大项目验收。鉴定和验收结论认为：该催化剂达到了增产气体烯烃和降低焦炭产率的预期目标，具有国际上辛烷值催化剂特色。

分子筛催化等多相催化应用基础研究

1978 年全国科学大会召开，基础科学研究重新提上日程。1983～1995 年张盈珍作为负责人或负责人之一，连续获得并完成国家科委、国家自然科学基金委员会"六五"、"七五"、"八五"重大重点项目的子项目："新型分子筛合成和应用"、"分子筛催化功能化"、"分子筛活性位及微环境与催化性能关系"等。完成论文100余篇。她的研究结果在国内外学术刊物上共发表论文约60篇，指导和部分指导的硕士、博士学位论文。

1984年5月国家科委"六五"重大项目"若干新型催化剂基础研究"项目负责人吴越、李赫咺、须沁华和课题负责人徐如人、丁莹茹、高滋、郑绳安、项寿鹤、林炳熊、梁娟、张盈珍（前排左7）等合影

多相催化反应动力学研究

1978～1980年她开展了多相催化反应动力学研究。对研制开发的催化剂进行催化动力学模型辨别和参数解析，借此探讨反应机理和活性中心本质。她很前卫地应用了大连化学物理研究所大型计算机，自编程序、自行上机。她所在课题组与研究室其他课题组一起，采用多种近代方法对研制开发的催化剂的研究工作，如"复杂反应网络动力学模型建立和参数解析"、"铂锡催化剂的结构和反应性能"等，获得了中国科学院科技进步奖二等奖、三等奖等多个奖项。

原位红外光谱和催化反应

1981～1983年她到联邦德国马普学会所属弗列兹-哈勃研究所做访问学者。她采用原位红外光谱和催化反应相结合的方法，进行在分子筛等催化剂上的反应机理的研究。研究结果发表在国际学术刊物上，并在1984年第8届国际催化大会及北美催化学术会议上做报告。她的工作得到外国同事们的赞赏，也引起国内同行很大兴趣。回国后，她继续在这个方向开展工作。1984年她在第2届全国催化大会做分会邀请报告。

分子筛骨架内外改性研究

1983 年以后，她和课题组及研究生继续分子筛催化研究。超稳 Y 型新型石油催化裂化催化剂的问世极其巨大经济效益，使人们注意到，不仅新型分子筛的合成和阳离子位改性具有巨大发展空间，某些成熟型号分子筛的骨架改性也存在巨大潜力。她着重系统进行了脱铝改性八面沸石制备、表征及催化性能研究；进行了杂原子沸石的二次合成的研究。在研究各种改性方法的基础上，力求了解其化学反应机理，了解共性和差异，测定其各种性能，以指导改性分子筛的开发利用。

高温水热处理法脱铝改性。对于 Y 型分子筛的超稳化改性过程，是由诸如 NH_4Y 分子筛分解，脱 NH_3，HY 水解，脱铝，铝的阳离子化，脱羟基，硅迁移等复杂过程所影响阳离子改性沸石的超稳化过程就更复杂。因此，在提高 Si/Al 比发生晶胞收缩提高稳定性的同时，产生了晶格空位和骨架外铝。分子筛的酸类型、酸量、酸强度也发生相应的变化，与 HY 相比较，B 酸总酸量有所下降，各类强度的酸量均有所下降；而强酸酸量下降幅度较小，L 酸大量产生是其另一特征。他们应用多种测定方法，观察或推测脱铝八面沸石的性质及其结构发生的变化。

用 $SiCl_4$ 气相同晶取代法，制取了晶胞参数 a_0 从 24.635（NaY 原料）直到 24.250、Si/Al 从 2.62（NaY 原料）直到 148 的结构完整的脱铝补硅八面沸石系列。对于完整系列的同晶取代八面沸石，详细考察其红外光谱的变化规律，除了人们普遍关注的羟基伸缩振动谱图和与吡啶作用谱图，还考察骨架振动谱图，获得晶胞参数 a_0 与四面体内反对称伸缩振动频率和外部联结对称伸缩振动频率之间很好的线性关系。

张盈珍对 $(NH_4)_2SiF_6$ 液相脱铝补硅法进行了系统研究。在此基础上进行了拓展研究。探讨了不同脱铝方法的化学原理的共性和差异，提出 $(NH_4)_2SiF_6$ 法骨架铝是在 H^+ 和 F^- 共同作用下分步脱除的反应机理。此法骨架铝的脱除率约为 70%，仍保持完整结晶度。其热稳定性随 Si/Al 比提高而增强，总 B 酸量随 Si/Al 比提高而减少，但强 B 酸在 Si/Al 比约 7 时达最大值,其所含 L 酸中心很少。在 $(NH_4)_2SiF_6$ 液相脱铝补硅基础上，进一步用高温水热法脱铝改性，这样的联合脱铝补硅法获得很好的结果，沸石晶胞参数 a_0 为 24.345，Si/Al 为 15.8，结晶度为 99%。

在上述研究基础上，张盈珍运用 XRD、XPS、XRF、IR、IR-吡啶、IR-烃类、TEM、DTA、Digisorb、微型反应等，系统地对比各种骨架改性八面沸石的性能，取得非常有价值的结果。在保证脱铝沸石结晶度前提下，用 $SiCl_4$ 气相同晶取代法的脱铝程度最高，$(NH_4)_2SiF_6$ 液相脱铝补硅法次之，高温水热法更次之，各种酸的化学脱铝法最低。某些沸石表面富 Al，某些表面富 Si。孔道结构测定表明，$(NH_4)_2SiF_6$ 和 $SiCl_4$ 脱铝补硅沸石仅在 40Å 左右出现极小峰值，高温水热法和酸处理改性沸石在 40Å 左右出现较大峰值，表明有大量中孔形成，对于深度脱铝沸石样品，在 60~200Å 出现大的宽峰带。不过 TEM 图像分析中，均未发现沸石晶粒间结构有变化。从 IR、IR-吡啶、IR-烃类谱图，获得了丰富的沸石脱铝改性制备化学信息、与反应性能密切相关的酸性信息以及烃类吸附反应结炭的信息。此外还进行了如指标反应等的测定和对比。

以上八面沸石骨架改性研究结果，仿佛在他们面前展开一张蓝图。可以根据所需要进行的反应特点，选取相应的改性沸石作为催化剂。对于重质原料的加工过程，高温水热处理超稳 Y 型分子筛催化剂就是他们一项较好的选择。

分子筛用于有机反应

1990 年前后，W. F. Hoderlich 等广泛进行了在分子筛催化剂上的有机反应，取得许多引人入胜的结果，引领人们关注这一新生长领域。张盈珍于 1991 年后开展了几项对国民经济较为重要的研究。撰写的论文《选择性合成甲胺催化剂的性质研究》被 1994 年第 10 届国际分子筛大会全文录取。

(1) 选择性合成二甲胺。据当时国际情况调查，甲胺被列为年产 15×10^4~150×10^4t 的第二类产品。张盈珍等在多种阳离子和水蒸气改性丝光沸石上，取得了选择性制造二甲胺极佳结果。一甲胺+二甲胺选择性大于 95%，二甲胺大于 70%，催化剂具有良好的稳定性。张盈珍采用多种近代研究方法以及原位（反应）红外光谱，阐明：分子筛结构、改性所产生的择形效应；改性分子筛的酸性，调变了对反应物吸附性能，从而也对产物选择性产生重要影响。张盈珍进一步研究了催化剂成型及成型催化剂的性能。研究结果受到关注，有关研究机构和生产厂家，都曾表示合作开发意向。

(2) 异丁醛重排为甲乙酮。异丁醛是一种供过于求的工业副产物。甲乙酮是一种重要的工业溶剂。从异丁醛制造甲乙酮无疑是一条极具吸引力的途径。张盈珍等制备的骨架无铝的硼硅分子筛 BZSM-5 催化剂，对异丁醛重排具有很高的活性和选择性，转化率接近 90%，甲乙酮选择性约 75%。BZSM-5 催化剂仅有弱酸中心，没有强酸中心，这是甲乙酮选择性高的决定性因素。磷酸硅铝系列分子筛中 SAPO-11 也具有相近的良好性能。进一步的阳离子改性、同晶取代催化剂的研究，为异丁醛重排反应做了积累，也丰富了沸石制备化学知识。

(3) 苯与丙烯液相烷基化反应。张盈珍等用我国南开大学等的 β 沸石制成催化剂，进行气固液三相（简称液相法）苯与丙烯液相烷基化反应，取得了很好的结果。在此基础上开展了失活催化剂上积炭的程序升温烧炭试验，以及积炭前驱物种的色谱-质谱研究。结果揭示了反应条件下,连续流动的液态苯将结炭前驱物种溶解并带出沸石孔道,从而有效改善了催化剂的稳定性。此研究属中法重大合作"环境催化"内容,研究结果受到好评。

1984～1992年担任分子筛催化研究室副主任

大连化学物理研究所于1984年进行了研究室和室主任的调整。张盈珍被任命为新设的酸碱催化研究室(即分子筛催化研究室)副主任(未设正主任)。大连化学物理研究所成立60多年来,担任研究室主任级别的女性,仅出现4名。这也算为她自己、为女科学工作者争了光。

据1990年统计,酸碱催化研究室共有科研人员64人,其中高级职称21人,中级职称28人,在读研究生10人。研究室设置6个题目组,主要从事新型分子筛催化剂及催化过程的研究。1984～1992年,该研究室总是一片欣欣向荣的景象。该研究室承担国家科委、国家自然科学基金委员会分子筛基础研究重大重点项目3个子课题;中国科学院"七五"炼厂气综合利用重大项目4个子课题;国家计委"八五"天然气(合成气)转化利用重大项目3个子课题。1984～1992年,该研究室获得中国科学院科技进步奖一等奖二等奖三等奖共10项,如1986年开始和抚顺炼油厂合作开发的催化裂化干气制乙苯,到1991年已完成1000t/a规模的中试而获得中国科学院科技进步奖一等奖(1993年已取得干气制乙苯3万t/a工业装置一次投产成功,1996年获中石化科技进步奖一等奖)。20世纪80年代开始的用改性ZSM-5分子筛进行的甲醇制作低碳烯烃的实验室研究,先后于1986年、1988年获中国科学院科技进步奖二等奖、三等奖(1996已完成以SAPO分子筛的流化床由甲醇制低碳烯烃中试,获中国科学院科技进步奖特等奖)。全室发表的众多论文中有2篇分别为1988年第9届国际催化会议和1994年第10届国际分子筛会议全文录取。

其间,全室培养硕士、博士研究生30余名。如今他们活跃于国内外知名高校、科研院所和企业,已成为社会的中坚。有中国工程院院士、著名大学学术带头人、院长、部门领导、教授、研究员、高级工程师等。

国际学术交流活动

张盈珍的逐步升级的4种不同形式的国际学术交流活动,反映和见证了我国在改革开放后,科学事业迅速发展并逐步与国际接轨的历史进程。她的《我的国际学术交流活动记录》一文,被收入于中国科学院纪念改革开放30周年文集《科学的春天》中,本书由方新等编著,科学出版社出版。

外语先行一步

1978 年我国实行改革开放，大连化学物理研究所迎来了越来越频繁的国际学术交流。最初，国外学者来访做学术报告是国际学术交流的主要形式。她参与接待、主持接待；1979 年 6 月开始第一次给美国西北大学著名教授 R. Turkevich 作 3 个报告的翻译，1984 年给日本北海道大学 H. Hattori 做最后的翻译。在改革开放初期，人们对国际交流的好奇、渴望和热情，是没有经历过那个时期的人所难以想象的。随后，学者来访逐渐成为科研工作中很普通的事，人们也逐渐有选择地参加会议，大连化学物理研究所逐渐淡化直至 1984 年后不再对外国学者的报告进行翻译。这标志着国际学术交流活动向国际化迈进了一步。

1979 年 6 月张存浩（左 4）、张盈珍（左 2）与美国西北大学著名教授 R. Turkevich（左 5）及夫人（左 3）合影

出国学术交流访问

1979 年 10 月她作为中国科学院妇女科学家代表团成员，到日本进行为期 16 天的学术交流。代表团共同访问了 6 所著名大学和 5 家著名研究所，受到十分规范而隆重的接待。代表团与日方的学术交流，则由于团员的专业方向各不相同，而由各人分别进行。张盈珍这次访日是大连化学物理研究所在改革开放后，多相催化领域出访日本第一人，单独参加了 12 个讲座，受到田丸谦二（东京大学理学院院长）、寺西士一郎（大阪大学基础工学部部长）等诸多教授的热情接待。这次出访，她们感到在我国自我封闭多年后，融入国际大家庭，置身于国际背景，肯定成绩、找出差距，对于发展科学事业是非常迫切而重要的。

1979年11月于日本妇人科学会馆合影

左7为张盈珍

1980年顾以健(前排左4)、楼南泉(前排右1)、张盈珍(后排右1)等与日本学术振兴会代表团合影

到国外做访问学者

在国家提出向西方先进发达国家学习的倡导下,1981~1982年她在联邦德国马普学会所属西柏林弗列茨-哈柏研究所(MPS-FHI)做访问学者。她最初是以德国洪堡基金访问学者家属身份出现,4个月后获FHI资助转变身份为FHI访问学者。她根据自己的专业基础和发展空间,选择在H. G. Karge的实验室工作。实验条件和实验环境非常优越。主要特点是采用红外光谱和催化反应相结合的原位方法,进行多相催化的研究。她的科研能力和道德情操,在当时对中国很不了解的外国人面前,展现了新中国科研工作者的良好形象。她把在国外的科研经历,结合到回国以后的科研工作中。

1981年12月联邦德国MPS-FHI所长H. Gerischer及夫人（右）邀请奥地利访问学者K. Doblhofer及夫人和李文钊（摄影）、张盈珍（中）在家中做客

张盈珍和H. G. Karge在实验室中

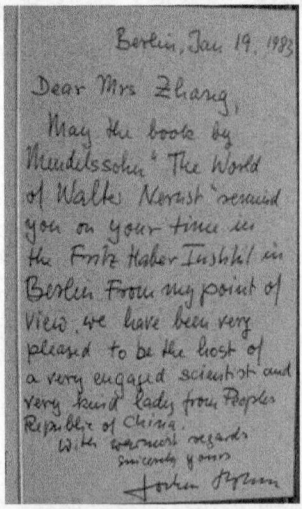

MPS-FHI副所长、研究室主任J. H. Block给张盈珍写的临别留言

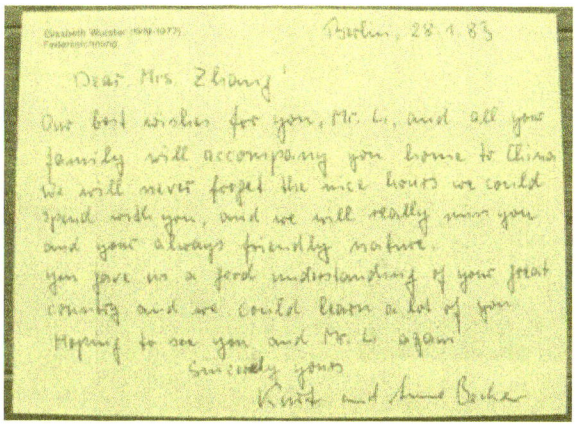

MPS-FHI 资深教授 Kurt Becker 给张盈珍写的临别留言

向国际合作研究升级

1988 年 11 月,为使我国与外国的学术交流向国际合作升级,酝酿和寻找可能的合作伙伴和课题,中国自然科学基金委员会化学学部首次派出代表团,赴联邦德国 DFG 和法国 CNRS 和比利时有关单位进行学术交流,张盈珍是成员之一。他们的访问,在法国科学研究中心(CNRS)引起热烈反响,并有效地酝酿了国际合作。此后双方催化界的知名科学家进行了多次磋商。1995 年中法(CAS-CNRS)首次催化合作项目"环境催化"(1995~1998 年)成立,她是中方协调人之一,项目的执行情况良好,获得双方领导机构和科学家的好评,为后来建立中法联合催化实验室奠定了基础。

1988 年 11 月中国国家自然科学基金委员会化学部代表团首次出国访问联邦德国波鸿大学
前排左 1 为张盈珍

1993 年中法双边催化会议上 M. Che、Macroix、D. Bathomeu、张盈珍交谈

1993 年张盈珍在第三届中法双边催化会议上做报告

1995 年 3 月在中法重大国际合作项目"环境催化"第一次工作会议期间,大连化学物理研究所张盈珍、李文钊等在法国 CNRS 化学部副主任 D. Olivier 教授(左 3)家里做客

图 片 集 锦

图片集锦 1 和年轻朋友在一起

1992 年和课题组部分同事和研究生合影。摄于大连老虎滩公园

左 4 为张盈珍

2014 年和李淑莲于家中合影

2015 年和黄世煜于大连棒槌岛合影

1997 年许章林赴日本后历年（未间断）给张盈珍的贺卡

2014 年王军和张盈珍、李文钊于家中合影

2012 年徐恒泳课题组联欢会合影

前排左 6 为张盈珍

2015 年谢鹏和张盈珍、李文钊及辛勤、杨学锋等于大连欣半岛酒店

图片集锦 2　回忆过去　祝福未来

2008 年与 60 年代同研究室同课题组的
部分同事合影

前排左 2 为张盈珍

2008 年与曾经同研究室同课题组的
部分女同事合影

右 5 为张盈珍

2012 张盈珍（右 1）和家庭成员于大连
唐风温泉

2012 年与 1976～1978 年航天催化剂研制
部分同事合影

前排左 1 为张盈珍

2015 年张盈珍和家庭成员于上海豫园

2015 年部分老科学家聚会家中

图片集锦3　不同时期留影

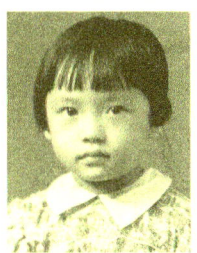

1939年

1946年

1956年

1962年

1967年

1967年

1990年

1993年

图片集锦 4 其他照片

1979 年 11 月岚山市日中友协组织 30 余人瞻仰周总理诗碑《雨中岚山》

后排左 6 为张盈珍

1991 年 4 月"分子筛和稀土催化剂的基础研究"国家自然科学基金重大项目结题验收会后，项目和子项目主持人与国家自然科学基金委员会有关领导及验收组全体成员合影

第二排左 4 为张盈珍

1991 年 10 月张盈珍在第四届全国分子筛学术会议上做大会报告

张盈珍当时所在的西柏林法拉第大街 16 号实验室的窗下

1995 年 3 月法国里昂催化研究所"环境催化"合作项目第一次工作会议

前排左 6 为张盈珍

2011 年清华大学百年校庆时化工系 1952 级校友在新立的清华百年碑石前合影

左 7 为张盈珍。当时正在清华大学校园采风的中央电视台记者们对他们进行了采访。在中央电视台清华大学百年专题节目中,播放了他们的合影、采访对话等内容

2011年4月24日庆祝清华大学建校100周年大会在人民大会堂隆重举行。张盈珍作为校友代表收到清华大学请柬并出席大会

2014年4月大连化学物理研究所部分老科学家聚会照片

前排右1为张盈珍

（张盈珍）

李 成 岳

李成岳，教授、博士生导师。1936年7月生于重庆市。1958年毕业于天津大学机械系化工机械与设备专业，曾先后在大学任教，在工厂和产业部门研究所从事技术工作，从1980年7月至今，在北京化工大学化学工程系从事教学与研究工作。1983年9月至1984年10月在加拿大滑铁卢大学化工系从事合作研究，任职访问研究助理教授。

现担任校学术委员会名誉主任、可控化学反应科学与技术基础教育部重点实验室催化反应技术研究室主任兼任中国化工学会理事，编辑工作委员会副主任，《化工学报》编委会执行主任和催化基础、化学工程和重质油加工三个国家重点实验室学术委员会委员。曾先后被授予化工部、北京市和全国"优秀教师"称号。历任国家自然科学基金委员会化工学科评审组专家、国家教委科技委化学部委员、北京市高校教师高级职称评审委员会委员暨化学学科组组长和首任北京化工大学化学工程与技术一级学科首席科学家。

自强不息的成长历程

李成岳，原籍四川省璧山县，1936年7月出生于重庆市。幼年适值艰苦的抗日战争时期，5岁入读迁建区（抗日战争迁移建设区）青木关小学。青木关是重庆市（当时国民政府的陪都）郊区一个山川灵秀的温泉小镇，又是成都到重庆的成渝公路必经的交通要冲，群山环抱，地势险要，因而云集了当时的国民政府教育部等重要的文化教育机关和中央音乐学院等大专院校，名家荟萃，文化气息十分浓厚。他自幼聪慧，又在这样一种特定的环境下接受了优良的早期教育，幼、少年时期即表现出良好的综合素质。

1954 年，他考入天津大学化工机械与设备专业，在一批名师的直接教育、影响下，逐渐认识到"学贵于思，业精于勤"的真谛，勤奋学习，刻苦钻研，养成了好学善思的良好习惯，培养了很强的独立工作能力，也为他日后广读博览、锐意进取、自强不息和终生奋斗奠定了良好基础。早在大学学习期间，他就针对低 Re 数下孔板流量计的计算、化工设备支耳计算和外压薄壁容器稳定性计算等提出了比传统试差法简便得多的改进计算方法，得到余国琮、邱宣怀和刘豹等著名教授的称赞。

1958 年大学毕业时，正值我国第一台电子管计算机诞生不久，他从一本由苏联著名科学家撰写的《数学——它的内容方法和意义》中看到一个重要观点：任何问题，只要能够转化为有限次四则运算和/或逻辑运算，理论上都可以利用电子计算机这一强有力的工具来解决。这一观点对他震撼很大，也开始意识到电子计算机的问世将逐渐改变所有学科的研究方法，于是便自觉地、积极地更新知识，改善知识结构，逐步自学了常微分方程、数学物理方程、场论、线性代数、复变函数、变分原理、数学物理的直接方法和计算数学等许多应用数学书籍，并且做了大量练习。与此同时，还系统地研读了理科大学的物理化学、流体力学和分子物理学等教材。长期自觉的勤学苦练，为他后来能够与时俱进、锐意进取并始终保持学术活力打下了坚实的理论基础。

1961 年，他看到一篇介绍第一届欧洲化学反应工程论坛的文章，始知在化学工程领域刚刚诞生了一门新兴的学科——化学反应工程学，开始意识到这实际上是化学工程学的核心分支，是此前在理论上还未系统化的新兴学科。当时，国内知道这一学科名称的人还极少，在大学更没有开设相关的课程。出于对新学科的敏感，他由此走上了系统自学、研究当时尚很陌生的化学反应工程这一新学科的道路，即使在"文化大革命"下放劳动期间也未间断。早在 20 世纪 60 年代中期，他就利用常微分方程理论方面的数学知识，撰写了自己在催化反应工程领域的第一篇论文《进行复杂一级反应的非等温管式反应器的计算》，将管式反应器逐段拟线性化，然后利用线性常微分方程组的拉普拉斯解法得到逐段公式化解，进而建立了利用手工逐段计算管式反应器轴向温度、浓度分布的方法。由于当时电子计算机在国内还不普及，这一方法受到一些反应器设计人员的欢迎。至 20 世纪 80 年代初，他已经系统地读过当时国内能够找到的、反应工程方面几乎所有的中、外文专著和大量原始文献，特别是深入研读了化学反应器非线性特性分析方面的英文与俄文专著各一部，积累了读书笔记 30 多册。正因为如此，他才有可能在"文化大革命"刚刚结束的 1977 年就发表了当时曾引起一些权威学者惊异和关注的《化学反应器的稳定性问题》的连载论文。

与时俱进,在学科前沿探索前进

几经周折,李成岳终于于1980年调入北京化工大学,有了全力以赴从事他所热爱的化工科技事业的机会。1983~1984年他赴加拿大滑铁卢大学访问研究一年,由此开始了对催化反应工程学科的系统研究。由于学校原有研究基础较薄弱,加之化学反应工程作为相对年轻的分支科学在国际上发展非常迅速,在相当长一段时间内他仍然处在跟踪学科前沿、不断探索前进和为学科建设的各个方面打基础的状态。经过多年持续的努力,在2007年退休时,他所领导的团队已经在化学反应过程强化和绿色化学技术这两个前沿领域形成了鲜明的研究特色,取得了一系列重要成果。

1983~1984年在加拿大滑铁卢大学图书馆

利用动态操作强化催化反应过程

通常认为,化工设备在最优定常状态下操作能够达到化工过程最好的性能。但是事实上早就发现,使化工设备在强制动态条件下操作,反而能够取得比最优定态更好的性能,达到过程强化的目的。从20世纪80年代开始,他通过合成氨和丁烷选择氧化制顺酐两个体系，对催化反应器周期性地改变进料组成以改善时均反应速率或时均选择性的动态操作原理进行了系统研究，揭示了一般规律，发展了定量描述方法，并进行了成功的实验验证。

氢和氮按照 3∶1 的计量比合成氨，但 20 世纪 80 年代初发现，人为地、周期性地在 4∶1 与 2∶1 之间改变氢氮比，合成氨的时间平均速率可以比氢氮比为 3 的定常态操作提高 20%。针对这一现象，他提出在动态操作条件下氮原子在催化剂体相存储并在表面与体相间扩散的概念，发展了相应的非线性动态学模型，成功地表达和解释了定态动力学、动态响应和强制动态操作特性的实验结果，这一成果为同一领域学者普遍引用，这一领域的权威学者 P. L. Silveston 在其专著中做了高度评价，并且引申地认为可以利用强制动态操作模型模拟的方法作为催化反应机理识别的有效手段。

针对丁烷选择氧化制顺酐，他提出以变价金属复合氧化物为催化剂的烃类选择氧化反应也可以仿照动态合成氨的处理办法，将催化循环各步骤在时间坐标上分段实施和调控，以达到提高时均选择性的目的。李成岳按此构思进行了反应器动态操作实验，证明顺酐产率可比定态操作提高将近 11%。李成岳进而借助 TG、FTIR 和 GC-MS 等手段开展了动态动力学研究，发现了在动态操作条件下晶格氧在催化剂体相与表面间可逆扩散的证据和速控步骤。在此基础上建立的动态模型能够很好地同时预测定态特性、动态响应和动态操作时均性能。有关论文发表在 *AIChE Journal* 等化工学科顶级刊物上并在美国第四届绿色化学与工程年会上宣读。

利用反应/传递耦合强化催化反应过程

他领导的研究小组对于化工过程强化另一个重要的前沿领域——反应/传递耦合，特别是以低浓度 SO_2 催化转化、含挥发性有机物的工业废气净化、煤矿通风气中低浓度甲烷的有效利用等有重要实际应用价值的体系作为模型反应，对催化反应与气/固传热直接耦合的流向变换反应技术进行了长期的、系统的研究，发表了大量有价值的论文，有些技术已经实现了工业化。此外，配合中国石化北京石油化工科学研究院闵恩泽领导的技术创新，李成岳在催化反应与传质分离直接耦合的悬浮催化蒸馏的应用基础研究方面也发表了一系列学术论文。

利用结构化催化剂强化催化反应过程

将载体做成规整填料的样式，然后负载催化活性成分的一种新型催化剂称为结构化催化剂。它具有流体阻力小、传质性能好、床层局部孔隙率均匀和易于放大等一系列优点，是一种重要的过程强化新技术。他提出了将甲烷重整制合成气（强吸热）与低浓度甲烷催化燃烧（强放热）经过套管反应器直接耦合，从而显著提高资源、能量和流程集成度的构想。通过计算模拟、催化剂制备-结构-性能关系和强放热/强吸热反应直接耦合研究，证明结构化金属载体催化剂的径向导热能力远大于传统催化剂固定床，将强放热与强吸热催化反应直接耦合的构思是可行的。这一技术一旦开发成功，将具有很大的经济社会效益。

严谨求实，教书育人

近年来，李成岳先后讲授过"化学反应器理论"、"化学工程中的数学方法"和"现代化学工程进展"等课程，此外还经常为刚入学的本科新生上"第一课"。已先后培养了二十名博士研究生、数十名硕士研究生。他一向热爱、关心学生，积极资助优秀、贫困学生，平等地、推心置腹地与学生谈心，这些学生往往在离校甚至多年后还通过写信、来访对他表达由衷的感激。此外，他关心校内外青年人才成长，许多青年人才在成长过程中都得到过他无私的帮助和重要支持，因而在化工学术界受到普遍赞扬。鉴于他突出的业绩，曾于1987年、1993年和2001年分别获得化工部、北京市和全国"优秀教师"称号。

近年来，他先后承担973计划项目课题2项，863项目课题1项，国家自然科学基金重大项目课题1项、重点项目课题2项，其他项目若干项。先后获国家优秀教学成果奖一等奖1项，国家科技进步奖二等奖1项，省部级科技进步一等奖2项，中国高校自然科学奖一、二等奖各1项，其他省、部级科技奖励3项。申请发明专利17项，至2007年底已授权9项。在国内外发表研究论文共计近300篇；SCI、EI和ISTP收录185篇次，被引用频次3655，高引用论文117篇。出版译著1部，主编出版国际会议论文集1部，合作主编学术专著1部，合作主编国家"面向21世纪课程教材"1部。此外，从1990年起，先后参加国家自然科学基金委员会、国家教委科技委和国家科技部组织的化工学科发展战略、发展规划研究，并执笔撰写了3个报告。他曾任中国化工学会编辑工作委员会副主任，国家自然科学基金委员会化工学科评委，国家教委科技委化工学科组成员，北京市高等学校教师高级职称评审委员会委员，北京化工大学学术委员会副主任、名誉主任，北京化工大学化学工程与技术一级学科首任首席科学家。兼任催化基础国家重点实验室、化学工程联合国家重点实验室和重质油加工国家重点实验室学术委员会委员。

李成岳在国家自然科学基金委员会召开的化工学科发展战略研讨会上

参加催化基础国家重点实验室学术委员会第三届学术委员会第一次会议

他长期担任《化工学报》编委会编委、副主任和执行主任，在汪家鼎等指导下，为提高学报的学术水平和稿件的整体质量付出了辛勤劳动，做出了重要贡献。在此期间，也显示出他坚实的化学工程学科理论基础和严谨求实的学风。鉴于他的这一贡献，2013年，中国化工学会特授予他《化工学报》创刊九十周年杰出贡献奖。

图 片 集 锦

1998 年访问日本东京理科大学时与日本教授合影

1998 年在俄罗斯圣彼得堡参加动态催化国际会议期间与 Silveston 和肖文德在一起

2000 年,闵恩泽领导的"环境友好石油化工催化化学与化学反应工程"项目组访美期间访问特拉华大学化工系

和工业催化与反应器研究室青年教师讨论问题

参加中国科学院郭慕孙院士博士研究生许光文学位论文答辩

《中国化工学报》创刊九十周年杰出贡献奖颁奖仪式（2013年9月，南京）

（李成岳）

伏 义 路

伏义路，汉族，1936年12月出生，江苏省徐州市人，1958年毕业于北京大学化学系，任职于中国科学技术大学化学物理系，中共党员，教授，博士生导师，享受国务院政府特殊津贴。先后讲授物理化学、化学热力学与统计热力学、催化表面化学物理等课程，合著《物理化学》、《化学热力学与统计热力学基础》等三部书，培养硕士和博士研究生近30名。曾先后兼任中国化学会催化专业委员会委员，《化学通报》、《物理化学学报》、《催化学报》、《燃料化学学报》杂志编委，《分子催化》编委及副主编，现为中国化学会催化顾问委员会委员。

催 化 研 究

伏义路从事有关碳一化学与大气环境保护方面的多相催化与表面科学研究。先后在国际、国内学术刊物上发表论文二百余篇，授权发明专利一项。具体研究内容有：

催化剂上的氧化还原反应机制及环境催化的应用研究

（1）伏义路对含稀土复合氧化物催化剂的晶体结构、电导性能、表面吸附氧物种、储氧性、热稳定性等进行了系统的研究。

（2）深入研究了微量贵金属和过渡金属氧化物间催化氧化和还原活性增强作用和溢流效应，研究了外加磁场对氧吸附和反应的影响。

（3）研究了过渡金属-分子筛催化剂上一氧化氮的分解和甲烷选择性还原一氧化氮反应性能。

（4）汽车尾气中一氧化碳和烃类完全氧化和在富氧条件下选择性还原氮氧化物作用规律和机制，以及抗烧结和抗硫中毒性能的研究。

（5）成功开发了具有高热稳定性和高活性的低贵金属三效汽车排气净化催化剂，先后在山东临沂和上海等地进行中试，并获得国家环保认定证书。

（6）参加国家经贸委技术创新项目："关于催化降温法同时降低卷烟烟气中焦油和一氧化碳的研究"。

有关碳一化学研究

（1）研究了镍基及钼基催化剂的表面特性、吸附性能及变换-甲烷化反应规律和反应机理。

（2）对于钼基催化剂上合成低碳混合醇反应，详细研究了硫化态、还原态、不同助剂和载体、纳米粒子等不同方法制备的催化剂上合成醇的生成规律及抗硫机理，以及催化剂的表面微观结构特征。

（3）研究了镍基催化剂上甲烷-二氧化碳重整反应制合成气及表面积碳规律，并和催化剂的表面结构相关联。

（4）在国内较早运用原位低温红外光谱、X射线吸收精细结构、激光拉曼光谱等技术，对各类催化剂进行了结构和表面状态研究。伏义路、赵丰刚、林培琰等的"探针分子吸附的低温红外光谱表征氧化物，硫化物催化剂"获安徽省高校科技进步奖一等奖。

国际合作交流

1984年10月至1986年2月伏义路访问慕尼黑大学Knozinger研究室，合作研究贵金属催化剂表面吸附体的结构和性能。

伏义路参加中国科技大学-东京大学合作项目（1982~1992年）和中-日重点大学群合作项目（1993~2002年），于1992年及1995年两次访问东京大学藤元熏研究室，进行甲烷氧化偶联反应及合成低碳混合醇反应的合作研究。

1997年取得"福特-中国研究与发展基金"项目，课题为"三效稀土排气净化催化剂及涂层研究"，1998年7月赴美访问和考察了福特汽车公司相关实验室。

2003年8月访问日本富山大学椿范立研究室，进行催化剂上低温甲醇合成课题的合作研究。

2003 年访问日本富山大学

中国科技大学催化与表面科学研究的发展概况

1972 年，中国科学技术大学近代化学系建立了多相催化研究组，由王其武、林培琰、戎晶芳等组织开展稀土复合氧化物催化剂研究。1980 年"稀土汽车排气净化催化剂"课题获中国科学院重大科技进步奖三等奖。

1984 年，建立表面催化研究室，开展了环境催化与碳一化学等多个课题的研究工作，先后取得了一些重要的科研成果，包括林培琰、王明、单绍纯、黄敏明、戎晶芳、俞寿明等的"非贵金属汽车排气净化催化剂"课题获中国科学院科技进步奖三等奖，孙汉芳、庄书贤、屠兢等的"煤气低压耐硫甲烷化催化剂研究"获建设部科技进步奖二等奖，范崇政等的"铜锡合金表面能级结构和性能研究"获国家教委科技进步奖三等奖，并有数十篇论文获省部级优秀论文奖。

20 世纪 90 年代末，朱清时在国内大力倡导绿色化学研究，作为会议主席连续举办了九届国际绿色化学高级研讨会，建立了安徽省生物质洁净能源重点实验室。2002 年以来，李全新研究团队在生物质能源化工应用基础研究方面承担和完成了中国科学院"百人计划项目"、科技部 863 项目"可再生的生物质资源制氢技术研究和开发"、科技部 973 计划项目课题"生物油重整制氢反应机理和基本规律研究"，973 计划项目课题"车用及航空生物燃料的合成机理研究"等，取得一批创新研究成果。一项成果获得国家科技进步奖二等奖。在国内外学术刊物上发表论文百余篇，申请国际发明专利 1 项、国内发明专利 10 项。

2004 年黄伟新获中国科学院"百人计划"资助，建立表面化学与纳米催化研究组,其后汪文栋和马运生先后加入,以该研究组为主体的"多相催化体系的结构-性能关系:实验和理论"研究集体获批为教育部创新团队,同时黄伟新担任国际表面科学和多相催化主流期刊 *Applied Surface Science* 的 Editor 和 *Catalysis Letters*、*Topics in Catalysis* 的编委会委员。

2012年、2013年中国科学技术大学表面化学与多相催化研究队伍又新增加了中组部青年"千人计划"入选者路军岭和邵翔。

图片集锦

1999年赴香港中文大学参加学术会议及访问

2006年伏义路、林培琰从教48周年时和部分在校及返校学生合影

2011年伏义路、林培琰的部分学生和黄伟新（后排右3）研究室、李全新（前排右2）研究室部分老师合影

1986年御园生诚（右1）来访

1987年富永博夫（右3）来访

1995 年 Knozinger 来访

（伏义路）

金　子　林

金子林，大连理工大学精细化工国家重点实验室教授，博士生导师。1936年出生，江苏苏州市人。1957年毕业于大连工学院化工系本科，后留校工作。1963～1967年留学德国德累斯顿工业大学（TU Dresden），1979～1981年在德国亚琛工业大学（TH Aachen）做访问学者，1981年获该校博士学位。曾任大连理工大学化工学院副院长、化工研究所所长，获国务院政府特殊津贴。

金子林长期从事 C_1 化工及绿色催化过程研究，主要研究领域是均相络合催化、精细化学品清洁生产工艺。在水/有机两相催化领域，他发现并提出了"温控相转移催化"概念，为从根本上克服水/有机两相催化应用范围受底物水溶性限制的问题开创了一条新途径，赢得国内外同行的高度评价。

1990年以来，共发表学术论文200余篇，参与编写国际出版专著9部、国内专著5部，出版译著2部，获中国专利6项，培养博士研究生20余名。获教育部自然科学奖一等奖、科技进步奖一等奖各一项，教育部科技进步奖二等奖和辽宁省自然科学奖二等奖各一项，教育部科技进步奖三等奖一项。为我国催化研究跻身国际一流做出了一定的贡献。

我于1936年生于江苏省苏州市，中学就读于美国基督教圣公会创办的苏州市桃坞中学（现苏州市第四中学），是当时为数不多的建有化学实验室的中学。最早引起我对化学兴趣的，是对酸碱滴定指示剂变色的好奇。1953年高中毕业时，我得知大连工学院（现大连理工大学）在全国首办合成橡胶专业。尽管在一个南方学生的心目中，大连是遥远和陌生的地方，但时值朝鲜战争时期，我也略知橡胶是我国稀缺的军事战略物资，朦胧的爱国之心使我将大连工学院合成橡胶专业选作高考的第一志愿。

1957年毕业时，我想去当时苏联援建的156项工程之一兰州合成橡胶厂工作的愿望未能实现，而是服从分配留校当了合成橡胶专业教研室的助教，上岗不足三个月，当年11月被下放到金县亮甲店镇高峰合作社当了农民，亲历了喂猪、捡粪、沤肥、播种玉米、花生等农活和全心投入人民公社、大办钢铁等政治大潮中。1958年9月我和同班同学王战儒一起，去公社创办以玉米棒为原料生产糠醛的化工厂工作，但付出了鲜血和生命的代价：在试车当天发生爆炸，王战儒身亡，我则严重烧伤。然而，这一年的农村经历也成为我一生中最宝贵的财富。

值得庆幸的是，一度失明的双目和大面积的烧伤没有留下严重的后遗症。1960年春我又重返学校，继续从事教学和研究工作，参与的第一项研究任务是丁基橡胶的研发。在这一代号为"旅六"的军工项目研发中我受到了从实验室到中试开发的全面锻炼。1963年10月，受国家派遣我赴民主德国留学，当时正值反修斗争高潮，与苏联、东欧国家的关系相当紧张，但文教方面还象征性地保持最低限度的交往。那年，只有我和上海生物化学研究所的黄世楷去了民主德国，到德国德累斯顿工业大学（TU Dresden）有机化学研究所攻博，在R. Mayer指导下从事有机硫化学的研究。

1965年在德累斯顿易北河旁

不到三年时间，论文顺利完成。就在等待答辩期间，即1966年秋，国内开始了"文化大革命"，并且波及留学生，大家纷纷要求终止学业，回国参加"文化大革命"运动，1967年初党中央决定召回派往世界各地的全部留学生。当导师知道我马上回国的消息时说："我在一周内破例为你安排论文答辩，你也无须准备，不会因一小时的答辩否定你三年的成绩"，但我还是决定放弃答辩，于 1967 年 2 月回国。

1969 年秋我被借调参与为拍样板戏研制彩色胶片的大会战，一直至 1977 年初粉碎"四人帮"后不久重返学校，投入到由周科衍领导的化工部重大科研攻关项目——异戊异丁烷基铝的研制，为辽阳化纤公司引进乙烯项目提供一种催化剂所需的组分。当时是采取大兵团作战的形式，从实验室小试到模试，直至为辽化生产装置提供工艺包并实现工业生产。这一研究成果在 1978 年的省科技大会上获得科技进步奖三等奖。

拨乱反正后的中国大地迎来了改革开放的新时期，1979 年 2 月，我作为改革开放第一批访问学者被派往联邦德国，同机出发的是由全国各地选拔的 50 多人组成的大队伍。亚琛工业大学（TH Aachen）成为我第二次留学的所在地，当时我选择均相络合催化为研究方向。从此，我在真正意义上与"催化"结下终身之缘。

我的导师是亚琛工业大学工业和石油化学研究所的 B. Fell，他是一位在羰基合成化学方面很有造诣的学者。在第一次见面讨论具体研究课题时，他突然向我提出做博士论文的建议，他说，鉴于我的经历和德语水平，在两年内完成学术论文肯定没有问题，就这样，在征得我驻德使馆的同意后，我又第二次攻读博士学位。博士论文的题目是"羰基钴/吡啶配合物催化的不饱和酸及酯的氢羧化反应"。我于 1981 年 5 月通过答辩，成为当时在亚琛工业大学数十位中国留学生中第二个拿到博士学位的人。

1981 年博士答辩后接受同伴祝贺

左为导师 B. Fell

在亚琛工业大学期间，刻苦的工作精神和出色的研究成果，不但赢得了研究所同事们的尊重，也为日后我校和该所的长期合作研究关系奠定了基础，就在学成回国前不久，该所所长 W. Keim 主动提出共同申请大众汽车厂设置的"支持发展中国家科技事业基金"的建议并于 1982 年顺利通过审批立项，这是我国历史上首次获得该基金资助的研究课题，共得到十二万马克的资助，这为我回国后建立均相催化实验室提供了资金保证，也是两校间开展实质性合作研究迈出的第一步，继而不断发展延续至今。其间，仅我所在有机化学教研室，派往亚琛工大工业和石油化学研究所进修、攻博和合作研究的累计有 10 多人，其中有 6 人获博士学位。对方有 W. Keim，B. Fell，W. Leitner，H. Bönnemann 等 6 名教授前来讲学，1 名博士生在这里做论文工作，1987 年 W. Keim 被授予我校名誉教授。

1981 年 8 月我回国后，经两年的努力，建成了当时属国内一流的高压实验室，继续从事以羰基合成为主的 C_1 化学与化工研究，先后开展了高碳烯烃氢甲酰化与氢酯化，氯苄羰化和卤代烃双羰化反应等研究，在"氯苄羰化一步合成苯乙酸"的研究中取得工业应用的突破，获得国家教委科技进步奖一等奖（1994 年）。同时，又基于我校在精细化工方面全国领先的背景，开拓了以环氧乙烷化学为主的精细化学品合成的研究方向，以轻工部"七五"攻关项目"窄分布乙氧基化催化剂的研究"为依托，先后开发了多个窄分布催化剂，并在辽阳、上海、无锡等地的非离子表面活性剂生产装置中获得应用，其中在辽阳实施的"壬基酚聚氧乙烯醚（NP-10）合成新技术"获国家教委科技进步奖三等奖（1993 年）。

应该说，我在 1981 年回国至 90 年代初的十余年中，科研工作以应用研究为主。1993 年，我被国务院学位委员会授予博士生导师资格，促使将研究重点转向基础和应用研究。我瞄准当时刚掀起的"绿色化学"大背景，结合已有的研究基础，将研究方向定位在"液/液两相催化与均相催化剂的环境友好分离过程"。我在已有环氧乙烷化学与非离子表面活性剂及羰基合成和 C_1 化工两个领域的研究积累中找到了切入点，通过学科交叉提出了将非离子表面活性剂浊点的概念引入膦配体的结构设计，并进而实现水/有机两相温控相转移催化的构想。要特别感谢的是，闵恩泽为推进这一构想成功实施提供了机遇，他当时正筹划一项由国家自然科学基金委员会与中石化总公司共同资助的"九五"重大项目"环境友好石油化工催化化学与化学工程"。我在已经接近尾声的时候得知此事，并最终经闵恩泽推荐，将"温控相转移催化的水/有机两相高碳烯烃氢甲酰化"列为子课题。经 4 年努力，本课题在 2001 年国家自然科学基金委员会的"九五"重大项目结题验收会上被评为"特优"，结论是"国际领先的原创性成果"。

"温控相转移催化"概念的建立，为彻底解决"水/有机两相体系应用范围受底物水溶性限制"的问题开创了一条新途径，引起了国内外同行的高度关注。水/有机两相催化创始人，德国 Hoechest 公司研发部主任 B. Cornils 在 *Angew. Chem., Int. Ed.*（1995, 34（15）：1575）的 Highlight 栏目中赞誉温控相转移催化"必将成为一个有望实现工业应用的途径",英国著名教授 Cole-Hamilton 在 *Science* (2003,299(5613):1702)上专文评述均相催化进展时,对温控相转移催化做了大幅介绍。我应邀在第十一届全国催化学术会议及第二届 Green Solvents for Synthesis 做大会报告。"温控相转移催化"概念已作为词条收入已出版的催化百科全书 *Catalysis from A to Z* 中,并应邀在1998、2004年出版的 *Aqueous Phase Organometallic Catalysis* 和 *Multiphase Homogeneous Catalysis* 等六册中外专著中撰写专章。该项目获教育部自然科学奖一等奖(2003)和二等奖(1998)各一项,辽宁省自然科学奖二等奖一项(2001)。

在我的职业生涯中,有十年(1983~1993年)肩负双担,任大连理工大学化工学院副院长和化工研究所所长。1993年后,我作为精细化工国家重点实验室的一员,有了潜心做学问的时间和指导博士生的资格,可以说从此进入了研究生涯的顶峰时期。其根本原因,还是得益于改革开放进一步深化的大环境。

图 片 集 锦

1996年在办公室留影

1998年闵恩泽来实验室参观指导

2010 年留影

（金子林）

吴 迪 镛

  吴迪镛，1960年毕业于中国石油大学人造石油专业，同年9月被保送到中国科学院大连石油研究所攻读副博士研究生，师从姜炳南进行反应动力学研究，毕业后留所工作，直到2002年退休。

  几十年来吴迪镛从事催化反应工程的基础和应用开发研究，得到姜炳南、朱葆琳、张元琪、袁权等指导和帮助，与黄炳堃、周忠振、吕永安、傅桂芝、刘淑芬以及年轻同事王树东、娄肖杰等合作，与近百位同仁及学生共同涉足能源、环境、石油化工中各种催化反应工程问题的研究，先后申报专利30多项，20多项催化剂用于生产，培养博士生、硕士生20多名，获国家科技发明奖二等奖、三等奖各1项、自然科学奖三等奖1项、省部委奖励10多项。获国家优秀专利奖2项、中国科学院特殊贡献教师等奖励，享受国务院政府特殊津贴。

颗粒催化剂工程设计，活性非均布催化剂制备及其工业应用

  颗粒催化剂工程设计的目标是针对不同类型反应的热力学和动力学特征，设计最佳的催化剂活性分布，以提高催化剂的有效系数，从而提高催化剂活性和选择性以及催化组分有效利用率。在这些方面的工作，以下列三方面成果为例进行介绍：

乙烯选择性脱炔催化剂的研究和开发

  该催化剂Pd为蛋壳型分布，很好地解决了在炔烃得到高精度脱除的同时，使

乙烯损失率由均布催化剂的 3%下降到 0%；Pd 有效利用率提高，用量降低 40%，该催化剂八十年代初获得中国科学院科技进步奖二等奖，得到了工业应用并申请了专利，与此同时，开创了独特的蛋壳催化剂生产制备工艺。现已用此工艺开发了近十种不同用途的蛋壳催化剂。

活性非均布甲烷化催化剂研究和开发

这是一项国家"六五"攻关的项目。经过催化剂工程设计、模型催化剂研究，在水煤气的 H_2/CO 远小于 3 的条件下，在精心设计的模型活性非均布甲烷化催化剂上，一举解决了结炭、飞温两大难题，单程 CO 转化率接近 100%，随后的工业活性非均布甲烷化催化剂制备开发，不仅达到了工业催化剂各项指标，而且与模型催化剂性能一致，以此催化剂在中国建立了 10 座水煤气生产城市煤气的工厂。此项目获中国科学院发明奖一等奖、国家发明奖三等奖和优秀专利奖，相关理论研究获国家自然科学奖三等奖。其后又开发了一氧化碳加水甲烷化、弛放气 CO_2 甲烷化、焦炉气甲烷化和大型煤制气高温甲烷化等系列甲烷化催化剂及工艺以满足市场多方面的需求。

1987 年甲烷化技术成果鉴定会

催化组分相互作用——活性非均布耦合催化剂研发

CO 是贵金属催化剂毒物，如何解决 CO 气在不歧化条件下脱氧、脱氢等问题，一直困扰着催化科学工作者。1995 年，我们急工业生产所急，以无脱氧催化活性的第二、第三组分与贵金属协同抗 CO 中毒，大大提高贵金属抗 CO 中毒的能力。

在此催化剂上，贵金属仍是非均布，而第二、第三组分则可选用均布或非均布。从此我们有了可用于高浓 CO 和含 CO 合成气在远离 CO 歧化温度下使用的脱氧剂，至今已在工业中用了 13 年，使用寿命达 4 年以上，受到用户好评，且现已全面推广。此项发明获辽宁省发明奖二等奖。

随之在活性组分相互作用和颗粒催化剂工程设计二种学术概念结合基础上，又开发成功 CO 中脱氢剂和 CO 中脱氧、脱氢一体化催化剂，新型高活性 CO 气常温脱 O_2 剂等；以相似的科学概念研发的不用预硫化的高选择性耐硫甲烷化催化剂，在与国外同类催化剂擂台赛中取得了优胜。

系列低碳工业脱硫剂研究与开发

煤制合成气、石油气、天然气含有不同类型硫化物，它们是各种深加工催化剂的毒物，随着技术进步，脱硫精度要求已达到 ppb（ppb 为 10^{-9}）级，而经典脱硫技术多数情况下一种方法只能脱除一种硫化物，还易造成二次污染。为了解决多种硫化物深度净化，降低能耗和成本，获得能耗和成本更低的低碳脱硫方法，我们经过近 20 年研发，开发成功系列低碳常温催化氧化脱硫技术，使多种硫化物可一体化催化氧化脱除，使净化流程更短、成本更低。主要脱硫剂有以下几种。

1994 年第一套脱硫装置在长庆 81# 井运行成功

高硫容 3018 干法脱硫剂

2000年我随所长袁权去油田,当了解到我国还没有适合野外使用天然气脱硫剂时,我们开始了催化氧化脱硫技术的研究。在3018高硫容干法脱硫剂中,我们添加了没有催化作用的传质促进剂,大大提高了催化氧化脱硫的反应速率和硫容,开发成功的这种脱硫剂其干基工作硫容达到70%,当年就进行了现场工业试用,该脱硫剂能使 H_2S 选择性氧化为单质S,储存在脱硫剂中,有效地防止了硫化物二次污染,而且在 0~40℃常温下均可使用,基本没有能耗,是绿色的低碳脱硫剂,完全满足野外使用各项要求,同时完成产业化并获大规模使用。该项目2001年获国家发明奖二等奖和优秀发明专利奖。

一步法催化氧化脱除羰基硫脱硫剂

羰基硫通常采用先催化水解成 H_2S 再脱除 H_2S 的方法脱除,为了防止单质硫对水解催化剂中毒,对硫化氢、氧、水以及COS入口浓度均有严格限制,以致形成复杂的"夹心饼"工艺。在一步法COS脱硫剂研制中将脱硫剂设计成多反应过程一体化"反应器",使COS一步选择性氧化成单质硫。而且该脱硫催化剂不受 O_2、H_2S、COS浓度的影响,且工作硫容在相应条件下达到30%。本项目已工业化,并实现了 H_2S 与COS同时脱除,比"夹心饼"工艺明显简化,成为低碳脱除羰基硫的新技术。

多种有机硫、无机硫同时脱除脱硫剂

2005年后,我与普瑞特公司的同事们一起针对硫化氢、硫醇、硫醚同时存在及硫化氢、硫醇、羰基硫同时存在的具体工业工况,又发明了两种新型的常温一步脱除多种硫化物的催化氧化脱硫剂。现已分别申请中国专利,并已产业化。其流程缩短了一个脱硫塔,操作方便。至此我的低碳脱硫剂开发已取得四项发明专利。目前我正致力于工业应用推广,使工业气源的脱硫工艺变得更方便、更节能。

催化反应器成功事例

有效提高催化剂的利用率,除了催化剂本身组分设计、活性分布设计,有效

2008 年普瑞特公司获大连化学物理研究所产业贡献奖

地将热力学、动力学、传质、传热诸反应过程良好优化外，同样重要的是与催化剂相适应的反应器及工艺设计开发。

同心圆水净化反应器

在 20 世纪 70 年代初，H_2-O_2 燃料电池水净化装置要求将水中含有的细菌、有机物以及气泡 H_2 和水溶 H_2 一并净化，满足航天员饮用水的要求，同时还要能满足失重冲击、发射振动、昼夜高达 80℃ 交替温差的环境要求，还要求质量小、体积小。为此我设计了同心圆反应器，将三种吸附剂、过滤材料按要求做了最优安排，筛选了抗腐蚀、传热系数低、质轻无毒的反应器材料。将三个反应器合为一个，使吸附、吸收、反应、传质、传热、抗震、体积及质量得到最佳安排，圆满完成了攻关任务。

脱 H_2、耗 H_2 的钯膜耦合反应器

80 年代，在国家自然科学基金重大项目无机膜技术的研究中，我组承担无机钯膜制备、无机膜反应器研制和实验室中试的任务，在完成超薄钯膜陶瓷管制备、金属与无机材料耐温粘接后，最艰难的是脱 H_2 和耗 H_2 耦合反应器设计。该反应器要满足乙苯脱 H_2 反应、膜透 H_2 和 N_2 中脱 O_2（即消 H_2 反应）三个不同过程在同一个膜反应器中同一温度下实现，还要解决一定的耐压、密封、载荷的设计问题，在膜的两侧要各有一个催化反应器。经过精心规划，反复试验，最后我们全面地完成了这一任务。

部分获奖及专利证书

导热油沸腾排热甲烷化反应器

八十年代，针对水煤气甲烷化生产城市煤气工艺的开发，我们从催化剂工程设计中解决结炭和飞温的两大难题后，第三个难题是强放热反应的排热问题，如果采用高压水沸腾排热反应器，压力很高，当时在国内加工不仅造价高，而且难度大。我们利用工业上用于液相导热的导热油沸点高、蒸气压低的特点，用于甲烷化反应器沸腾排热，使反应器两侧压差少于 0.6MPa，一举解决制造难、成本高的问题，满足强放热反应排热要求，使近 20 台反应器在工业上安全使用。

我在催化反应工程的学科领域中工作了几十年，从应用基础研究、应用研究、产品和过程工艺开发，直到市场推广和经营，有了完整体验和更多的积累，取得了多项学术成就和应用成果。这些成果更是我们团队共同劳动和智慧的结晶；在这里对我的师长、同仁、朋友及学生表示衷心感谢！感谢他们使我走过了从创新思路到市场开拓全过程，享受到科研人生的欢乐与幸福。1997 年退居二线后，尤其是 2002 年退休以后，我除继续科学研究工作外，更多精力用于对年轻科技工作者的传帮带和社会科普活动，2005 年任大连化学物理研究所普瑞特公司的总工程师，并任所咨询委委员、学风道德委委员，同时参与质量评审等活动，继续发挥余热。

图 片 集 锦

1998 年检查无机膜反应器加工质量

1961年与导师姜炳南合影

2002年与袁权讨论工作

2007年与中学生交流

（吴迪镛）

李 达 刚

李达刚，1936年11月出生于吉林省吉林市。1956年8月入大连工学院化学工程系学习。1959年9月调入大连工学院有机化学教研室，任助教。1962年调入中国科学院兰州化学物理研究所。1980年任络合催化研究室代室主任，助理研究员，领衔研制成功高压原位红外光谱均相催化反应装置，通过专家鉴定，添补国内高压原位红外光谱在线检测研究空白；1987年任高碳醇研究室主任，副研究员，领衔研制成功高压原位核磁共振反应装置，通过国家自然科学基金委员会专家鉴定，添补国内此项技术空白，获中国科学院科技进步奖二等奖1项；1989年任攻关室室主任，享受国务院政府特殊津贴，研究员，开展乙烯制α-烯烃研究，主持和完成国家科技"八五"攻关516-01《羰基合成高碳醇催化剂国产化》中试研究，1995年11月通过国家验收和中国科学院、中国石化总公司的联合技术鉴定，获国家"八五"攻关重大成果奖，本人获国家"八五"攻关"先进个人"并参加全国科技大会，次年获中国科学院科技进步奖二等奖1项；1996年12月退休。1997年1月～1999年12月受聘中石化北京燕山石化研究院任技术指导，提出乙烯选择性三聚制1-己烯课题，坚持原位制备路线，指导催化剂创新成功，授权中国发明专利。2007年北京燕化5万吨/年环管反应装置实现产业化。2000年5月～2002年受聘中石油大庆石化研究院任技术顾问，提出研发乙烯三聚釜式反应工艺和采用预混技术克服放大效应建议，被研究院接受。指导小试研究和催化剂创新。2010年大庆石化研究院5000吨/年釜式反应器工业试验成功。2004年新疆独山子釜式反应乙烯三聚制1-己烯2万吨/年产业化装置成功投产。2003年1月～12月受聘

任中石油吉林石化公司总经理技术顾问。2015年9月~2016年9月受聘中石化北京化工研究院燕山分院任技术指导。2016年获国家技术发明奖二等奖。

到了黄河心不死

李达刚，生于1936年，1956年考入大连工学院化学工程系，1962年本科毕业。自愿报名到中国科学院兰州化学物理研究所工作。

人们常说"不到黄河不死心"表示等到了黄河一切都悔之晚矣！可是人生开弓没有回头箭！从此他将"不到黄河不死心"改为"到了黄河心不死"作为自己的座右铭。

他发觉在中国科学院兰州化学物理研究所可干创造性劳动，能接触到许多学富五车的高级专家学者，人们相互谈论的主要话题大多是他当时还似懂非懂的学术问题。有许多科学知识和技术等他去学习和掌握。兰州化学物理研究所催化研究室是反右斗争后1958年由中国科学院石油研究所将郭燮贤为学术带头人（室主任）的研究室基本整体搬迁至兰州而设立的。室里有为朝鲜战争研制甲苯成功而获新中国首次国家科学奖的郭燮贤、陈英武等老一辈科学家，有新中国第一代催化科研带头人尹元根、周望岳、王淇及徐康等。

有幸与老一辈科学家分到同一课题组室，言传身教或旁侧留心，使李达刚学到了多家之长。他终身受用的有郭燮贤的学术严谨和对基本理论大胆假设的学风；尹元根的从反应机理和动力学思考创新催化剂的创意；陈英武的反应工程设计及周望岳善于从比较中发现问题和解决问题的韧性；等等。

1963年参加科研工作刚一年，做正辛烷脱氢芳构化反应时他认为产物二甲苯的分布是个谜。他试探计算出双位吸附态假想中间物的构象能，并与四个芳烃衍生物分布的实验数据相关联，惊奇地发现两者呈逆变关系。整理成短文时又初生牛犊般地认为："发表在《燃料学报》期刊上郭主任的论文之几率说不正确。"此短文被王淇发现后，交给郭燮贤。两位领导非但没生气，反倒给了他大大的鼓励。

1973年兰州化学物理研究所陈英武、尹元根等老专家建议结合丁烯氧化脱氢成立动力学和数学模型课题组，以期追赶国外数模大型化放大（10万t/a规模）的技术。李达刚毛遂自荐，一人承担建立反应器数学模型的探索，第二年被派往北京燕山胜利橡胶厂兰州化学物理研究所小分队，投入自主研发建在胜利厂的顺丁橡胶工业装置的"一堵二挂三污水"国家攻关任务。

1975年初李达刚被调到醋酸乙烯组搞氧化锌/活性炭催化剂改进研究。任务是用强度较好的硅胶或氧化铝等替代易破碎的活性炭。

1975年底，丁辛醇攻关组长殷元骐点名调搞过反应器数模放大的李达刚去承担羰基合成50t/a中试工艺放大设计任务。

改革开放前他干过七个课题，虽都是不带兵的课题组员，但却能够干一行专一行，从中也学到了许多知识，践行着"到了黄河心不死"的初衷。

在科学的春天里

改革开放后，李达刚被任命为副题目组长，允许独立开题从事科研。从此他好像有浑身用不完的劲。后来他又被派去参加厦门大学蔡启瑞主办的高教部催化研讨班，学到配位催化较系统的新知识。

兰州化学物理研究所络合催化室正副主任都准备出国，李达刚为代理室主任。对于这一突如其来的任命，刚当上课题组副组长不久的李达刚毫无思想准备，又推拒不掉，思想上产生巨大的压力。压力来自于"三不懂"，即一不懂得选题，二不懂得管理，三不懂得变通，此三不懂中选题是最重要的，当他去请教即将出国的殷元骐时，殷元骐回答："这得由你自己选择。"又将此比喻为"小狗过河"。当题目组员时，不必操心选课题，现在却要他自寻方向，自找领域，自选课题，确实不知如何下口。

唯一的办法只有大胆去闯，面对国外近二十年发展起来的络合催化剂的新知识、新科技，选择能干的尽量去闯！李达刚像一个"无头苍蝇"一样到处试探。

由他带领六人组成的604题目组在三年的时间内除完成了"高压原位红外光谱反应装置的建立及在羰基合成中的应用"的研究，1981年通过专家鉴定，填了我国一项测试技术的空白外，还先后开展了：反应器数模放大、半经验量化计算、香料合成、异核金属簇及固载化等六个研究课题。

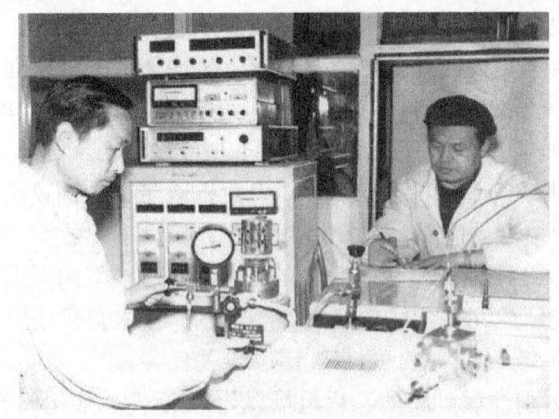

1982年高压原位红外光谱实验
右为李达刚

六个人在3年的时间内，频繁地换过这么多研究课题，而且研究领域从微观到宏观，从分子轨道到反应器管道。他们只能进入皮毛，抓不住要领，无法深入，仅发几篇文章。科技攻艰需要韧性，需要积累，熟才能生巧，才能在核心技术上有所创新。

李达刚作为代室主任能参加高层次会议，可以了解到国家及民生市场的需要，也便于了解更多的国内外信息，扩大了视野。他总结几年来选题失败教训，从中领悟到：

（1）化学是门以造福于人类为目标的实验科学，故应以应用研究为主。

（2）选题尽量与国家和市场的需要相结合，要走"任务带学科"的路。

（3）单纯搞应用研究容易创意枯竭。故在搞应用研究同时也应搞点应用基础研究。

（4）当前（二十世纪八十年代）均相催化的应用基础研究的前沿为：①催化剂组合物的构效关系。②催化剂的原位在线结构表征，如高压原位 IR 谱及高压原位 NMR 谱等结构表征技术，发展原位表征技术虽然也给不出催化活性物的全貌，仅能捕捉到一点，但可达到"改进一些设备，拓宽一点视野，延长一段手臂，能深入分子层面认识一些反应问题"。

由于高压原位 IR 反应测试技术存在着谱带重叠不易区分的缺点，1983 年李达刚开始酝酿和编制国家自然科学基金申请报告《高压原位核磁共振技术》。次年获准。该成果获中国实用新型专利一项，借 1990 年在大连召开的均相催化第四届全国学术报告会之机，通过了由陆熙炎、杨振云、江英彦、奚祖威、殷元骐及金子林和程侣柏、袁刚、张慧心等国内均相催化界专家组的鉴定。鉴定委确认此技术填补了我国该项技术上的空白。次年该项目获国家自然科学基金优秀项目。主要研制人夏春谷获国家自然科学基金优秀青年科技人员称号。

高压原位 IR 与高压原位 NMR 两者相辅相成，被李达刚称为研究均相催化反应的两件法宝，在他的催化剂创新活动中起着不可或缺的作用。

1982 年中国科学院请来全国最优秀的催化专家：闵恩泽、郭燮贤、蔡启瑞、彭少逸、吴越及燃化部的王玉振副司长和阚世靓处长等评议中国科学院兰州化学物理研究所的催化学科现状及研究方向。会上燃化部科技司王玉振提出希望兰州化学物理研究所承担国外不技术转让的"烯烃羰基合成制洗涤剂醇全流程研发"的课题。所长当即表态："愿意承担此项国家任务。"

第二年春季燃化部将课题正式下达给北京燕化总厂和中国科学院，院部以参加中国科学院与燕化总厂联合攻关项目下达给兰州化学物理研究所，李达刚主动要求承担此项任务。所长很高兴有人愿干此项难度较大的课题，亲自主持论证会，审定技术方案，筹措资金，调配人力，全力扶持该攻关课题上马。

1983 年燕山石化总厂副厂长吴嘉祥兼总工程师提出十项生产技术课题，与中国科学院卢嘉锡院长组织联合攻关，俗称"双嘉攻关"。高碳醇攻关课题是其中之一,目标是燕山曙光厂石蜡高产值利用。合作方式定为燕山曙光厂以精白蜡为原料裂解制得烯烃,将 $C_{11\sim14}$ 馏分送到兰州化学物理研究所供课题组羰化小试研究。联合攻关燕化方总负责人是吴嘉祥总工程师,中国科学院由数理化学部具体负责,联合成立了攻关指挥部。兰州化学物理研究所承担"精白蜡裂解烯烃制洗涤剂高碳醇"科研课题。研究工作第一年进展较好,年终总结会上被评为十项课题中两项进展最好的项目之一,受到攻关指挥部的表扬。第二年因精白蜡可直接出口创汇,燕化提出暂停此课题研发。在小试结果评议会上,邓珏了解到当时中国科学院正进行改革开放后第一次科技体制改革,端掉大锅饭改为课题组自行争取科研经费。项目负责人担心课题中途下马一时找不到经费,课题组有被解散的危险。邓珏将此情况向吴嘉祥做了详细汇报。

1990年高压原位核磁共振技术鉴定会实验考核现场

左5为李达刚

会议休息时吴嘉祥问李达刚:"你组里有多少人?"答:"十七人。"吴嘉祥郑重地说:"组织起一个能真打的科研队伍不容易,你看这样行不行?我们给你提供两万元科研经费,你把骨干保留下来,过渡到争取其他经费。"1984年两万元可是一笔大大的财富,李达刚的课题组用这两万元经费起步,在中国科学院兰州化学物理研究所端掉大锅饭的第一次科研体制改革时保留下十名科研骨干。第二年研制成功产量大但用途不广的皂化蜡烯烃羰化制洗涤剂醇,引起中国石化总公司发展部的关注,纳入中国石化总公司"七五"重点课题,同时中国科学院数理化局也列入重点课题。在两大上级的支持下,课题组研制成功高真空短程蒸发器、羰基合成反应工艺等授权四项中国发明专利,建立了连续化模试装置,完成两个1000h的寿命试验,模试制得的高碳醇产品通过上海洗涤剂中心的应用实验,确认与进口 $C_{12\sim15}$ 混合高碳醇制醇醚的应用性能相同。

1988年8月由中国石化总公司发展部和中国科学院数理化局联合组织羰基合

成高碳醇模试成果鉴定会。鉴定会认为模试结果技术可行，要求尽快安排中试试验。同年10月中国石化总公司决定在兰州炼油厂建500t/a高碳醇全流程中试装置，投资100万资助兰州石油化工设计院和兰州化学物理研究所进行中试装置设计及相关工艺研究。由于高碳醇组的对外业务联系和人员逐渐增多，所里决定单独设立研究室。李达刚提出新研究室应把应用/应用基础/工艺设计三项研究结合在同一室里搞，走法国IFP的研发模式，理由是产出的概念设计成果企业容易接受转化。

中国科学院数理化局苏贵升总工程师说："我建议让他试试吧！"这样以新的组建模式成立的研究室取名叫"攻关室"。

"八五"国家科技攻关

1990年5月中国石化总公司发展部突然通知"高碳醇全过程开发中试项目"下马！这给研究室造成很大的思想混乱和恐慌。

为了生存，李达刚决定去北京找课题。第一站去中国石油化工总公司发展部，受到发展部吴副主任和化工处一位副处长接待。对于中试下马的原因，吴副主任谈得比较实在。告之：主要是由于国外对该项技术解除了封锁，国内已实现了整套技术引进，公司决策层认为没有必要对全流程工艺过程再进行自主开发。还有也担心用蜡裂解烯烃做原料的高碳醇的质量无法与国外乙烯齐聚制的α-烯烃为原料的高碳醇相竞争。对于中试试验项目撤销，他表示遗憾，但没有办法，希望双方相互理解。

李达刚第一站碰了壁，第二站跑轻工部，目标是争取轻工部引进的抚顺洗涤剂化学厂5万t/a高碳醇项目的催化剂国产化任务。他到轻工部直奔抚顺洗化厂引进高碳醇装置的谈判首席代表华章西总工程师的办公室，华总告之：催化剂是壳牌高碳醇工艺的核心技术，其中有机膦配体以其结构特殊，剧毒、空气敏感，制备工艺复杂等特点，严格保密，全球仅Shell独家生产，高价卖给各地羰基合成制高碳醇工业装置（每吨120万元人民币）。Shell在与我国轻工部技术转让协议中还规定："1）受让方不准仿制该有机膦催化剂。2）受让方生产的高碳醇产品，不准进入壳牌公司的传统市场，否则转让方有权停止供应该有机膦配位催化剂给受让方。"若无此催化剂供应，我国引进的工业装置只能是废钢烂铁。为此，国家计委当时将催化剂国产化纳入国家攻关项目。攻关处胡处欢迎兰州化学物理研究所加入引进高碳醇装置催化剂国产化的攻关课题竞争，要求是：国家攻关目标一步到位，即以完成催化剂的中试开发作为攻关的目标。

另一个问题是现在掌握的小试技术与中试要求还存在相当大的距离，如国外专利是将常温下气态膦烷压缩至300atm变为液态，然后进行液相反应。其优点是可精确控制配比，可以制得纯度较高的中间体。但我国剧毒物压缩机无法解决，必须跳出专利另辟低压制法。

攻关室设计组讨论中试流程

左 4 为李达刚

1991 年 5 月国家"八五"科技攻关任务正式下达。

（1）催化剂必须有实质性创新：因为引进合同明文规定受让方中国不许仿制有机膦 RM-17 催化剂。李达刚的解决办法是采用高压原位 NMR 和高压原位 IR 两件法宝，从基础研究起步，揭示构效关系，实现了有机膦催化剂的结构创新，授权两项中国发明专利，并编写出十篇论文装订成册（《羰基合成钴膦催化剂基础研究》），但暂不发表。

（2）有机膦催化剂的工业制造技术必须由 30MPa 降低一个数量级：因为中国对剧毒物膦烷气体不具有高压操控技术。李达刚的解决办法是采用饱和吸收法降压 10 倍。

（3）克服稀硫酸的腐蚀问题。李达刚的解决办法是用脱离子水代替稀硫酸制高纯膦烷。

（4）为确保安全，剧毒性膦烷气体纯化后须固态存储。李达刚的解决办法是邀请西安交通大学低温教研室，研制膦烷低温纯化捕集器，该成果获一项中国发明专利。

（5）必须确保有机膦制备车间的操作安全性。李达刚的解决办法是整个反应系统设计负压操作。如有渗漏也只能向内漏，而绝不会向系统外大气空间渗漏。

（6）需要找出有机膦的合成次序。李达刚的解决办法是用高压原位 NMR 技术找出合理路线。

（7）严格做到绝水绝氧操作。李达刚的解决办法是研制多项特殊设备和工艺，该成果获四项专利。

（8）其他技术问题还有用工业原料替代试剂级原料及建立有机膦分析方法等。

整个车间三个生产工段一个补助工段，先分段投产，后联动开车，经七次失败改进后，于 1994 年 12 月 29 日全车间联动开车成功，制造出雪白的合格有机膦产品。

1994年12月31日有机膦催化剂中试打通流程制出合格产品后合影

中试制备的 LD-604 催化剂被带去引进装置的抚顺洗化厂,用引进的分析方法,由厂方工作人员与进口催化剂做对比分析和测试,中试制备的 LD-604 催化剂进行羰基合成制高碳醇小试评价。回馈的信息是:带去的三个中试样品,其中一个的有效成分略低于进口催化剂,另二个与进口催化剂持平。五价磷指标均优于进口催化剂,表明中试制备的有机膦催化剂合格。同时也带回来厂方的要求:"希望中国科学院兰州化学物理研究所能给厂方技术人员讲一讲有关配位催化及羰基合成制高碳醇基础理论方面的知识。"厂方能对研究所提出对引进技术操作人员讲课要求,也说明"八五"攻关的中试装置能制备出合格的有机膦催化剂,使厂方对国内技术从不相信转变为有些认可。中国科学院领导历来把帮助企业消化吸收引进技术当成参加国民经济主战场的任务之一,所以兰州化学物理研究所党委非常重视此项工作,派出李达刚和一位课题组长去给抚顺洗化厂讲课。

开讲前厂方组织了一个小型调研会,请工厂管理、技术及生产岗位各方人士谈讲课的期待。与会者最想了解的是:①外方提供的羰基合成操作手册,指出许多"必须"的道理何在?为什么不能改动?②往反应器中加入 A、B 及 C 三种催化剂组分,真正起催化作用的活性物种的结构什么样?怎样生成的?③外方操作手册只给单点操作数据,有无操作范围?在理论上如何解释?④钴膦催化剂羰基合成制高碳醇的反应机理;等等问题。根据厂方的需要,李达刚精心准备了十讲(20 学时)有关配位催化剂结构及其活性物种的生成规律、构效关系等有关理论方面的讲课提纲。孙衍文详细准备了五讲(10 学时)有关羰基合成反应及工艺条件方面的讲稿。每天上、下午各安排一讲,讲后大家提问题讨论。第一天头两讲听讲的人不多,只限于报过名的二三十人,讨论也不热烈,大家还有些拘谨。随着讲课的深入听课的人越来越多,大伙也放开提出各种各样的问题。讲课最后几天,厂党委书记带领全厂党委委员及各科室领导全来听课,共同讨论,消化吸收中国引进的第一座羰基合成制高碳醇技术。许多工程技术人员反映,听课解决了他们的许多疑问。厂李总工程师不无感慨地说:"我就感到惊奇,这些天没听到任何一个人对讲课有不同意见的。"三十个学时讲完后,厂方给兰州化学物理研究所写了封感谢信,对讲课给予书面感谢。

1995年兰州化学物理研究所李达刚与孙衍文给抚顺洗化厂讲课结束后与厂领导与部分听课技术人员合影

讲课起到了科研单位与企业加深了解和增强信任的作用。讲课结束后,厂长设宴,党委书记和副厂长作陪对中国科学院的二位讲师表示谢意。席间,厂长透露出一个难题:去年羰基合成引进装置建成验收并移交给中方后,因原料供应不足而停产,在储罐中放了一个冬天的催化剂,怎样选择一个最佳的复活方案尚难确定。厂长说:"因是第一次接触这项技术,心里没底。"李达刚当即表示:"我可以用小试给你们探索一下。"闻言,几位厂领导非常高兴。之后又议论了采用高压原位红外光谱反应技术探索恢复催化剂活性物的方法,初步商定由厂方负责将待复活的催化剂样品送到兰州,由兰州化学物理研究所帮助厂方制定催化剂复活方案。同时,李达刚也不失时机地提出中试的两个催化剂在工业装置上进行工业应用试验的问题。厂方领导当即表示同意。

1996年5月厂方邀请李达刚依据小试恢复催化剂活性的实验结果,现场指导高碳醇引进装置恢复催化剂活性获得成功。

国家"八五"科技攻关项目"高碳醇羰基合成催化剂放大工艺"鉴定验收会于1995年11月16~18日在兰州化学物理研究所召开。鉴定验收专家们对于攻关任务的完成情况及取得的由九项授权专利和八项专有技术组成的中试成果,一致给予高度的评价,认为是我国自主创新精细化工产品的一项技术突破,实现了引进技术的再创新。

国家"八五"科技攻关项目"高碳醇羰基合成催化剂放大工艺"鉴定验收会

余 热 发 光

1996年11月退休后的李达刚参加国家科技表彰大会，巧遇燕化公司总经理曹湘洪。于是两人就商谈起有关燕化公司聘请退休后的李达刚到燕化研究院指导乙烯制α-烯烃的事情。曹总说："欢迎你退休来我们燕化，希望早日成行。"回问："你们要搞α-烯烃准备走哪条路线？"曹总回答："没定，由你来选，碳六、碳八烯越多越好。"

1996年退休后的李达刚与燕化研究院签了三年聘用合同，1997年春节过后即赴北京燕化研究院。李达刚在燕化研究院提出停止改进SHOP法研究，建议开展已被他提前初探的"乙烯选择性三聚制1-己烯"课题做跟踪研究。

当时对于该课题，国外也处于小试阶段，尚未见有关工业开发的报道，而且最早研发的两家跨国公司都因PE生成量过多而放弃了该课题的研发。在这种情况下提出放弃已取得初步结果的SHOP法改进研究，转为搞工业化前景不明朗的乙烯三聚制1-己烯研究，必然会疑虑重重。所以三聚课题一时难以立项。

1997年5月，在向公司汇报会议上，因不满意改进SHOP法的1-己烯选择性才达30%，会议总结时相关领导说："公司的目标是碳六和碳八烯，无论什么路线只要碳六或碳八选择性高都可以试！"这给"乙烯选择性三聚制1-己烯"研究课题开了绿灯！有了绿灯，烯烃组的几位同志快马加鞭，同年底已全面达到近期公告的最佳专利水平。1998年相关领导下达的任务是：全力实现催化剂实质创新，形成燕化公司自己知识产权的专利技术。开始创新实验时大家碰得鼻青脸肿。有一次邓处来到实验室正好赶上又一次实验失败，大家一筹莫展，有走投无路之感。李达刚就说："现在是山穷水尽了！"但邓处却说"会柳暗花明的！"此话虽然是一语，但是在此时此地会给失败者增添许多力量。

1997 年乙烯选择性三聚制 1-己烯小试起步阶段的一线主要科研人员合影

左 3 为李达刚

但大家敢于大胆质疑现有的反应机理，探索卤化物的占位效应，引入空间构象概念，从而找到了结构新颖的占位剂。经全组共同努力，乙烯选择性三聚制 1-己烯催化剂取得了实质性创新。新型催化体系不仅延续了高选择性和高活性的特点，而且还延长了催化剂的寿命，在结构和性能两方面都突破了现有技术的水平。其成果获一项中国发明专利[CN1256968A（1999）]。1999 年初，"乙烯选择性三聚制 1-己烯"通过了小试评议，评议要求尽快投入中试开发。

1999 年燕化研究院开始乙烯三聚制 1-己烯中试研发，2007 年自主创新建成全球第二套 5 万 t/a 环管反应器工业装置，比 Phillips 全球首套装置仅迟 5 年，同年 7 月投产成功。1-己烯选择性达 93%，纯度 99.2%，达世界先进水平，从而结束了我国不能工业制造优良共聚单体 1-己烯的历史。

小试评议会后燕化研究院参加乙烯三聚研发人员合影

左 6 为李达刚

燕山石化乙烯三聚制 1-己烯 5 万 t/a 环管反应器工业装置

中国石油化工有限公司在国内研究乙烯制烯烃起步较早，1998 年转入乙烯三聚课题。李老师根据乙烯三聚反应三高一挂的特点，及国内外都在做管式反应器工艺开发的趋势，建议他们：①走釜式、小型，自产，自用的研发路线。②采用预混技术克服釜式反应器的放大效应。该建议获得大庆石化研究院共识。李达刚指导他们"研制同釜式反应器相匹配的催化剂"，并草拟一份反应釜前设预混器的中试初步概念设计流程图。

中国石油化工有限公司 2003 年完成 100t/a 中试试验，2010 年完成 5000t/a 釜式反应器工业试验，大庆全球首创溶剂与原料乙烯预混技术，克服了釜式反应器放大效应。在此基础上放大至 2 万 t/a 的新疆独山子石化釜式反应器的乙烯选择性三聚制 1-己烯装置，2014 年投产成功，技术指标优于国内外装置。

2000 年李达刚给大庆石化研究院 203 组骨干讲乙烯三聚制 1-己烯釜式反应工艺流程

左 2 为李达刚

大庆研究院研发成功的釜式反应乙烯三聚制 1-己烯新疆独山子工业装置是全球首例,表明我国自主创新,在全球率先掌握了釜式反应器乙烯三聚制 1-己烯的工业生产技术,也使我国乙烯三聚制 1-己烯既有环管工艺又有釜式工艺,成为唯一能掌握两种不同工业生产工艺的国家,走在了世界前列。

科技部部长万钢在 2010 年两会上说:比较明显的国计民生方面的科技进步有:高铁,让我们缩短了旅途时间;大棚种植让我们能吃上一年四季的蔬菜。为提高棚膜、地膜强度,让我国塑料薄膜质量达到进口产品水平,而实现国产化的共聚单体 1-己烯的自主研发功不可没。

总结改革开放三十年李达刚的科研经历,他自己归纳为:

"七五"攻关遭下马,"八五"成果难转化。

"九五"三聚两播种,余热发光竟结瓜!

欲向缘由在何处?创新主体是厂家。

由此可见,克服我国科技研究与经济发展"两张皮"的最佳良药是让企业自身能获得具有自主知识产权的世界前沿技术,成为真正的科技创新主体。此外,想干点实事的科学家还必须遇上有远见的企业家,如侯德榜与范旭东那样,才能实现梦想!李老师告诉我:他科研生涯中遇到的有远见的企业家许多,其中印象最深的是:二十世纪八十年代北京燕化总厂总工程师兼副厂吴嘉祥、兰州炼油总厂水天德总工程师、九十年代北京燕山石化分公司总经理曹湘洪院士及技术处长邓珏女士。

图 片 集 锦

1996 年催化老同志离别宴合影

左 1 为李达刚

1979年设立的题目组

后排右1为李达刚

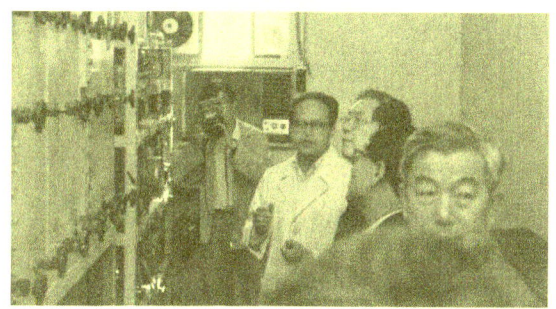

1988年中国科学院周光召参观兰州化学物理研究所羰基合成高碳醇实验室

1996年李达刚与曹湘洪在人民大会堂小礼堂合影

（罗河宽）

杨锡尧

杨锡尧，祖籍福建厦门市同安县，1937年出生于印尼爪哇岛。小学、初中就读于印尼华校。1952年7月回国就读于北京第八中学。1955年考入北京大学化学系，1960年大学毕业后留校任教。历任助教、讲师、副教授、教授、博士研究生导师。曾任现化学学院（北京大学化学与分子工程学院）催化教研室主任，并兼化学学院物理化学研究所教学副所长，化学学院学衔委员会委员。《分子催化》、《中国稀土学报》编委。

北方的曙光

我的祖籍是福建省厦门市同安县，1937年我出生在印尼中爪哇靠海的一个小镇南旺，他是我第一代祖宗下南洋落脚的地方，而我则是第五代华侨。保持有中国国籍的海外华人，称作华侨，这是别于拥有侨居国国籍的海外华人的称谓。虽然是五代华侨，但传承祖辈的爱国传统，我们始终心系祖国。值得海外华侨庆幸的是1949年中华人民共和国的诞生，它是华侨尤其是华侨青年的曙光。

初中我就读于有百年历史的印尼的爱国华校：直葛（Tegal）中华中学（简称直华）。直华是培养德才兼备人才的坚强阵地。德，主要是指爱国主义思想，直华对学生的爱国主义思想教育是一个潜移默化的过程。老师的言传身教，会给学生很深的印象，如有一位老师，给我们讲他参加抗日战争的故事，他在滇缅公路上参加过运输援华抗日战备物质的运输队，为了节省汽油而关掉发动机，让汽车在九曲十八弯的山路上滑行，明知道有很多卡车因此掉进山沟里，但为了支援抗战他还是冒着生命危险那么做,这是多么动人的爱国故事啊!学校的主要功能是培养人才,看一个学校是不是办得好的主要标志是看其教育质量是否高。直华堪称教学质量很高的印尼华校。直华的教师学历高、业务强,例如,校长毕业于著名大学南京大学前身的金陵大学,他还曾经在北京大学聆听过蔡元培、鲁迅等名师的讲课;化学老师毕业于著名的上海交通大学化学系,国内很多化学院士出自此校;数学老师毕业于广州岭南大学,其他大部分老师也具有国内大学学历。我的化学老师林咸顺是我以后步入化学教学和科研大军的第一个启蒙老师。林咸顺教书的最大特点是理论联系实际和因材施教,我是他因材施教的直接受益者,他安排我协助他管理化学实验室,使我有更多机会聆听他的教诲,我对化学的兴趣就是从那时候培养起来的。林咸顺在课堂上做给大家"化学家花园"的演示实验,烧杯中"长出"琳琅满目的"花草",实在很美,这个实验给我很深印象,也激发我对化学的兴趣。在直华三年学习期间,我聆听了很多进步老师的教诲。图书馆最吸引人的是那些国内新出版的各种文艺小说和社科书籍,还有各种杂志、报纸。我是图书馆的常客,我经常到这里"抢借"新到的文艺小说和国内出版的期刊。通过阅读这些书籍和期刊,我似乎看到了排山倒海的人民力量如何推倒压在中国人民头上的三座大山,看到勤劳勇敢的中国人民如何建设美丽的家园,从而激发了自己的爱国热情,并确定自己的前途:回国深造以便投入到祖国的社会主义建设洪流中。在家人的支持下我在1952年初中毕业15岁实现了回国的梦想。

五年寒窗　生根催化

我回国直奔北京,参加1952年北京市高中统考。我虽然是归国华侨学生,但由于我扎实的数理化基础,这次统考我顺利考入北京名校之一的北京第八中学(简称八中)。八中不愧是一座名校,硬件方面他拥有新建成的教学大楼和各类实验室,这在刚解放不久的北京是独一无二的,在教学人才方面他拥有三个数学和一个化学市级模范老师。八中不仅有良好的教学质量,学风也好,在这个学习熔炉中,我取得了年年名列前茅的好成绩,为实现我进入北京大学的梦想,打下牢固的基础。我的班主任,模范化学老师韩玖芳,早年毕业于北京辅仁大学,她业务强,教学方法好,她是我的第二个化学启蒙老师,她经常鼓励我投考北京大学化学系。我没有辜负她的希望,1955年高考我以优异的成绩考入了我理想中的北京大学化学系,开始了五年寒窗的学习生涯。说起北京大学,首先映入我们眼睑的是拥有湖光塔影美丽景色的未名湖,不错,未名湖是北京大学的象征,有人甚至说她是北京大学的灵魂,她给人灵感,但她灵感的源泉是什么呢?我认为是她那拥有大量学识渊博、学风严谨的教授队伍,就拿化学系来说,在二十世纪五十年代初就已经有六位学部委员(即后来的院士),囊括了几乎所有化学学科专家:无机化学专家曾昭抡、张青莲，有机化学专家邢其毅，物理化学专家黄子卿和付鹰，量子化学专家唐敖庆，还有徐光宪、唐有祺、张榜等，这在全国是绝无仅有的。我有幸在五年的学习生涯中在他们的教育和熏陶下掌握了扎实的化学基础知识，认清了搞化学必须具有的三个根本基础，即了解物质的化学性质，认清物质之间发生反应的可能性及反应进行的速率，和良好的动手试验的习惯和能力。北京大学的图书馆是全国闻名的，藏有国内外最新的科技书籍，这里成了我最经常光顾的地方，这里开阔了我的视野，丰富和填补了课堂上学不到的新鲜化学知识。例如，我上大学四年级时曾在《化学通报》上发表了一篇处女作，用充分的论据批驳了之前曾在该期刊上发表的一篇论文中的错误观点，我发表的处女论文除了得益于课堂上学过的理论知识外，更大程度上是基于我所查阅的资料中所提供的论据。能在化学通报发表文章不容易，而当时我才四年级，我的处女作能被编委认可并予发表，更激发了我的学习积极性和信心。

说是五年大学学习生活，由于种种原因，实际上用以系统学习的时间只有不到四年，也就是说我们只系统学完了无机化学、有机化学和物理化学课程，至于结构化学等理论性化学只学了皮毛。好在在最后一年的专业学习中这些不足得到了一些弥补。我选学的是催化专业，北京大学化学系催化教研室是中华人民共和国成立后第一个成立的新教研室，国家为了支持高等学校开展催化研究和培养催化人才以支援国家新兴产业石油工业和石油化工工业的发展，邀请了苏联催化专家来教研室开展催化教学和研究工作。催化教研室成立于1958年，刚成立时一穷二白，没有教材、没有实验室和实验设备，当年催化教研室的"建室元勋"李琬、张嘉郁、李宣文、佘励勤等在庞礼带领下分工协作，自力更生筹建实验室，翻译教材

在催化教研室工作的苏联专家
左3杨锡尧

1961 年催化教研室合影

右 2 为李宜文

原催化教研室教员 2006 年合影

原催化教研室教员 2016 年合影

（把苏联专家编写的两本教材：《催化原理》和《有机催化》翻译成中文并予出版）。我是第二届催化专业学生，有幸享受到全新的催化实验室和比较完整的催化教材。我在催化专业一年学习期间，最大收获是学到团队实干精神和系统催化理论知识。为了筹建催化实验室，老师们天天奔跑于玻璃室和学校仪器厂，拿自己设计的图纸亲自和师傅们讨论，以期使完成的设备尽量做到完好。有的设备如恒温反应炉所需的炉管则要他们自己锯自来水管。自己动手搞试验设备，这是我在催化教研室学到的一门一辈子受用的本事。

  1960 年我毕业留校以后，我做科研用的大部分反应设备就是靠自己动手搞起来的。20 世纪 60 年代初我们国家百废待兴，能提供给我们的研究经费或教学经费有限，要想购买现成的仪器设备根本不可能。当时刚时兴的气相色谱分析法，非常适合用于研究催化反应过程和原位测定某些表面吸附过程。进口现成设备价格昂贵又要用外汇，根本不可能，因此唯一可能的选择就是自己动手搞。当时北京大学化学系知道有关色谱分析的人寥寥无几，当时我第一次看到的文献是付鹰发表在《化学通报》上的一篇科普性文章。为了建立气相色谱实验室，我先后到北京石油化工科学研究院和大连化学物理研究所学习，除了学习原理和仪器操作，最主要的是学习气相色谱的核心设备即鉴定器。我把两种常用的鉴定器——热导鉴定器和氢火焰离子化鉴定器学到手后回校就进行仿照。我们当时只能先用玻璃材质，这是因为上马快，化学系玻璃室可以自己吹制。我利用热导色谱建立了测定催化剂比表面以及做催化剂吸附脱附过程的研究装置，用氢火焰离子化色谱建立了催化反应色谱装置。有了这两种装置，我基本上可以得心应手地开展催化研究。我利用色谱法研究催化，在当时可算是国内最早开拓者，我先后写了几篇介绍推广文章。1989年我和浙江大学的侯镜德合写了《物理化学的气相色谱研究法》，系统介绍气相色谱法用于研究化学热力学（此部分由侯镜德撰写）和化学动力学及催化（此部分由我撰写）的原理方法以及最新研究进展。这部书成了八九十年代催化研究生的常用参考书。

自己动手组装反应色谱装置

既要重视基础理论也要重视实验技术，这个理念深深扎根在催化教研室每个成员的脑海中。催化教研室没有院士，在北京大学化学系属小教研室，但靠上述理念该教研室先后培养出以李大东和付贤智为代表的五位中国科学院和中国工程院院士。

师生相长　共享硕果

催化科研工作者常会梦想有朝一日开发新催化剂时能够像建筑学家那样只要画出建筑设计图，然后交给土木工程师组织施工，新的建筑物就会拔地而起。这种梦想虽然现在还没有成为现实,但绝非仅仅是梦想,几代催化工作者为了实现这个梦想,用他们的勤劳和智慧,在催化的科学园地里已耕耘出无数瑰丽的花朵,上述梦想成为现实已经有了希望。现在纯粹用"炒菜"方式开发催化剂的人已为数不多了,戏称搞催化的人只会"炒菜"的人也无影无踪了。催化工作者现在已经可以根据催化剂的活性规律、催化剂活性相的结构与性质特征,以及无机合成的知识去研制和开发新催化剂。

高等学校开展催化研究的思路不同于企业或工业部门所属研究机构的思路,后者的任务很明确,主要就是要搞出性能优异的工业催化剂。我认为高校搞催化主要是研究催化剂的作用规律,探明催化剂加速反应的作用本质,其核心是搞清催化剂的活性部位的结构及其作用机理,我用这个理念指导我的研究生开展催化剂的理论研究。

石油炼制、石油化工以及环境保护工业是有关国家经济命脉,为了使科研紧跟国家经济发展的步伐,我们的研究方向便选择和上述工业有关的催化剂的基础研究,以便为研制上述催化剂提供一些规律性的依据。

催化剂活性位概念的提出

为了正确阐明金属催化剂的基本特征及动力学特性,首先应该获得活性部位强度的定量数据。只有知道活性部位的数目和每个活性部位是由多少个金属原子组成之后,才能更好地了解催化反应的机理。活性部位的原子组成数目称为活性部位的原子组合数,而金属催化剂活性部位的强度(即催化剂活性)用活性频率即单位时间单位活性部位转化的反应分子数目来表示。我们使用二硫化碳中毒法结合 Bassett 方程,以环己烷脱氢反应作为模型反应,成功建立了测定了铂重整催化剂的活性部位数目和活性部位原子组合数的方法。我们认为,反应分子和活性原子接触而实现转化的过程是服从统计规律的,也就是说,活性原子构成活性部位不是一成不变,而是一个不断组合的过程。这些理论概念在陈诵英的《吸附与催化》专著中被引用和认可,并在其以后的研究中加以发展。

铂重整催化剂活性中心的性质及 Al_2O_3 载体和活性中心铂的相互作用

石油加工用的铂重整催化剂,无论在理论上或实用上都是研究得比较深入的一类催化剂,如何突破原有的知识和经验以便研制出新型催化剂便成为催化工作者面前的一道难题。我们在对有关铂重整催化剂的大量资料进行分析后发现,铂重整催化剂的活性中心的理论问题还没有解决。我们认为解决这个理论问题,可能会对开发高效铂重整催化剂找到突破口。我们通过采用吸附法、表面结构分析法以及动力学方法,经多年研究证明了铂重整催化剂中存在两类活性中心,即高温中心和低温中心,前者由离子态铂(Pt^{n+})或缺电子原子态铂($Pt^{\delta+}$)组成,后者由铂金属簇组成;Pt^{n+} 和 $Pt^{\delta+}$ 的存在由 Al_2O_3 的性质决定,Al_2O_3 表面的配位不饱和铝或强路易酸中心越多越有利于离子态或缺电子态铂的生成。这个理论发现的意义,从理论上讲使30多年来关于铂重整催化剂活性中心争论不休的问题得到了统一的解释,在实用上为开发高效低铂重整催化剂提供了理论依据。这个研究成果引起了国内外催化学者的高度重视,此成果获得了国家教委科技进步奖三等奖。

在确定铂重整催化剂的活性中心性质的基础上,我们继续开展了对载体 Al_2O_3 的表面结构和酸性性质对铂金属的载体效应的研究,开展了稀土氧化物等作为助催化剂对铂重整催化剂的助催化作用,这些研究进一步验证了我们对铂重整催化剂活性中心性质的理论,为研制高效铂重整催化剂提供有用知识。

在全国催化会议上交流科研成果

新型加氢脱硫催化剂的研发及理论探索

加氢脱硫(HDS)催化剂也是很成熟的一种炼油工业催化剂,已经达到相当高的水平,进一步改进的难度也很大。专利文献曾有报道,以 TiO_2 为载体的 Mo-Co 系 HDS 催化剂具有可不预先硫化就能使用的特点,但是 TiO_2 的价格比 Al_2O_3 高,比表面积小,而且机械强度不好,因此这种催化剂工业化的潜力不大。我和付贤智考虑,既然 TiO_2 可以使 Mo-Co 系催化剂不预先硫化就具有高活性,那么如果把 TiO_2 作为助催化剂情况会怎样呢。按这个思路我们采用各种先进的表面技术如正电子淹没谱、光电子能谱、动态现场色谱技术等对 TiO_2 的作用机理进行研究,结果证明，TiO_2 和 MoO_3 相互作用较弱，由于它的电子效应，MoO_3 变得容易还原和硫化，它还具有削弱 Al_2O_3 表面能量的功效，避免 Al_2O_3 和 MoO_3 生成难以硫化的钼酸铝，因而大大提高了 MoO_3 的利用率。这样我们从理论上首次揭开了含 TiO_2 催化剂不需预硫化就具有高的加氢脱硫活性的奥秘。在搞清楚 TiO_2 的作用机理的基础上，我们成功研发含 TiO_2 的 $Mo-Co/\gamma-Al_2O_3-TiO_2$ HDS 催化剂。北京燕山石化研究院实现了该类催化剂的工业化，并在所属的加氢脱硫装置上应用。

创新研制同时消除大气中的污染气体二氧化硫和氮氧化物的环保催化剂及新型催化反应的发现

研究环保催化剂对我来说是新课题，不像石油及石油化工催化剂那么熟悉，但就催化剂性质来说是相通的，在石油和石油化工催化剂研究中我们涉猎了作为助催化剂用的 SnO_2，TiO_2 等研究，对它们所起的结构和电子效应我们做过系统的研究，因此我们在选择脱除污染气体中的氮氧化物和二氧化硫催化剂时首先想到的就是上述氧化物。

搞催化剂理论研究一定要立足于催化剂的反应性能的研究。张昭良的上述重要发现提供了进一步做同时脱硝脱硫催化剂理论研究的依据。于是我们确定刘赵穹的研究课题的核心内容为研究"在 SnO_2-TiO_2 固溶体催化剂上以 CO 为还原剂同时还原 SO_2 和 NO 的反应机理以及催化剂活性位的性能"。

根据研究 SnO_2-TiO_2 固溶体催化剂的在 CO 存在下的脱硫脱硝反应性能所发现的现象：①SnO_2-TiO_2 固溶体催化剂具有很强的 SO_2+CO 氧化还原反应活性；②对 NO_x+CO 氧化还原反应没有活性；③SO_2+CO 反应用过的 SnO_2-TiO_2 固溶体催化剂对 NO_x+CO 反应有明显的活性。这些现象使我们想到 SO_2 的存在可能促进了 NO_x+CO 反应的进行。

为了揭开所发现的 SO_2 促进 NO_x+CO 反应中 SnO_2-TiO_2 固溶体催化剂的作用机制和 SO_2+NO_x+CO 氧化还原反应机理，我们设计了一套综合研究系统，即用瞬变应答反应法研究微观反应过程，用显微红外和漫反射红外光谱法研究反应过程中催化剂表面生成的表面物种。再配以 XRD 观察催化剂的晶相结构的变化。实验结果表明，在 SO_2 存在下的 NO_x+CO 反应过程中催化剂表面生成[SO]表面物种；瞬变应答实验证实表面物种[SO]参与促进 NO_x+CO 氧化还原反应。因此得出结论，在 SnO_2-TiO_2 固溶体催化剂的作用下，SO_2 促进了 SO_2+NO_x+CO 氧化还原反应，表面物种[SO]是这个反应的主要活性位。固溶体 SnO_2-TiO_2 的表面结构特征有利于上述催化过程的进行，因而在以 CO 为还原剂的同时脱硫脱硝反应过程呈现极高的催化活性。

团结协作 催化留芳

催化教研室自成立以来在庞礼的带领下树立了良好的团结协作风气，这个教研室是北京大学化学系在 1958 年成立的新教研室，大部分成员是年轻的刚大学毕业的助教，比较年长的只有庞礼（当时是副教授）、李琬（当时是讲师，后来调到北京工业大学建立化学系），在一穷二白的条件下能很快成长为比较有实力的教学和科研基地，靠的就是团结协作、任劳任怨精神。催化教研室结合当时国家建设需要成立了四个研究小组，即金属催化剂组（张嘉郁、杨锡尧负责）、分子筛催化剂组（李宣文负责）、氧化物催化剂组（俞启全、金韵负责）和电催化剂组（李作骏负责），总负责人是庞礼。搞研究需要经费，这就靠庞礼对外建立联络渠道，当时他首先找到北京石油化工科学院的闵恩泽谈合作事宜，催化教研室负责输送品学兼优的人才给石油化工科学研究院，李大东、杨森年等作为 1962 年第一批催化毕业生分配到石油化工科学研究院，以后历年不断输送毕业生，他们后来都成了研究骨干，其中李大东因在石油加氢脱硫脱氮催化剂研发的突出成果而成为中国工程院院士。付维（北京石油化工科学研究院党委副书记、副院长）因其创新思维成功合成新型 ZRP 分子筛，他所在课题组获得殊荣。石油科学研究院则帮助培训杨锡尧（1963 年）学习气相色谱技术，并且对催化教研室的研究经费予以适当支持。我们两个单位的良好协作关系一直延续着，从不间断，这是庞礼所起的别人替代不了的特殊作用，他对催化教研室的发展做了不可磨灭的贡献。

我的研究团队秉承催化教研室的优良传统，始终重视试验，人人自己动手建立实验装置，熟悉实验方法并亲手做实验，鼓励勇于提出实验方案和讨论实验里出现的现象和取得的任何数据。付贤智的研究课题就是根据他在燕山石化研究院做石油加氢脱硫催化剂研发工作的基础上提出来的，这样选择课题有利于发挥他的积极性。由于他有一定的实践经验，又知道研究问题的重点，巧合的是他的本科毕业论文实验也曾在我这里做，对小组的实验环境比较熟悉，所以从一开始他就非常顺利地建立实验装置和确定研究路线，使实验一开始就顺利上轨道。他做的是不预先硫化的含 TiO_2 的新型加氢脱硫催化剂的研究，课题的中心是研究 TiO_2 在催化剂中的作用及不需预硫化就具有高加氢脱硫活性的机制。完成这个课题需要进行大量催化剂反应性能的实验，还要在反应条件下原位测试催化剂的表面结构和性能，实验工作量和难度都很大。凭借他的刻苦精神和深厚的理论知识，我完全放手让他自己完成了新型无须预硫化含 TiO_2 的 $Mo-Co/\gamma-Al_2O_3$ 加氢脱硫催化剂的研发和有关 TiO_2 在催化剂中的作用机制的理论研究。付贤智做的是硕士研究生的课题，但完成的是博士论文的水平。TiO_2 是一种半导体，这项研究也为以后他专注光催化剂的研究打下一定的基础。以后他由于在光催化剂研究的杰出成果而被选为中国工程院院士。

在研究环保催化剂方面,张昭良表现很突出。他的研究课题开始选的是以杂多酸为载体的同时脱硫脱硝催化剂,但进展不顺利,没有获得预期的高活性催化剂的结果。张昭良提出选用 CoS_2-TiO_2 和 SnO_2-TiO_2 固溶体为催化剂,我支持他的建议。开始做 SnO_2-TiO_2 固溶体为催化剂也不太顺利,该催化剂有很强的 SO_2+CO 氧化还原活性,但对 NO_x+CO 氧化还原反应没有活性;他没有失去信心,继续实验观察,后来才在偶然中发现,经 SO_2+CO 反应的催化剂对 NO_x+CO 反应有明显的活性,我们及时捕捉到这个重要信息,想到 SO_2 的存在可能促进了 NO_x+CO 反应的进行,于是决定以 SnO_2-TiO_2 为催化剂,以 CO 为还原剂同时进行脱 SO_2,NO_x 反应,终于取得了意外的好结果,从而创新地发现了新的以 CO 为还原剂的同时脱硝(NO_x)脱硫(SO_2) SnO_2-TiO_2 固溶体催化剂。

我体会到搞催化剂不可能一蹴而就,而是要有知识积累过程,我们长期研究 TiO_2,SnO_2 等氧化物,对它们的表面性能比较熟悉,所以在选择催化剂组成时避免了很多盲目性。

研究生是科学研究工作的生力军,他们对团队的研究工作起了举足轻重的作用。带好研究生也要因材施教,对于动手能力强,理论基础好的就大胆放手让他发挥自己的聪明才智去做。对于思路多、有冒风险精神的支持他大胆去做,遇到问题帮助分析总结,不要轻易把自己的看法强加于他,这样虽然可能影响实验的进度或深度,但有利于培养其工作能力。对于基础较差的,首先帮助他去制定合理的实验路线,对实验的进展及时帮助总结,随时帮助分析实验结果和制定下一步的实验,这样既能提高他的实验和分析问题的能力,也能保证实验的进度。这样的研究生虽然基础较差,但能很好配合导师的指导,其研究成果反而最好。

在我的科教生涯中我要特别感谢催化教研室的同事,我的老伴有一段时间身体欠佳,而当时正是我的教学和科研工作最忙的时候,我之所以没有耽误太多工作,是因为有张慧心和任韶玲等老师的帮助,她们经常在我参加学术活动时住到家里照顾我老伴。还有付贤智、刘佳也帮了很多很大的忙,没有他们的帮助我将一筹莫展。所以我要深深地感谢他们。

我的所有成绩和我的研究生们的努力分不开,他们在科研征程中不怕苦不怕累,勇于探索,尊重师长。我们研究团队始终保持朝气蓬勃,我们的成果是属于团队的,我起到的是引导和鼓励。我为我的研究生们在后来走上工作岗位时的杰出成果而自豪!

参 考 文 献

杨锡尧.1959. 对"关于银氨溶液的爆炸与防护"一文的商讨. 化学通报,9:38.
杨锡尧.1973.气相色谱法在催化中的应用.石油化工,2(2):144-149.

杨锡尧. 1977.气相色谱法研究催化剂的一些进展.石油化工, 6 (6): 597-613.

杨锡尧. 1980.催化剂研究方法, 第四章, 气相色谱法在催化研究中的应用. 石油化工, 9 (9): 547-560.

杨锡尧, 侯镜德.1989.物理化学的气相色谱研究法. 北京: 北京大学出版社.

Bassett D W, Habgood H W.1960.J Phys Chem, 64: 769-775.

Yang X Y, Pang L. 1982. Inter Chem Eng, 22: 125-131.

陈诵英, 孙予罕, 等.2001.吸附与催化. 郑州: 河南科技出版社: 195-200.

Pan Y, Yang X Y, Pang L. 1988. Studies on the active sites for dehydrocyclization reaction over Pt-Al_2O_3 catalysts. React Kinet Catal L, 37: 469-476.

杨锡尧, 任韶玲, 庞礼.1983.负载型铂催化剂中的载体效应. 高等学校化学学报, 4 (4): 499-503.

王禄平, 杨锡尧, 庞礼.1984.担体酸性对铂催化剂的表面性质和催化性能的电子跳变效应. 物理化学学报, 2 (5): 424-431.

杨锡尧, 刘佳, 庞礼.1987.氧化物添加剂对 Pt/η-Al_2O_3 的电子调变效应催化学报, 8 (3): 259-266.

潘蕴, 杨锡尧, 庞礼. 1989.还原态 Pt/γ-Al_2O_3 催化剂中存在离子态 Pt 的条件. 催化学报, 10 (1): 7-13.

Liu J, Yang X Y, Pang L. 1991.The relationship between the polarizing force of cations and the electrophilic character and catalytic performances of promoted Pt-Al_2O_3 catalyst. Chinese Chemical Letters, 2 (3): 261-262.

刘佳, 杨锡尧, 庞礼.1992.稀土氧化物对 Pt/γ-Al_2O_3 催化剂的助催化效应.石油学报 (石油加工), 8 (2): 46-51.

杨锡尧, 胡瑞生. 1995.盐酸处理 γ-Al_2O_3 的表面性质及其对负载的 Pt 的表面性质和反应性能的影响. 燃料化学学报, 23 (1): 1-5.

Fu X Z, Yang X Y, Pang L. 1991. The role of titania in Mo-Co/γ-Al_2O_3-TiO_2 HDS catalyst//Proceedings of The International Conference on Petroleum Refining and Petrochemical Processing. Oxford: International Academic Publishers, 3: 1269-1274.

付贤智, 杨锡尧, 庞礼.1988.加氢脱硫催化剂的研究 Ⅰ.TiO_2 对 MoO_3/γ-Al_2O_3 表面分散态的影响. 分子催化, 2 (1): 19-24.

付贤智, 杨锡尧, 庞礼. 1989.加氢脱硫催化剂的研究 II.Mo-Co-Ti/γ-Al_2O_3 催化剂硫化态的 XPS 表征. 分子催化, 3 (2): 155-158.

付贤智, 杨锡尧, 庞礼.1989.加氢脱硫催化剂的研究.III.TiO_2 对 Mo-Co 系加氢脱硫催化剂的助催化效应. 分子催化, 3 (3): 204-210.

付贤智, 杨锡尧, 庞礼.1989.加氢脱硫催化剂的研究. IV. TiO_2 改性的 Mo-Co-Ti/γ-Al_2O_3 加氢脱硫催化剂活化条件与催化性质的关系. 燃料化学学报, 17 (4): 289-295.

付贤智, 杨锡尧, 庞礼.1991. 加氢脱硫催化剂的研究. V. TiO_2 对 Mo-Co 系 HDS 催化剂吸附性能的影响. 分子催化, 5 (3): 263-267.

Yang X Y, Xi H L, et al. 1992. React Kinet Catal Lett. 46 (1): 179-186.

杨锡尧, 付贤智, 李日初, 等.1992. 烃类加氢脱硫催化剂. 中国专利, CN10406101.

Zhang Z L, Ma J, Liu Z Q, et al. 2001. Titanium-promoted cobalt sulfide catalysts for NO decomposition and reduction by CO. Chemistry Letters, 2001 (5): 464-465.

Zhang Z L, Ma J, Yang X Y. 2003.separate/simultaneous catalytic reduction of sulfur dioxide and/or nitric oxide by carbon monoxide over titanium-tin solid solution catalysts.Chemical Engineering Journal, 95: 15-24.

Zhang Z L, Ma J, Yang X Y. 2003.Separate/simultaneous catalytic reduction of sulfur dioxide and/or Nitric oxide by carbon monoxide over TiO_2-promoted cobalt sulfides. Journal of Molecular Catalysis A: Chemica, 195 (1-2): 189-200.

张昭良, 马骏, 杨锡尧. 2001. 高效一体化脱硫脱硝催化剂.物理化学学报, 17 (6): 481-483.

杨锡尧，张昭良，马骏.2001.一种同时消除混合气中二氧化硫和氮氧化物的复合氧化物催化剂.中国：CN1288773A.

杨锡尧，张昭良，马骏. 2003. 一种同时消除混合气中二氧化硫和氮氧化物的催化剂. 中国：CN 1107536C.

刘赵穹，马骏，张昭良，et al. 2002. $Sn_{0.5}Ti_{0.5}O_2$ 催化剂上 SO_2，NO 和 CO 反应机理.物理化学学报，18（3）：193-196.

Liu Z Q, Ma J, Zhang Z L, et al. 2003.SO_2-assisted simultaneous reduction of SO_2 and NO by CO on SnO_2-TiO_2 solid solution.Catalysis Letters，86（1-3）：87-95.

刘赵穹，马骏，杨锡尧. 2004.CO 为还原剂同时还原 SO_2 和 NO 的 SnO_2-TiO_2 固溶体催化剂 I.催化剂的催化性能. 催化学报，25（4）：297-301.

刘赵穹，马骏，张昭良，等. 2004.CO 为还原剂同时还原 SO_2 和 NO 的 SnO_2-TiO_2 固溶体催化剂.II.催化剂的物理化学性质. 催化学报，25（4）：302-308.

刘赵穹，马骏，杨锡尧. 2004.CO 为还原剂同时还原 SO_2 和 NO 的 SnO_2-TiO_2 固溶体催化剂.III.催化剂的活性位和反应机理. 催化学报，25（8）：624-632.

图 片 集 锦

祝贺庞礼八十华诞

李大东的博士生论文答辩

右 2 为杨锡尧

李大东的博士生张昭良在分析数据

和研究生讨论实验数据

和内蒙古大学、广东嘉应大学进修教师共庆合作愉快

(杨锡尧)

何　仁

何仁，1937年5月生，江苏省无锡市人。大连理工大学精细化工国家重点实验室教授、博士生导师、理学博士。长期从事有机化学、金属有机化学教学及配位催化研究工作。在配位催化小分子活化领域做出了重要贡献。在创建应用化学专业及教材建设方面都做过富有成效的工作。从教50余年培养了大量学生，博士研究生中获优秀博士论文1名，已晋升为教授的有6名，担任"211工程"重点建设大学副校长的有2名。

何仁出生在一个知识分子家庭。抗日战争爆发后全家西迁。惊恐而艰难的逃难生活和漂泊外乡的失落感激起他父母对日本帝国主义的仇恨和对富国强兵的期盼。所以不断教育他发奋学习、科学强国。初中上化学课时，老师常做些示教实验，他感到很新奇，从此对化学产生了浓厚兴趣。高中时任化学课代表，在老师教育和鼓励下逐渐形成了学化工的志向。1955年高中毕业时老师告诉他，东北是重工业基地，化学工业基础好；大连工学院有国内唯一的合成橡胶专业，这是很有发展前途的专业，也是国家急需的。在老师启发下，他将大连工学院填为第一志愿。后被录取为该校化工系学生，学制五年。

入学后他学习比较轻松，有较多的业余时间。当时苏联专家提倡在大学生中开展科学兴趣小组活动，他被物理教授选中参加一些研究活动。教授对他的理论基础和动手能力都很欣赏。在期末考试时（那时实行口试）他刚回答第一题，颜承鲁就在他的记分册上写上了"优"。1958年，高等学校发展很快，为解决学校招生规模扩大而带来师资不足的困难，校方从四年级抽调一些学生到基础课教研室任教。他被分到化工系有机化学教研室，从此开始了长达50年的教师生涯。1961年有机化学教研室讨论工科院校基础课教研室是否要开展科学研究工作时，他支持高等学校教师既要教学也应开展科研的观点。没有科研功底，教学效果也不会好的说法，得到教研室主任周科衍的重视并成为他的科研助手。周科衍说作为一名教师熟悉教材是最起码的要求。要想当个好教师还应该读懂几本名著，要做一千道习题；科学是实践的总结，没有科学研究实践也不能真正读懂名著，也不能深入浅出地讲好课。当时学校图书馆只有苏联的A.E.齐齐巴宾的《有机化学基本原理》（俄文版）。他只在大学学过二年俄文，要读千页名著困难不小。但他没有畏惧，定下每天必读3页的计划，雷打不动。有时遇到难理解的部分苦读到深夜也一定要完成。开始参加科研时，他既不知道如何搞，也没有条件。恰好教研室承担了编写全国工科院校有机化学实验通用教材的任务，他借参加校核实验的机会，用科学研究方法校核实验，获得了较系统、完整的第一手材料，撰写出的实验书内容翔实可靠，得到出版社的好评，他通过实践学到了一点科研的门道。

20世纪60年代初，低压聚乙烯刚传入中国。出于对合成材料重视和早年对高分子的兴趣，他走进了金属有机化学与配位催化领域。当时国内最难解决的是烷基铝，因为它太活泼，很危险，国内也没有人做过。但没有它又不能组成聚烯烃催化剂。为此，他们只能一边摸索着用"土办法"建立无氧、无水系统及在此条件下进行实验的技术。走过了漫长的"屡败屡战"过程，最终他安全地制备出合格的烷基铝。回首这艰难的起步过程，他明白了"天下无难事，只怕有心人"的道理，只要坚持不懈、肯下苦功，工科院校基础课教研室还是可以做点研究工作的。

20世纪70年代初，我国开始引进国外先进技术，其中辽阳石油化纤公司引进聚乙烯装置的催化剂要用称为IPRA的铝有机化合物组分。它由联邦德国的先林公司生产，由于长途大量运输不安全，外方不能提供，更不愿转让技术。负责该项目的化工部想在国内寻找研究单位都无结果。后听说大连工学院化工系做过烷基铝就派员联系，希望在三年内能将它研制出来。当时，何仁还不知道IPRA是什么结构，更不知如何开展工作，完成任务的确没有把握。在学校各级领导大力支持和以他为骨干的全组同事们共同努力下，何仁终于按期、优质地完成了任务，受到化工部的奖励。大学教师搞科学研究不仅为完成项目，更重要的是把积累的经验传授给学生。为此，他与袁履冰合编了一部教学参考书《有机铝化合物》（1979年由人民教育出版社出版），旨在让学生重视金属有机化学。通过这次合作写书，何仁积累了写书的经验。改革开放之后，我国开始向发达国家派遣留学生。1980年初在学校选拔留学预备生考试中他被录取了。由于他考的是英语，教研室希望他去美国。然而当时院长屈伯川认为德国是"化学王国"，应派往那里学化学。因未学过德语，学校只好先送他到北京语言学院出国部学习。那里的德语班培训考德语入选的留学预备生,像他这样"目不识丁"的学生困难可想而知。为了不辜负国家的希望,学校的重托,他充分利用强化学习俄文的经验和英文基础找到一条突击德文的方法,最终他赶上来了,还走到前面去了。1981 年他获得联邦德国弗里德里希·艾伯特基金会奖学金资助赴联邦德国亚琛理工大学(University of Technology Aachen)留学。由于长期的闭关锁国,中国与发达国家的科技差距很大。刚到德国时,教授并不认为中国留学生有能力做出像样的工作。在语言和学术双重压力下,他没有退缩,还是发扬顽强拼搏的精神。几个月后,教授居然提出愿接受他为博士研究生,研究二氧化碳催化活化及与共轭二烯烃的调聚合反应,这在当时是一个挑战性的课题。

论文做到一半,德国教育部下文,所有留学生都必须通过资格考试才能授学位,也就是说他必须通过高等无机化学(金属有机化学)、高等有机化学、高等物理化学及工业化学四门硕士学位课程的考试。那时他已过了不惑之年,像金属有机化学从未系统学过。同学们都为他捏了一把汗,国内的同事们也认为是凶多吉少。但是,不去应试或考试不及格都有辱中国留学生的形象。办法只有继续发扬顽强拼搏的精神,结果他顺利通过所有考试。过了这一关,他全身心地投入博士论文工作。不久他就发现在铑配合物催化下,三分子丁二烯能与一分子二氧化碳聚合生成环状内酯,即将二氧化碳以羧基形式插入有机分子中。导师认为是新发现,把这部分工作做成墙报挂在研究所展览。1984 年 11 月 19 日他顺利通过博士论文答辩,获联邦德国亚琛理工大学数学与自然科学学院博士学位。

1985 年回校工作,何仁先后担任大连理工大学化学系、精细化工国家重点实验室教授,精细化工和工业催化博士生导师,应用有机化学教研室主任,化学系主任,应用化学研究所所长等职。此间他被授命筹建应用化学专业(理科)。在他努力和同事们的支持下,该专业于 1987 年招生并延续至今。为了把在国外学到的新知识传授给学生,他为该专业学生编写了"金属有机化学"讲义并在教学实践中不断丰富和修改。这就是后来何仁编著的"面前 21 世纪课程教材"《配位催化与金属有机化学》、何仁、陶晓春、张兆国编著的"十一五"国家重点图书《金属有机化学》的基础。1990 年国家教委成立高等学校理科教学指导委员会时他被聘为化学教学指导委员会委员,应用化学教材建设组委员及《大学化学》杂志学术委员、编委。回国后看到国内石油化工和精细化工行业缺乏直链 α 烯烃,在企业引进国外技术无果的情况下,何仁从 1986 年开始先后与中石化、中石油及下属企业合作开展了近二十年的乙烯齐聚合成直链低碳 α 烯烃工作,完成了小试及连续化工艺研究;提出了四价锆配合物主要催化乙烯齐聚,三价锆配合物主要催化乙烯高聚的观点,为将众多的乙烯高聚催化体系调变成齐聚催化体系打下了基础;发现 Co-Salen/EAO(乙基铝氧烷)可催化乙烯齐聚;$Cp_2ZrCl_2/Ph_2PCH_2CO_2Na$/EAO

可催化乙烯环齐聚，得到亚甲基环戊烷等。

中国化学会络合催化专业委员会发起人合影

随着环境问题日益突出，二氧化碳已被公认是主要的温室气体。他认为解决这一问题的理想思路是将二氧化碳作为一种新碳源用于有机化学工业。在此思想指导下他已成功地将二氧化碳以羧基形式引入环氧烷烃、共轭烯烃等分子中，并将它们用作为聚合单体。虽然均相配位催化有许多优点，已成为现代有机合成重要手段。但是，均相催化剂与产物难分离、难回收再利用，这也阻碍了它的工业应用。为此，他开展了超临界二氧化碳中的配位催化研究，特别是超临界二氧化碳既是溶剂又是反应底物的研究；超临界水无催化酯水解反应研究等。近年他又注意到均相配位催化不仅有催化剂与产物难分离的问题，而且均相配位催化大多在有机溶剂中进行，因溶剂用量常大于底物而成为重要的污染源。虽然水相中配位催化已有成功的特例，但多数有机底物难溶入水中，传质问题不好解决，影响推广。他设计了具有表面活性的螯合氮配体及与过渡金属的配合物并已成功用于催化水溶性很差的有机底物在水相中偶联反应合成含氟液晶化合物。他也关注有机催化，完成了叔膦催化炔醇卤化合成卤代联烯工作。他热心中国化学会工作，1990年参加发起成立中国化学会络合催化专业委员会，被选为委员并被聘为《分子催化》杂志编委。1998年被选为中国化学会理事兼应用化学专业委员会委员，辽宁化学会理事，大连市化学会理事长。1985年回国后在国内外主要学术期刊上发表学术论文140余篇，已授权专利9件。编著图书6部。

图 片 集 锦

国家教委化学教学指导委员会成员合影

教育部应用化学专业评估专家组合影

(何 仁)

李 树 本

李树本，1937年6月生，河北迁安人，物理化学家。1957年考入天津大学化工系，1962年毕业后被分配到中国科学院兰州化学物理研究所工作，1986年国家科委和人事部授予"中青年有突出贡献专家"称号。1990年享受国务院政府特殊津贴。1962~1982年先后在周望岳、尹元根和陈英武指导下从事多相催化选择氧化和光催化分解水制氢研究。1982~1984年在瑞士洛桑联邦理工学院光催化专家M. Graetzel实验室做访问学者，进行半导体光催化分解水研究。回国后在王弘立指导和安排下，开始带研究生进行甲烷催化转化、酶催化选择氧化和光催化方面的研究。1986年经中国科学院化学部评审聘为研究员，1990年经国家学位委员会评审聘为博士研究生导师。1986~1999年任中国科学院兰州化学物理研究所所长，其间主持申请并创建了羰基合成与选择氧化国家重点实验室和精细石油化工中间体国家工程研究中心。作为主要贡献者，丁烯氧化脱氢新反应的研究获1982年国家自然科学奖二等奖、丁烯氧化脱氢铁系尖晶石催化剂的研究获1985年国家科技进步奖特等奖；作为项目主持人，铑/硫化镉光解水催化剂、钨-锰/二氧化硅甲烷氧化偶联催化剂和甲烷单加氧酶催化化学的研究，于1995~2003年分别获得院、省级自然科学奖和科技进步奖一、二等奖。在国内外学术期刊发表研究论文300余篇，主持和合作编译出版《酶化学》、《烃类选择氧化》等学术专著4部。

其他学术兼职有：《分子催化》主编，《太阳能学报》、《催化学报》、《燃料化学学报》、《化学物理学报》、Journal of Natural Gas Chemistry等编委。中国化学会催化专业委员会顾问委员会委员，曾任中国化学会理事，甘肃省化学会理事长，国际氢能协会委员。

主要研究领域与学术成就

丁烯氧化脱氢制丁二烯新反应的研究

丁烯氧化脱氢制丁二烯是 20 世纪 60 年代初发现的一个新反应。李树本是我国最早从事该过程研究与开发的科学工作者之一。在第一代 P-Mo-Bi/SiO$_2$ 催化剂的研究开发过程中主要负责催化剂的制备。对该催化剂配方和制备方法的确定、强度、稳定性的改进和工业生产的放大做出了创造性贡献。确定了用于该反应的 P-Mo-Bi/SiO$_2$ 混浆催化剂的配方,并制备出具有高活性和高选择性的第一个催化剂。通过改换载体和超细混合对催化剂的强度和稳定性进行了改进。参加了该催化剂实验室 1000h 稳定性试验并先后在兰化公司和锦州石油六厂进行催化剂工业放大实验。负责并完成了锦州石油六厂 1000t/a 列管式恒温反应器的物料衡算。丁烯氧化脱氢制丁二烯这一过程的开发成功,使我国成为继美国之后,第二个掌握这一过程的国家。在 20 世纪 70 年代先后建立了五套万吨级工业装置,其设计规模达 9.6 万 t,从而一举改变了橡胶的需求有 90%要靠进口的落后局面,为我国合成橡胶工业的发展奠定了原料基础。

1974 年针对 P-Mo-Bi/SiO$_2$ 催化剂在北京燕山石化合成橡胶厂工业化以后,副产含氧化合物生成量高、污染严重等问题(一堵、二挂、三污水),李树本查阅了十余年发表的有关丁烯氧化脱氢和烯丙基烃选择氧化方面的文献和专利 80 余篇,撰写了《对丁烯氧化脱氢催化剂开发过程的初步分析》的论文,本着开发只适用于丁烯氧化脱氢而不适用于丙烯氨氧化反应的独立的丁烯氧化脱氢催化剂的设想,提出"跳出借鉴或移植丙烯氧化和氨氧化型催化剂的圈子发展独立的丁烯氧化脱氢催化剂体系是提高过程选择性、压低含氧化合物生成量、减轻环境污染的一个方向"的见解,从而在国内又率先开展了丁烯氧化脱氢 Fe 系尖晶石催化剂的研究,以减少含氧化合物的生成量。并通过调整催化剂的配方和改进制备方法攻克了稳定性和强度这两大难关,为该催化剂在工业上取代 P-Mo-Bi/SiO$_2$ 打下了基础。丁烯氧化脱氢研究工作的这一重大进展,引起了我国相关企业和科技界的广泛重视和普遍好评,1976 年初被编入《顺丁橡胶攻关成果汇编》,1978 年在中国化学会年会上做了口头报告,1979 年以首页发表在《石油化工》第 11 期上,进一步扩大了其影响。1980 年以后兰州化学物理研究所又将其应用于流化床,发展成 H-198 催化剂。1983 年,由兰州化学物理研究所和锦州石油六厂合作,将其推向工业化,从而使我国丁烯氧化脱氢制丁二烯过程达到了当时以美国 Petro-Tex 公司为代表的世界先进水平。

1988 年赴美国考察丁烯氧化脱氢时去 Petro-Tex 公司参观

流化床丁烯氧化脱氢制丁二烯过程的开发成功和水平的进一步提高，使我国掌握了顺丁橡胶生产工艺的全过程，也是"顺丁橡胶工业生产新技术"能获得国家科技进步奖特等奖和兰州化学物理研究所在四十多个参加攻关的单位中能排名第一的重要原因。截至 1996 年底，采用丁烯氧化脱氢和抽提法得到的丁二烯为原料，已累计为国家生产了 200 多万 t 顺丁橡胶，创产值 100 多亿元，利税 26 亿多元。"顺丁橡胶工业生产新技术"已成为中华人民共和国成立以来，我国唯一一个依靠自己的科技力量独立自主开发的大化工过程。顺丁橡胶也成了我国唯一能大宗出口的有机高分子材料，在国外技术和产品大量拥入中国市场，国际竞争日益激烈的严峻形势下，被誉为"顺丁现象"。

"顺丁橡胶工业生产新技术" 1985 年获国家科技进步奖特等奖

1986 年以后，在李树本的主持下，又成功地开发出无铬 W-201 催化剂，不但进一步降低了潜在的铬污染，而且还显著提高了丁二烯收率和选择性。这是丁烯氧化脱氢催化剂在技术上的又一突破和创新。通过直接在工业反应器上逐步替代 H-198 的补加试验，现已在锦州石油化工公司成功地应用了五年半，为企业的技术进步做出了重大贡献。截至 1995 年 12 月，通过使用 W-201，该公司年增收节支总额达 1016.3 万元，累计新增产值 7606.4 万元，合计增加纯收入 3557.0 万元，充分显示出丁烯氧化脱氢制丁二烯流化床反应工艺的优越性和催化剂的不断更新换代给企业带来的巨大效益。

中国科学院组织丁烯氧化脱氢无铬 W201 催化剂在锦州石化公司召开

最近几年，随着丁二烯市场供应与需求的变化，仍有多个企业采用兰州化学物理研究所原创的丁烯氧化脱氢技术新建了多套丁二烯生产装置，其产能大约 400 万 t，有力地填补了丁二烯市场需求的不足，同时也彰显了我国自主研发的丁烯氧化脱氢技术的生命力。

新型光催化剂和反应体系的研究

1978 年，根据兰州化学物理研究所研究方向的调整，李树本将自己掌握的丁烯氧化脱氢文献资料和催化剂制备中的关键技术问题，从学术上向依然从事丁烯氧化脱氢研究的课题组有关同志"竹筒倒豆子"般地做了全面介绍和交代。转入光催化研究领域之后，作为光催化反应功能组副组长，组织筹建了光催化反应和热动力学机理研究实验室。并按研究所的光助络合催化和络合催化氧化研究方向，很快在过渡金属卟啉和 $TiCl_3$ 为催化剂，2,2'联吡啶为助剂、K_2PtCl_6 为催化剂络合催化光解水方面开展了有一定特色的工作，是我国最早从事太阳能分解水研究的科学工作者之一。

1982～1984 年李树本与世界著名光催化专家，该领域的开拓者之一，瑞士洛桑联邦理工大学 M.Graetzel 合作，从事半导体光催化循环光解水同时放氢放氧的研究。通过实验证实了染料敏化和 Cr（Ⅲ）掺杂 TiO_2 体系可见光循环光解水存在的问题。在 Graetzel 实验室发现了一个新型光催化剂——Rh_2O_3/CdS 和两个新的催化体系——$Rh_2O_3/CdS-TiO_2$ 放氢体系和 $Rh_2O_3/CdS-K_2PtCl_6$ 放氧体系。尤其是后者，Rh_2O_3/CdS 催化剂的氧化活性比 RuO_2/CdS 高近 15 倍，所以使得 Graetzel 实验室原来的 $RuO_2/CdS-K_2PtCl_6-NaClO_4$ 牺牲放氧体系大大简化。并发现有气相氧存在时 CdS 在光解水中被氧化发生二次光腐蚀生成 SO_4^{2-} 的现象；通过手套箱和 $H_2^{18}O$ 证实了 CdS 体系可光解水放氧。

1984 年在瑞士留学期间进行光催化分解放氧试验

光催化分解水放氧的结果在 JACS（1984，106：6565）发表后，引起了很大反响，先后被德国 R. Memming 研究小组（*J. Electroanal. Chem*，1987，228：45-53）和英国 A. Mills 研究小组（*J. Chem. Soc. Faraday Trans*. I，1989，85：503-519）所证实，承认这是首次发现的 CdS 体系放氧结果，但 Memming 对机理的讨论提出异议，而 Mills 则完全同意 Graetzel 实验室的结果，不同意 Memming 的见解。Rh_2O_3/CdS 催化光解水放氧和气相氧引起的二次阳极光腐蚀实验结果发表以来，截至 1996 年底，根据《科学引文索引》（SCI）检索已先后被引用 64 次，单篇引用率达 30 次以上。

由于在多相催化选择氧化研究中的深厚积累，1988 年开始，李树本将 $ZnFe_2O_4$ 用于光催化反应，成功地研制出不需要担载贵金属的新型铁系尖晶石复合氧化物光催化剂。研究发现，$ZnFe_2O_4$ 为一新型窄带半导体催化剂，可吸收 550nm 的可见光，光催化活性和 Pt/CdS 相当，$ZnFe_2O_4$ 和 CdS 比较，不但稳定性好、无毒，而且不需要担载贵金属。近年来对 $ZnFe_2O_4$ 光催化剂的制备和光催化性能进行了系统的研究，其中包括 $ZnFe_2O_4$ 的晶体结构和能带宽度及其对 H_2S 和 CH_3OH 的光催化分解，光催化还原从废水中选择性回收金，水中微量氯代苯酚的光催化氧化降解等性能。这方面的研究工作在 1996 年已获得中国发明专利权 2 项。

$ZnFe_2O_4$ 光解 H_2S 的结果于 1990 年投寄在夏威夷召开的国际氢能会议后,被作为特约稿件于 1992 年在《国际氢能杂志》(*Inter. J. Hydrogen Energy*)上正式发表,同年也被法国《新化学杂志》(*New J. Chemistry*)接收发表。此外,还曾两次被国际会议列为邀请报告,即第九次国际太阳能光化学转化与储存会议(IPS-9),以及 1994 年 6 月在加拿大召开的 AOTs-1 会议,会后引起美、德、日、俄等国科学家的兴趣,纷纷索要报告和希望进行合作。

甲烷氧化偶联 W-Mn/SiO$_2$ 催化剂的研究

甲烷氧化偶联制乙烯是天然气(油田气)直接转化为基础化工原料的最吸引人的催化过程,具有十分诱人的工业应用前景,但难度很大。因此,这一反应曾在 20 世纪 90 年代初在国际上兴起了研究热潮,但其瓶颈则是甲烷过低的转化率和很不理想的乙烯选择性,在过去的十几年里有关催化剂研制的论文与发明专利就有数千件,研制过的催化剂有上千种。但由于甲烷氧化偶联是串行、并行反应,催化和非催化共存的复杂反应过程,甲烷转化率和 C_2 烃选择性之间相互制约,提高甲烷转化率必然会导致 C_2 烃选择性下降,而高的 C_2 烃选择性只有在低的甲烷转化下才能达到。甲烷的转化率与 C_2 烃的选择性之和达到或超过 100% 几乎成为不可逾越的障碍。

国家计委"八五"天然气攻关项目组参加考察

李树本是我国最早开展甲烷氧化偶联工作的科学家之一。围绕这一问题,在国家重大项目的支持下,全身心投入研究与开发。李树本根据在丁烯氧化脱氢 P-Mo-Bi/SiO$_2$ 催化剂制备中的研究工作经验,以及国外已发表的专利文献,提出双金属中心分别活化甲烷和分子氧的催化剂设计思想。指导研究生方学平摆脱稀土和碱土金属氧化物体系的束缚,以 SiO$_2$ 为载体,以 Mn 作为主要活性组分,以碱金属为助剂,添加另一金属组分开展流化床用 Mn/SiO$_2$ 氧化偶联催化剂体系的研究。方学平问李树本："江西盛产钨，加钨行不行？"李树本说："除了必须有 Mn/SiO$_2$ 以外，什么金属都可以试。"通过大量试验终于研制出 W-Mn/SiO$_2$ 催化剂。实验证明，W-Mn/SiO$_2$ 双过渡金属氧化物催化剂，活性和选择性比单独的 Mn/SiO$_2$ 或 W/SiO$_2$ 都好。1991 年该研究申请专利，1992 年将 W-Mn/SiO$_2$ 催化剂的制备、表征和反应结果首先在《分子催化》上发表，并提出该催化剂的甲烷转化率和 C$_2$ 烃选择性之和可超过 100%，空速和烯烷比高，并且适用于加压反应。这一研究结果在《分子催化》发表后，引起国内外同行专家的极大关注。首先引起了该领域的权威科学家美国得克萨斯农机大学 J. H. Lunsford 的注意，重复了兰州化学物理研究所的研究结果；并发表了他们进行跟踪研究的论文（*J. Catalysis*，1995，155）。1993~1995 年有关天然气转化的国际会议和 Lunsford 发表的文献综述中也曾多次引用该催化剂的活性和稳定性数据，认为这是目前最好的甲烷氧化偶联催化剂。最早发表甲烷氧化偶联反应的美国联碳公司（UCC）M. M.Bhasin 主动提出和我们合作。继之，英国剑桥大学的 R. M. Lambert 和牛津大学的 M. L. H. Green 也都对该催化剂进行了跟踪研究。最先报道甲烷氧化偶联反应的美国联碳公司 M. M. Bhasin 1996 年 11 月 20 日来兰州化学物理研究所访问时，也对该催化剂的研究结果，特别是 200mL 流化床放大实验给予很高评价，称该催化剂是最好的、最具工业化应用前景。根据 XRD、XPS、ESR、LRS 等多种谱学表征结果和 O$_2$ TPD 及 CH$_4$ 脉冲试验提出了 W 和 Mn 双金属中心分别活化甲烷和分子氧的机理。这一机理对创制甲烷氧化偶联催化剂具有重大的指导意义。

随着甲烷 C—H 键选择性活化及定向转化研究的深入，1993 年由蔡启瑞、彭少逸、郭燮贤、陈懿和朱起明、李树本作为项目建议人，由厦门大学、山西煤炭化学研究所、大连化学物理研究所、南京大学、清华大学和兰州化学物理研究所等多家研究单位共同承担了"八五"国家重大基金项目"煤炭、石油、天然气资源优化利用的催化基础"的研究，随后对 1986~1991 年发现的 W-Mn/SiO$_2$ 甲烷氧化偶联高效催化剂的反应性能、长期操作稳定性、催化剂的活性中心结构以及反应机理进行了深入系统的研究，进行了微型固定床 1000h，30mL 固定床和 200mL 流化床 500h 稳定性试验，并在中石化洛阳设计研究院进行了催化剂喷雾成型试验。同时进行了相应的工艺条件选择、动力参数测定及流化床耐磨试验等，取得了被公认为原始性创新的应用基础研究成果。W-Mn/SiO$_2$ 催化剂是我国在甲烷选择氧化研究领域代表性的研究工作，到目前为止依然是甲烷氧化偶联最为高效的催化剂之一。

酶催化氧化及其化学模拟的研究

石油烃和天然气催化选择氧化中的一个技术难题是在分子氧存在下使低碳烷烃羟基化和 C$_3$ 以上烯烃环氧化。特别是甲烷催化氧化制甲醇，已研究近 100 年，至今仍不能取得突破。在自然界中广泛存在的甲烷氧化菌则可以通过巧妙地活化分子氧，以100%的选择性将丙烯氧化成环氧丙烷，甲烷氧化成甲醇。李树本及其领导的研究组从1987年开始就从玉门油田土样中筛选出这种甲烷氧化菌，对它的形态和所含甲烷单加氧酶的酶系进行了表征，并通过固定化对其催化氧化性能进行了系统研究。与此同时还对甲烷单加酶在温和条件下活化甲烷和分子氧的机理进行了探讨，以便从结构和功能上对其进行模拟，为化学催化剂的分子设计提供信息，特别是固定化生物催化剂在石油化工、精细化工和能源化工方面的应用方面并提出自己的观点，已被国内同行多次引用。李树本在酶催化氧化方面已发表30余篇学术论文。其中有关生物催化剂固定化方面的工作已引起了国内外同行的关注，一篇综述性文章于1990年编入了钱延龙、廖世健主编的《均相催化进展》一书中。

科技人才培养与科研平台建设

李树本不仅是一位学识渊博、治学严谨的学者，开创了许多新的研究领域，取得了多项丰硕成果。李树本更是一名辛勤耕耘的园丁，是中、青年科技人员的良师益友和可信赖的长者。李树本为国家培养出一大批高级科研骨干人才，在兰州化物所形成了一支有战斗力的科研团队。李树本已指导培养54名研究生，其中博士51名、硕士12名均获得学位。已毕业的研究生中获优秀论文的10名，获中国科学院院长奖学金的5名。在培养学生中，李树本特别注意他们学术思想的修养和创造开拓能力的训练。

根据兰州化物所催化学科的学科优势和特色以及几十年来在羰基合成与选择氧化研究领域丰富的科技成果积累，李树本提出了建立"羰基合成与选择氧化国家重点实验室"的学术构想。1989年作为重点学科项目获得国家计委批准，利用世界银行贷款进行建设的重点学科子项目完成了"羰基合成与选择氧化国家重点实验室"的建设，并于1992年开始边建设边开放，1995年7月通过国家验收，顺利通过国家计委委托中国科学院组织的专家验收，给予很高评价，正式列入国家重点实验室序列。

李树本特别重视科技与国民经济的有效结合，一贯坚持科学研究要为国民经济服务，科研成果要转化为现实生产力。李树本积极倡导科研院所与大型企业紧密合作，率先组织兰州化物所各方面的骨干力量与兰州炼油化工总厂于1988年建立了石油化工联合发展部，全力支持和推进催化技术的工程化研究和开发放大工作。在此基础上，李树本提出了建立"精细石油化工中间体国家工程研究中心"的构想，于1995年作为科技发展项目获得国家计委批准，利用世界银行贷款进行建设。"精细石油化工中间体国家工程研究中心"的建设和运行为我国精细石油化工领域的技术创新和科技成果转化做出了重要贡献。

图片集锦

石油、煤、天然气优化利用国家大基金课题在厦门大学召开学术讨论会

2004年参加在大连召开的第七次天然气转化国际会议

光催化和酶催化博士研究生论文答辩会

（丑凌军）

李 大 东

李大东，中国石油炼制与化工专家。1962年毕业于北京大学化学系，博士生导师。

李大东生于北京市，祖籍山东省德州市。1962年毕业后被分配到石油科学研究院工作，历任技术员、课题组长、研究室主任、副总工程师、副院长，1991年9月～2003年12月，任石油化工科学研究院院长；2004年1月至今，任石油化工科学研究院学术委员会主任。1994年成为中国工程院首批院士，曾任中国工程院主席团成员和化工、冶金与材料工程学部主任。中共十四大代表，全国人大第九、十届代表。

李大东主要从事石油炼制与化工技术的研究、开发与创新工作，是中国清洁燃料生产技术的主要开拓者之一。20世纪80年代由他主持开发成功的RN-1加氢精制催化剂，解决了国内二次加工馏分油亟须脱氮提高安定性的难题，在当时具有世界领先水平，并出口到意大利，是中国炼油催化剂首次走向国际市场，具有里程碑意义。近40年来，他直接负责或组织领导开发了一系列具有国际先进水平的加氢技术和加氢催化剂，已工业化12个系列100多个品种，广泛应用于国内外400多套工业装置，创造了显著的经济效益和社会效益。

在担任石油化工科学研究院院长期间，正值中国石化工业迅速发展时期，炼油技术面临一系列前所未有的重大挑战。李大东站在国家的高度，提前组织战略布局，领导开发了一系列具有国际先进水平的技术，并与设计单位和企业合作，推广应用到国内外市场，为我国汽车燃料低成本质量升级和相关法规按时实施创造了条件，为劣质原油的高效加工和油化结合生产优质化工原料做出了重要贡献。

其间，首次提出未来炼厂的三种模式，对炼油工业的发展具有重要指导作用。

李大东作为第一完成人开发的 RN-1 加氢精制催化剂及工艺，获得中国发明专利金奖和国家科技进步奖一等奖。2010 年李大东获何梁何利基金科学与技术进步奖。与合作者获授权中国发明专利 320 件，授权海外发明专利 67 件。发表论文 165 篇，出版专著 1 部。培养博士研究生 35 名。

重 教 之 家

李大东祖籍山东省德州市。祖父由德州迁居北京，住在东四九条一个老式四合院内，这个四合院内有多家邻居居住。父亲李善长，肄业于燕京大学，20 世纪 30 年代去德国学习搪瓷生产技术，回国后自己开设了一家营造厂（相当于现在的建筑公司），中华人民共和国成立后继续经营这个营造厂，50 年代到北京搪瓷厂工作，直至退休。母亲李振霄，河北省人，在北京读大学，结婚后一直从事家务，主要承担子女的教育责任，她非常开明，竭尽全力支持孩子们多读书。

1938 年 2 月李大东生于北京市的这个四合院内，是家中的长子。他有一个弟弟、两个妹妹。弟弟李大亚，在北京五中读初中、高中，1960 年升入北京大学化学系电化学专业，毕业后被分配到天津市冶金局，改革开放后任天津市开发区主任至退休。大妹李大霞，宣武护士学校毕业后被分配至宣武医院，后任护士长，调任宽街北京中医院护士长，直至退休；她的丈夫陈广义毕业于浙江大学机电系，任教于北京化工大学机械系直至退休。小妹李大红中学毕业时正赶上"文化大革命"，在中国科学院半导体研究所工作，她的丈夫李远镜毕业于北京大学物理系，被分配至中国科学院半导体研究所工作，直至退休。逢年过节，作为兄长，李大东会请在京的妹妹两家来家里做客相聚。

兄弟姐妹合影
后左 1 为李大东

李大东的妻子王雪梅,祖籍辽宁省大连市,1937年生于长春,1948年全家迁居北京,中学就读于北京师大女附中,1962年毕业于南开大学化学系,被分配至北京化工大学任教,教授本科及研究生课程,直至退休。儿子李荆1993年毕业于石油大学(华东),被分配至中国石化工程建设公司,做市场部工作。儿媳牛宜宣,毕业于北京大学医学部制药系,在北京海淀医院做药剂师工作。孙子李昀翰,现在快满一周岁了,聪明伶俐,活泼好动,正在咿呀学语。

　李大东夫妇合影　　　　　李大东夫妇和儿子李荆　　　李大东夫妇与孙子在一起

学 生 时 代

　　李大东小学时代是在北京东四十二条小学度过的,那时他特别贪玩。家离东直门很近,而东直门外就是郊区了,水塘遍布,夏季里鸟语蝉鸣,万木葱茏,是李大东童年的乐园。逮蜻蜓、捕蝴蝶、抓蝈蝈、斗蟋蟀,上树掏鸟窝,下河捉鱼虾,什么好玩的都不放过。虽然经常被父母训骂甚至挨打,但是童年是那样幸福美好,至今都让他流连于回忆中。

　　刻图章也是同学们的喜好。李大东也经常找来大小合适的石头,先依其形状仔细打磨,然后在刻字面用钢笔画线分区,写上反字,也可以使用印纸把字拓印上去,再用各种小刀精心雕刻,有时候刻至兴起,饭也顾不上吃,盼着尽快刻好以便第二天带到班级向同学们炫耀,他看着自己的作品被人家欣赏还真有点小成就感。他小学时左手写字,刻印章时也是左手拿刀。但在课堂上,老师不允许用左手写字。有时趁老师不注意,他就用左手写字,老师若发现就会毫不留情地用小板子抽打他的手。小学快毕业时,他已习惯用右手写字,但拿刻刀、使筷子等仍用左手。

　　小学五、六年级班主任刘老师,年龄比较大,非常敬业,课教得非常好,把学生当成自己的孩子。学年结束时,她自费买一些字典、本子等学习用具,当作奖品发给班里三五个成绩好的同学，激励班里同学好好学习，而一贯贪玩的李大东此时只好羡慕他们了。这件事对他触动很大，一方面，老师对学生如此之好，感动之余，李大东更为多年来没有认真学习而觉惭愧，另一方面也唤起了他赶优争先的想法。

1950年升中学时李大东考入北京崇实中学（1952年更名为北京市第二十一中学）。崇实中学是个教会学校，校舍高大宽敞、设施先进齐全，条件非常好。除5层高的教学楼外，还有食堂、沐浴室、游艺室、盥洗室、理化实验室、图书馆、阅览室、大礼堂等。20世纪50年代的一部电影《风筝》的部分镜头就拍摄于此。这里的学生可以住校，每间宿舍20m^2，3个人住。

但是，崇实中学教学质量在当时只处在中上行列。没有进入更好的学校对李大东是个刺激，他不再像小学那样贪玩了，收敛了很多，放学后知道认真写作业，去郊外玩耍的次数明显减少，效果就是第一学年末学习成绩名列全班第一名。初尝胜果的李大东更加把学习放在心上，第二学年末则名列全校第一名，直至高中毕业。他获得北京市教育局1951年首次颁发的优秀奖章（奖励学习成绩优异的学生），并连续获得了5枚，直至高中毕业。初中升高中时，以他当时的成绩进入更好学校是完全没有问题的，但母校挽留好生源，他也留恋好老师，虽然有些犹豫，最终还是同意免试进入本校高中部学习，事后也证明这是正确的选择。

中学时代是李大东从懵懂少年成为有追求、敢担当青年的关键时期。那时他读了很多文学作品，如《三国演义》、《水浒传》、《红楼梦》等中国古典名著，《城堡》、《远离莫斯科的地方》、《静静地顿河》、《外交家》等国外名著，对他产生很大的影响，生活非常充实。

中学时期，李大东的数学、物理、化学等各科学习成绩名列前茅，但那时他总感到学得不满足，学得不解渴，许多知识是知其然而不知其所以然，觉得客观世界太大、太神秘、太深奥。1956年，18岁的李大东从北京二十一中考入了北京大学化学系。后来证明，这是他人生路上的一次重大飞跃，也是其事业的起飞点。北京大学名师荟萃，校园环境优美，学术气氛活跃，图书馆的藏书也非常多。特别是1955年党和国家发出"向科学进军"的号角，北京大学欣欣向荣，出现很多社团，除了学术团体外，还有诗社、戏剧社、音乐社等可加入。为了加强教育，学校要求大教授上大课。300人的大课，要由最好的教授讲。李大东刚入学时，傅鹰讲授《普通化学》。傅鹰是蜚声世界的胶体化学家，也是我国胶体化学学科的奠基人，课堂上双手板书让同学们叹为观止。傅鹰不仅是科学之大家，文学功底也非常深厚，这一点可从其编著的《化学热力学导论》略见一斑。进了北京大学，李大东就像一个走了很长夜路的孩子一下跨进了一座灿烂辉煌的殿堂，眼界豁然开阔了：一切都是清新的，一切都是感奋的，一切都是极具魅力的。他常常畅抒胸臆地与同学们进行学术争论，也常常整日"扎"在图书馆里贪婪地"啃食"书籍。

李大东(左1)与大学同学

1961年,大学五年级时开始分专业,学生们首先自己报名。同学们报的都是热门专业,如物理化学、半导体、有机化学、高分子化学。别人以为李大东也会选择这些。但他选择了冷门专业有机催化。大家非常吃惊,因为这个专业是1960年才建立的,1961年第二届招学生。当时教研室主任是庞礼,党支部书记是李宣文。这是中国第一个催化专业,未来发展如何,尚难预料。但李大东有自己的主见。在大学时,他看书比较杂。每周日下午,他都会钻进图书馆第三阅览室看一下午的杂志、期刊,包括科学的、文艺的。那时他就觉得化学工业里,很大一部分是催化过程,催化剂是化学反应的核心,在国民经济中将发挥重要作用,前景广阔。另外,傅鹰在课堂上也说,对于稀土元素,人类还没有研究透彻,而中国的稀土矿非常丰富,资源量很大,开发稀土资源,特别是作为催化剂使用将大有可为。李大东的这一选择,不但同学们吃惊,甚至庞礼、李宣文二位老师都要了解他的想法。

在6年大学生涯中,对李大东影响最大的是傅鹰和唐有祺两位教授。那时,傅鹰已是中国科学院学部委员,后来还当了北京大学的副校长,而唐有祺是在20世纪80年代当选为院士的。他们德高望重、学识渊博,亲临教学第一线,对知识的讲解不仅清楚、明白,更重要的是启发学生认识和了解学科的发展历程、发展脉络和发展趋势。李大东听他们的课,简单地说就是4个字:过瘾、解渴。李大东从两位教授的课中受到了很大的启迪,为他以后进一步认识客观世界的规律打下了坚实的基础,同时也回答了他中学时期一些百思不得其解的问题。此后在谈到两位教授时,李大东说:"如果把我一生所进行的科学探索画成一条轨迹的话,我觉得这条轨迹的起点应该定在北大,傅鹰和唐有祺两位教授则是我重要的启蒙导师。"母校北京大学6年的学生生涯使李大东受益终身。

投身炼油

1962年大学毕业后,李大东被分配到石油科学研究院,同一届从北京大学分到石油科学研究院的还有5个同学。恰在那时，闵恩泽（我国炼油催化剂方面的奠基人，后来成为两院院士）与庞礼合作在石油科学研究院筹建一个实验室，做铂重整催化剂催化环己烷脱氢动力学研究，李大东参加了此项工作。李大东被分到催化剂研究室当技术员，当时的室主任就是闵恩泽。能在一跨出校门就在闵恩泽的直接领导下工作，李大东认为是他这一生中幸之又幸的事情。当时的工作是"流动循环法研究环己烷在铂重整催化剂上的脱氢反应动力学"，用的是国际上先进的研究动力学的无梯度反应器。指导这个项目的是闵恩泽和北京大学的庞礼，具体工作中石油科学研究院部分由李大东做，北京大学部分由丁余庆做，1965年完成。当时，正赶上召开国内第一次科技大会，李大东印象最深刻的是，他在会上做专题报告时，侯德榜（原化学工业部副部长、中国老一代科学家）也在认真听他讲。那是李大东第一次做口头报告，受到了化工界的技术权威、侯德榜的赞扬。但他也给李大东提了一个问题：动力学属于一个基础研究的范畴，跟铂重整的工艺和铂重整催化剂的实际开发有什么关系，对于工业技术的开发，究竟能够起什么作用。实际上这个问题就是：基础研究跟工业应用技术的开发之间有什么关联。这启发了李大东思考怎么做技术创新的研究工作。

"文化大革命"开始后，李大东于1969～1972年去干校劳动改造。他在干校种菜、栽果树、管鱼塘……干过很多农活，烈日当头40℃高温下，挑水浇地已是常事，到了晚上干完活后冲个冷水澡是很幸福的了。当时大家不知道将来会到哪里去，以后还能不能再回到北京。李大东自学生时代就喜欢钓鱼。在干校，偶尔也在休息日到河边钓一会儿，用一根竹竿栓条线当鱼竿。但是，他不敢声张，因为那时钓鱼被认为是资产阶级生活方式。他往往将钓的鱼送给干校中有孕妇的家庭。

八　下　南　京

1972年，李大东回到了北京，在燃料化学工业部领导下的石油科学研究院炼化室，负责炼油工艺和催化剂，主要是FCC提升管工艺及催化剂、多金属重整催化剂的科研管理工作，而不是具体的研究工作。

在炼油方面，20世纪60年代国际上炼油技术有两项革命，一是因为成功合成了Y型分子筛，用这种分子筛制备了具有高催化裂化活性的FCC催化剂，从而使FCC由床层反应器变为提升管反应器，产生了巨大飞跃；二是多金属重整，催化剂由单一的铂变为铂加其他金属，多金属催化剂抗聚结，适合在高反应温度、低反应压力下使用。中国在20世纪70年代开始研制分子筛FCC催化剂，并计划在工业上由分子筛催化剂替代硅铝微球催化剂，这是当时国内炼油界首要任务，由石油科学研究院副院长武迟来抓。对于Y型分子筛合成，南京大学采用南化的磷肥副产品硅渣作为原料合成Y型分子筛，但是硅渣的量有限，且合成的分子筛质量不稳定。国际上用晶化导向剂法，水玻璃作硅源，南开大学、大连化学物理研究所等单位还在探索阶段。李大东协助武迟在南京召开会议，全面、细致地比较了晶化导向剂法和硅渣法，会议决定攻关会战采用晶化导向剂法。总院综合所的任务是 Y 型分子筛的稀土交换和 FCC 催化剂的开发，REY 分子筛的工业试验在南京炼油厂的分子筛车间（016 车间）进行，目标是生产 20t REY，然后在兰州炼油厂生产 200t REY FCC 催化剂，而提升管的会战点设在了玉门炼油厂。南京攻关会战会议，确定了 Y 型分子筛合成路线、会战地点、会战单位，明确了分工。会战组组长是薛秀川，负责具体工作的是张有石，李人东任副组长。南京攻关会战单位有总院、南开大学、南京大学、大连化学物理研究所、华东化工学院和南京炼油厂。南京炼油厂研究所的李善安也在会战组中，他是北京大学第一届催化专业（1961 年）的毕业生，比李大东高一届。1972～1973 年搞了一年多的分子筛合成，李大东在这一年内先后 8 次下南京，绝大部分时间住在南京。那时去南京，有一趟北京-上海的特快火车，在南京经停，每次都是到车站再买票，然后上车就出发，由于买不到坐票，李大东经常从北京一直站到南京，一站就是 20 多个小时。

南京会战后成功生产了 22t 分子筛，总院派董承训到南京慰问，他对李大东说："总院组织了强有力的会战，你一年多来吃了不少苦，出色完成了任务，大家对你的反映非常好。"

在南京，在生产车间，对李大东来说是非常重要的锻炼，既增长了业务能力，也锻炼了组织协调和管理能力，更重要的是培养了李大东的大局观，使顾全大局成为了李大东的一种习惯。

1972～1977 年，在炼化室的五年，对李大东一生的科研经历、知识的拓宽和工业实践有极大的帮助。这是因为凡属重大的项目攻关必须下厂去实践，所以当时每一年里李大东最少有三分之一的时间在工厂。这对理科毕业的李大东接触和熟悉工业生产是非常重要的，他从中学到很多经验和教训，对他后来回到研究室直接做研究工作作用很大。这期间他接触的人很多，特别是有幸追随培育了一批又一批骨干的催化化学及化学工程专家武迟。武迟是麻省理工学院硕士，清华大学教授，院系调整后到北京石油学院工作，再到总院工作，时任副院长。李大东经常随武迟出差去工厂。武迟的知识面很宽，无论开什么课题研讨会，听完各位负责人汇报后，他的总结都比这些人上一个高度。他临危不乱，处事总是稳稳的。一次从兰州乘飞机回北京，在空中飞机剧烈颠簸，机长给每位乘客发了纸条写遗书，其他乘客都吓得惊慌失措，字都不会写了，武迟仍泰然自若。李大东看到他如此镇静，心里自然就安定了。李大东跟随武迟工作 5 年，耳濡目染，学到很多可贵的东西。李大东认为，对他一生业务工作影响最大的两个人，一个是闵恩泽，另一个则是武迟，在技术指导上是闵恩泽，而在科学分析的基础上做出正确技术决策方面则是武迟。

十 年 一 剑

1978年，石油工业部、化学工业部恢复，石油科学研究院改名为石油化工科学研究院。在李大东的请求和侯祥麟的支持下，他又回到了科研一线，进入了石油化工科学研究院新组建的基础研究室工作。闵恩泽担任石油化工科学研究院副院长，李大东不仅在闵恩泽直接领导下工作，而且闵恩泽还亲定了李大东的研究方向——石油加氢技术。那一年，李大东四十岁。

李大东与侯祥麟在一起

李大东和闵恩泽在讨论工作

1978~1987年是李大东对科学规律的认识和创新以及工作能力上成长最快，也是最辛苦的十年。那时，因大庆常压渣油催化裂化的工业化和推广应用，二次加工馏分油亟须脱氮解决油品安定性问题，而催化剂是解决加氢精制问题的关键。李大东所在的基础研究室的任务就是根据我国原油资源的特点和产品的需求，从基础研究即从化学反应过程入手，产生新构思，开发新的具有特色的技术和工业催化剂，研究方式从跟踪、模仿转向创新，他担任研究室主任工程师兼加氢催化剂研究组组长。他工作非常投入，把实验室当成了自己的家，在倒班做实验的时候，每天工作16小时。当时做实验要两班倒，早班（8:00~16:00）和中班（16:00~24:00）。为了晚上早一点结束实验，他总是早上7:00之前来到办公室，帮助上早班的同志提前把反应器炉温升起来，然后上午就去做主任工程师的工作，下午再上中班做实验。他做事利落且肯付出，对实验的每个环节都了如指掌。1984年7月，正是天气最热的时候，因为做实验急需一种试剂，他就骑着自行车到灯市口的化学试剂门市部去买，但门市部没货，要到丰台区大红门提货，从正午出去，到把试剂取回来放到实验室，已是晚上七点多了。李大东就是这样一个人，必须做的事情，不论多么困难，他都会千方百计地去完成。

RN-1是石油化工科学研究院开发成功的第一个加氢处理催化剂，也是第一个从应用基础研究入手开发出创新成果的成功案例，同时也是1985年中国专利局成立当年石油化工科学研究院首批申请的发明专利之一。在RN-1催化剂的研制过程中，李大东与课题组成员一起首先从加氢脱氮反应过程入手，研究了含氮化合物的类型及其反应网络动力学，深入分析了各种金属组分对加氢精制过程中各基元反应的影响，科学地选择了活性组分，系统考察了活性组分与载体的相互作用以及抑制催化剂运转初期的结焦问题。在此基础上设计、制备了新型加氢脱氮催化剂，并于1985年成功进行了工业试生产，1987年进行RN-1催化剂工业应用试验。1987年4月，课题组来到广州石化总厂进行工业应用试验。在即将出结果的那天夜里，大家都没有睡觉。凌晨4点左右，结果出来了，比预计的都要好。所有人高兴极了：科研人员孜孜以求，付出了艰辛劳动，做出的结果得到了工业应用，得到了炼厂的认可，是给研究人员最大的回报和奖赏。到1988年10月，在保持操作条件不变甚至氢分压更低的情况下，产品质量依然达到开工初期的水平，充分验证了RN-1催化剂的高活性、高稳定性以及高强度的特点，工业试验取得圆满成功。1978~1988年，十年磨一剑，在他和同志们不懈努力下，石油化工科学研究院开发的第一个加氢处理催化剂（RN-1）工业应用成功。RN-1加氢催化剂及工艺，1989年获得国家发明专利金奖，1991年获得国家科技进步奖一等奖。1994年，RN-1催化剂出口到意大利。这是我国炼油催化剂首次走向国际市场，具有里程碑意义。

RN-1催化剂开发的成功之处在于：

（1）从化学反应过程入手提出解决脱氮问题的思路，其脱氮性能在十年之内保持国际领先。

（2）不仅研究了催化剂组成，同时研发了配套的催化剂制造技术，如异形催化剂制造技术等，从而保证了催化剂实际使用性能的高水平。

（3）在开发 RN-1 催化剂的过程中建立了以各种模型化合物为代表的基元反应性能评价方法，如脱硫、脱氮、芳烃饱和等。

（4）在开发 RN-1 催化剂的过程中积累了数百个催化剂组成、表面性质与各种基元反应性能之间关系的数据。这些数据的积累和认识的深化为以后加氢催化剂系列化奠定了基础。

RN-1 催化剂开发成功并广泛推广应用使李大东自信心更强了：只要扎扎实实去努力，并发挥好团队的作用，我们就可以开发出国际领先的技术。

在成功开发 RN-1 催化剂基础上，石油化工科学研究院迅速实现了加氢催化剂的系列化。其家族技术已工业化 12 个系列 100 多个品种，广泛应用于汽、煤、柴、润滑油、渣油等十几种加氢工艺及国内外 400 多套加氢装置上。

不负众望

1991~2003 年李大东担任石油化工科学研究院院长期间，正值中国石化工业迅速发展时期，炼油技术面临一系列前所未有的重大挑战，更需从全局甚至中国和世界石化工业的角度去思考问题，以满足国家重大需求。在这期间，他准确预见了炼油工业的发展及面临的挑战，首次提出未来炼厂将主要分为三种模式，即以生产满足排放法规要求的清洁燃料为主的清洁燃料型炼厂，以生产清洁燃料和生产烯烃、芳烃等化工原料并举的油化结合型炼厂，及以多产丙烯为目的、联产乙烯和芳烃的化工型炼厂，并据此尽早布局，组织领导石油化工科学研究院有针对性地开发了一系列具有国际先进水平的技术，与设计单位和企业合作，广泛推广应用到国内外市场，为我国汽车燃料低成本质量升级、为相关法规的按时实施创造了条件、赢得了先机，为劣质原油的高效加工和油化结合生产优质化工原料做出了重要贡献。

20 世纪 90 年代初，随着国民经济迅速发展，人们对清洁油品和化工产品的需求持续快速增加，开发中压加氢裂化 RMC 技术是满足这种需求的经济有效的途径，对解决我国原油偏重、乙烯及芳烃原料不足的问题具有重要意义。中压（10~13MP）加氢裂化技术与高压（15~20MP）加氢裂化技术相比，最大的好处在于，在以相同原料生产相同质量的化工原料时可以降低投资和操作费用等成本。但开发中压加氢技术要解决的难题是必须提高加氢精制催化剂脱氮活性和芳烃饱和活性，以便在中压下仍能为裂化段提供合格进料；改进加氢裂化催化剂的裂化活性和开环选择性及抗氮中毒能力,使之在中压下仍具有高转化能力;减轻由氢分压降低引起的催化剂失活速率加快而缩短运转周期的问题。李大东与课题组人员一起,深入研究吡啶类氮化物加氢脱氮反应过程的机理,通过添加新的组分等方法制备出在中压下具有高芳烃饱和活性和高脱氮活性的加氢精制催化剂;通过选择裂化活性高和选择性好的分子筛,制备出裂化催化剂,恰到好处地改善了加氢裂化催化剂抗氮性能、开环选择性和裂化活性;通过优化精制剂与裂化剂的配比,实现了中压下长周期运转的目的。RMC 技术在燕山石化 130 万 t/a 的中压加氢裂化装置上首次工业化,随后又在上海石化、扬子石化、湛江石化等推广应用。

李大东(前排中)在生产现场

李大东与外国专家在会间交流

渣油加工是提高石油资源利用率最重要的环节。在多种渣油加工手段中，采用渣油加氢处理（RHT）与重油催化裂化（RFCC）组合工艺来加工转化渣油，可以直接生产清洁的车用燃料，同时可以做到"零废渣"排放。常规的 RHT-RFCC 组合工艺是 RFCC 重循环油（HCO）返回到 RFCC 装置中回炼，即自身循环。由于 HCO 含有较多多环芳烃和硫化物，因而轻油收率低，生焦量大，产品质量差。此外，由于渣油加氢反应受扩散控制，原料油的黏度和反应物分子大小对扩散性能有很大的影响。因此，固定床渣油加氢处理装置加工高黏度的减压渣油是很困难的。另外，工业上渣油加氢处理装置主要加工常压渣油或掺炼部分直馏蜡油（VGO）的减压渣油，存在渣油加氢和蜡油加氢裂化装置争 VGO 馏分的矛盾，影响了炼厂加工流程的优化和经济效益。李大东带领课题组研究人员在深入分析渣油加氢处理和 RFCC 化学反应过程及其问题的基础上提出了 RHT-RFCC 双向组合技术（RICP）的构思。该技术的创新点为，将原来 HCO 自身循环，改为 HCO（还可以包括一部分澄清油的闪蒸油）先与渣油加氢处理原料混合，作为渣油加氢处理进料的一部分，然后再回到 RFCC，即回炼油改为大循环操作。在提出 RICP 技术路线后，李大东开展了大量的基础研究和中试研究工作。研究结果表明，RICP 技术是可行的，采用该技术对渣油加氢和 RFCC 装置都带来明显的好处，掺入 HCO 后渣油加氢装置进料黏度可大幅度降低，渣油加氢脱硫、脱金属和脱残炭等反应速率显著提高，因改善 RFCC 进料质量，从而提高了 RFCC 转化率，生焦量和干气量下降，使低价值 HCO 转化为高价值的轻油产品，轻质油收率提高 1~3 个百分点，同时降低渣油加氢催化剂积炭量，改善积炭和金属分布，提高渣油加氢催化剂反应活性和使用寿命；并以 HCO 顶替出减压渣油加氢装置进料稀释油——直馏 VGO，供加氢裂化装置加工，生产更多优质的中间馏分油产品，优化炼厂加工流程，使炼厂获得更大的经济效益。该技术已成功应用于齐鲁分公司和安庆分公司等多家炼厂。

20 世纪 90 年代后期，由于环保法规对于车用柴油中硫含量等杂质的限制日趋严格，实行柴油硫含量小于 $50\mu g/g$ 甚至小于 $10\mu g/g$ 的车用柴油规格是必然趋势。分析表明，当柴油中硫含量在 $500\mu g/g$ 时，硫主要以 4,6-二甲基二苯并噻吩（4,6-DMDBT）形式存在。要将柴油中硫含量降低至 $50\mu g/g$ 甚至 $10\mu g/g$，关键是要脱除柴油中所含的 4,6-DMDBT 类稠环硫化物。因空间位阻的影响，这类硫化物的反应活性很低，在常规加氢脱硫催化剂上通常很难脱除。从 4,6-DMDBT 的脱硫反应机理来看，要促进 4,6-DMDBT 类稠环硫化物的有效脱除，提高加氢催化剂的加氢性能至关重要，而要提高催化剂的加氢活性，就需要设法增加加氢活性中心的数目和提高加氢活性中心的本征活性。为给国内炼厂生产超低硫柴油提供技术支撑和提高我国炼油技术国际竞争力，李大东带领研究团队开发了柴油超深度加氢脱硫催化剂 RS-1000。该催化剂脱硫、脱氮活性高，稳定性好，可由多种柴油原料生产硫含量小于 $50\mu g/g$ 和 $10\mu g/g$ 的超低硫柴油（ULSD），达到了同类催化剂的世界先进水平。RS-1000 通过优化 NiMoW 金属体系、采用改性氧化铝载体和使用新的络合制备技术，促进了金属定向地生成高活性的加氢活性中心而不是低活性的物种，实现了金属的高效利用，极大地提高了加氢性能。在催化剂中引入适量的 Brönsted 酸中心，在提高加氢活性的同时，又促进了 C—N 键的断裂，从而提高了催化剂的加氢脱氮功能。而加氢脱氮功能强化后，又加快了含氮化合物的转化，减少了其与含硫化合物在活性中心上的竞争吸附，降低了含氮化合物对脱硫反应的抑制，使催化剂的脱硫功能得到更好的发挥。由于具有上述特点，RS-1000 催化剂对 4,6-DMDBT 类稠环硫化物的转化能力远远超过常规加氢精制催化剂，因而具有优异的柴油超深度脱硫能力。RS-1000 催化剂已成功应用于中国石化荆门分公司、中国石油克拉玛依石化公司、尼日尔津德尔炼厂、乍得恩贾梅纳炼油厂等国内外 21 家炼厂，总加工能力达 2275 万 t/a。

李大东在催化剂生产现场

右 1 为李大东

从 20 世纪 90 年代至今，李大东参与、组织和领导的一些重大技术开发工作主要有：

（1）清洁燃料生产技术的开发。生产清洁汽油技术：汽油选择性加氢脱硫技术（RSDS-Ⅰ、RSDS-Ⅱ和 RSDS-Ⅲ）、汽油加氢异构脱硫降烯烃技术（RIDOS）。

生产清洁柴油技术：中压加氢改质技术（MHUG）、柴油超深度加氢脱硫技术（RTS）、柴油超深度加氢脱硫催化剂（RS-1000 和 RS-2000）等。

（2）润滑油加氢成套技术的开发。

（3）油化结合技术，如中压加氢裂化技术（RMC）的开发。

（4）重油加工组合技术的开发。渣油加氢处理-重油催化裂化双向组合技术

(RICP)、浅度溶剂脱沥青-脱沥青油加氢处理-催化裂化技术（SHF）、多产轻质油的 FGO 选择性加氢与选择性催化裂化集成技术（IHCC）。

（5）替代运输燃料技术。煤直接液化油品改质技术、费托合成及费托合成油的提质技术。

（6）未来化工型炼厂的核心技术（SHMP）。

薪火相传

2003 年底，李大东从领导岗位退下来，担任二线工作，任石油化工科学研究院学术委员会主任，有更多的时间做自己钟爱的科研事业及关注石化和能源化工领域的热点问题，并在一些有可能突破和创新的方向上进行积极探索，同时通过培养博士研究生，把创新精神和创新方法传授给他们。

几十年来，从侯德榜的提问开始，李大东一直在思考着、实践着从基础研究到技术创新的工作，当然他也做得很成功，创新意识和创新精神一直伴随着他。如何做创新性的工作？李大东认为，能够正确地找准问题、提出问题是创新的起点。研究人员总会遇到困难和问题。要深入地解析问题，然后有针对性地提出解决的办法并加以实施，最终问题得到解决，认识得以提升。这就是创新性工作的规律。李大东认为，要想创新，就必须从基础研究、科学认识上做起，有超前的意识去探索新的途径。做探索工作必须要超前若干年进入研究课题，而不是等到市场需求充分显露的时候才着手去解决。德国物理学家海德堡说过，正确地提出问题就等于解决了问题的一半。李大东非常赞同这个观点，他认为能找准问题就是创新的起点。

李大东从创新性的研究工作中得到一条重要体会：创新性的研究工作是一项很艰苦的工作，但更是一种乐趣，因为要探索的是未知的世界。全身心投入，冥思苦想，查阅资料，反复实验，在屡次失败中积累经验，期待那灵光一现的时刻，思路与假想得到验证。这是一个求真的过程，作为研究工作者，李大东严谨而且务实。

要想创新，还要有好的团队。李大东认为，个人离开团队做不成任何事，特别是做应用研究工作的，团队非常重要。他认为不应把所有的荣誉都集中在一个人身上，这样做既不符合客观事实，对工作也不利，所以，在宣传的时候不能总宣扬个人。这是李大东一直坚持的。要知道自己所起的作用，更要看到别人的作用，这个团队才能凝聚起来，技术创新才能良性循环起来，科研工作才能有声有色。这是李大东的心得。

李大东甘为人梯，一直把培养人才作为他的责任和任务，他认为这是事业发展的需要。青出于蓝而胜于蓝，他的学生超过他时，他感到非常欣慰。迄今，他共培养硕士和博士研究生 50 多名，他们已成为科技创新的骨干。

20世纪90年代李大东与曲良龙等学生在讨论问题

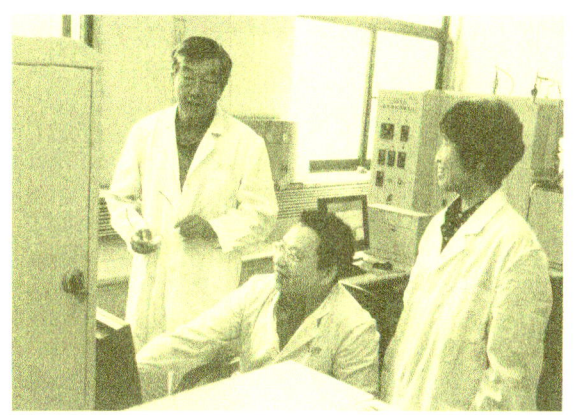

2006年李大东与项目组人员讨论试验方案

左1为李大东

李大东给学生做学术报告

李大东为学生们总结了几十年来在科研一线、领导岗位对科技创新工作的体会与思考,希望他们在做人、做事上能少走弯路,多出成绩。

(1) 从事科研工作,要想有所建树,首先要热爱它,而不是简单地把它看成是一种职业和任务。只有这样才能全身心投入,才能不分白天黑夜地冥思苦想,才会有成功的可能。

(2) 要扎实地掌握必要的基础理论知识并在科研实践中学会如何运用知识解决实际问题。这样的反复实践过程也是自己水平和自信心不断提高的过程。当通过基础研究获得了新知识、并通过这些新知识成功地解决了实际问题的时候,自信心自然就有了。

(3) 古人云,"三人行,必有我师",这是至理名言。虚心向身边的人学习,活到老,学到老,必将受益终身。

(4) 团队的作用很重要,特别是应用技术开发团队的作用是决定性的。个人在团队中有重要作用,但是必须学会尊重别人并承认别人的劳动,这样别人才会尊重你。

(5) 在研究工作中要取得重大突破并有所创新,必须培养百折不挠的勇气和毅力,学会克服和解决各种问题的途径和方法。

(6) 技术创新的思路来自于一系列准确的提问和对这些问题正确的回答。因此在科研过程中要有意识地培养自己发现问题的能力,正确地找准问题就解决了问题的一半。

李大东(前排中)和他的加氢催化剂研发团队

（7）高度决定视野。学会站在更高层面把握研究方向和思考问题。即使现在是一个课题组长，负责某一具体课题，但考虑问题应站在该领域甚至整个石化行业的战略高度，要培养全局观，这样才有可能使你开发的技术发挥更大作用。

（8）我们还需要学习和掌握根据国家重大需求来开拓前人从未做过任何工作的新领域、探索解决问题的新途径的方法，即做好原始性创新工作的方法。基本途径还是通过实践来培养和帮助一大批中青年科技骨干成为做这类工作的领军人物，只有这样，中国的炼油工业才能做到国际领先。

（张宝吉）

袁 晴 棠

袁晴棠，1938年5月出生，河南南阳人，1966年4月加入中国共产党，1961年7月天津大学无机物工学专业毕业，教授级高级工程师，中国工程院院士。1985年2月起先后任原中国石化总公司发展部副主任、主任，中国石化科技开发公司经理，1994年11月任中国石化总公司总工程师，1996年1月兼任技术开发中心主任，1998年4月任中国石化集团公司总工程师，2000年2月任中国石化股份有限公司总工程师。第九届、第十届全国政协委员。

1994年被批准享受国务院政府特殊津贴，当年被授予中国石油化工总公司"有突出贡献专家"称号。

袁晴棠主持完成了2020年我国石化工业与中国石化集团公司炼油化工可持续发展战略研究；主持中国石化企业技术咨询及重大石化投资项目的评估；组织制定并实施中国石化总公司和石化集团公司科技发展规划，组织石化集团公司

"十条龙"重大科技攻关,为完成"七五"、"八五"、"九五"及"十五"重大科技开发任务,转化、推广科技成果,对推进石化工艺技术和设备、催化剂国产化进行了卓有成效的工作,为推进石化集团公司的科技进步做出了积极贡献。

她长期致力于乙烯裂解技术的研究与开发。参与国内第一套30万t/a大型乙烯生产装置(燕山)的设计和建设;组织开发裂解炉、复杂塔的计算方法和流程模拟程序,完成了30万t/a乙烯装置复用设计;主持开发成功CBL和SH型新型裂解炉技术,CBL-Ⅰ、Ⅱ、Ⅲ、Ⅳ型裂解炉分别在齐鲁、吉化、辽化、抚顺和燕山石化公司工业应用,使自主开发的单台裂解炉能力达到6万t/a;主持与国外公司合作开发大型裂解炉技术(单台能力10万t/a),已投产的能力达60万t/a,还有4台[10万t/(a·台)]即将投产,为发展我国乙炔技术做出了贡献。

袁晴棠长期致力于乙烯裂解技术的研究与开发。20世纪60年代在化工部第一设计院从事化学工程工作,主要是为设计工作提供可靠的设计计算方法和基础数据。袁晴棠还研究固定床反应器的设计计算方法。在此期间,开发出用反应动力学数据通过反应器数学模型计算合成氨反应器的方法,并借助计算机进行反应器计算。该计算方法发表在《化工技术资料·化工设计分册》1966年第3号上。20世纪70年代开始参与乙烯装置的设计工作。1970~1972年参与完成燕山年产12万t轻油裂解装置的设计,担任设计代表组长,带领各专业设计人员完成了全套施工图修改设计。1973~1976年参与我国第一套年产30万t乙烯装置(燕山)的建设。作为工程设计总负责人和设计代表组长,根据燕山的建设条件,按照国内生产的实际要求,完成了国内分工的全部设计工作;组织各专业设计人员参加乙烯装置的施工安装,完成装置施工过程中的配合工作;参与装置的投料试车、考核标定,并完成全套工程设计总结。1975年主持完成了30万t乙烯装置的扩大设计。这种设计采用工艺计算攻关所开发出的计算方法,结合国内原料情况,进行了多种方案的计算,使装置对不同原料具有一定的适应性,通过了化工部组织的设计审查,并组织开发裂解炉、复杂塔的计算方法和流程模拟程序,完成了年产30万t乙烯装置的复用设计。

1983年中国石油化工总公司成立,1984年袁晴棠组织北京石化工程公司、北京化工研究院、上海医药工业设计院和兰州化工机械研究院等单位的技术人员研究新型裂解炉的技术方案,包括炉管构型、急冷方式等。根据开发单位的具体情况,决定开发南、北两种新型裂解炉(后来命名为SH-Ⅰ和CBL-Ⅰ)。通过深入的方案研究和试验工作,确定了SH-Ⅰ和CBL-Ⅰ两种新型裂解炉的整体技术方案。在石化总公司领导的支持下,袁晴棠组织科研、设计、设备制造、建设单位开展技术攻关,解决了一系列技术难题,分别在高桥石化公司和辽阳化纤公司建成了年产1万t的SH-Ⅰ和2万t的CBL-Ⅰ两种工业试验炉,各项指标均达到同期引进的裂解炉水平。两种新型裂解炉的开发获得了成功,通过了鉴定,均获得中国专利,并分别获得国家科技进步奖一等奖和二等奖。在两种新型炉开发成功并通过鉴定后,更艰苦的工作是在工业上的推广应用。在石化总公司领导的支持下,经过艰苦努力,分别在齐鲁石化公司和吉化公司建成了年产4.5万t和3万t的CBL-I型工业炉。吉化公司3万t CBL-I型炉投料一次成功,技术经济指标与同期引进的裂解炉相当,投资约节省40%。齐鲁公司4.5万t CBL-I型炉在投产初期遇到对一种劣质的裂解原料不适应等问题。通过攻关,解决了一系列难题,CBL-I型炉现已成为生产的主力炉之一。在CBL-I型炉向工业转化和推广的同时,袁晴棠又不失时机地组织研究设计人员在总结I型炉开发经验的基础上,开展了CBL-II型炉的技术开发工作,并于1995年和1996年相继在辽阳化纤公司和抚顺石化公司建设成功两台年产4万t的CBL-II型炉。辽化CBL-II型炉已通过鉴定,各项技术经济指标达到国际先进水平。袁晴棠组织制订中国石油化工总公司中长期科技发展规划并组织实施。袁晴棠组织石化总公司"十条龙"重大科技攻关和科研开发工作,取得了一系列重大科技成果并在生产中推广应用,取得了良好的经济效益。

(张乐勇,张卫东,王树勇,蔡廷勇)

蔡 天 锡

蔡天锡，朝鲜族，1938年7月27日生于吉林珲春。1962年毕业于大连工学院（现大连理工大学）物理化学工程系，并于同年参加化工系工作。中共党员，教授，博士生导师。蔡天锡由教育部两次派遣到日本东京工业大学学习和做访问学者，1988年由东京工业大学授予工学博士学位，1994年到英国皇家研究院（The Royal Institution of Great Britain）与伦敦大学学院（University College London）做访问学者。蔡天锡曾任化工学院院长。他曾是第四届国务院学位委员会化学工程与技术评议组成员，人事部博士后流动站专家评审组成员，中国化学会第23、24届理事会理事，并为中国化学会催化专业委员会成员，曾任辽宁省化学会副理事长，大连市化学会理事长。

开展以杂多酸为催化剂的应用基础研究

蔡天锡以磷钼酸为催化剂开创了由巴豆醛制呋喃方法，并以 $H_3PW_{12}O_{40}$（简写为 HPW_{12}）为催化剂研究了低级烯烃与醋酸直接酯化制醋酸异丙酯、醋酸仲丁酯方法。并进行以 HPW_{12} 为催化剂由四氢呋喃制造聚四亚甲基醚二醇（PTMG）的研究，该项目列入科技部"九五"攻关任务，完成100t/a中试，2002年1月通过科技部鉴定和技术验收。后来由杭州青云控股集团有限公司完成制造聚四亚甲基醚二醇产业化，其规模为2万t/a，蔡天锡被聘为技术顾问。

以杂多酸改性骨架催化剂进行不饱和醛选择加氢研究，$Cu_{3/2}PMo_{12}O_{40}$-Raney Ni 催化剂上糠醛的转化率和糠醇选择率分别达98.1%和98.5%；$Cu_{3/2}PMo_{12}O_{40}$-Raney Co

催化剂上，由 α，β-肉桂醛制肉桂醇，转化率和选择率分别达到 93.4%和 80.1%，其收率接近传统工艺上用异氧基铝和苄氧基铝化学还原法。

$NiSO_4/\gamma-Al_2O_3$ 属我国自己开发的性能优良的烯烃齐聚催化剂

它对乙烯、丙烯和丁烯的齐聚反应表现出优良的催化性能。蔡天锡发现当 $NiSO_4$ 负载量为 21%（质量分数）时，$NiSO_4$ 均匀单层分布于 $\gamma-Al_2O_3$ 表面上。蔡天锡提出 $NiSO_4/\gamma-Al_2O_3$ 催化剂上，乙烯二聚反应是通过在 Ni^+ 上的配位催化进行的，而酸点起助催化作用；丙烯齐聚是在 Ni^+ 上通过配位催化和酸催化共同作用进行的；丁烯齐聚是通过酸催化进行，有效酸点为 $H_0 \leqslant -3.0$，其酸量为 0.85mmol/g cat。同系物 $Al_2(SO_4)_3/\gamma-Al_2O_3$ 和 $Fe_2(SO_4)_3/\gamma-Al_2O_3$ 对丙烯和丁烯都表现相当高的齐聚活性。蔡天锡用 $NiSO_4/\gamma-Al_2O_3$ 催化剂进行 100t/a 丙烯齐聚中试取得成功，获中国石化科技进步奖三等奖。

蔡天锡等开发出一种环境友好三氯化铝固载化催化剂

采用两段法，在第一段，CCl_4 与 Al_2O_3 反应生成新鲜 $AlCl_3$，然后在第二段，$AlCl_3$ 固载于 $\gamma-Al_2O_3$。以双孔 $\gamma-Al_2O_3$ 为载体的三氯化铝固载化催化剂，并采用悬浮床工艺，它对异丁烯表现良好的催化聚合性能，可由含 C_4 原料制 $\overline{Mn}$ 500～2400LM·PIB。原料中所含极微量水导致催化剂缓慢地失活时，蔡天锡找到再生方法，活性恢复率达 95%以上。该催化剂对长链烯烃与苯的烷基化反应也表现出非常高的活性、选择性和稳定性，1-十二烯（$1-C_{12}^=$）与苯在苯烯摩尔比为 5 和 80℃反应条件下进行烷基化反应，$1-C_{12}^=$ 转化率达 100%，生物降解性最高的 $2-ph-C_{12}^0$ 选择率高达 92.8%（HF 催化剂下此选择率只有 16.7%）。

蔡天锡发表学术论文 120 多篇、发明专利 10 份，培养培养博士 9 名、硕士研究生 36 名。

（蔡天锡）

王 公 慰

王公慰，1938年8月6日出生于云南省保山市。1951年考入保山中学初中部，1953年考入保山市第一中学高中。1956年毕业后考入兰州大学化学系，1961年考入中国科学院大连化学物理研究所攻读催化化学专业研究生。

1962～1966年为中国科学院大连化学物理研究所研究生，师从郑禄彬；1981～1984年在日本北海道大学理学部学习，师从国际著名酸碱催化专家田部浩三，获日本北海道大学理学博士学位。任大连化学物理研究所研究员、博士生导师，大连化物所咨询委员会委员；享受国务院政府特殊津贴。长期从事催化化学、固体酸碱及其催化作用的研究、开发工作。在国内外刊物上发表了近百篇论文和十几项国内专利授权。曾在美国、加拿大及欧洲等国家及地区参加学术会议和进行学术交流。

研究生阶段的锻炼

1961年，我从兰州大学化学系毕业，考入大连化学物理研究所，师从郑禄彬，从事催化学的学习和研究工作。

在郑禄彬的严格要求及细心关怀和培养下，我在题目组涉猎了催化研究的各个方面，如设计和建立装置，催化剂的制备、评价和反应条件的优化等。在此期间，化物所的三严作风和传统给了我很大的影响，使我受益匪浅。那时用玻璃装置做实验比较多，为提高实际动手能力，我练就了一手用玻璃灯吹玻璃器皿的技术。只要实验需要，不用多久一套像样的玻璃装置就造起来了。这为我以后的工作打下了良好的基础。也是从那时开始，我走上了从事催化化学方面的科学研究之路。

在这期间，除完成研究生论文工作之外，我还参与了"丙酮、乙炔法合成异戊二烯催化过程中炔醇选择加氢催化剂"的研制，后因去3125部队农场接受再教育及下乡走"五七道路"而中断。

多金属重整催化剂和长链烷烃脱氢催化剂的研制

20世纪70年代，国际上发展了多金属重整过程，将脱氢环化和环烷脱氢集于一个过程，其目的是增产芳烃，特别是增产作为合成涤纶纤维原料的PX及提高汽油的辛烷值。

1972年，林励吾抓住这一新研发动向，开展了多金属重整的研究。在1973年到1975年期间，我调到该组工作：

关于微型反应器系统的开发

在研制的初期，催化剂的活性组分主要集中在Pt、Ir、Re、Ge等多种贵金属上。当时所用的反应评价装置，催化剂用量较大。为了考察各个金属组元的相互作用及其对催化剂性能的影响，就必须减少催化剂装填量以尽可能地节省贵金属用量和缩短评价所用的周期。林励吾提出了建立微型反应器的设想，即建立一套催化剂装填量为1g左右，将反应与分析串联在一起的微反装置，并让我去进行这一工作。这一装置的关键在于解决将未经冷却的接近500℃的反应尾气取样与分析相连接的问题，这对于20世纪70年代的水平来讲，是比较困难的。我们详细地商讨了各种方案，最后与仪器厂共同商议，制作出耐高温的六通阀，终于建成了所用的设备。我详细地考察了各种金属之间的相互作用及其对多金属重整催化剂性能的影响。这一微型反应器后来经赵谦思等进一步发展，研制成仪器化的微反装置，并作为我院支援阿尔巴尼亚的一套设备出口。

长链烷烃脱氢催化剂的研制

在长链烷烃脱氢催化剂繁忙的筛选过程中我也进行了基础研究工作，以便了解催化剂各组分间相互作用及其与担体之间的相互作用的实质，进一步来指导应用催化剂的制备。当时成立了一个催化剂评价小组，我负责IR研究，胡爱华负责TPD的研究，章素主要负责穆斯堡尔谱的测试研究工作，从而进一步系统地考察了整个Pt-Sn催化剂体系及相互作用的机理。其中多金属重整催化剂的研究工作获得了全国科学大会奖。在这些工作中，我编写和发表了七篇研究报告。

拼搏之路

1981年夏，大连化学物理研究所为开展固体酸碱催化方面的研究，派我前往日本北海道大学理学部，求教于国际固体酸碱催化领域著名专家田部浩三。起初三个月，田部浩三只为我安排了一项已拟定好步骤的试验，让我重复做。但我常常独自寻找一条路走，于是，我在田部浩三布置的实验计划之余，又试探地改变了一些条件，进行反复试验，终于在质谱图上发现了一组新的谱峰，充分证实了在氧化镁这样的碱性氧化物上，一氧化碳加氢反应生成含氧化合物的过程中，有以吸附在催化剂表面氧上的甲醛基作为反应中间体。这一新的结果，引起了指导教授的高度重视和评价，并马上将试验结果投稿于英国的《化学会志》。文章发表后，引起各国研究者们的广泛兴趣。

不久，田部浩三正式为我安排了研究题目："考察氧化锆-氧化锡复合氧化物的酸碱性质及反应性能"。我把目光盯住了"固体超强酸催化剂"的课题，大胆地试探着硫酸根对锆锡系是否有促进作用。我每夜只在试验间隙，在装置旁边睡上3个来小时。指导教授感慨道："他是不会去玩的，他恐怕也不会玩"。终于我又发现了锆-锡系中，超强酸氧化物间的复合效应的存在，取得了这一研究课题的新结果。

此后，田部浩三主动挽留我，在日本继续攻读博士学位。在征得国内有关部门领导同意后，我又马不停蹄地向着新的目标冲刺了。但是，长时间夜以继日的艰苦工作，我的身体几乎支持不住了，常常坐到实验台旁就站不起来。有时在回寓所的路上，我两腿一软就坐到了地上。还有几次，我竟晕倒在实验室里。北海道寒冷的冬夜，加剧了我的腰背疼痛。我时常直不起身子，但毅然顽强地跪在凳子上坚持做试验。一起留学的同志见此情景，都劝告我"不能这样玩命干，要注意身体"，但是我回答说："现在不拼，我将会后悔一辈子。"

有志者，事竟成。1983年11月中，我完成了北海道大学申请考取博士学位必备的成果指标：交出4万多字的主论文——《在碱性氧化物催化剂上被吸附的一氧化碳的加氢反应》。同时，有7篇参考论文先后在英国和日本杂志上发表。在经过严格的外语（英语、日语）考试、学力试验和论文答辩之后，北海道大学理学部教官会全票通过授予我理学博士学位。我成为在日本北海道地区第一个取得理学博士学位的中国人。这时，胡耀邦正访问日本札幌市，在他接见我国留学生时，我国驻北海道领事向他介绍了我，胡耀邦特意同我握手，表示祝贺。

取得学位是我个人努力工作的结果，但也与大连化学物理研究所长期培养分不开。大连化学物理研究所的三严作风及实验技能的训练为我开展第一步工作并取得很好的结果奠定了良好的基础。正是受到了化物所在这两方面的培养，使我开展工作较快，并能及时发现实验苗头，从而进行深入细致地研究。

田部浩三（左2）、郭燮贤（左3）、千载虎（左4）与王公慰（左1）合影
（摄于1983年日本北海道大学）

回国后的工作

1984年1月24日，我从日本返回了祖国。

按照规定，我应该享有一个月的休假，以便休养、调整和安置生活。但当时我想，我首要的任务，一方面是要尽快熟悉离开近三年的环境，适应新的形势，另一方面是要迅速打开工作局面。因此，我放弃了一个月的休假，回国后便立即到实验室投入了研究工作。

回国后，从工作到生活得到组织和领导的关怀和期待，也激起了我工作的热情和决心。四月份我受命组建12室（酸碱催化研究室）的工作，我掂量着肩上的担子，深知它的分量，多年的科研实践使我懂得要形成一个有一定专业基础、领导力量和科研作风的研究室，没有几年的努力和积累是难以实现的。从没做过室领导工作的我，真有些为难了。本想回所后能专心致志地投入到科研工作中去，但我想得更多的是党和人民的培养，组织的信任和期望。一种责任感促使我硬是把担子挑起来了。其间主要做了这样几件事：

研究室的组建

12室是一个新成立的研究室，是由原来的五室和八室的有关组合并在一起的。因此，它不像其他研究室已经形成了一定的基础，领导力量和作风，加之来自两个研究室的组各有各的风格，思考问题的方法。如何将它很好地迅速地组织起来就成为当时摆在我们几个室一级负责人的面前的问题。我们花了很大精力，首先普遍了解情况，听取同志们的意见与要求，迅速熟悉了情况，建立了领导机构，同事较快地提出了关于研究室的发展及工作设想，逐步地开展了工作。

关于"甲醇制低碳烯烃的研究"的组织协调工作

这一课题是802和805两个组在12室成立之前所承担的任务，在这之前两个组同志用了很多努力进行了较好的工作，取得了一定结果。但是它存在的问题也很多，最主要的是组织领导工作。这一课题本来是由两个课题组共同承担，而且是这两个课题组的主要任务，但在课题组之外又组成了一个攻关领导小组，其主要成员又非课题负责人，因此就始终存在着攻关小组和课题负责人在工作安排、分工、协调方面的矛盾，使两个课题分工不清，工作重复，互相牵制。例如，大家都搞沸石合成，都各自做催化剂，各自进行评价。我们在了解了这种情况之后，室里听取了大家意见，研究决定取消了攻关领导小组，由两个课题的组长具体负责，明确分工而又相互协作，由室里统一协调。同时，我们也直接与化工部、西南化工研究院联系，参与研究计划的制定等，使这一任务从原来的二线课题上升为一线，很快突破了催化剂的寿命试验，进行了催化剂定型和扩大试验，花了一年时间完成了工作。该工作通过了院级鉴定，被评价为具有国际水平的工作。

这项工作的完成，主要是靠两个组同志的水平发挥和辛勤努力，我们只是在其中进行了改组和组织的协调工作。

稠油热采热物性参数测试任务的落实

505组即热化学组，是挂靠在12室的一个组，从事热化学、热分析的研究。

这个组有坚实的物理化学基础和仪器研制能力。当时，辽河油田提出关于稠油热采中热物性参数测试的任务，由于种种原因未被该组接受。12室成立后，认为这是一个较好的课题，既可直接为生产服务，得到研究经费，又可以带动我们在极端情况下（苛刻条件线）热物性数据的测量，因此支持并主动参与这一课题的落实，与该组一起到辽河油田和石油部、科技司联系、谈判，并与辽河油田签订了协议，之后又多次到科学院合同局汇报和争取列入"七五"重大科研项目中。它是我室已落实列入"七五"的课题之一。

大连湾乡的大连科联化工实验厂

在改革的形势下，为了贯彻科研为经济建设服务的方针，为了建立12室的分子筛试验和生产基地，以便能将自己的科研成果迅速地转变为产品，转变为生产力，我们与大连湾乡硅酸盐厂商谈建一分子筛生产车间。室里对这一项目相当重视，曾几次与组内同志一起到大连湾去调查了解，分析情况，进行商谈，多次向所领导请示，现在该厂已决定进行全面合作，联合办理，作为我所化工实验中心无机产品的基地，首先建立分子筛车间，也使12室有了自己参加经营的生产基地和车间。

抓骨干研究课题以稳定室的方向和力量

在全所把科研工作搞活的基础上，12室看到了如果不抓住有代表性的大的骨干研究课题，只抓出成果快、来钱快的题目，长远来讲是十分危险的。因此，我在室中强调要狠抓一些骨干研究课题，如"甲醇制低碳烯烃"、"芳烃的烷基化反应"、"催化裂化"、"催化裂化干气利用"、"稠油热采热物性参数测试"等课题。同时又不放掉重要的基础研究工作，如"分子筛的合成化学"及"新型分子筛的合成"。这样形成了一个以骨干研究课题为主体的研究力量，配合以短平快的课题，使室里研究工作正常而有效地进行。

科研成果

室里工作和其他兄弟室比起来是落后的。做出的工作也是室一级和各课题组组长们共同努力的结果。

在室工作的基础上，我自己还开展了一些研究工作。我是直接参与试验，从设备建立，催化剂制备到反应和分析，尽管室里工作很忙，但只要有可能，我就去工作。回国后做了如下工作：

（1）在固体酸催化剂上烯烃水和反应的研究。主要的方向是寻找一种固体酸催化剂来代替 H_2SO_4 作为催化剂进行水和反应，因为目前最好的水和催化剂是 H_2SO_4，而 H_2SO_4 具有强烈的腐蚀性，分离、浓缩困难，"三废"处理困难等缺陷，这是一个科研基金项目。

（2）非卤素固体超强酸的研制。主要是探索非卤素系的固体超强酸的合成及其应用开发，这是石化总公司的基金项目。

（3）在过渡金属交换沸石催化剂上乙烯二聚反应的研究。我系统地考察了在各种过渡金属交换的沸石催化剂上乙烯的双聚反应。借助于 ESR、固体 NMR、IR 及真空静态循环反应装置等，考察了乙烯分子与过渡金属离子之间的相互作用。发现了在八面沸石催化剂上，Ni+（Ni+2）和 Pd+（Pd+2）离子受乙烯分子诱导的笼间迁移现象，提出了乙烯在 Ni-X 和 Pd-Y 沸石催化剂上双聚反应的活化图式和反应机理。该研究获 1989 年中国科学院自然科学奖二等奖。在《催化学报》上投稿三篇，并被东京第七次国际分子筛会议接受为大会口头发表论文。

（4）军用高强度分子筛的开发。为了解决红外热像仪节流制冷气脱水问题，我提出了制备高强度分子筛的研究思路：借助在成型分子筛的表面制备一层多孔性无机薄膜的方法，既提高了分子筛的抗压强度，又减少了表面掉粉的程度，同时还可保持其对水的吸附性能不变。所研制的高强度分子筛已成功地用于红外热像仪节流制冷中，并通过了国家靶场实验及部队外场实验。该成果获 1997 年中国科学院技术进步奖二等奖、1994 年全国发明展览会金奖、1997 年辽宁省创造发明奖一等奖。

（5）甲烷氧化偶联制取乙烯反应过程的研究。我参与组织和开展了国家"八五"攻关项目——甲烷氧化偶联制取乙烯反应过程的研究；采用液-固相反应、气-固相反应成功地将 Ti 和 V 引入到 Y-型和 M-型沸石的骨架中，制备成含 Ti 和 V 的杂原子沸石，在此基础上借助于 $TiCl_4$ 对脱铝丝光沸石（DM）的同晶取代，再经 H_2SO_4 调变后，制备出 Ti-DM：SO_4^{2-} 超强酸，并进一步考察了其超强酸性质；同时又进行了 Ti-Si Pentasil 沸石、MCM-41 沸石等的合成、表征及其催化性能的研究；探索了有机分子筛的合成；系统地考察了甲基磷酸铝（AlMePO-β）分子筛的晶化过程和合成规律，在此基础上首次合成出了一种新的有机磷酸铁分子筛〔$Fe_2(CH_3PO_3)_3·0.33H_2O$〕，并对其进行了表征、研究。

（6）甲醇制低碳烯烃技术的研究开发。

甲醇制低碳烯烃中试工作：乙烯、丙烯等低碳烯烃是重要的基本有机化工原料，传统上乙烯和丙烯的主要来源是烃类蒸汽裂解，原料主要是石脑油。20 世纪 70 年代以来的三次世界石油危机，促使人们去寻求进一步开发非石油资源的新途径，从而极大地推动了煤化工和天然气化工的发展。而甲醇制取低碳烯烃过程（MTO）的研究开发则是从非石油资源出发制取化工产品的一条全新的工艺路线。不仅可减轻对石油的需求和依赖，为我国顺应原料路线转移的趋势做充分的技术准备，而且还可为我国富煤、少气、缺油地区提供一条发展轻化工业的现实、可行的途径，同时也可提供在国际上率先发展的机会。作为决定这一路线全线贯通的关键步骤——甲醇制取低碳烯烃过程的中试基地建设和中试试验成功，无疑具有深远的战略和现实意义。

根据国家计委和中国科学院的要求，大连化学物理研究所建设 MTO 过程中试基地的目标，在于完成高硅类五元环沸石合成及相应催化剂放大制备实验；建成日处理量为 1t 甲醇规模的反应系统；完成计划任务书所规定的试验内容，为设计和建设工业示范厂提供所需的基础数据和设计依据，并为其提供运转用催化剂。我担任中试任务攻关小组组长，主持并完成了国家"七五"攻关项目"甲醇制低碳烯烃中间放大实验"基地的建设和实验任务，经过两次中试运转，圆满地完成了与意大利 Montecatini 公司的国际合作研究，通过了中国科学院组织的成果鉴定。与会专家高度评价，该研究成果成功地解决了对该过程绝热固定床的反应控制，并研制出两种新的裂解催化剂和一种新型脱水催化剂。其成本比原有催化剂降低了四成，并使单程操作周期从原来 24h 提高到 144h，这一重大突破进一步拓宽了该过程工业化的前景。同时该成果大大地提高了 MTO 过程的发展水平，使我国继续保持国际同行研究的领先地位。本研究获欧共体 16 个地区和美国两项专利授权（第一发明人），并获 1995 年中国科学院技术进步奖二等奖。

工业放大试验：此后，随着 SAPO-34 等新型分子筛材料的发现，大连化学物理研究所的 MTO 研究方向逐步向小孔分子筛和流化床工艺发展（DMTO 工艺），并取得了重大进步。2005 年大连化学物理研究所与合作方共同实施了年处理甲醇 1.67 万 t DMTO 工业性试验。当时我已退休，被聘为大连化学物理研究所化工领域重大项目专家组成员，受所领导委托，作为专家全程参与了 DMTO 工业性试验。2006 年 2 月实现投料试车一次成功，累积平稳运行近 1150h，并通过了 72h 现场考核。2006 年 8 月，甲醇制烯烃工业性试验项目（DMTO）在北京通过了专家技术鉴定。专家组一致认为：甲醇制烯烃工业性试验取得了重大突破性进展，项目规模和各项指标已达到世界领先水平。这一重大的自主创新成果对我国综合利用能源、拓展低碳烯烃生产原料多样化、实现"以煤代油"的战略目标具有重大的经济意义和战略意义。该项成果先后获多项省部级科技奖励，并获 2014 年国家技术发明奖一等奖。目前该技术已实现商业化，多套工业装置的成功运转表明，该过程具有良好的经济性，为我国煤化工产业的发展做出了巨大贡献。

附 录 1

甲醇制低烯烃技术简介

陈国权、王公慰与大家一起讨论工作

左起：王兴春、陈国权、王公慰、应慕良、蔡光宇

所领导与项目负责人在现场讨论中试基地的建设

左起：陈国权、俞林、李文钊、王公慰、洪知非

竣工后的中试基地——"甲醇楼"

到1989年底先后完成了3吨/年规模沸石放大合成及4吨~5吨/年规模的裂解催化剂放大制备以及日处理量1吨甲醇规模的MTO固定床反应系统和全部外围设施、公用工程等安装调试。在此基础上进行了中试并于1991年4月完成了中试运转,无论是MTO过程的运转规模,还是技术指标都重现了实验室小试结果并均达到当时的国际领先水平。

甲醇制低碳烯烃中试小组

组长:王公慰、蔡光宇、应慕良

组员:王兴春、黄祖贤、宋瑞殷
范维海、郭郁珠、马希丹
王跃庆、易林林、董振武
宋惠君

王公慰(中)蔡光宇(左)应慕良等在中试现场

甲醇制低碳烯烃中试剪影

1991年4月完成甲醇制低碳烯烃中试试验,取得圆满成功。

MTO国际合作与开发

中试组负责人在讨论国际合作开发MTO过程的细节
左起：王兴存、王公慰、蔡光宇、陈国权、应慕良

1991年林励吾参加中国科学院代表团访问美国，在交流中他报告了我所甲醇制低碳烯烃的中试结果，引起国际上有关公司的关注，意大利MONTECATINI公司下属Montedison公司派人来所考察，在认可了中试运转所取得的成果的基础上，与我所签订了双方进一步开展MTO中试运转的研究开发协议。从1992年始该中试过程就进入了国际合作研究开发的运转程序。其中采用无机胺作模板剂合成ZSM-5沸石，从而使催化剂的生产成本大幅度地下降，所研制出的DM—型甲醇脱水催化剂又将甲醇脱水生成二甲醚的转化率提高到近80%左右，从而极大地提高了裂解催化剂的运转周期（从原来的24小时提高到140小时）。其结果在当时属于国际同行研究的领先水平，并获得两项美国专利授权。

1992年李文钊副所长等接待意大利Montedison公司客人
左起：王公慰、李文钊、梁东白、意大利客人（左4-6）、左8应慕良

附 录 2

艰苦求索，拼搏奋进
——记甲醇制取低碳烯烃中试攻关

甲醇制取低碳烯烃中试项目，是"七五"期间国家计委在我所建立的两个国家级中试基地之一。自 1987 年着手筹建到 1990 年建成运转，乃至其后进行的国际合作研究，先后进行了两次中试试验，特别是通过国际合作研究，取得了国际领先水平的研究成果。本文通过中试基地的建设和中试运转，再现了在那攻关的日日夜夜里，我所科技人员所经历的艰苦求索、拼搏奋进和坚忍不拔的攻坚精神。

20 世纪中期的两次世界石油危机，促使人们去寻求进一步开发非石油资源的新途径，其中，从煤和天然气中得到能源和基本化工原料的技术路线，极大地推动了煤化工和天然气化工的发展。20 世纪 70 年代美国 Mobil 公司发展出的甲醇制汽油（MTG）过程及其后与新西兰共同完成的工业运转（GTG，57 万 t/a）被认为是从非石油资源出发制取发动机燃料的一次重大突破，而甲醇制取低碳烯烃过程（MTO）的研究开发，则是从煤或/和天然气出发制取化工产品的一次新的尝试。

在这样的大背景下，我所于 1981~1985 年，由陈国权和梁娟分别领导的 123 组和 124 组，共同开展了甲醇制取低碳烯烃的工艺过程及其所用的新型类五元环高硅沸石型催化剂的实验室阶段的研究工作，其研究成果达到了当时国际同类研究的领先水平。

为了进一步解决甲醇或二甲醚转化为低碳烯烃的过程，"七五"期间国家计委科技司和中国科学院决定在我所建立甲醇制取低碳烯烃中试基地，对该过程组织中试规模的攻关研究。这一决策无疑将是试图立足于我国国情，依靠自己的科技力量为我国煤或/和天然气化工的发展开辟出一条新的途径，也必将为人类社会的未来发展做出新的贡献。

根据国家计委和中国科学院的要求，我所建设 MTO 过程中试基地的目标是完成高硅类五元环沸石合成及相应催化剂放大制备实验；建成日处理量为 1t 甲醇规模的反应系统；完成计划任务书所规定的试验内容，为设计和建设工业示范厂提供所需的基础数据和设计依据，并为其提供运转用催化剂。为了完成这一目标，在我所领导班子的具体领导下，成立了以我为组长、蔡光宇和应慕良为副组长、陈国权担任顾问的中试任务攻关小组，编号为 126 组。在科技处、基建处、物资处、仪器厂等科研管理和条件保障部门的密切配合下，我所于 1987 年开始了中试基地的建设工作。

1. 基地建设和反应系统安装调试

攻关小组成立后，立即组织调研组与承担中试基地设计任务的大连化学工业公司规划设计院的同志们一起，对中国石化总公司、化工部及中国科学院内已有的各中试基地进行了深入细致的调研和考察，并参照了国外若干相关中试运转的资料，以实验室的小试结果为依据，反复论证，提出了全流程的设计方案及主反应器的结构和催化剂的装填形式等设想。这个设想又在中国科学院山西煤炭化学研究所、化工部科技司、化工部第八设计院、化工部西南化工研究院等单位以及中国科学院数理化局组织的部分专家中征求咨询和意见。在此基础上，1987年9月完成了中试基地的可行性论证并通过专家评审，最终确定了技术路线和流程方案。1989年6月，在完成了施工设计和必要的准备工作后，土建工程破土动工，并同时进行非标设备的加工及定型产品的订购。

由于所领导班子的直接关怀、各职能部门的通力协作以及攻关小组同志不分白天黑夜全力以赴地努力工作，所以在短短一年的时间里就完成了$1200m^2$的实验大楼及中试厂房的建设；完成了3t/a规模的沸石放大合成以及4～5t/a规模的裂解催化剂放大制备生产线；完成了日处理量1t甲醇规模的MTO中试反应系统及全部外围设施及公用工程的安装，为全系统的调试及试运转打下了良好的基础。

在反应系统的调试过程中，遇到了很多事先未估计到的问题。由于这一套反应系统是中试的规模，既不同于实验室的小试，又有别于大工业的生产装置，其定型的设备和器件很难予以配套。例如，在裂解反应器出口到第一换热器质检的四个高温截止阀，要求在500℃温度下使用保证不漏，而有关同志几乎跑遍了全国各相关的大小阀门厂，均未能买到满足温度工况要求的阀门，即使是最权威的上海某阀门厂的产品也因泄漏而无法使用。当我们向生产厂提出具体要求时，所得到的回答竟是"不漏的不叫阀"。这时，所仪器厂组织了有经验的老师傅商讨，由乔梅吾用手工进行研磨，花了近10天终于解决了能满足工况要求的四个关键阀件。另外，由于我们缺乏化工流程布线和安装的经验，将几个物料的汇口处都安装成T形，这样，在汇口处出现了两股物流互相顶牛而无法顺利汇合的现象，我们只好停工。全系统置换后，将所有的T形接头改为Y形接头才保证了各物流的畅通。又如，该过程采用的是两段绝热固定床高温常压的操作方式。在正常的反应过程中，各部位的热量（温度）分布恒定，经由泵而引入的冷甲醇+水物料，能够保证其在换热器中气化后进入加热炉升温至250℃左右，再进入脱水反应器中进行脱水反应。但是，在第一次开工（即冷启动）时，由于两个反应器均未反应，没有反应热可供换热器进行换热，甲醇+水冷物料无法在换热器中升高温度，大量未气化的甲醇+水冷物料聚集在管线和换热器中，导致反应启动不起来。尽管126组的全体同志都集中在反应现场，群策群力，很多人四天三夜不睡觉连续工作，尝试了许多补救方案，但都未能奏效，只好再次停工。最后还是经过全系统置换且又增添了一套冷起动装置，才保证了反应系统的启动及运转。就这样，经过半年左右的反复调试及试运转，于1990年12月该系统投入了第一次中试的运转。

2. 第一次中试运转

126组领导小组为第一次中试运转做了周密、细致的组织工作。组内同志进行了培训和考核，做了明确的分工：首先确定了四个带班的班长；其次确定了控制室、分析室及反应系统的负责人及现场指挥；成立了技术保障小组，以随时检修故障，保证中试顺利进行；成立了后勤及对外协调小组，以保证甲醇原料、各种气体及必需物品的供应并协调所内各相关职能部门、锅炉房的蒸汽供应以及所外相关部门的关系；建立了数据整理汇集的微机工作小组，专门收集整理和提供反应数据。此外，我和反应系统现场指挥王兴春，把行李搬到现场，整个中试期间都吃住在那里。就这样，在技术上能够保证全流程试运转正常，并确保相应组织工作及各部位有效运转的基础上，开始了第一次中试的运转。

在中试运转过程中，攻关小组经常得到院所领导的亲临关怀：院数理化局总工程师苏贵升同志经常询问工作进展并给予鼓励；李文钊、杨柏龄两位副所长、党委书记姜熙杰以及科技处处长葛树杰和副处长邓麦村等领导经常到试验现场来看望大家，了解情况并及时解决问题。这种关怀极大地鼓舞了126组同志的工作热情和积极性，形成了全组上下拧成一股绳，团结协作共同努力去完成任务的高度使命感和责任心，也激发了同志们的创造性和献身精神。中试运转是在冬季进行的，寒冷的天气给中试工作带来了很多意想不到的困难。一天夜里突降大雪，气温降至-17℃，致使反应系统的室外冷却水管被冻堵塞，当班的同志全体出动，冒着寒风大雪和严寒拆开管线的保温层，用热水一段一段地浇注化开冰冻，又一段一段地重新包覆好保温层。经过一个半小时的紧张工作，终于打通了被封冻的管线，保证了冷却循环水的正常运转。大家回到室内，已是满身的雪花，手冻得红肿不能伸直。有些同志胡子上挂着冰碴，还有的同志由于身上、鞋上洒上了水都结上了冰。但是没有人叫苦，也没有人喊累，大家心里都充满了解决问题后的喜悦。由于那个时期国内的某些定型设备质量不过关，中试装置经常出现故障和损坏，负责技术保障的同志不分白天黑夜地巡回检查，尽量把故障避免在发生之前。一天，裂解反应器温度巡检装置出现故障，反应控制是无法检测和控制反应器的温度及冷却物流的配比，而该反应器共设有31个测温点，它们的接线又全部经过地沟而连接到控制室中。负责保障工作的同志便钻到阴冷潮湿的地沟中去查线，有的地方只能趴在地上检修，终于保证了反应的正常运转。还有一次，几台压力变送器出现故障，而备品已全部用完，需要立即采购。负责后勤保障的同志二话没说，也没来得及通知家人，背起书包就前往常州的生产厂购买,接着把买到的压力变送器连夜背回所里,保证了故障尽快排除。同志们就是发扬不怕苦不怕累,不分内分外,不分你我地协同攻关。这时大家只有一个目标,就是保障中试正常运转。有一天夜里,正值系统切换再生,而氮气循环泵因故障需要检修,当时只能用氮气瓶不断地向系统充气维持再生。气体库的负责同志半夜接到我们的请求后,立即起床,打开了气体库,除留下第二天研究所工作所需的几个氮气瓶外,将库存的氮气全部给了我们。所有当班的同志,除了必须坚守岗位的外,都来到库房用小车运送氮气瓶,直到清晨,共拉回78瓶氮气。这一夜,前后共拆换了178个氮气瓶,从而保证了反应系统的正常再生,并争得了检修的时间。

中试运转除了一些常见的故障外,有时还会因一些不可预测的原因造成一些可怕的情景。一天下午突然停电,冷却循环系统的水泵停止工作,正在运转的反应系统一下子失去了冷却水,五六百摄氏度的反应物料得不到冷却而全部气化进入到冷却系统,冷却系统升温又使残存在管内的冷却水气化。此时各热物流在整个系统中哗啦哗啦地响着流过,全系统受热膨胀,支撑反应器及其他部件的钢楼板振荡跳动,发出巨响。招聘来的当班临时工不明事因,全都吓得逃离现场。这时,我和王兴春冲入反应间,及时关闭了进料泵阀和蒸气阀,并开启了放空阀和相应的阀件,将反应滞留物放空,逐渐平息了物料气体的流动,接着指挥同志们用氮气置换了系统并维持氮气流动。事后我们才发现自己已是大汗淋漓,两腿发软。中试运转就是这样在126组同志们忘我无私的努力下进行的。他们不分白天和黑夜地工作着,有的同志白天干完活后,只要工作需要,晚上就继续加班,干完后随便找个地方打个瞌睡第二天又继续干。有的同志生病了,每天上医院打个点滴后立即回来坚持工作。大家只有一个信念,就是把中试开好,而回报他们的也正是中试的正常运行和良好的实验结果。这一个个动人的情景和场面,可以用当时一位同志所写的一首诗加以概括和描述,它的全文是:

黎　明

晨雾轻抚着沉睡的山巅
清风拨弄着神秘的琴弦
又一个黎明
呈现在海天之间
这里没有弹雨硝烟
也不是争战的绿茵
但同样有献身的壮志
一样的拼搏向前
日日夜夜的勤苦求索
日日夜夜的期待向往

当喜悦掠过疲惫的脸庞时

心又低声地说"路漫漫……"

3. 大意导致了事故的发生

正当中试运转在中国科学院及所领导的直接关怀、各行政部门通力协作及126组同志们的共同努力下，顺利、正常地进行到680h时，出了一场灾难性的事故。那时，正值1991年的春节大年三十晚上，所领导委托所工会对在节假日坚持工作的同志们进行慰问，当班的同志们在工作岗位上欢度了春节。夜里12点后，系统转入再生操作。按照正常的操作顺序应该首先切断和停止原料甲醇及配比水蒸气的进料，利用氮气吹扫系统并调整反应器各段温度，待吹扫出口气体达标后，再启动氮气循环泵并配入一定量空气进行烧炭再生，逐步调节循环气中空气的比例至全空气循环。然而，当时带班的班长在操作中一时疏忽忘记关闭水蒸气的配比阀，致使大量的水蒸气进入反应器并由循环泵带动进入反应系统。这一失误经过约8h后才被发现。此时，不仅两台反应器中的裂解催化剂和脱水催化剂全部泡在水中，而且整个反应系统全部充满了水。尽管发现后就立即采取了种种措施，但却花了一个多星期的时间才排除了系统中各部段的水。此时裂解催化剂不仅在水中浸泡了几十个小时，且在高温下（500~550℃）用水煮了十几个小时。在进行了干燥处理后，试运转中发现，催化剂的性能发生了一些变化，其稳定性降低，运转周期仅为15~18h，达不到计划任务书24h的要求。这时，126组的领导小组立即开会讨论，寻找补救的办法。会上，大家认真地分析了事故的原因和产生的影响。首先，考虑到如果立即停止试验重新再开，即重开1000h的运转，虽然这是最好的方案，但不能按国家计委和中国科学院要求的时间完成任务，且重新运转的经费也没有来源。所以，重开1000h的运转，实际上是不可能的。其次，如果就此为止，即680h就停，结束中试实验，又远达不到国家和计划任务书的要求，没有完成任务，中试项目便半途而废。于是，便考虑了一系列可能或可行的补救方案。首先大家认为，根据实验室的小试研究成果以及前680h运转中催化剂的活性、选择性和周期稳定性的规律及变化趋势，如果不经历这次灾难性的事故，催化剂肯定能延伸至1000h运转，而达到中试实验的要求。据此，提出了替换部分催化剂以弥补被水浸泡的损失，所以就决定替换1/4~1/3的催化剂继续运转。这样，经过调整并重新装填了裂解反应器的催化剂，又继续运转了323h，使总的运转时间达到了1003h。

事故发生后，主要负责人过分认可对事故处理方案的合理性和可能性，主观意识走入一个误区，因而没有将事故及时向主管所领导汇报，并且在接下来召开的成果鉴定和验收会上也没有向上级领导部门和专家讲清楚，客观上起到了提供不真实实验过程和结果的效果。为此，所领导班子对这一行为进行了严肃的处理，给予主要负责人以严厉批评、教育和处分,并改组了攻关小组。

4. 第二次中试运转——与意大利 Montecatini 公司的合作研究

第一次中试结束后,室、组进行了较大的调整。留守的 126 组同志尽管想再进行一次中试运转,以尽善尽美地完成这一任务,但苦于筹集不到资金,只好对中试运转过程中所发现和暴露的一些必须深入探究的问题进行一些力所能及的研究工作。另一方面,第一次中试运转的规模及其取得的结果,很快引起国际上有关公司的关注。他们用不同形式了解这一过程的情况,其中意大利 Montecatini 公司曾多次来所参观访问。该公司在认可了第一次中试运转所取得的成果的基础上,与我所签订了双方进一步开展该过程(MTO)中试运转的研究开发协议。协议规定由 Montecatini 公司提供 36 万美元的研究经费。这样一来,不仅为我们再一次进行中试运转提供了可能性,而且提供了我们进一步发展 MTO 过程的机会。于是,从 1992 年开始,该中试过程又进入了国际合作研究开发的运转程序。同志们振奋精神并以极大的热情投入了新的战斗,开始了第二次中试运转的准备。他们一方面立即着手检修和改进原中试反应装置,进一步提高反应系统检测和控制的自动化水平。另一方面又针对第一次中试运转中暴露出来的催化剂价格昂贵和再生周期短的问题,进行了实验室研究工作。采用经由无机铵作为模板剂合成的 ZSM-5 沸石来代替四丙基氢氧化铵作为模板剂所合成的 ZSM-5 沸石,从而使裂解催化剂的生产成本大幅度地下降。此外,研制出了新型的 DM-型甲醇脱水催化剂来代替氧化铝催化剂,使甲醇脱水生成二甲醚的转化率由原来的 30%提高到了 80%,进而改变了从脱水反应器进入裂解反应器的物料组成,即从原先的 30%二甲醚+70%甲醇+水的物料变成了 80%二甲醚+20%甲醇+水。由于极大地减轻了裂解反应器的工作负荷,大大地延长了裂解催化剂的运转周期。此后,又重新对流程、系统及试验方案反复地思考、审查并请部分专家进行了评议。而且对参与工作的人员也进行了合理的调整组合,安排了几位硕士或本科生担任倒班班长,大大地充实了操作岗位的技术力量。准备就绪后,开始了第二次中试试验的运转。

第二次中试运转分为两个阶段,分别进行了两个 1000h。

第一阶段仍采用第一次中试所用的裂解催化剂和脱水催化剂进行运转,目的是试图再一次考察在第一次运转中所用的催化剂的反应性能及其稳定性。其结果是,在 1005h 内,催化剂的反应性能及其稳定性,完全达到了攻关计划任务书中所规定的指标要求。

第二阶段中试采用了与第一阶段完全不同的运转催化剂,即用新型廉价裂解催化剂(NLD 型)和新型脱水催化剂(DM 型),分别代替了第一阶段运行所用的 JX602 型裂解催化剂和 Al_2O_3 脱水催化剂来进行运转。然而,这种催化剂的替换并不是一般的装填即能见效的,其中经历了一些摸索和探索。例如,原来采用

Al$_2$O$_3$ 作脱水催化剂时，催化剂一般直接装填在脱水反应器中即可运行。而当将其替换为 DM 型催化剂后，仍以同样方式装填时，由于脱水反应转化率提高，聚集的反应热使脱水反应器的温度上升，并进一步引起二甲醚的裂解反应而使脱水反应器的床层温度猛升，无法控制脱水反应进程，更不能控制包括裂解反应器在内的全反应系统正常运行。为了解决这一问题，我们曾尝试了用不同比例惰性物料稀释装填等办法，但均未奏效。最后只好采用分段装填，段间留有一定空隙散热的方法，才解决了这一热效应积聚所导致的反应失控的问题。在此基础上，才使系统正常地运转起来，并完成了 1022h 的稳定性考察，取得了极为出色的结果。其中催化剂的单程操作周期从原来的 24～28h 延长到 144h。其次，新型廉价催化剂的价格大幅度下降，据初步估计每生产一吨低碳烯烃，其催化剂所占的成本约 19 美元，这个数值已低于 Montecatini 公司所评估的工业化可认可接受的每吨 21 美元的指标。这表明，所研制的催化剂的技术经济指标已达到国际上新过程的开发水平，现已完成了万吨级甲醇制取低碳烯烃的基础设计。

第二阶段中试运行的结果，在当时属于国际同类研究的领先水平，可以认为是 MTO 过程研究的一大进展和突破。据此，我们在中国及欧共体和美国等地申请了专利。目前已获得了中国及两件美国专利授权。

在这里还需要指出的是，与 Montecatini 公司的合作研究，不仅使我们高水平地完成了 MTO 过程的中试运转，取得了国际领先水平的研究结果，而且这次合作也是我所与国际著名大公司进行过程开发研究、与国际接轨的第一次尝试。这次合作，使我们学到了很多，在对开发课题及开发过程选择的依据，技术经济评估的着眼点，从催化剂的实验室研制到工业开发的思路，技术路线的确定，关键技术的保障以及对反应数据的要求、汇集、整理和综合分析方案等方面，都给了我们极为宝贵的启发和借鉴。同时，也迫使我们不断地提高自己的研究水平和深度，甚至对数据的汇集和交流以及文书格式和专利申请，特别是国外专利申请等一些做法和细节处理，也有很大的帮助和启发。这些都将会对我们今后的研究、开发工作起到积极的指导和推动作用。

（王公慰）

万 惠 霖

万惠霖，1938年11月20日出生于湖北汉口，原籍湖北汉阳县。物理化学家，1997年当选为中国科学院院士。1962年和1966年初分别于厦门大学化学系及其催化理论方向研究生毕业，后留校任教至今；主要从事催化基础方面的研究（其间，1982年3月～1983年4月，为美国麻省理工学院化学系访问学者，进行固氮酶体系中ATP水解与电子传递间定量关系的实验研究）。先后参加了配位催化和化学模拟生物固氮及其与铁催化剂固氮关联等研究，合作进行了α-TiCl$_3$ d电子能级晶体场分裂（采用点电荷加点偶极模型）的理论计算并撰稿成文；在《催化原理》中，通过几类重要络合催化反应，详尽阐述了蔡启瑞提出的配位催化及其可能产生的"四种效应"的理论，并在化学吸附态部分对国际上刚开展不久的反应物在固体表面活性中心上的吸附与在配合物催化剂中心金属上的配位（络合）的关联进行了重点介绍；参加了乙烯配位聚合高效负载型催化剂的制备；指导研究生研究了丙烯选择（氨）氧化中钼铋系和钼铋基复氧化物上的氧物种及其反应性能、中间体（如$C_3H_5·$）和副产物形成机理，明确检测到亲电氧物种O^-和O_2^-的自旋浓度与丙烯选择氧化选择性的反向对应关系，表明该反应的活性氧物种是亲核氧物种O^{2-}，而不是O^-和O_2^-；对固氮酶几种重要底物在固氮酶活性中心模型上多核络合方式的量子化学计算为其实测配位亲和力差异的诠释提供了重要依据；合作进行的理论模拟则揭示了氨合成α-Fe催化剂三个低密勒指数晶面催化活性的差异（111）＞（100）＞（110）与其电子结构的关系：（111）面费米能级附近的总态密度、d轨道态密度和$3d_{xz}$、$3d_{yz}$轨道局域态密度都是最高的，最有利于向或从吸附的N_2授受电子，（100）面次之，（110）面最低。蔡启瑞牵头的"络合催化

理论的研究"、"在固氮酶作用下和铁催化剂作用下固氮成氨的研究"先后获1982年和1987年国家自然科学奖三等奖,万惠霖分别排名第2和第3;在1981和1986年,以上两项成果曾分获国家教委科技进步奖二等奖,万惠霖排名第2和第4。"群表示约化的方法、程序和应用"获1994年国家教委科技进步奖二等奖,万惠霖排名第3。20世纪90年代初、中期以来,参与主持(郭燮贤为主持人,万惠霖为第一副主持人)"八五"重大基金项目和负责低碳烷烃临氧催化转化相关子课题的研究,主要在甲烷氧化偶联含氟稀土(碱土)基氧化物催化剂的研制、性能、结构、酸碱性、助催作用本质和活性氧物种的原位表征等方面,取得了系统、有新意的研究成果。该成果的大部分工作完成于20世纪末,但由于当时科研经费匮乏,买不起$^{18}O_2$等同位素,所以关于活性氧物种(O_2^-)及其性能的完整表征都是在前几年完成的。在负责两个973计划项目子项目研究中,参与论证并提出了氧存在下Ln_2O_3表面激光诱导的O_2^{2-}物种的形成机理;主要基于理论模拟和实验表征结果的比较,对甲烷、丙烷选择氧化的催化剂作用机理和催化反应机理进行了深入研究。

万惠霖曾任中国化学会理事、常务理事,中国化学会催化专业委员会委员、副主任、主任,教育部科技委委员、化学部主任,国务院学位委员会学科评审组(化学)成员;现任中国科学院化学部常委,科技部"973"专家顾问组成员,《高等学校化学学报》、《化学学报》、Chem. Asian J.等国内外刊物副主编、编委和顾问编委。在教学和其他方面获得奖励:作为第一完成者,曾获高等教育国家级教学成果一等奖1项和省级教学成果特等奖1项、二等奖1项;先后被评为厦门市劳动模范、福建省先进教育工作者、人事部有突出贡献的中青年专家、福建省优秀专家、全国教育系统劳动模范、"全国五一劳动奖章"获得者和福建省杰出人民教师。

甲烷氧化偶联含氟稀土基催化剂的研究

"八五"期间,由科技部和国家自然科学基金联合资助的重大项目"煤炭、石油、天然气优化利用的催化基础"启动,万惠霖课题组承担的是低碳烷烃选择氧化方面的子课题。主要研究内容是以甲烷氧化偶联(OCM)制乙烯为目标反应,并兼顾乙烷、丙烷及异丁烷氧化脱氢(ODHE、ODHP及ODHIB)制相应烯烃等反应。当时,用于OCM的Li^+/MgO,Ba^{2+}/La_2O_3和$ThO_2-La_2O_3-BaCO_3$等催化剂均为主体-掺杂剂(host-dopant)类型,蕴含着通过阳离子调变而形成阴离子缺陷的合理构思。受某些OCM(及ODHE)催化剂的性能因在其中添加氯化物而得到明显改善的启发(但Cl^-极易流失,催化剂性能很快下降;而关于Cl^-的作用本质,也未见深入研究），课题组周小平首先提出了在碱土/稀土氧化物中将其中一种改为氟化物（如碱土氟化物/稀土氧化物体系）的想法。当此想法的初期探索在实验上被证实之后，万惠霖率课题组围绕以下问题合力进行了系统、深入的研究。

OCM 含氟稀土基催化剂性能和氟化物的促进作用

课题组研制了一系列用于 OCM（及 ODHE、ODHP）的稀土基含氟催化剂。性能评价结果表明，对于 OCM，在与 SrO/La_2O_3 对比的 SrF_2/La_2O_3（或 SrO/LaF_3）和与 SrO/Ln_2O_3 对比的 SrF_2/Ln_2O_3（Ln = La，Nd，Sm，Eu，Gd，Dy，Ho，Er，Tm，Yb），及 BaF_2 掺杂的可还原稀土（Ce，Pr，Tb）氧化物等体系中，氟化物无一例外地显示出明显的促进作用。与 Ln_2O_3 体系相比，前 5 种 SrF_2/Ln_2O_3 催化剂体系中的 C_2（$C_2H_4+C_2H_6$）收率提高 80%～90%，甚至 100%，后一半提高 10%～50%，提高幅度大体上随镧系元素原子序数的增加而减少。对 ODHE、ODHP 及 ODHIB，含氟稀土基催化剂也显示出优异的催化性能。

含氟稀土基催化剂的结构和氟化物促进作用的主要本质以及基于结构特征的催化剂组分的进一步选择

在约 10 种含氟稀土-碱土氧化物（如 $SrO-LaF_3$）催化剂中，XRD 检测到新相（如 SrF_2 和 LaOF）的形成；而在另一些催化剂（如 BaF_2-CeO_2）中，XRD 虽仅检测出原有物相，但其晶格参数分别有所减小和增大，意味着 BaF_2 和 CeO_2 的晶格分别发生了少许收缩和膨胀。上述结构研究表明，催化剂中氧化物与氟化物（O^-_2 与 F^- 的离子半径很相近）间发生了部分阴离子和/或阳离子的交换，其结果是氟氧化物等新相和在某些取代情况下阴离子空位等缺陷的形成。上述稀土氟氧化物（LnOF）是具有氟化钙型超结构（类萤石结构）的一类离子晶体，很可能含有本征阴离子 Frenkel 缺陷和阴离子空位。而对于阳离子价态不变的氧化物和含氟氧化物催化剂，阴离子空位的存在是氧吸附和活化的前提，并进而有利于甲烷等低碳烷烃的临氧转化。结合上述关于 SrF_2/Ln_2O_3 催化剂体系的 C_2 烃收率随镧系元素原子序数增加而减少（可能与镧系收缩有关）的实验事实以及其他有关结果，催化剂中氟化物的促进作用可能主要与氟化物-氧化物的相互作用程度有关，因为这关系到催化剂活性（阴离子空位增加）和选择性（F^- 对表面活性氧物种的分离）的改善。

鉴于大部分碱土氟化物（AeF_2）和稀土氟氧化物（LnOF）具有氟化钙结构和稍微畸变的氟化钙结构，预计其间会有一定程度的互溶性。为此，万惠霖提出用 $AEF2$ 作为离子型掺杂剂调变四方 LaOF（T）的结构导向组分选择构思，以期通过满足电中性原理而增加 LaOF 中阴离子空位等缺陷。结果表明，BaF_2 调变效果最好：在 BaF$_2$/LaOF（T）催化剂上，对 OCM，烷/氧比分别为 6∶1 和 9∶1，其甲烷转化率（C）和 C$_2$ 选择性（S）分别为 19.5%和 81.0%以及 16.5%和 84.6%（C+S 均大于 100%）；对 ODHE，乙烷转化率和乙烯选择性则分别达到 80.8%和 70.8%，也为当时最好的结果之一。

含氟稀土基催化剂的表面酸碱性质及其与催化性能的关系和含氟稀土基 OCM 催化剂表面活性氧物种的原位谱学表征

由于氟的电负性高于氧和 F$^-$ 的电离势高于 O$_2^-$，采用吡啶吸附的漫反射 UV 光谱及吸附 CO$_2$ 的 TPD 等研究表明，碱土氟化物促进的稀土氧化物催化剂的碱性弱于碱土氧化物促进的稀土氧化物催化剂，但如上所述，前者的 OCM 性能优于后者。这一结果与 Lunsford 等提出的含氯 OCM 催化剂中的 Cl$^-$ 可对表面酸碱性进行调变的观点相近，但不同于当时流行的 OCM 性能好的催化剂一定具有强表面碱性的看法。如前所述，若仅与单纯稀土氧化物（或稀土氟氧化物）对比，碱土氟化物掺杂的稀土氧化物（或稀土氟氧化物）均显示出较好的 OCM 性能，然而在添加氟化物后表面酸碱性质的变化与催化性能间并无简单的对应关系。

在含氟稀土基 OCM 催化剂的研究中，万惠霖较早注意到寻求碱土氟化物对稀土氧化物掺杂可能导致阴离子空位形成的直接证据。一位博士生在学位论文中完成了 La$_2$O$_3$、Nd$_2$O$_3$ 和碱土氟化物促进的 La$_2$O$_3$、Nd$_2$O$_3$ 催化剂上 O$_2$-TPD 实验。结果表明，纯 La$_2$O$_3$ 和 Nd$_2$O$_3$ 上均未检测到 O$_2$ 的脱附峰，而在 20%SrF$_2$/La$_2$O$_3$ 和 50%SrF$_2$/Nd$_2$O$_3$ 上则观察到 O$_2$ 的脱附峰，证实了这些掺杂体系中阴离子空位的存在。这就为催化剂表面 O$_2$ 的吸附和活性氧物种的形成创造了条件。

在 SrF$_2$/La$_2$O$_3$，SrF$_2$/Nd$_2$O$_3$，BaF$_2$/La$_2$O$_3$ 以及 BaF$_2$/LaOF 等催化剂上，在 OCM 反应温度，吸附氧和/或烷-氧共进料条件下，结合采用 ^{18}O$_2$ 同位素的原位红外光谱（对 SrF$_2$/La$_2$O$_3$ 体系还应用了准原位 EPR 技术）均检测到位于约 1110~1130cm^{-1} 处、可指认为超氧物种（O$_2^-$）并得到 ^{18}O$_2$ 同位素确证的清晰谱峰。当催化剂上预吸附氧并形成 O$_2^-$ 物种后抽空，通 CH$_4$ 后 O$_2^-$ 物种的谱峰强度下降，同时在 950cm^{-1} 处出现可归属于产物气相 C$_2$H$_4$ 的吸收峰。随着通入 CH$_4$ 时间的延长，O$_2^-$ 物种的谱峰强度和 C$_2$H$_4$ 的谱峰面积呈现很好的消长对应关系。这表明万惠霖课题组首先多次提供了 O$_2^-$ 物种具有 OCM 活性的直接光谱学证据，应当有助于消除国际上一些学者对 O$_2^-$ 在 OCM 反应条件下的稳定性和反应性能较长时间的质疑。

总之，与 Ln$_2$O$_3$ 相比，AEF$_2$/Ln$_2$O$_3$ OCM 性能较优的原因可概括为：表面阴离子空位和较弱的碱性或 F$^-$ 的存在分别有利于 O$_2$ 的吸附、活化和不利于副产物 CO$_2$ 在表面 O$_2^{2-}$ 上的吸附，这有利于提高催化剂的活性；而表面 F$^-$ 对活性氧物种

的隔离和 O_2^- 的本征活性较低则是改善选择性的原因。

上述系统、创新的研究对形成有关催化剂的设计构思和发展有关新理论概念具有学术意义。美国化学化工新闻（C&EN）曾于 1994 年以较大篇幅报道了部分工作，并给予好评；美国联碳公司 Bhasin（OCM 反应的两位发明者之一）对本项目 OCM 及 ODHP 催化剂的优异性能和活性氧物种的原位表征很感兴趣，合作开展了加压条件下氧物种原位光谱表征的研究。1995 年，万惠霖以此为题在第七届中日美催化会议上代表中方做了大会报告；1997 年，又先后应日本东京大学 Iwasawa 和韩国汉城（现首尔）大学分子催化中心之邀做了报告。甲烷氧化偶联含氟稀土基催化剂的研究获 1999 年教育部科技进步奖一等奖，万惠霖排名第 1。

轻质烷烃临氧活化和转化的活性氧物种，高价过渡金属（d_0）氧化物催化剂作用机理和催化反应机理的理论和实验研究

万惠霖先后在 1999 年和 2005 年启动的有关天然气、煤层气及合成气高效转化的催化基础两个 973 计划项目中，承担了命题基本相同的两个基础性子项目："催化反应的中间体鉴定和微观机理"和"催化过程的微观机制和反应中间体鉴定"。

La_2O_3 和 BaO 上活性氧物种的原位显微 Raman 光谱表征和理论研究

在万惠霖课题组进行的活性氧物种研究中，翁维正及其研究生在采用原位显微 Raman 光谱技术对稀土倍半氧化物上氧物种进行原位表征时，发现并用 $^{18}O_2$ 同位素确凿证实了在一定波长范围内的激光可诱导分子氧（O_2）与 Ln_2O_3（Ln = La，Sm，Nd）表面的晶格氧（O_2^-，$v = 395\sim397cm^{-1}$）物种发生反应并生成过氧物种（O_2^{2-}，$v = 835\sim841cm^{-1}$）；通过考察温度、激光功率和波长等因素对 La_2O_3 表面过氧物种生成的影响和对实验结果的分析，理论化学组曹泽星和万惠霖等阐明了光诱导过氧物种的生成机理，包括接近或弱吸附于 Ln_2O_3 表面的三态氧到单态氧的激发，单态氧吸附及其与邻近表面晶格氧 O_2^-（单态）形成 O_2^{3-} 中间态（单态），后者再解离为 O_2^{2-}（单态）等反应；三态氧到单态氧的跃迁能为 1.63eV，相应的激光波长理论阈值为 762.7nm。理论化学组徐昕指出，Neurock 所提的 La_2O_3 上过氧物种形成的协同反应在热反应条件下因自旋禁阻是不能进行的。万惠霖认为，这些结果表明 Lunsford 等关于 La_2O_3 上过氧物种的 Raman 光谱表征（实际上可能是 O_2^{2-} 的激光诱导生成）未能重复的原因很可能是其关键实验条件或细节未能重复。有关研究结果已在 *Angew. Chem. Int. Edit.* 上发表，受到审稿人的好评。

近期，基于立方与六方 Ln_2O_3 的氧空位和 Ln^{3+} 的配位多面体结构的差异，万

惠霖阐述了前者和后者分别在激光照射下能与不能生成 O_2^{2-} 的道理；参考蔡启瑞所提 O_3^{2-} 的解离方式，建议了生成 O_2^{2-} 时检测到 O_2^- 物种的可能机理（景孝廉，博士学位论文，2010 年）。

课题组与徐昕合作，采用簇模型与周期性模型结合的方法，研究了重碱土金属氧化物表面活性氧物种的形成、转化，并与镧系倍半氧化物上过氧物种的激光诱导生成进行了比较和关联。研究表明：气相 $^3O_2$ 激发到 $^1O_2$ 虽需克服较大能垒，但在 BaO 上，开壳层 $^1O_2$ 吸附态在构型与能量上均与 $^3O_2$ 吸附态非常接近，因而在表面诱导下，$^3O_2$ 吸附态易发生系间窜越（intersystem crossing，ISC）而转化为 $^1O_2$ 吸附态。$^1O_2$ 吸附态经过一转动过渡态可与邻近晶格氧结合而形成 O_3^{2-} 中间体，后者再转移一个 O 原子到周围的晶格氧上，即形成 O_2^{2-}；$^3O_2$ 吸附态还可能直接经单重态和三重态势能面之间的交叉点通过自旋翻转为 $^1O_2$，后者再与 O_2^- 结合生成 O_3^-，自旋翻转的能垒仅约 4.8kcal/mol。以上所述可能是 BaO 容易生成 BaO_2 的原因，也可能有助于对相关氧物种的光谱表征结果（如在 BaO/MgO 和 BaO/La_2O_3 体系上可检测到 O_2^{2-}，而在 BaF_2/La_2O_3 上只能检测到 O_2^-）的理解。

高价过渡金属基氧化物催化剂上轻质烷烃临氧活化和转化的理论和实验比较研究

万惠霖课题组通过傅钢与理论化学组徐昕合作，对以甲烷、丙烷为代表的轻质烷烃在四配位高价（d_0）过渡金属（V、Mo、Cr、W）氧化物上 C—H 键的初始活化模式及其与催化剂组分物理化学性质和反应机理（重点研究机理内涵比较丰富、很难获得高选择性的丙烷选择氧化制丙烯醛）的关系进行了深入、系统的研究，以期揭示催化剂的作用机理和催化反应的分子机理。

理论研究表明：VO_x，CrO_x，MoO_x 等氧化能力较强的高价金属氧化物的端氧对轻烷 C—H 键的初始活化一般遵循 H 脱除机理（WO_x 例外，（2+2）即异裂机理为其反应的竞争性途径），R 基则通过反弹机理与邻近另一端氧结合。理论预测能垒与实验值符合很好，也可很好地解释 IR，EPR 和氘代丙烷的动力学同位素效应等实验事实。据此还可推断，丙烷在以上类型催化剂上的初始活化和转化应经由异丙氧基中间体。

上述甲烷、丙烷的初始活化包括过渡金属端氧加氢，$M^{n+}=O$ π 键断裂（其能量用 ΔE_{ST}，即单重态到三重态激发能表示）和 M^{n+} 的单电子还原等过程，因而对能完成 H 脱除任务的四配位高价金属氧化物性能的要求相应是：O—H 键能（BE）较高，ΔE_{ST} 较低，电子亲和能（EA）较高。根据上述几种氧化物的相关物理化学性质,对轻质烷烃C—H键进行H脱除的优劣顺序是:CrO_x>VO_x>MoO_x>WO_x。这一序列已得到课题组和国内外同行有关实验结果的支持。

对于丙烷氧化,VO_x比MoO_x具有更高的活性;若催化剂中不含VO_x时,MoO_x也可作为烷烃氧化的活性位。相对于VO_x,MoO_x具有较强的酸性,不但能吸附丙烯,还可能按(2+4)吸附方式同时活化丙烯中的α-H。但在丙烷及丙烯分别选择氧化制丙烯醛的情况下,脱丙烯α-H的任务分别由氧化物TeO_x及BiO_x承担。对于TeO_x,理论研究表明,$Te^{4+}O_x$或$Te^{6+}O_x$都能脱除丙烯的α-H和/或插氧于烯丙基直至生成丙烯醛。$MoPTe/SiO_2$与MoP/SiO_2原位红外光谱表征的对比实验进一步证实了TeO_x的作用。但MoO_x吸附丙烯的功能也不可或缺。

基于理论和实验研究的催化反应机理和动力学控制

理论和系列实验研究表明,丙烷选择氧化制丙烯醛的初始活化方式是H脱除,但脱除的是亚甲基上的H,而不是甲基上的H(以动力学同位素效应为证);理论计算结果还排除了一步脱丙烷邻位2个H生成丙烯的可能性。唯一的初始活化方式是脱亚甲基上的H,继之按"O反弹机理"生成异丙氧基。探针分子(异丙醇和2-溴代丙烷)实验表明,异丙氧基脱α-H生成丙酮,脱β-H并断裂C—O键而生成丙烯,因而后者在适当升温条件下是比较有利的,如丙烯能迅速吸附在具Lewis酸性的$Mo^{6+}O_x$上,并有$Te^{6+}O_x$(或两个相邻的$Te^{4+}O_x$)脱去丙烯的α-H并插氧,则反应方向的逆转几乎是不可能的。最大的挑战仍在于反应条件下产物丙烯醛具有远高于反应物丙烷的反应性,很容易深度氧化为CO_x。

鉴此,几年来万惠霖课题组在活性中心分离方面进行了一些探索:采用溶胶-凝胶法制备丙烷选择氧化制丙烯醛$Mo_1V_{0.3}Te_{0.23}Nb_{0.1}O_x/SiO_2$催化剂,反应温度560℃,丙烯醛收率达18.3%,但重复性差。在丙烷氧化脱氢方面,运用过氧化法一步直接合成含V的SBA-15介孔分子筛,其中的V以分立的VO_4物种存在,在600℃,丙烯收率约20%;制备了纳米NiO-磷钼杂多酸铯盐复合物催化剂80%(质量分数)Ni-20%CsPOM,在450℃,可获得20%的丙烯收率,优于文献报道的其他体系。但这方面的路还很长,课题组需要加倍努力。上述研究结果应邀在亚太表面科学和工程会议(2006年12月18日~12月22日,香港)、第14届全国催化学术会议(2008年10月14日~10月18日,南京)、第六届海峡两岸催化会议(2006年9月12日~9月15日,大连)、北京大学、中国科学院上海有机化学研究所、兰州化学物理研究所、山西煤炭化学研究所、武汉大学、华中科技大学、华中师范大学、中南民族大学、浙江师范大学、云南大学、江苏大学、中石化抚顺石油化工研究院、烟台万华聚氨酯股份有限公司等会议和单位做大会邀请报告和报告。

在欧州催化大会上合影

1987年8月在第三届中日美催化会议上（厦门）
右起：万惠霖院士、蔡启瑞院士、郭燮贤院士、染娟研究员、高彦鸣教授

（万惠霖）

李 贤 均

李贤均，1962年四川大学化学系毕业，1966年中国科学院大连化学物理研究所研究生毕业，1966~1972年在大连化学物理研究所从事催化研究，1973年至今在四川大学化学系从事催化研究和教学工作，1981~1982年赴美国Delaware University催化研究中心做访问学者，从事过渡金属原子簇研究。近5年来，取得8项研究成果，其中多项成功应用于工业生产，并取得了良好的经济和社会效益，获得5项省部级奖励，在国内外发表论文80多篇，其中SCI论文50多篇，申请发明专利9项，其中7项已获授权。曾任四川省第7届和第8届政协委员；全国催化学会学术委员会委员；全国均相催化专业委员会副主任；中国科学院兰州化学物理研究所羰基合成与选择氧化国家重点实验室学术委员会副主任，四川大学有机金属络合催化研究所所长。《四川大学学报》（自然科学版）、《分子催化》、《化学研究与应用》等学术刊物编委。1989年起享受国务院政府特殊津贴。

研 究 方 向

近年来，李贤均主要从事水溶性有机金属络合物催化的水-有机两相体系中烯烃氢甲酰化反应和不饱和羰基化合物的选择加氢反应，以及分子氧活化及芳烃侧链的选择性氧化反应研究。李贤均在水溶性有机金属络合物催化领域形成了具有特色的研究方向，提出了烯烃氢甲酰化的两相催化体系中"介稳态胶束-离子对作用机理"、"两相界面分子自组装和烯烃氢甲酰化的高区域选择性关系"的理论解释，得到了国内外同行的认同，并被邀请在美国第4届绿色化学会议上报告。

主要承担的研究项目

李贤均作为课题负责人曾承担国家自然科学基金面上项目 6 项；国家自然科学基金"九五"重大项目"环境友好石油化工催化化学与化学反应工程"中"水溶性铑膦络合物催化烯烃氢甲酰化反应研究"课题负责人；国家科学技术部 973 计划项目"石油炼制和基本有机化学品合成的绿色化学"中"水溶性铑膦络合物催化烯烃氢甲酰化反应的催化化学"课题负责人；国家科学技术部 863 计划中催化新材料和资源综合利用项目 2 项；中国石油化工集团公司资助的"烯烃氢甲酰化水溶性铑膦络合催化剂和水/有机两相催化反应"项目等。李贤均等在水溶性有机金属络合物催化研究中，提出了烯烃氢甲酰化的两相催化体系中"介稳态胶束-离子对作用机理"、"两相界面分子自组装和烯烃氢甲酰化的高区域选择性关系"的理论解释，并将乙烯氢甲酰化生产丙醛和正丙醇等过程工业化。

科研和教学成果

李贤均在国内外发表论文 150 余篇，申请中国发明专利 13 项，其中已获授权中国发明专利 9 项。

省、部级科技进步奖和教学成果奖如下：

一等奖 1 项："绿色石化技术的科学与工程基础"。

二等奖 2 项："利用炼厂重催干气乙烯进行羰基合成丙醛的清洁生产工艺"；"绿色化学课程建设和教材建设"。

三等奖 2 项："氧化铝担载三锇原子簇催化剂研究"；"气相法合成 N-乙基苯胺催化剂研究"。

现已有 7 项研究成果应用于工业生产：苯胺烷基化生产乙基苯胺，年产量约 1000t；间二甲苯氧化生产间甲基苯甲酸，年产量约 500t；间甲基苯甲酸胺化生产避蚊胺，年产量约 700t；乙烯氢甲酰化生产丙醛和正丙醇，年产量约 12000t；丙烯氢甲酰化生产丁醛，年产量约 30000t；三苯基膦磺化生产三间磺酸钠三苯基膦，年产量 20t；水溶性铑膦络合物催化剂制备，年产量约 1000kg。

主要研究成果的工业应用

近年来，李贤均主要从事水溶性有机金属络合物催化的水-有机两相体系中烯烃氢甲酰化反应和不饱和羰基化合物的选择加氢反应，以及分子氧活化及芳烃侧链的选择性氧化反应研究。在水溶性有机金属络合物催化领域形成了具有我国特色的研究方向,在烯烃氢甲酰化的两相催化体系中提出的"介稳态胶束-离子对作用机理"、"两相界面分子自组装和烯烃氢甲酰化的高区域选择性关系"的理论解释,得到了国内外同行的赞同,并被邀请在美国第 4 届"绿色化学"会议上报告。其作为"绿色石化技术的科学与工程基础"的主要内容之一,获 2004 年中国石化集团公司科技进步奖一等奖。所负责的 973 课题中期研究成果"炼油厂尾气中稀乙烯制丙醛"已完成年产 700t 丙醛的中试,为石油资源的综合利用开辟了新的方向。这是一项具有我国自主知识产权、完全创新的技术,得到国家科技部、国家经贸委以及中国石化集团和中国石油集团两大公司的高度重视和支持。

三苯基膦磺化生产三-间磺酸钠三苯基膦

已在青岛三力本诺化学工业公司建成国内唯一一套年产 20t 的工业生产装置,已投入运行 3 年。生产出的产品应用于乙烯、丙烯、丁烯氢甲酰化装置生产丙醛、丁醛和戊醛。

水溶性铑膦络合催化剂的制备

已在成都欣华源科技有限公司建立年产 2000kg 生产装置。可以生产 $HRh(CO)(TPPTS)_3$、$RhCl(CO)(TPPTS)_2$、$RhCl(TPPTS)_3$ 等系列水溶性铑膦络合催化剂,供应有关公司用于烯烃氢甲酰化生产丙醛、丁醛、戊醛。

水溶性铑膦络合物催化乙烯氢甲酰化生产丙醛技术

已在南京化工园区荣欣化学工业有限公司建成水溶性铑膦络合物催化乙烯氢甲酰化生产丙醛和加氢生产正丙醇的工业装置,并于 2010 年投入生产运行,年产丙醛已达 12000t。工业生产实践证明,我们研发的催化剂体系性能很稳定,工艺技术先进。水溶液中铑浓度仅为 100ppm 时,乙烯的反应速率就很快,在 63~65℃、1.8MPa 的压力下单程转化率达 97%,丙醛的选择性达 97%~98%。催化剂与产物采用静态分离技术,除去了蒸馏分离装置,减少了催化剂与产物分离的能耗。生成的丙醛去蒸馏塔蒸出产品,下层催化剂水溶液用泵输送回反应釜循环使用。采用此技术生产的无苯丙醛,再经加氢生产的正丙醇无微量苯,是此技术的又一特征。

丙烯和丁烯-1 氢甲酰化生产丁醛和戊醛技术

水溶性铑膦络合物催化丙烯氢甲酰化生产丁醛和浙江华晨能源公司合作,已开始进行设计年产 3 万 t 丁醛的工业生产装置设计。

已在青岛三力本诺化学公业有限公司建成丁烯-1 氢甲酰化生产戊醛 400t/a 的中试装置。经中试实验证明，水溶性铑膦络合物催化丁烯-1 氢甲酰化反应，丁烯-1 的单程转化率可达 90%，生成戊醛的选择性达 97%～98%，其中正戊醛含量可达 95%以上，为大工业生产戊醛提供了设计数据。

联苯双膦配体和烃溶性铑膦络合催化剂制备及其在丁烯-1 氢甲酰化反应中的应用

联苯双膦配体 2,2′-二亚甲基-1,1′-联苯-二苯基膦和铑膦络合催化剂 HRh(CO)(TPP)$_3$ 已在成都欣华源科技公司投入生产，供应青岛三力本诺化学工业有限公司均相催化丁烯-1 氢甲酰化年产戊醛 500t 的中试装置使用。丁烯-1 单程转化率达 95%以上，生成的戊醛选择性为 97%，其中正戊醛含量达 98%。采用极低压力下的降膜分离技术，实现了铑膦络合催化剂与产物的分离和催化剂的循环使用，为年产 1 万 t 正戊醛的工业生产过程提供了设计依据。

李贤均在做学术报告

附　　录

水/有机两相体系中铑膦络合物催化烯烃氢甲酰化反应
——从基础研究到工业实践

水/有机两相体系中铑膦络合物催化烯烃氢甲酰化反应的工业应用，在 20 世纪 80 年代中期取得了突破性进展，从而推动了这一绿色化学领域的研究迅速发展。两相催化技术的优点：一是采用水作溶剂，既安全又最便宜，避免了使用有机溶剂对环境的污染和分离回收溶剂的麻烦；二是反应完成后，有机产物和水迅速分层，下层催化剂水溶液直接送回反应器循环使用，避免了均相催化反应中催化剂与产物需要蒸馏分离才能循环使用，因此大幅度降低了催化剂分离的能耗，同时又解决了均相催化剂在高温下分离时引起催化活性下降的问题。

在生产线上的李贤均（中）

在水/有机两相体系中以水溶性有机金属络合物为催化剂，首先需要制备有很好水溶性的膦配体。我们从1988年着手进行水溶性膦配体和水溶性铑膦络合物研究。经过多年深入的基础研究，掌握了水溶性三间磺酸钠三苯基膦（以下简称TPPTS）配体以及水溶性的铑膦络合催化剂 HRh(CO)(TPPTS)$_3$，RhCl(CO)(TPPTS)$_2$ 和 RhCl(TPPTS)$_3$ 等的制备和纯化技术。为了考察上述铑络合物和膦配体组成的复合催化剂在水/有机两相体系中的催化性能，我们设计了长链烯烃氢甲酰化作为模型反应进行评价，因为长链烯烃及其氢甲酰化反应产物醛在水中溶解度很低，是典型的两相反应体系。研究表明，当反应溶液中不加任何助剂时，长链烯烃几乎不发生反应；加入阴离子表面活性剂，反应被抑制；加入非离子表面活性剂，反应速率增长很微；只有加入阳离子表面活性剂，反应速率才大幅度增加。对单长链阳离子表面活性剂加入对反应的促进作用，我们经过理论分析和实验测定，提出了它在水中形成的胶束，通过伸向水/有机相界面的阳离子头形成的正电场对铑膦络合催化剂和TPPTS解离形成的阴离子的静电吸引，在两相界面富集的机理，以及通过胶束疏水腔对烯烃分子的增溶效应，使反应物通过疏水链很快就可传输到两相界面与铑膦络合催化剂配位、反应的机理。提出了通过添加助剂进行胶束表面自组装，可以改善其反应微环境，提高烯烃氢甲酰化反应生成正构醛的选择性。

根据双长链阳离子表面活性剂在水中形成囊泡，可以大大扩展水/有机两相接触界面，更有可能促进反应速率提高的分析，我们设计合成了一系列不同链长的双长链阳离子表面活性剂，将它用于长链烯烃氢甲酰化反应，发现两相不用搅拌反应速率就很快。这说明囊泡的多层结构更有利于铑催化剂在两相界面的富集，它形成的疏水夹层中增溶的烯烃更容易传输到两相界面并与铑催化剂配位反应，这为模拟酶催化提供了一个很好的模式。

讨论解决技术瓶颈

为推进水溶性催化剂体系向工业应用的发展,我们和青岛三力本诺化学工业公司合作,进行了TPPTS的放大制备,并进一步建立了国内唯一一套工业生产三间磺酸钠三苯基膦的装置。解决了三苯基膦完全磺化和TPPTS容易氧化的关键技术难题;同时在成都欣华源科技有限责任公司建立了年产2000kg以上的水溶性铑膦络合催化剂的生产装置,解决了大量制备铑膦络合催化剂中结晶、沉淀、纯化以及制备的重复性,以保证所生产的催化剂能满足工业生产长期稳定运行的要求。

根据国内低碳烯烃氢甲酰化生产发展的需要,开展了乙烯、丙烯、丁烯氢甲酰化分别制备丙醛、丁醛和戊醛的工艺技术研发,并和化工设计部门合作,将水/有机两相体系中低碳烯烃氢甲酰化生产丙醛、丁醛和戊醛的技术成果推向工业生产。首先我们在乌鲁木齐新峰公司进行了炼油厂催化裂化干气提浓乙烯氢甲酰化年产丙醛700t的中试,检验了我们生产的水溶性铑膦络合催化剂性能和水/有机两相分离技术的可靠性,为大型工业生产装置设计提供了数据。随后在南京化工园区荣欣化学工业有限公司建成了水溶性铑膦络合物催化乙烯氢甲酰化生产丙醛和加氢生产正丙醇的工业装置,并于2010年投入生产运行,年产丙醛已达12000t,近期将改造扩大到年产20000t规模。生产实践证明,我们研发的催化剂体系性能很稳定,工艺技术先进。水溶液中铑浓度仅为100ppm时乙烯的反应速率就很快,在63~65℃、1.8MPa的压力下,乙烯单程转化率达97%,丙醛的选择性达97%~98%,丙醛的缩合产物比均相催化低得多。催化剂与产物采用静态分离技术,简化了催化剂与产物的分离过程,大大降低了分离的能耗。采用此技术生产的丙醛和经加氢生成的正丙醇都不含苯,为生产高品质的醋酸正丙酯提供了质量保证。水溶性铑膦络合物催化丙烯氢甲酰化生产丁醛项目和浙江华辰能源公司以及青岛三力本诺化学工业公司合作,开始进行年产30000t丁醛的工业生产装置设计。水溶性铑膦络合物催化丁烯-1 氢甲酰化生产戊醛,已在青岛三力本诺化学工业有限公司完成了 400t/a 规模的中试。生成戊醛的选择性可达 96%,其中正戊醛含量可达 95%以上,为 10000 万 t/a 的工业示范装置提供了设计数据,现已完成初步设计。

催化学科是和生产实践紧密联系的学科,从实验室基础研究到工业生产实践的过程中,必须虚心向设计部门和生产部门学习,补充自己知识的不足,进一步完善基础研究成果,以适应和满足工业生产应用的要求,推进企业的技术创新。这是我们义不容辞的责任。

图 片 集 锦

研究组和毕业研究生的合影

工业化装置

(李贤均)

辛　　勤

辛勤，催化化学家，中国科学院大连化学物理研究所研究员，博士生导师。1939年生于哈尔滨，原籍山东省安丘。1962年7月毕业于吉林大学化学系，被分配到中国科学院大连化学物理研究所工作至今。历任催化基础国家重点实验室学术委员会副主任，中国科学院大连化学物理研究所学位委员会副主任，中国化学会催化专业委员会秘书长，石油炼制学会催化剂分子筛学组副组长，石化总公司齐鲁石化公司顾问，中国民盟大连化学物理研究所委员会主任委员、民盟大连市委员会副主任委员，大连市人大常委会委员等；现任中国科学院大连化学物理研究所咨询委员会副主任，中国化学会催化专业委员会顾问委员，《催化学报》顾问等；发表研究论文500余篇，入选汤森路透高被引科学家2014年榜单（工程学科）；入选爱思唯尔公布高被引科学家2015年榜单（化学学科）。著有《现代催化化学》、《现代催化研究方法》、《固体催化剂研究方法》、《催化研究中的原位技术》、《催化史料》、《中国催化名家》、《催化反应工程》、*Spillover and Migration of Surface Species* 等十二部专著。获得14项省部级二等以上奖励，其中包括1994年获得国家计委、教委等七部委联合颁发的"金牛奖"，以表彰其组建催化基础国家重点实验室所做出的贡献。

"紫外拉曼光谱仪研制和在催化研究中的应用"获1999年国家发明奖二等奖，"直接醇类燃料电池电催化剂材料应用基础研究"获2014年国家自然科学奖二等奖……

1939年4月14日，我出生于哈尔滨道里区中央大街。由于1945年日本刚投降，哈尔滨同时存在三股势力：共产党、国民党、苏联红军，所以社会上不稳定。

我家在哈尔滨也居无定所，几经搬迁。伪满洲国时期，家住哈尔滨道里区中央大街，后来搬至哈尔滨市道外太古街一个大院里，6 岁时我家又搬到哈尔滨南岗区一所大楼旁的平房，旁边连一车库，只记得那个区域居民很少。那时印象深刻的是，有一天，几个苏联兵来到我家到处乱翻，当时我的一个妹妹正患病，妈妈、姐姐吓坏了，这时我家载客挣钱用的黑色汽车刚好回来。苏联兵一见，就忙着去抢车。据说他们后来把我家这台车运到苏联去了。妹妹原来就有病，这一次又受到惊吓，不久就去世了，当时只有 5 岁。

兆 麟 小 学

1945 年 8 月，我进小学读书。兆麟小学前身为俄国希尔科夫公爵的私邸，设计师为尤·彼·日丹诺夫，砖木结构，文艺复兴建筑风格，设有喷泉会议厅、大音乐厅、宽敞明亮的大走廊……1926 年改建成学校，在日满统治时期供日本小孩念书，曾称作桃山小学。中华人民共和国成立后，为纪念抗日英雄李兆麟将军而改名。现在是哈尔滨市重点小学。

兆麟小学，摄于 2001 年 8 月

小学班主任张芬教育我们要勤奋、诚实、俭朴、自尊。她的音容笑貌至今记忆犹新。在我念到小学五六年级时，对六年八班班主任周博以及其他老师产生了特别深的印象，感到他们很有知识，很高深莫测。我们在三年级开始学俄语，由苏联老太太教，经初中到高中我们都能看一些俄语原版电影，像《第四十一个》等。那时在全市运动会上，兆麟小学学生用俄语喊"加油"，很有优越感，令人们羡慕。记得在一次访问莫斯科时，在市场买东西，好不容易想起几个单词，听到我讲俄语，苏联服务员很高兴，这使我感到学习一种语言一定要学以致用，否则时间会洗掉一切的。

哈尔滨市第一中学

  初中我就读于哈尔滨市第一中学，就是王刚讲的《夜幕下的哈尔滨》所描述的那所学校，校长马荣选是周恩来的同班同学，后来转任黑龙江省教育厅厅长。初中阶段我的学习成绩一般，班上 50 多人我总在 10～20 名之间，在中上等。那时正值向苏联学习的高潮时期。苏联的文艺作品、小说、电影对我们影响很大。当时的一大批电影如《走向生活》、《古丽雅的道路》、《钢铁是怎样炼成的》、《卓亚和舒拉的故事》、《忠实的朋友》、《第四十一个》；科幻小说《银灰色的粉末》、《死光》、《驱魔记》等，给了我们许多想象的空间，也很感染人，使我们这些中学生对前途充满了希望，也对生活充满了激情。物理老师张克讲的"虎克定律"、"低气压放压"，我对此印象极为深刻。这激发了我的求知欲望。我与班主任金恨时虽然交往不多，但他温文尔雅的气质使我对他十分敬重。有一件事给我印象最深，金老师的腿骨折了，我们去他家里看他，讲起他为什么起名叫"金恨时"。他告诉我们：在他出生时，正值日本人侵占东三省，所以他父亲称他恨生非其时？由此可看出当时东北人民对日本侵略的态度。初中毕业时我可以上中专也可上高中，当时

哈尔滨市第一中学

哈尔滨市第一中学校门前

哈尔滨市第一中学初三·四班师生合影

家里也希望我上中专,因为所有费用由国家承担,又能及早参加工作。另外,相当多的家长和年轻人希望上中专,是因为待遇和毕业后的工作都是很受人们热爱和尊重的。但我坚持要念高中,这是我人生中由我自己做出的"第一步选择"。

哈尔滨市第二中学

我上的高中是在有着近百年历史的哈尔滨市第二中学(现哈尔滨市第三中学校)。朝鲜领导人崔庸健曾在此学校念书。我们高中的校舍设施(大屋顶古典建筑)等各方面条件十分优越,老师水平很高,有学者风范。对高中的生活,我印象深刻的老师有徐征、刘相辅、严启杰、杨少桐等。他们的言传身教,使我崇尚知识,发奋学习。这些老师的一个共同特点是十分敬业,不但教学经验丰富、为人师表,在学术上刻苦钻研、造诣颇深。

上高中时的辛勤

教我们数学的徐征老师,高高的个子,上三角和几何课时总拿一个大三角板。他对学生非常热心,充满关爱。记得我在上高一时,名字由辛喜乐改为辛勤(按家谱上推我这一辈都属"乐字辈"。我是辛喜乐、二弟是辛宾乐、三弟是辛永乐。后来我们觉得名字有些俗,分别改名为:辛勤、辛毅、辛勇)。他以此为例,从数学上反复论证了一番,至今他在我脑海中印象深刻。现在回想起来徐老师是利用我改名的命题,运用形式逻辑的同一律、矛盾律、排中律给我们上了一次概念判断推理课。

化学老师刘启芳,以启发式教学,激发学生学习兴

1956年高三·二班集体照

趣和热情。她讲课总是很生动活泼，给人以启发，不时地让人产生兴趣和进一步的遐想，激励人去学习更多的知识。在讲课时她还不时介绍国内一些大学的情况和学业专长，让学生产生了许多想象的空间。我对化学情有独钟，以至于后来从事化学研究，与她的启发、鼓励、启蒙引导有重要作用。

吉林大学化学系五年苦读

大学的学习

1957年，全国大学招生十万七千人，我以全系前三名的成绩考入东北人民大学（现吉林大学）化学系。报考志愿和专业都是我自己选定的，这是我人生的第二次选择，也是我人生道路的转折点。当时的东北人民大学是中华人民共和国成立后东北的第一所综合性大学，因此受到政府的高度重视。尤其是1952年院系调整后，从清华大学、北京大学以及南方抽调大批优秀教师，如唐敖庆、蔡镏生、余瑞璜、苟清泉、王湘浩……极大地充实和提高了学校的教师队伍和水平。吉林大学化学系尤其是物理化学专业实力在全国12所综合大学中也是名列前茅。所以我把求学目标锁定在吉林大学。唐敖庆副校长、蔡镏生学部委员的表率作用及关实之系主任（他毕业于日本东京大学，二级教授）在新生入学讲话中教育我们：学生的主要任务是学习，要圆满地完成学习任务；学好本事为国家多做贡献，报酬待遇不需要你们考虑，组织上、国家会考虑的。这些话深深地刻入我的脑海里。在中学期间课外书读得很少，大学仿佛让我进入一个全新天地，感到一切由自己安排，比中学期间自由多了。匡亚明校长对学校的人才和尖子学生的培养下了大功夫，对学校基础设施建设尤其是文献、图书、资料的收藏十分重视，尤其是进入文科楼（图书馆），这个大理石墙面的六层大楼在解放战争时曾经是国民党曾泽生的司令部，看到了那么多从未看到的图书、期刊、杂志我爱不释手，想到"书山有路勤为径，学海无涯苦作舟"的古训，于是我的大学生活中有很多时间是在图书馆中度过的。图书馆二楼设有大阅览室，每个座位有一个绿色台灯，在当时条件是相当优越的，为能占上这一座位，我们提早排队吃饭来争取。除了学习理科知识外，我还经常到文科教师阅览室看书，我曾按着文学史和中国新文学两大系的目录阅读了许多中外名著（如郭沫若、鲁迅、矛盾、巴金、田汉、夏衍、老舍、洪深、郑振铎等名作家的全集、选集），眼界大开。自然科学方面除了化学系的四大化学教科书外，还刻意读了物理系的四大力学、数学系学生参考书——苏联科学院出版的《数学：概念、内容、方法》全集，大大地充实和拓宽了我的基础知识领域并扩大了视野。现在看来在大学阶段，如能够抓紧时间多吸收一些知识为自己打下一个宽广而坚实的基础，对一个人今后的发展是非常有益和重要的。哲学、逻辑学方面的知识对我以后的研究工作起了十分重要的潜移默化作用。马克思曾称为唯物主义鼻祖的英国大哲学家弗兰西斯·培根撰写的《弗兰西斯·培根论说文集》中论读书、论美、论高位，其对命题的理解论述入木三分，对我影响至深，至今我还保存有手抄的文稿，还不时看看。逻辑学的学习使我深切感受到掌握逻辑学四大定律：同一律、矛盾律、排他律和理由充足定律，对一个人的概念、判断、推理能力的提高至关重要。在哲理思维引导下的科学思维对一个自然科学工作者的学术生涯起着十分重要的作用。因为科学的本质特征是追求真理——科学就是证实和证伪，科学的生命力在于不断从揭示自然奥秘中开拓创新。在探索未知的过程中，没有一个科学和新颖独特的思维方法是不可想象的。去书店买书也是我的一大乐趣。

在这所国内非常优秀的综合性大学五年的近乎"苦行僧"般的学习生活中使我得到了较全面的历练，对我的一生至关重要。大学的基础课——化学系四大化学，校方非常重视，都是有多年教学经验的老教师或中年教师上，这对学生的智力成长十分重要。当时在吉林大学化学系教我们基础课的老师、总揽物理化学教学的是唐敖庆，他还亲自给我们讲化学热力学，他讲课板书层次非常清晰工整，从来不看课本公式，都是现推导，体现出他的思维过程。其他也都是学术上的尖子：孙家钟、江元生、徐如人、曹锡章、蒋栋成、童有勇、陆善华、伍卓群、勾清泉、沈家聪、丁莹茹、郑作光、甄开吉等当时都是副教授、讲师，现在他们中许多人已是中国科学院院士。他们对科学的执着、学术上的造诣、对科学的理解、严谨的学风成了我们学生心目中的楷模，听他们的课是一种享受。他们的治学态度使我慢慢体会到对待科学的追求必须老老实实，来不得半点虚假。对于专门化实验系里也相当认真，有17个专门化实验学生必须通过。这是学生实验研究的基本功训练。

大学的磨炼

大学期间我们参加了大炼钢铁、农村抗旱积肥、下厂锻炼、军事训练，还参加了防化兵的训练、修水库、修长春火车站（扩建）、教育改革、大搞科研等运动。记得在1958年长春火车站扩建时，我们卸火车拉来的土，8个人卸一车皮仅用18分钟，中午吃二两一个的大肉包子，农村来的大个同学一顿吃14个，我吃的最少也吃了7个；在长春不远的新立城修水库，推手推车，一车土三五百斤，一个来回有十里地，一天要推五六次。中饭吃的馒头像枕头大小，一个月算下来男女同学平均吃68斤粮。住在像鸽子笼一样的工棚中，躺在铺上可以看天上的星星和月亮。当时同学们并没有感觉到苦和累，十分愉快，有时还兴高采烈。这样大的劳动量和经历、这样艰苦的磨炼，使我们有了克服困难的能力和心理素质。

农安页岩油厂实习

当时口号是"用十五年时间赶超英国",全民炼钢到处修小高炉,在大学校园内我参加过修建炼钢厂厂房、修平炉、修转炉、炼焦,我们用好钢好铁炼出了蜂窝状的渣铁,不知能做什么用,却打着锣鼓献礼;教改编教材不让具有丰富教学经验的老师参加,却让我们没有学完无机化学的学生编教材,当时我们都不知道从哪抄,这样的教材水平可想而知,但也将它向党献了礼!每当回忆起这些荒唐事,我感到十分可笑无知。我还参加了耐高温高分子的合成,一年下来没有什么像样的结果,由于大炼钢铁、"农业八字宪法"、深翻地、虚报产量,粮食扔在地里不能收,1960年前后成了三年困难时期,全国闹粮荒!记得大学期间个子大的齐世伦同学实在没有吃的,就在实验室用生铜绿的水浴煮地瓜叶子吃;我姐姐用一块英格手表换了一麻袋大头菜叶子来充饥……这似乎是上天对不按规律办事的惩罚。这样的事虽然对社会来讲付出的代价太大,但对我们个人来讲,却是一个难得的接触社会、学习社会、锻炼实习的机会,对人生也是一次磨炼。如果没去农村锻炼和后来的下放走"五七道路",我不可能如此深刻地了解中国农村的实际和中国农民的真实状况。

毕业论文

我大学毕业的论文题目"乙烯氧化制环氧乙烷银催化剂研究"主要是用容量吸附方法研究乙烯、氧在银催化剂上的化学吸附。指导老师是丁莹茹(校长匡亚明的夫人),她是北京大学傅鹰的研究生。毕业论文所用的实验装置是苏联专家用的,其中一些真空泵等设备是蔡镏生从英国带回来的,在当时条件是很好的。其间,我还曾参加制造测定原子核裂变产生的β射线的盖革计数管的研制,需要烧制玻璃外壳,蔡镏生教他的助手夏从信烧玻璃外壳,我们负责电镀银、装电极、抽真空密封。这过程中我学到了水银纯化、水银蒸馏、化学镀银、真空技术等许多知识和技术。当时，吉林大学化学系许多老师虽然是教授，但实验动手能力都很强。从日本东京大学回来的关实之，在同我们讲烧制玻璃部件实验压缩空气用"皮老虎"，用脚踩，上下压，手上拿烧制玻璃件要不时转动时，手、脚配合动作，技术相当熟练。

  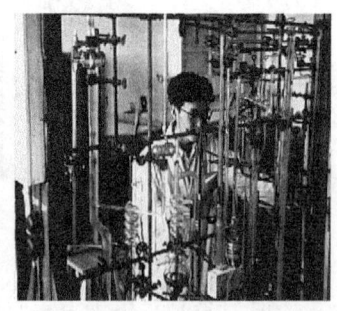

制造盖革计数管　　　　　专门化实验　　　　　毕业论文实验装置

数据处理　　　　　下厂进行化学分析　　　　　容量化学吸附实验

进入科学研究的殿堂

1962年8月我从吉林大学毕业后被分配至中国科学院大连化学物理研究所，那一年所里来了100多位大学生，而且都是名牌大学不同专业的毕业生。大连化学物理研究所领导十分重视，除了入所培训外，要进行三个月的外语培训。第一外语是俄语的，考试超过80分的可以学英语。记得教俄语的是林均勇、教英语的是陈粤。考试达标后我去学英语，这一段强化训练对我英语水平提高有很好的促进作用。后来先后又开了几门基础课，如高等物理化学等。这些措施对大连化学物理研究所多年来人才辈出的累累成果有重要影响，可见大连化学物理研究所领导对人才及其培养的考虑是十分深远的。

刚来实验室，所里安排我利用容量化学吸附方法测定一些过渡金属催化剂上的吸附等温线、吸附等压线。这些工作对于实验室已经是很成熟的，所以我做起来很顺手。后来，我同技术装备室主任徐哲尧合作研究吸附速度的测量。实验室从未做过这个课题，徐哲尧负责电子学线路设计安装；我负责电容式传感器的设计、加工和全部实验。这套装置适用于对慢化学吸附速度的测量。接着开展程序升温吸附、脱附研究。这项工作除设计气路装置和自行安装加工热导池，还需要自己设计安装程序升温控制仪，但当时市面上没有卖的。我利用一台日本产恒温控制仪的齿轮系统同可控硅主回路制成一台升温速度可控的线性升温仪。又专门设计加工可快速线性升温的炉子，设计加工不锈钢炉膛、在外表面烧上一层有刻槽的陶瓷、沿沟槽绕上电炉丝、加装保温材料、封装外壳后成为程序升温用电炉。利用这些制的设备再配以色谱仪气路就可进行热脱附研究。当时我们在国内是最早开展这些工作的，引来北京石油化工科学研究院等许多单位来参观学习。

调试放大器

安装调试回旋共振质谱

吸附速度测试

建立超高真空技术/系统

我到201组工作的第二年，张大煜、臧璟龄同我谈，为了将要开展的表面键研究需筹建低能电子衍射装置，要先建立超高真空装置。所以在这方面我用了近两年时间。当时实验室只有玻璃高真空系统，我从金属、玻璃接头、石英-玻璃接头、无油高真空阀、能抽超高真空玻璃扩散泵、离子泵、超高真空计、回旋共振质谱仪做起。在玻璃细工车间的刘兴信、韩行纯和宋宝华的极大支持与合作下，我们在全国化学界第一个用玻璃扩散泵获得了超高真空（3×10^{-9} Torr，1Torr=1.333 22 $\times 10^2$ Pa）。尤其是当时我们只在国外一本杂志的照片上看到一台卧式玻璃扩散泵，我同韩行纯一起硬是将它"临摹"下来，在夏天高温煤气灯的烘烤下，经过十几次的修改、烧制成功，并利用它和分子筛吸附阱等技术联合，获得了超高真空（3×10^{-9} Torr）。后来我将这部分工作写成《超高真空的获得与分子筛吸附阱》发表在我国的《高真空技术》杂志上，这是我的第一篇论文，后来我又发表了《利用回旋共振质谱分析超真空系统残余气体》等论文。正是这些工作使我在高真空、超高真空、质谱、电子学等诸多领域得到了全面的锻炼和提升，并为今后的研究打下了坚实的基础。后来在我们研制和发展各种各样的原位红外、激光拉曼吸收池及原位"双分子"探针方法中，韩行纯等起了至关重要的作用。

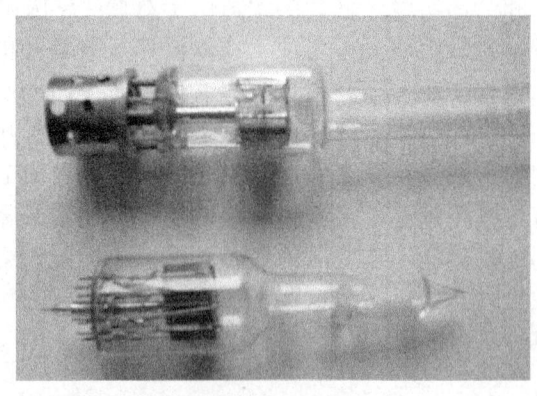

回旋共振质谱管

上边为德国进口；下边为自行研制

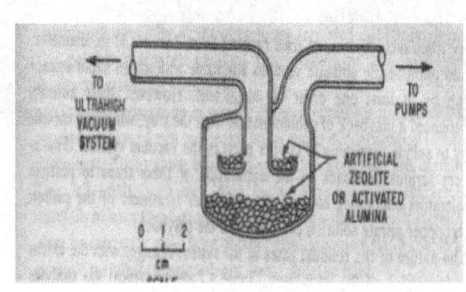 

卧式玻璃扩散泵和分子筛吸附阱组合

"文化大革命"使大部分科研工作都停下来了，我从1970年3月6日至1972年3月6日下乡当"五七战士"两年。调回化物所后，我做的第一件工作是研制肼燃料电池，主要是针对碱性燃料电池用石棉膜做离子导电膜。一年后，我调至八室806组从事原位红外光谱的筹建工作，并承担了乙烯氧化制环氧乙烷的研究。这个项目是同抚顺石油二厂研究所合作的石油部的项目，我十多次来往于大连抚顺，即使大雪天也照行不误。当时人们对研究工作不重视也十分不认真，记得在石油二厂做小试的原料乙烯由乙醇脱水反应制取，当时他们错用了甲醇来反应，居然十来天后才发现。后来我又到北京化工三厂做中试，虽然我们下了很大功夫，一次中试要用几十千克银做的催化剂，但由于操作人员不负责任，操作失误就报废了，最终这个项目无法有效进行下去，所里决定撤出这个合作，两年多的工作没有获得应有的结果实在是一件遗憾的事。

所里安排郭燮贤、李文钊和我开展筹建五室——催化基础室的工作,后来任吸附态化学研究组503组组长。

关于原位分子光谱研究

催化反应和催化剂研究,其关键是研究反应物如何被活化转变成产物。这需要在催化剂工作状态下进行研究才有效,原位分子光谱方法学、装置就是其关键。当年由于固态核磁共振仪价格昂贵,不能普及,所以红外光谱成为首选。在这个研制过程中我深切体会到一个实验研究人员如果没有工程、技术人员的密切配合、支持是寸步难行的。刘兴信是当年国内少有的玻璃烧制方面的专家,当时同上海复旦大学建蔡祖泉、清华大学的杜继贞、长春光机所的杜继路齐名。刘兴信是国内第一位成功拉制石英毛细管的高级工程师,为我所和国内毛细管色谱的发展做出重要贡献。他和我们合作搞成石英/玻璃接头、金属/玻璃接头、无油超高真空阀门以及回旋共振质谱管。他在技术上的研发能力让我非常钦佩,也给了我巨大的支持和鼓励。1980年左右我们建立了原位红外光谱及其表征方法,并在CO化学吸附的红外光谱和金属/载体相互作用研究方面取得了许多有意义的结果。当时正值《催化学报》创刊,所以我们在"文化大革命"后的第一篇论文在创刊号上发表并陆续发表了近十篇论文。这些文章为后来从事相关工作的人员大量引用,成为我国原位红外光谱研究吸附态的开拓性工作。

后来由于吸附态研究的需要,我们又开展时间分辨付氏红外光谱研究,采用步进扫描技术。最初我们用美国伯乐公司制造的步进扫描的付氏红外光谱组装,但由于激光器等不匹配,一直进展不大,后来采用美国尼高力公司的步进扫描技术,由冯兆池、李灿完成了时间分辨5ns水平。这些工作使我们实验室的研究始终处于国内外的前沿水平,如我们发展的"双分子"探针原位红外光谱方法在1989年第九届国际催化大会总结报告中评为"……催化剂表征方法的新进展";在1990年科威特召开的第一届世界石油大会上,比利时皇家科学院和皇家工程院两院院士B. Delmon在特邀大会报告中将其评为"……开辟了催化基础研究的新领域"。由于有了这些在国内外均属一流的实验装置设备,先后有50多位博士、博士后、访问学者在实验室进行研究,培养了一批高级人才,现在他们已成长为教授、研究员、博士生导师、院士。原位分子光谱方法、装置、设备和学术积累成了我们实验室的学术、技术特色。它有力地促进了我们同国内外有关实验室的科技合作和学术交流,提高了在相关领域的话语权和知名度。在这一年我被提升为研究员。

最近,因为商业上买到的所有付氏变换红外光谱仪都是采用单光束,无法实时消除气相组成、高温状态下发射光谱的影响，为解决反应定态下吸附态研究，要消除气相组分和在高温下发射光谱的影响，我又同大连理工大学郭洪臣共同研发了双光束 FTIR 技术。并组建了可做同位素标记的反应——漫反射红外-质谱技术。多年来，这些不同结构的红外、拉曼、单光束、双光束原位吸收池和装置已被国内外百余个实验室采用，并对相关研究起了重要的促进作用。

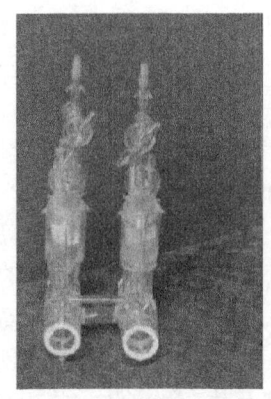  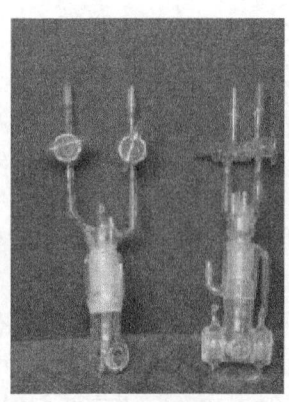

原位双光束红外池　　原位发射红外池　　原位红外/拉曼池

紫外拉曼光谱在催化中的应用讨论评议意见

在我一生的学术生涯中，我用了毕生精力组建了大连化学物理研究所的原位分子光谱实验室（503 组）；用了十余年建立了大连化学物理研究所的直接醇类燃料电池实验室（305 组）；用了近十年同牛淑云合作建立了辽宁师范大学发光材料-功能材料实验室；用了五年协助郭洪臣组建了大连理工大学原位分子光谱学实验室。这些实验室现在都得到了很好的发展并正在发挥作用。

由于我们实验室开展原位红外光谱早，国内许多单位都来做实验，如四川大学陈耀强及他的几代研究生、北京石油化工科学研究院闵恩泽的几代研究生、南京大学陈懿的几代研究生、大连理工大学郭洪臣的实验室、吉林大学肖丰收的研究生、北京大学李宣文、上海石科院、抚顺石油化工研究院、山西煤炭化学研究所……为此,我两次获中国科学院"优秀博士生导师"称号和一次"杰出研究生导师"称号。

科研活动采风

金属催化剂的表征研究

20 世纪 80 年代,中国科学春天到来,我国催化领域的学者,通过国内外学术交流,把注意力集中在催化新材料、新反应、新表征方法的开拓研究上。当年为了寻找建立催化剂表征新方法,由于光电子能谱方法也还不十分成熟,我们经调研后决定自行组建出现电位谱仪——即利用一束电子轰击原子,当电子能量达到某一能态的域值时就发射软 X 射线,这样可获得元素结合能信息。这种仪器称为软 X 射线出现电势谱仪,为获取准确数据,需采用锁相技术。当时化物所只搞到一台英国进口的 9502 锁相放大器。分子反应动力学实验室正在组装交叉分子束实验装置,也需要锁相放大器。仪器分配给谁难以决定,楼南泉跟我约定"谁先拿到信号"这台锁相放大器就给谁!经过一番努力我们先拿到了信号。虽然楼南泉也很急需,但他还是说话算数支援了我们。后来此仪器(APS)研制成功,获中国科学院科技进步奖二等奖。楼南泉当时能忍痛割爱,大力支持我们,我非常感谢,这种大度精神非常值得我学习。我们关于金属/载体相互作用的研究曾获 1982 年中国科学院自然科学三等奖。由于几个方面的成果,我于 1992 年起享受国务院政府特殊津贴。

筹建催化基础国家重点实验室点滴

1989 年国家计委、科委和中国科学院审议通过建立催化基础国家重点实验室。当时，室里只有三件"大件"仪器：小型色质谱仪、红外光谱和能谱仪。我负责分子光谱实验室建设，组建原位红外和拉曼光谱。为此，我们精心建立的原位真空吸附装置，由于实验室搬迁，这一真空吸附装置从大连一二九街搬到星海二站山上实验室，后来又从山上搬至山下实验室。玻璃真空装置抬上卡车，再搬到楼上实验室安装上。石宪祥、陈耀强等各届研究生在读研究生期间不断完善和提高其功能。所使用的仪器也由最初的光学零点式红外光谱逐渐发展到光栅红外和付氏变换红外光谱，大幅度提高了仪器的灵敏度。针对催化化学研究的需要，我们在原位红外基础上发展了程序升温技术、红外光谱和回旋共振质谱及四极质谱组合技术以及稳定同位素示踪技术。这一提升过程中，魏成栋、张慧、应品良、高兴涛、严玉山、李灿、肖丰收、杨树武、吴自力等一大批研究生做出了很多贡献，同时也做出了许多高水平的研究工作。先后有四十余名研究生、博士后、合作研究人员、进修人员在此装置上开展研究，发表了几百篇学术论文。正因为有这样一批成果，我获得了国家计委、科委、教委、中国科学院、财政部等七部委联合颁发的"金牛奖"。1993 年由国务院学位评定委员会被评为博士生导师。

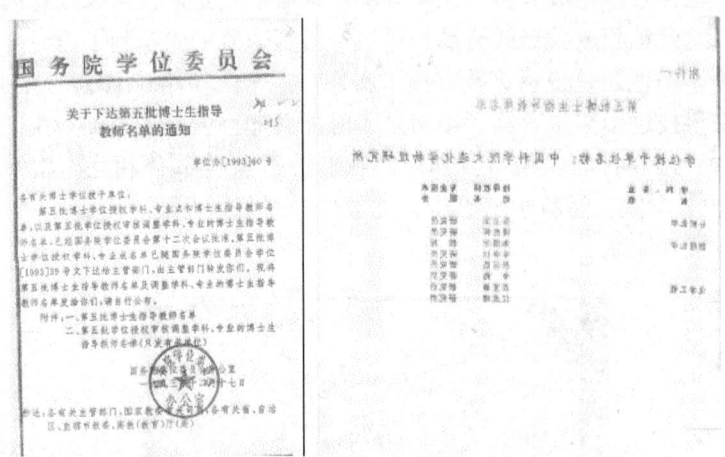

1993 年被国务院学位委员会评为博士生导师

取得的学术进展

1. 建立和发展在催化研究中原位红外和紫外拉曼光谱技术和方法

经过三十余年的努力，我研制开发了双光束石英红外吸收池、原位拉曼光谱

1994年因建立实验室获国家计委、科委等七部委颁发的"金牛奖"

池等系列原位红外和拉曼光谱技术和方法,被美国普林斯顿大学 B. C. Gates 教授实验室、美国西北大学 W. M. H. Sachtler 教授和 H. Kung 教授实验室、比利时鲁温大学 B. Delmon 教授实验室等国内外 100 余个实验室采用并获得好评。

我先后主编了《催化研究中的原位技术》和《固体催化剂研究方法》、《现代催化研究方法》等六部专著以及举办系列"现代催化研究方法高级研讨班",推动了原位红外光谱方法在催化研究中的应用。

2. 拓展了利用 CO 和 NO 共吸附红外光谱的双分子探针方法

在催化剂工作状态下活性中心、活性相的研究一直是催化基础研究的核心课题。通常用探针分子的红外光谱研究催化剂表面活性中心,是基于化学吸附原理及其特征红外光谱变化反映活性中心的配位状态、化学环境变化。我们利用原位红外光谱方法同 CO 和 NO 化学吸附相结合发展的双分子探针方法,可同时反映出不同活性中心化学环境和配位状态的变化及其相互作用。例如,用双探针方法研究硫化态的 $CoMo/Al_2O_3$ 催化剂时,第一次从实验上证明氢从 Co 中心溢流(spillover)到 Mo 中心促进低配位 Mo 中心的形成。这些成果在第九届国际催化大会报告后,美国 Delaware 大学 G. Alex Mills 在大会总结报告中指出:"双探针红外光谱方法是催化研究方法进展之一。"*J. Apk. Catal.* 杂志主编 B. Delmon 在第一届世界石油大会的特邀报告中称:"双分子探针红外光谱方法开拓了一个十分重要的研究领域"。

3. 直接醇类燃料电池研究

有了上面学术上和技术上的积累,考虑到事业的发展,在国家自然科学基金两个面上基金的支持下,我于 1998 年开展了直接醇类燃料电池的研究,尤其是燃料电池催化剂研究。我想,两山之间必有峡谷!包信和曾对我讲:"你六十岁还敢开辟新研究方向?"现在看起来,如果一个人的知识面有一定宽度,基础坚实,转移研究方向不是什么难事。这应当算我的第三次选择。转到这个领域后用了我十几年的时间,由于甲醇、乙醇燃料电池尤其是催化剂方面的研究起步早,许多研究属开创性研究,受到了国内外同行的关注和好评。取得的学术进展如下:

(1) 发展了制备高负载、高分散碳载贵金属电催化剂方法。目前,用于燃料电池的催化剂多采用高负载碳载贵金属40%~60%(质量分数),这对催化剂的制备提出了新的要求。我们进行了大量实验筛选,发现采用乙二醇等混合醇可以精确调节金属粒子大小,将其用于40%~60% Pt/C和PtRu/C可以获得纳米级催化剂。相关的机理研究表明,乙二醇在催化剂制备过程中既作保护剂又作还原剂。这种方法可以用于其他贵金属碳载催化剂,在高负载催化剂制备中比其他方法具有明显的优越性,是具有开拓性的结果。这一技术上的进步对燃料电池的发展具有重要的实际意义。本研究先后在 *Chem. Comm.*,*JPC*,*PCCP* 等杂志上发表,美国 Iowa 大学的 C. Drew 在 *Current Statu of Direct Methanol Fuel Cell Technology* 一书中大篇幅引用了我们十余篇的论文结果。受美国加利福尼亚大学 G. A. Somorjai 等邀请我为其专著 *Nanotechnology in Catalysis* Vol. 1,Vol.2,Vol.3 撰写了专论文章。

(2) 率先将多壁碳纳米管用于燃料电池催化剂载体。在碳载贵金属电催化剂研究中我率先利用多壁碳纳米管作为催化剂载体。利用调变碳纳米管表面基团的技术着力解决了高担载量贵金属的负载问题,又解决了膜电极制备中的催化剂表面和质子交换膜之间的匹配问题后,发现碳纳米管负载相同量铂,其比功率明显高于一般常用的碳载体,其电化学稳定性也好于常规碳载体。这对提高燃料电池的比功率和稳定性具有重要意义。这些结果在 *JPC* 和 *Carbon* 上发表后受到了同行的极大重视,引用次数已超过1200次,根据ACS统计,在JPC-A+B+C上,2001年以来发表的23000余篇论文中该论文引用次数排名第24位。其后国外的一些著名实验室也开展了这方面的研究。应英国 Newcastle 大学、挪威科技大学等要求我同他们开展了合作研究。

(3) PtSn/C 直接乙醇燃料电池催化剂具国际领先水平。考虑到甲醇的毒性和能量密度,我们在国际上较早开展了直接乙醇燃料电池研究。开发出 PtSn/C 系列电催化剂,其功率密度达 80mW/cm^2,远高于国际上报道的 50mW/cm^2 的最高水平。并发现 Pt$_3$Sn/C 是乙醇电催化氧化的活性相,四价 Sn 有利于该活性相的形成。这些结果在 *Appl. Catal.*,*J. Power of Sources* 等杂志上发表后引起了同行的很大关注。美国 St Luois 大学的 Sheller D. Minteer 在他的专著 *Direct Ethanol Fuel Cells* 中大篇幅引用了我们的10篇论文的结果。最近意大利 Ermete Antolini 在为 *J. Power Sources* 撰写的 *Catalysts for direct ethanol fuel cell* 综述中也大篇幅引用了我们的9篇论文,这几乎是我们早期发表的全部论文。希腊 Thessaly 大学、西班牙 CNRS 石油和催化研究所及韩国三星公司技术研究院主动提出同我们开展合作研究。美国加利福尼亚大学 G. A.

Somorjai 等邀请为其专著 *Nanotechnology in Catalysis* Vol. 3 撰写了专论文章。

国际学术交流

在开展基础和应用基础研究中，我开展国内外学术交流，使自己的研究结果让同行了解。只有进行交流，才能进一步获得在相应学科领域的认同和话语权。这是至关重要的一个环节。在开展国际性合作和学术交流方面，在二十世纪八十年代中期我们先后开展并主持了同比利时鲁温大学催化和材料中心、西班牙石油和催化研究院、英国利物浦大学表面科学和催化研究中心、法国卡昂大学、保加利亚动力学和催化研究所、意大利米兰大学、希腊 Thessalia 大学、挪威科技大学、美国通用汽车公司、韩国三星集团公司等十余个国家的长期国际合作项目。改革开放带来了科学的春天，我面前有两种选择：一种是出国留学，我是所里拟安排出国的第一批人员；另一种选择是先留在所里做研究。当时我正在组建实验室，我想，国外一些大学的研究工作那么出色，人才培养很有质量，为什么？打个比方，是因为那些大学有个烧得很红的炉子，铁丢下去就能较快烧红——炼成钢。由于在国内我们实验室开展原位分子光谱研究催化作用比较早，建立了系列行之有效的装置、技术、方法，并发表了许多引人注目的文章，在国际上也产生了一定影响。在开展这些合作研究时，一般我先同合作的教授讨论好双方互补的课题，充分了解了对方的优势、我们感兴趣的科学问题和技术，派出的人在国内已有充分的准备，没有诱导期，效果很好。另一方面，由于国际合作提升了我们实验室在国际上的学术影响，也促进了学生的学术研究水平、扩大了他们的视野。所以搞基础研究的人员，积极开展对等的国际合作，走上国际学术交流平台至关重要！这对培养顶尖人才，让他们尽快成长是十分必要的。

在开展国际合作过程中合作对象的选择和合作经费的争取是两大关键，在这方面中国科学院化学局（苏贵升）及国际合作局葛明义、西欧处的周萍等给了很大的支持。他们帮助找渠道，先后在中国科学院立项、推荐至自然科学基金委员会立项、推荐至国家科委立项，使得我们多年来一直得到中国科学院、自然科学基金委员会和国家科委的资助。没有他们的大力支持，我们不可能有如此丰富和有成效的国际合作。

当时国家非常重视科学研究，已经开始花重金引进了许多高精尖的设备，由于各种原因，还缺少足够好的炉子。我们这一代人的重要任务之一就是把炉子建起来烧红，这样可以做更多工作，也为我们的下一代能够更多地在这样的炉子里锻炼成好钢创造条件。因此，我当时的愿望就是在自己的国家里建出第一流的实验室。所以我出国访问、合作研究一般不超过一年，先后去了近 20 个国家的大学和公司的实验室，代表我的实验室、我的工作进行学术交流。不长期出国留学而是采取合作研究的安排,或许是我人生旅途的又一次选择!我从事的研究是催化基础研究,催化剂和催化过程在国民经济中占有重要地位,化学工业中有70%的产值是通过催化剂产生的。原料通过催化剂在一定条件下生成了我们需要的产物。人们形象地将这一催化过程称为"黑匣子"。许多科学家都试图揭开这一"黑匣子"的秘密,并利用这些知识研制更多更好的催化剂。我的兴趣是利用各种原位分子光谱来研究它。为此我用了几十年的努力建立了一系列原位分子光谱技术方法。除了满足我们自己的研究外,还被国内外一百余个实验室采用。在这样一个实验室里培养了50余名研究生和进修人员,他们当中大部分已成为当今栋梁之材。其中有30余人提升为教授。

辛勤访问 B. Delmon 实验室片段

学 术 专 著

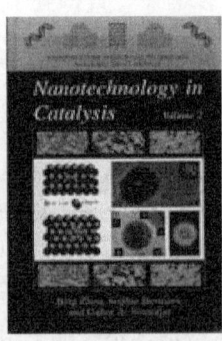
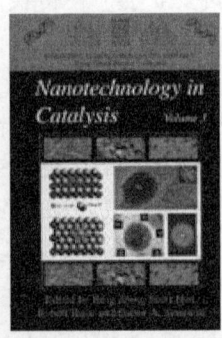
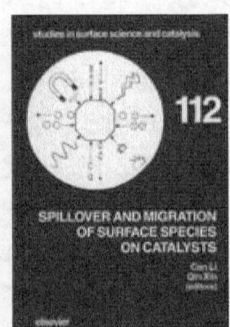

重要学术奖励

(1) 在催化研究中的原位分子光谱方法及其进展,1982年中国科学院科技成果奖二等奖(1,括号内为排名)。

(2) 软X射线出现电势谱仪研制的应用,1982年中国科学院科学技术成果奖二等奖(2)。

(3) Ru催化剂上CO吸附态和活性相调变规律的研究,1987年中国科学院自然科学奖三等奖(1)。

(4) 加氢脱硫催化剂表面活性相和氢溢流现象的研究,1992年中国科学院自然科学奖二等奖(1)。

(5) 氧化物表面活性氧物种及其低碳烃活化和氧化的研究,1993年中国科学院自然科学奖二等奖(2)。

(6) 组建催化基础国家重点实验室所做出的贡献,1994年荣获国家教委、科委、中国科学院等七部委联合颁发的"金牛奖"。

(7) 丙烷氧化脱氢制丙烯的钒镁氧(V-Mg-O)催化剂活性相表征,1998年国家自然科学基金委成果奖(1)。

(8) 紫外拉曼光谱仪研制和在催化研究中的应用,1998年中国科学院发明奖二等奖(2)。

(9) 紫外拉曼光谱仪研制和在催化研究中的应用,1999年国家发明奖二等奖(2)。

(10) "煤基微纳米炭材料的选控制备及其催化性能研究",2008年教育部自然科学奖一等奖(5)。

(11) "纳微米炭素材料的选控制备、结构与性能及其应用基础研究",2008年辽宁省自然科学奖二等奖(4)。

(12) "直接醇燃料电池催化剂研究",2013年辽宁省自然科学奖一等奖(2)。

(13) "直接醇类燃料电池电催化剂材料应用基础研究",2014年国家自然科学奖二等奖。

（14）两次中国科学院"优秀博士生导师"称号和一次"杰出贡献教师奖"（1994年、1996年）。

（15）2016年获中国科学院杰出科技成就奖。

部分国家奖励证书

汤森路透颁发最高被引科学家证书

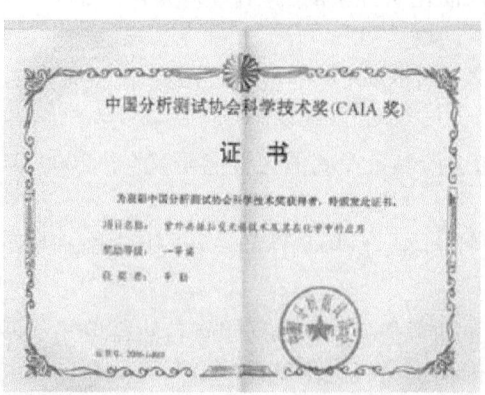

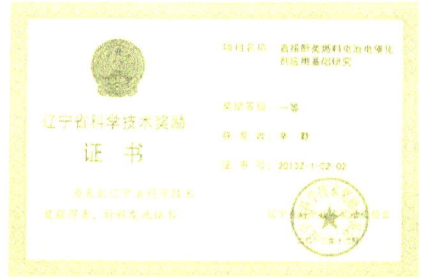

部分部委一等奖证书

2014年获高被引科学家发奖——工程学科

学 术 影 响

  从事科研工作六十多年来，关于红外光谱、拉曼光谱、直接醇类燃料电池催化剂等研究结果已获得国内外同行的广泛认同，在国内外期刊上发表500余篇研究论文。Web of Science检索引用率一万余次，H因子56。中英文专著12部。入榜2014年汤森路透发布的"全球最有影响力科学家"榜单；入选2015年爱思唯尔公布的"世界最高被引科学家"榜单。

图片集锦

东北人民大学校友

大学一年级与同学合影

吉林大学催化班

防化兵训练　　　　　　农村抗旱　　　　　　　地头会

扩建火车站的劳动中间关实之系主任　　　修长春新立城水库

年轻时照片　　　　　　　　夜读

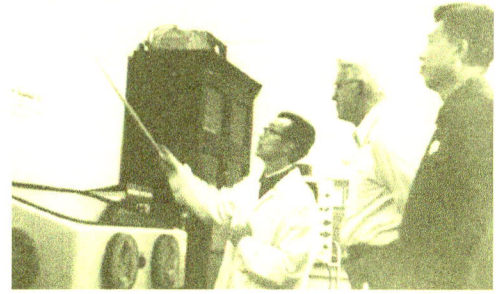

1980年美国普林斯顿大学 J. Turkevich 来访 IR-TPD-MS 实验室

陈懿、梁映秋、席士权、谢有畅讨论紫外拉曼光谱

20世纪80年代回旋共振质谱组建的原位红外-TPD-质谱装置

20世纪90年代光学零点红外图

20世纪90年代比例记录光栅红外、四极质谱组建的原位红外-TPD-质谱装置具有同位素示踪功能

（辛　勤）

陈 诵 英

陈诵英，1939年6月23日生，浙江新昌人。1964年毕业于浙江化工学院化工系，1967年研究生毕业于中国科学院化工冶金研究所。1970～1996年在中国科学院山西煤炭化学研究所工作，任研究员、博士生导师；历任课题组长、研究室主任、煤转化国家重点实验室主任。1984～1985年作为访问学者在美国加利福尼亚大学Davis分校进修。1997年以"人才引进"调任杭州大学化学系任教授、博士生导师、浙江省应用化学重点实验室常务副主任；1998年任浙江大学教授、博士生导师。2002～2003年应邀到台湾大学进行燃料电池合作研究。任华东理工大学等六所大学的兼职和客座教授；中国颗粒学会和中国色谱学会等多个学会的理事；曾任《化工学报》、《催化学报》等九个全国性杂志的编委。长期从事吸附多相催化研究，涉及色谱、反应工程、超细纳米材料制备和应用、煤炭转化、动态表征和颗粒测试等领域。主持和参与的国家自然科学基金、省部级项目等近30项，多项科研成果获不同级别的奖励。在国内外学术刊物上发表论文300余篇，申请和获得国家专利近20项。受国内外大学研究机构邀请讲学数十次。培养研究生50名，获中国科学院"优秀研究生导师"称号。出版译著三部：《多相催化中的传质》、《动力学与催化》、《催化过程化学》。编著论文集四部：《环境友好催化》、《催化剂制备技术基础》、《可持续发展战略中的催化科学与技术》、《催化剂制备科学与技术进展》。出版学术著作9部共计460万字，其中有催化基础5部（《吸附与催化》、《催化反应动力学》、《催化反应工程基础》、《催化反应器工程》、《固体催化剂制备原理与技术》）、催化应用4部（《精细化学品催化合成技术》（上、下册）、《结构催化剂与环境治理》、《煤炭能源转化催化技术》）。

陈诵英，1939年6月出生于浙江省新昌县。在偏远的山区小县读完小学和中学，数学成绩很好。他的志向是去读工程物理专业，希望做这方面的事情。为此还冒昧给当时的中国科学院院长郭沫若写过一封信并得到了颇受鼓励的回信。但是他高中毕业的1958年处于我国的特殊时期，虽然进行了高考且成绩应该很好，但却阴差阳错地被录取到浙江化工专科学校。

陈诵英在该学校（它是从浙江化工学校升格而来，后来学校名称历经浙江化工专科学校、乌溪江化工学院、浙江化工学院、浙江工学院、浙江工业大学）只念了一年书，留校做老师，教物理学课程（学校派他去杭州大学物理系听课和进修近2年，边听课边教学），就这样做了2年9个月的老师。因为国家调整政策，陈诵英又于1962年5月再回到学校插班读有机合成专业（当时学校名称为乌溪江化工学院），到1964年7月毕业（学校名称已改为浙江化工学院）。因为陈诵英的专业为有机合成，在读期间的1963年他到吉林化学工业公司进行生产实习（汞催化乙炔水合制乙醛），1964年又在上海天源化工厂进行毕业实习（氯化汞/碳催化剂催化乙炔氯化氢合成氯乙烯），因此早在20世纪60年代就接触到奥妙的催化反应和过程。

1964年全国第一次公开招考研究生，陈诵英1964年毕业后正好有此机遇。虽然学校不是名门而且是该校首届本科毕业生，但他还是毅然报名参加了考试。报考的单位和导师分别是中国科学院化工冶金研究所和陈家镛院士。最终陈诵英成为被录取的全国4000多名新研究生之一。在1964年9月进入了当时设于中关村中国科学院数学研究所大楼的中国科学院研究生院，这里的研究生来自全国各地，分属科学院各个研究所。他们首先集中学习一年，主要是学习英语和哲学。可惜因为各种运动陈诵英中断了研究生攻读，但已经打下了做科研工作的良好基础。

1970年陈诵英被分配到中国科学院山西煤炭化学研究所工作，在彭少逸的引领下陈诵英进入并开始做催化领域的研究工作。1978年任课题组长，1988年被聘任研究员。1984～1985年赴美国加利福尼亚大学戴维斯分校化工系做访问学者。1989年利用世界银行贷款负责筹备和建设煤转化国家重点实验室，1993年任首届国家重点实验室主任兼任开放研究室主任。1991年被评为中国科学院优秀研究生导师，享受国务院政府特殊津贴。1996年煤转化国家重点实验室通过国家的正式验收。1997年8月以"人才引进"的方式调浙江省杭州大学工作，任浙江省应用化学重点研究实验室常务副主任。1998年9月浙江大学、杭州大学、浙江医科大学和浙江农业大学四校合并，任浙江大学教授、博士生导师。2002年11月～2003年11月应台湾大学邀请，赴台湾大学化学系进行固体氧化物燃料电池材料的合作研究。2004年2月被上海师范大学聘任为特聘教授，直至2010年2月。

陈诵英长期从事吸附、催化、超细纳米材料制备和应用方面的研究,同时涉及色谱、催化反应工程、煤炭转化、多孔固体的表征测试等领域。

陈诵英的主要贡献有:①在利用世界银行贷款负责筹备和建成(国家验收合格)煤转化国家重点实验室的同时,完成了主持和承担的研究课题20余项,取得已鉴定成果12项,其中柱色谱过程理论研究、纤维床层传质关联研究、分子筛中扩散规律及吸附反应模型研究、催化剂设计知识工程和专家系统的初步研究等四项获得1988年和1994年山西省科技进步奖一、二等奖;测定传递吸附和表面反应速率系数的新动态方法以及分子筛中吸附扩散形选反应的实验和理论研究等二项获1989年和1996年中国科学院自然科学奖三等奖;参加研制的钯-碳纤维催化剂获国家发明奖三等奖。②申请和授权发明专利15项。发表期刊论文300多篇,会议论文100余篇,被SCI和EI收录的超过百篇。③培养研究生约50名,其中博士生33名,其中有8人获中国科学院院长优秀奖,为研究生授课9门,1991年被中国科学院授予优秀研究生导师称号。④鉴于在多相催化动态分析和超细粒子催化剂及催化新材料制备领域的系统而卓有成效的研究,有关单位受权组织和主持召开了全国性多相催化动态分析和催化剂制备学术会议和环境催化会议,得到同行的积极响应和高度评价,这些全国性学术会议除了催化动态会议在调到杭州后停办,其他两个会议一直至今,已经连续召开了9届。⑤在承担的"921"工程和"093"型工程中为狭小空间中空气净化项目做出了重要贡献。⑥为浙江的企业研发并已产生明显经济效益的催化剂有5个。

陈诵英在学术界极为活跃。在国内建议并首次举办的学术会议有三个:全国催化剂制备会议、全国环境催化会议和催化动态分析学术会议。他曾被聘为浙江工业大学、郑州大学、华东理工大学、宁夏大学、青岛化工学院、武汉冶金科技大学、上海师范大学和中国科学院山西煤炭化学研究所等全国八所以上高等院所的兼职和客座教授。还应美国、日本、西欧、罗马尼亚、匈牙利和巴基斯坦等国家及地区有关大学、科研院所和大公司的邀请讲学或做专题报告近20次;应国内有关高校、科研院所及军队高校及科研院所以及大公司研究院所的邀请讲学或做专题报告近50余次。参加国际学术会议并做学术报告约20次。他是中国颗粒学会和第一、二届中国色谱学会理事,颗粒测试专业委员会常委,中国兵工学会活性炭专业委员会副主任,浙江省石油学会常务理事。兼任或曾任《化工学报》、《催化学报》、《中国粉体技术》、《煤炭转化》、《燃料化学学报》、《石油化工》、《色谱》、《天然气学报(英文)》、《活性炭》等九个杂志的编委。

由于一生贡献于催化事业,退休后陈诵英开始做起催化梦。自2010年以来,坚持每天2000字的速度,直至2015年共六年时间撰写催化方面的著作共计460万字。这些著作分别是:《催化反应过程基础》、《催化反应器工程》、《固体催化剂制备原理和应用》、《精细化学品催化合成技术——上册：绿色催化技术》、《精细化学品催化合成技术——下册：催化合成反应和技术》、《结构催化剂与环境治理》、《煤炭能源转化催化技术》。

此前还与他人合作撰写了《吸附与催化》和《催化反应动力学》两部书。其中多部书被各个部门评为优秀图书。

此外，陈诵英还出版编著四部（论文集）：《催化剂制备技术基础》、《催化剂制备科学与技术进展》、《环境友好催化》；《21世纪的催化科学与技术》；出版译著三部：《动力学与催化》、《多相催化中的传质》、《催化过程的化学》（合译）。

对催化科学技术的贡献

催化动态分技术

（1）发展了分离测量吸附和表面反应速率系数的动态技术：催化反应色谱技术和浆态反应器中的动态技术。使用的数据分析方法为矩量分析法、传递函数法和傅里叶分析法。

（2）发展了测定传递系数和吸附系数的动态分析技术：色谱法、单粒子法、迎头色谱法等。

（3）分子筛催化剂扩散系数测量与孔径、吸附质分子大小间的经验关联。在分子筛形状选择反应中提出高对位选择的新的小多喝扩散相互作用的理论。

（4）在钼和钴膜催化剂上测量了噻吩的吸附和表面反应速率，并已经了制备变量对相符合表面速率的影响。

可逆和不可逆吸附物种在催化中的不同作用，吸附物种分类为可逆和不可逆物种，它们在催化反应中起着不同的作用

（1）在不同 CO 加氢催化剂（合成甲醇的 Cu-Zn/Al$_2$O$_3$ 和甲烷化的 Ni/Al$_2$O$_3$ 催化剂）上，测量了不可逆和可逆吸附 CO 和氢，发现不可逆 CO 给出烃类产物如甲烷而可逆 CO 给出含有化合物成为如甲醇；还解释了甲烷化仅需要常压而甲醇需要高压的问题。

（2）给出乙炔和乙烯在铂（Pt 和 Pt/Al$_2$O$_3$）上加氢可逆和不可逆乙炔和乙烯的吸附和表面反应速率系数，可逆乙炔加氢的产物为乙烯，而不可逆乙炔的加氢产物为乙烷。载体表面性质对乙炔加氢选择性有大的影响。

（3）在重整催化剂（氧化铝负载单金属铂和双金属铂铼）上可逆和不可逆氢及其与重整过程过程中各个反应转化率和选择性间的关联。

纤维催化剂及其催化过程

（1）测量纤维床层中的扩散，给出轴向扩散系数（20 世纪 80 年代初被 *International Chemical Engineering* 译成英文转载）和膜扩散系数的关联。

（2）填料和证实了纤维催化剂的优越传质性能，对快速催化反应（快速扩展反应）使用纤维载体是有利的。

（3）发展了纤维床层的动态分析理论，为使用动态试验同时测量传递、吸附和反应速率系数提供基础（《催化学报》创刊号第一页）。

（4）为发展钯/碳纤维脱氧催化剂提供了基础（20 世纪 80 年代初获国家发明奖三等奖）。

色谱吸附分离过程理论研究

（1）应用反应工程理论和统计矩概念发展出柱色谱过程理论板高度的通用表达式（1981 中德色谱会议口头报告）。

（2）圆满解释了色谱在 20 世纪 70 年代长期争论的色谱峰保留时间与半峰宽间的现象关系或双曲线关系问题（《色谱》创刊号刊登）。

（3）发展和提出了柱色谱通用理论板高度的表达式。

超细粒子催化剂

与博士生合作利用自建的超临界设备制备多种金属氧化物超细粒子，并进行

了催化应用的探索，包括氧化铝、氧化硅、氧化钛、氧化锆、氧化锡、氧化钼等。虽然超细粒子在催化反应的活性、选择性和稳定性上总会显示一定的优越性，但总因成本和放大的问题没有实现应用。因此把超细粒子向材料应用发展，如氧化锡作为气体检测传感材料和氧化锆作为燃料电池固体电解质材料。

使用超临界技术制备超细粒子的技术迅速向国内各大学研究所扩展。

使用实验和计算机两手进行催化研究

与博士生合作进行了催化反应过程（催化剂粒子内的扩散反应问题）、分子筛中的吸附扩散的模拟、固体催化剂制备过程模拟和固体催化剂设计等。

精细化学品合成催化剂的发展

为浙江新和成股份有限公司建立了年产 10t 以上的通用钯碳、催化剂生产车间包括全套制备技术和贵金属钯的回收技术；为维生素 A 生产中关键的缩合物加氢通常新的催化工艺，经过近八年努力产业化后，维生素 A 的结晶收率提高 10 个百分点。这两项技术每年可为该公司增加纯利润 1.2 亿以上。

为浙江东港公司建立铂碳催化剂生产车间，包括铂的回收工艺。为该公司产品 CBD 生产中改进的加氢工艺提供改进意见，选择性从不到 75%提高到超过 85%，使催化剂在产品中的成本从每吨一万元降低到千元。

二氧化碳分解为碳和氧催化剂和循环过程的发展

为潜艇和载人飞船用的空气过滤器开发出关键的吸附剂。

筹备和建立煤转化国家重点实验室

20 世纪 80 年代中期国家公派陈诵英做访问学者，他回国不久，中国科学院煤炭化学研究所领导要他负责筹备建设世界银行贷款的国家重点实验室，最后名称定为煤转化国家重点实验室。该笔世界银行贷款是我国改革开放后利用于发展科技事业的第一笔，由国家计委牵头，从国内高等学校和中国科学院内遴选。给中国科学院的预算共 2000 万美元，共申报了 40 个项目，最后批准的仅 19.5 个（其中一个与大学共建，因此算半个）。为了能够在煤炭化学研究所建煤转化国家重点实验，陈诵英只能够全身晶粒投入，申请书、建议书和计划书各写了三份申请材料，一层一层［首先是科学院内的资源环境局（时煤炭化学研究所所属资源环境局），接着是中国科学院，最后是国家计委］审查、答辩、批准。更重要的是对重点实验室如何办学术委员会意见分歧很大，无法统一。虽然该国家重点实验室项目启动较早，但直到1992年初这个世行贷款项目才真正开始。陈诵英负责筹备建设煤转化国家重点实验室，担任了煤转化国家重点实验室的第一届主任，最终于1995年通过国家验收。这个国家实验室对我国的煤转化科学技术的发展具有至关重要的意义，对煤炭化学研究所的发展更是不言而喻的。煤炭转化和结晶利用离不开催化科学技术。该实验室的建立对促进煤炭化学研究所催化科学技术的发展即培养人才提供了一个很好的平台。

煤转化国家重点实验室学术委员会第一次会议合影

1994年国家重点实验室工作研讨会合影

与时钧和彭少逸在一起讨论

学术交流和学科间交流

催化科学技术的发展像所有科学技术一样需要进行交流,不仅是自身学科内的交流,而且是学科间的交流。陈诵英由于自身知识面宽,除了催化外,在化学反应过程、色谱、材料表征等方面不少朋友,因此能够为学术交流做一些工作:

培养催化各领域的研究生

领域包括催化动态技术、分子筛、超细粒子催化剂制备和应用、催化过程计算机模拟、煤转化。

发起和召开催化科学技术的全国会议,为催化科技工作者建立交流平台

(1) 催化动态分析会议。自 1988 年在太原召开第一次会议后,后面还召开了 3 次。

(2) 催化剂制备会议,自 1993 年在太原召开一次会议后,每隔 2~4 年召开一次,2015 年在西安召开了第九届全国催化剂制备会议,规模在 100 人上下。

(3) 环境催化会议,自 1997 年在杭州召开第一次会议后,每隔 2~3 年召开一次,2015 第九届环境催化会议在长沙召开。参会人数已经达到五六百人的规模。

首届全国环境催化学术会议合影

(4) 精细化学品合成催化会议,2009 年在上海召开第一次会议。

第二届全国催化剂制备科学与技术学术研讨会合影

（5）编著的出版会议论文集主要有：《环境友好催化》（1999，浙江大学出版社）、《催化剂制备技术基础》（1997，杭州大学出版社）、《可持续发展战略中的催化科学与技术》（2002，浙江大学出版社）、《催化剂制备科学与技术进展》（1999，石油大学出版社）。

翻译和编写催化专业书

改革开放初期翻译催化方面的书籍

《动力学与催化》（1977，煤化所油印）、《多相催化中的传质》（1980，烃类加工出版社）、《催化过程的化学》（合译）（1985，化学工业出版社）

此外还为化学工业出版社翻译了论文集《均相和非均相催化间的关系》，后因故没有出版；为练习还翻译了《催化剂失活》一书。

总结和撰写催化领域的书籍

为了达到把自己培养研究生的创新内容进入到书籍中的梦想，组织朋友同事撰写了在20《吸附与催化》并在2001年由河南科学技术出版社出版。

2004年退休时作为上海师范大学的特聘教授，在上海师范大学工作至2010年初。这期间，应化学工业出版社教材部的要求，组织学生撰写了《催化反应动力学》教材，与2007年由化学工业出版社出版。

（陈诵英）

魏 可 镁

　　魏可镁,教授,1939年8月出生于日本,1945年回国,福建省福清市人。1965年毕业于福州大学化学系物理化学专业,留校任教,师从著名科学家卢嘉锡。1978年任福州大学讲师;1986年任福州大学副教授;1988年任福州大学教授;1987年4月~1988年4月赴日本化学技术研究所访问研究;1988~1999年任福州大学副校长;1997年被评为中国工程院院士;1999~2002年任福州大学校长;1996年至今任化肥催化剂国家工程研究中心主任。

　　近30年来他致力于化肥催化剂的组成、制造工艺、结构、性能之间关系规律性的研究,通过催化剂的应用基础研究,解决催化剂工业生产和使用过程中的实际问题,研发成功了二个系列八种催化剂,并实现工业化生产和推广使用,取得了巨大的经济和社会效益,还获得了多项国家奖励:

1983年A110-3型氨合成催化剂获国家技术发明奖三等奖;

1985年A201型氨合成催化剂获国家技术发明奖三等奖;

1991年B116型一氧化碳中温变换催化剂获化工部科技进步奖二等奖;

1993年B116型一氧化碳中温变换催化剂获国家科技进步奖二等奖;

1995年A202型低温氨合成催化剂获福建省科技进步奖一等奖;

1996年A202型低温氨合成催化剂获国家科技进步奖三等奖;

1998年B121型一氧化碳高变催化剂获福建省科技进步奖一等奖;

2000年B121型无铬一氧化碳高变催化剂获国家技术发明奖二等奖;

2006年FBD型一氧化碳高变催化剂获福建省科学技术奖一等奖;

1982年、1983年、1984年被评为福州市劳动模范；

1985年被评为福建省先进教育工作者；

1989年被评为全国优秀归侨、侨眷知识分子；

1990年被评为全国高等学校先进科技工作者；

1992年被评为福建省优秀专家；

1994年被评为福建省劳动模范、全国归国华侨先进个人，荣获全国"侨界十杰"提名奖；

1997年被评为福建省优秀专家、全国优秀科技工作者；

1999年荣获全国"杰出专业技术人才奖章"；

2000年被评为全国先进工作者；

2004年荣获首届"福建省科学技术重大贡献奖"、"福建省杰出科技人员"荣誉称号。

2005年荣获何梁何利基金科学与技术进步奖。

现在，他正进行着汽车尾气催化净化器的研发，FD净化器装车测定达到欧洲 III、IV号标准，正在准备扩大批量生产。此外，他还在进行新一代钌系氨合成催化剂研究，并取得可喜进展。他在国内外刊物发表论文100多篇，申请专利19项，其中授权12项。培养博、硕士生和助手10多人，已形成精干的学术梯队，为我国化肥催化剂技术的进步做出了突出贡献。

1999年10月27日，国家人事部表彰杰出专业技术人才，全国有10位人士荣获"杰出专业技术人才奖章"，中国工程院院士、福州大学校长魏可镁名列其间。在十多年的时间里，魏可镁和他的课题组，在工业催化剂研究方面取得了5项重大科技成果，先后获得国家发明奖、国家科技进步奖等多个奖项。如此高水平、高效率的研究工作在我国普通高校中是不多见的。

这些一流水平的科研成果，组成了令人炫目的荣誉。这些荣誉是魏可镁用心血、汗水和报效祖国的激情编织的。

催化剂的品格

魏可镁与催化剂结缘始于1972年。在著名科学家卢嘉锡的指导下，他从工业合成氨入手，进行高活性氨合成催化剂的研究。这是一项艰苦而很有意义的工作，研究周期长，要付出很大精力，有时还要冒着中毒的危险，但研究成果应用面广，与国民经济息息相关。

万事开头难。当时福州大学没有人从事催化剂研究，更没有所需的设备。实验室没有高温炉，魏可镁就以电焊机取代，没有熔炼炉，就自己设计加工。在熔炼过程中，飞溅的铁花，烧破了衣服，烫伤了肌肤，他全然不顾。炉中冒出的化学气体，呛得人咳嗽难忍，他却依然站在炉旁，聚精会神地观察炉内的变化，详细做好每一项记录。有一次，因仪器故障，熔炉发生爆炸，魏可镁和同事们都受了伤。伤口还没痊愈，他又一头钻进了实验室。就是在这样极其艰险的条件下，他共熔炼了200多个催化剂样品，而每一个催化剂样品都必须经过5个昼夜不停的活性测试。他不顾有毒气体的侵蚀，在实验室的一隅，架起简陋的床架，实在困了就打个盹。

历时8个酷暑寒冬，高活性A110-3氨合成催化剂终于诞生了，它填补了我国高性能氨合成催化剂的空白。这种利用福建铁砂资源研制出来的达到国际水平的催化剂，深受合成氨厂的欢迎。完成系列氨合成催化剂研制工作后，魏可镁紧接着又向低铬、无铬催化剂进军。

合成氨厂的高变催化剂含有铬元素，是强致癌物。而铬污染又一直是国内外悬而未决的难题，也是减少环境污染造福人类的重大课题。

进行工业中试时，每一次魏可镁都亲自到生产第一线操作，并一道一道工序地跟下来。工人是一人一岗，而魏可镁兼顾整条生产线上的十几道工序，楼上楼下地来回奔波。每次从试验场地回家，他总是累得连爬楼梯的力气都没有了。中试车间里有多种剧毒物质，而且粉尘满天飞，每天结束中试之后，魏可镁和同事们从头到脚都积了一层氧化铁粉尘，一两天后吐出的痰还是黑的。就这样，他们前前后后共进行了73轮中试。

随着研究的深入，魏可镁进入了忘我的境界。有一天，他在家里看资料，忽然产生了灵感，就匆匆赶去实验室。当魏可镁在化工楼出现时，周围老师哈哈大笑。他追随大家的目光一看，才发现自己是一脚穿拖鞋，一脚穿凉鞋。

功夫不负有心人，研究成功了，捷报传来时，魏可镁却病倒了。1995年暑期，他患了感冒，由于一直忙着实验工作和准备研究生的课程，拖了两个月都没有去看病。到八月初，他每隔一周鼻孔流出一小块带血球的东西，九月初，他被确诊为鳞状鼻咽癌，医生要他住进医院治疗。

魏可镁心急如焚，还有三个科研课题要搞，10月份日本专家还要来商谈合作研究，怎么办？他不甘心就这样丢下研究工作，心里默念着：决不能垮下去，一定要顶住，要乐观，要战胜病魔，继续工作。

治疗要用高能加速器照射，两个月总剂量达7200R（$1R=2.58\times10^{-4}C/kg$）。他每日到肿瘤医院照射，一照几天嘴里几乎都没有唾液，说几句话口就干了，一夜要喝七八次开水，颈部被照脱了两次皮。在这种情况下，魏可镁想的还是他的催化剂，每天上午去医院，下午照常到实验室。为了接待外宾，照射时医生特意为他做了面膜，使红外线不留在面部、颈部。在接待外宾的日子里，他既要陪同又要当翻译，还商定了一个重要的合作研究项目。整个过程，日本专家竟然不知道他是癌症患者。

有一个星期天，副省长王良㳛专程到福州大学探望病中的魏可镁，到了魏可镁家,他爱人说他在实验室。当王良洿在实验室看到魏可镁还在忙碌时,既敬佩又心疼。

魏可镁说,党和政府的关怀和爱护,是他拼搏奋斗的动力,省委书记陈明义、国家计委副主任王春正等领导不仅对他的工作热情支持,而且对他的病情关怀备至,有许多事感人肺腑。

只争朝夕,忘我工作,成了魏可镁治病的良药。四年过去了,在与病魔顽强抗争的同时,魏可镁相继完成了无铬高变催化剂等 3 个重大课题,还组织主持了第二届金属有机和催化国际会议,亲自主持化肥催化剂国家工程研究中心的筹建工作。"只要还有一口气,我就要奋斗不息,拼搏不止。"这是魏可镁发自内心的话。

催化剂在化学反应中,没有向周围的物质索取什么,却拼着全力加快化学反应的速率,提高化工产品的产量,这就是催化剂的品格。它与魏可镁的忘我拼搏精神是何其相似!

绿叶对根的情怀

魏可镁出生在日本九州。他的父亲早年到日本谋生,从打小工到经商,在异邦生活了 30 多年。1944 年底,父母带着 5 岁的魏可镁举家回到了祖国。旧中国并没有使他们一家摆脱贫困的命运,中华人民共和国成立后,他们才真正拥有了新的生活。魏可镁于 1965 年从福州大学化学系毕业后,留校任教,开始了漫漫求索的科学征程。

魏可镁的日语讲得很棒,有些来访的日本朋友得知他生在日本后,亲热地把他当成日本人,每次,魏可镁总是礼貌地纠正:"我是中国人。"

1987 年 4 月,魏可镁通过全国统一考试,被派往日本筑波科学城的化学技术研究所访问研究,这个研究所是日本最大、最先进的化学技术研究所。

有人评说,日本的筑波城,不亚于美国的"硅谷"。魏可镁进研究所后先是被安排参观,参观各种设备,了解整个环境。他有一种眼花缭乱的感觉,仿佛置身在科幻世界。这种感觉使他兴奋,但兴奋之后是更加冷静,因为他是中国访问学者,他的一举手、一投足,都反映了中国学者的水平。

在科技领域里,日本人的眼里只有美国人,他们瞧不起中国人。魏可镁在研究所里面开始工作时,就敏感地注意到了。他一开始做实验,课长就像跟踪盯梢似的,经常时不时地出现在他的背后,生怕他弄坏了设备。有一两次,在学术讨论中,他就实验的做法发表了一些意见,课长不屑地挥挥手,意思是:照他的做,不用多嘴!课长只当魏可镁是以访问学者的名义公费出国旅游的。殊不知,站在他面前的这位衣着朴素,外表一点也不显山露水的中国学者,科研上已卓有成就,在中国被评为"有突出贡献的中青年专家"。

魏可镁的成就，在访问学者的表册上都明明白白地写着。但日本人不相信这是真的，甚至看都不看。直到一次试验之后，他们才对魏可镁刮目相看。那是非贵重金属合成含氧化合物的制造方法的研究实验，魏可镁觉得研究方案不够严密，他坦诚地提出不要用贵金属，只要用钴和碱金属，并分析了理由。这是一项还没有被人突破的高精尖的研究课题，日本人不相信魏可镁在这个领域里能涉猎得这么深，或者是多少伤害了他们的自尊心，于是很不高兴地说："不，您就按我们的方案做吧！"

魏可镁只得按原方案进行实验，但实验一次又一次地失败了。主持这个实验的课长，脸上的表情由不高兴转而有些尴尬。有一天，见他情绪不坏，魏可镁很委婉地说："先生，实验可否调整一下试试？"

课长只好绷着老脸下阶梯："好吧，那你就试试吧！"此后，从研究方案、催化剂制备、配方确定，以及测试和表征，日本人都让魏可镁独立自主地处理。实验一次又一次进行，醇的选择性一次比一次明显上升，最后达到48%。课长祝贺他说："魏先生，成功了！可以取得专利了！"这个研究成果后来取得了日本专利。

在申报专利的过程中，日本人不仅把魏可镁的名字列在后面，而且写成是他们化学技术研究所的魏可镁。名字的先后次序可以不计较，但这种写法不能不计较啊！魏可镁找他们说理，课长解释说："你的成绩是在我们所里搞出来的，是我们提供的条件，所以只能这样写。"

魏可镁理直气壮地说："我是中国人。你这样一写，别人就把我当成日本人了。我要求明确写清楚，我是中华人民共和国福州大学的魏可镁。"课长没有话说，只得挂电话请示领导，请示专利局，终于不得不同意魏可镁的要求。

虽然出现了争执，但从此以后他们对魏可镁的态度明显改变，又是送毛毯，又是送大衣，管行政的人员特地到宿舍来察看是否有取暖器。有一次魏可镁感冒了，他们特地另外送来十几万日元，以备看病缴费。那位课长请他到家里做客，生怕他不去，说过后还再让一位叫松崎的同事来邀请，第二天，两个人一起开车接他。第二年元旦那一天，部长和课长又都分别请他吃饭。

魏可镁的访问时间是一年，到结束前的一个月，课长特地征求他的意见：是否能留下来继续工作一段时间？如果愿意，他就马上去办理延长手续。他让魏可镁考虑一下。

魏可镁不是没有考虑，更不是不会考虑。如果留下继续工作一年、二年……这里实验条件好，待遇也优厚，小车很快就会有，小别墅也很快就会有。但他想念妻子和女儿，而更重要的是，他有许多新催化剂的构想，他急着回去立项，建立新的研究课题。那些新构想的催化剂，都是中国的土地上极为需要的。

魏可镁决定按期回国，日本人感到很惋惜。临回国前，那位课长，还有一位主任研究员，亲自开车陪他，到离筑波城六百多公里的京都参观游览三天。登机的那一天，研究室里的三位先生亲自送到机场，依依惜别。

谈及往事，魏可镁的脸上浮起孩子般的笑容，他说："说实话，如果留在日本，学术研究会有所建树，个人生活会比较富裕。但回国十几年，我也取得好几项重大科研成果，当选为中国工程院院士，被任命为福州大学校长。党和政府给予我的关怀和荣誉，说明我做了一些对祖国有益的事，更是我工作的动力。在国外干事业，干得再好也是为外国人干。为祖国奉献，这是一个科技工作者对国家、对人民最起码的责任。"魏可镁对自己当初的选择感到由衷的欣慰。

一流水平的奥秘

一流水平的奥秘是什么？这是魏可镁常要回答的一个问题。一次，化工部领导和专家参观完实验室赞叹道：这里的科研条件并不先进，而这里的研究工作却实实在在是第一流的水平！

一流水平的奥秘在于这里有一支"无断层"的研究队伍，这支队伍坚持走产学研相结合道路。

在魏可镁领导的课题组队伍中，有五十几岁的学术带头人，有四十几岁的科研骨干，还有三十出头乃至刚参加工作不久的大学毕业生。这个研究集体在年龄结构、知识结构、学历结构等方面呈现梯队和互补的良好态势。

在魏可镁课题组里，有四个骨干是当年的工农兵大学生。可魏可镁说，由于良好的科研环境和他们长期的努力，学历并不影响他们在科研中发挥中坚骨干的作用，获得国家科技进步奖二等奖中第一获奖人郑起就是一个典型的例子。郑起1976年毕业于福州大学，1994年被评为"国家级有突出贡献的专家"和"福建省优秀专家"。魏可镁的工农兵大学生助手们，都具有高级职称，都是响当当的人才。

魏可镁说："看待学历，要用辩证眼光，要具体分析，不能一概而论。"

正是基于这种注重实际能力而不光看文凭的用人辩证法，使魏可镁周围聚集了一支能打硬仗的在全国有相当地位和影响的从事化肥催化剂科研开发的人才群体。凭着这个群体，一个又一个国家级的科研成果在福州大学诞生；凭着这个群体，全国地方院校中第一个国家工程研究中心在福州大学组建；凭着这个群体，福州大学向国家奉献数以亿元、十亿元计的经济效益。

由于种种原因，即使是成熟的新技术成果，在推广应用方面至今也还存在诸多令人头痛的问题。然而这些年来，魏可镁和他课题组研制出的新型催化型，从未在成果转化方面卡壳。这在很大程度上归功于他数十年来坚持走"产、学、研相结合"的道路。在魏可镁看来，应用性研究成果要是不能转化为生产力，那就只配扔进废纸篓。魏可镁他们有几个长期固定"挂钩"的厂家,在研制催化剂的过程中,他们始终从工厂的生产实际出发来考虑原料选用、工艺确定等具体问题,帮助工厂解决生产中的一道道难题,因而工厂也全力支持他们搞科研,及时把实验室需要的原料和设备送上门,再把研究成果带到工厂去中试,发现质量问题回到实验室进行分析,取得成果后再带回课堂教授,各个环节良性循环,互相促进和推动。正是由于魏可镁及其同事们孜孜不倦的奋力追求,他们的科研成果百分之百地转化为生产力,创造了巨大的社会和经济效益。

这就是魏可镁走过的充满艰辛但同时又是收获丰硕的路,他对科学的热爱、对祖国的忠诚,正是他的事业不断走向成功的"催化剂"。

(付贤智,江莉龙)

钟 炳

　　钟炳，研究员，博士生导师。广东海丰人，1939年10月18日生。毕业于中山大学化学系，1987～1988年和1992年先后在美国匹兹堡能源技术中心和西弗吉尼亚大学化工系留学进修。1992年起享受国务院政府特殊津贴。曾任中国科学院山西煤炭化学研究所所长，《燃料化学学报》主编、中国化学会催化专业委员会主任、中国化学会理事、中国科学院化学专家委员会委员、中华全国青年联合委员会委员、国家科委S-863计划纲要软课题研究专家、山西省化学会理事长、中国科学院能源委员会委员、《物理化学学报》、《催化学报》、《分子催化》、《煤炭转化》和《化学进展》等杂志编委，催化基础国家重点实验室、羰基合成与选择氧化国家重点实验室和煤转化国家重点实验室学术委员会委员，现兼任中科合成油公司专家委员会委员。

　　钟炳长期从事一碳化学与反应工程学方面的研究，以合成气催化转化制取液体燃料和化学品为主要研究方向，多次主持国家和中国科学院的重大、重点课题，形成了以催化分离一体化为特色的醇合成新催化过程和以超细粒子氧化物催化剂为主体的烃合成新催化体系。在催化反应机理和动力学的蒙特卡罗模拟及相平衡等方面也取得了一些进展，为我国一碳化学与化工科技事业的发展做出了贡献。

　　钟炳的学术活动和学术交流活跃，近20多年来，或参加国际会议，或进行学术考察，先后访问了美、德、法等16个国家，并前后三次访问了中国台湾。

　　钟炳在国内外杂志上发表了论文300余篇，获全国科学大会奖、国家能源科技进步奖一等奖、中国科学院发明奖一等奖、中国科学院科技成果奖一等奖、山西省科技进步奖一等奖各1项，山西省科技进步奖二等奖3项，国家发明专利20

余项,指导博士生 28 名,博士后 2 名。1994 年被评为"中国科学院优秀研究生导师",2008 年被中国科学院授予"杰出贡献教师"荣誉称号。

在整个研究生涯中,钟炳所涉及的研究课题几乎都与煤转化密切相关,几十个科学春秋,钟炳的多半时光和多半心血都花在了煤制油和煤制醇上。下面仅就其在煤制油方面取得的研究成果、研究心得以及相关的人才培养等择要做些介绍。

钟炳与煤制油

石油是重要的战略能源,而我国的能源结构特点是煤多油少。因此,煤制油对于我国的经济建设、社会发展和国家安全具有重要的价值和深远的意义,历来受到国家的重视和支持,也备受广大科研人员的关注。以煤转化为立所之本的中国科学院山西煤炭化学研究所更是以此为己任,几代人都将它作为主要研究方向和头等大事来抓,钟炳也自然没有例外地深深参与其中,进行了长达二十年的研究。

二十世纪八九十年代,TIGAS 过程和 MFT 过程等两段法合成汽油的研究,受到了国内外研究者的普遍重视,成为当时煤转化过程主要研究方向之一。钟炳在上述两个过程的基础上开发了一项两段法合成汽油新技术,它兼取了 TIGAS 过程和 MFT 过程的长处和优点,可以在较低压力和较高的转化率下实现一、二段的等压操作,同时具有高的汽油收率和高的时空产率。

这项新技术的特点是,先将合成气通过 FT 合成转化为低碳烯烃,继而再在 HZSM-5 分子筛上将其转化为高辛烷值汽油。首先,它有别于 TIGAS 过程。TIGAS 过程是先将合成气转化为含氧化物再转化为汽油。由于含氧物的合成受到热力学的限制,需要在较高压力下(如 5.0MPa)进行,这给一、二段反应器的压力匹配带来一定的困难,因为二段反应器较有利的操作压力为 1.5~2.5MPa,较高的操作压力将产生较多的均四甲苯和水蒸气,可使 HZSM-5 发生不可逆中毒。而低碳烯烃的 FT 合成在较低的压力(如 2.5MPa)下就可得到较高的 CO 转化率,容易实现一、二段反应器的等压操作,一、二段反应条件匹配好,具有 MFT 过程的长处,克服了 TIGAS 过程因在较高压力下操作所带来的缺点。其次,它又有别于 MFT 过程。MFT 过程第一段反应器采用的是 Cu 改进的 FT 合成 Fe 基催化剂,一段产物的分子量分布较宽,且产蜡较多,在 HZSM-5 上的转化不如含氧化物的转化有效。与此不同,低碳烯烃在 HZSM-5 分子筛上的转化比含氧化物更直接而完全。低碳烯烃是甲醇转化为汽油(MTG)过程中的反应中间体,甲醇(包括二甲醚)是先通过脱水反应生成低碳烯烃后转化为汽油的。因此,直接把低碳烯烃送入装填有 HZSM-5 分子筛的二段反应器进行反应,不仅所得产物的分布与 MTG 过程基本相同,而且可以省掉甲醇生成烯烃的脱水过程。通过烯烃将合成气转化为汽油，在时空产率上可以与 TIGAS 过程相媲美，且兼有 TIGAS 过程的优点。

如上所述，这项新技术具有化学上和工程学上的种种优点，其特色是十分明显的。但是，这个过程的实现是以高的低碳烯烃选择性催化剂的开发为前提的，这是本过程的一个关键问题。低碳烯烃的 FT 合成受到各种固有问题的制约和各种因素的影响，其中产物分子量分布的有效控制和烯烃二次加氢的有效抑制是最重要的两个问题。新技术利用超细粒子 Fe/Mn 催化剂的尺寸效应和 Mn 助剂的促进效应较好地解决了这一问题。它满足了低碳烯烃选择性合成的键强度要求、配位要求和集团要求。高比表面积允许在高空速下具有高的活性，小粒子、大孔径有利于低碳烯烃扩散，可以有效地避免烯烃二次加氢，从而提高低碳烯烃选择性；Mn 助剂的表面富集，有效地分割了 Fe 物相的表面活性中心，使其呈小集团分布，也有利于抑制烯烃的二次加氢和甲烷的生成；Mn 物相和 Fe 物相的紧密接触，一方面容易形成 Fe/Mn 类尖晶石结构；另一方面又满足了 Fe 物相、CO 和 Mn 物相的电子传递所需要的配位要求，使其碱性效应得以发挥，满足了低碳烯烃选择性合成的键强度要求。此外，Fe/Mn 类尖晶石结构具有良好的热稳定性，适于在较高的温度下使用。

4000h 的单管试验和百吨级中间试验表明，这一新过程概念是可以实现的。CO 转化率高达 96%，汽油收率可达 $140g/Nm^3$（$CO+H_2$），汽油组成与 MTG 过程相类似，经长期运转，催化剂性能稳定。

一个构思新颖的合成路线加上一个性能优异的催化剂是本过程的特色。它不仅丰富了 FT 合成催化剂的制备化学体系，而且拓宽了煤制油的合成途径，也增加了 FT 合成的技术积累。具有十分明朗的应用前景。存在的主要问题是反应器问题，本过程一段反应器采用的列管式固定床显然不是最佳选择，需要在后续研究中加以妥善解决。

从南非沙索尔公司的发展史中，钟炳发现：该公司在投产后的几十年时间里，对催化剂的改进不多，相反却在反应器方面做了大量文章。他们先后把循环流化床和固定床分别改换为固定流化床和浆态床，使单台反应器的生产能力得以成倍提高，足见反应器的改进大有可为，值得高度重视。受此启发，钟炳曾试图将浆态床反应器用在一段反应上，并进行了初步探索，后因经费问题而只好浅尝辄止。

当时，两伊战争已经结束，油价降到了二十美元一桶，十分便宜，加上当时我国汽车保有量不高，需求不十分迫切，煤制油研究一时得不到重视和支持，处于历史上的低谷时期。

煤制油工作下一步如何做，做什么，靠谁来做，一道道难题摆在时任所长的钟炳面前。显然，继续推进现有成果的工业放大试验，时机尚不成熟；但如果就此偃旗息鼓，不仅相关的科技队伍有面临解散的风险，而且将影响整个煤制油事业的发展进程，无疑也是不可取的。钟炳分析了当时煤制油研究现状和未来趋势，以及煤制油市场发展的巨大潜力,认为在当时的条件下,不失时机地开展煤基合成液体燃料软件包的研究与开发是合适的。其主要内容包括两个方面:一是研究列管固定床反应器的放大规律,并形成软件包;二是探索浆态床 FT 合成反应的初步规律,为后续研究积累经验。据此,钟炳亲自写项目建议书,向中国科学院提出申请,得到了大力支持,被列为中国科学院的重大项目。这个项目的实施,在我国煤制油的历史发展过程中起到了承前启后的作用,不仅深化了 FT 反应规律的认识,拓宽了学术视野,增加了 FT 合成的学科积累;而且保住了队伍,积聚了人才,更重要的是为后续开发工作选拔了得力的领军人物,李永旺正是这样走上他的煤制油科学人生的。

钟炳与人才培养

作为研究员,最重要的工作,除了从事研究活动外,莫过于培养研究生了。严谨治学和潜心育人就成为钟炳日常工作中最牵挂的两件事。

1993 年,钟炳被国务院学位委员会聘为博士生导师。从那时开始,或协助彭少逸,或独立招生,或与其他研究员合作,钟炳先后培养了 28 名博士生和 2 名博士后。他们都已学有所成,陆续走上了工作岗位。现在多半已成为教授、研究员和博士生导师;有的已下海,成为成功的企业家;有的甚至已成为外国著名公司的高管,个个都事业有成了。对此,钟炳感到十分欣慰,每每会为他们工作上的进展、修养上的进步和学术上的建树而兴奋不已。在一首七律诗的尾联中,钟炳写道,"喜见枝头桃李熟,胸襟浩荡向天歌",这正是他这种心情的真实写照。

钟炳十分珍视教师这个称呼,认为为人师表,就得以身作则,言传身教。师者,所以传道、授业、解惑也。传道,就是传授为人处事的道理;授业,就是教授基础知识与基本技能;解惑,就是解答学生的疑惑。一句话,就是教书育人,教书的目的是为了育人,在传授知识和技能的同时,培养学生的高尚人格、良好品质和独立工作能力,借此形成他们正确的价值观。对老师而言,是一份责任,也是一种奉献。这就要求为师者自己要有高尚的师德和精湛的技能,用自己的人格魅力和渊博学识去影响和感染学生,学生才会亲其师,信其道,才能更好地接受、吸收与应用所学知识,此所谓学高为师,身正为范是也。

钟炳也十分注重学生的科学素质教育,着力培养学生敏于思考,勤于实践,勇于质疑的精神,以及分析问题,解决问题的能力。他主张做学问必须踏踏实实,不能浮躁,更不能违反科学道德。他认为想象力比知识更重要,要先思而后学,学以致用,鼓励学生不畏艰难,勇闯前沿。

钟炳现已退休,早已告别他的三尺杏坛,但对那段桃李芬芳的岁月仍然十分怀念,他曾在一个教师节来临之际,不无感慨地写道(调寄清平乐):

雁秋声切，更在园丁节。

人别杏坛心难别，桃李芬芳岁月！

如今惊笑衰容，依然白裕清风。

愿得化为雨露，许教滋润芳丛！

除了研究生教育外，钟炳在人才培养方面也留下一段值得一提的佳话。

在钟炳任所长期间，煤制油研究因一时得不到应有重视，而处于低谷时期。要走出这个困境，就要从新的角度，开辟新的方向，做出新的合理布局。其中，遴选后续开发工作的学术带头人是关键。钟炳分析了所里的人才状况后，把目光聚焦到李永旺身上。这是因为：其一，李永旺从事过 FT 研究，有相关工作背景；其二，曾师从国外著名化工专家学过动力学和反应器知识，有相关知识储备；其三，视野开阔，思想活跃，有天马行空般的想象力；其四，为人厚道，真性情，敢担当，有风骨。决定做出后，钟炳把李永旺从国外叫了回来，当面委以重任。对于当时的情景，李永旺在回忆起他的煤制油科学人生时写道：一回到研究所，就被所长钟炳研究员急切地召集到办公室，"阿旺，煤制油科研已经开不了锅了，油价太低，石油供应充足，目前要获得应有的支持比较困难，所有参加煤制油攻关的课题组都处于解散的边沿，已有一半的科研人员要么调走了，要么退休了，人们看不到煤制油的前途。所里分析要过十年，中国经济发达后，运输车辆和小轿车拥有量大增时，油品会缺，油价会涨，煤制油会起死回生。可谁又能等了十年，没有科研经费这十年又能干什么？培养的队伍不就全跑了。现在把你从国外叫回来，就是要给你交代这个事，所里要维持这支队伍，要你回来负责煤制油技术开发，人员随你调，队伍不能散，资金所里可以挤一些出来，但要做大的试验还得靠国家和中国科学院支持。"李永旺经过十来天的认真考虑，答应了所里委托，从此走上了他的煤制油科学人生。

经过十几年的努力，由他创建的中科合成油公司已经发展成为中外闻名的煤制油公司，由他主持研发的高温 Fe 基浆态床煤间接液化技术，已在神华宁煤建设了 400 万 t/a 煤制油示范装置，目前已试车投产，成为全球单套规模最大的煤制油装置，习近平总书记曾就此致信祝贺。李永旺在煤制油道路上耕云播雨二十多年，硕果累累，也已成为我国煤制油事业的领军人物。钟炳想起这段往事，心里是十分欣慰的。

目前，钟炳正在过着平和安详的退休生活。回首前尘，岁月留痕，对自己的一生，钟炳在他 76 岁生日时，这样写道（调寄浪淘沙）：

又是露华稠，岁月难留。鬓青鬓白任悠悠。七六人间原未老，腰腿无忧。

家国日方遒，大地新猷。一肩风雨共春秋。浓淡闲忙从所欲，一梦瀛洲。

（李永旺）

本书编者记：

大概两年前，看到中国科学院纪念"百人计划"实施20周年的优秀征文《李永旺：煤制油的科学人生——记中国科学院山西煤化所"百人计划"学者李永旺研究员》，其中生动的历史再现，让人们想起老科学家们本着实业救国和科学救国的理想，张大煜和赵宗燠曾联合办中华铅笔厂的一段往事……张大煜、赵宗燠同在德国留学，学得一身本事，回国后曾在昆明办炼油厂。"煤制油"，这是多少人的梦想，在李永旺这一代人实现了，而且完成的十分大气。

这篇回忆让我们看到：赵宗燠、张大煜、鲍汉琛、彭少逸、张碧江、钟炳、孙予军和中国科学院山西煤炭化学研究所现任所长王建国等多少任的所长为攻克"煤制油"的难关，持续地筹划、奋斗，真是九曲回肠才"修得真果"。现将这篇回忆部分摘取放在钟炳的材料中，当作它对几代人的努力奋斗的一丝留念……编者之意！

李永旺：煤制油的科学人生
——记中国科学院山西煤化所"百人计划"学者李永旺研究员

2009年初春伊始，春寒乍暖的内蒙古鄂尔多斯草原上，我国第一个16万t/a煤炭间接液化示范装置试车成功，乌黑的煤炭化作清澈的柴油喷涌而出，中国科学院山西煤炭化学研究所李永旺研究员与伊泰集团董事长张双旺紧紧拥抱在一起，现场每一个科研人员都明白，此时此刻我国已成为世界上继南非和荷兰之后掌握现代煤制油工业技术的第三个国家，中国三代科学家为之奋斗了60多年的梦想终于化为现实。2011年6月，国家能源局决定采用我国自主研发的中科技术，开工建设我国最大规模的神华宁煤400万t/a煤炭间接液化商业装置，彻底放弃谈判近十年、待价而沽的南非沙索公司技术，风云际会间已斗转星移，由此中国人用自己的技术大规模建设煤制油工业的帷幕徐徐展开……

国家使命　漫漫征程

石油是一个国家重要的战略物资，也是一个国家经济和社会赖以发展的血液。20世纪70年代，美国国务卿基辛格曾说过："谁控制了石油，谁就控制了所有国家；谁控制了粮食，谁就控制了所有的人。"事实上，从世界范围的历史上来看，当一个国家受到战争、地缘政治、资源或经济因素所困而导致油品短缺时，就常常想起了煤制油技术，而煤制油技术的开发也常常与一个国家的发展命运息息相关。
……

德国是世界上第一个实践煤制油的国家。德国在第二次世界大战期间（1966～1945年）因战争机器的需求，建造了以煤为原料的9个费托合成油厂，使用常压钴基费托合成技术，总产量达到 67 万 t/a，第二次世界大战结束后，由于石油工业的兴起，廉价油品的生产，并且早期的煤制油技术效率很低，煤制油装置全部关闭。

……

到目前为止，国际上仅有南非沙索公司和荷兰壳牌公司拥有费托合成油工业技术。国际上各大石油公司均在花费巨资开发煤制油或天然气制油甚至生物质制油的工业技术，印度、印尼、澳大利亚、俄罗斯等煤炭资源丰富的国家急需发展本国的煤制油工业，中东和非洲的一些国家渴望发展天然气制油工业，而发达国家美国、英国、加拿大等国渴望拥有费托合成油工业技术，以在国际合成油市场上占领制高点并分得一杯羹。

中国是一个煤炭相对丰富但缺油少气的国家，也是较早开展煤制油技术开发的国家之一。煤制油工业技术的开发伴随着战争、经济发展、石油价格上涨、国际原油封锁或能源战略安全的考虑而几起几落，命运多舛。1939 年当中日战争进入最困难的时候，日军对中国进行全面物资封锁，中国军队所需燃油进口非常困难时，国民政府决定学习德国技术，进行煤制油技术研究。从德国柏林工科大学归来的赵宗燠博士临危受命，于 1941 年开始在重庆建设费托合成法的煤制油厂，很快在小型试验装置上产出了油，1945 年抗日战争胜利后政府认为日军已败，抗战工业不再需要了，要求工厂停办。中华人民共和国成立后，国家百废待兴，经济发展急需石油，而石油资源奇缺，赵宗燠意识到这是一次发展煤制油的重要机遇。1950 年赵宗燠接管了日军在东北锦州石油六厂引进的德国常压钴基固定床费托合成煤制油厂，当年恢复扩建了锦州煤制油装置，1951 年生产出油，1959 年产量最高时达 4.7 万 t/a。同期的 1953 年中国科学院大连石油研究所（现中国科学院大连化学物理研究所）留德博士张大煜所长开始组织进行 4500t/a 循环流化床合成油中试试验，组织成立了中国科学院煤炭研究室（现中国科学院山西煤炭化学研究所）。但就在这个关键时刻，因大庆油田的发现，中国放弃了当时被称为"人造石油"之梦的追求，国家把精力投入到石油勘探开采上了，中国第一次的煤制油经历渐渐沉到了历史深处，中国人沉浸在"把石油落后的帽子甩到太平洋里"的狂喜之中。如果当时中国坚持下来，最终攻克成本关，那么 40 多年后，中国就不必向南非从头学起，再交一次学费了。今天回过头来回味，我们不禁为第一代煤制油科学家扼腕叹息。

中国改革开放开始不久，中国也开始渐渐融入国际社会，而就在此时长达 8 年的两伊战争爆发，伴随而至的世界石油危机震荡着各国的经济，国际原油价格成倍增长，而此时中国石油勘探却很难再找到像大庆油田一样的新油田了。隐隐之中，中国有远见的能源专家感觉到了中国未来发展将面临的石油危机，他们将眼光又落在了煤制油上。中国科学院山西煤化所所长鲍汉琛和彭少逸到中国科学院和国家科委奔走呼号，从能源战略安全和能源技术储备角度力主国家启动煤制油技术的开发。很快国家重新恢复了煤制油技术的研究与开发，中国科学院山西煤化所举全所之力雄心勃勃地开始了中国第二次煤制油之旅。1980～1988年多个课题组协同攻关，完成了实验室催化剂研制和固定床单管合成模型试验，确定了有别于南非技术的煤炭间接液化的固定床两段合成工艺，1989年在山西代县化肥厂完成了100t/a中试，1993～1994年在山西晋城化肥厂完成了2000t/a工业试验，产出了90号汽油产品，但只进行了2个月的工业运行试验就终止了。主要原因是当时科研经费有限，反复改进的后续试验经费难以到位，两伊战争结束后的国际油价持续低迷到每桶18美元左右，按照当时的技术评估，工艺效率低，技术经济性很难过关。1995～1996年中国科学院山西煤化所所长钟炳研究员又挤出有限的科研资金采用改进的高效固定床铁基催化剂组织进行了将近4000h的工业单管试验，产油效率得到较大提升，但仍无法与石油工业相比。20世纪90年代中期，中国的经济还很不发达，汽车保有量很低，并没有感受到油品短缺的危机渐渐会到来，中国科研工作处于低谷时期，几乎中国所有的专家认为中国不适合发展煤制油工业。煤制油技术的发展又进入了艰难的抉择时期，此时第二代主要的科学家张碧江、周敬来、张志新、关玉德等即将面临退休或已退休，而中国科学院山西煤化所所长钟炳也将面临换届交班，改革开放成长起来的新一代科研人员大多二十来岁或三十刚出头。煤制油事业何去何从，是否又像第一次煤制油一样人员解散，重新归零而沉入历史？煤制油技术开发若要坚持下去，谁能站出来接棒？

低谷潜行　委以重任

机遇总是给予有积累且敢于创新、勇于冒险的人。中国科学院山西煤化所所长钟炳研究员和中国科学院院士彭少逸先生在对煤制油发展之路忧心忡忡的时候，也在寻找未来煤制油的技术领头人，他们把目光渐渐游移聚焦到远在比利时根特大学和鲁汶大学留学的李永旺博士身上，全所的科研人员尤其是年轻一代的科研人员也开始关注这位当时年仅33岁的年轻人。

……

李永旺作为中国科学院"百人计划"入选者被召回国，一回到研究所，就被所长钟炳研究员急切地召集到办公室，"阿旺，煤制油科研已经开不了锅了，油价太低，石油供应充足，目前要获得中国科学院和国家支持非常困难，所有参加煤制油攻关的课题组都处于解散的边沿，已有一半的科研人员要么调走了，要么退休了，人们看不到煤制油的前途。所里分析要过十年，中国经济发达后，运输车辆和小轿车拥有量大增时，油品会缺，油价会涨，煤制油会起死回生。可谁又能等了十年，没有科研经费这十年又能干什么？培养的队伍不就全跑了。现在把你从国外叫回来，就是要给你交代这个事，所里要维持这支队伍，要你回来负责煤制油技术开发，人员随你调，队伍不能散。"这比李永旺回国前预测的情况要糟糕得多……

之后，李永旺调阅了煤化所的全部煤制油试验资料，调研了与煤制油相关的所有课题组，咨询了所有参与攻关的老一代煤制油科学家，甚至到锦州请教了在世的参加过中国第一代煤制油厂的建设者，同时分析了中国煤炭和石油资源的状况、国际油价的走势、中国经济的发展速度和人民可以买得起轿车的时间节点……一周之后的一天晚上，李永旺在山西煤化所化工设计室见到了另外一个关键性的人物——设计室主任曹立仁研究员，连续谈了三天，剖析了在煤制油产业化过程中可能遇到的工程难题以及可能解决的方案，力邀曹立仁出山加盟煤制油攻关团队。

十天后，李永旺答应了钟所长的请求，随后钟所长带领李永旺到中国科学院高技术局，得到了一笔科研资金的支持。

……

1998年实验室成功地研制出了高性能的低温浆态床费托合成铁基催化剂，同时蜡催化剂分离技术获得重大进展，浆态床煤制油工艺的技术经济性瓶颈得到突破。实验室能做的都已经做了，下一步怎么才能进入到工业中试阶段呢？

峰回路转　中试突围

首席科学家李永旺研究员仔细分析了从煤到成品油全流程工艺，详细核算了具有工业代表性的工业中试装置工艺和投资……至少需要 8000 多万元的科研投入，考虑到装置试验运行成本，还需更多的后续资金的投入。这在当时对中国科学院的科研人员来说几乎是天方夜谭、难以企及的。回忆那段痛苦而又孕育希望的时光，李永旺至今仍难以忘怀，"那真是到了山穷水尽的时候……"

此时刚从英国留学归来、担任中国科学院山西煤化所所长的孙予罕研究员来到李永旺的实验室，"阿旺，我预感到国际油价要涨了，煤化所的机遇要来了，中试我们必须尽快干，这一关我们必须过。我们一起到中国科学院高技术局和国家科技部寻求支援。"

2000 年伊拉克战争爆发前夕，国际油价突然由 18 美元/桶上涨到 33 美元/桶，国内经济形势回暖，成品油价格一路上涨，而煤炭价格仍处于 120 元/t 左右的低位运行，更难以想象的是伊拉克战争结束后的 2008 年国际油价最高飙升到了 148 美元/桶，这是始料未及的。

就在这年冬天的一个下午，一位不速之客悄然来到了李永旺办公室，"李博士，我是山西朔州煤炭私营企业的，生产的煤炭太多了，卖不出去，听说你搞的煤液化技术不错，我感觉将来煤制油是一条出路，我想投资让你建煤制油厂。"李永旺望着这位朴实、眼光中透着一种坚毅的民营企业家王秀顺先生，不禁愕然，心中五味杂陈……王秀顺说："李博士，那我先在中试试验上投入一把，我把这当成风险投资。"李永旺找到孙予罕所长，孙所长正为国家863计划和中国科学院"知识创新工程"项目的资金落实而发愁，为中试试验的启动而揪心。"阿旺，这可是雪中送炭啊……"不到两天，民营企业家王秀顺就将500万元打到煤化所账户上。

2001年4月的太原，春风荡漾，中国科学院山西煤化所小店中试基地热闹非凡，千吨级中试平台破土动工建设。随后的实践证明，王秀顺的这笔资金至少使煤制油中试试验的进度提前了一年，历史应该记住这位敢吃第一只螃蟹的企业家。

2001年7月，中国科学院江绵恒副院长听取了高技术局和李永旺研究员对煤制油技术研发的工作汇报，基于国家能源战略的需要与布局，敏锐地洞察到煤制油产业化发展的潜力和对中国的重要性，力主启动浆态床煤制油千吨级工业中试项目，将煤制油项目列为首批启动的中国科学院"知识创新工程"重大项目，并得到了3000万元的经费支持，这也促进了国家科技部863计划"煤制油"重大项目的启动，由此2001年年底又获得国家科研经费3000万元，但距其实际需求的上亿元投入相去甚远，成果推向产业化仍然困难重重。同年中国科学院成立了由江绵恒副院长担任组长的煤制油项目领导小组，与山西省政府签署了煤制油项目合作的框架协议，获得了山西省发展和改革委员会的经费支持，积极推进煤制油技术在山西的发展。

2002年年初，来自内蒙古鄂尔多斯伊泰集团的又一位民营企业家张双旺先生悄然来到了中试基地，详细考察了煤制油中试技术后，毅然决定与山西煤化所签订合作协议，投入巨资共同开发煤制油技术，这是煤制油命运发展的最为关键的转折点。2002年9月千吨级工业中试试验装置建成并试车成功，一次投料出油，合成出了第一批粗油品，随后又从粗油品中加工出了无色透明的高品质柴油。

煤制油中试装置成功出油的消息不胫而走，在国内大型煤化工和石化企业间引起了震动……2003年李永旺组织成立了中国科学院山西煤化所合成油品工程研究中心，先后与内蒙古伊泰集团、山西潞安集团、山西省发展和改革委员会、神华集团、徐州矿业集团等签署了技术联合开发合同，成立了由各方组成的理事会，……为以后煤制油技术的公司化运作和千吨级工业中试项目的实施打下了坚实的基础。

2002年6月至2004年6月在中试装置上进行了三次试验运转，2004年6月1日到10月25日实现了2000多小时的连续稳定运转，完全掌握了低温浆态床合成油工艺技术和催化剂生产技术，对煤制油工艺模拟软件进行了全面的验证和优化，生产出了十六烷值高达75的高品质柴油，该技术与当时世界上最先进的南非沙索公司水平相当。2005年9月和2006年1月通过了国家科技部组织的对863计划能源领域项目验收和中国科学院组织的验收。李永旺的研发团队也荣获2005

年中国科学院杰出科技成就奖。

……

体制创新　示范成功

现任山西煤化所所长王建国研究员回忆说:"2004年全年的所务会上大部分都是在讨论如何解决煤制油项目的问题,是成立公司走向市场,还是中试完成后到此为止,如何建设煤制油示范厂,资金从哪里来,……讨论的内容已不是技术上该怎么办,全是体制和机制上的问题。大家讨论的最后结果是成立股份制公司,建设技术研发—产品规划—工程设计—施工总承包—技术服务一条龙模式的高技术公司,引进技术力量、引进社会资本,从根本上解决煤制油的产业化问题。"

2005年开始有企业陆续到煤化所考察煤制油项目,其中不乏中国海洋石油公司这样的大型企业集团。经过洽谈,2006年2月,由山西煤化所、内蒙古伊泰集团有限公司、神华集团有限责任公司、山西潞安矿业(集团)有限责任公司、徐州矿务集团有限公司和连顺能源有限公司共同投资,组建了中科合成油技术有限责任公司。

"科研人员与市场结合起来,就能发挥出极大的创新力。"李永旺始终坚持这个观点并把它运用在自己的科研队伍中。煤制油技术研究是一项非常复杂的系统工程,……李永旺将市场经济同国际上的先进的奖励制度结合起来,研究出一套新型的激励制度。……从1997年最初的三五个人,到后来的20多人,到了2006年启动三个16万~20万t/a示范厂时,已经形成了极富凝聚力和战斗力的300多人的团队……

作为国家科技创新体系的重要组成部分,……2008年煤炭间接液化国家工程实验室由国家发展与改革委员会批准建设。

煤制油产业化过程中所需的庞大资金,只靠山西煤化所这样的科研机构本身是根本不可能解决的。正是通过整合社会资源建立公司,以资本为纽带,使之得到了有力的支撑。股权社会化就像化学反应中的催化剂,加快了科研成果转化的反应速度,为煤制油示范厂建设运行插上了腾飞的翅膀。

……

2012年,国家发展和改革委员会、国家能源局编制的《煤炭深加工示范项目规划》和《煤炭深加工国家产业发展政策》出台实施,提出在"十一五"期间我国自主的煤炭间接液化技术获得成功示范的基础上,"十二五"期间示范技术将推进到100万吨级以上的重大示范项目级别上。

……

李永旺和他的研发团队在煤制油技术的研发过程中发表论文500多篇,其中在国际学术刊物上发表论文300多篇，申请中国发明专利110多件，国际PCT专利7件，其中获得中国发明专利授权80多件，国际发明专利授权27件，制订国家技术标准3项，企业技术标准5项，形成了煤气化、合成催化剂、合成工艺、关键反应器构件、油品加工、节水环保、精细化学品生产等铺盖全部煤制油产业链的完整的知识产权保护体系，成为国际上最具影响力的煤制油研发团队之一。

……

对于未来煤制油技术的发展，李永旺指出：我国拥有难以利用的大量的低热值褐煤资源，应积极开发煤炭分级液化技术，实现褐煤的梯级有效利用，形成新一代煤制油技术。

张 生 勇

张生勇，男，1939年11月生。中国工程院院士。第四军医大学教授，博士生导师。先后在复旦大学和第四军医大学任教。全国优秀科技工作者、国家级教学名师，享受国务院政府特殊津贴。先后获"全军优秀教师"、"军队院校育才奖金奖"、"总后勤部优秀共产党员"等称号。

曾任中国化学会陕西分会有机化学委员会副主任，中国化学会陕西分会理事、学术委员会副主任，陕西省轻工协会副理事长。现任中国科学院成都有机化学研究所手性药物国家工程研究中心客座教授、西北大学兼职教授。

张生勇是我国著名的有机化学家。作为国内外早期从事手性技术研究的学者之一，几十年来始终以手性催化技术的研究为主要方向，一直坚守在教学、科研的第一线，致力于新型手性催化剂的设计、合成和成果转化。在我国率先将手性技术用于工业生产，先后建成了两条用手性催化技术工业生产氨基酸的生产线，并完成了抗癌药紫杉醇和多烯紫杉醇的中试放大实验，为我国精细化学品生产技术的进步做出了贡献。

张生勇教授先后培养博士、硕士研究生27名，出版专著4部，主编国家"十五"和"十一五"规划教材各1部、其他教材7部（共计560多万字），其中2部教材获国家教委优秀教材奖一等奖和二等奖。发表论文149篇，其中被SCI和EI收录论文64篇。先后获国家技术发明奖三等奖1项、军队科技进步奖一等奖1项和陕西省科技进步奖一等奖2项（均为第一署名）；申报国家发明专利8项（其中授权4项）。先后获得国家科技部创新基金1项、国家自然科学基金10项。

张生勇 1964 年毕业于西北大学化学系，同年 9 月在南京大学高校师资班进修至 1968 年 3 月，结业后被派往复旦大学化学系任教至 1984 年，同年 5 月到第四军医大学工作至今，2010 年 6 月受聘为西北大学教授。1979～1982 年在法国巴黎南大学攻读博士学位，1993～1994 年再次赴法国与巴黎南大学 Kagan 合作研究不对称双羟化反应中的放大效应，同期任法国图卢兹配位化学研究所客座教授。现任第四军医大学手性技术研究中心主任、化学教研室教授、博士生导师，西北大学化学与材料科学学院教授。2001 年被确定为总后院士后备人选。2009 年增选为中国工程院院士。

从 1979 年至今张生勇一直从事手性催化技术的研究，在手性配体和手性催化剂的设计、合成以及不对称催化反应的研究中，解决了若干关键性问题：

（1）创立了用立体有择的 Diels-Alder 反应和手性环氧化合物的亲核加成反应合成手性双膦配体的两种新方法；

（2）通过手性膦配体与 BH_3 的配位与解配作用，解决了膦配体在空气中不稳定的难题，为大规模制备膦配体奠定了基础；

（3）通过给金鸡纳生物碱分子中引入—OH 或—SO_2—等极性基团，制备了一组在 Sharpless AD 反应中可回收和重复使用的金鸡纳生物碱衍生物配体；

（4）通过离子交换技术把 OsO_4 键合在 Tenta Gel 树脂上制备了在 AD 反应中可回收和重复使用的 TentaGel-OsO_4 催化剂；

（5）把奎宁、奎尼定、辛可宁和辛可尼定等生物碱 C_9—OH 改造成 C_9—NH_2，其 Rh 和 Ir 的配合物催化剂在潜手性酮的不对称氢转移反应中获得了高达 93%的化学产率和 95î 的立体选择性；

（6）合成了两类共 8 种新型的金鸡纳生物碱季铵盐有机催化剂，并成功地用于不对称相转移催化反应中，获得了高达 96î 的立体选择性；

（7）设计、合成了一系列新型的金鸡纳生物碱有机催化剂，在不对称催化"中断的" Feist-Benary 的反应中获得了＞91%的化学产率和高达 94î 的立体选择性；

（8）率先在我国把手性催化技术用于 D-苯丙氨酸、L-苯丙氨酸以及抗癌药紫杉醇和多烯紫杉醇的工业生产，为我国化学合成药和精细化学品生产技术的进步做出了贡献。

他瞄准前沿，勇于超越，开创了我国手性药物研制的新天地。坚守在教学、科研第一线，在国内率先将手性技术用于工业生产，为我国精细化学品、化学合成药品生产技术的进步做出了贡献。

他为人谦逊、治学严谨，"事业重于山，名利淡如水"。他的身上集中体现了心系祖国、忠诚事业的爱国精神，追求真理、教育报国的奉献精神，求真务实、勇于创新的科学精神，持之以恒、勇攀高峰的探索精神，团结协作、淡泊名利的团队精神。当他得知自己当选为中国工程院院士时，只平静地说了一句："我就是个普普通通的教书匠。"

矢志报国，献身祖国医学事业

是什么样的动力成就了他不平凡的业绩？

是什么样的信念打造了他平凡人的底色？

心系祖国、忠诚事业，张生勇身上无时不在的这种爱国精神，就是他取得巨大成功而又不失平凡人本色的源泉。

自20世纪70年代起，张生勇先后四次出国，每次均按时回国。1972年至1974年，他被国家派往条件极其艰苦的刚果任教，出色地完成任务。1979年6月，他顺利通过国家考试，进入法国巴黎南大学，师从著名的法兰西科学院院士 H. Kagan。这次学习，让张生勇与手性催化技术结下了不解之缘。

学习、实验，再学习、再实验。永无止境的科学历练，既历练了人的学识，更历练人的精神。作为国家改革开放后首批留学人员，张生勇非常珍惜每一次历练的机会。他清楚地知道，为了把自己送到这个城市来进修学习，还没有富裕起来的祖国，每年都要预算出一万美元作为助学经费……

想到这一点，张生勇心痛了。

在导师带动下，他真正体会到科学所带给他的生命乐趣。在导师身上，他汲取了为事业献身的勇气和力量。张生勇意识到，上帝已经在不经意间开始改变他的命运，而改变命运的直接方式就是把他"嫁给"科学。值得欣慰的是，在上帝悄悄改变他的命运时，张生勇还十分清醒地感觉到，也唯有在化学王国里，才能实现自己的七彩梦想和人生价值。

1982年3月22日，张生勇顺利通过博士论文答辩，获得博士学位。正当他归心似箭地忙于整理行囊启程回国时，导师不失时机地找到了他。

原来，三年的相处，刻苦勤奋的张生勇在导师心目中早已留下深刻印象。张生勇的人品与业绩，使 H. Kagan 越来越彻底地意识到，不久之后，在化学领域的苍穹上，将会诞生一颗璀璨的明星。

H. Kagan 恳切地说："张，你应该留下来！留在巴黎发展自己的事业！""无论从哪一方面讲，这里的条件总是比你回去要好很多，也更容易出成果。所以，如果你同意，我十分愿意帮这个忙，让你永远留下来！"

张生勇默默地望着自己的导师，那一刻，说不清为什么，他的双眼禁不住潮湿了。作为一个学生，张生勇从内心里感谢导师的一片苦心。但是，"作为一个中国学生，当他完成学业的那一天，他不能不回到自己的祖国，这就像每一个赤子一定要回到母亲的身边一样。"张生勇认真地望着导师的眼睛，一字一顿地说，"无论对国家还是对家庭，我觉得我都有一种责任，而这种责任是责无旁贷和不容推辞的。" H. Kagan 见不能说服于他，只好不无遗憾地转身离去了。

1993年2月～1994年8月，应导师的邀请，张生勇以访问学者的身份再次赴法进行手性催化反应的合作研究。就在张生勇圆满结束了合作研究的课题，准备回国时，H. Kagan 恋恋不舍地望了他很久，再一次提到十年前的话题。张生勇坚定地摇了摇头。H. Kagan 见他依然不改初衷，于是深有感触地问他，难道你真的不知道有那么多人，为了争取来到巴黎定居，绞尽脑汁，几乎想尽了一切办法？张生勇听了这话，淡淡地一笑，说："他们是他们，我是我，他们并不能代表全部。我是土生土长的中国学者，我的整个生命都是属于中国的，所以我怎么能舍得下养育我的祖国，到异国他乡定居，过舒适安逸的日子呢？先生您难道与我没有同感吗？"说完，张生勇禁不住开心地笑了起来。

许多人对此不解，留在国外，对他的事业、他的家庭无疑有许多优越，但张生勇却坚定地说："祖国培养了我，这里是我的家，有我的根。"

在巴黎，张生勇看到许多到那里留学的中国学生，待着待着就留在了那里。更有甚者，有的人为了能够争取留在那里，几乎想尽了一切办法，施尽了一切手段，这样的人和这样的生活，与一个丧失了民族自尊心的乞丐又有什么两样呢？每每看到这些人，他不由自主地就会心生出一种悲哀来。"所以，当时我就想，如果一个民族，一个国家不尽快强大起来，就连那些在国外过着乞丐一般生活的人们，也应该是感到十分难受的……"这样说着说着，张生勇的一双眼睛就会不由自主地湿润起来。此时此刻，他心里想着的，除了要为这个国家做些什么，似乎再也没有别的什么了。

值得一提的是，两次回国时，张生勇为科室带回了价值数万法郎的仪器和贵重试剂。为节省托运费，他宁肯将自己的西装、皮鞋等送人，却随身带回了27公斤的最新资料、文献和原始实验记录。为了实验室十分稀缺的一台仪器，飞机上他当作宝贝一样，小心翼翼地放在腿上，生怕有一刻不慎把它摔碎在地上。在张生勇的心里，这仪器贵比千金，又重如千斤，把它完好无损地带回家，接下来的许多实验做起来，也就得心应手地省却了许多的时间……

瞄准前沿，开创手性技术新路

刚来到第四军医大学时，几乎一无所有的化学教研室，就如同一张空荡荡的白纸，等着他去描图。教研室的十几名老师，除了完成教学任务外，基本不承担科研工作。"要提高教学水平，就一定要在有机化学领域创出一条新路。"张生勇十分清楚，没有科研作支撑的教学等于无源之水，无本之木。他很快提出以教学为基础，以科研促教学，教学与科研双轨发展的学科建设思路。在教研室缺少老师、没有资金，就连最基本的实验设备都不具备的条件下，他带领教研室的同志搞起了科研。没有老师，他东奔西走，到各高校网罗人才；没有仪器，他通过项目合作和成果转化赚来的钱购买仪器设备；没有经费，他积极申报课题，争取国家和省部级自然科学基金的资助。

手性合成技术当时在国际上是一个刚刚露头的新领域，国内很少有人了解它，研究前景是个未知数。在这种情况下，张生勇紧紧盯住了手性催化技术研究这一新领域，他坚信，作为化学世界里一个非常年轻而且充满希望的手性合成化学，只要持之以恒坚持下去，就一定能有所突破。

在他的带领下，化学教研室获得了国家自然科学基金在内的30多项各类基金资助，相继建成了手性合成、药物合成、药物载体研究、药物分析实验等一系列在国内外领先的实验室，经过二十多年的努力，昔日名不见经传的教研室成为教学、科研和成果转化为一体，在国内同领域颇有影响的先进科室。

人的左右手互为镜影不能重叠，科学上将这种现象称为手性，具有手性的药物被称为手性药物。20世纪60年代曾经造成巨大影响的反应停，是深受孕妇欢迎的一种止吐药。但是，在不到三年的时间里，却造成了12000多例海豹畸形胎儿，波及46个国家，成为医学史上的一大悲剧。悲剧的发生是由于没有除去反应停的左旋体，因为反应停是一种手性药物，分左旋体和右旋体，右旋反应停是止吐药，而左旋反应停却有强烈的致畸作用。目前，世界上使用的化学药物总数大约有1900种，手性药物占50%以上。在200种常见的临床药物中，手性药物多达114种。随着手性药物在生命科学领域用途越来越广泛，手性药物已成为国际医药业研究的热点。20世纪70年代发展起来的手性催化技术是获得手性药物最先进的方法，但由于构成手性催化剂的手性配体很难合成，制约了它的进一步发展。我国在这一领域的研究起步较晚。

另辟蹊径，用手性技术创出一条新路，是张生勇的一大心愿。他自1979年开始在我国率先开展手性催化技术的药物研究，历时三十余年。经历过无数个不眠之夜，数百次精心试验，建立了两种合成手性膦配体的新方法，解决了膦配体不稳定和合成难的问题，为将手性催化技术用于工业生产奠定了基础。诺贝尔化学奖获得者Sharpless曾两次引用张生勇的方法，并评价道，"张提供了一种从环氧化合物制备手性膦配体的新方法"。张生勇领导的课题组勇于创新、不断突破，在手性催化剂的设计、合成及不对称催化反应的研究领域中取得了一系列国内领先、国际先进的创新性成果，创下了令同行瞩目的5项"首次"：①首次建立了立体有择的双烯加成反应和手性环氧化合物的开环反应合成手性双膦配体的两种新方法，解决了手性膦配体不稳定、不易批量生产和难以储存等难题，为将手性催化技术用于工业生产奠定了基础；②首次合成了16种可回收和重复使用的手性催化剂，并成功地用于烯烃的不对称双羟化反应，为合成有重要用途的手性邻二醇提供了一种新方法；③首次设计合成了两类15种过渡金属配合物催化剂，在合成手性仲醇的反应中，取得了国内外该领域最好的立体选择性和最高的化学产率;④首次在我国将手性催化技术用于工业生产右旋苯丙氨酸和左旋苯丙氨酸;⑤首次利用手性催化技术,实现了紫杉醇和多烯紫杉醇两种抗癌药的规模生产。

紫杉醇和多烯紫杉醇作为高效、广谱、低毒的抗癌药物,尤其对肺癌、卵巢癌、宫颈癌和乳腺癌等具有明显疗效。张生勇采用先进的手性催化技术,率先在国际上探索出一套简洁、高效、实用的方法。该方法有效地突破了关键步骤在 $-40°C$ 反应的温度限制,在常温下即可进行。同时,还使合成步骤由 7 步减少到 3 步,时间由 4h 缩短到 1.5h,反应产率由 75% 提高到 100%,成本降了 2/3。

张生勇带领的课题组先后负责国家和省部级 29 项基金课题,申请国家发明专利 8 项,授权 4 项。他的科研成果获得了国家技术发明奖三等奖、军队科技进步奖一等奖、陕西省科技进步奖一等奖和药物发明奖。发表论文 149 篇,其中 64 篇被 SCI 和 EI 收录;53 篇论文被他引 700 多次。由于在科学研究中的突出贡献,2005 年,张生勇被评为"全国优秀科技工作者"。

为人师表,成就一代教学名师

张生勇把学生当成自己的孩子,像慈父一样关心爱护着他们。学生第一次实验,他手把手地教,遇到反应不确定性的实验,他都会陪着学生直到凌晨三四点完成实验。有机合成反应时的部分有机试剂、副产物、产物都是剧毒物,长期接触对身体危害很大。四氧化锇是一种剧毒、挥发性很强的催化剂,经常要用于各种手性催化反应。每次实验前,张生勇都会戴着厚厚的手套,亲自从玻璃器皿中取出少量试剂,尽量少让年轻人接触。

他又是一个原则性很强、严厉苛刻的"倔老头"。一天晚上,一名学生做完试验后没有收拾就离开了。第二天早晨,张生勇看到操作台上一片混乱,双排管里布满了试验残留物,玻璃瓶塞还缺损了一半,十分生气,原本要严厉批评这位学生。后来,他把批评变成了讲故事。故事说的是,这些实验用的双排管来自于法国,当时,留学人员为了带回这些易损易碎的玻璃仪器费尽了千辛万苦,像对待"宝贝"似的一直将它抱着放在双腿上,一动不动地坐了十几个小时飞机。当这位学生得知故事的主人是张生勇本人时,非常后悔,从此让他明白了科学来不得半点马虎,做什么事都要踏踏实实。

张生勇十分看重年轻人的长处,总是给他们以热情的帮助。他说:"年轻人是最需要引导的,几句鼓励的话有可能影响他们一生。我在法国留学的几年时间里,学习任务相当繁重,遇到实验不顺的时候,导师总会鼓励我,给我提出宝贵意见,使我不仅没有丧失信心,反而加倍努力,才有了今天的成绩。"

王全军以高分考取了张生勇的硕士研究生后，一度思想松懈，放松了对自己的要求，布置的实验任务总是不能按时完成。对此，张生勇并没有责备他，反而更加关心他，还经常到实验室指导他做实验，师生共同讨论问题。一天，王全军正在办公室急着写开题报告，没想到张生勇抱着厚厚的一摞书稿走了进来："全军，这是我多年来收集到的有关手性催化合成资料，有的资料已经很久，你看能不能用得上。"当王全军从张生勇手中接过这一摞沉甸甸的资料时，激动得说不出话来。临走时，张生勇又反复叮嘱他："研究过程中有什么问题，咱们随时可以讨论。"望着张生勇远去的背影，王全军暗暗告诫自己，如果我再不努力学习，怎能对得起老师的一片良苦用心啊！

张生勇将每堂课都作为优化教学效果的一次新的尝试，虽然有的教材他能够倒背如流，还依然坚持每堂课前重新备课，编写教案。几十年来，仅有机化学这门课他就写了几十本教案。对于刚分来教研室的年轻教员，张生勇亲自指导他们备课，听他们试讲，毫无保留地把自己的教学经验传授给他们。他说："老马识途，老马在前面带路，小马可以少走些弯路。"

1999年，国家教育部面向全国高校征集国家"十五"规划教材，张生勇获得国家"十五"规划教材医学院校《有机化学》的编写资格。为了书稿早日出版，他白天为学生上课，指导研究生做实验，晚上查阅资料、伏案撰写书稿，常常通宵达旦，彻夜不眠。凭着顽强的毅力和吃苦的精神，一本近60万字的教材终于编写完成。功夫不负有心人，融入了张生勇多年教学心得体会的《有机化学实验》和《有机化学》两部教材分别获得了国家教委优秀教材奖一等奖和二等奖。不仅如此，他还编写了《不对称催化反应》等4部专著，主编和参编了8部教材，字数多达500余万字。

由于长时间伏案写书，张生勇教授患上了腰椎间盘突出，有时连续几天痛得直不起身来，恰逢那段时间里他几乎每天都有课，为了不耽误学生的课程进度，他将一条宽布带绑在腰间，用来支撑严重变形的腰椎，以缓解疼痛。课堂上，每次直腰推拉黑板、抬臂书写分子式，都会导致剧烈的疼痛，尽管疼得直冒汗，他依旧聚精会神，讲课入木三分，充满了幽默风趣，丝毫看不出一点异样的感觉。就是这样，他一直站着为学生上完了两节课。当回到家时，他双腿已无法站立，瘫倒在沙发上。

正是这种对事业的无比热爱，对学生的无私关爱，成就了张生勇高超的授课艺术。2004年，他被评为"全军优秀教师"；2006年，又被国家教育部授予"国家级教学名师奖"。

有人说，燃烧的蜡烛，照亮了别人，毁灭了自己。

张生勇却说："燃烧的蜡烛，既会照亮别人，也会照亮自己。"步入古稀之年的张生勇仍孜孜不倦、勤勤恳恳地耕耘在教学第一线。"与学生在一起，让我感到年轻,充满了活力;学生由不懂到懂,接受知识的过程,让我有一种成就感;看到学生灿烂的笑容,听到他们热情的问候,让我感到欣慰和感动。"几句真挚朴实的话语,道出了一位老师的殷殷之情。

从教40多年来,张生勇每年平均完成本专科生和研究生教学任务200多学时,培养出博士、硕士研究生27名。其中,有的学生已经成为科室的学术带头人,有的成为教学科研的骨干,有的成为一颗冉冉升起的新星。

志远海天宽,惜时业早成

张生勇的生活很简朴,活动范围仅局限于从家到实验室、教研室、教室的几百米距离。他每天除了吃饭、睡觉外,其余时间都是在教研室搞研究、带学生,从来没有节假日,甚至大年三十,他都是在实验室、办公室工作。他的同事和学生都说:"教研室就是张教授的家。"一些年轻人很不理解:"都那么大年纪了,还拼命工作图个啥?"他有自己的理由:人生在世,应当有所作为。国家培养我们不容易,滴水之恩当以涌泉相报,在身体条件允许的情况下,我们必须为国家为社会多做点事。他对年轻教员和学生说:我有三个优势,第一是"年龄优势",年龄大,有阅历,也积累了些经验;第二是家庭优势,上下老少都没有牵挂;第三是经济优势,现在的收入足够我们老两口过好平淡的生活。

张生勇说,人应该有种执着的精神,给自己定目标,坚持奋斗下去,这样人的精神面貌就会和他人不一样,"但是现在一些年轻人有些浮躁,做学问首先要耐得住寂寞,能坐冷板凳才能成功,坚持下去才会有收获"。

个性含蓄内敛,清心寡欲的张生勇,对名利异常淡泊。申报成果时总是更多地考虑别人,不管合作者多么年轻,也不管贡献大小,只要参与了课题研究,他都会想尽办法把他们的名字写上去。2005年,张生勇成为军队系统"中国工程院院士"候选人,如今光荣当选中国工程院院士。回首院士遴选的过程,张生勇说:"能不能评上不重要,重要的是通过这次申报答辩,认识了许多德高望重、学术造诣深的专家,我从他们身上学到了很多宝贵的东西。"简单朴素的几句话里,蕴涵着深刻而丰富的哲理。

竹因虚受益,松以静延年。被授予院士荣誉称号的前几天,张生勇刚刚过完70岁生日。得知这一喜讯,同事和学生纷纷向他表示祝贺,张生勇的家人却没有进行特别的庆祝。张生勇说:"还是和平常一样,家人聚餐也还是咸菜稀饭,口味清淡。儿子、儿媳、孙子坐在一起,大家也没有喝酒。"

"名利烟云淡如水,事业千秋重于山",这正是张生勇的真实写照。他在接受媒体采访时说,"世无英雄,遂使竖子成名。如果院士是荣誉的话,让我更加感到责任与压力。"当选院士以后,张生勇的生活一如既往,依然以他永不停歇的脚步,往返于办公室、实验室和教室之间……

张生勇院士成长感言

1939年11月,我出生在渭河岸边的一个普通农民家里,那是一个动荡不安的年代,自幼就深刻地体会到科技对一个国家的强盛、一个民族的兴盛是多么的重要。

几十年的从教经验使我深深地认识到,大学教师是"长工"。十年树木,百年育人。没有经过长期的学习、磨炼和创造,很难想象会成为一名优秀的大学教师。只有那些甘作"长工"的教师,只有那些舍得把大量时间花在工作上的教师,才可能在大学的神圣讲坛上用心去影响学生,才可能在科学的神圣殿堂里创造知识。

大学教师是"苦工"。要达到影响和引导学生吸取知识、健康成长的目的,是一件很不容易的"苦差事"。只有那些甘为事业吃苦,甘为学生受苦,甘为科学尝苦,甘为人梯的大学教师,才能在前进的道路上不为灯红酒绿所诱,不为功名利禄所惑,不为艰难困苦所绊,才能尝到做"苦工"的"甜头"。

大学教师是"美工"。塑人探物,美在其中。当我看到自己的学生学有所成,当我在前人未及的科学寰宇信马由缰,我能够真正地体会到自己的价值所在,体会到科学恩赐予我的酣畅与自由。让人更美,让世界更美,这是大学教师穷其一生的美好事业。

我觉得人生在世,应当有所作为。国家培养我们不容易,滴水之恩当涌泉相报,在身体条件允许的情况下,我们必须为国家为社会多做点事。人生是短暂的,事业是无限的。我愿用毕生的精力追求我热爱的事业,让后人有所感悟,让科学历久弥新。

(张卫东,李昌务)

胡 永 康

胡永康，1940年1月生，云南省曲靖市人，加氢裂化催化剂及加氢技术专家，中国石化抚顺石油化工研究院高级工程师，1997年11月当选中国工程院院士。长期从事石油炼制加氢裂化催化剂和加氢技术的研究开发工作，对中国的石化产业做出重要的贡献。

曾担任国家"六五"、"七五"重点科技攻关项目负责人，研制成功两类型加氢裂化催化剂，均填补了国内空白，属国内首创，达到国外先进催化剂水平，经济效益显著，目前已用于8套工业装置，总加工能力达760万t/a。

"八五"、"九五"期间指导多项国家和中石化总公司重点科技攻关项目，开发成功了品种多样的加氢裂化催化剂系列及工艺技术，应用于多套工业装置。获国家科技进步奖二等奖1项，中国石化总公司科技进步奖一等奖4项、二等奖1项、三等奖4项。

1997年当选为中国工程院院士。

胡永康的出生地云南曲靖是一座依山傍水、风景秀丽的县城，也是阿诗玛的故乡。刚懂事时，他就常听老人说："这里人杰地灵，遍地是宝；但城西的那座高山阻挡人们的去路，只有能跨越过大山的人，才会见世面有发展。"说者无意听者有心，在他幼小的心灵中，从此种下了一棵不安于现状的幼苗。

在中学、大学期间，他和大多数同龄人一样，阅读了不少苏联的文学作品，像《卓雅和苏拉的故事》、《钢铁是怎样炼成的》等。这些作品教育青年热爱祖国、热爱人民，对他人生目标的形成产生了潜移默化的影响。其中，苏联著名作家奥斯特洛夫斯基的名言"人最宝贵的是生命,生命属于每个人只有一次。人的一生应当这样度过:当他回忆往事的时候,不因虚度年华而悔恨,也不会因碌碌无为而羞耻……"对他影响最大,可以说成了他人生的座右铭。

1961年初冬,胡永康从云南大学化学系毕业,响应党和国家的号召,从四季如春的昆明来到被誉为北国"煤都"的抚顺,成为石油部抚顺人造石油研究所(现中国石油化工总公司抚顺石油化工研究院)的一名实习技术员。当时正值国家自然灾害的后期,物质供应极端匮乏,工作条件也十分艰苦,但这些并未动摇他战胜困难的决心。参加工作不久,我国大庆油田的发现和原油产量的不断增长,为我国石油炼制技术的研究开发提供了难得的机遇。抚顺是我国炼油工业高压加氢技术的发源地,也是我国最早的加氢催化剂的生产基地。为此,他在这里辛勤耕耘了37个春秋,在这里献出了自己人生最宝贵的青春年华。在他的心目中,抚顺已成为第二故乡。

参加工作以后,胡永康先后从事过催化剂的物理化学性能分析测试、多种石油化工催化剂和载体的研制工作以及工厂和试验厂的倒班劳动。其间经过一系列的风风雨雨,有喜悦也有迷茫,但不论何时何地均以"不虚度年华"、"不碌碌无为"来鞭策自己,认认真真学习,踏踏实实工作,即使在"文化大革命"那段不安定的年代中也从未放弃自己心中的准则。这段经历中,工作上虽无多大建树,但为日后科研开发工作的成功积淀了较为广泛而深厚的基础。

党的十一届三中全会以后,祖国大地迎来了科学的春天。国民经济的高速发展为我国科技事业腾飞和广大科技工作者发挥聪明才智提供了难得的机遇。历史的潮流把胡永康推到了炼油加氢裂化催化剂的研究开发工作第一线。加氢裂化技术是现代石油化工中将劣质重油转化成国民经济急需的优质喷气燃料、柴油和为化纤工业发展提供更多原料的重要二次加工技术。1980年以前,我国加氢裂化装置的总处理能力还不到40万t/a。为了满足国民经济发展的需要,1978年末,我国从国外引进了四套加氢裂化工业装置,分别采用两种类型(轻油型和中油型)的国外催化剂,这些催化剂花费了大量外汇。为解决催化剂自供问题,国家准备引进催化剂生产装置。胡永康曾参加了引进装置的谈判工作,后由于外商要价太高而难以接受。根据原石油部副部长侯祥麟的指示精神,原定由国外全套引进的加氢裂化催化剂生产装置改由国内研究设计。这一任务曾分别被列入国家"六五"和"七五"重点科技攻关项目。

20世纪80年代初,胡永康领导的课题组承担了国家"六五"重点科技攻关项目"轻油型加氢裂化催化剂(3825)的研制"工作。胡永康作为课题负责人,面对的现实是:缺少有关资料、没有现成样品。他和同事们怀着为国争光的极大热情,全身心地投入到研制工作中去。他们首先集中查阅了大量的国内外专利和文献资料,经过综合分析,提出了初步试验方案。利用以前研制其他催化剂的经验,进行了多次的探索试验。那时候，在他们的时间表上，除了催化剂还是催化剂，整天与挤条、成型、干燥、焙烧、浸渍……打交道。有时到了朝思暮想、如醉如痴的程度。经过无数次试验对比，终于确定了3825加氢裂化催化剂的制备工艺条件，解决了高沸石含量催化剂强度差等难题。功夫不负有心人，实验室小试和中型装置评价表明：3825加氢裂化催化剂的活性、选择性和稳定性均达到国外同类催化剂的先进水平。1985年该研究获得中国石化总公司科技进步奖一等奖。1991年，他们研制的3825加氢裂化催化剂首次在一套90万t/a高压加氢裂化装置上应用。在现场技术服务中，解决了工业应用中出现的异常现象，保证了催化剂工业应用一次成功。该催化剂不仅填补了国内空白，还可以替代同类进口催化剂，节约催化剂费用1600多万元，年增经济效益1650多万元。这次成功使胡永康深受鼓舞。实践证明：在科学技术上中国人是完全有能力赶上世界先进水平的。目前，3825加氢裂化催化剂已先后在辽化公司、吉化公司、扬子公司、燕化公司等5套加氢裂化工业装置上应用，年总加工能力已达到550万t。

新技术的开发中充满着激烈的竞争。创新是科技开发工作的灵魂。只有不断进取才能永远立于不败之地。为了提高我国加氢裂化催化剂的竞争能力并及时满足企业对加氢裂化催化剂性能的更高要求，1985年，他们课题组又承担了国家"七五"重点科技攻关项目，胡永康作为课题负责人主持了"高活性中油性3903加氢裂化催化剂研制"开发任务。为了做好这篇意义更大的文章，他们多次北上、南下，到企业走访、调研，经过多次研究论证，提出了3903加氢裂化催化剂的研究方案和技术路线。在无数次实验结果的基础上，创造性地解决了催化剂活性提高和中油选择性下降的矛盾，终于研制出活性比进口同类催化剂高13°以上，中油选择性与其相当的新一代加氢裂化催化剂。它不但填补了国内空白，还可以与国外同类先进催化剂相媲美，1995年获得中国石化总公司科技进步奖一等奖。1993年8月，3903加氢裂化催化剂首次在一套80万t/a高压加氢裂化装置一次工业应用成功，为企业节约催化剂费用1980万元，年创造经济效益1.2亿元。它的应用成功，不仅完成了引进装置催化剂国产化和更新换代的双重任务，也标志着我国加氢裂化催化剂开发进入了创新阶段。其后，该催化剂还推广应用于镇海、抚顺等石化企业的工业装置。"3825、3903催化剂工业制备和工业应用"获得1996年国家科技进步奖二等奖。

目前，我国加氢裂化处理能力已从20世纪70年代的40万t/a发展到1000万t/a以上，居世界第二位。在许多同志的共同努力下，加氢裂化工业装置均采用了相应类型性能优良的国产加氢裂化催化剂，国产化率达到100%。这是他和所有从事这项工作的同志们的光荣。

胡永康认为，科技成果只是开出来的花，转化为现实生产力才是结出的果，加快科技成果向现实生产力转化是我们科技工作者一项十分重要的任务。在科技成果开发和科技成果向现实生产力的转化中,我们每个人都有成功的机遇,都有可能成为胜利者。但机遇总是选择对事业不断追求的人们。

胡永康院士寄语

中国石化科技的进步必须走引进、吸收、消化、创新的自主开发之路。创新是根本,是发展的动力,是力量的源泉,而技术进步和创新要靠人来完成。科技是第一生产力,但必须以人为本,对待人才要"不求所有,但求所用",当务之急是要盘活现有人才,充分发挥他们的能动性。要营造重视人才、关心人才的良好氛围,为人才提供创业的机会,搭建干事的舞台。化学反应需要一定的温度、压力等条件,要使人才在经济建设中发挥作用,也需要为他们投入足够的情感、待遇,充分调动人才的积极性、创造性。

胡永康接受抚顺市领导慰问

(胡永康)

何 鸣 元

何鸣元,石油化工催化材料专家。男,1940年2月出生,江苏省苏州市人,汉族。中共党员。1961年毕业于上海华东纺织工学院应用化学专业,1980~1984年两度作为访问学者赴美国西北大学化学系和美国得克萨斯大学奥斯汀分校进行合作研究。何鸣元先后任石油化工科学研究院工程师、高级工程师、教授级高级工程师,研究室主任、基础研究部主任、院副总工程师等。曾任 Elsevier 出版社 *Applied Catalysis A: General* 编委,绿色化学课题的国家重大基础研究项目首席科学家。现为中国石油化工集团公司科学技术委员会委员、石油化工科学研究院总工程师、博士生导师。1990年获有突出贡献留学回国人员奖励,1992年被批准享受国务院政府特殊津贴。1995年当选为中国科学院院士,1998年任中国科学院化学部副主任。

何鸣元从事石油化工催化材料研究近四十年,积累了丰富的经验,取得了丰硕的成果。他主持的有氧化物沉积的Y型分子筛水柱化学研究,发现了三种价态的烃基稀土离子在晶内迁移的不同行为,及达到骨架脱铝与固相补硅速度平衡的条件;取得固相补硅制备高水热稳定性高硅Y分子筛专利3项,获中国专利局优秀专利奖和中石化总公司科技发明奖;研究分子筛水热合成化学体系中离子载体的作用及水热处理过程中非骨架物种的作用,发现异晶导向的合成方法及固相骨架取代的规律,取得ZRP分子筛系列的专利6项,实现技术出口;从胶态粒子微观化学环境的基础研究,发展了高效低耗合成Y型和ZRP分子筛的新技术;研究分子筛合成体系中局部化学环境因素,发现液固界面的表面浓缩作用可形成有利于合成的局部化学环境,申请了BETA和TS-1等多种分子筛的合成方法专利5项。

ZRP 系列分子筛于 1995 年被国家科委评为我国十大科技成就之一。曾获国家发明奖二等奖，中国石化总公司发明奖一等奖、科技进步奖一等奖等。

何鸣元学识渊博，为人谦虚。获国家和省部级奖励近 20 项，获国内外专利近 50 项，发表论文近百篇，指导了博士后 2 人，博士 6 人，硕士 7 人，并培养了一大批科研骨干。

何鸣元早年从事双金属重整催化剂的基础研究。20 世纪 80 年代在美国进行载持有机钢系金属络合物的表面化学和催化化学的研究，发表了一系列论文，由于研究结果的前沿性和开拓性，《美国化学会会志》发表了其研究结果的总结。对碳化合物在氧化物表面上的吸附物种和反应中间物化学形态的研究，发表在国际催化杂志（*J. Cat.*）和分子催化杂志上。回国后对层柱黏土材料进行了较深入的基础研究，曾应邀为荷兰 Elsevier 出版社 *Catalysis Today* 编辑的有关专著中撰写其中一章。

由于炼油化工过程大量使用分子筛材料作为催化剂或吸附剂，何鸣元将基础研究与应用背景相结合，在沸石分子筛领域形成丰富的技术创新。Y 型分子筛是一种大量应用的工业分子筛，广泛用于催化裂化、加氢裂化等催化剂。随着重油加工及汽油辛烷值需求的增长，要求开发高水热稳定性、高活性、高选择性的高硅 Y 分子筛。据此要求，他研究了水热过程中沉积稀土氢氧化物的解离及在 Y 分子筛结构中的迁移，以及 Y 分子筛脱铝过程中晶外硅源对分子筛骨架的硅插入，发现分子筛在水热处理过程中，沉积在分子筛晶体外的稀土氢氧化物在分子筛骨架电荷的影响下解离为以 RE（OH）为主的不同价态的离子，Y 分子筛骨架的负电荷吸引阳离子从超笼向方钠石笼迁移，离子的价态越低迁移量越大，因而 RE（OH）的迁移可使最大量稀土进入方钠石笼，进入方钠石笼中的稀土量越多，越有利于抑制分子筛脱铝速率，稳定骨架；同时发现，在水热条件下用沉积在分子筛晶体外的硅源，可以实现对分子筛脱铝以后形成的空穴进行硅插入，但其速率低于脱铝的速率，当晶外同时存在稀土与硅物种时，由于 RE（OH）离子的充分迁移，有效地抑制了分子筛脱铝速率，可以实现分子筛脱铝与补硅的最佳平衡。在此基础上创造出以单一步骤的水热过程使分子筛同时完成骨架脱铝超稳化和固相补硅的独特的专利技术，超越了国外须组合水热脱铝和液相补硅两个步骤的方法。所开发的 SRNY 高硅 Y 分子筛及 CHZ 重油裂化催化剂工业实施时产品质量好，结晶保留度高，工业应用时表现了优异的水热稳定性和重油转化活性。外国公司试验评价时除重复上述结果外，还证实了它的突出的抗钒性能超过了国外的抗重金属催化剂品种，现已广泛在国内炼油厂使用并创造巨大经济效益。该成果获中国专利局优秀专利奖，中国石油化工总公司科技发明奖一等奖，国家技术发明奖二等奖。

另一类在石化工业中广泛应用的分子筛是 MFI 型分子筛。其主要品种的生产和应用长期为一外国公司所垄断，使用该分子筛需支付高额的专利使用费。然而该公司的分子筛品种用于催化裂化过程时具有明显的弱点，在水热条件下虽然结构稳定，但骨架脱铝造成活性下降。何鸣元的研究组为开发新型的在水热条件下活性稳定性优异的 MFI 型分子筛开展了基础研究工作，并得到新的科学认识：①在分子筛水热合成体系中引入的离子载体可在分子筛合成过程中分解，并发生离子向分子筛晶内迁移的现象；②离子载体的化学干扰作用促进所合成的分子筛形成二次孔；③在水热处理过程中分子筛晶外存在的非硅、铝元素与分子筛骨架之间在一定条件下可发生固相同晶取代。以此为基础创造了异晶导向和水热活化的独特技术，获中国专利和国外专利多项。所开发的 ZRP 分子筛系列产品与国外同类分子筛产品相比，微孔择形性能更好，介孔明显富集，骨架铝稳定化，尤其是水热条件下的活性稳定性大幅度提高。该产品不但在国内大量应用，而且多年来连续向国外出口。由于 ZRP 分子筛的优异性能，能在更苛刻条件下稳定地进行深度催化裂化以多产气体烯烃，促进了我国一系列独特的催化裂化工艺和催化剂技术的发展，如 CC、MGG、M10 等技术。这些独特技术的发展和工业应用使我国在此领域居世界领先地位。其中 DCC 成套技术已转让到国外。ZRP 分子筛曾获得中国石油化工总公司科技发明奖一等奖，1996 年被国家科委评为当年我国科技十大成就之一。此外，在研究沸石合成水热化学与后改性水热化学的基础上，还有多项沸石合成与改性方法的发明。

何鸣元及其研究组在解决催化裂化多产柴油、提高催化裂化汽油辛烷值、催化裂化催化剂抗重金属等技术问题中都做出了贡献。为解决按国家环保要求 2000 年 7 月 1 日须向三大城市供应新标准清洁汽油这一紧迫任务的技术难题，他研究催化裂化过程双分子反应与单分子反应所需的催化环境及其对汽油烃组成的关联，开发了降低汽油烯烃含量的裂化催化剂系列产品，已用于十多套工业装置，使三大城市提前供油，并为 2003 年 1 月 1 日全国供应新标准汽油奠定基础。

获 奖 情 况

（1）2001 年获由国家科技部组织评审的何梁何利基金科学与技术进步奖；

（2）2004 年获上海市"劳动模范"称号；

（3）"多产丙烯的新分子筛"获得中国石化集团公司技术发明奖三等奖；

（4）"清洁燃油生产技术的研究开发"由国家经贸委组织的攻关项目正式验收，并获 2004 年国家科技进步奖；

（5）"降低催化裂化汽油烯烃含量的 GOR 催化剂技术"获中国石化集团公司技术发明奖一等奖；

（6）"生产清洁汽油的 MIP 技术"获得中国石化集团公司科技进步奖一等奖；

（7）"苯和乙烯液相烷基化生产乙苯成套技术"获中国石化集团公司科技进步奖一等奖，国家科技进步奖二等奖。

绿色化学的脚步

何鸣元是苏州人，生于 1940 年。他的爷爷是个私塾先生，他的父亲学的是纺织，但受爷爷影响，最后也当了教师。这样的家学渊源，让何鸣元兄妹六人从小就沉醉在书香的芬芳之中。那时候中华人民共和国刚刚成立，生活困难，家中能吃的东西少，但是书多。兄妹六人，吃饭时经常有几个人桌前放着书，边吃边看，这成了家中的习惯。

苏州是个千年古城，百代翰墨，让苏州的一石一木，都濡染上了文化的气息。在这样的一种氛围里长大的何鸣元，自然是骨子里就有一种儒雅倜傥的气质。而他就读的苏州中学，则更是以盛名久负于江南。

"每当我想起苏中，首先映入我脑海的，总是每日清晨去上学的情景。我家住在离苏中不远的干将坊，古城古巷古宅，粉墙黛瓦，庭院深深。出得门来，沿着被岁月琢磨得光滑而圆润的石子铺就的小巷，西行到乐桥后，又从人民路向南，经饮马桥到三元坊，就到了与千载文庙连成一体的苏中。入校门走过园区，便是新建的二层红楼。我们一班的教室在二楼东头。登上红楼，迎面而来的是长廊栏杆外的广阔蓝天。满目朝阳，上课的钟声未鸣，整个校园一片宁静。于宁静中，却可以感受到勃勃的朝气和无限的生机"——这是何鸣元在母校举办"千年学府，百年新学"的庆典时写的回忆录中的一段话。50 年前，何鸣元入读苏中；50 年后，当他重新站在苏中的校园里时，心情依仍然还像当年那样新鲜，还像当年那样激动。

何鸣元说："一日之学业始于此"，"一生的事业亦始于此"！

何鸣元最初爱好文学，入中学后，班里来了一个化学老师。老师叫孙心慧，讲课条理清晰，法度严谨，平时虽不苟言笑，但对学生却体贴入微，何鸣元很喜欢他，久而久之，便喜欢上了化学。继孙心慧之后，授化学课的是许楠英老师。许先生授课语言简洁，对课程的讲解，像元素周期表对世界的描述一样简明生动，这让何鸣元逐渐感觉到了一种自然界的和谐之美。一次，他的一份考卷被许先生作为答题简练准确的范例，公布示众，少年学子的心中，除了油然而生骄傲自豪之外，突然间升腾起一种想穷尽化学世界的愿望。可是愿望归愿望，要实现愿望，却不仅仅是少年有志、勤奋好学就能达到的。苏中三年后，何鸣元报考了清华大学。考试成绩不错，可是住在他家中的姨妈，有海外关系，他没有被录取。

这件事情对梦幻中的何鸣元打击很大，他感觉自己就像突然折断了翅膀的飞鸟，从空中掉落了下来。尽管伤痛，但是他仍然抬着头，噙着泪向往着天空。因为成绩优异，何鸣元还是被录取到了华东纺织工业学院。那是 1957 年。

何鸣元上大学的那段时间，正赶上那个饥饿的年代。大学生们每月的粮食也是定量的，每天每顿吃多少饭是要严格分配的。所幸的是，大学图书馆里有的是书！抱着书，不停地去读，饥饿就似乎不那么狰狞了。当四年大学毕业时，何鸣元已经把化学世界的风景做了大致的浏览，他对纤维化学产生了浓厚的兴趣。

1961 年，何鸣元满怀憧憬到石油化工研究院工作。领导分配他参加航空煤油的研制，他觉得自己的兴趣不在这个领域。后来又让他测试火箭燃料在高温高压下的性能，主要是仿制设备，建立方法。

1962 年他想到了报考研究生。可是他刚把这一想法向领导做了汇报，立即就遭到了一顿批评。领导说这是不安心本职工作。他有些惶惑不安了，被安排去进行气相色谱分析。逐渐地他对这个研究项目产生了兴趣。他开始着手建立方法，并且很快就有了一些收获。但是好景不长，不久，他便被下放到"五七干校"去劳动了。

一年后，他被从稻田里召回来。那时国家需要发展炼油催化技术，需要气相色谱分析，何鸣元在这方面已经有了一些成绩。何鸣元到催化重整研究室做色谱分析。他很快就建立了一些方法，如汽油的族组成、汽油的芳烃含量分析等。这些方法，就是石油化工企业现在普遍采用的色谱分析法。

只有产品分析还不行，何鸣元又想到，将色谱分析和催化反应过程结合起来。这一想法立即把他引领到了催化化学领域的门前。他突然意识到，催化化学里有迷人的风景，催化基础研究是很重要的科研。从此，何鸣元便一头扎入催化化学的海洋。

不久，"文化大革命"开始了，何鸣元被作为典型，点名批判。而何鸣元似乎已经有了定力，他继续把自己关在屋里读书。"躲进小楼成一统，管他春夏与秋冬"，何鸣元更深地沉入了催化化学的研究之中。

1978 年，科学的春天来临。1980 年，国家公开选拔公派留学生，何鸣元报名参加考试，他以扎实的基础功底，在教育部组织的统一考试中，取得了第 7 名的成绩，被送到了美国，以访问学者的身份，进行研究学习。最初，他在美国西北大学做载持有机金属络合物研究。自由的学术环境，开放的学术气氛，契合了何鸣元自小就具备的独立自由的性格，所以在西北大学两年，何鸣元觉得他的科研能力得到了极致的发挥。两年里他完成几篇高水平的研究论文，一一在《美国化学会志》等著名刊物上发表。两年后，几名教授联名推荐他读博士，但是因为其他原因，他没有读成。他转到美国得克萨斯大学，继续以访问学者的身份进行催化化学的相关实验研究。在这里,他一年竟然完成了 5 篇论文,均在美国《催化杂志》等一些重要杂志上发表。这时候的何鸣元已经进入了催化化学的前沿阵地,他对这个领域的有关课题已经能够应付自如、游刃有余了。

1984 年的冬天,在何鸣元的眼里是个温暖的冬天,他被国家召回,安排在闵恩泽的手下做催化基础研究。此时新成立了基础研究部,何鸣元任研究部主任。

闵恩泽说:"我们不能再亦步亦趋,学别人的东西了,我们必须从导向性基础研究上来实现创新。"

何鸣元说:"那就从催化剂着手,从催化材料着手!"

于是,一个大师,一个化学专家,带领一群博士、硕士研究生,开始了一次中国革命式的催化剂开发的长征。

19 世纪 90 年代,美国人 McAfee 提出了用催化剂来加工石油的方法,这一灵感便决定了以后全世界的炼油技术的方向。一百多年过去了,没有人再越出这样一个方向。在高温高压下,石油的油气组分通过催化剂的表面孔道,转化成不同馏分或不同产品。这就是催化剂炼油的基本原理。不同孔道结构的分子筛,是制造催化剂的重要材料。

元素周期表告诉我们,物质是由分子构成的,分子是由原子构成的,原子和原子结合,构成化合物,进而可以构成不同晶体结构的分子筛材料,这是炼油催化剂的重要基础。

催化剂颗粒很小,小到只有几十个微米的直径。但是在何鸣元看来,一粒催化剂简直就是一颗巨大的星球,那里山川绵延,原野广阔;那里沟壑纵横,云岭起伏。他的思绪电光一样掠过催化剂颗粒,探寻着这个微观世界的奥秘。关于催化剂活性中心的本质,关于催化剂反应和失活机理,关于催化剂的特征等,都在他的思绪的照彻下,渐渐明朗起来。

何鸣元和他的同事们制造的 Y 型分子筛是迄今为止工业中应用最多的分子筛之一。1994 年,一种 Y 型分子筛催化剂获得中国石化总公司创造发明奖一等奖,第二年,获得国家创造发明奖二等奖。

之后,ZRP 系列分子筛被开发出来,β 分子筛及其新合成方法问世。何鸣元因此在国内外申请专利达 200 多项,发表论文几十篇,编写专著几部,他为拉动中国催化化学这辆大车做出了贡献。1995 年,何鸣元当选为中国科学院院士。

让我们回过头来,再从元素周期表说起。自 19 世纪物质的组成成分被一一发现之后,化学家们便以极大的热情,投入到了解析各类物质的结构,以及重新构建物质的过程之中。他们为发现和制造新的化合物而欣喜不已。何鸣元钻进催化化学之中,也忙得不亦乐乎。

19 世纪以来的科学家,为我们这个世界带来了一片光明。他们创造的物质财富超过了以往历史上所有的财富的总和。人类在幸福之中就有点忘乎所以，他们把自己能改造这个世界看成人类对自然界的胜利，或者用一句政治哲学的话说就是，人类成为世界的主宰。人类失去了往日对自然的尊敬，开始肆无忌惮地掠夺自然，改变自然。破坏人与自然的和谐，终于导致了自然的报复。化学家们也开始明白，他们热衷于发现和制造新的化合物的梦想，其实是给这个世界打造了一把双刃剑，他们推开了一扇崭新的大门，同时也打开了潘多拉的盒子。

何鸣元是搞石油化学的，他制造的催化剂，加快了石油产品的生产，但是同时又增大了对环境的污染。这让何鸣元苦恼不已，他觉得自己是在端着一杯自己酿制的苦酒。科学家的良知让他寝食不安，他仿佛看见自己制造的那些催化剂正在一边生产着油品和化学物品，一边在喷吐着有毒的泡沫。当年诺贝尔因为发明炸药而悔恨，现在何鸣元也是这样。

何鸣元把这看作化学家的耻辱，开始思考绿色化学的问题。这时候，绿色化学在国外已经兴起。美国在1990年颁布了污染防止法案，并确立为国策；从1996年起，美国每年都颁发"总统绿色化学挑战奖"；美国的国家重点实验室、大学和企业还联合成立了绿色化学院。国际学术界久负盛名的哥顿会议也以环境无害有机合成等为主题召开会议。日本制定了以环境无害制造技术等绿色化学为内容的《新阳光计划》。欧洲、拉美地区也纷纷制定了绿色化学与技术的科研计划。世界环境与发展大会召开之后，中国政府也编制了《中国21世纪议程》白皮书，郑重声明走经济与社会持续协调发展的道路，中国科学院化学部确定了"绿色化学技术——推进化工生产可持续发展的途径"的院士咨询课题。何鸣元等一批科学家、专家对国内绿色化学的现状和发展趋势进行了大量调查研究。他们建议国家科委将绿色化学与技术研究列入国家"九五"基础研究规划。1997年，国家自然科学基金委员会与中国石油化工集团公司联合资助的"九五"重大基础研究项目"环境友好石油化工催化化学与化学反应工程"启动。

一场绿色化学的革命拉开了序幕，何鸣元成为领军人物之一。2000年10月，国家关于基础研究的重大计划973计划项目"石油炼制和基本有机化学品合成的绿色化学"立项，与此同时，科技部任命何鸣元为这个项目的首席科学家。

这时的何鸣元，已经对我国绿色化学的现状了然于胸。化学是世界的基础，几乎我们生活中的每一件事，都应该进行绿色革命。何鸣元决定首先从能源化学着手，推动量大面广的汽、柴油等清洁燃料的生产；同时，对基本有机化学品的绿色化学展开基础研究。

汽、柴油等清洁燃料的生产，首先还是催化剂的开发研究。直到21世纪，石油资源仍然是机动车燃料和基本化学品的主要原料。我国的石油炼制技术，基本是靠自己能力开发的。从绿色化学的角度看，依靠这些技术生产的汽、柴油,存在着严重的污染现象。我国规划到 2010 年使汽、柴油质量与国际接轨,这对催化裂化、加氢、烷基化和异构化等石油炼制技术的绿色革命提出了要求。时不我待,何鸣元感觉到了任务的紧迫,按照闵恩泽的倡导,他紧盯着导向性基础研究。

何鸣元说:"从导向性基础研究上着手,就是从源头上根除污染。"

同样,对于有机化学品的合成,也应该从源头上把关。我国已有的生产 20 多种有机化学品的生产技术,大多都是从国外引进的、20 年前开发的工艺,生产过程中要排放大量废物,有的还使用有毒有害的原料、催化剂或溶剂等,中国正处于化工生产技术工艺"弃旧迎新"的前夜。何鸣元认为,加强导向性基础研究,实现我国基本有机化学品合成的科学与技术跨越,正当其时!

作为国家绿色化学项目的首席科学家,何鸣元必须对我国绿色化学的实现进行全面部署。在国家科技部等有关部门的支持下,他组织石油化工科学研究院、北京大学、四川大学、厦门大学、中国科学院过程工程研究所、北京石油化工学院等一批大学、科研单位的 80 名专家教授,编写了《石油炼制和基本有机化学品的合成的绿色化学》一书,详尽地介绍了我国近年来在绿色化学方面的科技成果以及新的科学思想,同时提出了我国绿色化学的发展目标。何鸣元意识到,实现这目标、这计划,不仅仅是发挥科学技术的力量就能完成的,还要动员全民的力量。

何鸣元著作

有这样一则故事：一个清道夫，每天半夜起来清扫街道，可是无论他怎么辛苦，清扫干净的街道，第二天还是脏了，而且越来垃圾越多。有一天，清道夫突然顿悟，于是他不再去清扫街道，而是站在街口，告诉每一个人，清洁的街道是多么美丽。从此以后，街道永远是干净的了。我想，面对中国经济、资源、环境现状，何鸣元的心态一定如同这位清道夫一样。何鸣元通过著书立说，通过各种方法、各种渠道，向人们讲解绿色化学的美丽。

绿色化学的理想，一方面是实现反应的"原子经济"性，要求原料中的每一个原子进入产品，不产生任何废物和副产品，实现资源的充分利用和废物的零排放，并采用无毒无害的原料、催化剂和溶剂；另一方面，生产环境友好的绿色产品，使其在使用及其存在过程中，不产生环境污染。绿色化学家给我们勾勒出了一幅未来世界的美好图景，一个科学的童话世界。

人类从发现自然界的物质组成，到重新对有些物质进行新的组织、合成，创造另外性质的化合物，这是人类智性的一次飞跃。现在，科学家们又想着，让所有的物质都能重新互相转化，这能实现么？我向何鸣元提出了这个问题。他笑了笑，转身从电脑里给我打出一张纸来，那上面写着："新概念与新知识，常寓于与预想不符的实验事实之中。"我突然肃然起敬了！对一个科学家的决心，对我们人类的决心，肃然起敬。

科技给我们带来了文明和进步，带来了生活的幸福。但同时，又放出了无数魔鬼，使我们深受其害。现在，是该到了将魔鬼收回去的时候了。绿色化学，现在我们把它叫作"绿色与可持续化学"，强调化学化工不仅涉及环境，而且直接与可持续发展的多个方面相关——这是何鸣元为《绿色化学化工》丛书所写的序言中的一句话。可持续发展的思想和观念，曾经被称为我们人类在20世纪最深刻的警醒，已经被世界各国广为接受。现在，人类已经向绿色化学迈出了脚步，我们听到了化学家越来越清晰的脚步声，一个绿色世界的时代来临了。

2000年6月11日，第16届世界石油大会分会在加拿大卡尔加里召开，世界各国的石油巨头、科学家、业内人士，纷纷云集这个城市。这是全球这个行业最重要的一次会议，会议的主题是：世界炼油新技术。

何鸣元担任分会主席。会议做了四个报告，接着是讨论，然后就是向全世界发布宣言。当世界石油大会程序委员会选择一个中国科学家来担当这次分会的主持人时，他一定是看到了中国石油科学在世界上的重要地位。坐在主席的位置上，何鸣元代表的是中国的形象。

后来，他作为我国最优秀的化学家之一，获得了2001年何梁何利基金科学与技术进步奖。

何鸣元很忙，他在化学的世界里忙碌。他身兼数职，如中国科学院化学学部常委、副主任，咨询工作委员会委员，国际分子筛会议副主席，国际催化协会理事，中国石油炼制学会顾问，中国化学会、化工学会、石油学会理事，华东师范大学兼职教授，*Applied Catalysis A*：*General* 编委，等等。

化学科学总是在发展变化，何鸣元说，如果他几天不在网上了解一下世界化学的动态，他就觉得好像被抛弃了似的。这是一个站在世界绿色化学前沿的科学家的危机感，正因为这种危机感，使他仍然日日孜孜以求，老骥伏枥，志在千里，烈士暮年，壮心不已！

2006年12月29日，何鸣元在华东师范大学授课时介绍了绿色化学的发展和绿色化学原理，这堂课结束时，他给同学们在屏幕上打出了诗人李叔同的诗句："长亭外，古道边，芳草碧连天。晚风拂柳笛声残，夕阳山外山。"

这是一幅意境悠远的田园诗画。何鸣元形象地说：自然与生命之美，核心就在于这一个"碧"字或"绿"字，这也就是绿色化学的真谛。百年前诗人对未经工业大发展摧残的生态环境的描述可概括为"天涯何处无芳草"，百年后的今天，世界已经发生了触目惊心的变化。再过百年又将如何？会不会变成"天涯何处觅芳草"？世界的未来，取决于人类是否能幡然醒悟，共同以绿色化学为核心，构建可持续发展的和谐环境与社会。

图 片 集 锦

何鸣元

何鸣元报告会

何鸣元做学术讲座

（何鸣元）

刘 化 章

刘化章，1940年3月出生于浙江省文成县南田镇杨梅岗。1955年毕业于文成县南田中心小学，1958年毕业于文成县初级中学（现文成中学），1958～1960年在浙江化工专科学校预科学习，1964年毕业于浙江化工学院（现浙江工业大学）化学工程系，1982～1984年赴日本横滨国立大学留学，1996～1997年在日本北海道大学做高级访问学者。

历任浙江工业大学助教、讲师、副教授、教授、博士生导师、工业催化研究所所长；工业催化博士点和博士后科研流动站首席科学家、浙江省多相催化重点实验室（现国家重点实验室）主任、浙江省工业催化重点学科带头人（现国家重点学科）。

催化技术对人类最伟大的贡献是1913年Haber和Bosch发明的催化合成氨技术，它改变了世界粮食生产的历史。从该技术发明到现在，地球上的人口从16亿增长了4倍多，而粮食产量却增长了7倍，人类至今可以在有限的土地资源上丰衣足食，其主要贡献者就是发明该技术的Haber和Bosch。催化合成氨技术是唯一关系到全球60%人口生存问题的最伟大的发明。

实践表明，没有别的反应像氨合成反应一样，能够把理论、模型催化剂和实验连接起来。在低压得到的研究结果能够被高压实验证实；从超高真空得到的动力学可以外推到工业条件；在单晶上的研究结果可以应用理论来描述。因此，催化合成氨反应过去是、现在仍然是多相催化理论研究的一个理想的模型体系。

浙江工业大学刘化章紧紧围绕国家重大战略需求，以合成氨工业节能减排、转型升级为目的，以合成氨催化剂为核心技术，结合催化化学、表面化学、固体化学、晶体化学和催化反应工程原理和方法，从基础研究到产业化，做出了全面的系列创新，形成了自己的研究特色和理论体系，几乎改变了整个经典熔铁催化剂领域原有的成熟局面，发展了熔铁催化剂科学知识体系，为相关催化科学发展提供新的知识，丰富了多相催化理论。

他首创的 $Fe_{1-x}O$ 基新一代氨合成催化剂是近百年该领域研究的一项重大突破，是我国独创的一项原始创新成果，技术居国际领先水平。大规模的工业应用，提升了合成氨工业整体技术水平。该成果先后获国家发明奖二等奖、三等奖和国家科技进步奖二等奖各1项，省部级科学技术奖一等奖5项、二等奖1项，中国专利发明创造金奖和国际发明金奖各1项；中国、美国、英国、德国和丹麦发明专利20项；论文360余篇，出版专著2部。

自力更生、艰苦奋斗创建实验室

在20世纪粮食短缺的年代，国家建设"以粮为纲"。增产化肥，多产粮食与国家的稳定、人民的温饱息息相关。小化肥在全国各地如雨后春笋般兴起，得到蓬勃发展。但技术落后，效率低下，研制新型氨合成催化剂成为迫切需求。在这样的时代背景下，1970年，刘化章与同事们开始了新型氨合成催化剂的研究。

当时除了几个年轻人外，什么也没有。没有实验室，没有实验设备和仪器，连氨合成催化剂是什么样子也还没有看到过。但是，他们拥有最珍贵的东西，那就是年轻人的朝气，初生牛犊不怕虎的精神。他们发扬自力更生、艰苦奋斗的精神，有条件上，没有条件自己创造条件也要上。

熔铁催化剂的制备需要一套温度高达1500～1600℃的熔融炉，他们没有。于是自制了一台土炉子，如同当时家用的煤饼炉。但是要使温度达到如此高，必须有鼓风机。可是他们怎么也找不到一台电动鼓风机，只在化学仓库的角落里找到一台破旧的手摇鼓风机。他们就用这台手摇鼓风机，几个年轻人轮流用手摇，以最大力气高速地摇动十几秒钟，另一个人接着摇，直摇得人人满头大汗、手酸背痛。就这样，他们制备出了第一个熔铁催化剂样品。

熔铁催化剂的评价需要一套30MPa的高压实验装置。当时国内采用合成氨厂的合成气直接引到实验室，再经高压净化，须加工大量高压设备。他们学校远离工厂，不可能从巨化引一条长达数千米的管道到学校。他们采用氨裂解制取合成气，通过系列分子筛净化获得高纯度合格气，无须高压净化，解决了气源问题。他们又找到一台破旧的小型往复式压缩机，但运行中严重带油，污染了本来洁净的合成气，使催化剂失活。他查阅了有关资料，仍没有找到解决方法。这使他寝食难安。在一次偶然的机会，他在一本产品广告中看到一种隔膜式压缩机，既可将气体压缩至高压,又能保持原有纯度而不被污染。他喜出望外,立即赶到生产厂订购了一台。随后,自行设计并建成了国内第一套氨合成催化剂性能评价高压实验装置。这套装置的建成,解决了催化剂研究和企业产品检验的关键实验技术,相继被国内相关高校、研究部门和产业界广泛采用,并被化工部审定为国家行业标准和仲裁装置。我国氨合成催化剂的研发从当时"独此一家"到20世纪70年代后的蓬勃发展,这套实验装置功不可没。

自己设计、安装、建设的高压实验装置

实验研究还必须要有实验室,他们没有。于是他自己设计图纸、委托施工,建造了一间简易实验室。这是该校历史上第一间专业科学研究实验室。

在实验室建设过程中,无论是管工、钳工、油漆工、车工,还是泥水工、杂工,他们什么活儿都自己动手干,经过6年艰苦努力建成了具备最基本条件的实验室。

在这简陋的实验室里,他们边建设、边进行催化剂研究。20世纪70年代初,中国科学院卢嘉锡、唐敖庆、蔡启瑞等著名科学家领衔,组织"化学模拟生物固氮"课题,全国一批高校和研究单位加入该研究行列。当时我国工业使用A106、A109高温型催化剂,活性低,使用温度高。国外已研究出低温型催化剂,但稳定性不如高温型。刘化章采用缺点列举法和正交实验设计法取代简单对比法,通过调配电子型与结构型助催化剂的协同作用,找到熔铁催化剂的最佳配方,研制成功我国第一个低温型氨合成催化剂A110-2,达到国际同类先进水平,并开创了我国 A110 系列催化剂之先河，成为我国近 40 年、迄今依然广泛应用的工业催化剂。

寻求技术突破

1909 年，Alwin-Mittasch 研究了 4000 多个催化剂配方，他的助手在一次实验时无意中拿错原料，发现最好的催化剂是一个多组分的混合物，其组成与瑞典 Gällivare 的磁铁矿相近。这个混合催化剂被证明是非常有效的，经过近百年的研究与改进，各国研究者得出共同结论，即由 Fe_3O_4 还原得到的催化剂具有最好的活性，以致现在全世界所有的氨催化剂仍然是依据这个原理制造的。各个制造者所生产的催化剂仅在添加剂的量或性质上稍有不同，尚未能对经典 Fe_3O_4 熔铁催化剂做出根本性的改进。

至 20 世纪 70 年代经典熔铁催化剂已基本定型，工业上使用的铁催化剂与 100 年前 Mittasch 开发的没有根本不同，技术已经成熟，活性要再提高 0.5 个百分点也已经十分困难。人们对固定不变的 Fe_3O_4 基催化剂，已不期待有很大的提高，开始寻求重大的技术突破。但熔铁催化剂被认为是研究得最透彻、最成功的催化剂，要在该领域取得突破性研究成果被认为是非常困难的，因而国外转向在非铁贵金属催化剂中寻求突破。

40 多年前，A. Ozaki 等将氨合成和分解中元素的催化效率与氮的化学吸附能相关联，得到一条能够定量描述金属元素在氨合成和分解中的催化效率的火山形曲线。处在该曲线顶端的 Ru、Os 和 Fe 是最好的金属催化剂。

锇在 20 世纪初就被 Haber 的早期研究所淘汰。第一个有关钌用于氨合成反应的研究报道是在 1917 年。1972 年 Ozaki 等发现，金属钾为促进剂、活性炭为载体负载的钌催化剂对氨合成有很高的活性。1979 年由英国石油公司（BP）负责开发以钌的羰基化合物负载于石墨炭载体上的 Ru/C 催化剂，Kellogg 负责开发与其配套的氨合成工艺，经过 10 余年的共同努力，1992 年 11 月，Kellogg 宣布第一个非铁钌催化剂合成氨 KAAP 工艺流程开发成功。

J. K. Nørskov 等认为，在工业上，由于 Ru 和 Os 金属非常贵，相对 Fe 催化剂没有商业吸引力。同时，钌在合成氨条件下，载体碳会发生甲烷化反应，致使炭载体流失而影响催化剂的寿命，在节能方面也没有太大的优越性。因此，工业上仍有必要寻找比钌更廉价的高效催化剂。

突破点在哪里？

在国外在昂贵的贵金属催化剂中寻求突破的背景下，刘化章坚持从廉价的铁催化剂中寻求技术突破，但突破点在哪里呢？为此，他从催化剂设计、催化应用基础研究和工业应用关键技术和科学三个层面，开展了深入广泛的研究。

铁的氧化物有 Fe_2O_3、Fe_3O_4 和 FeO 三种，为什么只有 Fe_3O_4 是最好的催化剂前驱体，是否还有比 Fe_3O_4 更好的前驱体呢？

为此，从改变催化剂母体着手，结合固体化学、晶体化学原理，他全面系统研究了在 Fe-O 相图中全部氧化物范围内它们与活性的关系，从约 2000 个配方的实验研究中，得到了下面所示的驼峰形活性曲线。

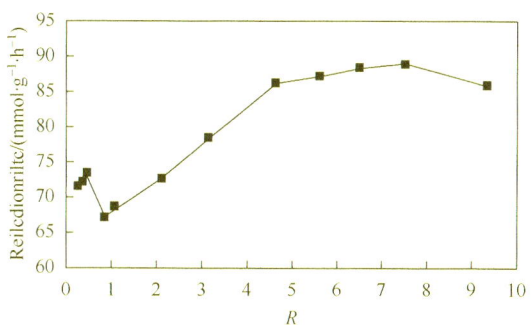

Hump-like activity curve for fused iron catalysts

为了解释驼峰形活性曲线变化的内在规律，他详细地研究了各种铁氧化物的化学组成与晶体结构的关系。显然，化学组成与 R（Fe^{2+}/Fe^{3+}）的连续函数关系不能解释不连续的驼峰形活性曲线。为此，他提出了铁氧化物分子比 f 的概念，将表征化学组成的 Fe^{2+} 和 Fe^{3+} 的原子比（R）与不同晶体结构的铁氧化物（Fe_2O_3、Fe_3O_4 和 FeO）的分子比（f）相关联，从而建立了 f 与 R 的数学表达式，得到下图所示的关系。

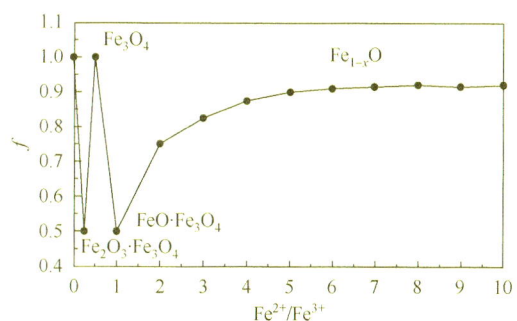

Molecular ratio (f) of iron oxides as a function of Fe^{2+}/Fe^{3+}（R）

由这两图比较可知，两条曲线的变化趋势极其相似，活性的变化与 f 值的变化具有一致性。由此得出如下结论：

（1）最好的熔铁催化剂前驱体应该只有一种铁氧化物和一种晶体结构（$f=1$）。在图 2 中第二个高点，即 $R=4\sim8$ 的 $Fe_{1-x}O$ 是最好的氨合成催化剂的前驱体。

（2）任何两种铁氧化物或两种晶体结构的混合都会使 $f<1$ 而引起催化活性降低，混合程度越大，活性越低；当两种铁氧化物以等物质的量共存（$f=0.5$）时，活性降到最低点，即 $R=0.25$（$Fe_2O_3:Fe_3O_4=1:1$，$f=0.5$）和 $R=1.0$（$FeO:Fe_3O_4=1:1$，$f=0.5$）是两个最低点。

（3）只有前驱体的组成单一化，才能确保助催化剂相的均匀分布，才能获得高活性的催化剂。

他们把这三条原则构成的理论称为催化剂前驱体的单相理论，百年来第一次建立了熔铁催化剂的制备科学原理，并很好地解释了催化剂活性随 Fe^{2+}/Fe^{3+} 变化的经典火山形活性曲线和驼峰形活性曲线的规律。

由于图 2 中各样品的助催化剂的种类和含量以及活性评价条件都是完全相同的，因此各样品活性的差别反映了不同铁氧化物对还原后催化活性的影响，其还原后的活性次序或模型为：$Fe_{1-x}O>Fe_3O_4>Fe_2O_3>$ 混合氧化物。

由此可知，以铁氧化物为前驱体的熔铁催化剂中，最好的前驱体是 $Fe_{1-x}O$，从而突破了上述 Fe_3O_4 为最好前驱体的经典结论，终于找到了提高熔铁催化剂性能的突破口——维氏体 $Fe_{1-x}O$ 体系。这一重大突破标志着 80 多年来熔铁催化剂的研究第一次取得了实质性的进展，开创了熔铁催化剂研究的新阶段，使氨合成催化剂活性有了一个飞跃性的进步，为熔铁催化剂的发展注入了一线生机。

如何制备获得单一物相的 $Fe_{1-x}O$ 催化剂？

然而，$Fe_{1-x}O$ 在自然界不存在，只能通过人工化学合成的方法来制备。但是，$Fe_{1-x}O$ 在热力学上属于亚稳定相，只是在 570℃以上存在，当低于 570℃时会发生歧化反应 $4FeO=\!=\!=Fe_3O_4+Fe$ 而分解。因此，即使采用化学合成也只能得到 FeO、Fe_3O_4 和 Fe 的混合物，也得不到单一的 $Fe_{1-x}O$。而且 $Fe_{1-x}O$ 催化剂与传统 Fe_3O_4 催化剂在物化性质、晶体结构和制备方法方面都完全不同，是没有先例的新催化剂体系，因而对 $Fe_{1-x}O$ 催化剂的工业开发提出了新的挑战：在化学合成过程中，如何确保获得单一的 $Fe_{1-x}O$ 相？如何解决 $Fe_{1-x}O$ 的亚稳定性或歧化性，获得物化性质稳定的 $Fe_{1-x}O$ 催化剂？如何寻找与 $Fe_{1-x}O$ 的物化性质、晶体结构如非整比性及其晶格缺陷相匹配的助催化剂？这些就成为 $Fe_{1-x}O$ 催化剂工业开发需要解决的关键科学和技术问题。

围绕上述问题，结合催化化学、表面化学和结构化学原理，他提出了助催化剂与 $Fe_{1-x}O$ 结构特征相匹配三原则、$Fe_{1-x}O$ 歧化机理、表面酸碱协同效应、Al_2O_3

表面重构作用、竞争性还原机理、H_2 的强化学吸附和 α-Fe 活性中心及其微结构演化等高活性本质等新概念和新理论，形成了以单相理论为核心的我国原创 $Fe_{1-x}O$ 催化剂特色理论体系。这一系列自成体系的研究成果在该领域产生了很大影响，得到国内外学术界公认和较高评价，认为这是"对氨催化剂原有理论的真正的突破，给已成形的合成氨催化科学知识体系带来强烈冲击，有必要对一百年来教科书式的催化剂研究和推断提出质疑"。根据这些理论和概念，刘化章撰写出版了《氨合成催化剂——实践与理论》和 Ammonia Synthesis Catalysts: Innovation and Practice 中英文专著，且已在世界范围发行，部分内容被选编入高校教材和有关专著中，发表论文 360 余篇。

在上述理论指导下，他提出物理熔融与化学反应耦合一步法制备工艺技术、控制歧化反应的可控冷却凝固技术和与 $Fe_{1-x}O$ 结构特征匹配的助催化剂设计技术，历时 7 年，开发成功世界第一个 $Fe_{1-x}O$ 工业催化剂。此后，又将 $Fe_{1-x}O$ 催化剂拓展到 $CO+H_2$ 反应，为 F-T 合成低碳烯烃提出了新思路。

如何在现有工业装置中应用？

$Fe_{1-x}O$ 催化剂的性能经国家化肥催化剂质量检测中心、巴斯夫催化剂（南京）有限公司、英国庄信催化剂公司以及意大利米兰大学 Pernicone 教授课题组等四家不同的国内外权威单位在不同的实验装置上全面评价的结果表明，在相同条件下，与传统 Fe_3O_4 催化剂相比，$Fe_{1-x}O$ 催化剂反应器出口氨浓度（400℃）提高 4.52 个百分点，提高 38.9%，TOF 提高 50%左右，活性温度低 40℃，按 Temkin 方程计算的反应速率常数 k（425℃）提高 5.45 倍，活化能降低 19.47kJ/mol，还原速度提高 3.7 倍。Pernicone（Appl. Catal. A: G., 2003, 251）指出，$Fe_{1-x}O$ 催化剂与 Ru/C 催化剂的活性几乎相等，可以与 Ru/C 催化剂竞争。

由此可知，$Fe_{1-x}O$ 催化剂是目前世界上活性最高，生产成本低廉的最先进的商业催化剂，并可与 Ru/C 催化剂竞争，特别适用于低温低压合成氨，具有强烈的市场竞争优势。

但是，在现有工业装置中使用时，将会因还原速度提高了 3.7 倍、还原速度过快而导致水蒸气严重中毒；因出口氨浓度提高了 4.52 个百分点、放出反应热过多而导致催化剂床层超温。如何控制还原速度、取出增加的反应热便成为在现有工业装置中使用必须解决的关键技术。

针对这些问题，结合催化反应工程原理和方法，刘化章提出催化剂、催化反应器和催化反应工艺技术相结合的技术路线，使催化剂的应用不是孤立地，而是与反应器和工艺结合产生集群效应，提升合成氨工业整体技术水平。为此，刘化章开发了新型催化反应器，开展了工业旁路试验等一系列催化反应工程方面的研究，设计了各类氨合成塔、合成回路设备和工艺条件的模拟设计与优化软件包，解决了 $Fe_{1-x}O$ 催化剂在现有大型氨合成塔的应用技术等，使 ZA-5 成为铁催化剂中从理论到实践均为研究得最为完善的催化剂。这一系列创造性的工作有力地促进了 ZA-5 的推广应用和合成氨技术的进步。

在大型合成氨厂进行工业旁路试验

$Fe_{1-x}O$ 催化剂创新过程经历 3 次生死存亡的抉择

$Fe_{1-x}O$ 催化剂是我国独创的一项原始创新成果，其发明和开发过程是一个没有先例的、独创性的研究课题。从研究思路的提出到实现工业化的全过程中，每一个阶段都没有先例可循，都要靠自己去探索，去创造；每前进一步，都会遇到难以预料的困难，都要付出艰辛的劳动，失败是不可避免的！该催化剂从构思到产业化经历了 14 年时间，经历了三次生死攸关的考验！

偶然与必然

该催化剂从构思到发现历时 7 年。这个构思起始于 1978 年。在工业推广实践中，他们注意到工厂将使用过的催化剂堆积在废物场里，不仅白白地浪费了资源，还污染了环境。于是他们试图利用废催化剂研制新型催化剂。但是在课题组讨论时，刘化章的意见被否决。如果就此放弃了，那么也许就找不到熔铁催化剂的技术突破口。

但是，他始终没有放弃这个念头，一直在脑海中盘旋。一次偶然的机遇，他看到了废氨合成催化剂，触景生情，立即勾起一直深埋在他心底的念头。由于没有先例可循，也未能找到有效可行的技术方案，于是刘化章换了一种思维，采取了"瞎搞"的办法。但多次试验都以失败告终。其他人劝他说："刘老师，做不出来的，别做了。"如果真的放弃不做了，那么 $Fe_{1-x}O$ 催化剂就不会被他们发现了，$Fe_{1-x}O$ 催化剂面临第二次生死攸关的考验。既然要"瞎搞"，那就要"蛮干"到底，不达目的，决不罢休，他坚持今天一定要做出一只样品带回去！失败了，卸炉，装料，通电；再失败，再来，如此反复，终于试制成功一只催化剂样品。谁也没有想到，这次"瞎搞"的实验竟然是一次重大的突破性的实验，这只样品标志着 $Fe_{1-x}O$ 催化剂的诞生，标志着合成氨催化剂研究取得了重大的突破，这一天是 1985 年 12 月 3 日。

在这个过程中，刘化章深刻地体会到，搞科学研究要有异想天开的独创精神，要敢想、敢做，从前人没有做过的或按一般常识被认为是不可能的地方闯出自己的路。$Fe_{1-x}O$ 催化剂就是从前人没有做过的、按一般常识被认为是不可能的地方"意外"地发现的。按照固定思维不可能的事情，按照创新思维就成为可能。既然是前人没有做过的、按一般常识是不可能的，那只有两种选择，要么放弃，要么实践。所谓"瞎搞"也是一种无奈的实验方法，世界上许多重大科学发现都是在"意外"的实验中发现的。一切结论都在实践之后。尚未实践就下结论，就不可能有创新是刘化章从事科学研究的准则。$Fe_{1-x}O$ 催化剂二次生死攸关的考验，就是这两种"思维"的抉择。

没有异想天开的创新思想，就没有 $Fe_{1-x}O$ 催化剂这一重大发现！在被认为研究得最透彻、不可能有重大突破的熔铁催化剂领域中，在创新思维指引下，抓住机遇，创新却一个接着一个，几乎改变了整个熔铁催化剂领域原有的成熟局面，这得益于他在该领域研究中所表现出来的创新思维和独创的科学精神。

这个过程还体现了"机遇只留给有准备的人"，机遇属于期望成功的人，而偶然的机遇可以改变人的一生。自古机遇险中求，机遇钟情于冒险者，害怕失败错失机遇，懒于思考与机遇无缘。别出心裁，突破惯性思维，从"不可能"中找机会，可以创造机遇，自信乃是抓住机会的第一秘诀。

失败与成功

$Fe_{1-x}O$ 催化剂的工业化过程又遇到了极大的困难。从第一个样品到研制成功又经历了 7 年时间里，面临失败与成功的考验。

1989 年历经 4 年的工业试验宣告失败，课题组在认识上和工作上发生了严重分歧，少数人动摇了、退却了。有的认为 $Fe_{1-x}O$ 属于热力学上的亚稳定相，不稳定是它的本质决定的，该技术路线是走不通的，走下去也是死路一条，于是放弃了该技术路线，并退出了课题组。$Fe_{1-x}O$ 催化剂再次面临生死存亡的考验！

刘化章不同意这个观点和态度。在学术上，他持"钢铁"理论。铁是十分柔软的，只要少量的碳加到铁中就会形成十分稳定而坚硬的钢，可以采用铁变钢的思路使它稳定。在工作上，他认为失败是暂时的。如果遇到困难和曲折就放弃，那就意味着 $Fe_{1-x}O$ 催化剂研究的彻底失败，他不甘心，继续坚持 $Fe_{1-x}O$ 催化剂的技术路线。

在这个关键时刻，他向校长汇报了课题组遇到的困难和曲折，表达了他的观点和态度，请求领导给他"背水一战"的机会。为了表示决心和鼓舞士气，他向校长立下誓言："誓与 $Fe_{1-x}O$ 催化剂共存亡，若不成功我从主楼跳下来！"。在极其困难和巨大精神压力下，继续带领课题组日夜奋战，最终研制成功世界上第一个 $Fe_{1-x}O$ 基催化剂。

然而，创新的故事还没有结束。$Fe_{1-x}O$ 基催化剂在工业应用中，又遭遇了两次如同一辙的催化反应器重大破损事故。虽然两次事故都与催化剂没有直接关系，但催化剂都逃不掉"替罪羊"的命运，成为直接的"牺牲品"，给催化剂的工业应用造成了不可挽回的伤害和灾难性的影响！对他的工作和身心都是沉重的打击。

科技创新光有异想天开的独创精神是不够的，还需要脚踏实地、实事求是的科学精神，坚忍不拔、追求真理的献身精神。科学创新既然是探索未知，就必然存在风险，就会遇到困难、曲折和失败。$Fe_{1-x}O$ 催化剂的发明和开发过程中，困难、曲折和失败始终伴随着他们！技术方案被否决了！小试失败了！中试失败了！工业应用也遭遇失败了！其中任何一步都是决定 $Fe_{1-x}O$ 催化剂能否被发现和能否被开发成功的生死存亡的关键节点！技术方案被否决后，如果没有坚持技术路线，就不能找到熔铁催化剂的技术突破口；小试过程中，如果没有坚持实验，没有"今天一定要做出一只样品来"这样的决心和坚持实验的科学精神，就没有这一重大发现！在中试失败后，如果没有坚持 $Fe_{1-x}O$ 催化剂技术路线，没有"誓与 $Fe_{1-x}O$ 催化剂共存亡"这样的不怕失败、百折不挠的献身精神，就没有这一重大成果！即使在工业试验失败的情况下，他们依然痴心不改，以严谨的科学态度，创造性地解决了一系列工程关键技术，使这项创新成果在国内外得到广泛应用，包括目前世界上最大规模的特大型合成氨装置。

对于自己的创新经历，他说可以用两个字可以道出我最艰辛的工作特点，这两个字就是失败。同样地，成功的秘诀也可用两个字概括，那就是坚持。成功往往就在于再坚持一下的努力之中。为了 $Fe_{1-x}O$ 催化剂的成功，刘化章拼搏了 14 年，坚持了 14 年！等待了 14 年！

在自己设计建造的催化剂制备高温设备中进行100公斤级放大试验

如何降低企业采用新型催化剂的风险?

  国家提出全面实施创新驱动发展战略加快建设创新型国家,要求紧扣产学研结合,重点在推动科技成果转化上求突破。刘化章团队从事催化剂研究,如果把"创新驱动"比作经济发展的"催化剂",则催化剂的"创新"必须"驱动"产业发展。

  没有创业的创新是无果之花,只能是多几篇论文,多几个科技成果奖而已,而科技与经济依然是"两张皮"。一项科研项目只有同时完成了"创新"和"驱动"两个过程,才能解决"两张皮"的问题。这是刘化章长期坚守的科研价值观和目的观。

  他带领团队40余年坚持走产学研结合、协同创新的道路。在校内外建立中试和产业化基地,坚持不懈地致力于成果转化和工业应用。在该领域率先提出"研究、开发、生产、应用"一条龙的科研指导思想;提出"催化剂、催化反应器、催化反应工程和工艺技术一体化"的技术路线,解决工业应用关键技术;提出从催化剂中试研究、工业生产到工业应用,从合成塔升温还原到正常运行一竿子到底,为企业提供全方位技术咨询和现场服务的指导思想,带领团队成员的足迹踏遍祖国数百家化肥厂,现场解决企业遇到的新技术、新问题。只有解决了这些问题,才能降低企业采用新技术的风险,才能使企业放心使用,并使催化剂的应用提高到新的高度。他认为成果转化和工业应用过程是科技创新的继续。

在 30 万 t/a 大型合成氨厂装填 ZA-5 催化剂现场服务

对于他的产学研结合的成果转化模式,《科技日报》曾以"为自主创新'火上浇油'"为题做了报道,《人民日报(海外版)》、《中国化工报》等曾评价这些措施"把成果转化风险降为零",有力地促进了成果转化,因而他所研发的催化剂实现了大规模产业化,技术覆盖全国主要催化剂厂,产品市场占有率达 40%~50%,并出口国际市场。在国内外得到最广泛的应用,其中包括世界上最大规模的特大型合成氨厂,支撑了我国合成氨工业的"半壁江山"。

工业应用技术经济指标先进,装置能力提高 10%~20%,吨氨能耗降低 100~150kg 标煤,累计新增产值 1186.1 亿元,新增利税 325.4 亿元;增产合成氨 2914~5827 万 t,节约能源 5827~8741 万 t 标煤,减排 CO_2 2.133 亿~3.199 亿 t,增产粮食 17998~35996 万 t,取得了巨大的经济和社会效益!为我国合成氨工业转型升级、节能减排做出了重要贡献。

在历练中成长,在创新中翱翔

刘化章从 20 世纪粮食短缺的年代开始孜孜以求 40 余年,毕生致力于合成氨工业技术进步及其催化剂的创新,为我国能以占世界 7%的耕地养活占世界 20%的人口这一举世瞩目成就的取得,做出了一份贡献。他 50 余年如一日,勤勤恳恳、默默无闻地工作在教学科研工作第一线,被誉为"行走 58 年的校史馆",实现了为祖国健康工作 50 余年的愿望!他对事业锲而不舍,对困难百折不挠的勇气源自于对祖国和人民深沉的爱。

他出生于浙南偏僻山区一个贫苦农民家庭,一生所经受的磨砺是一般人无法想象的。他的童年是靠吃薯干、野菜和糠饼度过的。他的求学之路艰难困苦:10

岁才上小学，冬天要穿单衣、着草鞋、爬雪地去上学。放学路上要采野菜，回到家要帮助父亲干农活，小小年纪已是劳动能手，至今在家乡被传为佳话。中学期间，虽然享受人民助学金，仍然交不起书费。每学期都是他和父亲各背一根木材，步行70里山路，翻过崇山峻岭，扛到县城，卖钱交书费。在大学，他依然无钱买教科书，全靠记笔记。身上盖的被子、穿的衣服，里里外外都是学校给的，用的脸盆是向同学借的，一条毛巾要当作三条用，穿的第一双解放鞋是大三同学送的，拍大学毕业照时穿的衬衫是向同学借的。离家4年没有回过一次，贫病交加而英年早逝的母亲没能见上最后一面！唯一一次回家又因无钱而回不了学校，是同学寄来的路费才使他回到了学校。

辛酸的童年和艰难的求学之路，使他深深地懂得粮食的宝贵，他庆幸选择了与粮食增产息息相关的合成氨工业，满怀深情地扑到工作上，专心致志地从事自己的事业。在他的工作中从来没有双休日、没有节假日，从年初一到年三十，几十年如一日。在科研工作一而再，再而三地遭遇曲折和失败时，他脑子里整天思考着研究工作，走路想、吃饭想、睡在床上还在想。一有灵感，立即起床记在笔记本上，科研中许多难题都是在深夜两三点想到后解决的。

2006年11月在国家杰出专业技术人才表彰大会上留影

漫长的艰苦创新创业饱含着辛酸苦辣，有成功的喜悦，也有失败的痛苦、委屈时的伤心。然而，刘化章把人生和事业的这些磨难视为自己的宝贵精神财富。在他心中，没有磨难就没有历练，没有历练就没有成功、就没有人生的光彩；谁能经受坎坎坷坷的人生磨难，勇敢走向荆棘丛生的创新创业之路，谁就能如凤凰涅槃，浴火重生而有所成就！而他本人，就是经过这样的一种人生历练破茧为蝶、振翅飞翔的！

他负责创办了浙江工业大学第一个国家重点学科、国家重点实验室和博士学位点，培养和造就了教授 10 人、国家有突出贡献科技专家 3 人、国家杰出专业技术人才、长江学者、国家"百千万人才工程"人才和浙江省特级专家各 1 人以及博士 20 人、硕士 52 人等一批优秀人才，成为该校学科建设的一面旗帜。他先后两次被教育部公派出国留学（1984 横滨国立大学，1996 北海道大学），历任助教、讲师、副教授、教授、博士生导师、工业催化研究所所长、浙江省特级专家；工业催化博士点和博士后科研流动站首席科学家、多相催化重点实验室主任、工业催化重点学科带头人；中国化工学会理事兼化肥专业委员会荣誉主任委员、中国化学会催化专业委员会委员；Chinese Journal of Chemical Engineering、《石油化工设备》、《工业催化》等杂志编委。

他在为我国氨合成催化剂处于国际领先地位做出了重大的、原创性的成就和卓越贡献，被中共中央组织部、宣传部、国家科技部、教育部授予国家杰出专业技术人才，并获得侯德榜化工科学技术奖成就奖、国家突出贡献科技专家、国家突出贡献留学回国人员、全国五一劳动奖章、浙江省功勋教师，并当选"浙江省首批特级专家"等荣誉称号。

图 片 集 锦

2000 年在 12 届国际催化会议上与外国科学家交流

（刘化章）

舒 兴 田

舒兴田，石油化工催化材料专家。1964年毕业于华东化工学院。现任石油化工科学研究院教授级高级工程师。兼任中国石油化工集团公司科学技术委员会委员等职。1999年当选为中国工程院院士。

他长期从事分子筛的研制、开发和工业应用等研究。研制出含磷和稀土、兼有二次孔的五元环结构高硅ZRP分子筛，应用广泛，社会经济效益显著；采用沉积硅和稀土氧化物与Y型分子筛之间水热反应的独特改性方法制成SRNY分子筛；研制成功新一代超稳Y分子筛类的SRY分子筛；研制出采用模板剂在固体表面浓集并与分段晶体化结合的β分子筛，分子筛都已工业化生产和应用。

他申请国内外专利170余项（件）。获1995年国家发明奖二等奖，1997年中国石化总公司发明奖一等奖。

一

舒兴田，这位生活在中国石油化工集团石油化工科学研究院里的中国工程院院士，是一个甘于平淡，并且平淡至极的人。当然，"平淡"是指他的为人处世和学者风范，舒兴田在现代中国的石油化工研究领域里是不"平淡"的。他长期从事分子筛的开发和工业应用研究。对于舒兴田这样一位杰出石油化工科学家的崇高学人风范，人们了解得却太少太少。这是由他的性情和处世方式决定的。君子敏于行而讷于言，舒兴田是个只与科学对话的人，他不喜欢对科学研究外面的世界发出声音。

二

舒兴田出生在1940年4月上海虹口区一个小资本家家庭。上海滩，那是中国经济和文化的敏感区。在那儿，舒兴田的童年和少年时代并没有受到多少风雨洗礼，也没感觉到命运给了他什么不公平的磨难和历练。他说，他是幸运的。但是幸运的他，也目睹了整个社会的苦难。他初步形成了这样的想法："作为一个中国人，要为国家做贡献，要为民族争气。"1959年，他高中毕业时，他心中的强国梦更加清晰，他想报考国防专业，他梦想自己能够到国防建设的最前沿，为国家和民族做事情。可是，由于家庭出身不够"红"，报考国防专业的资格被取消，他就报考了石油专业，进了华东化工学院。也许是从小养成平静、淡泊的性格，进了华东化工学院的校门后，舒兴田并不觉得自己多么委屈，他依然很快乐。

学一行爱一行，接受了大学石油教育的舒兴田，很快就对石油生产研究产生了浓厚兴趣。他坚信，要想让新成立的共和国尽早摆脱贫油帽子，必须在石油生产研究上下功夫。他期盼自己能够从事石油研究工作。当时，班里的很多上海籍学生都不愿意离开上海，可舒兴田却不留恋上海滩的生活，他想到当时最权威的石油科研部门，即远在北京的石油部石油科学院，做石油研究。可是，这样的计划对他来说只是一个梦，甚至是白日梦。就他的家庭出身来说，想进科研机构可谓比登天还难。

毕业时，校方对舒兴田这个专业成绩非常突出、家庭出身不够"红"的年轻人的去向产生了分歧，有人主张他应该去工厂锻炼，接受再教育，有人却认为他是搞科研的好苗子，应把他分到科研部门去。说到这里，舒兴田感激地说："也许是贵人相助吧，现在想想，我非常感谢我的大学政治辅导老师，他私下里找到我，鼓励我不要怕，要大胆，第一志愿就报石油科学院……并且，这个老师还千方百计地把我向领导推荐，说要是不把我分到石油科学院，就是对人才的浪费……后来，学校还真得把我分配到了石油科学院。这真是人算不如天算，命运还是让我做了自己喜欢做的石油研究工作。"

舒兴田的这些早年经历，尽管平淡无奇，却也应了罗马思想家塞涅卡的那句名言："愿意的人，命运领着走；不愿意的人，命运拖着走。"

三

1964年秋，舒兴田走出了从上海开到北京的火车。那是他第一次见到北京城。他说，秋高气爽的北京真是好，空气好，遇到的人也好，抬起头，就能看到蓝蓝的天、白白的云。都说离开家乡是忧伤的，可年轻的他，却丝毫没有离家的伤感。

进了石油部石油科学院大院,涌现在他心头的,是满足,是满足过后的平静,继而又是满足和平静。年轻的舒兴田,就像一棵树苗一样,栽植在了石油部石油科学院(现中国石化石油化工科学研究院)的院子里。并且从1964年秋开始,那棵树苗再也没有挪过地方。他扎了根,生了叶,直至长成中国石油化工科学研究领域里的一棵大树。

四

舒兴田在石科院第二研究室当了一名技术员。他的工作是石油催化裂化工艺研究。在技术员岗位上,他感觉自己是舒心的,是满意的,他把实验室当作自己的家。也是在技术员岗位上,他形成了自己的作息规律和生活习惯:每天不到6点,准时起床。

7点前必须赶到自己的工作点——反应实验室。然后,他把评价、应、预热装置等需要做的实验前期工作准备好,也把同事们需要的实验准备做好,不等到上班时间,他已经开始工作了。他在实验室一直待到11点左右。

从11点30分至12点,他到图书馆查资料。

中午,他匆匆吃点饭,下午1点半又准时到实验室做实验,下午下班的前两个小时,再到图书馆查资料。

晚上,他在家读书。他不喜欢熬夜,11点他准时入睡。

周日,他如果不出差,也会像平常一样,准时进入实验室。并且他还有一个习惯,每天都要给自己设定一到两个思考题。

这就是舒兴田,一个如此刻板的人。

实验室、宿舍、实验室,如此两点一线的生活,对一个人来说,坚持一年两年,还能被人理解。可他竟然把这样的生活习惯和工作节律保持到50多岁。都说做学问的人板凳要坐十年冷,可舒兴田的屁股下面却是年复一年的冷板凳。当然,他的生活习惯和作息规律也改变过两次。一次是"四清运动"期间,当"以阶级斗争为纲"的风吹到了他所在的石科院,他不得不做与科研无关的事情。再次就是"文化大革命"期间,"五七干校"令他荒废了近两年的好时光。可就是那样,他也尽量不让自己做惯了科学实验的双手、习惯了科学思维的大脑停下来,他依然偷偷摸摸地看了不少书,学了一些知识。1970年,他离开"五七干校"后,又把自己中断的生活习惯和作息规律拾了回来。此后,他的生活习惯和作息规律再也没被强行干扰过。一切的一切,让舒兴田的工作经历变得非常简单。别人的工作简历能填写好几页纸,他的简历却只有短短几行字:1964年至1969年,在石科院第二研究室从事催化裂化工艺研究,任技术员；1970年至1983年，在石科院第十四研究室从事分子筛及催化裂化剂载体的制备研究，任技术员，后被评为工程师；1984年至1992年，在石科院第二十二研究室从事新分子筛和催化材料开发工作，任高级工程师、题目组长、主任工程师、室主任。

如此刻板、机械的生活，对某些行业的人来说是难以承受的。可舒兴田感觉到的却不是刻板、机械。相反，他总是处在一种激奋和快乐之中。他说，应用科学研究是一门实验性科学，研究能否进步，最终还要靠实验。在实验面前，他从不惧怕失望，也从来没有失望过。他总能从日常的科研中寻找到巨大快乐。对他来说，失败是正常的，但失败过后，每每发现丁点新的希望和突破，他又是特别兴奋。

舒兴田，年过50岁时，依然坚持到实验室做实验。舒兴田说："石油化工的催化材料研究是应用科研，应用科研毕竟不是基础科研，做应用科研，没有大量的实验积累是不行的；尽管用计算机可以做大量计算与模拟工作，但最终还是要靠实验，从1964年到1993年，这三十年对我来说，是一个漫长的积累期，有人也许会说，这积累期也太长了，可我还是觉得不行，我今年都快七十岁了，我觉得自己还需继续积累，继续学习。"谈及催化材料的研究，舒兴田的兴致尤其高。他非常形象地说：石油化工的催化材料是一门科学，从某种角度上说，也是一门手艺，一门由科学实验做支撑的手艺。搞催化材料的研究开发，就如同炒菜，同样的配菜材料，有的厨师能炒出色香味俱全的菜，有的厨师则能把菜炒煳。

什么叫厚积薄发？什么叫不飞则已，一飞冲天？漫长而又丰厚的实验积累，不仅给了舒兴田大鹏展翅的科研资本，也给了他阔大的学人胸襟。1993年，自与何鸣元等合作研究的"CHZ（SRNY）催化剂"成果获中国石油化工总公司发明奖以后，掌握了石油化工科研命脉的舒兴田终于"不甘寂寞"，开始向着石油化工研究领域全面发力了。

五

成果之一：ZRP-1分子筛。国内外用作催化材料的常规ZSM-5分子筛，均由同晶导向合成，而ZRP是采用异晶导向、水热固态离子交换等新方法制备，含磷和稀土，并且兼有二次孔的五元环结构。独特的制造方法，给这类新材料赋予了优异的酸稳定性，保证了再生、反应的需要。ZRP-1分子筛专利技术，自1993年起陆续在长岭和周村两个催化剂厂的生产中应用，目前这些厂家已能生产ZRP-1、ZRP3以及ZRP-5等多个品种，年产量达1000t以上。同时，生产厂家还制成多种催化裂化催化剂，每年有数百吨出口。ZRP分子筛投产以来，由于取得了良好的经济效益和社会效益，这项成果（舒兴田为第一完成人）被国家科委评为1995年十大科技成就之一,1997年被中国石油化工总公司授予发明奖一等奖。

成果之二：SRNY裂化催化剂。SRNY是沉积硅和稀土氧化物与Y型分子筛水热反应后,通过独特的改性方法研制成的超稳Y分子筛。该分子筛于1988年在长岭催化剂厂正式投产以来,已生产近万吨,还配制成约2万t重油裂化催化剂。由于SRNY分子筛催化剂的催化性能与国外同类超稳剂水平相当,它的投产不仅使炼化厂获取了巨大经济效益,也为国家减少了同类催化剂的进口,节约了外汇支出。"SRNY裂化催化剂"项目(舒兴田为第一完成人)获得1995年国家发明奖二等奖,1993年又获得中国专利优秀奖和中国石油化工总公司发明奖一等奖。

成果之三：HTS,一种新型选择性催化氧化材料。这项成果已于2004年获中国石油化工集团公司发明奖一等奖。

成果之四：SRY分子筛。

成果之五：β分子筛。

……

这十余项科研成果,均达到了同时代的国际先进水平,此时的舒兴田已成为该领域的专家了,可尽管如此,他依然是那个有点刻板,有点机械,低调又快乐的舒兴田。

六

1999年春的一天,早晨7点刚过,早早来到办公室的舒兴田对身边的罗一斌说："一斌,跟我出趟差吧。"罗一斌问："去哪里？"舒兴田说："长岭催化剂厂,咱去那里了解一下,看看分子筛裂化催化剂在装置上运转得咋样。"罗一斌不假思索地说："舒主任,这几天正是院士评选期,你可不能走啊！"舒兴田说："没啥的,出差更重要,你就跟我一起去吧。"罗一斌已经跟了舒兴田近20年,是舒兴田的弟子,也是得力助手。罗一斌想,要是挡不住舒兴田,舒兴田的院士申报肯定会泡汤。罗一斌说："你就再等等吧,过了这些日子动身,我肯定陪你去。"舒兴田不高兴地说："一斌,跟我出差吧,我都和人家长岭那边说好了,可不能不去的。"罗一斌拗不过舒兴田,只好跟着舒兴田离开了北京。刚到长岭,舒兴田就接到了石科院院长李大东的电话,要他参加院士评报。舒兴田说自己水平不够,暂时不想报。李大东院长在电话里说："我说老舒,你就报吧,这可不是你个人的事,这事情,事关咱们石科院的荣誉,是石科院的大事。"舒兴田只好应允,答应道："我谈完了事情,就回北京。"都说"恭则不悔,宽则得众",重工作轻名利、淡泊自守的舒兴田让人再次感受到一个高级知识分子的操守和淡泊。

七

《大学》开篇第一句即是:"大学之道,在明明德,在亲民,在止于至善。"此言说的是学人如果要彰明其高尚的品德,只有革除旧习,勉作新人,才能到达至善境界。舒兴田在石化催化材料的研究与开发方面,虽已有建树,可他从不自满,更无半分骄傲。他强调:"搞工程科研,一个人是不成事的,必须要有一个大的群体,有人说我有多少成果,其实,我只不过是参与了某些特别重要的科研……一个人不管做什么工作,都离不开组织和周边社会的支持,要是国家和中国石化集团不给石科院足够的科研经费,我们又怎能安心地从事科研。我能做出点成绩,离不开老一辈科学家的指导,离不开同辈们的相互支持,是站在众多前人肩膀上的缘故……为了让石化研究的接力棒传承下去,我也应该亮出自己的双肩,给年轻人提供一个创造的支撑和平台。"作为石油化工科学研究院的副总工程师、学术委员会副主任,他知道自己的责任在哪里。他说,只有保证自己在科研上永不落后,才能指导身边的人,才能给他人树立一个榜样,自己要是落后了,那还怎么带别人。除了做好自己的本职工作,他还带了两名博士生。带学生,他一点也不敢马虎,他竭力把自己所学交给学生,并与学生就科研课题一次次地面对面交流。他告诫自己,做博士生导师就要做最称职的。石科院 22 室的题目组长谢文华说:"舒老在很多年前就有带博士生的资格了,可是他却不带,只是近几年,才带了两名博士生。他的确是太忙了,他有一句话,如果没有足够的精力和能力把博士生带好,就不要滥竽充数,误人子弟……有些高校请舒老去当客座教授,他从不答应,他说当客座教授不是不好,但一定不要贪得虚名。"从谢文华的言谈中,可以明显感觉到的,是她对舒兴田的敬重和爱戴。庄子曰:"宇泰定者,发乎天光。"这个"宇"即是心,只有心灵静而祥和,才能发出自己的光芒,生出大智慧。舒兴田最喜欢的两个字是"平淡"。他说,"我只想平平淡淡地做事,不愿抛头露面"。沉吟片刻,他接着说,"平平淡淡才好,平平淡淡不是不做事,而是在做出成绩后,还要让自己复归平淡"。他又说,"当了院士,我当然高兴了,可这并不代表我的水平也上去了,只能说我在某个领域内曾做过些事情"。

八

致知在格物,格物是基础,也是本。舒兴田心里明白,自己是一名以石油化工应用科学研究为业的人,要想致知,就得把精力用在格物上,用在穷究石化科研领域万事万物的原理上。石化科研工作是没有穷尽的。舒兴田认为成绩对他来说已经过去了。

科学研究的目标是服务于国家，服务于人民，服务于全人类。近两年，舒兴田为了寻找石油的替代产品，正全力投入新的研究领域，苦苦寻找一种新的石油化工催化材料。为此，他三天两头地往实验室跑。他笑笑说："做了几十年的科学实验后，才发觉，自己不知不懂的事情太多太多，凡科研上的事，无论大小，都得慎行。"

任何一次实验考证，都离不开大量的资料核实、繁复的计算以及细心观察，而科学的思维对舒兴田来说就像呼吸一样自然。在油气回收研究中，谢文华做乙醇脱水实验，实验结果出来后，题目组的人都很满意，谢文华把从实验中得到的一套数据给了舒兴田。事隔两个多月，当谢文华等又开始了新的实验，舒兴田竟然还在苦苦思索那套实验数据。当舒兴田在实验数据中发现了新的"情况"，并找到决定科研进展的一个最关键数字时，大伙都异常惊喜。当时有人感叹地说："舒院士太认真了，他认真得连一根头发丝都不会放过。"

舒兴田不无得意地说，做事情，一定要有股穷究到底的劲头才行，稍有疏忽，就可能导致我们与某项重要的成果失之交臂。

九

在石科院22室的实验室里，可以看到分子筛实物，那是一些面粉状的白色粉粒。就是那些白色粉粒，让舒兴田付出了数十年的艰辛劳作，也给了舒兴田巨大的快乐。其实，智慧的舒兴田也是一个善于在千篇一律的平淡生活中发现快乐的人。他有自己独特的爱好，他喜欢在网上看围棋，他喜欢听听京剧，他更喜欢在工作之余听一听邓丽君的歌。业务上，永远不要落后；生活上，简明简单；精神上，四达并流，无所不及；胸怀上，豁达开朗，淡泊自守；素养上，勤于思索，一丝不苟……这就是舒兴田。对于他，能够记下的，只能是没有华丽内容的经历，一长段波澜不惊、平淡无奇的事。

舒兴田，他从来不在乎自己身上有没有光环，他是一个只知埋头苦干的人，一位生活在石科院大院里的平淡老人。

（中国石化新闻网）

张 鸿 斌

张鸿斌，1940年11月生。厦门大学化学系物理化学本科和催化理论研究生毕业；1982~1984年在美国Iowa州立大学做访问学者。厦门大学教授、博士生导师，曾任醇醚酯化工清洁生产国家工程实验室主任，《厦门大学学报》（自然科学版）主编；兼任厦门大学科研处处长；受聘为《天然气化工》、《燃料化学学报》、J. Nat. Gas Chem.、《分子催化》等杂志编委，中国化学会催化专业委员会委员，中国化工学会煤化工专业委员会委员和化肥专业委员会副主任委员，福建省化学会理事长。学科方向为化学催化，重点在能源化工中重要催化过程的理论研究和高效新型催化剂的开发研究，以及化学催化学科的教学工作。

石灰碳化煤球造合成氨原料煤气

20世纪70年代在福建长泰合成氨厂工作期间，我所带领的研究小组，在石灰碳化煤球造合成氨原料煤气的科技攻关方面取得重要进展，主要贡献包括：①阐明石灰煤球碳酸化的机理，为优化碳酸化条件提供科学依据；②总结碳化煤球的气化特性，提出一套"三高一短"（即高炉温、高空速、高碳层、短循环）的固定床煤气炉碳化煤球造气的操作法，使碳化煤球制气强度达到甚至超过同品种天然块煤的水平；③推断并证实石灰碳化煤球（及其煤渣）对水煤气变换有催化作用，指出煤气炉中的水煤气变换是碳化煤球煤气高H_2低CO的主因[论文《石灰碳化煤球工艺和气化特性》发表在《化肥技术资料》专辑，上海化工研究院技术情报室，1973；化学通报，1974，5：12-16]。以上工作"从原理和实践的结合上，比较清楚地回答了如何制好煤球造好气的问题"（燃化部评语）。这项工作于 1973 年在全国小合成氨扬州会议上做大会介绍，被载入 1973 年全国科学技术重要成果汇篇（主编者：中国科学技术情报研究所），并在当年秋季广交会化工馆展出。为将这一成果推广全国，燃化部曾在长泰氨厂举办碳化煤球造气培训班，我担负主讲教师，从 1974 年至 1975 年，历时两年，先后有 20 个省市 200 多家小合成氨厂近 3000 名工人、技术人员来福建参加技术培训，为全国小合成氨工业原料技术路线的改造做出贡献。1977 年我回到母校厦门大学。

N_2、CO 和 O_2 在金属或氧化物催化剂上的吸附活化及相关转化机理研究

20 世纪 80 年代前期，我获公派资格作为访问学者赴美国 Iowa 州立大学化工系研修催化和应用分子光谱学，历时两年。回国后，我继续参加以蔡启瑞为学术带头人的"络合催化"和"酶催化和非酶催化固氮成氨"的研究。在国际上较先强调用原位激光 Raman 光谱（LRS）考察/表征氨合成和费托（FT）合成铁催化剂，以及甲烷氧化偶联（OCM）稀土基催化剂的表面氢（氘）、氮物种以及氧物种，促进催化研究方法的发展。诸如：

（1）在国际上首次观察证实工作态氨合成铁催化剂上主要吸附物种是 H（a）和 N_2（a），而非 N（a）或 NH（a），由此推断氨合成作用机理，并进而关联氨合成和甲烷化两个反应的相似性[论文发表在：*J. Catal.*，1986，99：461-471 和 *Catal. Lett.*，1989，3：129-141；SCI 他引 17 篇次]。

（2）用 CO 作为分子探针，观测并证实工作态 FT 合成铁催化剂表面共存 Fe^0、Fe^{2+} 和 Fe^{3+}，由此推断存在 Fe^0/FeC_x 和 Fe_3O_4 两类表面活性相，分别负责烃和含氧化合物的生成[论文发表在：*J. Catal.*，1985，95：325-332；SCI 他引 14 篇次]。S. J. Thomson 曾在 *Faraday Symp. 21* 的 *Introductory lecture—promotion in heterogeneous catalysis: retrospect and prospect* [*JCS Faraday Trans* 1，1987，83：1893-1914]中全面引述/认同该结果。

（3）对不同床层深度催化剂做反应现场 LRS 观测，获得 OCM 稀土基催化剂工作态表面存在 O_3^{2-}，O_2^- 和 O_2^{2-} 的谱学信息，为推断 O_2 在催化剂表面的转化机理提供实验依据[论文发表在：*Chem. Commun.*，1994：1871-1872 和 *Catal. Lett.*，2001，73：141-147；SCI 他引 15 次]。

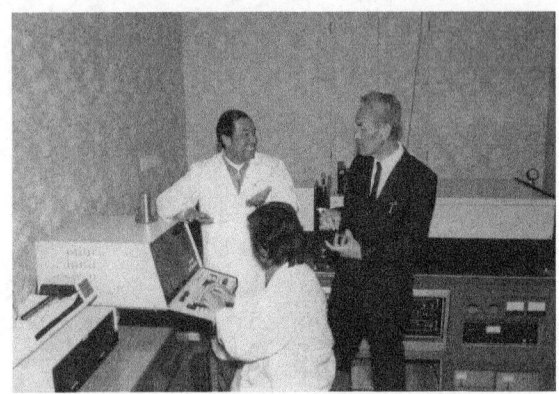
与蔡启瑞在 Raman 光谱实验室研讨问题

与蔡启瑞、闵恩泽和桂琳琳一道参加 2nd C-U-J Symp. on Heterogeneous Catalysis（Berkeley，USA，1985）时合影于美国加州旧金山

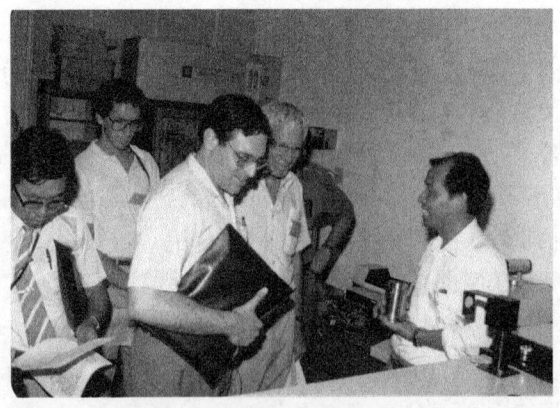
1987 年美国加利福尼亚州立大学伯克利分校 Alexis T. Bell 来访厦门大学

面向合成气、天然气催化转化的机理导向新催化剂研制和新过程开发

20世纪80年代后期，围绕碳一化学，面向煤基合成气和天然气的催化转化，开展机理导向的新催化剂研制和新过程开发，取得如下成果或进展：

（1）研究甲醇合成铜基催化剂的协合催化作用本质，表征并确认铜基催化剂活性位（Cu^+、Cu^0等）及反应物种吸附态（CO，HCO，HCOO，OCH_3等），阐明不同反应条件下Cu的存在状态及其作用机理；应用离子掺杂价态补偿原理，在铜基催化剂（Cu-ZnO-Al_2O_3）中引入离子半径比r（Al^{3+}）更靠近r（Zn^{2+}）的+3价金属氧化物，Sc_2O_3或Cr_2O_3，V_2O_3，可在ZnO表面层生成等价量的Cu_2O并获稳定化[该工作参加第9届国际催化大会，Proc. 9th ICC（Calgary，1988），Vol. 2：537-544]。在上述"微观本质研究"基础上，我研制出一种适用于合成氨联醇流程的甲醇合成催化剂NC208，在南京催化剂厂投产，在20多家联醇工厂得到应用（"NC208型甲醇合成催化剂"获科学技术成果鉴定证书，鉴字[教CW96]第020号）。

（2）研究合成气制低碳醇过程中复硫化物催化剂的作用本质，表征并确认钼硫基催化剂（MoS_x-K^+/SiO_2）的活性相/活性位（Mo-S-K）及反应物种吸附态（CO，HCO，CH_2，HCOO，HCOS，OCH_3，SCH_3等），阐明硫物种在表面反应中的转化机理，并发现在这种催化剂上高硫合成气转化为单一产物甲硫醇（选择性达98%）的新反应。论文被第10届国际催化大会录取为口头报告[Proc. 10th ICC（Budapest，Hungary，1992），*Stud. Surf. Sci. Catal.*，1993，75 B：1493-1505]。

与陈懿和徐奕德、朱起明、钟顺和一道参加10th ICC（Budapest，1992），合影于匈牙利布达佩斯

(3) 设计并研制出"分子筛负载碱金属醇化物-铜基组分液膜固相双功能催化剂",首次实现合成气经甲酸甲酯串联催化一器化合成甲醇,通过谱学表征基本弄清催化活性位的本质并推断作用机理;获中国发明专利(ZL 96 1 03148.4),论文被第11届国际催化大会录取为口头报告[Proc. 11th ICC(Baltimore,USA,1996), *Stud. Surf. Sci. Catal.*, 31996, 101 B: 1369-1378]。

参加 11th ICC (Baltimore, USA, 1996),留影于美国巴尔的摩

(4) 研发出一种甲烷部分氧化抗积炭 Ni 基催化剂,提出在固溶体型 Ni-Mg-O 催化剂中添加某些+3 价金属离子以诱生正离子缺位,既可适度抑制 Ni^{2+} 的深度还原,还有助于提高晶格氧迁移率,加快表面氧化反应以抑制结炭的新见解。获中国发明专利(ZL 96 1 01766 X),论文发表在 *Appl. Catal. A: Gen.*, 1998, 166: 343-350 (SCI 他引 22 篇次)。

(5) 继中国科学院大连化学物理研究所研发 Mo 基催化剂之后,研究开发出具原始创新产权的甲烷无氧脱氢芳构化 W 基催化剂,获中国发明专利(ZL 97 1 00978.3 和 ZL 97 1 13358.1),论文发表在 *Catal. Lett.*, 1998, 53: 119-124 (SCI 他引 34 次)。

(6) 研发出一种 Yb_2O_3 掺杂的 $Ni\text{-}ZrO_2$ 基催化剂 ($Ni_6Zr_2Yb_2$),其催化煤基合成气(主要含 CO, CO_2, H_2)甲烷化制合成天然气(SNG,甲烷含量≥95%)显示出高活性和优良热稳定性;在常压、573K 的反应条件下,数百小时的反应过程中,CO 和 CO_2 共加氢甲烷化的转化率分别保持在 100%和 89%的高水平,产物甲烷的碳基选择性达 100C%。在 1073K 温度下经受 24h 甲烷化反应耐热试验而后降至 573K,其($CO+CO_2$)的总转化率仍能保持在≥89%的高水平;而作为对比物的 $Ni_6Zr_2Sm_2$ 和 Ni_6Zr_4 两种催化剂在经受相同的耐热试验之后已完全烧结、失活。

该项研究具原创性,有良好的工业应用前景;获中国发明专利(ZL 2011 1 0327327.6),论文发表在 *Appl. Catal. A: Gen.*, 2013, 466: 300-306.

碳纳米管的研制

(1) 碳纳米管(carbon-nanotubes,CNTs)是一种碳素新形态,发现于 1991 年,随后在国际上形成研发热潮;大量实验和理论研究工作致力于弄清 CNTs 的结构、性质及生成条件。本研究组在 1995 年发明一种过渡金属纳米催化剂及其用于催化裂解甲烷或 CO 合成管径较小而均匀的 CNTs 的新方法。所制得 CNTs 外径在 15~25nm 范围,内径约 3~8nm,总碳含量≥99.5%,总碳中石墨碳含量≥90%;从原料、催化剂、合成条件及产物的结构和性能进行关联(论文发表在 *Chem. J. Chin. Univ.*, 1995, 16: 1783-1784; *Carbon.*, 1997, 35: 1495-1501, SCI 他引 155 篇次,获中国发明专利 ZL 96 1 10252.7)。该方法/技术在国内外属首创(*Catal. Rev.*, 2000, 42: 481-510 他引),曾多次为国内外多家高校和科研院所提供小批量 CNTs 试样供作科研用;法国原子能研究中心 CNTs 储氢材料研究组三位教授(T. Piquero, P. David 和 K. Metenier)曾来函高度评价本研究组研制的 CNTs,请求寄 1g 试样供他们研究用;当时 CNTs 比金子还难得,我们赠送上 10g。

(2) 取得若干关于 CNTs 生长的影响因素和 CNTs 结构性能表征的理论创新成果:

a) 利用 Ni 物种在 $Ni_xMg_{1-x}O$ 固溶体中高度分散及 MgO 可能产生的晶体场价态稳定化效应,以调控 Ni^{2+} 物种的还原度并抑制 Ni^0 集结为粒度大的金属 Ni 颗粒,使所长成的 CNTs 管径较小而均匀。

b) 指出 CNTs 生长过程的速率控制步骤不仅与所用催化剂金属有关(文献上已有观点),也与反应温度、碳源气体的组成和空速等条件相关(本研究组观点)。

c) 提出为避免由于碳过快沉积引起催化剂失活,原料气分解速率(即碳生成速率)必须与所生成碳物种的扩散迁移速率相匹配。

d) 认为两种原料气(CH_4, CO)分解过程及反应副产物(H_2, CO_2)不同是导致所制得"鱼骨型"和"平行型"两类 CNTs 管壁类石墨层面相对于管中心轴取向有别的主因。

e) 在激光 Raman 光谱表征研究中,首次观测并证实入射光的频率高低对 CNTs 在 1346~1416cm^{-1} 区的"缺陷诱导基频模 *D*"的位置及强度有显著影响,为 CNTs 的 Raman 光谱特征添加一重要新基础数据。

f) 指出"鱼骨型"与"平行型"两类 CNTs 相比较,前者的管壁表面有较多的化学悬键,具有较高的化学活性,并通过 Ramen 光谱和 H_2-TPD 观测并证实前者对 H_2 的吸附能力明显高于后者。相关论文发表在 *Carbon*, 1997, 3: 1495-1501;

Chem. J. Chin. Univ.，1998，19：765-769；*Carbon*，2002，40：2429-2436；*Current Topics in Catalysis*，Published by Research Trends，2005，4：1-21。

碳纳米管在能源化工催化中的应用研究

在CNTs的应用研究方面，本研究组把工作重点放在能源化工催化中高新催化剂的研究开发方面，近十余年来取得如下创新成果或进展：

（1）CNTs用为"空间异构产物选择性催化剂"的促进剂：率先（1998年）利用CNTs的纳米级管腔可能产生"空间选择催化效应"，应用于丙烯氢甲酰化制丁醛高异构选择性催化剂的研制，在CNTs负载的铑膦络合物催化剂上，实现产物正/异构丁醛的摩尔比达到13.5；而相同反应条件下SiO_2负载的对应物催化剂上产物正/异构丁醛的摩尔比只为8.2。论文发表在*Appl. Catal. A: Gen.*，1999，187：213-224，是最早见之于文献关于CNTs催化应用的第2篇论文，SCI他引60篇次。

（2）CNTs用为某些加氢过程催化剂的促进剂，代表性工作如下：

a）研发出一种CNTs（鱼骨型）掺杂促进的$Cu-ZnO-Al_2O_3$共沉淀型催化剂（$Cu_6Zn_3Al_1$-12.5%CNTs），其催化合成气制甲醇的单程时空产率是相同反应条件下不添加CNTs的原基质催化剂（$Cu_6Zn_3Al_1$）的1.25倍。获中国发明专利（ZL 02 1 02608.4），论文发表在*Catal. Lett.*，2003，85：237-246。

b）研发出一种CNTs（鱼骨型）掺杂促进的Co-Cu共沉淀型催化剂（Co_3Cu_1-11.2%CNTs），其催化合成气制$C_{1\sim8}$-醇+二甲醚的碳基选择性达70.5C%，醇醚的单程时空产率是相同反应条件下不含CNTs的原基质催化剂（Co_3Cu_1）的1.7倍，产物以丁醇+二甲醚为主。获中国发明专利（ZL: 200410082377.2），论文发表在*Chem. Commun.*，2005，40：5094-5096和*Catal. Today*，2009，147：158-165。

c）研发出一种Ni-修饰CNTs（鱼骨型）掺杂促进的Ni-Mo-K共沉淀型催化剂（$Ni_1Mo_1K_{0.05}$-11%（5%Ni/CNTs）），其催化合成气制$C_{1\sim3}$-醇+二甲醚的碳基选择性达70.3C%，相应的醇醚单程时空产率比不添加CNTs的原基质催化剂提高73%，产物以乙醇+二甲醚为主。获中国发明专利（ZL 200810072334.4），论文发表在*Appl. Catal. B: Env.*，2010，100：245-253。

d）研发出一种Pd-修饰CNTs（鱼骨型）掺杂促进的Pd-ZnO共沉淀型催化剂（$Pd_{0.1}Zn_1$-10%（5.0%Pd/CNTs）），其催化CO_2加氢制甲醇的单程时空产率是相同反应条件下不添加CNTs的原基质催化剂（$Pd_{0.1}Zn_1$）的1.7倍，加氢反应产物中甲醇的碳基选择性达99.8C%。获中国发明专利（ZL 200810072538.8），论文发表在*Appl. Catal. B: Env.*，2009，88：315-322。

（3）CNTs用为某些脱氢过程催化剂的促进剂，代表性工作如下：

a）研发出一种 CNTs（鱼骨型）负载的 Cu-Cr 催化剂（27%$Cu_{10}Cr_1$/CNTs），其催化甲醇分解制 H_2 的单程时空产率是相同反应条件下 AC、SiO_2 和 γ-Al_2O_3 分别负载的相应参比催化剂上 H_2 的单程时空产率的 1.20、1.81 和 2.18 倍。论文发表在 *J. Xiamen Univ.*（*Nat. Sci. ed.*），2003，42：133-138 和 *3rd Asia-Pacific Congr. Catal.*（Dalian，China，2003），*Book of Abstracts*，Vol-III：627.

b）研发出一种 CNTs（鱼骨型）掺杂促进的 Pd-ZnO 共沉淀型催化剂（$Pd_{0.15}Zn_1$-10%CNTs）用于催化甲醇水蒸气重整（MSR）制 H_2，其含碳副产物 CO_2 的碳基选择性达 96%，H_2 的单程时空产率是相同反应条件下不添加 CNTs 的原基质催化剂（$Pd_{0.15}Zn_1$）的 1.67 倍。获中国发明专利（ZL 201210403330.6），论文发表在 *Appl. Catal. A: Gen.*，2013，455：137-144.

（4）近十余年来本研究团队围绕 CNTs 作为某些加氢或脱氢反应催化剂的促进剂的研发，得出关于 CNTs 促进作用性质的如下见解：

a）CNTs，或经某些过渡金属（诸如 Co，Ni，Pd 等）修饰的 CNTs，确实可用为与 H_2 吸附活化和溢流相关的催化反应过程（如 CO 或 CO_2 加氢制醇，甲醇分解或水蒸气重整制 H_2 等）用的催化剂的促进剂或载体。业已进行的对比研究结果显示，与不掺杂 CNTs 的对应物（或 AC，Al_2O_3，SiO_2 等常规载体负载的对应物）相比，CNTs 掺杂的共沉淀型催化剂（或其作为载体的负载体系）的催化活性和/或产物选择性优异得多。

b）已知 CNTs 是其结构类似于中空石墨纤维的二维纳米碳。作为促进剂的 CNTs 是通过微纳米尺度的 sp^2-C_x（而非单独 C 原子）起作用。CNTs 并非以 C 原子形态与催化剂主组分构建新的催化活性位。CNTs 通过其 sp^2-C_x 表面吸附活化 H_2 起作用可以是短程的，也可以通过氢溢流达到中程的。适当降低 CNTs 材料的粒度能增加其分散度，以提高促进作用效果。

c）在所涉及的体系的催化作用中，CNTs 的参与并不引起相应化学反应的活化能（E_a）发生明显变化。CNTs 的促进作用是通过影响催化剂主组分的化学态或微环境，以提高催化活性表面物种的浓度，并改进催化剂吸附活化 H_2（反应物之一）的能力。与"平行型"CNTs 相比，"鱼骨型"CNTs 的管壁表面具有丰富的化学悬键，使其具有较高的化学活性，对 H_2 具有较高的吸附活化能力，因此显示出较强的促进效应。

d）用某些过渡金属（如 Co，Ni，Pd 等）修饰 CNTs 能显著提高其吸附活化 H_2 的能力，其促进作用更显著。

与上述工作相关的 3 篇综述发表在：*Current Topics in Catalysis*，Published by Research Trends，2005，4：1-21；*Catal. Surv. Asia*，2009，13：41-58 和 *Sci. China Chem.*，2015，58：47-59）。

培养科技专业人才

我的科研工作出成果,同时我也培养人才。我作为博士生导师,深知培养专业人才的责任。二十多年来,本科研团队培养出博士 18 名,硕士 32 名。大多数学生都学有所成,其中以陈萍最为突出。陈萍就学于厦门大学化学系 10 年(4 年本科,3 年硕士生,3 年博士生),磨炼出良好的学风和坚实的专业基础。她的博士学位研究课题,是"一种 Ni-MgO 纳米催化剂催化裂解甲烷(或 CO)制碳纳米管的方法",所发表论文(Carbon,1997,35:1495)为相关综论 Catal. Rev., 2000,42:481 所引载,并获福建省优秀博士学位论文一等奖;毕业后她到新加坡国立大学从事博士后和研究员工作,发现并合成出一种高效化学储氢新材料(锂氮氢化物),该项工作以陈萍为第一作者和通讯作者发表在 Nature,2002,420:302,在国际上开创了"轻金属高效储氢材料研制和储氢机理研究"的新方向,她先后荣获新加坡淡马锡青年科学家奖和国立大学杰出青年科学家奖;2008 年她被中国科学院大连化学物理研究所作为创新人才引进回国工作,成为该所氢能研究方向的带头人,并于 2011 年和 2012 年分别获得第八届中国青年女科学家奖和国家杰出青年科学基金资助。

与林国栋和陈萍、熊智涛(原本研究组师生)一道参加第 3 届先进技术材料国际会议(3rd ICAM,Singapore,2005),合影于新加坡

我在厦门大学从教 40 多年。自 20 世纪 80 年代以来,先后承担 3 个国家自然

科学基金重大项目课题和2个福建省重大项目,参研3个973计划项目和1个863项目。发表论文332篇,SCI收录85篇,SCI他引720篇次;获发明专利18项。我是1987年国家自然科学奖三等奖项目"在固氮酶作用下和铁催化剂作用下固氮成氨的研究"的第2完成者,教育部1个一等奖和3个二等奖项目的共完成者;获国务院政府特殊津贴、"福建省优秀专家"称号和"国家级有突出贡献中青年专家"称号。

(张鸿斌)

吴 通 好

吴通好，教授，1940年12月生。1964年毕业于吉林大学化学系并留校任教。1990年12月晋升教授。1992年起享受国务院政府特殊津贴。1993～2000年任吉林大学化学系主任，吉林大学合成与催化研究所所长。1994年被聘为博士导师。

吴通好多年来主要从事催化领域的科研和教学工作。研究领域主要涉及烃类及含氧化合物的催化氧化、环境污染的催化控制等方面和杂多酸、分子筛、复合氧化物等催化剂体系的研究工作。先后培养博士15名，硕士16名，在国内外重要刊物上发表论文120余篇；省级鉴定成果20余项，曾获全国科学大会奖和部委级科技奖7项；获吉林省教学成果奖一、二等奖各1项；国家教学成果奖二等奖1项，被评为省、全国优秀教师。

其他学术兼职有：中国化学会理事；中国化学会催化专业委员会委员；吉林省化学会常务理事；国家自然科学基金委员会化学部评委；《化学通报》、《催化学报》、《天然气化学》等编委。

主持研究的催化反应

催化氧化

我所在的催化研究室的前身是已故学部委员蔡馏生领导的催化动力学研究室。该室是按1963年制定的国家十二年科技发展纲要中国家重点研究项目（国重29项）的需要由教育部批准成立的，主要研究方向是多相催化氧化及动力学。当时主要开展甲烷选择氧化动力学研究。由于有这样的历史背景，我多年来主要的研究领域是催化氧化。主要研究的反应为：乙烯复相氧化制乙醛；异丁醛氧化脱氢制甲基丙烯酸（MAA）；异丁醛一步氧化制甲基丙烯酸，完成了单管试验；叔丁醇一步氧化制甲基丙烯酸；叔丁醇两步氧化制甲基丙烯酸；乙苯氧化脱氢制苯乙烯；丙烷氧化制丙烯醛和丙烯酸。其中，乙烯复相氧化制乙醛 Pd-V-Ti-Mo 催化剂的研究获 1978 年全国科学大会奖；异丁醛一步氧化制甲基丙烯酸杂多酸（盐）催化剂研究获 1993 年国家科技进步奖。

与军工有关的研究工作

（1）1993 年起我承担了国家计委重大军工项目的研究任务。研制清除 CO_2 的固态胺树脂。JD-1 型固态胺树脂二氧化碳清除剂经中国船舶总公司 718 所和国防科工委航天医学研究室（507 所）应用后，确认居国际领先水平，被认为是新一代核潜艇和载人航天器生命保障体系的备选材料，完成了地面模拟试验，获 1995 年国家教委科技进步奖三等奖。

（2）开展了 Fe_3O_4 材料上 CO_2 分解的系统研究。

（3）与海军核潜艇研究所合作，开展了潜艇舱内有毒、易爆物质在规整催化剂上微波作用下的清除研究。

甲烷无氧芳构化的研究

对在 MoO_3/ZSM-5、MoO_3/MCM-22、MoO_3/MCM-49 等催化剂上的甲烷无氧芳构化进行了较系统的研究。MoO_3/MCM-49 催化剂的甲烷转化率和苯的收率及稳定性均达最好水平。在 975K，空速 $1500h^{-1}$ 条件下，甲烷转化率 12%，苯收率

8%以上,连续反应 20h。

苯、丙烯烷基化制异丙苯

研究了 MCM-22、MCM-49、MCM-56、MCM-36 等分子筛的催化性能。MCM-56 具有最低的反应温度和最高的异丙苯选择性和收率。

苯酚 H_2O_2 羟化合成苯二酚的研究

分别采用杂多酸、树脂和复合氧化物作为催化剂,其中 AB_2O_4 催化剂具有工业化应用前景。

其他工作

(1)与吉化公司合作完成了合成硅油的季磷碱催化剂的小试和工业放大研究。生产出无味硅油。

(2)从事杂多酸催化二甘醇合成二噁烷的研究,完成连续 500h 中试。

(3)进行醇酸树脂酯化催化剂的研究。

(4)JL-G16 聚氯乙烯内润滑剂的研制。

(5)环己酮为原料合成邻苯基苯酚的催化研究,完成了 1000h 寿命试验。

(6)在规整催化剂上在微波作用下柴油车尾气碳烟清除催化研究。在长春一汽汽车研究所完成了 260 小时台架试验。

重点研究的催化剂体系

杂多酸催化作用的研究

杂多酸是两种以上无机含氧酸的缩合酸,它具有相对固定的结构。目前用于催化剂的主要有 Keggin 和 Dawson 两种结构。杂多酸既有较强的酸性又有强的氧化性。同时与通常的固体酸不同,它具有软构造,某些极性分子可以扩散到杂多酸阴离子间,即可被吸收到体相中,从而使其具有类似液相反应的特点。上述三种特性加上其二级结构通过改变组成而易变的性质为杂多酸催化作用的基础研究和实际应用开辟了广阔的前景,引起了普遍关注。有鉴于此,我们从 1980 年起在国内首先开展了杂多酸催化作用的研究。围绕这一方向,在基础研究方面,完成了两项国家基金项目,并在"六五"国家科委重点项目"稀土催化剂的研究"和"七五"国家自然科学基金项目"稀土杂多酸催化作用的研究"中也作为重点予以研究。在杂多酸应用基础研究中，主要研究了平衡离子、中心原子和配位元素的调变对氧化能力的影响；研究了过渡金属和稀土离子对杂多酸氧化脱氢和插入氧两类氧化反应的不同影响；研究了杂多酸在乙苯氧化脱氢和异丁醛氧化脱氢两类氧化反应的不同行为；研究了 Keggin 和 Dawson 两类不同结构杂多酸纯度的表征方法；确定了表征氧化能力的结构分析方法；特别研究了杂多酸的热稳定性。1991 年"杂多酸催化剂应用基础研究"获国家教委科技进步奖三等奖。

除氧化反应，我们还研究了杂多酸作为酸催化剂对二甘醇合成二噁烷、苯与硫酸反应合成二苯砜、苯酚与硫酸反应合成双酚 S 等成砜反应的促进作用，对成砜反应的高活性和选择性提出了理论解释。

在应用方面，先后进行了"异丁酸氧化脱氢制甲基丙烯酸"（化工部"六五"重大项目），"异丁醛一步氧化制甲基丙烯酸"（中国石化总公司"七五"重大项目、"八五"重大建设项目）的应用研究。突破了共沉淀法制备多组分杂多酸催化剂的难点；制备了高活性和高选择性的催化剂；确定了相应的反应工艺条件；提高了热稳定性和氧化还原稳定性。催化剂水平达到了国际同类研究水平。其中异丁醛一步制 MAA 已完成全流程开发研究和基础设计，催化剂获专利权。

MCM-22 系列微孔分子筛 MCM-22、MCM-49、MCM-56、MCM-36 和 ITQ-2 的合成、表征与应用研究

我们在国内率先系统地合成与研究了 MCM-22 系列微孔分子筛。MCM-22、MCM-49、MCM-56 等动态合成方法均已获专利授权。该系列分子筛有三种独立孔结构。二维正弦孔道（4.0Å×5.9Å）；可通过十元环开口（4.0Å×5.4Å）进入的大超笼（7.1Å×7.1Å×18.2Å）和大量的遍布于外表面的开口为 7.2Å，深度为 7Å 的孔穴，其酸性与 ZSM-5 相近，由于其外表面非常适宜有机大分子在外表面的催化反应。应用研究表明，这类催化剂在甲烷无氧芳构化和苯与烯烃烷基化反应具有极好的催化活性及选择性。

担任上海华谊丙烯酸公司顾问后的工作

2005 年后，我在上海华谊丙烯酸公司帮助开发研究丙烯氧化制丙烯酸和叔丁醇氧化制甲基丙烯酸催化剂。由于采用了别人从未曾使用过的特殊载体，五年内成功研制出四个催化剂：丙烯选择氧化制丙烯醛复合氧化物催化剂、丙烯醛选择氧化制丙烯酸复合氧化物催化剂、叔丁醇（异丁烯）选择氧化制甲基丙烯醛复合

氧化物催化剂、甲基丙烯醛选择氧化制甲基丙烯酸杂多酸（盐）催化剂。

在完成了放大制备、干燥、预焙烧、造粒成型、焙烧的工业规模制造工艺的研究后，成功制造出外径 5mm、高 5mm、内径 2mm 的拉西环催化剂。丙烯酸两段催化剂已在 10000t/a 丙烯酸装置上运行半年以上；甲基丙烯酸两段催化剂已在 2000t/a 甲基丙烯酸装置上运行 10000h 以上，整体水平均达到国际先进水平。

（吴通好）

熊 国 兴

熊国兴，1940年生于上海，籍贯江西抚州。1957年考入复旦大学化学系物理化学（催化）专业。1962年毕业后到中国科学院大连化学物理研究所工作至今。任研究员、博士生导师，1992年享受国务院政府特殊津贴。1962～1978年先后从事加氢异构裂解催化剂、抗陈化防毒炭催化剂和姿态控制催化剂等应用与应用基础研究，工作获得1978年全国科学大会奖及1977～1979年中国科学院、辽宁省、大连市重大科技成果奖等九项。1978年后催化基础实验室成立，任504课题组组长，从事催化剂材料及其表面修饰的基础研究，是我国最早应用光电子能谱等现代物理技术从事催化表面科学研究的学者之一，建设了全国一流并接近当时国际先进水平的实验室，筹建中国化学会固体表面及电子能谱专业委员会，筹组和主持多个光电子能谱以及表面科学相关的全国学术会议。1990～1996年任表面物理国家重点实验室学术委员会委员。负责开展的金属-担体强相互作用研究获得中国科学院1986年科技进步奖二等奖；1997年参与重大研究项目长效化肥增效剂双氰二胺的研究，承担并完成其中增效机理的研究，获中国科学院科技进步奖特等奖。1982～1984年在美国西北大学先后于材料科学工程系做访问学者（1982年1月～1983年2月）和在化学系做博士后（1983年3月～1984年7月），从事负载型金属催化剂组分间相互作用本质的表面物理化学研究。1984～1987年作为筹建领导小组常务副组长，为我国化学领域首个国家重点实验室——催化基础国家重点实验室的建成做了大量工作，1987～1997年任催化基础国家重点实验室副主任，兼504组组长，主要从事低碳烷烃的催化转化、液相低温合成技术制备高均一纳米催化新材料、催化剂材

料表面物理化学以及无机膜和膜催化等方面的研究。重视和积极开展国际学术交流，通过院级协议与德国、法国、西班牙、日本等国进行长期合作研究和人员交流培养，1990 年 1 月～1991 年 7 月执行院级国际合作研究项目，在德国弗朗霍夫学会的界面与生物技术研究所建课题组，任客籍教授，开展无机膜研究。自 1995 年与 1999 年起，分别被邀任历届国际无机膜会议（ICIM）和膜反应器中催化国际会议（ICCMR）的国际科学委员会委员。2000 年与 2002 年组织和主持了第一届和第二届无机膜全国学术会议，并成功地在中国组织筹备了无机膜和膜催化的国际会议，分别任 2002 年第七届 ICIM 主席、第五届 ICCMR 组委会主席，为我国无机膜研究从无到有迅速赶上国际先进水平做出了贡献。"无机膜与膜催化"研究项目获 2006 年辽宁省自然科学奖一等奖；"分子尺度分离无机膜材料设计合成及其分离与催化性能研究"获得 2015 年国家自然科学奖二等奖。任中国科学院化学化工学科专家组成员（1988～1992 年）、化学学科专家委员会委员（1993～1997 年），多年参与国家和中国科学院化学学科基础研究重大规划与项目的论证和立项。1992～1996 年任中国科学院第三届科技进步奖评委会委员；1993～1997 年任辽宁省科技进步奖评委会委员、石化组副组长；2001～2006 年作为专家、能源组组长为辽宁省科技厅数十个省重点实验室和省工程研究发展中心的立项、评审、现场考核和评估验收，以及省重大科研项目的评审做了许多工作。先后主持完成国家自然科学基金"八五"重大项目（第三子课题）、中国科学院"九五"重大基金项目（子课题）、多个院重点基金项目、973 计划预选项目、973 计划项目（子课题）和其他多个自然科学基金面上项目和多个中石化基金项目。在国内外专业刊物发表论文 300 余篇，绝大多数为通讯作者，论文绝大多数为 SCI 收录。在国际会议发表学术报告 120 余篇，国内学术会议报告 80 余篇；论文被广泛引用，据 ResearchGate 统计，到 2016 年他引达 3863 次，最高单篇论文他引达 662 次，2014 年与 2015 年连续登上 Elsevier 公布的中国高被引学者榜单。培养毕业博士 18 名（其中 11 名是硕博连读），硕士 9 名，博士后 7 名，2008 年获得中国科学院研究生院"杰出贡献教师"荣誉称号。曾被聘任华东化工学院、华东理工大学兼职教授，大连理工大学兼职教授与博士生联合指导教师，以及国家超细粉末工程研究中心学术委员会专家和浙江省应用化学重点实验室学术委员会会顾问；曾任《化学进展》编委会常委、*J. Natural Gas Chemistry* 编委、*Chinese J. Catalysis* 编委和 *Separation and Purification Technology* 客座编辑；筹组第七届天然气转化国际会议（NGCS-7）（任组委会主席，2004 年）和第 13 届国际生物技术大会（IBS-13）（任秘书长，2008 年）。1990～2007 年任大连市侨联第四、第五和第六届副主席，1995 年荣获辽宁省"建功立业优秀侨知"荣誉称号。

家　　庭

　　我生长在一个多子女、信仰天主教的知识分子家庭。我的父亲熊秉辰（1900～1966）生于江西临川（现抚州），而我的祖父是生于四川万县，考取功名后去江西为官，不幸早逝，祖母带年幼的我的父亲与大姑在异地他乡，孤苦伶仃无依无靠，生活拮据，只能靠给教会神职人员缝洗帮工艰难度日，祖母为我父亲能读书和考虑将来的出路，同意了神父的建议，将他送进了天主教耶稣会的修道院，多年后读到神学院，后经介绍到上海震旦大学（也是耶稣会创办的，中华人民共和国成立后改为上海市第二医学院）教拉丁文和法文，后来升任教授和震旦大学图书馆主任，在上海成家立业。中华人民共和国成立初，由于不理解和害怕，顾虑到自己与法国人和天主教教会长期来往的历史，他一度辞职在家。后来在看到一切都在好起来的现实，经学习思想也慢慢通了，与天主教内顽固坚持反对共产党的势力划清了界线，经震旦大学老同事杨士达（后曾任徐汇中学校长和上海市第二医学院院长）的荐举，1951年先到徐汇中学教英语，不久又被介绍到上海第一医学院基础部任教授，教医用拉丁文（当时医生开药方还必须用拉丁文），此外也教法文、英语和俄语。我母亲王雪松（1900～1992）也是知识女性，籍贯是浙江海盐，生长在上海，毕业于上海徐汇女中。婚前是女中语文老师，婚后相夫教子，育有七子二女。虽然当时父亲收入相当高，但因子女众多，生活并不宽裕，但父母还是坚持使全部子女都受到良好的教育，我们七个兄弟都上了大学，两个姐姐也分别毕业于上海幼儿师范和上海立信会计专科学校（中国金融界前辈好多出自这所学校）。

20世纪30年代我父母与大哥合影

1940年我出生那年父母相片

我父亲给我们兄弟姐妹起的名,中间那个字是"国",兄弟从大到小分别是国威、国骥、国良、国强、国兴、国祚和国光,大姐国琼和二姐国瑛。起先我也不明白为什么姓名中间都有个国字,只觉得我们兄弟姐妹的名字都挺有意义,据后来了解才知按辈分我们这一辈就是国字辈。

我大哥熊国威(也叫熊文荪)1947年赴美留学,就读芝加哥的劳约拉大学(Loyola Universzity of Chicago),在获得社会经济学硕士学位后,就在芝加哥经商并成家立业。朝鲜战争爆发后,就与家里断绝了音讯。1963年我父亲通过统战部门的帮助,终于联系上了居住在芝加哥的大哥。1964年我父亲罹患结肠癌,在治疗肿瘤上著名的上海第一医学院附属的中山医院做了很好的手术治疗,但不幸癌症复发,于1966年初逝世。

家庭教育最影响我的就是热爱学习、尊重知识,我们的父母从不干涉我们学习的兴趣和具体志向,我们考大学选系科都是凭自己的兴趣和爱好,兄弟姐妹九个人的选择都各不相同,也没有一个与我父亲相同。我很庆幸自己一生(除了"文化大革命"那一段人们无法决定自己命运的历史时期)所做的都是我喜欢的,也全是我自己选的,我一生是走在自己选择的路上。但我的兄弟们,命运都要坎坷得多,而这都并非是他们愿意的。2014年夏我妻子刘爱英患癌症不治先走了,近一年对她的治疗看护使我和儿子都瘦了二三十斤。我二哥老两口从加拿大回国来大连看我,住了两周后,我们又一起飞往上海与其他各地的兄弟姐妹会合,到浙江嘉兴南北湖永安公墓我父母坟上祭奠扫墓,接着又一起去了海盐,为因病已行走不便的三哥的八十岁生日祝寿,真是难忘。

合家福

回顾自己，我感到自己的童年很自由也很快活。我记得在我还是小学生时母亲就跟我说："要好好念书，侬（你）要晓得房子着火会烧掉，钞票可能被抢被偷脱，只有侬的知识学问是烧勿掉，偷勿走，抢勿脱的，终归一生一世是侬的。"所以我从小就觉得没有什么比学习更重要的了。我小学在上海市磐石小学，它坐落在上海重庆南路合肥路口，与伯多禄天主教堂、震旦大学，还有京剧演员梅葆玖家为邻。我1951年进了上海市徐汇中学，这所学校建于1850年，叫徐汇公学，是法国天主教在中国创办最早的教会学校，只收男生。到1931年，教会向中国政府教育部门办理立案，易名徐汇中学。1949年上海解放后，实行学校教育和宗教分离的政策。我进徐汇中学时，教会已经撤离，但它还是私立学校，校长是杨士达。徐汇中学设施齐备，拥有相当完备的理化、生物实验室，学生不仅看老师做示范实验，还可以有机会上实验课，自己做些小实验。我记得很清楚的是，向化学老师季永元要了些试纸、滤纸回家，找面碱、石灰等泡水，澄清了给妈和弟弟们看试纸变色，我还留些硫磺、氯酸钾、碳粉自己做了些黑火药，虽然我在地板上填了一块铁片，但点着了后，还是发现把家里的地板烧焦了一小块。徐汇中学的图书馆特别好，我做了好几年义务图书管理员，看了许多课外书和小说。我现在还保留着我高中到大学一年级（1954~1958年）看过的小说的书名记录，除了把中国的四大名著、《三言二拍》（一般看不到的书，还是托父亲在复旦大学当教授的同学徐永江借来看的）和中国、苏联的近代革命小说看了外，还把图书馆能找到的各国著名小说看了很多，有些名家的小说尽量一本不漏地借来看。徐汇中学有带跑道和足球场的大操场和设有篮球场和排球场的小操场等，这在当时的上海也是不多的。我每天上学来回要走两小时，加上我喜欢踢足球、打排球和拳击等运动，使我的身体从小时候的体弱多病变得越来越结实，终身受益。

我怎么会选择搞催化研究

我一生兴趣广泛，喜欢看书，也天天看。在中学期间，我不偏科，数理化、生物、语文、历史、地理、体育、美术，我都喜欢。但作为一生要从事的事业，我喜欢的是自然科学，小时候进大学前特别希望将来研究天文，因而一直对数学兴趣更浓些。当时生活很充实，各科成绩也都基本是优，因此在徐汇中学初升高是免试直升，分在高中一班，虽然在班里我年龄与个子都小，但高中三年我都是班长，作为三好优秀生还被奖励（免费）参加在杭州举办的上海第一届三好优秀生夏令营。1957年面临毕业，考大学填志愿时，当时除了第一志愿填了南京大学天文系，其他也没有多做考虑，按复旦大学、北京大学、南京大学；数学、化学、物理排列组合填的，结果被复旦化学系录取了，心里觉得不如意，报到后就去教务处打听和申请换数学系，被拒后还情绪低落，可如今回过来看，还亏得没上数学系，如果现在让我重选，我也一定就选物理化学，选催化。事实上我在大三前就想好了，我们这一代大学生的经历特别丰富、复杂而多变。1957 年秋一进大学就遇到"反右运动"，接着是 1958 年"大跃进"，我参加过从化粪池掏大粪回来在宿舍后面刨地种鸡毛菜；也搞过从菜场买黄豆芽作原料，一天拉回 800 斤可生产 2 斤左旋天冬素；也从事研发，搞过管道化电解法、生产过硫酸铵；还土法上马用冰水浴冷却，在陶瓷大罐里将苯通氯气制备六氯化苯（俗称六六六杀虫剂）；到了 1959 年，我们就去南汇公社参加夏收夏种，1960 年到上海农业药械厂参加劳动，向工农学习改造思想，我做过油漆工、翻砂造型工和化铁炉的小炉工；庐山会议后，我们又被派到上海彭浦机器厂参加三个月拿下重金工车间的会战，当建筑小工，夜以继日地连续干，除了吃饭（一天吃五顿！），除了太累了到工地帐篷睡一觉，其他时间都在工地赶进度。1960 年开始，复旦大学的大学生轮流被派到长江口崇明岛垦荒，围滩涂造地，建设上海高教农场，我还一直珍藏了我们在那里的一张合影，照片上那个后排右侧扛着铁锹的小伙子就是我，笑容满面。照片中不像样的帐篷就是我们住的宿舍。一个多月完成了任务后，我们行军九十里到陈桥镇码头连夜坐船回上海，根本不知累。尽管政治运动不断，但是我们的基础课却上得非常好，不仅四大化学（无机化学、有机化学、分析化学、物理化学）都由全系最好的教授（严志弦、于同隐、蔡淑莲和吴征铠）授课，连数学、物理等基础课也是系主任吴征铠请数学系和物理系著名的教授崔明奇和李仲卿来教我们；此外我们的基础课也很能体现与时俱进紧跟国际化学发展的趋势，当时还开了物质结构、原子物理和量子力学、高分子化学、化学动力学、原子能化学、电子学技术等基础课，开阔和加深了对相关学科与学科交叉的认识和兴趣，学习中使自己对以揭示和阐明化学现象之物理本质的交叉学科——物理化学产生了越来越大的兴趣，最终将它选作自己一生从事研究的专业领域。

到上海农业药械厂劳动、学做翻砂造型工时获得了先进集体

第二排右 1 为熊国兴

到长江口崇明岛建设上海高教农场

第三排左 1 为熊国兴

1957年~1959年，我们化学系57级学生组织成立各种战斗队参加教育改革，我参加的队伍承接编写新教材的任务，我和刚成立不久的催化动力学的老师郑绳安等负责编催化教材。尽管我们学生当时已学完四大化学，但是还没有分专业，也没有上过催化课，但是我很高兴有这样的学习恶补的机会，因为刚上过了由系主任吴征铠讲授的物理化学基础课（我们年级是他最后一届由他亲自教授物理化学大课），所以自学看看国内不多的催化教材（大多是苏联专家写的，如复旦大学的苏联专家德鲁兹编写的教科书《多相催化》）也能明白个大概，十分感兴趣。此外还有一个因缘让我喜欢上了催化，从中学起，我就非常喜欢看那本名叫《知识就是力量》的科普杂志，就在我参与编催化教材时，我看到有一期上刊登了诺贝尔化学奖得主、苏联著名链反应化学动力学科学家谢苗诺夫院士的文章，阐述了他对新时代科学技术的几个最主要发展方向和研究热点的看法，他除了说到核能特别是可控核聚变的突破与应用对满足人类社会对能源不断增长的需求、计算机科技的发展将把人类从繁重的脑力劳动中解放出来大大提高人们的工作效力和生活素质等外，就特别提出了催化科技的发展除了对解决能源、化工品生产起到决定性作用外，还可以通过生物酶催化、光催化，真正解决由于人口增长和生活改善而对食物和农产品急剧增长的需求，而这种需求是无法由劳动力密集低效率农业来满足的。他举的例子除了人工光合作用促进农产品生产工业化外，还以牛吃草产牛奶为例，指出搞清奶牛身上发生的从进食草到产奶的一系列生物催化过程，那么人们就无需大量的劳力、土地与时间却能高效生产牛奶。此即"生物质转化"的早期描述，这使我感到催化太有意思了，对人类的生存和发展极其重要，是真正学科交叉的前沿研究领域。所以到了大四分专业时，我毫不犹豫地选了物理化学专业。

我们物化班29人，物化专业当时只设了两个专门化，一个是X射线晶体结构，另一个是刚成立的催化与动力学，物化班绝大多数分到晶体结构组，我如愿分到了催化组，一共只有六个学生，钱元任、樊宇祥、黄振炎、葛沪生、严天极和我。郑绳安是催化教研组的负责人，也是我和钱元任的毕业论文指导老师。有意思的是，毕业后最终只有我一个人一直搞催化研究。而我们年级原来不是催化专业的同学，后来有不少在大连化学物理研究所和留在复旦化学系的同学都从事催化研究和教育了，如徐奕德、王德和、符祖根、江希驹、刘旦初。其中徐奕德和符祖根不仅大学时与我在物化班，而且毕业分配到大连化学物理所后，我们先一起在二室，"五七道路"回来又一起分到八室，"科学的春天"后又一起到郭燮贤为主任的催化基础室（五室），后来又一起筹建催化基础国家重点实验室。所以我们一直在一个研究室从事催化研究。我们分专业后的两年，除了在第一年开了些专业课外，主要是第五年整整一年做毕业论文，而且在第四学年的下半年，用了一个学期做学年论文，实际主要为毕业论文做文献调研。我的毕业论文题目是

"CH_3OH 在 ZnO 上吸附热的测定",而学年论文的题目是"吸附热"。郑绳安对我整个论文的文献调研、研究方案制定、实验装置的建立和实验结果讨论所做的安排和指导,不仅教会我如何做科学研究,而且我们的师生关系特别亲,不仅是良师也是益友。也正是这一年半,夜以继日着迷的研究,对我选择从事科学研究的一生起了决定性的作用。从事科学研究到现在,我越来越相信,从事自然科学研究不仅是我此生最正确的选择,也庆幸自己的人生选择,如果能让我重新活一次,再做次选择我还是会选择研究自然科学作为我一生的事业。一生的经历使我坚信,自然科学研究是一项永无止境地揭示自然真实本质的事业,是一项使你每天可以面临新问题,并且永无重复总是有趣诱人的终生挑战,这一点是我特别看重的,因为我不喜欢做重复的工作,即使我后来一生搞科研工作,我也喜欢追求新的研究课题,我这辈子感到很庆幸的是,我选的研究课题都是因为我有兴趣,因为我心里感到是新的前沿、很重要而将来会成为研究热点的。确实,我二十世纪七十年代学习运用超高真空现代表面物理技术来进行催化表面科学研究,八十年代专注于甲烷的有氧催化活化与转化的研究,九十年代认定并提出催化新材料及其制备新技术将是催化在新时期满足人类对能源、环保和不断提高生活素质等要求的关键科学技术,开展了纳米催化材料和溶胶-凝胶技术等纳米材料的液相低温合成技术,以及无机膜和膜反应器中低碳烷烃催化制氢的研究。回顾来看,我感到很高兴的是,这些研究我开始做时是前沿课题,国内外还少有人做,而后来都成为催化和材料研究的热点和重要研究领域。我喜欢和选择自然科学研究,也因为自然科学研究还是一项凭个人天赋、努力和机遇可以成功,而无须做违心事和讲违心话,无论成败终归是一生追求揭示真理的事业。当然除了科学研究,也有其他可以选择的事业,只要你能抑制名利欲望守住道德底线,也可以让人一生无须做违心事和讲违心话,诸如毕生追求美的艺术家和一生与人为善的救死扶伤治病救人的医者和终生孜孜不倦教书育人的老师等。

毕业前游中山公园时物化班大部分同学合影

后排左 1 为熊国兴

毕业时物化班一个寝室的同学

后排左 1 为熊国兴

做毕业论文对于立志从事科学研究的人来说特别重要。虽然论文题目是老师出的，但是如何做和做得怎么样则完全取决于个人。毕业论文的实践使我明白，搞科研首先要做好文献调研，要钻研明白究竟前人在此课题方面做了哪些研究工作，取得了哪些结果，还有哪些欠缺，有何需要进一步研究和推进的，在此基础上，结合自己的知识积累做出选择，制定研究方案。研究方案首先要回答研究内容与预期结果有什么新的东西，如果没有什么新的东西，那就没有研究的意义和价值。要想获得新的知识，说别人没有说过的话，就必须拿到别人没有拿到的数据，而必须设计新的实验方法、应用新的实验手段。我当时学着做文献调研，不仅在系的资料室和本校图书馆查找，而且也查了上海市图书馆和上海市科技情报所的收藏。经过文献调研，阅读了所有能查到的甲醇在各种吸附剂上的吸附热和ZnO上各种吸附气体的吸附热相关文献，很高兴确实没有甲醇在ZnO上吸附热的研究报告，这样才决定依据文献与实验室条件，应用真空绝热卡计法测定在10^{-3}～60mmHg（1mmHg = 0.133kPa）压力范围下，室温下甲醇在ZnO上吸附热，求得不同吸附覆盖度下吸附热的Q-θ曲线，进而讨论吸附机理。虽然知道有哪些是值得开展的研究内容，以及如何着手的研究方法，但还必须根据现有的研究条件和自己的能力和时间，来选择有限而可能实现的研究目标和可行的研究方案。由于甲醇是冷凝性气体，因此无法用实验室现成的麦氏压力计来测高真空系统中甲醇的蒸气压，因此我除了要自己设计制备高真空绝热卡计及相应的精密电位测定电学系统和甲醇引进装置外，还必须自己设计制造一个皮氏压力计（Pirani gage）与相关测试电路。那时条件还是相当困难，我最后只能用一个200W的红色钨丝灯泡改装做成皮氏压力计，由于灯泡的玻璃是一般的钠玻璃，不是硬玻璃，为了将它接到高真空系统上，需要一项技术，即软硬玻璃接头，当时复旦大学物理系有位青年教师华中一（后来曾任复旦大学物理系主任，现代物理研究所副所长，技术科学学院院长，复旦大学副校长、校长），他的超高真空技术包括玻璃工技术很有名气，高真空软硬玻璃接头就是他的绝技之一，我去找到他帮忙，他很痛快，帮我把自制的皮氏压力计接上了软硬玻璃接头，使它接到了我的高真空系统上。当时即使知道应该怎么做，可是缺的材料很多只能因陋就简找替代，所以最后Q-θ曲线只能准确得到高θ值下的吸附热为81.2kcal/mol，低θ值下的吸附热因为值太小，测量误差太大而不能采信使用，而且实验确认其为甲醇在ZnO上单分子层吸附的化学吸附热。论文用很大篇幅讨论了绝热卡计与皮氏真空计以及整个论文研究的不足和改进建议。我的毕业论文结果虽然没有达到预期结果，但是是我一生的第一个真正的研究，对我以后的研究它确是一个完整科班的学习和演练。郑绳安对我的学年论文和毕业论文很满意，都给了5分（优秀）。

1962年夏，我们面临毕业分配。那时由于面对三年经济困难时期和随之的反思和调整，又重新重视科研和教育，中国科学院和高教部出台了纠偏的发展教育和科研的新政策,中国科学院和高等院校迎来了新的发展机遇,中国科学院和高校都迫切需要大量补充新毕业的大学生。所以,我们物化班的去向大部分是中国科学院的有机化学研究所、生化所、化物所、物构所和硅酸盐所,除了留校外,还有少部分分到如有色金属研究院等一些部级的研究院所和上海的研究所;而去的地方也都是大城市,多数在上海与北京。我当时知道东北很苦,因为我七弟正在阜新煤矿学院上学,但是我当时并不在乎,我一心想的是去中国催化研究水平与声望最高的中国科学院大连化学物理研究所,可以继续搞催化研究。

毕业论文实验中检查高真空玻璃系统的泄漏砂眼

当时我首先报考了肖光琰的研究生,我很要好的同学中有不少报考化物所,与我一起报考肖光琰研究生的还有徐奕德和王德和。结果很遗憾,我英文考砸了。由于当时的历史原因,我们从小学三年级到初中毕业外语都是学的英语,但是到了高中开始直到大学,规定改学俄语。到了大学三年级,学第二外语时才又捡起英语来重新学。尤其到了做学年论文、查文献时能找到的俄文文献远少于英文文献,所以看文献主要是用英文。由于一年半的论文工作,天天用英文阅读,英文专业文献看的能力大有长进,但是听、写和口语的能力则是很差,英文语法的学习掌握也很不够。所以到快毕业时,我决定考肖光琰的研究生时,选外语考试科目我选择英文而不是俄语。我当时在试卷上给肖光琰写下考不好的原因,说等分配参加工作后,明年再去考他的研究生。非常出乎我的意料,在我知道研究生报考没有录取后不久,我在家里接到了肖光琰的电话,约我到上海外白渡桥边上的上海大厦面谈，我到了他的客房，见到了一个四十岁左右，带着金丝边圆框眼镜，个子不高微微发胖，看起来很儒雅的先生，肖光琰与我握手，让我坐下后，就鼓励我不要因为这次没考上而气馁，他告诉我物理化学等都考得很好，英文用上一年完全可以达到要求的，如果还想考研究生，可以再考。接着他很兴奋地告诉我，科研形势与前些年比有了很大变化，党中央重视科研和教育，出了许多新政策，科研和教育都将有新的大发展，国家非常重视科学院，重视基础研究，他非常高兴地介绍化物所科研发展的宏伟规划。他建议我分配报志愿能填大连化学物理研究所，他说这样我就可以到他组里工作，将来考研究生还是工作我可自己决定。这次见面是我们之间的双向选择，1962年10月12日，我与徐弈德坐船从上海到了大连，报到时人事科科长丛璐琪对我笑着说："你到肖先生组报到，早知道了吧？"从1962年10月14日起我就一直在化物所工作。

肖光琰当时的主要研究课题是硅铝酸性催化剂和铂/硅铝电子酸性双重性催化剂的应用基础研究。1963年初205组工作分成两摊，一个是我的学长，1957年复旦化学系毕业的金学文负责的催化剂制备与表面性能表征小组，一个是汤焕毅负责的常压和中压反应表征组。肖光琰患有梅尼埃病（一种特发性内耳疾病），晚上还常失眠，他床前有一个大鱼缸，他告诉我他要看着游动的热带鱼，听着氧泵电动机的声音才能入睡。星期天肖光琰常把我们找到他家里玩，也谈工作，中午从市里天津街的三八锅贴铺买来锅贴请大家吃。他交给我的第一项工作就是搭建一套高真空装置，用来做重量法吡啶吸附测催化剂的酸性，来了解铂/硅铝双重性催化剂上的电子酸性相互作用的本质。与先生讨论通过我的设计后，我就在吹玻璃韩师傅和钳工戚师傅的帮助下搭建了真空装置，请肖光琰来看，他看了说这不行，并具体说了要怎么改，他说他在美国做博士论文时，他的导师弗兰克（诺贝尔奖获得者）到实验室总是带着一把小锤子，哪里不好就马上敲了要求重做。我就与师傅商量反复改进，直到肖光琰认为可以了为止，这对我不久后的吸附容量法测金属分散度和容量法测氮吸附等温线，用BJH法测孔分布两套新装置的搭建积累了经验，提高了效率，少走了弯路。如今看来都只要送个样品，仪器就可以表征数据，以至于好多研究生根本不知道那一根根曲线和构成曲线的一个个实验点数据是怎么来的，以及方法的局限性和误差分析，造成表征方法与数据的误用和滥用就不奇怪了。那时候我们就必须搞清每一个压力、温度、体积如何准确测量，又如何获得吸附量测得吸附等温线，又如何求出吸附热、吸附熵，进而揭示吸附态，我当时就是用高灵敏度的石英弹簧测吸附量，通过一系列不同温度下吡啶吸附等温线，来求得吸附热和吸附熵，再通过不同酸性中心测得的这些热力学数据推测吡啶吸附分子丧失的转动自由度数而了解其吸附状态。当时，做一套数据连续好几天，每15min测控（靠手调变压器）一次温度和测一次吸附量（用测高仪和真空压力计等），一直到吸附量稳定，即三个数据点的差别要在误差范围内，这样才拿到一个一定温度和一定压力下的吸附量数据。那时很有挑战又很锻炼人的是，实验里有许多事都得自己从头解决。我到化物所头三年，自己设计搭建三套高真空装置，其中扩散泵、麦氏压力计、水银压力计、标准体积测量仪等，都需要高纯水银，而36kg一罐的工业水银，要经过去机械杂质，经洗涤管来回洗去有机杂质、稀硝酸管洗去轻金属，最后还要三次蒸馏除去重金属。这真是十分费劲又要十分小心，那时虽不像现在这么深刻了解和重视汞的毒性，但是它对人体健康的危害还是知道的（都享有甲等保健津贴）。但研究工作需要也没有想太多就干，而且为了以后备用（系统中用了一定时间的水银是会沾污，到时需要更换）我总是储备几百毫升三次蒸馏水银。

我刚入所的头三年，完全按照所里升助研必须达到的几个规定指标去努力，那时研究实习员升助理研究员，业务上要通过三门考试，三门考试是指英文过关考试、宽专业物理化学（考的是 Moore 写的 *Physical Chemistry*，这也是研究生修的物理化学教材）和窄专业催化原理，主要参考书英文作者名忘了。另外就是发表两篇论文。就在那三年里，我搭建了三套高真空系统，一套是用于吡啶吸附热力学测定的重量法高真空吸附装置，一套是应用低温物理吸附 BJH 法测定孔分布的容量法高真空吸附装置，以及一套高真空化学吸附装置，通过测定氢吸附量来求得催化剂的金属分散度，这些催化剂表面表征技术，在当时是很新的，新方法有关的原始文献才发表三四年。我在 1966 年前已完成，达到了升助研的要求，除了考试通过外，在 1965 年发表了两篇论文：一篇是《铂硅铝的双重性与表面性质的研究.I.铂分散度与催化性能的关系》（熊国兴等，燃料学报，1965，6（2）：101-106），另一篇是《铂硅铝的双重性与表面性质的研究.III.铂硅铝与硅铝上吡啶吸附热力学性质》（熊国兴等）。1978 年，我们才第一次涨工资，我晋升为助研，工资从每月 56 元涨到 69 元。我所有二十多个年轻人与我一样升了两级，这些人后来都是业务骨干，成为接班各室主任和课题组长的人选。

面向国家急需的催化研究实践

大约 1964 年，大连化学物理研究所承担了国家一项紧急的重大攻关项目，就是研发大庆油加氢异构裂解制取优质航空煤油。当时由于中苏关系的恶化，苏联停止供应航空煤油，使我国的军机面临停飞困境，所以急需自力更生研究开发出以大庆油为原料油制取优质航空煤油的全新催化流程。化物所马上发挥了组织全所跨室的科研力量联合攻关的优良传统，由十二室的林励吾、张馥良领导的 121 组与二室肖光琰、李文钊领导的 205 组参与项目联合攻关。由 205 组负责研制大孔高表面积、酸性适当的新颖酸性担体，肖光琰长期研究酸性催化剂和电子酸性双重性催化剂，研究催化剂表面，担载的金属组分（电子）与担体酸性间的相互作用。当时研究最多的酸性担体是氟铝和硅铝。经研究讨论决定选硅铝，而硅铝中的铝含量是影响表面酸性的重要因素，但是那时候工业规模生产高铝硅铝尚无现成的工艺，在实验室制备硅铝用的是球磨法，非常费事，也是难以工业化放大规模生产。我当时就想如果在氧化铝成胶过程中直接将想要当量的硅溶胶（水玻璃）加进去，生成想要组成的硅铝胶就好了。当时，刚开始并不知道这么做为什么不能得到任意硅铝比的硅铝胶，等通过搅拌中往三氯化铝水溶液中加氨水生成铝溶胶后，开始继续往里滴加碱性的硅溶胶时，铝溶胶变得越来越黏稠，到了一定的 pH 值，一下子凝胶化结成一块，搅拌器无法转动，不及时停下来玻璃的搅拌器会立即折断，甚至会使控制搅拌器电动机烧坏。我当时想做不成高铝硅铝，可能就是到了这一步无法再加硅溶胶而做不下去就放弃了。我当时考虑，如果能加强搅拌，把凝胶冻块强行打碎会不会又成溶胶。我就在仪器厂加工了一个不锈钢搅拌器代替原来的玻璃搅拌器，换上功率大些的搅拌电动机，当滴加水玻璃溶胶使铝胶越来越稠到达等当点凝胶化时，我就加大电动机功率将凝胶打碎，将胶体的黏度慢慢降低，继续滴加水玻璃硅溶胶，随着硅溶胶的加入，胶体从半透明状转变为不透明的豆浆状液体，这时就可以任意继续加硅溶胶而不会凝胶化，也不会有沉淀，这样再经过多次洗涤过滤、成型、干燥和焙烧，就可以获得任何硅铝比的硅铝担体，后处理的扩孔与脱氯也是很重要的于是性能优异的加氢异构裂解 219 催化剂的 219 担体就在不长的时间里成功研发出来，不久通过鉴定，并由张馥良带队在抚顺石油三厂放大 219 催化剂生产。我和梁东白担任副工长，我负责几十吨 219 担体的制备，梁东白接着将金属活性组分负载制成 219 催化剂的放大生产，连续好几个月除了睡觉回宿舍，我们都在车间盯着干，可能是由于一定要完成国家急需的项目的激情加上年轻，当时日以继夜地干，觉得很带劲，也不觉得累，为按时按质完成了任务而高兴。有意思的是不久回所后，我查文献才发现一个美国在 1964 年申请的国际专利，其中称为混浆法的硅铝担体的制备技术，与我自己研发的方法基本相似。1966 年中国自行设计的 45 万 t/a 的大型工业装置采用我们自己生产的 219 催化剂在大庆开工成功。

以我刚进所从事的有关硅铝和铂/硅铝上吡啶吸附热力学、低温氮吸附测表面积和孔径分布，以及氢吸附测金属分散度等手段研究催化材料的酸性、电子酸性相互作用、孔结构等应用基础研究开始，到催化材料制备新技术研发的应用研究的经历，是我终生难忘的第一个研究实践，我学到了终身受益的知识，增长了科研能力。事实上，从此开始的研究兴趣一直延伸至今，也是我这一生催化研究的主题，我的大部分研究论文都是有关催化剂新材料及其制备新技术、催化材料的表征，尤其是催化剂表面性质和组分间相互作用的研究。

1970 年 2 月 5 日（农历新年除夕）我和刘爱英回上海结婚，探亲假还没有到期就收到研究室电报要我立即回所，我还以为当时承担的军工科研任务急需，所以立即连夜去买船票,那时候春节期间船票非常紧张,必须到延安路售票处通宵排队,第二天早上才能买到票。结果回到所里在大门口的布告栏里,见到了大红纸的喜报上写道,下列同志"响应"毛主席的到农村去接受贫下中农再教育的伟大号召,报名自愿到农村当"五七"战士已被"光荣地批准"。据所志记载,那段时间化物所有 291 个科技骨干被下放。我去的是复县泡崖公社高屯大队。在泡崖公社就有五十多个"五七战士"来自化物所,有张存浩、林励吾、陈国权、辛勤等,不少都是化物所的双职工。

一年多后由于科研任务需要开始陆陆续续往回调,我在 1972 年十月接到回所的调令,到星海二站的多相催化室,在谢炳炎为组长的 804 组工作,当时正开始一项非常紧急的国防任务,这就是第二个使我难忘的科研实践——抗陈化防毒炭催化剂及其滤毒罐的研究。越南战争中美国使用化学武器,由于越南的气候湿热,一般的防毒炭催化剂及其滤毒罐存放后会很快陈化失活,因此急需研发出新的抗陈化的防毒炭催化剂,我除了负责新型抗陈化催化剂的制备探索,还主要负责在高湿度的坑道、防空洞和海岛做存放实验,即不同时间取回试样做催化剂的表征和防毒活性的反应评价。我感到这样传统的抗陈化性能的存放评价方法是不仅工作量大,更糟糕的是需很长时间(以月甚至以年计),这样就无法大量试探筛选新配方催化剂,就会难以保证完成这项紧急的科研项目。我觉得要解决这个问题,关键是必须找到一种模拟自然存放陈化的催速陈化失活的方法,我根据文献和组里已有的数据,发现随自然陈化的存放时间增长,炭催化剂的防毒活性基本上是呈指数下降;再考虑到影响炭催化剂存放陈化失活的主要条件是湿度与温度,我们经研究找到了一种合适的方法,使需要大量器材和耗费成年时间的自然存放可以在实验室里几个小时里完成,使我们可以大大增加选择和筛选新配方炭催化剂的数量,提高了研究效率,最终我们研究开发出很好的抗陈化防毒炭催化剂,完成了任务,装备了部队。在这个项目研究中,我们与部队紧密合作,也到工厂去放大催化剂。我参加的这两个科研项目的完成都获得了 1978 年的全国科学大会奖,1977~1979 年中国科学院、辽宁省、大连市重大科技成果奖等九项奖励。抗陈化防毒炭催化剂的各项奖励中,我已成为排名第四的主要完成人。这些新催化剂应用研发的完整经历,对我后来从事催化基础研究,做研究规划,选择研究方向、主要研究内容和确定研究方案和需解决的关键难点都很有用处。

抗陈化防毒炭催化剂项目完成后,我被调到 806 组,组长是臧璟龄,她也是张大煜做催化基础研究的几个主要助手之一,"文化大革命"前的 201 组是张大煜与郭燮贤直接领导的大组,原来的老二室主要做催化基础研究,"文化大革命"后被取消,不少骨干被调整到以应用为主的多相催化研究室(8室),那时的室主任是郭燮贤,副主任是姜炳南和林励吾。

当时 806 组是主要从事催化应用基础研究,辛勤从农村回来就分配到 806 组,他下乡前与臧璟龄一起在 201 组从事吸附态工作，我到 806 组时，他正应用一台红外仪从事吸附态研究。应用基础研究就是服务于国家与工业部门需要的开发催化剂和催化工艺流程的基础研究，目的是通过表征实用催化剂在制备、反应、失活和再生过程中，在组成与结构上发生的变化，尽可能地了解活性中心的组成结构，从而达到减少催化剂配方的筛选和反应条件优化试验，提高催化剂研发的效率。当时组里服务的应用研究对象是 8 室的其他各组，组长臧璟龄让我主要针对 801 组的姿态控制肼分解的 $Ir-Al_2O_3$ 和乙烯氧化制环氧乙烷的银催化剂做些研究，她是很放开的，具体怎么研究你可以自己通过搞调研、看文献，提方案与她讨论。那时我读到了美国匹兹堡大学 Yates 的一篇评论文章，题目是《催化正在从工艺到科学（art to science）的门槛上》，文章评述了以低能电子衍射、光电子能谱等为代表的各种超高真空现代表面物理技术，应用于规整表面模型催化剂，在原子分子的水平上揭示了活性中心的点阵结构和吸附小分子的电子结构，精确到了能提供键长、键角。这篇论文引起了我极大的兴趣，我查阅大量催化表面研究的文献，以及有关超高真空和光电子能谱的专业书籍，还在大学里学到的量子力学基础上，到大理工学院学听课选修了有关计算数学与量子化学，就在 1976 年夏，还在福州参加了三个多月在中国科学院福州物质结构研究所举办，由唐敖庆和卢嘉锡系统讲课的波谱理论研讨班。那时候化物所除了 806 组的红外和顺磁（都是"文化大革命"前的设备）没有先进的大型仪器，我想只有先了解国内哪里单位有这类先进设备，出差去做实验，才能学习懂得如何应用现代表面物理技术研究催化剂活性中心本质和小分子在活性中心上是如何被活化这些催化科学中最本质的问题。我在中国科学院长春物理所、沈阳生态所和一机部上海材料研究院等单位，利用高分辨透视电镜、扫描电镜、电子探针等仪器，考察了肼分解的 $Ir-Al_2O_3$ 催化剂和乙烯氧化制环氧乙烷的银催化剂的表面组成和形貌，对照选择吸附测得的活性组分比表面积和 XRD 测定的粒径研究了制备过程与反应前后金属活性组分的分散度。后来，我打听到中石化（金山）进口的整套化纤厂设备附带有不少先进仪器设备，其中包括一台产自英国的带紫外光源的 AEI-Ⅱ型 X 射线光电子能谱（UPS/XPS），这在当时是全国唯一的光电子能谱，工业部门也没人有兴趣和能力来用这台设备，就把它安装到了中国科学院上海有机化学研究所，由一位姓黄的女生管理，但实际操作的还是北京大学物理系 1964 年毕业的江绍猷，我与他联系想与他合作。我们合作得非常愉快，是因为都对应用光电子能谱研究催化感兴趣，而他是学物理出身，不熟悉催化化学，我是学化学出身，不熟悉现代表面物理技术。我们一拍即合开展了运用 X 光电子能谱研究两种制备方法不同的 $Ir-Al_2O_3$ 催化剂，在制备过程中表面 Ir 物种的组成与氧化状态的变化规律及其金属和载体间相互作用的信息；考察由于制备过程的差异导致表面铱化学状态差别的规律，以探讨催化剂的制备机理。负载型金属催化剂常用的制备步骤多是浸渍、焙烧、还原，方法虽类同而且简单，但制备过程中组成物的化学物理变化极为复杂，往往难以控制预期的催化性能，XPS为探讨制备历程及反应前后催化剂表面的物化性质，了解催化剂组分间的相互作用本质提供了新的有力手段。1980年3月《催化学报》创刊，在第一卷第一期上，我和臧璟龄发表了题为《用X光电子能谱研究铱催化剂的表面性质》的论文，这是我国发表的第一篇应用X光电子能谱研究催化剂表面性质的论文。

从二十世纪七十年代中期开始，应用现代物理技术研究催化剂的表面性质，尤其是通过催化剂活性组分间的相互作用来揭示催化剂表面活性中心本质，一直是我最感兴趣的研究领域之一。

催化剂的表面物理化学研究

1978年，中国科学院提出了"侧重基础、侧重提高"的办院方针，大连化学物理研究所明确了以催化、化学激光与激光化学、化学工程及色谱等四个学科领域研究为主，按学科建室的原则，重新调整了研究室建制，重新建立从事催化基础研究的催化化学研究室（五室），当时化物所催化研究还有多相催化（后来又分成研究金属催化的八室和酸碱催化的十二室）和络合催化（后来又分成均相催化和金属有机两个研究室）。五室体量很大，室主任是郭燮贤，副主任有郑禄彬、李克敦和李文钊。不久，在新任命的副所长的郭燮贤等的努力下，根据国际上催化科学发展趋势和化物所催化研究发展的历史与现状，凝练了学科发展方向与主要研究课题，当时国家还是一穷二白，要少花钱办成事，就只能做好选择，有所为有所不为，催化基础研究主要保留了以开拓催化新反应为目标的催化化学反应研究组（501组）（郭燮贤任组长，徐奕德任副组长），以发展吸附态表征新技术为主线的分子光谱与理论计算为特色的503组（辛勤任组长），还有以催化剂材料表面物理化学研究为主的504组［组长是王弘立，副组长是我与符祖根（1987年去了美国，在布鲁克海文实验室工作）］，从1978年成立催化基础研究室到1984年起筹建催化基础研究国家重点实验室，慢慢形成了实验室的三驾马车。从1976年我的兴趣就转到应用超高真空的现代表面物理技术研究催化材料的表面性质，但是在1978年（那年召开了全国科技大会），别说是大连化学物理研究所，就是整个中国科学院也没有一台光电子能谱。很庆幸当时院里给化物所一笔很可观的专款用以从国外购买一批先进仪器设备，让我更高兴的是从所到室里的领导都同意我组提出的引进多功能光电子能谱加强催化剂表面性质研究的申请。1979年我接到通知，到北京参加由中国进出口总公司组织的引进美国Perkin-Elmer集团下的PHI公司生产的PHI-550多功能电子能谱仪的谈判，公司负责商业谈判，而技术谈判由各个引进仪器的研究机构科技人员负责，当时中国科学院计划引进PHI-550

两台，一台配给化物所，另一台由中国科学院化学研究所和物理研究所共用，此外还有核工业部在天津的一个所，一机部的上海材料研究所等共六个单位进六台。那时候国家刚开放，许多事都是第一次经历，中国进出口总公司当时规定与外方的技术谈判，中方只能有一个人主谈，也没有翻译，PHI 公司派来的是 PHI 公司欧洲总部的经理布鲁杨，我被推选为中方主谈代表；当时谈得非常认真，有一件事情我记忆犹新，那时因为计划内定化学所和物理所只能进一台，而两个所的要求不太一样，化学所是一定要单色紫外光（氦）光源可以用于紫外光电子能谱研究价带电子结构，又一定要样品表面预处理室及相应进样杆，而物理所又强调需要配上俄歇电子能谱和低能电子衍射，以及可离子刻蚀、蒸镀、淬火等规整表面样品制备的附件，两家真正共需的是超高真空系统和能量分析器。技术谈判时，布鲁杨说都可以组装到一台设备上，但是问到具体细节与价格，给我们的印象是两个所不太方便同时在这一台设备上做他们要做的实验，后来这台设备引进后不久拆成两台分置在化学所和物理所。除了化学所和物理所那台要八十多万美元外，我所的那台是最贵的，因为它订有最多功能和相当多零配件，价值 65 万多美元。我觉得一定要稳妥地做好这台设备的安装调试和很好的应用到催化研究中去。所以，为管理维护好设备组建工程师小组，对外招聘了余松华、王力和仇振华等专业的计算机、电气和微电子的技术人员，我还特意到 6 台中第一个到货 PHI-550 设备的上海材料研究所，用了好几个星期参加他们的全程安装调试和验收工作，接着在他们设备上熟悉了解每一个部件，操作台上每一个电位器、按钮和开关，当时都是记下来和手画下来，还在我们设备安装调试期间让美方技术人员讲课。

符祖根、熊国兴（前排右一）、王弘立（二排右二）等合影

1979 年 PHI-550 安装验收后，我作为协助导师，帮王弘立带硕士生唐胜，他是我国恢复研究生制度后我所招的第一批 29 名研究生之一，开展以 TiO_2 为载体的负载型Ⅷ族金属催化剂上的金属-载体强相互作用（SMSI）的研究，他硕士毕业后到长沙国防科技大学工作不久，因为我国又恢复博士生培养制度，他 1982 年又报考回来，师从王弘立攻读博士学位，我作为协助导师，研究内容还是继续他硕士论文的 SMSI 研究。1983 年王弘立调任中国科学院兰州化学物理研究所当所长，我在美国接到他的来信，告诉我他将唐胜安排在组里继续他的博士论文研究——Ⅷ族金属/TiO_2 模型催化剂上 SMSI 的研究。SMSI 现象首先是在 1978 年由 Exxon 公司的 Tauster 等在 *J. Catalysis* 上报道的，在催化学术界立即引起了广泛的关注，因为普遍认为金属载体之间相互作用的研究对揭示负载型金属催化剂的活性中心本质，以及指导开发催化剂新材料及其制备新技术具有重要的学术意义和实际应用价值。而 SMSI 研究热的实用背景也正是与能源和环保密切相关的一碳化学。同时 SMSI 本质的研究，推动了许多实验室开展模型催化剂的表面物理化学研究，希望能深化对活性中心本质以及在活性中心上反应分子是如何被活化和转化的认识。我们的初步研究结果在 1981 年的有关 SMSI 的第一次国际学术会议上发表（后收入在 *Stud. Surf. Sci. Catal.*, 1982, 11：19），就得到了重视，在会议闭幕式上被会议主席的总结讲话中提及，认为是深化了 SMSI 本质认识的研究之一。

我对 SMSI 本质的认识与国际上一些学者的观点有分歧，主要是 SMSI 现象是否与氢有关，我们研究的结论是肯定的。但也有否定的，特别是一些物理学家在规整表面模型催化剂上的研究是未经高温氢处理的，美国西北大学的钟教授（Y. W. Chung）发表的几篇相关论文中就认为 SMSI 是金属与还原态的氧化钛物种之间的作用，即使没有氢处理，只是超高真空下脱气或离子轰击处理氧化钛表面，产生了低价态氧化钛物种就会与过渡金属发生 SMSI。八十年代初，中国开始向国外著名学术机构派出访问学者去留学进修。当时我已被所里同意派往美国进修，正在考虑落实申请到哪个学术机构，原来我很想到加州理工大学的劳伦斯-伯克利实验室 Somorjai 或匹兹堡大学的 Yates 那里去，但当我了解到美国西北大学的 Ipatieff 实验室是世界著名的催化研究中心，考虑到钟教授（美国西北大学材料科学与工程系）也对研究 SMSI 有兴趣，我就与他联系，很快就敲定了以访问学者的身份去合作研究 SMSI，于是我在 1981 年 1 月到了他的实验室，通过一年在 Ni/TiO_2 模型催化剂上 SMSI 的研究，包括不同还原处理的模型催化剂上的原位 CO 加氢反应的考察，以及不同处理和反应前后模型催化剂表面结构的研究，结果表明 Ni/TiO_2 表面发生的，明显影响其 CO 加氢反应性能的 SMSI 与氢有关。工作结果发表在 1985 年的 *J. Catalysis* 上，得到上百次的他引。这一年的研究工作让我学会了模型催化剂的全套制备技术，从单晶的切割磨抛，到晶面的 X 射线劳埃定向

（为了得到想要的晶面，切割磨抛定向要多次反复进行），以及超高真空腔中金属组分的蒸镀与处理、规整表面的原位表征与原位催化反应等，这些对我回国后应用现代表面物理技术开展规整表面模型催化剂上的催化基础研究起了重要的作用。从 TiO_2 单晶棒到制备出第一片合格的单晶片，我用了好多个日日夜夜，但一旦制备技巧掌握了，就快多了，在钟教授的支持下，我制备了几十片 TiO_2 单晶片，包括 TiO_2(100)、TiO_2(110) 和 TiO_2(111) 等各种 TiO_2 单晶片带回国，这些单晶片中不少送给了需要的同行，我记得白春礼刚回国参加我们在大连举办的催化表面研究学术研讨会，我知道他在美国从事的 STM 扫描隧道显微镜是很新的表面研究技术，邀请他参会做了有关 STM 的报告，之后支援了他几片 TiO_2 单晶片，他很认真地写了借条。

1983 年夏我和钟教授在我工作的超高真空装置前

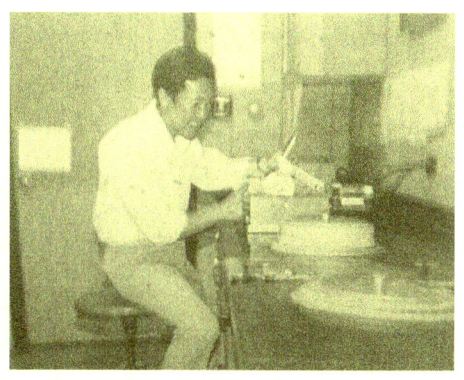

在美国西北大学实验室我正在用金刚刀切割 TiO_2 单晶，旁边是磨抛单晶面样品的金刚砂转盘

我在美国的研究工作，得到了郭燮贤、王弘立等前辈的很大关注，郭燮贤还到西北大学来看我，我向他详细介绍了我的研究工作和实验室，还邀请他在我大哥家一起度周末，我当时刚通过了路试有了驾照，还是个新手，我在周一借了我侄女的新车，清早开车送郭燮贤上了机场。后来，室里的同事告诉我，在室里的一次会上郭燮贤还讲起这事，说我开得一路飞快，把他吓得够呛，后来我只要想起此事心里还不禁发笑，当然也带点后怕。不过他对我的研究工作很支持，同意帮我申请外汇指标，在我回国前，让我所选送到西北大学攻读博士学位的赵永渤带来几千美元，购买了超高真空表面研究所需的一些零部件，使我一回到化物所即可在 PHI-550 电子能谱仪上改进样品预处理腔，当时为了实现样品原位氢还原也做了些改变，结果 PHI 公司技术部门还警告我说，样品室如出了爆炸公司绝不负责，我想在西北大学的超高真空系统上我早做过样品的原位还原和氧化处理，

尽管与他们的设备不完全相同。结果这些改造，包括快速升温 TDS 热脱附都很成功，这些改造使唐胜、姚丽君等的博士论文研究得以顺利开展，而且学生作为研究主力也在实际动手能力上得到了锻炼和提高。我一直跟学生说：你要发表论文，就一定要能说别人没有说过的话，也就必须拿到别人没有拿到的数据，那么设计实验解决研究方法难题是最要紧的。为 SMSI 研究我申请到了中国科学院刚设立的自然科学基金资助（两三年后，此基金交给刚成立的国家自然科学基金委员会），在国内外发表一批论文，负责开展的金属-担体强相互作用研究获得中国科学院 1986 年科技进步奖二等奖。因参与长效化肥增效剂双氰二胺的研究，获中国科学院科技进步奖特等奖（1997 年），主要贡献是应用现代表面物理技术研究阐明了长效化肥增效剂双氰二胺的表面增效机理。

1984 年春郭燮贤来美国西北大学看望我

我在西北大学第二个研究工作，1983 年 3 月，在有几名竞争对手的情况下，我在著名的催化学家 Burwill 那里获得了一个 Postdoctoral fellowship 的位置，我当时非常高兴，他德高望重名气大，是最著名的催化学家之一，是第二任 Ipatieff 教授，他当过北美催化学会十多年主席，那时他是国际催化学会的主席和 *J. Catalysis* 的主编，但是他的办公室很简陋，堆满了书籍杂志和稿子，在一个大实验室的一角腾出来的面积不大的小房间，我去以后的日子里我们就天天相处在这个小天地里。我到他那里申请博士后的研究位置，他并没有因为我没有博士学历而质疑，因为他们知道新中国还没有培养出博士，他们考虑的是是否能胜任博士后工作。在我之前，何鸣元已经在他那里开始了这项研究，Burwell 对他的工作非常满意，但与我一样，何鸣元希望在国外有限的时间里多学点，所以他当时又已申请到得克萨斯大学奥斯汀分校化工系进修，Burwell 希望找人继续，何鸣元问我有没有兴趣，我感到要做的研究工作内容非常有意思，经过申请与批准手续，和简短的交接，我就开始接着研究。

Burwell（中）、何鸣元（右）和我在 Ipatieff 实验室

当时的研究是要设计制备一个多孔氧化铝催化剂，其表面的羟基密度可控，羟基之间的距离大于纳米，而羟基之间基本没有相互作用，然后在无水无氧氮气箱中，把有机金属化合物与表面羟基上的氢交换而载到氧化铝表面上，来模拟研究催化剂活性中心上组分间相互作用本质（电子因素和空间因素），通过变换有机金属化合物的配位基，来调变活性金属原子上的电荷密度，考察其催化反应活性的变化，来揭示催化活性中心组分间相互作用本质的电子因素。我们也通过改变配位基的大小对活性中心催化性能的影响的考察，来揭示活性中心组分间相互作用的空间因素。Burwell 是一位我终身敬仰的良师益友。一年半的博士后研究中，虽在一个实验室，进进出出一天要打招呼好几次，但他很少干预我的研究，他要求我通过不断及时地写研究报告，说明这一段研究的目的、主要内容和研究方案、研究结果、存在问题和进一步的研究打算。每一个研究报告他都不仅看，还都有批注，还改英文错误，也不定期地根据需要与我讨论，提出他的看法，他喜欢直截了当的讨论，刚开始我常常在他讲完后，先说 Yes，但下面用 But 开始提出不同意见，但有时还说不清楚，讨论很费时，他就说，我说完你就说 Yes 或 No，不要 But，但有次我习惯性地又说 But，他笑着说，你再说 But，我以后就叫你 Mister But 了!（But 先生）。我想他不能理解他是上司，我对他的意见怎么能老说"但是"呢。我在 Burwell 指导下的一年多研究中，共写了 23 个 research reports 交给他，研究步步深入，取得预期的结果，我们的论文被接受发表（JACS，1985，107：641-652）。与 Burwell 相处的一年半里我受益匪浅，在我后来的工作中，包括指导

我的学生做研究时，很多都学习借鉴他的研究方法。Burwell 对催化的许多见解也对我很有启发，他说，规整表面模型催化剂上的表面物理研究可能有益于解释一些催化现象，但真要揭示复杂的催化本质不会有太大用处，他认为他那种表面化学的研究更接近催化实际，对揭示复杂的催化现象本质更有用。我虽然当时没有完全同意他的观点，但我后来又做了几年规整表面模型催化剂上的表面研究后，我也认同了他的观点，总觉得靠它来揭示催化作用的本质可能性不大，解释些催化现象，为加快开拓新催化剂材料和新催化反应的研究提供一些有用的思路是现实的。我在八十年代后期就基本放弃了规整表面模型催化剂上的表面物理研究，而转回到催化剂材料及其制备新技术的研究，那时好多人为我惋惜，我的复旦大学老师邓景发给我写过信，也当面劝过我不宜放弃已经在上面花过许多精力的研究领域。

邓景发（左）劝我不要放弃规整表面模型催化剂的基础研究

回顾那十几年的催化表面物理化学的研究工作，我是国内最早开展应用光电子能谱等现代表面物理技术研究催化的学者之一，在筹备成立和开展中国化学会固体表面及电子能谱专业委员会的工作期间，组织多次有关电子能谱、催化表面研究的全国学术会议，1990～1996 年还任表面物理国家重点实验室学术委员会委员，对推动国内这方面的研究工作发展做了有益的工作，但是纵观催化科学的历史与现实，我感到催化剂新材料的发现一直是推动催化科技不断进展的主要动力，任何新的催化流程的实现，其关键的核心是催化剂及其制备技术。所以，八十年代后期开始，尤其是在酝酿催化基础研究在国家自然科学基金委员会"八五"重大项目申请立项和作为中国科学院化学化工专家组成员（1987～1997 年）参与规划中国科学院化学重大基础研究项目期间，我的研究重心逐渐转到了催化剂新材料及其制备新技术方面，所有重大项目中我承担的课题都与催化剂新材料及其制备新技术有关。

固体表面与电子能谱专业委员会在上海复旦大学化学系开会后，
部分委员参观上海玉佛寺后的合影
前排左4为熊国兴

八十年代中国改革开放后，在美国西北大学来了一百六七十位中国学子，其中近七十位来自内地，比来自台湾或香港的都多。那时我感到美国对中国派去的访问学者非常友好，国家也对我们很关心，人在国外进修，家里生活无忧，大使馆也时常有人来学校，柴泽民大使还专门来西北大学探访过，与大家聚会。

1984年深秋，我回国不久就与何鸣元邀请Burwell访华，他也是我们正在筹建中的催化基础实验室邀请的第一位来自美国的国际著名催化化学家，从SKLC筹建一开始，我们就非常注意邀请国际著名的催化名家来访，开展国际学术交流，1986年我们就又邀请后续担任Ipatieff教授的Sahtler来访。

1983年10月中国驻美大使柴泽民（中间穿深色上衣）来访西北大学时与
部分中国学子合影
第二排左2为熊国兴

| 1984 年深秋 Burwell 访问大连化学物理研究所 | 1986 年春 Sahtler 来访时摄于老的化物所 |

1996 年我在 Baltimore 参加第 11 届国际催化大会，那时 Burwell 已经退休了，但还是唯一受邀在第 11 届 ICC 做有关国际催化学会成立五十年来催化科学的历史回顾与进展的大会报告。在第 11 届 ICC 时，会议接受的来自中国本土的口头报告共三篇，这三篇分别来自中石化研究院（企业）、南京大学（高校）和我的一篇（科学院）。Burwell 见到我说，他看到我回国后研究工作，鼓励我说做得很好，他还针对我当时开展溶胶-凝胶技术制备纳米催化材料的研究提醒我说，那种方法他做过，做出来的载体堆密度太低，实用化不容易；我们一直保持通信联系，2000 年 3 月 6 日他寄到的来信，说了他与坐轮椅的妻子的近况后，还不忘鼓励我，他特意手写了一段话："I was very interested to learn of all your activity and successes, you have been very diligent and productive, keep it up." 还说他在养老院的住处有两个卧室两个卫生间，假如我到美国可以去看看他们。

1996 年在美国巴尔的摩第 11 届国际催化大会上我最后一次见到 Burwell

我的博士后研究合同是到 1984 年 8 月底，但郭燮贤来西北大学看我时，就告诉我，为了加强基础研究，中国科学院准备成立国家重点实验室，第一批是五个，一个学部一个，生物学部和地学学部各一个外，数学学部是计算机模拟与识别，物理学部是表面物理，化学学部是催化基础国家重点实验室，依托在大连化学物理研究所，预计1984年秋天就要组织立项论证会，他希望我能缩短在西北大学的时间，早点回所参加筹备工作。我答应了，就与Burwell说明了情况，要求提前三个月回去，答应他我会将一些还没有整理的原始数据带回去处理了寄给他，他非常高兴地同意了。1984年的9月初，中国科学院关于筹建催化基础国家重点研究室（SKLC）的论证会在大连的棒棰岛宾馆9号楼召开，催化学术界的前辈闵恩泽、蔡启瑞和彭少逸等参加了会议，都表示十分支持。化物所从事催化研究的高级研究人员也都出席，参加会议的人个个兴高采烈，对SKLC的立项筹建都积极支持，并热烈讨论，提出了很多好的建议。

SKLC立项论证由闵恩泽（左）主持

SKLC立项论证会顺利通过后催化前辈郑禄彬（左一）、林励吾（左三）、陈国权（右一）和我走在宾馆的庭院路上，背景就是SKLC实验楼

SKLC筹建工作领导小组

中间为熊国兴

立项论证会后，经中国科学院批准所里成立了 SKLC 的筹建工作领导小组，由郭燮贤任组长，成员有我、徐奕德、辛勤和阮振奎。当时计划在 1987 年完成筹建正式对国内外开放合作研究；我被指定为与院里联系的联络员，负责与院里的计划局新成立的国家重点实验室处及装备处联系。筹备领导小组先组织在室里和各个课题组里做了相当充分的内部讨论定计划，然后再汇总到我这里，拿到北京院里计划局与国家重点实验室处的处长龚望生那里谈筹建的预算，即基建和购置仪器设备（绝大部分需要引进）所需总款项，那时效率挺高，我与设备处和院里刚成立不久的东方进出口公司负责人一起，一项项审核，很快就定下来了，总计近 900 万人民币（内含 260 万美元的外汇额度）。1985 年 11 月，我参加了院里计划局装备处和东方进出口公司组织的代表团访问美国，因为我刚从美国回来不久，又对现代仪器设备比较熟悉，所以让我提一个参观访问的大学和重要仪器制造企业的名单。这次访问也是我第一次也是唯一的一次接触这些早就闻名的大公司，如 PE、惠普、PHI、尼高利、Varin、Colo Parma 等，那时美国这些大公司正对开发刚改革开放的中国这个大市场有兴趣，所以很重视我们的参访，常常是由高级主管人员亲自接待。我记得参访在 Minneapolis 的 PHI 公司，他们总裁亲自接待，他知道 1979 年我们所是中国第一批进口 PHI-550 多功能光电子能谱仪的科研机构，也知道中国进口的超高真空表面测试仪器最多的是来自 PHI 公司，知道我们的访问可能给他们带来新的订货，所以很热情，参观展览室时，让我们看到了他们研制生产的第一台用于电子能谱的直筒型能量分析器实物，这还是玻璃仪器，而非金属制品。临走，他送给我的是一本 X 射线光电子能谱手册，是由当时美国早期从事 X 射线光电子能谱的五个知名专家编辑的，手册中不少谱图就是他们做的，这本手册是非卖品，是每一台能谱配送一本，使我高兴的是送我的那本手册是由这五位作者亲笔签名并指名送我的，因为扉页上打印了"TO DR. XIONG GUOVING VISIT TO PHI NOV 4 1985"。另外像参观加利福尼亚大学 Berkley 分校的著名 Lawrence-Berkley 实验室，因为事先联系过，A. T. Bell 亲自带我参观他们的催化研究实验室，还访问斯坦福大学的催化表面研究、特拉华（Delaware）大学的催化研究、匹兹堡大学 Yates 教授的表面科学研究中心、亚利桑那州立大学表面研究中心（Arizona State Uni.，其高分辨电镜工作很有名）等著名研究机构。这些是我在美国两年多，都想去而未能成行，这次的访问真是很有收获，不仅认识了不少知名而不相识的催化学者，而且对催化基础国家重点实验室的研究重点凝练与国际学术交流与合作研究开展，以及实验室的管理运转有很好的作用。

回来时与院里龚望生等商量，预算肯定是要超了，就只能努力去说服主管领导，我记得最明显的是要求增加预算进口一批零部件，如超高真空系统的波纹管、密封件、阀件等；自建反应系统，吸附系统所需的密封连接件、流量计、精密微量泵、各种阀门等标准系列部件；一批做规整表面模型催化剂单晶材料、金属箔和金属丝等，总价值30余万美元。这使得主管部门感到为难，当时筹建国家重点实验室的预算只是用来引进先进仪器成套设备的，我当时给领导解释并打了个比方：给您一条新鲜好鱼，您不一定就能做出一盘松鼠鳜鱼或者一条清蒸鳜鱼，这做出来的关键不只取决于好厨师和鱼的质量，很重要是有合适的调料和厨房设施，搞研究大家用同样的仪器设备，但要拿到别人没有拿到的结果，就要设计实验，就要设计改进如各种原位预处理、原位在线的测试方法，所以要改变过去的只管进大仪器，而不让进关键零部件，这样难以很好发挥大仪器的作用和影响研究人员创新做出有特色的工作。我还以我在美国做的催化表面物理化学研究工作为例，拿我们组的改造样品室使之能原位氢还原，做原位快速升温热脱附TDS等实例说明，建SKLC在引进先进仪器的同时，也得引进先进零部件，最后他们同意了我的建议，预算增加到一千一百多万（含外汇285万多美元），但这使我们室各个组能在很短的时间里掌握和发挥先进仪器的功能，做出有特色的研究工作，在国内外催化学术界扩大了影响，促进了与国内外同行的学术交流和合作研究，也明显有利于年轻人才的培养和取得更多高水平论文与研究成果。

经过不到三年的努力，SKLC按计划完成筹建工作，于1987年12月通过了国家验收后正式开放，院里任命郭燮贤为SKLC的第一届主任，我和徐奕德任副主任，同时任命了闵恩泽为主任的学术委员会，辛勤任学术委员会秘书。我认为从1984年到1998年，SKLC的领导班子明确了几点重要认识，一个是催化是一门与能源、环保、国家安全和改善人类生活素质密切相关的，一定不能脱离国家重大的实际需要，因此选题立项的原则就是要顶天立地，既要与国际接轨，瞄准催化科学研究的前沿领域，做出创新有特色的成果，不断发展，逐步为推动与引领催化科学的发展做出贡献，要环绕催化剂新材料制备、开拓催化新反应和创新发展催化表征新技术开展基础研究，我们申请立项的院基础研究重大和重点课题，基本上都与此有关；另一方面，我们认为SKLC的选题又必须立足于为满足国家在能源、环保、国家安全等方面的重大需要，去不断探索全新的、可能形成具有自己知识产权的催化新反应流程和催化剂新材料及其制备新技术。在20世纪80年代末，我们就酝酿起草，并在1991年联合厦门大学、南京大学、清华大学和兰州化学物理研究所和山西煤炭化学研究所，成功申请立项了国家自然科学基金委员会的"八五"重大基金项目"煤炭、石油、天然气碳资源优化利用的催化基础研究"五年经费350万，SKLC负责的子课题主要是环绕甲烷为主的烷烃的有氧和无氧活化与转化的新反应，新催化材料及其纳米尺度下的制备新技术，吸附态和催化剂表面表征新方法等基础研究，如徐奕德主持的甲烷无氧芳构化和我从事的甲烷部分氧化制氢的研究以及催化剂和无机膜新材料及其溶胶-凝胶法等低温液相合成纳米材料新技术的研究，辛勤开展的CO等小分子吸附态的研究。该重大项目经国家验收，SKLC承担的子课题全部被评估为优秀（A），取得的成果与获得的经费相比较是很高的。另一点值得一提的是，SKLC 的领导班子非常重视国内外的学术交流和合作研究，不仅有利于研究工作迅速与国际接轨和研究水平的提高，而且对年轻人才的培养与成长起了重要的作用，那时李灿、包信和、赵东元、裘式纶、周冰、肖丰收等许多当今催化学术界优秀学者都在 SKLC 得到培养，那时室里从非常有限的横向提成收入中，拿出一点钱，支持室里研究生、博士后等年轻人喝咖啡举办学术沙龙，后来发展成为 SKLC 的催化学术论坛，让他们在论文研究中获得的好结果可以及时交流，后来在 SKLC 的支持下，1987 年当时还是博士研究生的年轻学子在老的化物所（中山路 161 号）的 400 号会议室，开了第一届全国青年催化学术报告会，不仅国内的研究者，而且还邀请了一些国外的，我 1985 年访问匹兹堡大学时认识的陈经广，那时刚获得博士学位，他来参会并做了报告，后来他去了著名的布鲁克海文实验室，之后还被聘为主任。那次会我和李文钊受邀做的大会报告题目是"现代表面物理技术在催化研究中的应用"。

1988 年 11 月我收到了中国科学院数理化局"关于成立数理化局化学化工学科顾问组和召开化学化工学科优先发展领域研讨会的通知"（会后改名为数理化局化学化工专家组，1993 改名为中国科学院化学学科专家委员会），是"为了加强我院学科发展战略研究，按照院的统一部署，决定成立我局化学化工发展战略顾问组，作为院的学术咨询机构"。这个顾问组 16 人，组长是郭慕孙，两位副组长是张存浩和戴立信，化物所还有袁权和我共三位，在中国科学院化学化工类所里是人数最多的。数理化局的钱文藻局长主持开会说了简明开场白，就组长领着转入主题研讨，这种高层次专家会我是第一次参加，想不到这么有效率，两天的会议从早到晚，与会所有人吃住都在招待所。以后的十年里，这类高层研讨会我参加很多，除了院里的学科专家组的会和院基础局里和全院的评审重大项目申请和评奖（1992～1996 年我是院第三届科技进步奖评审委员会委员）相关会议外，还有作为辽宁省科委聘任的专家组和科技奖励委员会成员参加的会议，此外我印象比较深的，如由科技部、中国科学院、国家自然科学基金委员会、教育部等在二十世纪九十年代后期召开了几次 21 世纪化学研讨会，我参加了第一次会议。当时是在北京西山国务院招待所开的，与会有院士老专家，但也邀请了一些新秀，如在这个会上我初次认识的杨玉良（可算我复旦校友），我当时还算是中年，这个会上我听到了涉及化学各个方面的国内顶级专家的发言，一个接一个，非常精彩有启发，会上我做了有关催化剂新材料和制备新技术基础研究的发言，认为近百年的催化研究虽然有了很大进展，但是仍然没有一个催化剂是只按催化理论而不经过大量配方筛选发明的，大多数材料也是这种情况，原因是人们至今虽对构成材料分子和原子的微观结构与性能清楚，因为一般来说分子原子物理学是清楚的，另一方面对材料的宏观性质，诸如力学、光学、电学等性质也是清楚的，但是除了晶体，人们对物质凝聚态的了解有限的，尤其是介于微观和宏观之间的介观状态下物质凝聚态的了解非常有限，介观凝聚态物理已经成为物理学研究的前沿，对化学和材料科学来说，已经知道构成材料的最小分子并不能完全决定材料的性质，而重要的是微观的分子又是如何凝聚成宏观材料的，也就是说要揭示材料从微观到宏观之间的介观物理化学变化过程。要重视材料合成过程中，在纳米尺度下体系的物理化学变化。不久我在北京香山系列科学论坛参加一次专门的纳米科学研讨会，催化界不少知名学者参加。还有一次林励吾和我参加第三次 21 世纪讨论会，主题是探讨 21 世纪的化工研究前沿，我记得多数与会者提到集成耦合过程，即反应-反应耦合、反应-分离耦合和分离-分离耦合新过程。因为对化工来说，反应和分离是两个最基本的单元过程，通过研发耦合技术就可能大大降低投资成本和降低能耗及操作成本。我对研究无机膜催化新材料和膜反应器中的催化——一种崭新的反应-分离一体化过程非常感兴趣，在会上主要就此做了发言。那次会上还认为，另两个研究前沿是微通道和微反应器、化工生产过程中的非线性现象的研究。

1997 年 3 月科技部在北京召开了由几百学者参加的大会，由当时的科技部长做了报告，要求讨论制定出我国实现攀登世界科技高峰的战略规划。她说召开这个会目的就是加快我国科技发展，提高国际竞争力，解决可持续快速发展带来的挑战与机遇，要在能源、环境、资源、生命科学、先进材料、信息技术等方面确定一批重大基础研究项目。随后就分组讨论，我分在能源组，并被指定为副组长，这大概是因为催化一直是解决能源与环保问题的关键核心技术，在院专家组各种规划中我写过不少相关建议材料。不久称为"攀登计划"的国家重大基础研究计划（973 计划），很快就开始"攀登计划"预选项目的申请，我们基本上沿着 SKLC 牵头组织申请与立项的"八五"国家自然科学基金重大项目——"煤炭、石油、天然气资源优化利用的催化基础研究"这个方向继续深入，提出了甲烷、低碳烷烃及合成气转化的催化基础并获得批准，在 1998 年 5 月 8 日写的计划任务书里我负责的子课题是"膜反应技术实现甲烷转化反应-分离一体化过程"。执行起止年限是 1997~2000 年，科技部任命包信和为该"攀登计划预选项目"的首席专家。与我的"八五"基金重大项目的情况一样，我负责的"攀登计划预选项目"（子课题）"膜反应技术实现甲烷转化反应-分离一体化过程"执行也很好，评估成绩为 A。值得一提的是，项目执行期间我们在透氧膜材料和透氧膜反应器中的甲烷部分氧化的研究在国际领先，并有很大影响，我作为通讯作者，我的博士生邵宗平等在此期间发表的论文，他引近一千五百多次，其中最高的论文，他引近七百次。这个"攀登计划预选项目"顺利地继续，成为 973 计划正式立项。1998 年中国科学院在化物所开始改革创新试点，改革重要的一个举措，就是为了年轻人的培养和更快成长挑重担，决定让 58 岁以上的组长与室主任（我和徐弈德正好已是 58

岁）都让位退居二线，化物所先走一步占了先机，确实有利于年轻人的成长，得到了更多的资源，进入了快速发展的新时期。我作为博士生导师，继续带研究生，通过申请自然科学基金面上项目、中石化的基础项目和国际合作项目来继续做无机透氧膜和钯金属透氢膜等膜材料及溶胶-凝胶法等材料低温合成的制备新技术，以及烷烃催化重整制氢（包括在透氧膜反应器中的各种组分烷烃重整制氢）等研究，为了发挥我们这些研究人员的余热，从2003年起我们都被所里聘为所咨询委委员。

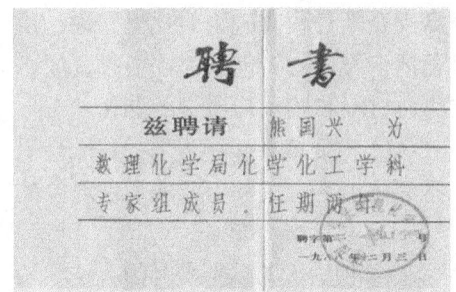 

1988～1997年我被聘为中国科学院化学学科专家委员会委员，为国家化学学科规划和院化学学科基础研究重大项目立项和评审做了大量咨询和建议顾问工作

催化新材料及其制备新技术研究和无机膜及膜催化反应研究

二十世纪八十年代末，我的主要研究兴趣从催化表面研究转向两个领域，一个是甲烷及低碳烷烃的有氧催化转化，从甲烷氧化偶联制乙烯（OCM）开始，找到一个催化性能不错的 $LiNiLaO_x/Al_2O_3$ 催化剂，后来发现当减少锂的含量，该催化剂从碱性变成酸性时，催化剂的氧化产物从乙烯完全变为 CO 和 H_2，即成为一个催化性能优异的甲烷部分氧化（POM）催化剂。对此现象的系统研究结果，在第11届ICC上被接受为口头报告（中国大陆只有三篇口头报告）。从此起我与学生缪清、刘盛林、冉然等系统研究了 $LiNiLaO_x/Al_2O_3$ 催化剂上甲烷以及低碳烷烃的各种重整制氢的研究，结合后来的混合导电透氧膜及其膜反应器的研究，在我的博士生邵宗平研发的 BSCF 透氧膜反应器中，邵宗平、董辉、朱文亮等博士生对甲烷和（模拟配制的）天然气、石脑油、汽油和轻柴油的有氧重整做了系统研究，其中大多是第一次报道的研究。这些研究的背景是制氢，进而有可能用于移动式氢源和移动式燃料电池。

此外，透氧膜和钯基透氢膜及其膜反应器的研究背景，主要是考虑POM虽然原子经济性很好，但是原料的甲烷和氧分子比是2∶1，工业化时这么大量纯氧从哪来，而用透氧膜从空气中制得纯氧显然是很诱人的。而钯基膜的研究，我是从最基础做起的。

八十年代末，我在各种场合，包括在中国科学院化学化工专家组讨论战略规划时，都提出了研究集反应-分离性能于一体的催化膜材料和反应-分离耦合的膜催化过程的建议，当时同时被列入物理化学发展规划的，还有一个是我与徐奕德商量后提出的"甲烷的有氧和无氧活化与转化的催化基础研究"。这两方面的相关研究，后来是 SKLC 获得资助最多的，但是在规划时尚无大的经费投入。正好那时路甬祥访德，与德国 Fraunhofer 学会签了一个双边学术交流和合作研究的长期协定，1989 年 Fraunhofer 学会下的界面与生物技术研究所（IGB）所长 Cheamil 来访，深入交谈后，双方有了长期合作的意愿，决定两边同时申请在中德合作研究协定的框架下的长期合作，这样我于 1990 年去了斯图加特的 IGB，以访问教授的身份，在他们的膜研究室建了一个无机膜课题组，有了第一个我自己的办公室（之前在 SKLC 我与徐奕德合用办公室），配了技术员和几个研究生，还申请到 40 万马克的启动经费。我们用半年就研发成功通过溶胶-凝胶技术制备孔径几纳米的不对称复合金属氧化物膜，当时只有法国、荷兰、美国等少数国家有此能力，虽然 1989 年第一届国际无机膜会议已经召开，但制备细节是保密的。之前中国和德国那时都还没有这样的研究。我和 IGB 的合作长期持续，中间换了三任所长，最后一次由 IGB 所长 Brunner 带队来所签合作协议是 2006 年，在这十几年中通过先后数个合作协议，在互利的密切合作中，我们得到过 IGB 的经费与材料上的资助，我方派出博士后和博士生去合作研究的总计有十几人，其中潘秀莲（已获得杰出青年科学基金）还是协议由我和 Brunner 联合培养的博士生，本应该拿中德双博士学位，但她是硕博连读，所里无法给她硕士学位，而德国规定又必须有硕士学位证书才可颁发博士学位证书，但是 Brunner 还是赶到化物所参加了潘秀莲的博士学位论文的答辩。而 IGB 除十多人次来访开展学术交流外，还先后派来三名博士后做几个月的合作研究。双方在陶瓷无机膜、改进化学镀制钯膜、中空纤维陶瓷膜和中空纤维钯/陶瓷复合膜合作，以及氢在钯膜上的催化解离渗透机理的研究等方面的持续合作研究，取得了显著的成果，在 *J. Membr. Sci.*, *Sep. & Pur. Tech*.等国际刊物和无机膜国际会议上联合发表三十余篇论文与口头报告。我们的无机膜研究虽然起步比法国、荷兰、美国和日本晚，没有参加 1989 年和 1991 年的第一届和第二届国际无机膜会议（ICIM），但是急起直追，在德国期间多次对无机膜研究的先驱，Cot 教授 Montpelier CNRS 的膜研究中心和荷兰二十世纪大学的 Burgreef 教授的无机膜研究中心进行学术访问，他们也是第一和第二两届 ICIM 的发起人和共同主席，Cot 教授也成为 SKLC 最早的国际顾问委员会的委员，我们曾有多次的互访；同时我与美国无机膜研究的专家马忆华开始联系，并邀请他来访，他是第三和第四届 ICIM 的主席,这些学术交流访问很显著地促进了我国无机膜研究与国际接轨,我们的无机膜研究从九十年代起经过十多年的努力,无机膜材料与膜催化反应过程的研究从无到有取得了显著进展。

我充分利用自身在催化剂材料制备与催化反应等方面的学术积累,注重创新,注重特色,注重从基础研究着手,开展了溶胶-凝胶法等低温合成技术,制备高均一超细催化剂与催化膜材料的系统研究,发明了溶胶中胶粒表面修饰引入催化活性组分的制备新技术和改进的化学镀制备金属/陶瓷复合膜的新技术,创新研发了低温合成钙钛矿型复合氧化物粉及相应混合导电透氧膜的制备新技术,我所在中孔-Al_2O_3 膜、微孔 SiO_2 膜、Pd/瓷复合膜、混合导电透氧膜的制备和表征水平迅速达到了国际先进水平,并有自己的创新与特色,在国内外学术界得到认可,有了自己的学术地位。其标志之一是在国际无机膜与膜催化有关学术会议与公认的主要学术刊物上我们发表了数百篇的研究论文与报道,不仅在国际占据了一定份额,而且也得到了学术界的肯定,获得了数以千计的引用,有的论文单篇被他引七百次以上,原创的 BSCF 透氧膜,被公认是透氧量最高的透氧膜材料而被国内外众多实验室肯定和应用。从 1994 年第三届国际无机膜会议(ICIM)和 1995 年第一届国际膜反应器中的催化会议(ICCMR)起的各届国际会议上,都有相当数量的报告来自我所在课题组。1996 年和 2000 年起,我作为第一个来自中国的委员,先后进入历届国际无机膜会议(ICIM)的国际学术委员会和国际膜催化会议(ICCMR)的国际学术委员会。在 2000 年法国召开的第六届国际无机膜会议上,还被邀做"无机膜在催化中的应用"的大会报告。这是中国学者首次在无机膜领域的国际学术会议上被邀请做大会报告。由我组织和主持的第一届和第二届全国无机膜学术会议,分别于 2000 年 5 月和 2002 年 6 月在大连成功召开。由我分别担任会议主席和组委会主席的第七届 ICIM-7 和第五届 ICCMR-5 于 2002 年 6 月先后在大连召开。有来自 27 个国家与地区的两百多位科学家参加了 ICIM-7 和六十多位科学家出席了 ICCMR-5,会议论文经会议的国际科学委员会(ISC)评审,由我和杨维慎作为客座主编,分别刊登在 *Separation and Purification Technology* 和 *Catalysis Today* 两个国际知名学术刊物上。这些说明我领导的研究团队在无机膜和膜催化的相关基础研究已经达到了国际先进水平,原创性的一些研究成果在国际上也已经得到广泛的承认和肯定,为我国无机膜的研究与开拓做出了重要贡献。由我、杨维慎和林励吾作为学术带头人,我所在无机膜和膜反应研究领域所取得的出色成果,在 1996 年获得了辽宁省自然科学奖一等奖。继而在 2015 年,由杨维慎、李元硕、王海辉、我和林励吾作为主要贡献者的"分子尺度分离无机膜材料设计合成及其分离与催化性能研究"项目,获得 2015 年度国家自然科学奖二等奖。

我认为科研自有他的规律,在自然科学研究上,西方比我们早走了许多年,他们积累下的知识和规律,不仅属于他们,适用于他们,也是全人类的财富,要赶上世界先进水平,首先要学习掌握这些知识与规律,所以我一直特别重视研究工作与国际接轨,重视国际学术交流与合作研究,在我从事的研究领域,我注意了解研究发展的动态和注意与国内外研究领先的学术带头人的学术交流和访问联系,1978年中国科学院在大连召开的催化学术会议,郭燮贤让我特别负责与催化界老前辈的联系,从此我就与闵恩泽、彭少逸、蔡启瑞等老院士一直有很多接触并建立了很好的关系,我也与年长我几岁敬为老师的邓景发、陈懿、高滋、黄开辉、桂琳琳,和我同龄的何鸣元、万惠霖、郑小明、于作龙、陈庆龄、李树本等,以及比我年轻的徐南平、付贤智、杨经纶等许多新秀建立了很好的关系。与国际上的催化名家和无机膜的名家也进行过广泛的互访和学术交流。我的学生们不仅在研究生学习期间取得颇具新意的研究成果,以他们为第一作者发表的论文,大多获得他引50以上,而且毕业后的科研工作也很出色,大多已是教授与博士生导师了。其中,邵宗平在学期间发表的论文的总计他引数超过一千五百次,最多的单篇论文他引数已近七百次,已获得杰出青年基金和长江学者称号。潘秀莲也已获得杰出青年基金。我的学生有三名获中国科学院院长奖。2000年我被评为1999～2000年度中国科学院沈阳分院优秀研究生导师,2008年被中国科学院研究生院授予"杰出贡献教师"荣誉称号。

图 片 集 锦

催化与动力学组的师生

右1为熊国兴

1966 年秋 205 组的合影

前排右 1 为熊国兴

我在小高屯生产队的家

1972 年从农村回来到上海看母亲、兄姐

（熊国兴）

郑 小 明

郑小明，教授，博士生导师。浙江省特级专家。1941年4月生，浙江慈溪人。1963年毕业于杭州大学化学系，同年留校化学系任教，历任研究室副主任，化学系副主任、主任，杭州大学副校长、校长等职，第九届全国人大代表。曾任中国化学会常务理事，中国化学会物理化学、应用化学学科委员会委员，第11届催化专业委员会主任，第10、12届副主任，环境化学专业委员会委员，教育部科技委化学部委员，教育部理科教学指导委员会委员，环境学教学指导组副组长。现任浙江省科协副主席，浙江省化学会理事长，浙江省应用化学重点实验室学术委员会主任，催化基础国家重点实验室学术委员会委员，《催化学报》、《天然气化学》、《工业催化》编委，《燃料化学学报》顾问，《浙江大学学报》（理学版）主编，多年来主要从事催化理论及实用催化剂的开发研究和教学工作。20世纪70年代着重对芳烃选择性催化氧化进行了系统研究。"间（对）二甲苯氨氧化催化剂和集团结构适应理论"于1978年获全国科学大会优秀成果奖，课题组获先进集体奖。作为主要成员，他在该项目取得水平突破和工厂中试放大中起了关键作用。"集团结构适应理论"是催化剂设计的控制论原则，带有鲜明的创新特色；"涤纶生产新工艺"1979年获浙江省科学大会优秀成果二等奖，该成果用低毒价廉的氧化锌催化剂代替镉催化剂，在全国小化纤厂普遍推广；"邻二甲苯流化床制苯酐杭A型催化剂"在国内首次实现了不添加腐蚀性气体气氛下邻二甲苯的沸腾床氧化，获1980年浙江省科技进步奖三等奖。20世纪80年代起，大胆采用浙江缙云天然丝光沸石为载体，研制了一系列工业有机废气焚烧净化催化剂。其中"NZP-1型催化剂"先后获国家科技进步奖三等奖、省科技进步推广奖等，达到国际先进水平，在全国

推广取得明显的社会效益，为使用单位增收节支3000万元以上并出口日本，是浙江省首次出口的高技术产品；"NZP-2型催化剂"有效治理苯酐工厂尾气，填补国内空白，获国家环保局表彰；"NZP-3型催化剂"1989年先后获省科技进步奖三等奖和比利时尤里卡发明铜奖；"TFJF型漆包线烘炉排气高效净化催化剂"已在全国推广应用，获1994年浙江省科技进步奖优秀成果奖。参与负责汽车排气净化催化剂开发研究，现已产业化。

1987年开始，作为客座研究员在日本北海道大学理学部访问一年，师从日本化学会会长田部浩三，涉足固体碱催化研究领域。对结晶氧化镁的催化性质进行了深入研究，首次深测到氧化镁表面的氧脱附现象并将其与碱催化中心的形成相联系，发现了固体碱催化剂表面酸碱中心的协同催化作用。1988年回国后，在国家和省自然科学基金资助下进行"固体碱催化剂活性中心性质调变规律和形成机理"研究，提出氧化物元素电负性、晶格距和组成原子集团的情况是影响固体碱性质的三要素；发现供氧活性、单电子供出性和固体碱性三者的顺变关系。多篇论文被国内外学术会议、有关刊物采用。

20世纪90年代以来，还开展了碳一化学催化剂的研究。"合成氨厂半水煤气一步合成二甲醚"达国际先进水平，被列为浙江省高校重大攻关课题；"甲烷无氧一步合成苯"取得突破性进展。

物质结构是其另一研究方向，他自20世纪60年代以来师从金松寿，进行"选择性分子间引力"的研究。《六六六的构象与溶媒化》是提出"选择性分子间作用力"的处女作，合著《分子间选择性作用力与集团结构适应性》（英文）获第八届中国图书奖。目前从事的超分子化学有关的"分子识别过程中的热力学半定量研究"，获1998年省科技进步奖二等奖。

他还在化学反应动力学方向就溶媒化对反应速率的影响等方面做过不少工作。"丙酮浓溶液碘化动力学"受到有关专家的关注。

他先后发表论文近400篇，合作专著《有机催化》、《沸石在催化和吸附技术中的应用》，合作主编《缙云沸石的开发应用》等。

他曾于1979年被评为"浙江省先进科技工作者"；1982年评为"浙江省劳动模范"；1986年被授予"国家有突出贡献的中青年科技专家"称号，1989年先后获"全国先进工作者"和"全国优秀归侨、侨眷知识分子"称号；1991年获国务院政府特殊津贴；1992年获浙江省人民政府"促进我省经济和社会发展做出重大贡献奖"二等奖；1994年被全国侨联授予"爱国奉献奖"。1999年被国务院侨办和全国侨联授予"归侨、侨眷先进个人"称号。2005年被评为"浙江省特级专家"。

他，笑声爽朗，自信豁达，看上去并不像一个近80的人。

他，在化学研究方面，有许多过人的成就，但他称自己只是个研究催化剂的科学工作者。

他，曾经是杭州大学的校长，如今是浙江大学教授，却依然带着自己的博士生在化学——这门与人类生活息息相关的自然科学领域奋斗不止。
他就是在环境催化、工业催化、催化基础、化学动力学和物质结构研究方面都有丰硕成果的浙江省特级专家郑小明。

一颗豆子炼出一斤豆腐——唱起科学幻想曲

1946年的春天，内战刚刚爆发，要不是姨妈担心时局动荡，把当时只有5岁的郑小明抱下了从上海开往昆明的火车，他就会跟随父母到法属印度支那，接受法国式的教育，并在那里工作，等到越南掀起排华浪潮时，他又将和父母一起辗转到澳大利亚，依靠双手成为那里富裕的公民……然而，这些因好心姨妈的一抱，变成了永远的不可能。

和父母失散，生活的起点因此而改变，他有"海外关系"，收养他的姨妈又是"资产阶级"，他在这些阴影下踏上了生活之路。

在杭州师范学院附属小学，他成了新中国的第一批少先队员。他的周围弥漫着中华人民共和国成立之初热烈的、革命进取的气氛。他还只是个孩子，但是他发誓一定要成为一个坚定的布尔什维克，为新中国的共产主义事业奋斗终生。

家庭关系的影响，在他要求入团时变得日益显现。郑小明生性文静，学习成绩优秀，他多年来一直担任班干部，老师们都很看重他。但是一提到入团问题，善良的老师就用种种理由来搪塞。他从1955年开始申请入团，高中毕业时老师找他谈话，让他上大学后再继续努力。

与入团相比，入党更像是一场马拉松赛跑。郑小明在大学三年级才被批准加入共青团；不久，他又满怀希望地递交了入党申请书，以完成布尔什维克的"三部曲"。这一次的等待更为漫长。22年以后，他被批准为中共党员，时间已是80年代中期了。

争取成为一个布尔什维克的漫长过程在当初是那样令人痛苦，但是许多年过后，郑小明却感到万分庆幸，他没预料到这种挫折，变成了日后他事业成功的前提，锻炼了他坚韧不拔的个性，使他的活力得以在另一方面全面喷发出来。

他业余爱好很多，尤其喜欢钻研。上小学时，他就天真地幻想培育出一颗豆子就能炼出一斤豆腐的大豆来。他喜欢化学，他对化学元素间发生的种种反应更是着迷。

1963年他从杭州大学化学系毕业。在他的《六六六（农药）的溶解度研究》本科毕业论文中，用自己的实验结果验证了金松寿的一个大胆推想：物质的分子和分子间存在一种新的作用力——选择性分子间作用力。分子间作用力是物质的一种最基本性质,决定了其混合、溶解、蒸发、黏结、分离等的能力和可行性,又是物质进行化学反应的前奏。选择性分子间作用力是由于分子局部间电性和空间形状高度适应时产生的一种作用力。与当时学术界公认的三种作用力不同,是一种全新的未被发现的分子间作用力。

这种力的提出曾经受到了三次诺贝尔奖获得者、现代化学键理论奠基者美国鲍林教授的高度肯定和赞赏。1983年法国科学家Jean-Mane Lehu由于构建超分子体系理论而得到诺贝尔奖。但其最基本的原理,应当说与他们师生在1963年发现的原理是一致的。由于"文化大革命",他们没有机会及时对外发表论文和进行交流而失之交臂。坚持研究到1998年,选择性分子间作用力的半定量结果作为基础研究得到了浙江省科技进步奖二等奖。

"文化大革命"期间,他没有资格"抓革命",他就奔赴生产第一线,和工人一起全身心地扑到工厂的技术革新之中,对好几家工厂生产过程急需的催化剂进行了系统研究。20世纪70年代末,当万物还刚刚从萧条中苏醒过来的时候,他却已经品尝到收获的喜悦。

剧毒变无毒——唱响精细化工曲

20世纪70年代,国内正处在"文化大革命"的特殊时期,郑小明坚持下工厂,搞科研,完成了"涤纶合成新工艺"、"邻二甲苯流化床氧化制苯酐杭A型催化剂"、"间对二甲苯氨氧化制苯二甲腈A10型催化剂"这三项国家急需的项目。

"涤纶合成新工艺"的核心技术之一,就是用无毒的氧化锌催化剂代替剧毒的镉催化剂。郑小明提出了特殊的催化剂制备方案,打破了当时国际上认为的低压条件下不可能得到高产率的论断,令无毒的氧化锌催化剂达到了与剧毒的镉催化剂一样的效果和水平,简化了工艺流程,保护了工人健康。此项目在全国一经推广,立刻受到好评,并于1979年获得了浙江省优秀科技成果奖二等奖。

"邻二甲苯流化床氧化制苯酐杭A型催化剂"的研究成功,在当时来说,也是达到国际先进水平的一项成果。郑小明攻克了其中最关键的问题,并且是国内外化学研究者一直都没法解决的难题——不添加腐蚀性的气体催化剂就会失去活性。他反复试验,不断改进,终于在国内外首次实现了不添加任何腐蚀性辅助气体下的连续运转。

这一难题的攻克,对当时年轻的郑小明来说,可谓是"一举成名"。年轻人勇于创新、不惧困难的可贵精神,在他身上充分表现出来。

在这个被郑小明称之为自己的精细化工研究年代,他一直牢牢记着老师金松寿送他的座右铭："遇到理论问题一定要用实践去检验，遇到实践成果一定要提升到理论"，并把这句话作为自己一生搞科研的指导。

催化剂是化学工业的心脏,全世界80%的化工产品生产过程都要用到催化剂,以提高化学反应速率，提高生产效率和产量，实现许多原来不可能实现的反应，促使人们不断创造新的材料和物质，如化肥合成氨、合成橡胶、塑料、纺织化纤等，这些重要过程的实现，都是研发新催化剂的成功范例。但当年催化剂的发明全凭经验筛选，被人形容为"炒菜"，效率极低。为使这么重要的研究领域从"炒菜"成为一门科学，以提高效率。20世纪50年代以来，各国科学家不断进行了冲击。郑小明在开发工业催化剂过程中紧跟老师金松寿，积极引进控制论、系统论方法，着重催化剂亚稳态结构及反应机理的可能性空间研究，提出"催化剂集团结构适应性原理"。这在当时的众多催化剂设计理论中独树一帜，大大提高了催化剂开发效率。他们提出的理论获得了1978年全国科技大会优秀成果奖。他们的课题组同时被授予"先进集体"的光荣称号。

绿色节能——唱美基本化工曲

20世纪70年代末，浙江缙云发现了具有世界规模的大型沸石矿，在国家支持下全国科学家组织会战。郑小明代表浙江催化界参与了会战。根据天然沸石杂质多、结构不太规整的特点。郑小明确定将其作为有机毒物无害化燃烧催化剂进行开发。根据沸石表面的离子交换性质，将微量贵金属（如铂）负载在沸石上。得到了性质优异的燃烧催化剂。与当时国内外同类催化剂相比，铂用量只有1/4～1/8，活性更高，性能达国际先进水平。此研究开辟了浙江沸石的一个重要应用领域。该系列环境保护催化剂投产并在工业上成功应用的有七种，由他直接发明和负责完成的有四种，分别使用于涂装、化工、制药等行业的近千家工厂，使工厂排出的苯、甲苯、二甲苯、酚等有毒废气转变成无毒无味的二氧化碳和水。其中有四项已获国家发明专利。此后他又成功开发出汽车尾气净化催化剂。这些催化剂的诞生，不仅保护了环境，还大大节能。更令他欣喜的是，这种"环境保护催化剂"还成为浙江省出口日本的第一个高科技产品，5t"环境保护催化剂"出口到日本，所得利润就建起了杭州大学的催化剂研究大楼。

随着"环境保护催化剂"系列的推广和运用，郑小明也迎来了事业上的第二次跨越。这一系列成果获得1981年国家科技进步奖和多项省级科技奖。本人被授予"'七五'科技攻关浙大成果重奖"（这是浙江首次现金重奖），先后被评为省级"劳动模范"和"全国先进工作者"。在国内外日益重视环境保护的今天，他的研究成果为我国工业排气污染的净化以及人类赖以生存的环境做出了重要的贡献。

四个第一——唱新能源化工曲

1987~1988年,郑小明被公派去日本,成为北海道大学物理化学研究室客座研究员。在那里,他师从田部浩三。此人是国际知名的酸碱催化剂权威和学科奠基人。郑小明把在国内氧化催化剂的多年研究经验和田部浩三在酸碱催化研究领域的结果相结合,提出固体催化剂表面可以同时存在酸中心和碱中心,它们可以相互转化并协同起作用。这个观点为田部浩三接受并成为以后国际酸碱催化研究领域的一个重要方向。回国后,他的这个研究项目得到了国家和浙江省自然科学基金的资助。他把这些发现总结成规律,并发现了氧化和酸碱两类催化剂活性中心的内在联系。这些成果成为他以后从事碳一化学研究的理论基础。在日本,他生活简单,一心扑在试验上,感到一种追求真理的研究乐趣。

1998年,浙江农业大学、浙江医科大学、杭州大学、浙江大学四校合并为浙江大学,郑小明不再是校长,摆脱了事务性的工作后,他全身心地投入到科学研究当中。

一碳化学是近30年化学发展最重要的领域之一。郑小明自1990年开始便涉足这一领域,开展了多方向的研究攻关。

他是863"煤基工业合成气一步合成二甲醚关键技术"项目的学术指导。二甲醚是重要有机化工原料,该物质对大气臭氧层没有破坏作用,是氟利昂的理想替代品,又能代替石油液化气作农村清洁燃料,还能代替柴油用于车辆,是煤转化成油的重要一步,因此也是能源研究的一大热点。

国内外目前使用的是两步法合成二甲醚,但一步法要先进得多。该项目从单管小试到工业中间试验,郑小明用了15年,转战了4个厂,历尽艰辛,最后在东阳化工厂有限公司建成了1500t/a的中试车间并连续运转1000h,这是全国第一套、国际第二套固定床一步合成二甲醚的中试装置。这项科研的成功,取得了四个第一:新的催化剂、国内第一套、新的脱氧剂、新的分离提纯工艺。

郑小明说,大约再过五年,这个项目的万吨级工业示范装置完成,可以为石油资源日益紧缺的祖国,提供一个煤变油的现实选择方案。

为配合浙江东海油气田的远景开发,在"天然气转化成合成气(煤气)和液体化工产品的研究"方面,郑小明也取得了多项专利和突破。他自主研发了流化床临氧重整催化工艺,为浙江东海天然气转化为液体能源和化工原料提前做了技术储备。

现在,郑小明又有了新的攻关方向,就是使农村秸秆类废弃物高效转化成生物油和二甲醚,他正在积极组合全国有关精英,将这件利国利民的大事干漂亮。

从普通学生到科学工作者,从普通教师到大学校长,从平民百姓到全国人大代表,"热爱祖国、追求真理"是他做人的基本准则。他把这个准则用于孜孜不倦的科学研究,也用于祖国高等教育事业的发展实践。担任杭州大学校长期间,他把学校带进了"211"工程,把一所百年大学带进了浙江大学。

经过了太多的风风雨雨,郑小明也遇到了这样或那样的困难,但他总是用乐观的心态去面对,用不肯服输的劲头去工作。他将这些全都归结于自己从小接受的共产主义传统教育,那时的理想和那时所处的环境令他崇拜英雄,也想成为英雄式的人物。他在祖国的山水和空气中滋养,渐渐成为这个社会不可分割的一部分,因此,他把自己的每一份成绩都看作是对祖国的一份回报。

尽管,与自己的母亲阔别40年后再相见时,心头涌起的梦一般的感觉告诉他,自己走的那条路与母亲想让他走的路只是在某个时刻瞬间重合了,但接下来他还要继续在自己当初选择的那条路上不断探索前进,无怨无悔,就像他告诉母亲的那句话:"我是祖国的儿子,我的事业在这里。"

(沙德安,寇 红)

陈 庆 龄

陈庆龄，浙江定海人，1942年9月生于上海，教授级高级工程师，博士生导师。1963年毕业于华东理工大学石油炼制与加工专业，毕业后进入上海石油化工研究所工作。1984~2002年任中国石化集团公司上海石油化工研究院院长，1996~2005年任中国石化集团公司科技委员会委员兼化工组副组长。曾任IUPAC化学与工业委员会（COCI）理事、中国化学会绿色化学委员会理事、中国化学会催化专业委员会主任及催化委员、中国科学院大连化学物理研究所学术委员会委员、上海市化学化工学会常务理事兼催化委员会主任、上海市石油学会副理事长兼学术委员会副主任、复旦大学和华东理工大学教授等职。长期从事基本有机化工新型催化材料、新合成工艺等实验室和中试放大研究，在工业催化领域积累了较丰富的中试与工业应用经验，具有较高的学术水平及工程技术造诣，并富有较强的成套技术开发经验。曾承担混合碳四馏分氨氧化、甲苯歧化与烷基转移和烯烃转化等多项重大项目并作为负责人，对工业催化剂的研究开发及其成套技术工业应用做出了重要贡献，曾荣获国家科技进步奖二、三等奖2项，省部级科技进步奖一等奖4项、二等奖3项，研究成果均达到国际先进或领先水平。1992年享受国务院政府特殊津贴。1997年获联合国技术信息促进系统的发明创新科技之星奖。

早在七八十年代，他首创的混合C_4馏分氨氧化制甲基丙烯腈催化剂及其工艺技术开发成功后，用于几百吨级有机玻璃生产装置，曾获上海市科技成果二等奖。研究开发的间二甲苯氨氧化制间苯二甲腈细颗粒流化床催化剂及工艺技术，是农药百菌清生产的龙头技术，荣获国家科技成果奖二等奖，NC-2型间苯二甲腈催化剂二十世纪九十年代在台湾3000t/a工业装置中应用成功。

二十世纪七十年代初国家科技部组织大型石油化工甲苯歧化引进装置 T-81 催化剂国产化攻关，研制开发出第一代以水玻璃为原料一步合成稳定性好的高硅铝比丝光沸石催化剂新工艺，陈庆龄承担丝光沸石分子筛中试放大技术负责人，有创意地提出制备高黏均匀胶体的 pH 摆动控制方法，以及晶化全过程有效的中控技术，这些技术一直沿用着，为后续 ZA 型甲苯歧化与烷基转移催化剂的更新换代奠定了技术基础。二十世纪九十年代，在 ZA 型歧化催化剂的中试放大研究及生产过程中，又解决了一系列晶化放大的工程技术问题，成功地完成了 ZA 系列催化剂在扬子石化和上海石化等大型芳烃联合装置上工业应用，催化剂性能达到世界先进水平，取得了巨大的经济效益，从此结束了美国 UOP 公司在我国甲苯歧化工艺技术上的垄断地位。在催化剂开发和工业应用同时，陈庆龄承当项目负责人完成了 25 万 t/a、45 万 t/a 对二甲苯规模的甲苯歧化与烷基转移成套技术的工艺包编制，42.8 万 t/a 甲苯歧化成套技术工艺包 1998 年首次出口伊朗，开拓了国际市场，为上海石油化工研究院挣得首批国外技术专利使用费。此后继续从事甲苯择形歧化、重芳烃的烷基转移、联合芳烃组合工艺优化和新型反应器工程优化研究，取得显著成绩，为二甲苯增产工艺技术的进一步发展打下良好基础。

在催化基础研究领域，1982~1984 年在日本东京工业大学诸冈良彦的实验室从事烯烃选择催化氧化研究，采用同位素氧示踪先进技术揭示了 Mo-Bi 系多元复合氧化物催化剂中晶格氧的体相扩散作用机理和氧化-还原特性的本质及其与白钨矿晶体结构稳定性之间的关联，研究学术报告和论文受到催化同行的高度关注。1996 年起受聘于复旦大学兼任教授，华东理工大学工业催化博士点的兼职博士生导师，承当工业催化、新型催化材料领域的学术带头人，培养了 15 名工学博士和 7 名博士后，指导并参与的钛硅分子筛及 HMS 介孔分子筛催化丙烯制环氧丙烷、Beta 沸石催化甲苯歧化与烷基转移反应制取高浓度对二甲苯混合芳烃、甲苯择形歧化制高浓度对二甲苯、甲苯甲醇烷基化制对二甲苯、煤化工领域中合成气一步法制二甲醚、甲醇制烯烃（MTO）和甲醇制丙烯（MTP）等新型催化材料的研究开发已获显著成效，有些项目已工业应用，有些项目已进入工业示范或中试阶段，具有良好的工业应用前景。2004 年在中法（Sinopec-CNRS）学术合作研讨会上做了题为 *New Nanomaterials with MWW Structure: Characterization and Catalytic Behavior* 的学术报告，通过研发及中试放大所开发的新型结构催化材料已在烯烃烷基化反应中获得工业应用，平稳运行多年，经济效益显著。

迄今在国内外主要催化杂志上发表学术论文 200 余篇，其中 SCI 收录论文约 80 篇，EI 收录 77 篇，申请国内外专利 90 余项，获授权专利 68 项。

（陈庆龄）

曹 湘 洪

曹湘洪，石油化工专家，中国石化集团公司、中国石化股份公司总工程师。1945年6月28日生，江阴申港人。早年就读于虞门桥小学、夏港初级中学、澄西中学。1967年毕业于南京化工学院，后分配到北京燕山石油化工公司橡胶厂工作。1970年起，先后任厂研究室副主任，聚合车间主任、书记，副厂长，1999年11月当选为中国工程院院士。现任中国石油化工股份有限公司董事、高级副总裁，中国石油化工集团公司科学技术委员会主任、中国化工学会理事长。

曹湘洪长期从事石油化工生产技术与企业管理工作，参加和组织实施了30多项重大炼油、石油化工装置的技术改造重大科技攻关项目。参加二十世纪七十年代顺丁橡胶生产技术攻关，提出的有独创性的聚合催化剂配方技术及体系中添加并控制微量水技术，为解决反应器长周期运转和产品质量问题起了关键作用。是中国石化北京燕山石化公司30万t/a乙烯装置改造到45万t/a项目的主要决策者和组织者之一。提出并组织完成了14万t/a低压聚乙烯装置工程设计与重大设备国产化。指导设计完成了裂解汽油加氢和芳烃抽提的国产化联合装置。提出、组织并参与研究制定了燕化乙烯从45万t/a到71万t/a的第二次技术改造方案，决策改造中采用世界上没有工业化的二元制冷技术，获得成功，推动了世界乙烯技术进步。提出并组织完成了20万t/a高压聚乙烯装置超高压管式反应器材料与制造国产化。提出并组织实施了燕化乙烯原料优化和提高炼油加工浓度的技术开发、间苯二甲酸生产技术开发。采用国产化技术，组织了异丙苯、乙苯、乙二醇、间甲酚改产苯酚丙酮等多套老装置技术改造。组织顺丁橡胶技术改进、溶聚丁苯橡胶成套生产技术开发、6万t/a乙烯CBL-III型裂解炉工业化等重大技术攻关。面对国外公司不转让技术，决策引进国外没有工业化的丁基橡胶技术，建设工业装置，组织并指导技术攻关，使反应器运转周期达到国际先进水平，产品质量达到国外同类产品水平，开发出聚合级异丁烯生产技术，填补了国内紧缺的丁基橡胶生产空白。多次获得国家及省部级奖励。"顺丁橡胶工业生产新技术"获1985年国家科技进步奖特等奖，"YS系列银催化剂的推广应用"获1998年国家科技进步奖二等奖，"大庆减压渣油催化裂化成套技术开发及工业应用"获2001年国家科技进步奖一等奖。发表论文40余篇。

2009年2月6日，美国国家工程院在华盛顿宣布，中国石化高级顾问、中国工程院院士曹湘洪当选美国国家工程院外籍院士。由于曹湘洪在石油炼制和石油化工技术方面的创新成果和领导作用，以及在国际合作方面的突出贡献，美国国家工程院决定授予他这一称号。该项荣誉授予在工程研究和实践等方面做出重大贡献以及在开拓全新技术领域取得重大成就的人士。

2015年他从中石化高级副总裁和总工岗位退下来后仍积极为我国石化工业的发展和环境治理出谋划策、咨询、指导并在科普领域等各种场合大展其才。

曹湘洪对中国石化产业发展提出中肯的独到见解

随着国民经济的快速发展，能源短缺的瓶颈制约越来越突出。所谓的能源短缺，就是缺油少气。曹湘洪表示，为解决缺油少气而努力，是我们的历史责任，是我们科技创新的核心任务。要靠科技创新找到并开发出更多的油气，实现油气资源的优化利用，开发利用非常规油气资源和可再生的物质能源。在开发、加工、利用油气资源的过程中，还必须靠科技创新提高产品质量，实现清洁生产，减少"三废"排放。我们的任务非常艰巨，又十分光荣。我将继续和大家共同努力，扎实工作，埋头苦干，为完成光荣而艰巨的任务贡献自己的力量。

更多知识产权应来自企业，近年来，我国商标、实用新型和外观设计专利申请量连续居世界第一位，发明专利申请量 2005 年达到 17 万余件，居世界第四位，但是其中来自企业申请的只有 6 万多件，这与我国数千万家企业的总数相差甚远。近日，中国工程院院士、中国石油化工股份有限公司总工程师曹湘洪以中国石化的实例指出，企业应该成为形成自主知识产权的主体，只有加强知识产权创造、保护及应用，才能提高企业核心竞争力。

已经成为世界第 5 大炼油商、第 6 大石化产品生产商的中国石化历来重视技术创新，拥有 6 家直属研究院、5 个国家级工程研究中心、6 个企业技术中心，构成了中国石化的技术创新主力，加上 4 家直属工程设计单位，40 余家分布在全国各地的分公司研究机构，形成了企业技术创新—知识产权保护—知识产权应用的促进企业发展和形成企业核心竞争力的完整链条。

技术创新是知识产权的源泉，是企业核心竞争力的重要基础。据统计，目前全世界 86% 的研发投入、90% 以上的发明专利都掌握在发达国家手里。当今世界跨国公司的影响力之所以日益增强，主要原因之一就是它们拥有国际领先的核心技术，并在世界范围内申请了大量专利。曹湘洪认为，一个公司要具有国际竞争力，就要有世界级规模的实力、较强的市场控制力和持续的盈利能力，而关键是要有较强的科研能力，掌握国际领先的核心技术，并善于运用知识产权制度运营知识产权资源。

中国石化对创新技术实施知识产权保护，企业知识产权的拥有数量和质量已成为企业核心竞争力的重要组成部分。到 2005 年底，中国石化共申请中国专利 9500 多件项，发明专利达 70%，已向 38 个国家申请国外专利近 900 项，已拥有国内外授权专利 6000 多件，发明专利申请量、授权率连年在国内企业中处于领先水平，三个直属研究院的专利申请量连续几年居国内前 10 名，注册商标 1186 件，形成了自己的驰名商标。

知识产权的应用、创新技术的推广，是提高企业核心竞争力的重要环节。由于构建了按照市场需求确定的技术创新课题和知识产权创造、保护、应用的机制，重视自主创新技术、产品的应用和推广，中国石化知识产权的应用成果显著，一批具有自主知识产权的创新技术支撑主营业务发展，一批具有自主知识产权的创新技术和产品走向国际市场，中国石化的授权专利工业实施率达 50%以上，石油炼制、石油化工催化剂国产化率达 85%。

中国石化拥有 200 多项国内外授权发明专利保护的催化裂化技术，已经在我国建成 20 多套工业装置，利用重质油最大量生产低碳烯烃的催化裂解（DCC）专利技术许可泰国石油公司，在泰国建成了 72 万 t/a 的工业装置；拥有 500 多件专利的中国石化清洁燃料技术和加氢技术，已成功用于我国近百套工业装置的建设和改造，为我国清洁燃料的生产、重油利用、高硫油的加工提供了系列配套技术，为中国石化提高经济效益、提高市场竞争力、保护环境做出了贡献。

面对后石油时代的逼近，针对石油资源枯竭可能引发的种种危机，大家普遍表现出了关心。曹湘洪表示，到了后石油时代，石油的生产量将越来越少，同时，需要中石化这样的企业通过其他途径实现能源供给。

曹湘洪回应雾霾质疑：石油企业不能左右标准

随着社会上对中国雾霾形成原因的进一步关注，全国政协委员、中国工程院院士、国家石油产品和润滑剂标准化技术委员会主任曹湘洪也被暴露在镁光灯下。曹湘洪和中石化被划归到同一战线——即中国油品升级的阻碍方。针对这个问题，2015年两会现场上，记者采访了曹湘洪。

《中国经营报》：在油品标注制订过程中，石油企业的利益占有多大的影响因素，国家石油产品和润滑剂标准化技术委员会是否和中石化有密切的利益关系？

曹湘洪：油品生产的标准制订前，需要先由环保部门制订汽车尾气的排放标准，根据尾气标准，汽车要出汽车的标准，油要出油的标准，油的标准性是非常强的，有很多技术指标，既要保障油的使用性能，即适宜车用，还要考虑油的经济性、油的环保性，要综合起来考虑，非常复杂，当然还要从中国炼油企业的实际生产情况出发。

我们这个组织受国家标准总局领导，我要向标准总局汇报工作。标准总局领导对我们有很明确两个要求。第一条，要从中国市场的实际出发，即要保障中国市场的稳定供应，不能标准太高了生产出来的都是不合格产品，那么大家就都不能生产了，断供了。第二条就是，标准要先进合理。按照这两条来做。

《中国经营报》：我知道一些经济发达、雾霾多发的地区，油品质量已经到了非常高的程度。

曹湘洪：北京、上海、江苏、广东油品标准都已经过"国五"了，天津今年过"国五"，中石化在提高炼油品质方面投入了很多的资金，买了很多的设备，生产过程为了清洁，也投了很多的钱。

目前，我们正在酝酿国六标准的制定，力争在2020年左右使汽柴油质量全面达到国外先进水平，彻底消除指标上的差异。中石化买了大量的专利技术，努力地尽了自己的社会责任。中石化既要做大还要做强，通过加强管理科技创新要把我们做强。

混合动力汽车应列入新能源规划

曹湘洪表示，石化行业应该承担起治理污染的责任，但治理环境污染是系统工程，汽车行业应该和石化行业相辅相成，协同起来为治理环境污染尽职尽责。石化行业要根据环保法规的要求，不断提升油品质量。另外，石化企业也在推进生产过程中的清洁化，采取源头治理和末端治理相结合的方式，减少生产过程中的环境污染。目前，全国范围内供应的汽柴油已经达到"国四"标准，但在道路上还有大量的"国三"或者"国三"以下排放标准车辆在行驶，淘汰这些需要一定时间。

在全国政协十二届三次会议上，曹湘洪提交了《关于修改完善我国新能源汽车规划》的提案。曹湘洪指出，推广电动车目前存在一些突出的问题：一是电池技术尚未成熟，电池受温度影响特别严重，续航能力有限且充电时间长、寿命短；二是充电基础设施尚不完善，建立充电基础设施需要的土地资源紧张，特别是在北上广这样的一线城市，地价高、人口密度大，建设充电站很困难。目前，在世界上已被广大消费者接受的油电混合动力汽车，技术已经相当成熟，却没有列入我国《节能与新能源汽车产业发展规划》，也没有得到国家相应的政策支持。对此，曹湘洪建议国家有关部门组织汽车行业专家全面分析论证发展混合动力汽车的经济与社会意义、明确发展思路与目标，修改完善我国新能源汽车产业发展规划，提出推广应用新能源汽车的指导意见。

积极发展煤炭清洁利用技术

治理大气污染，决不能不顾天然气供应能力，盲目推行以气代煤，要积极发展煤炭清洁利用。

提高资源利用效率、实现过程清洁，要发展煤制氢和炼油过程结合的加氢型炼油工艺。

对于炼化企业，政府及环保部门应管住的是其排放，而不是限制其使用煤炭。

京津冀、长三角等地持续遭遇的雾霾天气，令各地政府迅速落实国务院提出的治理大气污染总体目标，一场"治霾行动"正在全国多地上演。但在此过程中，部分地方盲目提出以气代煤压减煤炭使用量。

曹湘洪从行业角度提出"治理大气污染不能简单限制煤炭使用而要大力支持煤炭清洁利用"提案。

通过改变能源消费结构来治理雾霾，用清洁的天然气来替代煤炭，要根据我国资源状况来逐步推进。我国是富煤、少气、缺油的国家，今后相当长时间内也仍将以煤炭作为主要能源。目前看来，天然气是最清洁的化石能源。我国能源生产企业正在加大投入争取找到更多的常规天然气和非常规天然气资源并增加天然气的产量，也在努力通过各陆路和水路扩大天然气的进口量。根据我们能从国内外获取的天然气资源量，提出压减煤炭的使用数量是合理的，但决不能不顾我国能源资源禀赋和从国内外市场获得天然气的能力，盲目提出压减煤炭使用量。

煤炭使用量的快速增长，是造成我国大气污染加剧的重要因素之一。但根本原因，在于煤炭利用技术的落后。煤气化制取合成气净化后再做燃料或化工原料利用，能大幅度减少污染物排放，但投资成本高与资金筹集难的障碍也限制了煤炭清洁化利用技术的推广应用。

从我国煤炭使用的实际情况看，大型企业使用煤炭造成的污染采用煤炭清洁利用技术是可以治理的，而约占全国煤炭消费量20%的分散使用的煤炭造成的污染较难治理。治理我国用煤造成的污染应从系统工程原理出发，一要减少分散使用的煤炭量，改用天然气等清洁燃料，二要要求集中使用煤炭的企业淘汰落后用煤方式，采用煤炭清洁利用技术。

（网络信息集成）

谢 克 昌

谢克昌，煤化学工程专家。生于山西太原，原籍山西五台。1968年毕业于天津大学，1981年研究生毕业于太原工学院，1983~1985年美国南卡来罗纳大学访问学者，1999年获日本信州大学工学博士学位。现任全国政协常委、中国工程科技发展战略研究院副院长、太原理工大学煤科学与技术省部共建国家重点实验室培育基地主任、教授、清华大学等校双聘教授，曾任全国人大常委、中国工程院副院长、中国科学技术协会副主席、民革中央副主席、山西省人大常委会副主任、太原理工大学校长等。长期从事应用催化、煤化工和煤的清洁高效利用的科研、开发、教学和战略规划研究，在煤的催化气化、二氧化硫催化氧化、煤的结构特征及其与反应性的关系和调变、依据煤气化规律优化脱硫净化技术、等离子体煤转化等方面取得重要成果，连续两次作为首席科学家承担能源领域973项目，提出气化煤气与热解煤气催化共制合成气多联产工艺并指导工程示范。作为第一完成人，获国家自然科学奖二等奖1项，国家科技进步奖二等奖1项，省部级科技奖一等奖7项，授权发明专利60余项。出版《煤的结构与反应性》、《煤化工发展与规划》、《甲醇工艺学》、《甲醇及其衍生物》、《煤的气化动力学和矿物质的作用》等著作6部，主编《现代煤化工技术》、《中国煤炭清洁高效可持续开发利用战略研究》、《我国非常规天然气开发利用战略研究》、《推动能源生产和消费革命战略研究（一期）》等丛书，发表论文600余篇。1990年获"有突出贡献的中青年专家"，1991年起享受国务院政府特殊津贴，1996年获"全国优秀归国留学人员"，2002年获"全国杰出专业技术人才"，2007年获香港理工大学杰出中国访问学人，2008年获何梁何利基金科学与技术进步奖，2009年为首的团队获"全国专业技术

人才先进集体"。培养博士 70 余位，博士后 6 位。目前主持中国工程院重大咨询项目"推动能源生产和消费革命战略研究"等。2003 年当选中国工程院院士。2013 年被选为美国工程院外籍院士。

谢克昌及其团队的主要研究领域包括：

（1）煤转化过程中的催化剂和催化作用：研究基于钒系、钾钒系和钾钠钒系催化剂上二氧化硫氧化过程反应动力学、活化能的变异和反应机理，铁钛合金在烃类合成中的作用机理和铁/二氧化钛催化剂中金属载体强相互作用（SMSI）效应；煤的催化气化和催化剂的开发，一碳化学与化工中的催化问题等。

（2）煤的科学与技术基础：开展煤和生物质等非石油能源资源的结构、热解、气化基本理论的研究，开发以煤和生物质为原料制备高附加值产品过程中的新工艺和新反应体系，为煤和生物质的洁净转化和利用提供科学依据。

（3）气体净化与污染物控制：研究开发适用于各种气氛下的系列脱硫剂，用于煤基合成气、煤层气、石油炼制气、天然气、烟道气、高温煤气以及煤基多联产复杂气氛下的脱硫净化。

（4）一碳化学与化工：重点研究环境友好的，以一碳化合物，如甲烷（煤层气）、合成气、甲醇和二氧化碳等为原料直接合成含氧化合物和开发洁净燃料的合成工艺，氢的储存和利用技术。

（5）等离子体转化技术：研究涉及煤在超高温条件下的化学反应机理及工艺技术，热等离子体理论与技术，热等离子体条件下的三传一反规律和反应器的开发，为煤洁净高效热解、气化和制取有机物提供理论与技术。重点研究等离子体煤、煤伴生物、衍生物及生物质转化。

（6）新型无机孔材料：重点研究无机孔材料的合成、改性，主客体分子筛复合材料和纳米沸石的制备以及在多相催化工业中的应用。

谢克昌出席第十届国际煤科学大会

1946年，谢克昌出生于太原的一个教育世家。他的父亲、哥哥及夫人都是教授，在一家三代人中有11位教师。他的外祖父是抗日战争期间第二战区上将副司令长官、平型关战役总指挥杨爱源，祖父谢维楫留学归国后在川至医学院任教。而对他影响最大的，则是太原工学院热能专业奠基人、父亲谢益棠。父亲教育救国的理念、教书育人的职业操守，早已潜移默化地融入了他的血液。

谢克昌十四五岁时，在太原五中读书，身体、心灵都在迅速发育。然而，1960年中国处于困难时期，食物严重短缺。为了孩子们，学校在操场上种了胡萝卜，在水池中养了小球藻，食堂也根据学生的年龄大小、个头高矮、男女差异，分了甲、乙、丙三个就餐标准，馒头的大小、窝头的厚薄随标准依次递减。那时谢克昌在同学中年龄最小，就餐标准被定为丙等。定量供应的窝头直径仅8厘米，厚度不超过1.5厘米，几口就吃没了，所以好动的谢克昌总是处于饥饿状态。班里的同学们看在眼里、记在心上，一些享受甲等、乙等标准的同学经常从可怜的配额中分一些给他。但谢克昌实在不忍心吃别人的，常常哽咽地告诉他们自己吃饱了，有时为了使人相信，还特意做几个跳跃动作。同学们当面给的少了，但谢克昌却经常在宿舍的床头发现还温热的馒头或窝头。当真切的关心和无私的友情如甘泉般流入谢克昌心中的时候，他心田里爱的种子也因受到滋润而开始生长。

1968年，谢克昌从天津大学化工系毕业，被分配到河北黄骅县机械厂工作。黄骅荒凉而且落后，遍地都是盐碱滩，方圆10里没有一棵树，一杯水能沉淀出1/5的泥沙，不习惯的人喝这种水要闹很长时间的肚子。就在这种艰苦的条件下，20岁刚出头的谢克昌干起了车工。除了正常的工作以外，与他一起分配到厂里的大学生还要在工人下班后负责打扫铁屑。装铁屑的是一个80厘米宽、100多厘米长的大铁盒，装满铁屑的盒子足有上百斤。这对于没有干过力气活的谢克昌来说是道难题。有一次，他在清理铁屑的时候不慎脱手，铁盒将他的脚趾砸得血肉模糊，他不得不在家休息。当地的领导知道这个消息后认为一个大学生白白浪费太可惜，于是动员他说："你不是学化工的吗？咱们这有盐、有油、有天然气，你给咱们搞个化工厂吧？"话说得轻巧，对于一个刚从学校出来，只有一些书本知识的学生来说，要承担一个化工厂的全部设计工作简直是天方夜谭！可是谢克昌初生牛犊不怕虎，说干就干，于是捡起已经放了2年的书本，搞起了化工厂的设计。将海盐转化成盐酸和烧碱，由油炼出汽油和柴油，利用天然气做出化肥，连工厂的工具都是他凭着经验和参观其他外地厂子亲手设计出来的。在黄骅的10年间，谢克昌牵头设计并投产了3座化工厂。当年他为设计这些化工厂留下的笔记，足有半米高。

1978年谢克昌以高分考取太原工学院的研究生，专业方向是无机化工领域中二氧化硫的催化转化。

已过而立之年、有了妻室儿女的谢克昌开始在一个崭新的领域中艰难跋涉。

为在前人工作的基础上有所创新、有所发现，他不仅需要恶补很多专业知识，而且需要掌握多种语言工具，因为许多研究资料只有国外原版的文献。已有的英、俄、日、德四门外语基础还不够，有一回，为了看懂一篇波兰语文献，谢克昌借来一本《俄-波字典》，一字一句地对照着看，居然把文章弄明白了。上百篇的文献研究，使他基本明白了二氧化硫催化氧化研究领域内的理论症结和重大分歧，并为解开这些症结，探索分歧实质，他与合作者设计加工了专门用于多相催化研究的无梯度反应器，发现了二氧化硫在钒催化剂上反应速率的不连续性，建立了二氧化硫氧化的液相催化理论。先后有 7 篇与这些发现和结果相关的论文发表，其中发表在 *Applied Catalysis* 上的关于无梯度反应器的论文和 *J. Catal.* 上的关于不连续性的论文至今还被引用。该项成果在 1989 年获得山西省科技进步奖一等奖。

1983 年，谢克昌到美国专修煤化工，遭遇的却是授业导师的冷漠。这位导师瞧不起来自贫穷中国的学生，他既不让谢克昌接触课题，也不让他进实验室。难堪并没有让谢克昌自卑和退却，他收集了这位导师带过的所有博士的学位论文，认真研究了这些博士的工作，有针对性地写出了 12 条颇有见地的意见呈给导师。他的真才实学让导师的态度发生了一百八十度的大转变。第二天，这位傲慢的导师不但亲手将实验室钥匙交给了他，还请他辅导研究生，后来又推荐他参加美国化学工程师学会，成为当时数量稀少的外籍会员之一。

谢克昌很珍惜这一难得的机会，也珍惜这里的科研条件。他及早地开展了铁钛合金和铁/二氧化钛系统催化剂在烃类合成中的催化作用和机理的研究，发现了其中的 SMIS 效应和开发了系列催化剂，发表了 6 篇论文，成果获 1990 年山西省科技进步奖一等奖。1985 年 2 月的一个休息日，谢克昌独自在实验室埋头催化剂样品测试工作。不料，意外发生了，有着强烈腐蚀性的氢氟酸和硫酸混合蒸气，透过乳胶手套侵蚀到他的指甲缝里。十指连心，他疼得失去知觉，被送进了医院。昏迷中，当听到医生说"必须截去十指"时，他强迫自己不要丧失意志，拼尽全力说出了自己的请求："医生，请为事业留下我的手指。"同样敬业并富有同情心的医生被他对事业的执着感动了。他通过全美互联网紧急会诊，最后制定的治疗方案是：在双手每平方厘米的皮肤上注射一针葡萄糖酸钙。奇迹发生了，尽管承受了 200 多次钻心的针扎，但谢克昌的双手保住了，并在之后顺利地完成了他的学业。在美国留学进修期间，他作为美方代表参加了中美催化会议等各种会议，结识了我国催化界的泰斗闵恩泽、郭燮贤、蔡启瑞等前辈，从在美国和以后的接触中，谢克昌不仅从他们身上学到了很多宝贵知识，而且汲取了他们厚德博学、上善若水、提携后人的高尚品质，这些品质成为谢克昌做人做事的重要准则。

1985 年底，谢克昌学成回国时，太原工业大学的科研条件非常落后，可说是一穷二白。整个大学还没有博士点。谢克昌清楚，必须搭建平台，吸引人才才能有所作为。申报博士点是第一步。对申报报告，他在要求内容求实、过硬的前提下，对形式也非常注重。不仅文字经过反复推敲，而且在样式和装订等细节上也一丝不苟。1993年，太原工业大学的有机化工学科获准成为博士学位授权点，他也被国务院学位委员会批准为博士生导师。2000年，以谢克昌为首席学科带头人的化学工程与技术专业又成为一级学科博士学位授权点。

谢克昌和他的同事开始搞课题研究时，是白手起家，不但所有的方案要靠自己拿，所有的装置还必须靠自己设计。在这样的条件下，谢克昌注意了解最新信息，再忙也要参加国内外的学术会议。他的研究集中在指导工程开发的应用基础研究和煤气化、脱硫净化、制备化工产品等方面，以及这些煤转化过程中的催化剂开发和催化机理的研究。为对煤化工利用中的主要过程——煤的热解和气化进行研究，他们建立了可模拟工业条件的高温高压多气氛差热研究方法，获得了多种煤种在不同压力和气氛下的气化、催化气化动力学规律，其中"差热法煤气化微观动力学"和"煤的催化气化及催化剂的研究"先后获1993年和1994年山西省科技进步奖一等奖；用超快速原位热解-红外技术，建立了用少量参数预测任一煤种热解反应性的定量关系，指导了煤气化的新技术开发和传统技术的优化运行；这些研究成果先后获得1995年山西省科技进步奖一等奖和2008年国家自然科学奖二等奖。在对煤化工利用中的关键过程——气体脱硫的研究中，确立了硫的赋存形态和在煤的不同热转化中的变化及分布，实现了脱硫技术的优化、匹配，取得了显著效益，成果获2001年国家科技进步奖二等奖。在对煤的直接利用和转化进行研究时，还成功开发出煤填充高分子复合材料和等离子热解煤制乙炔技术。谢克昌在煤科学与技术领域发表论文400余篇，用中英文先后出版学术专著《煤的结构与反应性》。他先后于1999年和2005年被国家科技部聘为首席科学家主持973项目"煤热解、气化和高温净化过程的基础性研究"和"气化煤气与热解煤气共制合成气的多联产应用的基础研究"。

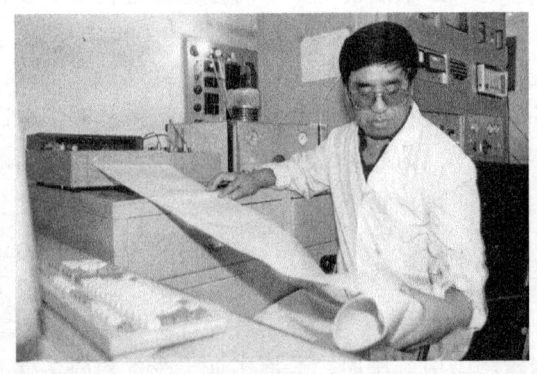

煤的催化气化动力学研究工作照

与学生们在能源领域 973 项目中试基地

在成绩不断取得的同时，谢克昌觉得个人能力有限，决意在山西建设一支有志于煤化工事业的年轻、有活力的队伍。他先后编写了《化工过程分析》、《现代煤气化过程》、《固体表面化学》等讲义，并用英文讲授，使他的学生受益匪浅。谢克昌治学非常严谨，他要求自己带的研究生论文必须有创新、有质量。有时他严厉得使人感到难堪。每一份博士论文他都要亲自一字一字地改，每一次改完后都提出问题和看法。

指导煤转化过程中催化剂和催化作用方向博士生

谢克昌相信："自由创造是人的本质，也是一切财富的来源。"所以，他以博大的胸怀包容着年轻的学子，鼓励学生勇敢创新。20 世纪 90 年代，他的一个博士生提出了一个课题，因为与传统观念相抵触，当时很有争议。立题答辩了好几次，都未取得共识，更没有科研经费。谢克昌独具慧眼、敢冒风险，他从自己的科研经费中拨出 12 万元给这位博士生买了两台设备，后来这个课题有了进展。随后，谢克昌又为他添置了一台设备，花费 46 万元。大胆的创意、良好的设备条件，加上勤奋的工作，该博士生的研究最终取得了令人振奋的成果，并得到了国内外同行的认可和赞赏，其衍生工作还获得了国家重点项目的资助。2008 年，谢克昌将获得的何梁何利基金科学与技术进步奖和国家自然科学奖的奖金捐献给学校，设立了"太原理工大学博士创新奖励基金"。

谢克昌与同事及学生们一起，在太原理工大学建起了煤科学与技术省部共建国家重点实验室。1986年刚起步时，只有两间实验室，条件非常简陋。但谢克昌千方百计创造条件，不论经费怎样紧张，他都咬紧牙关去添置设备和仪器，并鼓励同事们搞科研创新。而对于买办公用品等投入，他又非常抠门，锱铢必较。实验室需要添置窗帘盒，他舍不得花经费，就从自己家里拿来旧的窗帘盒代替；科研用的计算机、报告用的幻灯仪都是他从国外带回来的。

现在，实验室的研究人员绝大多数都有在国外学习或工作的经历。作为首席学科带头人，谢克昌从学生个人的发展角度着想，鼓励他们出国学习。对于出国留学或进修人员他非常宽松，从来不用合同束缚他们。虽然这些人在国外都有被高薪聘用的机会，但绝大多数最终选择了回归。谢克昌与美国犹他大学共同培养的一位博士在美国和加拿大学习、工作了7年之后，也于几年前携妻回到了他的实验室。根本原因在于，这里事业留人，环境留人，感情留人，人人都可以尽情施展自己的才华，实现自己的抱负。他的第一位博士年轻有为，先后在德国、英国的著名科研机构和大学进修两年，如今已成为教育部科研创新团队的带头人。来过实验室的国内外同行，无一不称赞这支在欠发达、污染重的地区立志于煤化工事业的、充满活力的队伍，而这也正是谢克昌为之付出并最引以自豪的。

三十年来，通过不断的学科建设，该实验室已成为在煤化工科研领域拥有煤科学基础、气体净化吸附工程、一碳化学化工、等离子体反应技术及新催化材料四大研究方向的大型实验室，占地约1万平方米，仪器设备总价值约1亿元。该实验室科研成果的数量直线上升，每年发表的论文均在100篇左右，该实验室拥有国家重点学科、长江学者岗位设置学科、"双一流"建设学科，成为了高水平的科研基地、一级学科博士点、博士后流动站、山西省重点实验室、教育部重点实验室、省部共建国家重点实验室培育基地……

谢克昌做《推动能源生产和消费革命战略研究及思考》学术报告

2015年10月17日，14位院士和数十余位业内学者专家聚集太原，参加为纪念煤科学与技术实验室成立30周年举行的高端学术论坛。谢克昌眼含热泪、饱含激情地朗诵了他亲自撰写的《积淀撷珍》一文。

积淀撷珍
——纪念煤科学与技术实验室成立30周年

2015年喀山游泳世锦赛期间，CCTV5热播着一条广告："挑战接踵而至，态度从未改变。"虽然我只是一位体育爱好者，但对这句话却有着深刻的体会，因为这正是煤科学与技术教育部和山西省重点实验室30年的成长选择和成功锤炼的生动写照。

不尽长江黄河水，弹指一挥三十载。流走了时光年华，积淀下操守意志。一个民族，总是在不断演进的历史过程中实现自己的永生，一个国家，总是在辉煌磨难的历史动荡中体现自己的地位，一个大学，总是在血脉延续的历史传承中肩负着自己的使命，一个团队，总是在团结合作的历史进步中修炼自己的成熟。三十年风雨兼程，砥砺艰苦创业品格，三十年恪守如一，专注建宇树人根本，三十年中流击水，持之以恒奋勇向上，三十年辛勤耕耘，不断书写历史华章。其实，岁月的脚步，并未随风飘逝。回首相望，它们还在诉说——一个实验室的起始，一个学科的曾经，一个团队的前行……。是的，知道了自己从哪里来，也就知道了将向何处去；知道了自己如何走来，也就知道了将如何走下去。

三十年前，当实验室前身——煤转化科学研究室只是区区几人一"作坊"时，这几个人进退两难陷入彷徨。一方面，山西作为国家煤炭能源大省，需要发展煤的深度加工，而后者离不开煤转化科学基础研究的支撑；另一方面，人手少、条件差，路在何方？有勇气，才有信念。"与其临渊羡鱼，不如退而结网"，人少不怕，条件可创，既然共同的兴趣选择了共同的事业，只要"一个人所期望的不是别的，而仅仅是他能全力以赴和献身于一种美好的事业"去拼搏，就会有收获。就是凭着这种信念，坚持既定方向不动摇，积极承担项目强实力，创造条件平台引人才，聚众人智慧，汇各方力量，经过几年的努力，获得培养高层次人才的摇篮——有机化工博士点。"水积鱼聚，木茂鸟集"，队伍在不断壮大，实力在逐渐提升。1997年，研究室发展为煤科学与技术实验室，被批准为山西省首批重点实验室之一，并提出以"敬业、求实、协作、创新"作为实验室的建设宗旨，继而成为1998年获批的化学工程与技术一级学科博士后科研流动站和2000年获批的化学工程与技术一级学科博士点的核心组成。

历史对正在发展中的实验室开了一个不大不小、令人啼笑皆非的玩笑。1999年10月，实验室提出教育部重点实验室申请，并通过了专家评审。为充实研究力量，互补学科优势，教育部科技司和科技部基础司先后下文决定实验室直接参加当时经评估需要整改的原"一碳化工国家重点实验室",成为更名后的"一碳化学与化工国家重点实验室"的重要组成部分。虽然整改目标全部超额完成,研究方向和内容完全符合国家重大需求,复评名次提升五位,终因种种原因,"一碳化学与化工国家重点实验室"还是被"请"出国重系列,而作为其组成部分的山西省煤科学与技术重点实验室于 2003 年 4 月被批准为同名的教育部重点实验室。快乐或悲伤,终将成为回忆。但回忆是生命的时钟,面对真实的史实以微笑去回忆,将是越过障碍,展望未来,拨慢生命时钟的扳手。

潇洒走一回,长了见识气不馁。面对我国相对缺油少气多煤的能源构成,面对煤炭在开采、加工、转化、利用过程中的由于技术落后所造成的严重污染,实验室进一步整合队伍、凝练方向、充实内容,在"煤科学基础"、"气体净化吸附工程"、"一碳化学与化工"、"等离子体反应技术及新催化材料"方面深入开展工作,并明确提出"基础研究重在创新,技术开发重在应用,成果转化重在效益,人才培养重在素质"的工作方针。在这一方针的指引下,实验室在煤科学基础研究、煤基合成气转化、煤层气有效利用、新型煤转化催化材料、气体净化和脱硫剂开发、煤炭焦化及清洁型煤技术等方面取得一系列成果,为学校的"211 工程"建设做出了重大贡献。实验室成员历史性地获得国家自然科学奖,连续两次作为首席科学家主持能源领域的 973 计划项目,负责 973 计划前期专项和课题、863 计划项目多项,承担两项国家自然科学基金重点项目和面上项目以及国家公益性行业科研专项和国际合作特别基金等项目 100 余项。为适应大量科研、开发项目的需要,实验室环境和条件有很大改观,占地面积达 1 万平方米左右,拥有 30 余台件现代测试分析仪器,大型计算机工作站投入运行,各类仪器设备总值近亿元,研究经费近 6 千万元,化学工艺学科被评为国家重点学科,实验室先后成为煤洁净转化技术山西省工程中心和煤转化技术教育部工程研究中心。科研成功的三个诀窍是兴趣和能力、目标和可能、交叉和团队,实验室则是科研人员的立身之地和成功所在,而成功的实验室更是众多人才成长的摇篮。事实证明,真正吸引人才的是环境,真正留住人才的是事业。随着环境的优化和事业的发展,实验室的人才队伍不断壮大,团队建设成效明显。学科带头人当选为中国工程院院士,实验室团队不仅成为山西省优秀创新团队和山西省研究生教育优秀导师团队并荣获山西省五一劳动奖状,还进入教育部创新团队发展计划并在结题时被评为优秀,成为全国专业技术人才先进集体。团队骨干多人陆续入选国家及山西省各类人才工程,被聘为各类学术、技术带头人。

"纵浪大化中,不喜亦不惧"。虽然取得显著进步,但团队未沉浸在追求满足之中,而仍然检点于坎坷奋斗之途。重返国家重点实验室的努力以初评第二失去考察资格、国家工程研究中心因联合企业态度消极而受阻、国家自然科学基金创新群体因高影响因子论文少擦肩而过、中试基地因缺乏工程经验和经费保证进展滞缓……。实验室团队认真对待上述问题,深入寻找存在差距,为适应新形势,应对新挑战,进一步将实验室的研究方向凝练为:煤炭能源低碳化利用理论基础;煤洁净利用过程的气体净化及污染物控制;低碳产品合成技术基础;能源化工中新型无机孔材料制备基础;煤炭洁净分选理论及装备。团队成员根据实验室建设宗旨和工作方针共同重申:认清形势,明确职责;扩充知识,练好内功;了解前沿,寻找契机;加强交流,知己知彼;基础研究,持之以恒;求实创新,转化成果;学风正派,力戒浮躁;以身作则,育人为先。并以此作为博士生导师的要求。多彩隽永,坎坷明朗,没有窍门,无须粉饰,只有一如既往的努力,才能成就完美。2010年12月,经专家论证,上级批准,实验室成为省部共建国家重点实验室培育基地;2013年4月,被科技部批准为中澳能源联合研究中心;2014年12月,被认定为国家国际科技合作基地——"煤炭资源清洁高效可持续开发与利用国际联合研究中心"。鉴于团队成员在能源战略研究和知识服务方面的实力,2014年1月,实验室成为中国工程科技知识中心能源分中心,开始为期9年的能源专业知识服务系统的建设。

10年前,为纪念实验室成立20周年,团队成员将他(她)们的带头人——笔者关于科学发展煤化工的论文汇编成《煤化工发展与规划》一书,由化学工业出版社出版,作为书的作者,通常都是要撰写一个"前言",说明书的原委、简介书的内容,但笔者为此书撰写的却是"后记",为的就是从这个已诞生20年的"家",由小到大、由弱到强的成长过程中找到其支撑所在。当时总结了是因为这个"家"的成员基本都具有爱、积极的人生态度和勤奋工作、正直、感激、谦逊的美德。正是由于成员的这些美德,这个"家"在总体上表现出来的品格才是坚强的,对事业忠诚,对国家热爱,对误解宽恕,对追求执着。

10年过去了,这个"家"更大了,更强了。仅从这个"家"中走出的博士就有上百位,硕士就更多了。他们带着用勤奋、严谨、创新获得的毕业证、学位证走上不同岗位,并在这些岗位上将他(她)们导师的美德和实验室"敬业、求实、协作、创新"的品格发扬光大。

"智山慧海传真火,愿随前薪作后薪"。在寄希望于新一代学会以世界的胸怀和眼光思考人类,学会以创新的思维和能力适应时代,学会以务实的态度和作风服务社会的同时,平均年龄已过不惑之年的团队骨干,虽然欲望从繁复变成了简约、情绪从激昂变成了平和、思想从肤浅变成了深刻,但美德依然是美德。饮水思源,怀师感恩。他们忘不了"宁谢纷华甘淡泊,潜心育后人",为实验室的诞生和成长做出巨大贡献的凌大琦、郭汉贤、王常有等老教授,忘不了"深学佩冠,厚德服群",为实验室的发展指点迷津、大力支持的闵恩泽、徐匡迪、倪维斗等院士和历届学术委员会的专家学者。

"靡不有初,鲜克有终",20年前,被国务院学位委员会批准为有机化工博士点，实验室发展初期即以此作为"座右铭"。10年前，平台建设、科研开发、人才培养成绩喜人，实验室发展如日中天时，更以此座右铭为警示。时至今日，身处创新竞争的时代，面对接踵而至的挑战，实验室仍将以此为"大道"。因为我们深深懂得，未来取决于我们现在做什么？虽然可能不知道我们现在的行动将会取得何种程度的好结果，但如果我们现在不行动，则不会有任何好结果。

实验室主任　谢克昌
2015年9月10日

（李　凡，常丽苹，严晓辉）

编 后 记

《催化史料》和《中国催化名家（上、下册）》经过多年来的收集、汇集、邀稿、网上搜索、下载、筛选、集成、撰写、翻译、审校、编辑加工……终于形成了近200万字的作品成册出版，此时才感到一些慰藉！这是中国催化界的大喜事。在这一成书过程中得到了学界老老少少、方方面面的支持和帮助。书即将出版之际忽然又有一种难以释怀的感觉，中国的催化事业经过多年的努力终于在世界催化史上有了一席之地，这是中国催化人智慧和努力的结晶。此书的出版当是对中国催化事业做出突出贡献的前辈的一种纪念，倘若还有别的方式将中国催化人那种对科学探索的持之以恒、永不放弃的精神作以传承和发扬，那岂不是中国催化界又一大喜事？此书出版后续一定还需要做些什么事，这也许就是我难以释怀的原因吧。

一个偶然的机会，我结识了位于大连的一家民营企业——中触媒新材料股份有限公司，该公司董事长李进和总裁李永宾两位先生向我建议：他们愿意在他们公司新建的 $2000m^2$ 的研发大楼内建一个中国催化史料馆，记载中国催化人的奋斗历程和成果，让更多的科技人员了解、参与、投身于中国的催化事业。这使我豁然开朗，这两位70后和80后的年轻人为我打开了心结，这种对中国催化事业历史和精神传承的方式正是我们催化人的多少年来的夙愿。后来我也了解到中触媒新材料股份有限公司主要生产催化剂和分子筛，其几项自主专利技术已形成产业化，并且打入了国际市场。他们的发展过程也是比较坎坷的，但是他们有着中国催化人特有的执着精神，不但坚持下来，而且还小有作为。正是有了像中触媒这样的企业，有了像李进、李永宾这样的企业家，我们催化人的学术知识才能得以应用，我们催化人的精神才能得以传承，中国的催化事业才有希望。因而我想在这里给中触媒公司作一简短介绍，目的是让更多的有识之士与之合作，一方面互通有无，另一方面对催化史料馆出谋划策。

中触媒新材料股份有限公司是中触媒集团有限公司旗下核心控股子公司，集团公司总部位于北京建国门外大街 SK 大厦，是中国首批在相对完整的化学产业链中，能够自主研发生产核心催化剂、化工成套工艺包、精细专用化学品的高新技术现代化企业集团。公司位于大连金普新区松木岛化工园区，企业致力于分子筛催化剂、专用工艺包和精细化学品的研发、生产和销售，并为客户提供一站式化工全产业链技术整体解决方案。公司的 CCG-MTO（甲醇制烯烃）催化剂生产线为中国民营企业第一套全流程 DCS 远程控制的生产装置；CCG-FCC（催化裂化）产品广泛应用于国内大中型石油炼化企业；钛硅分子筛（CCG-TS）、CCG-BISO（丁烯异构化）催化剂通过技术团队多年努力，成功打破欧美企业高强度技术壁垒和封锁，是国内第一家具备自主知识产权并实现工业化制造的企业，现有产能全球最大，市场占有率第一；CCH-SSZ-13（尾气脱硝与超净排放分子筛）的出口，改变了国家在高端特种分子筛多年以来完全依赖进口并转变成出口的历史。

中触媒新材料股份有限公司领导层

右起：苏党生（首席战略顾问）、李进（董事长）、Gabriele Centi（首席科学家）、李永宾（总裁）

也是有缘，该公司刚好位于"文化大革命"期间中国科学院大连化学物理研究所"五七战士"下乡比较集中的地方，当时张存浩、林励吾、陈国权、吕永安、徐阴晟、辛勤、熊国兴、苏君夫等四十余人下放到泡嵥（崖）公社（现在叫乡）走"五七"道路（1970～1972 年）。为了纪念这段历史，他们立了块巨石，刻上了"不忘初心"。什么是初心？初心就是当初我们怀揣着那一颗实现中国催化强国之梦的报国之心！

经研究、讨论"中国催化史料馆"大体内容应包含：

第一部分：多媒体…辛勤工作室含：
中国催化史：1932～1982；1982～2012
世界催化史：美国、欧洲、日本、苏联、俄罗斯
中国催化名家 100 位
催化回忆录、史料小品
*以多媒体视频资料为主。

第二部分：平面载体

各种传记、回忆录、小故事
*纸基文字资料……

第三部分：实物反映 20 世纪催化人所用的：
仪器、设备、工具
*以实物、照片为主

第四部分：催化大国的形成的足迹……
催化工业实体经济发展
*以图片、影视资料为主

第五部分：多媒体教学、科普资料
*相关链接

最后在《催化史料》和《中国催化名家（上、下册）》出版之际，希望在中触媒集团有限公司的强力支持下、在中国催化界同仁的共同努力下，"中国催化史料馆"得以实现。

 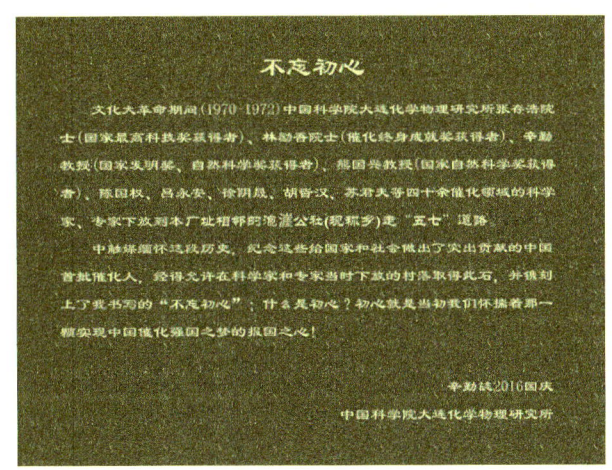

中触媒公司门口"不忘初心"巨石及石刻图

辛 勤

2017 年 8 月于大连